Transparenz in der internationalen Sportschiedsgerichtsbarkeit

Europäische Hochschulschriften Recht

European University Studies in Law

Publications Universitaires Européennes de Droit

Band/Volume **6221**

Marie-Christin Ruth Dorothea Bareuther

Transparenz in der internationalen Sportschiedsgerichtsbarkeit

Zur Öffentlichkeit von Verfahren und Entscheidungen des Court of Arbitration for Sport

PETER LANG

Bibliografische Information der Deutschen Nationalbibliothek
Die Deutsche Nationalbibliothek verzeichnet diese Publikation in der Deutschen Nationalbibliografie; detaillierte bibliografische Daten sind im Internet über http://dnb.d-nb.de abrufbar.

Zugl.: Bern, Univ., Diss., 2020

ISSN 0531-7312
ISBN 978-3-631-84178-5 (Print)
E-ISBN 978-3-631-84292-8 (E-PDF)
E-ISBN 978-3-631-84293-5 (EPUB)
E-ISBN 978-3-631-84294-2 (MOBI)
DOI 10.3726/b17947

Peter Lang – Berlin · Bern · Bruxelles · New York · Oxford · Warszawa · Wien

Diese Publikation wurde begutachtet.

www.peterlang.com

Einleitung

A. Einführung in die Thematik

Zum 01.01.2019 hat der Court of Arbitration for Sport (CAS)[1] mit einer neuen Vorschrift zur Öffentlichkeit teilweise auf Kritik reagiert.[2] Die Verhandlungen vor dem CAS konnten bei einer Einigung der Schiedsparteien auch nach den alten Regeln öffentlich stattfinden. Allerdings erweitert die neue Vorschrift – wahrscheinlich veranlasst durch die Entscheidung des Europäischen Gerichtshof für Menschenrechte (EGMR) in der Rechtssache *Mutu & Pechstein / Suisse*[3] – die Möglichkeiten für öffentliche Verhandlungen. Die Reform des CAS-Code hat zur Folge, dass die Öffentlichkeit nun auch aufgrund eines alleinigen Antrags der „natürlichen" Schiedspartei – also des beteiligten Sportlers – in Angelegenheiten disziplinarischer Art durch das Schiedsgericht zur Verhandlung zugelassen werden kann.[4] Aufgrund des revidierten CAS-Code hat der chinesische Schwimmer *Sun Yang* eine öffentliche Verhandlung beantragt, um seine Unschuld zu beweisen und seine Ehre in der Öffentlichkeit wiederherzustellen.[5] Am 15. November 2019 fand zum zweiten[6] Mal in der Geschichte des CAS eine öffentliche Verhandlung vor dem CAS statt, die auch per Livestream im Internet verfolgt werden konnte und deren Aufzeichnung auf der Website des CAS zur Verfügung steht.[7] Diese neue Entwicklung stellt einen wichtigen, aber

---

1 In französischer Sprache: Tribunal Arbitral du Sport (TAS); i. F. wird der Begriff CAS sowohl für die Struktur des institutionellen Schiedsgerichts, bestehend aus CAS und ICAS, als auch für die jeweilig zuständigen Schiedsgerichte gebraucht, vgl. ebenso *Baddeley/Landrove,* in: Czernich u. a., Handbuch Schiedsrecht, Kap. 32 Rn. 32.90.

2 *Schneider/Scherer,* in: BSK IPRG, Art. 182 Rn. 21 zur Diskussion, auf welche Fassung der Verfahrensordnung für vor dem 01.01.2019 getroffene Schiedsvereinbarungen abzustellen ist.

3 EGMR (02.10.2018) – 40575/10 & 67474/10 (*Mutu&Pechstein/Suisse).*

4 Siehe i. E. auch zu den Einschränkungen Teil 2 C. I. 2. b.; siehe für eine Auslegung der Vorschrift, insbesondere des Wortes *should,* Teil 2 C. I. 2. b.

5 So sinngemäß seine Äußerungen vor dem CAS, siehe i. E. *Koh/Holmes,* Are you being heard? How the Sun Yang public hearing exposes a gap in athletes'rights, LawInSport v. 03.01.2020.

6 Die erste öffentliche Verhandlung fand im Jahr 1999 statt, CAS-Schiedsspruch (07.06.1999) -CAS 98/211, *Michelle Smith De Bruin/FINA.*

7 Siehe für weitere Hintergründe die ausführliche Pressemitteilung des CAS, abrufbar unter <https://www.tas-cas.org/fileadmin/user_upload/CAS_Media_Release_6148_12.11.19.pdf> (besucht am 05.01.2020).

auch notwendigen Meilenstein zur Verbesserung der Transparenz der CAS-Verfahren dar.

Dem CAS wird vermehrt vorgeworfen, sich in einer Legitimitätskrise zu befinden.[8] Unter dem Begriff Legitimität wird die Rechtfertigung von Herrschaftsgewalt verstanden.[9] Legitimität beschäftigt sich mit der Frage nach einer rechtfertigenden Erlaubnis und setzt damit notwendig die Existenz von „Herrschaft" voraus.[10] Im Sport hat der CAS eine „Herrschaftsgewalt" über die Streitentscheidung inne. Es besteht damit eine Notwendigkeit, die Legitimität der internationalen Sportschiedsgerichtsbarkeit zu rechtfertigen. Der CAS nimmt durch die sukzessive Anerkennung seiner Entscheidungszuständigkeit durch die internationalen Sportverbände nunmehr eine gewichtige Rolle in der Welt des Sports ein. Die vorliegende Arbeit vertritt die These, dass die Legitimität des CAS neben der Anerkennung durch die Verbände auch die Akzeptanz seitens der Interessengruppen des Sports voraussetzt. Eine solche Akzeptanz lässt sich allerdings nur mit öffentlichen Verfahren und der Veröffentlichung der Schiedssprüche mit Entscheidungsgründen dokumentieren und erreichen.[11]

B. Gegenstand und Gang der Untersuchung

Die Arbeit setzt mit der Untersuchung der Öffentlichkeit der Verhandlung und der Veröffentlichung von Entscheidungen zwei Schwerpunkte. Sie konzentriert sich aufgrund der im Vergleich zu den ordentlichen Verfahren wesentlich größeren Anzahl auf die Rechtsmittel- und Anti-Doping-Verfahren.[12] Im Jahr 2016

---

8 Vgl. statt vieler *Prütting*, SpuRt 2016, 143 (143 ff.); *Simeoni*, Angriff auf den Cas, FAZ v. 04.09.2018; a. A. *Duval*, Seraing vs. FIFA: Why the rumours of CAS's death have been greatly exaggerated, Asser International Sports Law Blog v. 10.09.2018; siehe für eine Begriffserläuterung und Abgrenzung zur Legitimation Teil 1 A. IV.

9 Statt vieler *Büstgens*, Transparenz, S. 187 m. w. N; *Petersen*, Demokratie als teleologisches Prinzip, S. 5 m. w. N.; ausführlich zu Legitimität als Rechtsbegriff *Schliesky*, Souveränität und Legitimität von Herrschaftsgewalt, S. 159 ff.

10 *Schliesky*, Souveränität und Legitimität von Herrschaftsgewalt, S. 149.

11 EGMR (22.02.1984) – 8209/78 (*Sutter/Switzerland*) Rn. 26; EGMR (12.04.2006) – 58675/00 (*Martinie/France*) Rn. 39; EGMR (01.03.2011) – 15924/05 (*Welke&Bialek/Poland*) Rn. 73 zu dem Zusammenhang zwischen öffentlichen Verhandlungen und „confidence in the courts".

12 Statt einer Streitbeilegung vor der ordentlichen Kammer des CAS werden rein kommerzielle Streitigkeiten ohne Schiedsvereinbarung zugunsten des CAS bevorzugt vor klassischen Schiedsgerichten geführt, siehe *Baddeley/Landrove*, in: Czernich u. a., Handbuch Schiedsrecht, Kap. 32 Rn. 32.72 f., die als Beispiel Schiedsgerichte von Handelskammern nennen.

waren 100 ordentliche Verfahren bei insgesamt 599 Verfahren vor dem CAS anhängig.[13]

Zunächst erfolgt in Teil 1 eine Einführung in die Grundbegriffe und Grundlagen der Sportschiedsgerichtsbarkeit. In diesem Einführungsteil zeigt sich die Stellung des CAS als ein Schiedsgericht *sui generis* mit vielen Parallelen zu staatlichen Gerichten. Aus diesem Grund plädiert die Arbeit dafür, die rechtlichen Bewertungskriterien für die Transparenz des CAS vorrangig aus den staatlichen Grundsätzen und Regelungen zu gewinnen. Teil 2 setzt sich im Kern mit der Öffentlichkeit der Verhandlung vor dem CAS auseinander. Die Ausführungen in diesem und den folgenden Teilen wollen aus dem Blickwinkel des deutschen Rechts und Rechtsanwenders zur internationalen Diskussion beitragen. Gegenstand von Teil 3 ist die Darstellung der Folgen von Verletzungen der Öffentlichkeit der Verhandlung aus der Sicht der Athleten deutscher Sportverbände. Im Anschluss findet in Teil 4 eine Untersuchung der Veröffentlichung der Entscheidungen des CAS statt. Der die Arbeit abschließende Teil 5 formuliert für die herausgearbeiteten Ergebnisse Regelungsvorschläge für die Öffentlichkeit der Verhandlung und die Veröffentlichung der Schiedssprüche.

13 Vgl. die Statistik des CAS <https://www.tas-cas.org/fileadmin/user_upload/CAS_statistics_2016_.pdf> (besucht am 05.01.2020).

Teil 1: Grundbegriffe und Grundlagen

A. Court of Arbitration for Sport

Die vorliegende Arbeit befasst sich mit der Transparenz des CAS. Dies macht kurze Ausführungen zu den Hintergründen des Sportschiedsgerichts notwendig. Außerdem ist die Frage aufzuwerfen, ob der CAS als legitim wahrgenommen wird und welche Rolle dabei der Transparenz zukommt.

I. Hintergründe

Der CAS wurde im Jahr 1983 als privates Schiedsgericht gegründet und nahm am 30. Juni 1984 seine Tätigkeit auf, um alle Streitigkeiten im Zusammenhang mit dem Sport[14] einheitlich zu entscheiden.[15] Der Sitz des CAS befindet sich in Lausanne (Schweiz). Seit dem Jahr 1996 gibt es mit New York (USA) und Sydney (Australien) zwei weitere dezentralisierte Geschäftsstellen.[16] Es handelt sich bei dem CAS um ein institutionelles, echtes[17] Schiedsgericht mit einer eigenen Verfahrensordnung.[18] Echte Schiedsgerichte wie der CAS sind im Gegensatz zu unechten Schiedsgerichten der Sportverbände unabhängige Rechtssprechungsinstanzen und die rechtskräftigen Schiedssprüche sind grundsätzlich wie staatliche Urteile vollstreckbar.[19]

Seit seiner Gründung hat der CAS enorm an Bedeutung gewonnen. Diese Tatsache zeigt sich zum einem daran, dass unter anderen alle unter dem Internationalen Olympischen Sportbund (IOC) organisierten internationalen

---

14 S12 Code of Sports-related Arbitration, Fassung v. 01.01.2019, i. F. CAS-Code 2019; zur weiten Auslegung des Sportbezuges, vgl. *Hofmann*, SpuRt 2002, 7 (8).

15 *Reeb*, in: Blackshaw u. a., The CAS, S. 31 (32 ff.); *Stebler*, in: Gola u.a., Institutional Arbitration, S. 253 (255).

16 Siehe Website des *Court of Arbitration for Sport* <http://www.tas-cas.org/en/general-information/addresses-and-contacts.html> (besucht am 05.01.2020).

17 Vgl. statt vieler BGH (07.06.2016) – KZR 6/15, NJW 2016, 2226 ff.; *Nolte*, Sport und Recht, S. 24; Schweizerische Bundesgericht (i. F. BG) (15.03.1993) – 4P.217/1992 BGE 119 II 271 erkennt in der *Gundel*-Entscheidung den CAS als ein solches an, sofern das IOC nicht Verfahrensbeteiligte ist.

18 Die Verfahrensordnung in der Fassung 2019 ist abrufbar auf der Website des *Court of Arbitration for Sport* <https://www.tas-cas.org/fileadmin/user_upload/CAS_Code_2019__EN_.pdf> (besucht am 05.01.2020).

19 *Scherrer* u. a., Sportrecht, 3. Aufl., S. 279 f. zu dem Begriff und der Abgrenzung.

Sportverbände die Entscheidungszuständigkeit des CAS anerkennen.[20] In dem Jahr 2002 hat auch der internationale Fußballbund (FIFA) als letzter Verband des IOC den CAS als Rechtsmittelinstanz für die erstinstanzlichen Verbandsentscheidungen anerkannt und damit seine Pläne für die Errichtung eines unabhängigen Schiedsgerichtes nur für Fußballangelegenheiten letztendlich nicht verwirklicht.[21] Zum anderen zeigt sich auch an der Zunahme der Verfahren, die vor dem CAS geführt werden, die zunehmende Wichtigkeit des Schiedsgerichts. Wurden im Jahr 1986 beispielsweise nur zwei Verfahren vor dem CAS gelistet, fanden allein im Jahr 2016 insgesamt 599 Verfahren dort statt.[22]

II. Entwicklung und Funktionen der CAS-Kammern

Die Streitentscheidung des CAS als Sportschiedsgericht war seinem Ursprung nach an die Handelsschiedsgerichtsbarkeit angelehnt.[23] Aus dem Wunsch und der Initiative heraus, die undurchsichtigen und sich widersprechenden Entscheidungen der nationalen Sportverbände zu unterbinden, vollzog sich die Gründung des CAS. Vor allem die internationale Kritik an den nationalen amerikanischen Sportverbänden, ihre Dopingentscheidungen würden eher der Verschleierung anstatt einer Sanktionierung dienen, hatte großen Einfluss auf die Gründung des CAS und eines amerikanischen regionalen CAS-Büros. Besonders deutlich spielgelt sich der Vorbildcharakter der Handelsschiedsgerichtsbarkeit in den Verfahrensvorschriften des damaligen amerikanischen „Spin-Offs" des CAS wider, die sehr stark an die Regelungen der International Chamber of Commerce (ICC) angelehnt waren. Bis zum Jahr 1994 gab es eine CAS-Verfahrensordnung mit identischen Regelungen für alle Streitgegenstände, mithin fand zu dieser Zeit noch keine Unterscheidung zwischen der ordentlichen Kammer und der Rechtsmittel-Kammer statt.[24] Der CAS nahm

---

20 Vgl. z. B. Article 26(2), Article 27(1) Constitution and General Regulations 2016 International Skating Union; Art. 55 Abs. 5 FISA Rule Book; *Reeb*, in: Blackshaw u. a., The CAS, S. 31 (37).

21 *Borges*, Verbandsgerichtsbarkeit und Schiedsgerichtsbarkeit im internationalen Berufsfußball, S. 71; *Reeb*, in: Blackshaw u. a., The CAS, S. 31 (37).

22 *Court of Arbitration for Sport*, Statistics, <http://www.tas-cas.org/fileadmin/user_upload/CAS_statistics_2016_.pdf> (besucht am 05.01.2020), Zahlen aus den Folgejahren können nicht auf der Website eingesehen werden.

23 Ausführlich zur historischen Entwicklung und Funktionen des CAS *Straubel*, Loy. U. Chi. L.J. 2005, 1203 (1206 ff.).

24 *Kaufmann-Kohler/Bärtsch*, in: Blackshaw u.a., The CAS, S. 69 (69).

sich bei seiner Gründung im Jahr 1984 die damals bereits existierenden und erfolgreich funktionierenden institutionellen Schiedsgerichte, wie beispielsweise die ICC, zum Vorbild.[25] Das Verfahren der ICC ist jedoch auf die Streitbeilegung im internationalen Wirtschaftsrecht ausgelegt. Aus diesem Grund ist es nicht verwunderlich, dass das ursprüngliche Modell des CAS mit dem Vorsehen lediglich ordentlicher Verfahren den Besonderheiten des Sports nicht ganz gerecht werden konnte. Als erster Verband hat die Internationale Reiterliche Vereinigung in ihrem Regelwerk gestattet, Rechtsmittel gegen die verbandlichen Disziplinarentscheidungen beim CAS einzulegen. Damit zeichnete es sich ab, dass die an die Handelsschiedsgerichtsbarkeit angelehnten Regelungen nicht für alle Streitigkeiten passend waren. So zeichnet sich heute das Rechtsmittelverfahren beispielsweise durch kürzere Fristen aus, um eine noch schnellere Entscheidung zu gewährleisten.[26] Diese Erkenntnis und Entwicklung des CAS wurde beschleunigt, da immer mehr internationale Sportverbände die Entscheidungszuständigkeit des CAS in ihren Regelwerken vorsahen. Im Zuge der sogenannten „1994 reform"[27] wurde der CAS um eine ständige Rechtsmittel-Kammer erweitert. Dementsprechend wurden spezielle Regelungen für diese Rechtsmittelverfahren in den CAS-Code aufgenommen.[28] Rechtsmittelverfahren sind aus der Handelsschiedsgerichtsbarkeit jedoch nicht bekannt und die Verfahrensvorschriften konnten damit nicht ihrem Vorbild nachgebildet werden.[29]

Eine Unterscheidung in ein ordentliches und ein Rechtsmittelverfahren wird auch in der DIS-SportSchO vorgenommen,[30] nicht jedoch in den Verfahrensordnungen anderer institutioneller Schiedsgerichte, wie beispielsweise der ICC. Dies liegt schlichtweg daran, dass es dort keine zweite Entscheidungsinstanz

---

25 *Straubel*, Loy. U. Chi. L.J. 2005, 1203 (1207); *Kaufmann-Kohler/Bärtsch*, in: Blackshaw u.a., The CAS, S. 70 zu der ähnlichen Abfolge des CAS-Schiedsverfahrens im Bezug zu internationalen Handelsschiedsverfahren; *Mavromati/Reeb*, CAS Code, R38 Rn. 19 zu den gleichen Anforderungen an die Schiedsvereinbarung im CAS-Code sowie der ICC, UNCITRAL, LCIA und AAA-ICDR Schiedsregeln.

26 *Rigozzi/Hasler*, in: Arroyo, Arbitration in Switzerland, 2. Aufl. 2018, CAS Code, R47 Rn. 7 beschreibt das *expedited nature* als das zentrale Merkmal des Rechtsmittelverfahrens.

27 *Mavromati/Reeb*, CAS Code, Ch. 1 § 1.03 dazu i. E.

28 *Rigozzi/Hasler*, in: Arroyo, Arbitration in Switzerland, 2. Aufl. 2018, CAS Code, R47 Rn. 4; *Kaufmann-Kohler/Bärtsch*, in: Blackshaw u.a., The CAS, 69 (70).

29 Ob dies nicht trotzdem zum Teil fälschlicherweise getan wurde, dazu vergleiche später.

30 § 45 DIS-SportSchO enthält ergänzende Regelungen für Rechtsmittelverfahren.

gibt.[31] Es handelt sich mithin um eine Besonderheit der Sportschiedsgerichte. Der CAS ist mithin zwar eine einheitliche Institution, erfüllt bei der Streitentscheidung durch die separaten Kammern jedoch unterschiedliche Funktionen. Diese getrennten Rollen des CAS müssen sich auch in den speziellen Verfahrensvorschriften widerspiegeln und spielen bei der Diskussion dieser Regelungen eine wesentliche Rolle. Die Aufgabe des CAS besteht entweder als ein „klassisches" Schiedsgericht in einer privaten Streitbeilegung oder als ein öffentliches Rechtsprechungsorgan in der Herstellung von Rechtssicherheit und Präzedenzfällen ähnlich der traditionellen staatlichen Gerichte. Diese Spannung, die sich durch die verschiedenen Funktionen des CAS ergibt, ist auch für die Diskussion der Öffentlichkeit der Verfahren und Veröffentlichung der Entscheidungen von Bedeutung und im Hinterkopf zu behalten.

III. Einheitlichkeit der Entscheidung

Aufgabe des CAS ist es, Streitigkeiten im Zusammenhang mit dem Sport in einem schiedsgerichtlichen Verfahren zeit- und kosteneffizient zu entscheiden sowie einer Rechtszersplitterung im Sport entgegenzuwirken.[32] Um diesen Anforderungen gerecht zu werden, wissen die Schiedsrichter im Gegensatz zu den meisten nationalen Richtern aufgrund ihrer eigenen Leistungssportvergangenheit oder ihrer beruflichen Weiterbildung um die Besonderheiten im Sport.[33] Im April 2019 waren 392 Schiedsrichter aus 85 Ländern beim CAS gelistet.[34] Diese Tatsache sagt jedoch nichts über die Notwendigkeit einer Sportschiedsgerichtsbarkeit statt der staatlichen Gerichtsbarkeit aus. Es ist zumindest vorstellbar, dass auch nationale staatliche Gerichte Richter mit einem sportlichen Sachverstand zur Verfügung stellen und eine Spezialkammer für Sportsachen schaffen könnten. Allerdings wäre dies nicht in allen Ländern nötig. Die meisten Sportverbände haben ihren Sitz in der Schweiz. Die Verfahren würden aufgrund des Beklagtengerichtsstands somit größtenteils vor den schweizerischen Gerichten geführt. Eine Spezialisierung der schweizerischen

---

31 Ausnahme ist die Streitbeilegung der WTO mit dem *Appellate Body* als ständige Revisionsinstanz, siehe Art. 17 Annex 2 WTO Agreement.

32 Siehe zur Gefahr und Nachteilen einer Rechtszersplitterung im Sport *Adolphsen,* SchiedsVZ 2004, 169 (170).

33 Siehe für dies als Voraussetzung für die Berufung zum Schiedsrichter S14 CAS-Code 2019.

34 Website des *Court of Arbitration for Sport,* List of arbitrators (general list) <https://www.tas-cas.org/fileadmin/user_upload/Liste_des_arbitres_par_nationalite_2019__15_March_2019_.pdf.> (besucht am 05.01.2020).

Gerichte auf sportrechtliche Streitigkeiten wäre zumindest möglich. Die Notwendigkeit einer schiedsgerichtlichen Rechtsprechungsinstanz wie dem CAS ist daher über die Spezialisierung hinaus begründungsbedürftig.

Die staatliche Gerichtsbarkeit stellt jedoch – selbst wenn eine entsprechende Spezialisierung erfolgen würde – keine geeignete Alternative zum CAS dar.[35] Die internationale Zuständigkeit der staatlichen Gerichte kann sich entweder aufgrund der Zuständigkeitsvorschriften internationaler Übereinkommen und europäischer Verordnungen oder aufgrund von Gerichtsstandsvereinbarungen zwischen den Parteien ergeben. Die Zuständigkeitsvorschriften der Brüssel Ia-VO[36] und des LugÜ[37] eröffnen in vielen Fällen mehrere alternative Gerichtsstände. Nationale Gerichte scheinen notfalls Zuständigkeitsvorschriften großzügig auszulegen, um vor allem in Fällen von Schadensersatzklagen der Sportler gegen internationale Sportverbände die gerichtliche Zuständigkeit am Wohnsitz der Sportler zu ermöglichen.[38] Diese Zuständigkeitsvielfalt ermöglicht es der klagenden Partei zwischen mehreren Gerichtsständen auszuwählen,[39] sie kann also *forum shopping* betreiben. Diese Zuständigkeitsvielfalt konterkariert allerdings den Entscheidungseinklang im Sport, da staatliche Gerichte verschiedener Länder sehr wahrscheinlich gleich gelagerte Fälle unterschiedlich entscheiden, nachdem die Urteile aus anderen Jurisdiktionen ihnen entweder gar nicht bekannt sind oder die *lex fori* ihnen einen anderen Entscheidungsmaßstab vorgibt.[40] Im Sport ist das *forum shopping* besonders problematisch, da eine einheitliche Durchsetzung der Sportstatuten essentiell ist, um die Chancengleichheit der miteinander in Wettkampf stehenden Sportler zu wahren.[41]

---

35 Statt vieler zu den Vorteilen und der Überlegenheit der Sportschiedsgerichtsbarkeit gegenüber der staatlicher Gerichtsbarkeit, *Orth*, Sportschiedsgerichtsbarkeit, S. 243 ff.; *Eichel*, ZZP 2016, 327 (331) nennt die Forderung des Rechtsschutzes vor nationalen Gerichten des jeweiligen Herkunftsstaates der Sportler „realitätsfern".

36 Verordnung (EU) Nr. 1215/2012 des Europäischen Parlaments und Rates vom 12.12.2012 (Brüssel Ia-VO).

37 Übereinkommen über die gerichtliche Zuständigkeit und die Anerkennung und Vollstreckung von Entscheidungen in Zivil- und Handelssachen (LugÜ).

38 *Haas*, SJZ 2016, 585 (589).

39 Die Auswahl eines Gerichtsstands, dessen internationales Privatrecht aus der Sicht der klagenden Partei das erfolgsversprechende Sachrecht beruft, bezeichnet man oftmals negativ als „forum shopping", dazu *Geimer*, IZPR, 8. Aufl. 2020, 4. Teil 7. Kap. Rn. 1095 ff.; *Schwartze*, in: Kronke/Thorn, FS von Hoffmann, S. 415 (415 ff.).

40 Siehe für konkrete Beispiele *Lungstras*, Das Berufungsverfahren, S. 35 ff.

41 Statt vieler *Lungstras*, Das Berufungsverfahren, S. 30 ff.; *Michaelis*, SchiedsVZ 2019, 331 (332).

Als Folgeproblem schließt sich die Vollstreckung der staatlichen Urteile an. Das Verfahren des Sportlers *Butch Reynold*[42] ist ein Beispiel aus der Zeit, in der der internationale Leichtathletikverband (IAAF) den CAS noch nicht als zuständige Rechtsmittelinstanz für Verbandsentscheidungen vorsah. Dieser Fall zeigt exemplarisch die Schwierigkeiten, die bestehen, wenn staatliche Urteile gegenüber internationalen Verbänden durchgesetzt werden sollen.[43]

Der Gefahr der Rechtszersplitterung im internationalen Sport aufgrund der verschiedenen Zuständigkeitsanknüpfungspunkte kann auch nicht durch ausschließliche Gerichtsstandsklauseln entgegengewirkt werden. Auf diese Weise könnten die Verbände gezielt die Zuständigkeit eines staatlichen Gerichts vorsehen. Es könnte dann beispielsweise grundsätzlich der schweizerische Gerichtsstand gewählt werden, um divergierende Urteile unterschiedlicher staatlicher Gerichte zu vermeiden. Eine zentralisierte staatliche Gerichtsbarkeit am jeweiligen Verbandsort, also zumeist in der Schweiz, oder am Handlungsort, also beispielsweise am Ort der Wettkampfstätten, würde zwar die Vertrautheit mit dem eigenen Rechtssystem nehmen. Diese Vertrautheit besteht bei internationalen Schiedsverfahren aber auch nicht. Allerdings unterliegen Gerichtsstandsvereinbarungen im deutschen, europäischen wie internationalem Kontext wesentlich strengeren Voraussetzungen als Schiedsvereinbarungen.[44] So können sich Gerichtsstandsvereinbarungen nicht über die ausschließlichen Gerichtsstände hinwegsetzen, Schiedsvereinbarungen jedoch schon. Zwar erscheint fraglich, ob die ausschließlichen Gerichtsstände für den Sportkontext überhaupt Bedeutung erlangen und ein Außerachtlassen zwingenden staatlichen Rechts auf diese Weise zu befürchten wäre.[45] Aber der österreichische oberste Gerichtshof hat beispielsweise bei einer Klage gegen einen internationalen Sportverband mit dem Sitz in der Schweiz hinsichtlich der Feststellungs- und Unterlassungsansprüche die ausschließliche Zuständigkeit nach Art. 16 Nr. 2 LugÜ a. F.[46]

---

42 United States District Court, Southern District of Ohio, Eastern Division (13.07.1993) – C-2-92-452; es sind nur Auszüge des Urteils veröffentlicht; Informationen durch die Bezugnahme eines anderen Verfahrens aus United States Court of Appeals (17.05.1994) – 935 F.2d 270, ZZPInt 1996, 371.

43 Siehe dazu i. E. *Paulsson,* SchiedsVZ 2015, 263 (268).

44 Vgl. die Beschränkungen §§ 38 ff. ZPO im deutschen, Art. 17, 23 LugÜ im europäischen und Art. 2, 3, 6 Haager Gerichtsstandsübereinkommen (HGÜ) im internationalen Recht.

45 Etwa wäre die Umgehung des Art. 6 Rom I-VO mangels Verbrauchereigenschaft der Sportler nicht zu befürchten.

46 Dies entspricht Art. 22 Nr. 2 LugÜ n. F.

bejaht.[47] Dies ist ein Beispiel dafür, dass Gerichte ihre Zuständigkeit am Wohnort der Sportler bejahen und dafür notfalls Anknüpfungspunkte für die Zuständigkeit sehr großzügig auslegen. Eine zentrale Rechtssprechungsinstanz für alle Streitgegenstände und für ausnahmslos alle Streitparteien kann durch Gerichtsstandsvereinbarungen mithin nur schwer gewährleistet werden.

Die Aufmerksamkeit ist daher auf ein international, funktionierendes Sportrechtssystem zu richten,[48] von dem alle Akteure des Sports profitieren.[49] Die Regeln des Sports besitzen einen weltweiten Geltungsbereich und dürfen deswegen nicht für Sportler verschiedener Staatsangehörigkeiten unterschiedlich ausgelegt und angewendet werden. Es ist auch nicht im Interesse der Sportler, dass ein Verstoß gegen eine Anti-Doping-Bestimmung in einem Fall geahndet und in einem anderen Fall keine oder geringere Konsequenzen nach sich zieht.[50] Die Notwendigkeit und Vorteilhaftigkeit einer zentralen Sportschiedsgerichtsbarkeit mit emotional von den Streitigkeiten distanzierten Schiedsrichtern wird damit immer wieder betont.[51] Eine Verpflichtung zur Sportschiedsgerichtsbarkeit kann also gerechtfertigt sein, allerdings nur, wenn auch dort gewisse Mindeststandards eingehalten werden. Die Privatautonomie bei der Einigung auf Schiedsgerichte muss also nur dann eingeschränkt werden, wenn die Schutzmechanismen zu Gunsten einer strukturell unterlegenen Partei hinsichtlich

---

47 OGH (21.05.2007) – 8 ObA 68/06 t, SpuRt 2007, 237 (237 ff.); kritisch dazu Anmerkung *König*, SpuRt 2007, 241 (241 f.).

48 *Adolphsen*, DriZ 2016, 254 (254) zur Notwendigkeit des internationalen Sportschiedsgerichts als effektiver Rechtschutzmechnismus; siehe zum Interesse an einer ‚spezialisierten Gerichtsbarkeit' im Sport EGMR (02.10.2018) – 40575/10, 67474/10 (*Mutu&Pechstein/Suisse*) Rn. 98, für eine deutsche Übersetzung in Teilen siehe SpuRt 2018, 253 (253 ff.).

49 *Steiner*, SchiedsVZ 2013, 15 (18) spricht von Nutznießern des organisierten Sports; vgl. etwa für die Komplexität und grenzüberschreitenden Beziehungen internationaler Sportfälle LG Köln (13.09.2006) – 28 O (Kart) 28/05, BeckRS 2007, 9783.

50 Eine andere, hier unberücksichtigte, Frage ist, dass die BRD durch einen Völkerrechtsvertrag verpflichtet ist, den WADA-Code und die darin geregelte Zuständigkeit des CAS durchzusetzen bzw. zu gewährleisten.

51 Statt vieler EGMR (02.10.2018) – 40575/10, 67474/10 (*Mutu&Pechstein/Suisse*) Rn. 98; *Adolphsen*, SpuRt 2016, 46 (47); *Adolphsen*, in: ders. u. a., Sportrecht in der Praxis, 9. Kap. Rn. 1030 ff.; *Duval*, Not in my name! Claudia Pechstein and the Post-Consensual Foundations of the Court of Arbitration for Sport, MPIL Research Paper Series No. 2017-01, 1 (19 ff.); *Oschütz*, SpuRt 2007, 177 (178 f.); *Schleiter*, Globalisierung im Sport, S. 108 ff.

der Formvorschriften[52] der Schiedsvereinbarung oder bezüglich der konkreten Verfahrensgestaltung[53] zu kurz greifen.

IV. Legitimität des CAS

Macht darf nicht aus ihrer selbst willen bestehen, sondern muss auf Normen und bestenfalls auf der Verfassung beruhen.[54] Erst dann kann auch von einer Legitimation gesprochen werden. Als ein Schiedsgericht ist der CAS durch die Schiedsvereinbarung der Parteien grundsätzlich ausreichend legitimiert. Im Gegensatz zur Handelsschiedsgerichtsbarkeit wird im Sport allerdings aufgrund eines „Zwanges“ bei Abschluss der Schiedsvereinbarung diese Einigung auf den CAS und damit dessen ordnungsgemäße Legitimation in Frage gestellt. Selbst der EGMR spricht in dem Zusammenhang mit der Sportschiedsgerichtsbarkeit von einer „arbitrage « forcé »“.[55] Auch wenn man die Freiwilligkeit der Einigung auf den CAS entweder als entbehrlich ansieht oder den Zwang durch die Notwendigkeit einer einheitlichen Entscheidungszuständigkeit im Sport als gerechtfertigt betrachtet,[56] führt dies höchstens zur Bejahung der Legitimation des CAS als Entscheidungsinstanz. Es ist damit noch keine Aussage über die Akzeptanz des CAS getroffen.

Die Legitimität grenzt sich dadurch von der Legitimation ab, dass für sie auch übergesetzliche Werte miteinzubeziehen sind. Für die Legitimität ist eine gesetzliche Legitimation nicht ausreichend, sondern für eine solche sollte auch immer eine Akzeptanz hinzutreten.[57] Die Akzeptanz der Herrschaftsunterworfenen erhält vor allem in einer repräsentativen Demokratie als eine Rückkoppelung der Regierenden an die Öffentlichkeit als den Souverän besondere Bedeutung.[58] Der CAS erhält seine Entscheidungszuständigkeit zwar nicht

---

52 Diese bleiben i. F. außer Betracht, vgl. die Formvorschrift im deutschen Recht § 1031 ZPO.

53 Anhang Klauseln Gemäss Artikel 3 Absatz 3 Nr. 1 lit. q zu RL 93/13/EWG des Rates vom 05.04.1993 („Klauselrichtlinie“) zeigt beispielhaft, dass der Abschluss einer Schiedsvereinbarung strukturell unterlegener Parteien, hier Verbraucher, durchaus möglich ist, jedoch dann nicht mehr, sofern sich die unterlegenen Parteien auf Schiedsverfahren einlassen, die nicht mehr gesetzlichen Standards entsprechen.

54 *Schliesky*, Souveränität und Legitimität von Herrschaftsgewalt, S. 166.

55 EGMR (02.10.2018) – 40575/10 & 67474/10 (*Mutu&Pechstein/Suisse*) Rn. 115.

56 Siehe zu den wenig zweckmäßigen Alternativen *Brandner/Kläger*, SchiedsVZ 2015, 112 (114 f.)

57 Siehe i. E. *Schliesky*, Souveränität und Legitimität von Herrschaftsgewalt, S. 170 ff.

58 *Schliesky*, Souveränität und Legitimität von Herrschaftsgewalt, S. 173.

aufgrund eines Wahlaktes, sondern durch die Einigung der Schiedsparteien auf den CAS. Während die Rückkoppelung der demokratischen Repräsentanten auf dem Wahlakt fußt, werden die Schiedsvereinbarungen im Sport bereits im Voraus getroffen und die längere Zeitspanne zwischen der Legitimation und der eigentlichen Machtausübung – nämlich die Entscheidungen des CAS – kann ebenso einige Zeit in Anspruch nehmen. „Die Akzeptanz erscheint so als das erforderliche Band der Repräsentation zwischen Repräsentanten und Repräsentierten"[59] beziehungsweise dem CAS und den Schiedsparteien. Denn als ein privates Schiedsgericht ist dieser auf die Akzeptanz der Schiedsparteien angewiesen, die sonst keine Schiedsvereinbarung zum CAS vereinbaren. Die Einigung auf den CAS beruht allerdings oft auf einem faktischen Zwang der strukturell unterlegenen Schiedspartei. Eine Akzeptanz des CAS als Entscheidungsinstanz erscheint dann obsolet, da die Vereinbarungen zugunsten des CAS jedenfalls getroffen werden.

Die Bewährungsproben für den CAS nehmen allerdings zu, da sich gerade Sportler[60] immer wieder dafür aussprechen, dass sie einen Rechtsschutz vor den staatlichen Gerichten ihres Heimatstaats begrüßen würden.[61] Sportler wie *Bosman, Pechstein* oder *Seraing* sind der Öffentlichkeit nicht nur aufgrund ihrer sportlichen Leistungen bekannt, sondern sie haben vor allem dafür gesorgt, dass die Sportschiedsgerichtsbarkeit in den Fokus der Allgemeinheit gerückt wurde. Ihnen ist gemein, dass sie vor staatlichen Gerichten die Legitimität des CAS angreifen und darüber hinaus die Öffentlichkeit polarisieren. Prominentes Beispiel dafür ist *Claudia Pechstein*, die gegen ihre zweijährige Sperre der International Skating Union (ISU) nicht nur vor dem CAS Rechtsmittel einlegte, sondern auch die deutschen Gerichtsinstanzen durchlief.[62] Darüber hinaus stellte sie die Unabhängigkeit des CAS und das Fehlen einer öffentlichen Verhandlung vor dem Europäischen Gerichtshof für Menschenrechte (EGMR) in Frage.[63] So initiierte sie eine Petition für die Abschaffung des CAS, für die

59 *Schliesky,* Souveränität und Legitimität von Herrschaftsgewalt, S. 173.

60 Aus Gründen der Lesbarkeit wird im Text die männliche Form gewählt.

61 Vgl. die von *Claudia Pechstein* initiierte Petition, die 121 Sportler unterzeichneten, nachzulesen bei *Reinsch,* Angriff auf Schiedszwang, FAZ v. 23.07.2015, allerdings wird daraus nicht ganz verständlich, ob sich die Sportler generell gegen die Schiedsgerichtsbarkeit aussprechen, nachdem sie außerdem Reformvorschläge unterbreiten.

62 BGH (07.06.2016) – KZR 6/15, NJW 2016, 2266 ff.; OLG München (15.01.2015) – U 1110/14 Kart, GWR 2015 ff., 83; LG München I (26.02.2014) – 37 O 28331/12, SchiedsVZ 2014, 100 ff.; die Entscheidung des BVerfG steht noch aus.

63 EGMR (02.10.2018) – 40575/10 & 67474/10 (*Mutu&Pechstein/Suisse);* Dieses Urteil ist inzwischen rechtskräftig, da die Große Kammer die Beschwerde zurückwies.

sie immerhin 55 zum Teil sehr namhafte Athleten gewinnen konnte.[64] Im Fall des Fußballvereins *SV Wilhelmshaven* wendete sich dieser vor nationalen deutschen Gerichten gegen die Anordnung der Zahlung einer Ausbildungsentschädigung, nachdem der CAS diese Sanktion der FIFA in seinem Schiedsspruch bestätigt hatte.[65] Das Bemerkenswerte an diesem Verfahren ist, dass der *SV Wilhelmshaven* Rechtsschutz vor den deutschen staatlichen Gerichten suchte. *Seraing* machte die Unwirksamkeit der Schiedsklausel in dem FIFA-Verbandsregelwerk, das den CAS als alleinige Rechtsmittelinstanz gegen Verbandsentscheidungen vorsah, vor belgischen Gerichten geltend.[66] Das belgische Gericht stellte schließlich die Unvereinbarkeit der Klausel mit belgischem Recht fest.

Allerdings ist fraglich, ob die unterliegenden Schiedsparteien die Rechtsmittelmöglichkeiten gegen die CAS-Schiedssprüche ausschöpfen und vermehrt auch Rechtsschutz vor nationalen Gerichten suchen, weil sie den CAS als Entscheidungsinstanz nicht akzeptieren. Vor allem für Sportler besitzen die Schiedssprüche des CAS sehr oft große Auswirkungen auf ihre gesamte Lebenssituation und Existenzgrundlage. Dies könnte der Grund für die Ausschöpfung der Rechtsmittel sein. Es ist also Vorsicht geboten, diese medienpräsenten Fälle zu benutzen, um dem CAS seine Akzeptanz und damit Legitimität abzusprechen. Der Diskurs sollte sich mithin nicht auf die „Schicksale" und Äußerungen einiger weniger prominenter Sportler und medienwirksamer Verfahren über mehrere Instanzen richten, sondern vielmehr den CAS und dessen Verfahrensordnung zur Untersuchungs- und Diskussionsgrundlage machen. Die vorliegende Arbeit nimmt mit der Öffentlichkeit das wohl gewichtigste Element sowohl für die Bejahung der Legitimität als auch für den Nachweis einer solchen in den Blick. Nicht öffentliche Verhandlungen und Entscheidungen, die nicht veröffentlicht werden, erregen grundsätzlich Zweifel. Denn alles Undurchschaubare erregt eine Skepsis.[67] Eine Transparenz, die sich in der Verfahrensordnung widerspiegelt, gewinnt dahingegen das Vertrauen aller am Sport Beteiligten, nicht nur der Schiedsparteien. Zudem kann erst eine

---

64 *Reinsch*, Großer Unterstützerkreis für Pechstein, FAZ v. 29.10.2013.

65 LG Bremen (25.04.2014) – 12 O 129/13-, juris; Hanseatisches Oberlandesgericht in Bremen (30.12.2014) – 2 U 67/14-, juris; BGH (20.09.2016) – II ZR 25/15, NJW 2017, 402 ff.

66 Cour d'appel Bruxelles (29.08.2018) – 20167AR/2048, in französischer Sprache abrufbar unter <http://www.iusport.es/resoluciones-judiciales/SENTENCIA-CORTE-APELACION-BRUSELAS-TAS-2018-anonimizada.pdf> (besucht am 05.01.2020).

67 *Karton*, Arb. Int'l. 2012, 447 (462).

Transparenz des CAS einen effektiven Evaluierungs- und Verbesserungsvorgang in Gang setzen.[68]

B. Begriffsbestimmung

Transparenz wird zum einen als das Gegenteil der Vertraulichkeit der Schiedsgerichtsverfahren verstanden.[69] Zum anderen wird die Transparenz der Schiedsgerichtsbarkeit als Folge von öffentlichen Verfahren oder der Veröffentlichung von Schiedssprüchen begriffen.[70] Die Untersuchung der verschiedenen Funktionen und der Reichweite der Transparenz der Verfahren vor dem CAS und dessen Entscheidungen macht eine Definition der zu Grunde liegenden Begriffe notwendig.

I. Transparenz

Im allgemeinen Sprachgebrauch wird unter dem Begriff der Transparenz eine Durchschaubarkeit und Nachvollziehbarkeit verstanden.[71] Durch das letztgenannte, zweite Merkmal wird bereits deutlich, dass Transparenz nicht lediglich mit dem Begriff „Offenheit" gleichgesetzt werden kann, sondern mit der Verständlichkeit für den Adressaten der Transparenz ein weiteres Merkmal hinzutritt.[72]

Darüber hinaus ist der Begriff der Transparenz auch ein Topos der Rechtswissenschaft, der jedoch nicht einheitlich definiert wird.[73] Aus diesem Grund bleibt der genaue Bedeutungsgehalt auch im Kontext der Schiedsgerichtsbarkeit

---

68 Vgl. bspw. stellvertretend für die in der Praxis und Wissenschaft geäußerten Reformvorschläge *Summerer,* SpuRt 2018, 197 (197 ff.).

69 Vgl. *Buntenbroich/Kaul,* SchiedsVZ 2014, 1 (2).

70 *Ramirez/Tagtachian,* The Precedential Effect on Increasing Transparency, 41 (41); *Spera,* Time for Transparency at the Court of Arbitration for Sport, Asser International Sports Law Blog v. 31.01.2017 behandelt für die CAS Schiedsverfahren auch die Benennung der Schiedsrichter unter dem Begriff der Transparenz.

71 *Burfeind-Wahrig* (Hrsg.), Brockhaus, WAHRIG Deutsches Wörterbuch, 9. Aufl., S. 1490; *Dudenredaktion* (Hrsg.), Duden – Das Synonymwörterbuch, 4. Aufl. 2007, S. 866.

72 *UNCTAD,* UNCTAD/ITE/IIT/2003/4, Transparency, S. 7 bezeichnet den Begriff der Transparenz als „broadly synonymous with openness"; *Zoellner,* Das Transparenzprinzip im internationalen Wirtschaftsrecht, S. 36 f. betrachtet Offenheit dahingegen als Voraussetzung für Transparenz.

73 Dazu i. E. *Zoellner,* Das Transparenzprinzip im internationalen Wirtschaftsrecht, S. 38 ff.

oftmals unklar, nachdem weder eine Definition vorangestellt wird noch im gleichen Sachkontext verwendet wird. Es mutet so an, dass die Forderung nach mehr Transparenz in Schiedsgerichtsverfahren eher als ein Sammelbecken für die Kritikpunkte an der Schiedsgerichtsbarkeit in ihrer momentanen Form dient. Es fehlt allzu oft an einer Klarstellung der subjektiven und objektiven Reichweite der Transparenz im jeweiligen Einzelfall.

Die Forderung nach einer Transparenz benötigt allerdings immer Bezugspunkte, um nicht ins Leere zu laufen. Die Transparenz kann sich auf das Schiedsverfahren, die Entscheidungsgründe und auf den CAS als streitentscheidende Institution beziehen. Transparente Verfahren und das Offenlegen der Entscheidungsgründe ermöglichen, den jeweiligen Schiedsspruch zu bewerten und einordnen zu können. Fraglich ist dabei, für welchen Personenkreis dies gelten soll, also ob der Fokus auf den Schiedsparteien liegt oder auch weitere Personengruppen Informations- oder sogar Teilnahmemöglichkeiten besitzen sollten.

1. Subjektive Reichweite

Der Personenkreis, der Zugang zu den Informationen beziehungsweise zu dem Bezugsobjekt der Transparenz erhält, kann entsprechend weit oder eng gefasst werden.[74] Der Grad der Transparenz wird mithin nicht nur durch die Menge der verständlichen Informationen, sondern eben auch durch die Anzahl der Bezugssubjekte bestimmt. *Zoellner* unterscheidet für das internationale Wirtschaftsrecht zwischen einer „internen“ und „externen“ Transparenz[75] Unter der internen Transparenz versteht er die Offenheit der internationalen Wirtschaftsorganisationen bezüglich der Verfahren und Entscheidungen gegenüber ihren Mitgliedern. Der externen Transparenz liegt ein noch weiteres Begriffsverständnis zu Grunde, da diese Dimension der Transparenz darüber hinaus die Zivilgesellschaften miteinbezieht. Die Idee der verschiedenen Wirkrichtungen der Transparenz lässt sich nach geringfügigen Modifikationen auch auf den Sport übertragen.[76] Die Unterscheidung verdeutlicht, dass die Wirkrichtungen von Transparenz keinen Beschränkungen auf bestimmte Personengruppen

---

74 Siehe später für eine tatsächliche Bestimmung der Bezugssubjekte der Transparenz in CAS-Verfahren Teil 2 C. IV.

75 *Zoellner*, Das Transparenzprinzip im internationalen Wirtschaftsrecht, S. 73 f.

76 Beispielsweise sind die Schiedsparteien keine Mitglieder des CAS, sondern haben sich aufgrund einer Schiedsvereinbarung auf die Zuständigkeit des CAS geeinigt.

oder Institutionen unterliegen, sondern nach den Auswirkungen der Verfahren und Entscheidungen bestimmt werden müssen.

Die interne Transparenz kann mithin neben den Schiedsparteien auch alle Akteure des Sports, auf die sich die Entscheidungen potentiell auswirken können, beinhalten. Außerdem ist unter der internen Transparenz die Öffnung der Informationen gegenüber den Mitgliedern einer (Schieds-)Partei sowie sonstiger Interessenvertreter, die einen Parteibezug aufweisen, zu verstehen. Beispielsweise kann und muss diskutiert werden, ob bei CAS-Schiedsverfahren auch Mitglieder der Sportverbände Zugang zu den Informationen des Verfahrens erhalten sollen, also ob eine sogenannte Verbandsöffentlichkeit existieren sollte. Darüber hinaus könnten auch Interessenvertreter, wie beispielsweise die Sponsoren eines Sportlers, der gegen eine Dopingsanktion Berufung beim CAS eingelegt hat, unter dem Begriff der internen Transparenz gefasst und diskutiert werden. Im Gegensatz dazu ist die externe Transparenz als wesentlich weiter zu verstehen. Diese soll die Allgemeinheit als Öffentlichkeit umfassen, die zumindest keinen unmittelbaren Bezugspunkt zu den Parteien oder dem Verfahren aufweisen kann.

2. *Objektive Reichweite*

Darüber hinaus ist klarzustellen, auf welche Gegenstände sich die Transparenz bezieht, also deren Bezugsobjekte.[77] Transparenz kann in gewissen Kontexten bejaht und in anderen verneint werden. Es kann zwischen prozessualer, institutioneller und materieller Transparenz unterschieden werden.[78] Unter die institutionelle Transparenz fallen alle organisatorischen Fragestellungen abseits des Verfahrens an sich. Beispielhaft dafür stehen die Informationen über die Kosten und die Verfahrensdauer des Schiedsgerichts. Prozessuale Transparenz bezieht sich auf das Verfahren und die Entscheidungsfindung. Materielle Transparenz richtet den Blick auf die materiellen Regeln, die für die Entscheidung angewendet wurden.

77 Siehe später für eine Analyse der Bezugsobjekte der Transparenz in CAS-Verfahren Teil 2 und Teil 4.

78 Ähnlich *Pernt*, How Much (More) Transparency Does Commercial Arbitration Really Need?, Kluwer Arbitration Blog v. 04.03.2017, mit einer Unterscheidung in *Organizational Transparency, Legal Transparency* und *Transparency of Proceedings*; *Ramirez/Tagtachian*, The Precedential Effect of Increasing Transparency, 41 (42 ff.); *Zoellner*, Das Transparenzprinzip im internationalen Wirtschaftsrecht, S. 183 ff. wählt die Begriffe *prozedurale, organisatorisch-institutionelle* und *materielle Transparenz* für das Welthandelsrecht, wenngleich in einem anderen Zusammenhang.

II. Öffentlichkeit und Vertraulichkeit

Eine genaue Definition der Begriffe Öffentlichkeit und Vertraulichkeit gestaltet sich für das Schiedsrecht ebenso schwierig wie Inhalt und Reichweite der Transparenz.[79] Im Gegensatz zu dem eindeutigen Verständnis des Öffentlichkeitsgrundsatzes im deutschen Recht[80] werden im Zusammenhang mit dem Schiedsrecht die Begriffe Nichtöffentlichkeit, Parteiöffentlichkeit, Geheimhaltung, Vertraulichkeit und Verschwiegenheit gebraucht, ohne dass diesen immer das gleiche Verständnis zu Grunde liegt.[81] Die nicht einheitliche Bedeutung dieser Begriffe erstreckt sich sowohl auf das nationale als auch das internationale Schiedsrecht.[82]

Um Klarheit in die Begriffsbestimmung zu bringen, muss zwischen zwei Verhältnissen unterschieden werden, nämlich dem Innen- und Außenverhältnis. Das Innenverhältnis beschreibt die Beziehung der Beteiligten des Schiedsverfahrens zueinander, während das Außenverhältnis Unbeteiligte in den Blick nimmt. Die Verwirrung entsteht oftmals gerade dadurch, dass „Vertraulichkeit" für die Beschreibung unterschiedlicher Konstellationen verwendet wird. Für manche Autoren dient sie für das Außenverhältnis als Sammelbegriff, dann die Nichtöffentlichkeit und Geheimhaltung umfassend, und für andere kennzeichnet Vertraulichkeit als Verschwiegenheit lediglich das Innenverhältnis.[83] Andere Autoren wählen den Begriff für die Geheimhaltungspflicht der Verfahrensbeteiligten gegenüber Unbeteiligten.[84] In der vorliegenden Arbeit wird Vertraulichkeit nicht als Oberbegriff des Prinzips an sich verwendet, sondern

---

79 *Mavromati/Reeb*, CAS Code, R43 Rn. 2 zeigt, dass sich auch die Wissenschaft im Sport mit einer einheitlichen Definition schwertut.

80 Lediglich vereinzelt wird diskutiert, auch die Berichterstattung als eine Form der mittelbaren Öffentlichkeit noch unter den Grundsatz zu fassen, vgl. *Schilken*, Gerichtsverfassungsrecht, 2. Aufl. 1994, § 12 Rn. 178; *Pielow*, Öffentliches Strafverfahren, S. 1 kritisiert das Fehlen einer einheitlichen Definition des allgemeinen Begriffs der Öffentlichkeit auch für den (deutschen) juristischen Kontext.

81 *Kahlert*, Vertraulichkeit, S. 9 macht auf die daraus folgenden Missverständnisse aufmerksam.

82 Im englischsprachigen Raum dreht sich die Diskussion jedoch hauptsächlich um die Begriffe *privacy*, *confidentiality* und *proceedings in camera*.

83 So beispielsweise *Kahlert*, Vertraulichkeit, S. 10, der das Prinzip der Nichtöffentlichkeit zudem noch um die fehlenden Akteneinsichtsrechte ergänzt.

84 *Eslami*, Nichtöffentlichkeit, S. 233 unterteilt die Geheimhaltungsinteressen in die zwei Prinzipien Nichtöffentlichkeit und Vertraulichkeit; *Oldenstam/von Pachelbel*, SchiedsVZ 2006, 31 (32).

definiert vielmehr, dass „Informationen von den Verfahrensbeteiligten nicht gegenüber Außenstehenden offengelegt werden“[85]. *Leisinger* kann so verstanden werden, dass er in der Sache nach auch eine Unterscheidung zwischen dem Außen- und Innenverhältnis trifft, jedoch sozusagen einmal von der Vertraulichkeit im weiten Sinne als Überbegriff spricht und einmal von Vertraulichkeit im engeren Sinn, um die Geheimhaltungspflicht der Parteien im Innenverhältnis zu beschreiben.[86] Eine ähnliche Situation stellt sich in der englischsprachigen Literatur dar, in der auch nicht immer trennscharf zwischen *confidentiality* und *privacy* getrennt wird.[87]

Für den Zweck dieser Arbeit wird unter dem Begriff der Vertraulichkeit (*confidentiality*) die Geheimhaltungspflicht aller am Verfahren beteiligten Personen und Stellen[88] gegenüber unbeteiligten Dritten verstanden. Darunter fällt dann auch die Diskussion rund um die Thematik der Veröffentlichung der Schiedssprüche. Die (fehlende) Akteneinsicht[89] wird ebenfalls dem Begriff der Vertraulichkeit zugeteilt. Die Begriffe der Nichtöffentlichkeit (*privacy* oder *proceedings in camera*) und der Öffentlichkeit beziehen sich darauf, ob Dritte an dem Verfahren teilhaben können, also ihnen Zutritt zur mündlichen Verhandlung oder schiedsrichterlichen Beratung (*deliberations*) gewährt wird.

III. Unmittelbare und mittelbare Öffentlichkeit

§ 169 GVG gilt zwar nicht im Rahmen der internationalen Sportschiedsgerichtsbarkeit, aber zu dieser Vorschrift besteht eine hilfreiche Dogmatik zu der Unterscheidung in eine unmittelbare und mittelbare Öffentlichkeit. Die unmittelbare Öffentlichkeit ergibt sich aus § 169 Abs. 1 S. 1 GVG und beschreibt die tatsächlich während der mündlichen Verhandlung körperlich Anwesenden.[90] Aus diesem Grund wird diese im Folgenden teilweise auch als Verfahrens-, Gerichts- oder Prozessöffentlichkeit bezeichnet. Die mittelbare Öffentlichkeit

---

85 *Eslami,* Nichtöffentlichkeit, S. 233.

86 *Leisinger,* Vertraulichkeit in internationalen Schiedsverfahren, S. 37 f.

87 *Oldenstam/von Pachelbel,* SchiedsVZ 2006, 31 (32), die auch eine klare Definition beider Begriffe geben.

88 Also etwa der Schiedsrichter, Parteien, Parteivertretern, Sachverständigen und Zeugen.

89 *Kahlert,* Vertraulichkeit, S. 11 sieht den Begriff der Akteneinsicht nicht als einen Bestandteil der Öffentlichkeit, sondern als eigenständig.

90 Ausgespart bleibt das Erfordernis der Mündlichkeit als Voraussetzung einer öffentlichen Verhandlung, vgl. dazu *Seitz,* Disposition über die Öffentlichkeit im Zivilprozess?, S. 55 ff.

folgt aus § 169 Abs. 1 S. 2–5 GVG. Unter diesem Begriff werden alle Abwesenden des Verfahrens gefasst, denen jedoch durch technische Hilfsmittel eine unveränderte, optische oder akustische Kenntnisnahme der mündlichen Verhandlung möglich ist. Dies ist etwa eine punktuelle Wiedergabe des Verfahrensinhalts durch nichttechnische Hilfsmittel wie ein Stenografieren, Zeichnen oder das Mitschreiben mit Hilfe des Laptops.[91] Nicht gemeint ist damit eine Berichterstattung über das Verfahren.[92] Unter der Berichterstattung versteht man keine originale Wiedergabe der mündlichen Verhandlung. Ein Berichterstatter vermittelt die mündliche Verhandlung nicht originalgetreu, sondern nimmt oftmals bereits Interpretationen vor oder stellt nur eine Zusammenfassung des Verfahrens dar. Berichterstatter fungieren damit als eine Art Mittelsmänner zwischen dem Verfahren und der Öffentlichkeit. Unter dem Begriff der Öffentlichkeit versteht man also eine Form der passiven Partizipation durch ein Zuhören und/oder Zusehen des originalgetreuen Verfahrensganges.

Allerdings wurde § 169 GVG durch das Gesetz über die Erweiterung der Medienöffentlichkeit in Gerichtsverfahren (EMöGG) geändert und damit eine Aufweichung des Übertragungsverbots aus den Gerichtsverfahren normiert. Die Gesetzesänderung sollte dem steigenden Informationsbedürfnis in einer sich wandelnden Medienlandschaft gerecht werden.[93] Trotzdem ändert sich an der Abgrenzung in unmittelbare und mittelbare Öffentlichkeit dadurch nichts, da es sich auch bei den zum Teil möglichen Ton- und Fernseh-Rundfunkaufnahmen um eine originalgetreue Wiedergabe handeln muss. Die Forderung nach Öffentlichkeit vor dem CAS bedeutet den Zugang zur mündlichen Verhandlung für eine unmittelbare Öffentlichkeit.

IV. Fazit

In der vorliegenden Arbeit umschreibt der Begriff Transparenz den Grad der Zugänglichkeit der Informationen über die Streitbeilegung im Einzelfall und die Nachvollziehbarkeit der Entscheidungsfindung des CAS. Dieser Aspekt der Transparenz bemisst sich an der Zugänglichkeit der mündlichen Schiedsverhandlung für die Öffentlichkeit und an dem Offenlegen der Einzelheiten der Entscheidungsfindung durch einen veröffentlichten Schiedsspruch mit detaillierten Entscheidungsgründen. Die Forderung nach einer größeren Transparenz

91 *Zimmermann*, in: MüKo ZPO, 5. Aufl. 2017, GVG, § 169 Rn. 46.

92 Vgl. für die Medienöffentlichkeit *Kissel/Mayer*, GVG, 9. Aufl. 2018, § 169 Rn. 85 ff.

93 Gesetzesbegründung abrufbar unter <http://dipbt.bundestag.de/extrakt/ba/WP18/764/76490.html> (besucht am 05.01.2020).

bedeutet die Öffnung der mündlichen Verhandlung für die Öffentlichkeit und weniger Vertraulichkeit der Schiedsverfahren.

C. Verfahren vor dem CAS im Einzelnen

Damit der CAS als ein echtes Schiedsgericht[94] statt der staatlichen Gerichte in einem schiedsgerichtlichen Verfahren eine Streitentscheidung treffen kann, müssen sich die Schiedsparteien zuvor der Zuständigkeit des CAS unterworfen haben. Die Schiedsvereinbarungen zum CAS zeigen einige Besonderheiten, die näher untersucht werden. Die Schiedsgerichtsorganisation mit verschiedenen Kammern für die ordentlichen, Rechtsmittel-, *ad-hoc-* und Anti-Doping-Verfahren mit zum Teil separaten Verfahrensordnungen zeigen im Vergleich zur Handels- und Investitionsschiedsgerichtsbarkeit weitere besondere Merkmale, die es aufzuzeigen gilt. Anschließend werden die Verfahren in den verschiedenen CAS-Kammern geschildert, um die Grundlagen für die Differenzierung zwischen den Verfahren in den späteren Teilen zur Öffentlichkeit der Verhandlung und der Veröffentlichung der Entscheidungen zu legen.

I. Zuständigkeit des CAS

Im Sport existiert – etwa durch Modellgesetze wie den Vorschriften im World Anti-Doping Code (WADC) – eine materielle Rechtsvereinheitlichung. Dies dient der Gleichbehandlung aller Sportler in Streitfragen. Allerdings ist auch eine verfahrensrechtliche Absicherung dieser Gleichbehandlung essentiell, denn bei einer Rechtsvereinheitlichung ohne eine zentrale, einheitliche Instanz wäre die einheitliche Anwendung der Vorschriften nicht gewährleistet. Dafür ist der Abschluss einer Schiedsvereinbarung nötig, durch welche die Parteien die sonst zur Entscheidung zuständige staatliche Gerichtsbarkeit ausschließen und sich stattdessen auf ein Schiedsgericht einigen.[95] Schiedsvereinbarungen bilden mithin die zwingende Basis und Voraussetzung jedes Schiedsverfahrens, auch für den Bereich des Sports. Das Erfordernis einer Schiedsvereinbarung

94 Zur Klassifikation des CAS als „echtes Schiedsgericht" siehe für Deutschland *Prütting*, SpuRt 2016, 143 (145) mit Hinweis auf BGH-Rspr.; *Summerer*, SpuRt 2018, 197 (200).

95 Zur Notwendigkeit einer Schiedsvereinbarung vgl. § 1029 Abs. 1 ZPO, § 178 Abs. 3 IPRG.

ist für die CAS-Schiedsgerichtsbarkeit ausdrücklich in R38 Abs. 1, R48 Abs. 1 CAS-Code 2019 geregelt.[96]

1. *Verbindlichkeit der Schiedsvereinbarung*

Die Einigung auf die Schiedsgerichtsbarkeit kann auf unterschiedliche Art und Weise erfolgen. Nach deutschem Recht kann gem. § 1029 Abs. 2 ZPO eine Schiedsvereinbarung in Form einer selbständigen Vereinbarung (Schiedsabrede) oder in Form einer Klausel in einem Vertrag (Schiedsklausel) geschlossen werden.[97] Der Wortlaut der deutschen ZPO verwendet mithin den Oberbegriff der Schiedsvereinbarung.[98] Dadurch wird auch sprachlich die Trennung sowie Unabhängigkeit zwischen dem materiellen Hauptvertrag und dem Schiedsvertrag nachvollzogen.[99]

Im Bereich des internationalen Sports kann sich die Bindung an Schiedsvereinbarungen durch eine Verbandsmitgliedschaft, durch rechtsgeschäftliche Unterwerfungserklärungen unter Verbandssatzungen, die wiederum eine Schiedsklausel enthalten, oder durch eine individuelle, rechtsgeschäftliche Schiedsabrede ergeben.[100] Statuarische Schiedsklauseln können mithin

---

96 Das Erfordernis einer Schiedsvereinbarung als Bestandteil des Schiedsantrags wird ebenso in anderen Verfahrensordnungen institutioneller Schiedsgerichte vorausgesetzt, vgl. statt vieler Art. 4 Nr. 3 lit. e ICC-Rules; Art. 3 Nr. 3 lit. c UNCITRAL-Rules; Art. 1.1 lit. ii LCIA-Rules; der CAS-Code regelt allerdings nicht die Form der Schiedsvereinbarung, dafür gilt Art. 178 IPRG; für die *ad-hoc*-Verfahren siehe Art. 10 Abs. 2 ADH-Rules; für die Anti-Doping-Verfahren siehe A2 Abs. 2 ADD Rules.

97 Nach h. L. handelt es sich im deutschen Recht bei der Rechtsnatur der Schiedsvereinbarung um einen Unterfall des Prozessvertrages, vgl. statt vieler *Münch,* in: MüKo ZPO, 5. Aufl. 2017, § 1029 Rn. 12 ff.; *Schwab/Walter,* Schiedsgerichtsbarkeit, Kap. 7, Rn. 37; a. A. noch *Lorenz,* AcP 1958/1959, 265 (277 ff.); der BGH hat sich nicht eindeutig geäußert, vgl. *Eslami,* Nichtöffentlichkeit, S. 33 ff. *Wagner,* Prozeßverträge S. 578 ff. analysiert ausführlich die verschiedenen Ansichten zum Rechtscharakter der Schiedsvereinbarungen. Diese Analyse hat auch heute nichts an Aktualität eingebüßt.

98 § 1025 Abs. 2 ZPO a. F. sprach noch von Schiedsvertrag; vgl. BT Drucks. 13/5274 v. 12.07.1996, S. 33; auch die Schweizerische Zivilprozessordnung verwendet den Begriff der Schiedsvereinbarung, vgl. Art. 357 chZPO; diese Arbeit übernimmt für die weitere Diskussion die deutschen Begriffe.

99 Aus Gründen der Rechtsklarheit erfolgte eine sprachliche Änderung in der ZPO, vgl. BT Drucks. 13/5274 v. 12.07.1996, S. 33.

100 Statt vieler *Adolphsen,* Internationale Dopingstrafen, S. 87 m. w. N.; *Baddeley/Landrove,* in: Czernich u. a., Handbuch Schiedsrecht, Rn. 32.31 ff.; *Hilpert,* Sportrecht und Sportrechtsprechung im In- und Ausland, S. 342; *Oschütz,*

entweder durch eine Mitgliedschaft oder ein Rechtsgeschäft Bindung entfalten. Davon zu unterscheiden ist eine individualrechtliche, rechtsgeschäftliche Einigung auf eine Schiedsvereinbarung.[101] Somit wäre es verfehlt, statuarische Schiedsklauseln begrifflich als Gegensatz zu den Schiedsvereinbarungen vertraglicher Natur zu begreifen, da auch den statuarischen Schiedsklauseln eine rechtsgeschäftliche Unterwerfungserklärung zu Grunde liegen kann.[102]

Mithin kann die Zuständigkeit des CAS unter anderem auf einer statutarischen Übereinkunft fußen.[103] Die Athleten sind dann durch ihre Vereinsmitgliedschaft an die jeweiligen Satzungen der Vereine und mithin auch an die Schiedsklausel gebunden.[104] Allerdings gelten diese statutarischen Abreden nur für Vereinsentscheidungen, da die Athleten als natürliche Personen nur Vereins-, nicht jedoch auch Mitglieder der internationalen Verbände

Sportschiedsgerichtsbarkeit, S. 174 f.; *Schimke/Eilers,* in. Nolte/Horst, Handbuch Sportrecht, S. 87 (92 ff.); *Muresan,* in: Stopper/Lentze, Handbuch Fußball-Recht, 2. Aufl., Kap. 29 Rn. 8; *Mavromati/Reeb,* CAS Code, R27 Rn. 25 ff. ausführlich zu Schiedsvereinbarungen im Sport; BGH (28.11.1994) – II ZR 11/94, NJW 1995, 583 (585 f.), der BGH geht dabei allerdings von der Unzulässigkeit dynamischer Verweisungen aus.

101 *Knöfel,* SpuRt 2002, 49 (50).

102 So jedoch *Hilpert,* Sportrecht und Sportrechtsprechung im In- und Ausland, S. 342 unterscheidet zwischen mitgliedschaftsrechtlicher und vertragsrechtlicher Natur der Bindung an Schiedsverfahren; ähnlich unklar *Scherrer,* SJZ 1998, 289 (293)

103 Str., jedoch anerkannt, vgl. *Baddeley/Landrove,* in: Czernich u. a., Handbuch Schiedsrecht, Rn. 32.31 ff.; *Fenn,* SpuRt 1997, 77 (77 f.); *Mavromati/Reeb,* CAS Code, R27 R. 45 ff.; *Oschütz,* Sportschiedsgerichtsbarkeit, S. 175; für das deutsche Recht als eine Möglichkeit des § 1066 ZPO streitig, jedoch anerkannt, vgl. statt vieler *Münch,* in: MüKo ZPO, 5. Aufl. 2017, § 1066 Rn. 8; *Wolf/Eslami,* in: BeckOK ZPO, 29. Ed. 01.07.2018, § 1066 Rn. 5; § 1066 ZPO regelt lediglich die Zulässigkeit solcher Schiedsklauseln, nicht jedoch auch deren Voraussetzungen, vgl. *Monheim,* Sportlerrechte und Sportgerichte im Lichte des Rechtsstaatsprinzips – auf dem Weg zu einem Bundessportgericht, S. 144 f. m. w. N.; *Oschütz,* Sportschiedsgerichtsbarkeit, S. 208 f. zur Anwendbarkeit des § 1066 ZPO anstatt der §§ 1029 ff. ZPO; *Voit,* in: Musielak/Voit, ZPO, 17. Aufl. 2020, ZPO § 1066 Rn. 8 ff. i. E. zu allen weiteren Aspekten, auf die hier nicht weiter eingegangen werden soll.

104 Siehe i. E. *Oschütz,* Sportschiedsgerichtsbarkeit, S. 225 ff., er geht allerdings nur auf eine Bindung an eine statutarische Vereinbarung durch die Vereinsmitgliedschaft ein, nicht jedoch ausdrücklich auch auf die Möglichkeit einer rechtsgeschäftlichen Unterstellung auf die statuatorischen Bestimmungen, vgl. m. w. N. *Knöfel,* SpuRt 2002, 49 (50); ebenso *Mavromati/Reeb,* CAS Code, R27 Rn. 45.

sein können.[105] Entscheidungen werden jedoch vorrangig auf Verbandsebene getroffen.[106] Eine mitgliedschaftliche Bindung an die statutarischen Schiedsklausel der Verbände wird dann durch verschiede Konstruktionen versucht herzuleiten, wie die Begründung einer Doppelmitgliedschaft oder mittelbaren Mitgliedschaft der Sportler.[107] Allerdings sollten diese Kettenkonstruktionen aufgrund der rechtlichen Bedenken und anderweitiger, rechtlich schlüssig konstruierbarer Möglichkeiten der Wirkungserstreckung der Verbandsregelwerke auf Nichtmitglieder nicht vorrangig bemüht werden.[108] Üblicherweise nehmen die nationalen Vereine in ihren Satzungen auf die Regelwerke der übergeordneten nationalen wie internationalen Verbände Bezug. Durch einen solchen Verweis in den Vereinssatzungen findet eine Inkorporierung der Schiedsklausel des jeweiligen Verbands statt,[109] sofern diese aus den Statuten selbst oder aus dem Nebenrecht mit Satzungsrang resultieren.[110] Eine unmittelbare Verbandsmitgliedschaft der Athleten ist somit für die Wirkungserstreckung statuarischer Schiedsklauseln der Verbände meistens nicht gegeben, jedoch auch nicht nötig.

---

105 Einzige Ausnahme hiervon stellt das IOC dar, da diesem natürliche Personen als Mitglieder angehören, vgl. Rule 16 Nr. 1.1 Olympic Charter.

106 Vgl. zu diesem Problem bereits *Fenn,* SpuRt 1997, 77 (77).

107 *Adolphsen,* Internationale Dopingstrafen, S. 61 ff. zu den Möglichkeiten und Problemen dieser Konstruktionen, die bereits aus dem Grundsatz der zwingenden Satzungsförmigkeit sowie Unsicherheiten bzgl. der Handhabung der Nichtmitglieder abzulehnen sind.

108 So jedoch *Knöfel,* SpuRt 2002, 49 (50), der das BG in der Sache *Stanley Roberts ./. FIBA* dafür kritisiert, dass die mitgliedschaftliche Bindung an die Schiedsklausel des Athleten auf der dritten Ebene nicht wenigstens ablehnend erwähnt wurde. Eine Kettenkonstruktion auf dritter Ebene zu diskutieren, würde eine Wirkungserstreckung jedoch *ad absurdum* führen.

109 *Schlosser,* Verbandsgerichtsbarkeit, S. 74, 80 zur Inkorporierung; *Oschütz,* Sportschiedsgerichtsbarkeit, S. 225 ff. i. E. zu den Anforderungen der Verweisung; zur Problematik der dynamischen Verweisung, die kritisch beäugt und deren rechtliche Wirksamkeit sich schwierig begründen lässt, jedoch aufgrund ihrer Praktikabilität anerkannt ist, siehe *Fenn,* SpuRt 1997, 77 (78); *Muresan,* in: Stopper/Lentze, Handbuch Fußball-Recht, 2. Aufl., Kap. 29 Rn. 8; BGH (28.11.1994) – II ZR 11/94, NJW 1995, 583 setzt eine Unterwerfung durch ‚rechtsgeschäftlichen Einzelakt' der Nichtmitglieder des Verbands voraus; *Adolphsen,* Internationale Dopingstrafen, S. 74 ff.; *Müller-Eiselt,* SpuRt 2017, 178 (178 ff.); *Orth,* SpuRt 2010, 222 (222 ff.); zudem ist nach Art. 178 Abs. 2 IPRG schweizerisches Recht anwendbar und das BG beurteilt die Wirksamkeit der Schiedsklauseln durch globale Verweisungen als grds. zulässig, vgl. BG (09.01.2009) – 4A_460/2008/Ien, E.6.2.

110 Vgl. für das schweizerische Recht BGE 110 Ia 106 (107).

Darüber hinaus ist auch die Bindung an Schiedsklauseln in Athletenverträgen denkbar und verbreitet.[111] Diese Athletenverträge können zwischen dem Verband oder Verein und Sportler ausgehandelt und abgeschlossen werden, um individuelle Rechte und Pflichten zu begründen. Allerdings stellt dies eine Ausnahme für besonders prominente Sportler dar.[112] Athletenverträge in Form der standardisierten Athletenvereinbarungen sind in der Praxis wesentlich häufiger vorzufinden.[113] Diese Athletenvereinbarungen garantieren eine rechtsgeschäftliche Unterwerfung unter die Regelwerke der Verbände.[114] Diese Regelwerke enthalten wiederum Schiedsklauseln. Solche rechtsgeschäftliche Unterwerfungserklärungen können sich in Art und Reichweite unterscheiden. So können und werden Athletenvereinbarungen entweder im Rahmen der Meldung und Teilnahme zu den sportlichen Wettkämpfen abgeschlossen (sog. Nennungslösung)[115]. Zum anderen sind Schiedsklauseln auch in den Individuallizenzen[116] oder Athletenpässen enthalten (sog. Lizenzlösung)[117]. Die Reichweite der jeweiligen Athletenverträge unterscheidet sich jedoch ebenfalls. Athletenvereinbarungen treffen beispielsweise mit den Vorschriften für die Startberechtigung zu sportlichen Wettkämpfen und zu Wettkampfvorschriften spezifische wettkampfbezogene Regelungen, jedoch mit Bestimmungen zu Werbemaßnahmen sowie Vermarktungsrechten andere das Verhältnis der Vertragsparteien betreffende Aspekte.[118] Individuallizenzen, die bei der Meldung zu einzelnen, konkreten Wettkämpfen vergeben werden, sind dahingegen weniger weitreichend.

---

111 Aufgrund der nicht immer einheitlich verwendeten Begriffe der Athletenvereinbarungen, Athletenerklärungen, Lizenzen, Athletenpass, Spielerlaubnis wird der Begriff „Athletenvertrag" als Überbegriff verwendet, *Scherrer* u. a., Sportrecht, 3. Aufl., S. 46.

112 *Fenn,* SpuRt 1997, 77 (78).

113 Siehe statt vieler unter <https://cdn.dosb.de/alter_Datenbestand/Bilder_allgemein/Veranstaltungen/Rio_2016/RIO_2016_Athletenvereinbarung_beschlossen_am_12.04.2016.pdf> (besucht am 05.01.2020) DOSB Athletenvereinbarung für die Athleten/innen der Deutschen Olympiamannschaft bei den Spielen der XXXI. Olympiade in Rio 2016, Nr. 3. lit. a i. V. m. Rule 61 Nr. 2 Olympic Charter.

114 BGH (28.11.1994) – II ZR 11/94 („Reiter-Entscheidung"), NJW 1995, 583 zur rechtgeschäftlichen Unterwerfungserklärung der Sportler unter die Wettkampf- und Disziplinarordnungen der Sportverbände.

115 *Fenn,* SpuRt 1997, 77 (79).

116 Diese sind nicht zu verwechseln mit sog. Klublizenzen, vgl. *Jakob/Röbig,* SpuRt 2017, 184 (184 ff.) ausführlich zu den verschiedenen Lizenzen im Sport.

117 *Fenn,* SpuRt 1997, 77 (78 f.).

118 *Scherrer* u. a., Sportrecht, 3. Aufl., S. 46.

Die Wirkungserstreckung der verbandsrechtlichen Regelwerke beschränkt sich hierbei auf den spezifischen Wettbewerb.[119]

2. *Abgrenzung zur Schiedsverfahrensvereinbarung*

Schiedsvereinbarungen sind von Schiedsverfahrensvereinbarungen zu unterscheiden.[120] Eine Schiedsvereinbarung bestimmt das „ob", nämlich ob ein Schiedsgericht anstatt staatlicher Gerichte entscheidungszuständig ist. Schiedsverfahrensvereinbarungen regeln mit der Ausgestaltung des konkreten Verfahrens das „wie". Die Bestimmung des Verfahrens durch die Schiedsverfahrensvereinbarung steht größtenteils in der Freiheit der Parteien.

a) Rechtsgrundlagen für das Verfahren vor dem Schiedsgericht

Das schiedsgerichtliche Verfahren bestimmt sich nach der *lex arbitri*.[121] Die Vorschriften der internationalen Schiedsgerichtsbarkeit in Kapitel 12 des schweizerischen Bundesgesetzes über das Internationale Privatrecht (IPRG) sind gem. Art. 176 f. IPRG anwendbar, wenn der Sitz des Schiedsgerichts in der Schweiz liegt, wenigstens eine Partei bei dem Abschluss der Schiedsvereinbarung ihren Wohnsitz oder ihren gewöhnlichen Aufenthalt nicht in der Schweiz hatte und der Streitgegenstand schiedsfähig ist. Diese kumulativen Voraussetzungen sind im Sportkontext mit dem Schiedsort des CAS regelmäßig gegeben, so dass das schweizerische IPRG für das Schiedsverfahrensrecht anwendbar ist. Der schweizerische Schiedsort begründet darüber hinaus die Anwendbarkeit des Art. V Abs. 1 lit. d New Yorker UN-Übereinkommen über die Anerkennung und Vollstreckung ausländischer Schiedssprüche vom 10. Juni 1958 (UNÜ).

b) Parteiautonomie als prägendes Prinzip

Die schiedsgerichtsfreundliche Einstellung der Schweiz spiegelt sich in den Vorschriften des IPRG wider. Das schweizerische Recht gewährt den

119 Dies hat z. B. zur Folge, dass Dopingverstöße, die zeitlich vor dem Wettbewerb liegen, nicht sanktioniert werden können, nachdem die Unterwerfung unter die Anti-Doping-Bestimmungen des Verbands nur während der sportlichen Veranstaltung gelten, vgl. *Jakob/Röbig*, SpuRt 2017, 184 (185).

120 Statt vieler *Münch*, in: MüKo ZPO, 5. Aufl. 2017, § 1029 Rn. 11; OLG Frankfurt a.M. (12.05.2009) – 14 Sch 4/09, NJW-RR 2010, 788 (789).

121 Siehe i. E. für die Sportschiedsgerichgtsbarkeit *Baddeley/Landrove*, in: Czernich u. a., Handbuch Schiedsrecht, Kap. 32 Rn. 32.37 ff.

Schiedsparteien mithin auch bei der Gestaltung des Verfahrens sehr viele Freiheiten.[122] Diese Parteiautonomie erlaubt es den Schiedsparteien gem. Art. 182 Abs. 1 IPRG das Verfahrensrecht beinahe ihrem Belieben zu unterstellen. Diese umfassende Freiheit der Parteien, das Verfahren zu bestimmen, wird jedoch durch gesetzliche, verfahrensrechtliche Minimalstandards eingeschränkt. Als dieses Minimum nennt Art. 182 Abs. 3 IPRG das Recht auf Gleichbehandlung und den Anspruch auf rechtliches Gehör in einem kontradiktorischen Verfahren.[123] Diese verfahrensrechtlichen Standards müssen auch in den Verfahrensordnungen der institutionellen Schiedsgerichte Berücksichtigung finden. Denn die Parteien müssen nicht selbst Verfahrensregeln ausarbeiten, sondern sie können auch die Anwendung der Verfahrensordnung eines institutionellen Schiedsgerichts vereinbaren.[124] Dies stellt nicht nur in der Sportschiedsgerichtsbarkeit die gängige Praxis dar.[125]

Die umfassende Freiheit der Bestimmung des schiedsgerichtlichen Verfahrens ist auch durch Art. V Abs. 1 Nr. 1 lit. d UNÜ belegt und im Rahmen der Anerkennung und Vollstreckung garantiert.[126] Allerdings bedeutet auch Art. V Abs. 1 lit. d UNÜ keine Lossagung von verfahrensrechtlichen Mindeststandards des Rechts am Schiedsort. Zum einen ist Art. V UNÜ nur auf den Zeitpunkt der Anerkennung und Vollstreckung anwendbar. Zum anderen besteht die Möglichkeit, den Schiedsspruch gem. Art. 190 Abs. 2 IPRG bei einem Verstoß gegen zwingendes Verfahrensrecht des Heimatstaates aufzuheben. Der Schiedsspruch ist dann gem. Art. V Abs. 1 lit. e UNÜ bereits nicht mehr anerkennungs- und vollstreckungsfähig.

Die *lex arbitri* gewährleistet den Parteien mithin nicht nur eine große Parteiautonomie, sondern bestimmt auch deren Grenzen bezüglich des Verfahrens. Die in der Anerkennung und Vollstreckung geltenden Bestimmungen des UNÜ ändern an der Anwendbarkeit des zwingenden Verfahrensrechts des schweizerischen Sitzstaats nichts.

122 *Wolff*, JuS 2008, 108 (111 f.) zu den verfahrensrechtlichen Freiräumen der Parteien im deutschen Schiedsverfahrensrecht.

123 Vgl. für das nationale, deutsche Schiedsverfahrensrecht § 1042 Abs. 3 ZPO.

124 Vgl. § 1042 Abs. 3 ZPO; Art. 182 Nr. 1 S. 1 IPRG; BG (26.02.1982), BGE 108 Ib 85 (89).

125 *Schneider/Scherer*, in: BSK, IPRG, Art. 182 Rn. 11 ff.

126 Str., für eine ausführliche Diskussion siehe *Adolphsen*, in: MüKo ZPO, 5. Aufl. 2017, UNÜ, Art. V Rn. 47 ff.

c) *Schiedsgerichtliches Verfahren im Sport*

Die Verfahrensordnung des CAS als institutionellen Schiedsgerichts kann im Einklang mit Art. 182 Abs. 1 Hs. 1 Alt. 2 IPRG als geltendes Schiedsverfahrensrecht bestimmt werden. Diese allgemeine Vorschrift des IPRG findet mit R27 CAS-Code 2019 eine deklaratorische Entsprechung für das sportschiedsgerichtliche Verfahren. R27 CAS-Code 2019 stellt allerdings ausdrücklich klar, dass die Schiedsverfahrensvereinbarung meist konkludenter Bestandteil der Schiedsvereinbarung ist. Im Sport unterwerfen sich die Parteien mit Abschluss der Schiedsvereinbarung, die den CAS als ein institutionelles Schiedsgericht für zuständig erklärt, zudem stillschweigend der Verfahrensordnung des CAS.[127] Die Schiedsverfahrensvereinbarung ist damit Bestandteil der Schiedsvereinbarung. Gem. R27 i. V. m. R67 CAS-Code 2019 gilt die Verfahrensordnung des CAS in ihrer aktuellen Fassung 2019, sofern die Schiedsklage am oder nach dem 01.01.2019 eingereicht wurde oder sich die Schiedsparteien im Falle einer bereits vor diesem Datum anhängigen Schiedsklage nachträglich auf die neue Fassung einigen.[128]

II. Schiedsgerichtsorganisation: die Kammern des CAS und ihre Verfahrensordnungen

Die Kammern („Divisions") des CAS haben sich im Laufe der Zeit entwickelt. Der CAS besteht im Jahr 2020 aus drei ständigen Kammern mit zum Teil separaten Verfahrensordnungen, namentlich der ordentlichen, Rechtsmittel- und Anti-Doping-Kammer.[129] Das Verfahren der ordentlichen Kammer („Ordinary Arbitration Division") und der Rechtsmittel-Kammer („Appeals Arbitration Division") wird durch die Verfahrensordnung des CAS (CAS-Code) bestimmt. Der CAS-Code sieht neben allgemeinen Regelungen (R27 bis R37) jeweils spezielle Vorschriften für das *ordinary* (R38 ff.) und *appeal* (R47 ff.) *procedure* vor, während für die zum 01.01.2019 geschaffene ständige Anti-Doping-Kammer („Anti-doping Division") eine separate Verfahrensordnung existiert.[130] Darüber

---

127 *Mavromati/Reeb,* CAS Code, R27 Rn. 7; dies ist auch aus dem deutschen Schiedsrecht bekannt, siehe etwa *Münch,* in: MüKo ZPO, 5. Aufl. 2017, ZPO § 1029 Rn. 11; *Schwab/Walter,* Schiedsgerichtsbarkeit, 7. Aufl., Kap. 15 Rn. 32 zu dieser Möglichkeit.

128 *Noth/Haas,* in: Arroyo, Arbitration in Switzerland, 2. Aufl. 2018, R27 Rn. 3.

129 Siehe S3 Abs. 2 und S20 Abs. 1 CAS-Code 2019.

130 Siehe S20 lit. b CAS-Code 2019; Verfahrensordnung der Anti-Doping-Kammer abrufbar auf der Website des CAS <https://www.tas-cas.org/en/arbitration/cas-anti-doping-division.html> (besucht am 05.01.2020).

hinaus soll der ICAS für den Zeitraum der Austragung sportlicher Großveranstaltungen, wie beispielsweise für die Olympischen Sommer- und Winterspiele, jeweils nur für diesen Zeitraum bestehende *ad-hoc*-Kammern („Ad Hoc Divisions“) schaffen. Die *ad-hoc*-Kammern entscheiden auf der Grundlage einer eigenen Verfahrensordnung, die auf die Zwecke einer besonders schnellen Entscheidungsfindung innerhalb von maximal 24 Stunden angepasst ist.[131]

1. Die drei ständigen Kammern des CAS

Nach S20 CAS-Code 2019 unterteilt sich der CAS in drei ständige Kammern. Der Begriff der Kammer ist eher als eine Einteilungshilfe im Sinne eines Spruchkörpers zu verstehen und steht einer Entscheidung durch einen Einzelschiedsrichter nicht entgegen.

a) Ordentliche Kammer

Die Kammer für ordentliche Verfahren ist für Schiedsverfahren aufgrund einer Schiedsabrede zwischen den Parteien, beispielsweise in Verträgen, sonstigen Bestimmungen oder einer nachträglichen Schiedsvereinbarung entscheidungsbefugt.[132] Die ordentliche Kammer entscheidet als erste Instanz hauptsächlich über Vertragsstreitigkeiten, so dass die Streitigkeiten als vorrangig kommerziell betitelt werden.[133] Die ordentlichen Schiedsverfahren vor dem CAS müssen zwar einen Sportbezug besitzen, sind ansonsten jedoch weitgehend mit den Streitigkeiten der Handelsschiedsgerichtsbarkeit vergleichbar.

b) Rechtsmittel-Kammer

Diese Kammer stellt ein Alleinstellungsmerkmal in der internationalen Schiedsgerichtsbarkeit dar. Die Rechtsmittel-Kammer ist zuständig für Rechtsmittel gegen Entscheidungen der Verbände und sonstigen Institutionen des Sports oder sofern eine Schiedsvereinbarung die Berufung gegen Entscheidungen zum CAS vorsieht.[134] Der CAS ist also eine Rechtsmittelinstanz für erstinstanzliche Entscheidungen der Verbände und für erstinstanzliche Entscheidungen

---

131 Die Verfahrensordnung der *ad-hoc*-Kammern ist abrufbar auf der Website des CAS <https://www.tas-cas.org/en/arbitration/ad-hoc-division.html> (besucht am 05.01.2020).

132 R27 Abs. 1 CAS-Code 2019.

133 I. E. und statt vieler *Baddeley/Landrove*, in: Czernich u. a., Handbuch Schiedsrecht, Kap. 32 Rn. 32.103.

134 R27 Abs. 1 CAS-Code 2019.

des CAS selbst.[135] R57 CAS-Code 2019 stellt für das Rechtsmittelverfahren explizit klar, dass das Schiedsgericht sowohl Tatsachen- als auch Rechtsinstanz ist. Es ist mithin nicht an die erstinstanzlichen Tatsachenfeststellungen gebunden, sondern es wird eine schiedsgerichtliche Prüfung *de novo* vorgenommen.

Die Rechtsmittel-Kammer und deren Verfahren vor dem CAS werden auch als Berufungskammer und Berufungsschiedsverfahren bezeichnet.[136] Diese Bezeichnung ist allerdings nicht präzise.[137] Die Rechtsmittel-Kammer ist zuständig für die Prüfung endgültiger, verbandsinterner Entscheidungen. Der CAS prüft mithin Beschlüsse der Verbände, die jedoch keine erstinstanzliche Entscheidung eines einheitlichen Instanzenzugs darstellen. Der CAS ist nämlich nicht Bestandteil der Verbandsrechtsprechung und des verbandsrechtlichen Rechtszugs, mithin kein ständiges Verbandsschiedsgericht, sondern fungiert vielmehr als eine externe, neue Instanz.[138]

c) *Anti-Doping-Kammer*

Die Entwicklungsoffenheit der CAS-Kammern zeigt sich mit der Neuschaffung der ständigen Anti-Doping-Kammer.[139] Mit dem 01.01.2019 hat diese ihre Arbeit aufgenommen. Nach A1 Abs. 2 Arbitration Rules CAS Anti-Doping Division (ADD-Rules) haben internationale Sportverbände ihre Befugnis, über Verstöße gegen Anti-Doping-Bestimmungen zu entscheiden und gegebenenfalls in Übereinstimmung mit dem WADC und weiteren tangierten Anti-Doping-Regeln Sanktionen zu treffen, auf diese Kammer delegiert. Es liegt dann an der Anti-Doping-Kammer zu entscheiden, ob ein Verstoß gegen Anti-Doping-Bestimmungen vorliegt und ob daraufhin in Übereinstimmung mit dem WADC und den einschlägigen Bestimmungen eine Sanktion auszusprechen ist. Die Aufgabe der ADD-Kammer besteht mithin darin, über Streitigkeiten im Zusammenhang mit Doping entweder als eine alleinige oder erste Instanz zu entscheiden.[140] Schiedssprüche eines Einzelschiedsrichters stellen

---

135 R47 CAS-Code 2019.

136 Siehe bei *Monheim,* Sportlerrechte und Sportgerichte im Lichte des Rechtsstaatsprinzips – auf dem Weg zu einem Bundessportgericht, S. 385 f.; *Platte,* in: Platte/Mayer, Leitfaden zum Anti-Doping-Recht, 47 (97); eine andere Frage und Themenkomplex ist die Bezeichnung des BG als gerichtliche Berufungsinstanz für die CAS-Schiedssprüche, siehe i. E. Teil 3 D. I.

137 *Baddeley/Landrove,* in: Czernich u. a., Handbuch Schiedsrecht, Kap. 32 Rn. 32.105 nennen sie sogar falsch.

138 BG (27.05.2003), BGE 129 III 445, S. 459.

139 *Brägger,* CaS 2019, 11 (11 ff.) i. E.

140 So ausdrücklich S20 lit. b CAS Code 2019.

gem. A21 Abs. 5 ADD-Rules eine erstinstanzliche Entscheidung dar, die in dem CAS-Rechtsmittelverfahren überprüft werden kann. Bei einem dreiköpfigen Schiedsrichtergremium verzichten die Parteien auf Rechtsmittel vor dem CAS und können somit eine schnelle, endgültige Entscheidung erlangen. Die Unabhängigkeit des CAS soll in den Dopingstreitigkeiten für eine ordnungsgemäße Gewaltenteilung zwischen den Ermittlungs- und Dopingverfolgungsbehörden auf der einen Seite und einer davon getrennten Entscheidungsinstanz auf der anderen Seite sorgen.[141] Die Verbände, denen an der Befolgung ihrer Regelwerke gelegen ist, bleiben damit außen vor. Darüber hinaus stellt der CAS mit der ADD-Kammer sicher, dass alle 20 bis Dezember 2022 berufenen Schiedsrichter über Fachkenntnisse in Dopingangelegenheiten verfügen und damit auch in komplexen Dopingfragen eine sachgerechte und schnelle Entscheidungsfindung durch spezialisierte Schiedsrichter gewährleistet werden kann.[142] Die ständige ADD-Kammer entscheidet nach einer eigenen Verfahrensordnung.[143] Allerdings ist gem. A26 Abs. 2 ADD-Regeln der CAS-Code ergänzend heranzuziehen.

Das Exekutivkomitee des IOC hat seine Befugnisse, vermeintliche Dopingverstöße zu sanktionieren, bereits auf das unabhängige Organ der Anti-Doping-Kammer übertragen.[144] Die Anti-Doping-Kammer trifft damit immer erstinstanzliche und manchmal gleichzeitig auch letztinstanzliche Entscheidungen.[145] Darin liegt ein wesentlicher Unterschied zu der *ad-hoc*-Kammer, da diese als eine zweite Instanz über Rechtsmittel entscheidet.[146] Schiedssprüche

---

141 Vgl. *ICAS,* Media Release v. 28.12.2018, abrufbar unter <https://www.tas-cas.org/en/general-information/news-detail/article/28122018-icas-composition-2019-2022-launch-of-the-permanent-cas-anti-doping-division.html> (besucht am 05.01.2020) mit der Stellungnahme des ICAS Präsident *Coates*; *Diener/Muresan,* CaS 2018, 358 (362) vergleicht die Position und Befugnisse der Verbände mit der einer Strafverfolgungsbehörde.

142 Vgl. *ICAS,* Media Release v. 28.12.2018, abrufbar unter <https://www.tas-cas.org/en/general-information/news-detail/article/28122018-icas-composition-2019-2022-launch-of-the-permanent-cas-anti-doping-division.html> (besucht am 05.01.2020) mit der Stellungnahme des ICAS Präsident *Coates.*

143 Arbitration Rules – CAS Anti-Doping Division, abrufbar unter <https://www.tas-cas.org/fileadmin/user_upload/CAS_ADD_Rules__final_version_2019._.pdf> (besucht am 05.02.2020).

144 Vgl. erstmalig für die Olympischen Spiele in Rio gem. Art. 59 Nr. 2.4 OC 2014, Art. 8.2.2 IOC Anti-Doping Rules for Rio 2016.

145 Art. 1 S. 1 ADD-Regeln.

146 Siehe i. E. zu dieser Kammer sogleich.

der Anti-Doping-Kammer sind damit zwar sofort vollstreckbar, jedoch können die Parteien bei der Streitentscheidung durch einen Einzelschiedsrichter gegen diese erstinstanzliche Entscheidung Rechtsmittel bei dem *ad-hoc*-Schiedsgericht oder der ständigen Rechtsmittel-Kammer des CAS in Lausanne einlegen.

Die seit dem Jahr 2019 neue ständige Anti-Doping-Kammer ist damit für die Verfolgung und Sanktionierung von Verstößen gegen die Anti-Doping-Regeln zuständig und ersetzt in diesem Bereich die *ad-hoc*-Kammer. Zu den Olympischen Spielen in Rio im Sommer 2016 wurde erstmalig eine solche Anti-Doping-Kammer eingesetzt.[147] Viele internationale Sportverbände, darunter auch das IOC, hatten die Entscheidungsbefugnis, ob im Rahmen der Olympischen Wettkämpfe gegen Anti-Doping-Regeln[148] verstoßen worden ist, auf diese Kammer delegiert.[149]

d) *Zuständigkeit der Kammern*

Nachdem der ordentlichen Kammer vermögensrechtliche Streitigkeiten und der Rechtsmittel-Kammer Disziplinarentscheidungen vorbehalten waren,[150] kam es oft zu Schwierigkeiten bei der Zuordnung der Streitgegenstände, die weder das eine noch das andere Merkmal ganz erfüllten, wie beispielsweise bei Divergenzen über Wahlen der Mitglieder der Verbände.[151] Diese Schwierigkeiten wurden durch die jetzt gültige Fassung mit einer klaren Einteilung behoben.

Der CAS-Code in der heutigen Fassung enthält ausdrückliche Regelungen zu der Zuständigkeit der jeweiligen Kammer für die verschiedenen Streitigkeiten. Abgesehen von Dopingsachen erfolgt nach S20, R27 und R47 CAS-Code die Zuteilung der Streitigkeiten gerade nicht nach deren Gegenstand. Es kann

---

147 *Mavromati*, The Rules governing the CAS Anti-Doping and Ad Hoc Divisions at the Olympic Games, S. 1 ff. abrufbar unter SSRN <https://ssrn.com/abstract=2816482> (besucht am 05.01.2020) i. E. dazu.

148 Gemeint sind damit Anti-Doping-Regeln des IOC und der Verbände, die ihre Befugnisse auf diese neue initiierte ADH-Kammer übertragen habe. Diese Anti-Doping-Regeln wurden wiederum in Übereinstimmung mit dem WADC erlassen; siehe Präambel ADD-Regeln, abrufbar unter tas-cas.org <http://www.tas-cas.org/fileadmin/user_upload/Arbitration_Rules_for_the_Anti-doping_Division_2018.pdf> (besucht am 05.01.2020).

149 Siehe Präambel ADD-Regeln.

150 *Straubel*, Loy. U. Chi L.J. 2005, 1203 (1210).

151 *Mavromati/Reeb*, CAS Code, R27 Rn. 78.

mithin nicht darauf ankommen, ob ein Streitgegenstand vermögensrechtlicher Natur ist oder ob es um einen Verstoß gegen Disziplinarregeln geht. Anstatt nach dem Inhalt der Streitigkeiten einzuteilen, differenziert der CAS-Code nach der Verfahrensart (*type of the procedure*)[152]. Eine Kategorisierung muss demnach danach vorgenommen werden, ob ein bereits entschiedener Sachverhalt vor dem CAS nochmals neu aufgerollt wird oder der CAS erstmals eine Entscheidung trifft. Erstere Verfahren sind vor der Rechtsmittel-Kammer des CAS zu entscheiden, letztere stellen ordentliche Verfahren dar. Das bedeutet, dass auch vermögensrechtlich motivierte Streitigkeiten vor der Berufungskammer verhandelt werden können, sofern sie eine nicht mehr angreifbare Entscheidung einer der in S20(b) CAS-Code genannten Organe zum Gegenstand haben.[153] Einen Sonderfall stellen Anti-Doping-Verfahren dar, die prinzipiell vor der Anti-Doping-Kammer verhandelt werden. Schiedsverfahren, die dem CAS zur Entscheidung vorliegen, werden gem. S20 CAS-Code 2019 durch das *Court Office* den jeweiligen Kammern zugeteilt. Der CAS-Code schließt die Möglichkeit der Einflussnahme der Parteien ausdrücklich aus.[154] Es handelt sich bei der Einteilung um eine administrative Entscheidung, und damit ist kein Einspruch der Parteien möglich.[155]

2. Ad-hoc-*Kammer für sportliche Großveranstaltungen*

Für die Dauer sportlicher Großveranstaltungen, wie beispielsweise den Olympischen Spielen, ist die eigens dafür gebildete, nicht ständige *ad-hoc*-Kammer für die mit diesen Ereignissen im Zusammenhang stehenden oder unmittelbar daraus resultierenden Streitigkeiten zuständig.[156] Diese Kammer wurde erstmals im Jahr 1996 für die Olympischen Spiele in Atlanta durch den ICAS gem. S6 Nr. 8 CAS-Code a. F. ins Leben gerufen, damit grundsätzlich innerhalb von 24 Stunden nach der Einreichung der Schiedsklage ein Schiedsspruch

---

152 *Mavromati/Reeb*, CAS Code, R27 Rn. 79.

153 *Mavromati/Reeb*, CAS Code, R47 Rn. 4.

154 S20 CAS-Code: „[…] may not be contested by the parties or raised by them as a cause of irregularity".

155 *Mavromati/Reeb*, CAS Code, R27 Rn. 79 m. w. N. an CAS-Schiedsurteilen.

156 Ausführlich zu der ADH-Kammer und den dortigen Verfahren, *Di Pietro*, in: Blackshaw u. a., The CAS, S. 134 (134 ff.); *Kaufmann-Kohler*, in: Blackshaw u. a., The CAS, S. 105 (105 ff.); *Nater*, in: Rigozzi/Bernasconi, The Proceedings before the Court of Arbitration for Sport, S. 199 (199 ff.); *Tucker/Rigozzi*, in: Blackshaw u. a., The CAS, S. 160 (160 ff.).

erlassen werden kann.[157] Diese Schiedssprüche sind bindend und sollen in einem Schnellverfahren[158] für Rechtssicherheit und damit auch für faire Wettkämpfe sorgen, indem die Beilegung der Streitigkeiten mit der Geschwindigkeit der Wettkämpfe Schritt hält.[159] Der CAS selbst betrachtet die Gründung der *ad-hoc*-Kammern als einen Meilenstein in der Erfolgsgeschichte der Sportschiedsgerichtsbarkeit, da die vorerst nur für die Olympischen Spiele vorgesehenen *ad-hoc*-Kammern mit der Zeit auch während weiteren, zeitlich beschränkten Sportgroßveranstaltungen gebildet wurden und den CAS als Sportschiedsgericht weltweit bekannt machten.[160]

Die Zuständigkeit der *ad-hoc*-Kammern beschränkt sich zeitlich und sachlich auf die jeweilige Veranstaltung. Trotzdem stellen diese *ad-hoc*-Kammern keine sog. Gelegenheitsschiedsgerichte im klassischen Sinn dar, da sie nicht den Gegenpart zu den institutionellen Schiedsgerichten bilden.[161] Die *ad-hoc*-Kammern bilden vielmehr einen integralen Bestandteil des CAS mit eigenen Verfahrensordnungen. Die Verfahrensführung und die Organisation der Schiedsverfahren obliegt bei den *ad-hoc*-Kammern des CAS mithin nicht den Schiedsparteien, wie dies aus der klassischen *ad-hoc*-Schiedsgerichtsbarkeit bekannt ist.[162] Auf die *ad-hoc*-Schiedsverfahren des CAS und die geltenden Verfahrensvorschriften einigen sich die Schiedsparteien mithin nicht *ad hoc*, im Sinne von spontan.

Die Möglichkeit und generelle Zuständigkeit der *ad-hoc*-Kammern ergibt sich aus den jeweiligen Regelwerken der internationalen Sportverbände.[163] Für das Schiedsverfahren gelten die jeweiligen *Arbitration Rules*. Die Verfahrensordnungen der *ad-hoc*-Kammern für die verschiedenen Großveranstaltungen unterscheiden sich lediglich marginal, so dass üblicherweise pauschal auf die

---

157 Art. 18 S. 1 ADH-Rules; *Hofmann/Cherkeh*, SCIAMUS 2012, 17 (20); *Monheim*, Sportlerrechte und Sportgerichte im Lichte des Rechtsstaatsprinzips – auf dem Weg zu einem Bundessportgericht, S. 384.

158 Vgl. für die Verwendung dieses Begriffs u. a. Interview mit Corinne Schmidhauser, eine der zwei Leiter der ADH-Kammer in Sotschi, *Kornmeier*, CAS-Schnellgericht bei Olympischen Spielen, LTO v. 31.01.2014.

159 *Kaufmann-Kohler*, Arbitration at the Olympics, S. 433.

160 *TAS/CAS*, History of the CAS <http://www.tas-cas.org/en/general-information/history-of-the-cas.html> (besucht am 05.01.2020).

161 *Hügi*, Sportrecht, S. 170 spricht von einem „gewissen institutionalisierten Charakter".

162 *Wolff*, JuS 2008, 108 (109); zu der Unterscheidung *Oschütz*, Sportschiedsgerichtsbarkeit, S. 30 f.

163 Siehe z. B. für die Olympischen Spiele Rule 61 Nr. 2 Olympic Charter (OC).

ad-hoc-Regeln (ADH-Regeln) Bezug genommen wird, ohne nach der jeweiligen Fassung zu konkretisieren.[164] Die Befugnis des ICAS mit den ADH-Regeln ergänzende Verfahrensregeln zu erlassen, ergibt sich aus S6 Nr. 1, Nr. 8, Nr. 10, S8, S23 CAS-Code a. F.[165] Diese ADH-Regeln treffen zwar eigenständige Regelungen, bilden jedoch nach Art. 23 Abs. 2 S. 2 ADH-Regeln ausdrücklich einen integralen Bestandteil des CAS-Code. Mithin handelt es sich bei den ADH-Regeln immer um eine Ergänzung, also im Vergleich zum CAS-Code um spezielle Regelungen. Dies stellt bereits S23 CAS-Code a. F. mit der Befugnis des ICAS, die Vorschriften durch den Erlass weiterer Verfahrensregeln zu ergänzen (*supplemented*), ausdrücklich klar.[166] Das bedeutet, dass mangels spezieller Vorschriften in den ADH-Regeln lückenfüllend die Verfahrensregelungen des CAS-Code Anwendung finden oder zumindest als Interpretationshilfe der stark verkürzten prozessualen Regeln des Schnellverfahrens dienen.[167] Allerdings sollte dann auch immer beachtet werden, ob die Verfahrensregeln die besonderen Belange der *ad-hoc*-Verfahren, insbesondere des schnellen Erlasses des Schiedsspruches, angemessen berücksichtigen.[168]

III. Überblick über die Verfahrensrealität im CAS

Die fortschreitende Professionalisierung des Sports hat zu komplexen Rechtsbeziehungen geführt. Dies spiegelt sich auch auf der Verfahrensebene wider. Damit ein Schiedsverfahren vor dem CAS durchgeführt werden kann, muss immer ein Anknüpfungspunkt im Sport bestehen.[169] Dieser Sportbezug ist jedoch nicht immer sofort offensichtlich. Streitigkeiten um die Ausbildungskompensation oder Transferverfahren im Fußball sind dem Grunde nach

164 *Rigozzi,* L'arbitrage international en matière de sport, Partie 2 Sec. 1 Rn. 411; dies wird für diese Arbeit so beibehalten, sofern nicht im Einzelnen eine Unterscheidung geboten ist.

165 Für Olympische Spiele gem. Art. 23 Abs. 2 ADH-Rules nach R61 OC, S6 Nr. 1, Nr. 8, Nr. 10, S8, S23, R69 CAS-Code 2019.

166 So auch *McLaren,* Marq.S.L.Rev. 2001, 515 (521) ohne Begründung; generell wirkt es so, dass in den ADH-Verfahren vieles durch wiederkehrende Praxis akzeptiert und nicht hinterfragt wird, vgl. *Kaufmann-Kohler,* The CAS, 127 f. zu der akzeptierten Praxis, wer den Parteien beitreten kann.

167 *Mavromati,* The Rules governing the CAS Anti-Doping and Ad Hoc Divisions at the Olympic Games, abrufbar unter SSRN <https://ssrn.com/abstract=2816482> (besucht am 05.01.2020).

168 *Rigozzi,* L'arbitrage international en matière de sport, Partie 2 Sec. 1 Rn. 411.

169 S1 CAS-Code „sports-related disputes".

vermögensrechtlicher Natur mit einem Sachverhalt, der im Sport „spielt". Darüber hinaus kann auch ein Verstoß gegen Anti-Doping-Regeln zu finanziellen Strafen oder der Suspendierung des Sportlers für einige Zeit führen und somit vermögensrechtliche Konsequenzen besitzen. Durch Wettkampfsperren entgehen den Sportlern möglicherweise Siegesprämien oder die Einkommensquelle, sie fallen aus den Sportförderungen heraus und Sponsoren[170] kündigen oftmals die Verträge.[171] Eine Geldstrafe kann beispielsweise als Folge eines Regelverstoßes während eines Wettkampfes verhängt werden.[172] Ein Schiedsspruch kann jedoch auch eine Geldstrafe im Schiedsurteil bestätigen, die eine Vertragsstrafe darstellt. Das ist denkbar, wenn ein Fußballverein gegen seine Verpflichtungen bezüglich eines Spielertransfers verstößt, also beispielsweise die Transfersumme nicht oder nicht vollständig bezahlt.[173] Einmal ist die Geldstrafe Folge eines Verstoßes gegen explizite Sportregeln, also Hintergrund einer Disziplinarstreitigkeit. Das andere Mal wird sie aufgrund der Nichteinhaltung eines Vertrages ausgesprochen. Die kurzen Ausführungen bestätigen mithin das Eindeutige. Eine Kategorisierung der Verfahren kann nicht nach den Rechtsfolgen erfolgen, sondern den Ausgangspunkt einer Einteilung sollten die Streitigkeiten bilden. Ansonsten vermischt man die faktischen Auswirkungen eines Verfahrens mit dem Streitgegenstand. Diesem Gedanken werden die verschiedenen CAS-Kammern mit einer Zuordnung der Streitigkeiten gerecht.

1. Verfahren vor der ordentlichen Kammer

Während der CAS in den Rechtsmittelverfahren erstinstanzliche Verbandsentscheidungen gegenüber Sportlern oder nationalen Verbänden und Vereinen überprüft, entscheidet die ordentliche Kammer in erster Instanz. Auch die ordentlichen Verfahren[174] besitzen zwar einen Anknüpfungspunkt im

---

170 Vgl. das Beispiel der Tennisspielerin *Sharapova* bei *Röslmaier,* Nach Doping-Geständnis: Sharapova verliert Sponsoren, ISPO v. 08.03.2016.

171 Die immensen wirtschaftlichen Folgen einer Suspendierung nach einem (vermeintlichen) Dopingvergehen verdeutlicht die Höhe der Schadensersatz- und Schmerzensgeldforderungen der Eisschnellläuferin Pechstein in Höhe von fast fünf Millionen Euro, BGH (7.6.2016) – KZR 6/15, NJW 2016, 2266 ff.; OLG München (15.01.2015) – U 1110/14 Kart, IBR 2015, 1079 ff.

172 Siehe CAS 2014/A/3665, 3666 & 3667 Luis Suárez, FC Barcelona & Uruguayan Football Association v. FIFA.

173 Vgl. 12bis Abs. 4 lit. c Regulations on the Status and Transfer of Players; CAS-Schiedsspruch (08.07.2016) – CAS 2016/A/4387, *Delfino Pescara 1936 v. Royal Standard Liège & Fédération Internationale de Football Association (FIFA).*

174 Vgl. für die Bezeichnung „Ordinary Arbitration Procedure" S3 Abs. 2 CAS-Code 2019.

Sport,[175] allerdings weisen diese einen lediglich mittelbaren Sportbezug auf. Verfahren, die beispielsweise über Ansprüche aus Sponsoring-, Vermarktungs-, Spielervermittlerverträgen entscheiden, unterscheiden sich nicht von Vertragsstreitigkeiten aus der Handelsschiedsgerichtsbarkeit.[176] Der Sport bildet dabei den Hintergrund, jedoch kann er keine Besonderheiten bei der Streitbeilegung rechtfertigen. Es handelt sich bei den ordentlichen Verfahren mithin um vermögensrechtliche Streitigkeiten mit einem sportrechtlichen Bezug.[177] So regeln beispielsweise die diversen Fußballreglements der FIFA die verschiedenen Rechtsverhältnisse größtenteils sehr detailreich und den Streitigkeiten aus dem Fußball liegt zumeist eine verbandsrechtliche, erstinstanzliche Entscheidung zu Grunde. Die Frage nach der Gültigkeit einer Vertragsklausel, die eine Vertragsverlängerung vorsieht, ist ein Paradebeispiel für Streitigkeiten der ordentlichen Kammer.[178]

2. *Verfahren vor der ständigen Rechtsmittel-Kammer und* ad-hoc-*Kammer*

Die Rechtsmittelverfahren vor dem CAS, die entweder vor der ständigen Rechtsmittel-Kammer oder der *ad-hoc*-Kammer geführt werden, haben erstinstanzliche Verbandsentscheidungen zum Gegenstand. Ausgangspunkt dieser Verfahren ist mithin die Vereinsautonomie der Verbände.

a) Vereinsautonomie der Verbände als Ausgangspunkt der Verfahren

Aufgrund des Sitzes der meisten internationalen Sportverbände in der Schweiz soll an dieser Stelle das schweizerische Vereinsrecht in Bezug genommen

175 Dies ist gem. R27 Abs. 2 CAS-Code 2019 eine Voraussetzung für die Zuständigkeit des CAS.

176 Ordentliche Verfahren vor dem CAS sind nicht öffentlich und vertraulich *Baddeley/Landrove,* in: Czernich u. a., Handbuch Schiedsrecht, Kap. 32 R. 32.103; vgl. für die Aufzählung der Streitgegenstände *Haas/Martens,* Sportrecht – Eine Einführung in die Praxis, 2. Kap., S. 130; *Ströbele,* Die Auswirkungen der „Besonderheiten des Sports" auf die Anwendung von Verfahrensgrundsätzen in sportgerichtlichen Verfahren am Beispiel des Fußballs, S. 84.

177 *Haas/Martens,* Sportrecht – Eine Einführung in die Praxis, 2. Kap., S. 130; Rigozzi und McAuliffe ordnen der ordentlichen Kammer „mainly commercial disputes" zu, vgl. *Rigozzi/McAuliffe,* in: Global Arbitration Review, The European, Middle Eastern and African Arbitration Review 2013, S. 18.

178 CAS-Schiedsspruch (28.09.2011) – CAS 2010/O/2132, *Shakhtar Donetsk v. Ilson Pereira Dias Junior.*

werden.[179] Die Sportverbände sind durch die Vereinigungsfreiheit geschützt. Neben dem grundrechtlichen Schutz der Vereinigungsfreiheit nach Art. 23 Bundesverfassung der Schweizerischen Eidgenossenschaft (BV), ergibt sich aus den auf die Verbände und Vereine anwendbaren Vorschriften gem. Art. 60 ff. Schweizerisches Zivilgesetzbuch (ZGB),[180] dass sie die für sie wesenhaften Angelegenheiten selbstbestimmt ohne eine staatliche Einmischung regeln dürfen. Die Satzung nach Art. 60 Abs. 2 ZGB dient dem Verein dabei maßgebend als Regelwerk. Diese Vereinssatzungen können neben weiteren Regelungsmaterien als Rechtsmittelinstanz gegen letztinstanzliche Vereinsentscheidungen ein echtes Schiedsgericht vorsehen. Als eine solche Rechtsmittelinstanz im Bereich des Sports fungiert der CAS, der damit die Zuständigkeit staatlicher Gerichte verdrängt.

Die aufgrund der Vereinsautonomie in Kraft gesetzten Regelwerke können sich dann entweder vertikal oder horizontal auswirken.[181] So kann der internationale Spitzenverband beispielsweise auf vertikaler Ebene Entscheidungen gegenüber den nationalen Verbänden, örtlichen Vereinen, Offiziellen, Athleten oder sonstigen natürlichen Personen treffen. Dies zeigt sich beispielsweise in den disziplinarrechtlichen Sperren und Sanktionen. Ebenso können die Regelwerke jedoch auch auf Rechtsverhältnisse der horizontalen Gleichordnung einwirken. Letzteres zeigt sich beispielsweise bei dem Transfer eines Fußballspielers durch das Erfordernis der Zahlung einer Ausbildungsentschädigung des übernehmenden Klubs, sofern die Voraussetzungen im Einzelnen vorliegen.[182] Unabhängig von der Bezeichnung als Vertragsstrafe oder als Vereinsverwaltungsakt handelt es sich materiell-rechtlich immer um eine Sanktion oder sonstige Maßnahme, die dem Privatrecht entspringt.[183] Diese Möglichkeiten

---

179 Siehe jedoch für die Vereinigungsfreiheit auch Art. 9 Abs. 1 GG, Art. 11 EMRK, Art. 22 Abs. 1 UNO-Pakt II.

180 Aufgrund des Sitzes der meisten Sportverbände nach schweizerischem Recht mit Sitz in der Schweiz soll hier das schweizerische Vereinsrecht dargestellt werden, vgl. jedoch für die Vereinigungsfreiheit Art. 9 Abs. 1 GG, Art. 11 EMRK, Art. 22 Abs. 1 UNO-Pakt II.

181 *Villiger,* in: Stopper/Lentze, Handbuch Fußball-Recht, 1. Aufl., Kap. 21 Rn. 7 trifft für die FIFA eine solche Unterscheidung.

182 Art. 20 FIFA Reglement bezüglich Status und Transfer von Spielern; siehe zur Frage des Grundgesetzverstoßes der Ausbildungsentschädigung OLG Oldenburg (10.05.2005) – 9 U 94/04, CaS 2005, 186 (186 ff.).

183 *Koch,* in: Stopper/Lentze, Handbuch Fußballrecht, 2. Aufl., Kap. 28 Rn. 9; *Summerer,* in: Fritzweiler u. a., Praxishandbuch Sportrecht, 3. Aufl., 2. Teil Rn. 232 ff.

der Sanktionierung der Verbände stellen sich als vielfältig dar, um den verschiedenen Sachverhaltskonstellationen entsprechend gerecht werden zu können. Die Maßnahmen reichen von einer Verwarnung, Verweis, Geldbuße, Verbot der Platzbenutzung, Verlust der Ämterbekleidung, Zwangsabstieg bis hin zum Vereins- oder Verbandsausschluss.

Die Anträge auf Aufhebung in CAS-Rechtsmittelverfahren der dieser Ordnungs- und Strafgewalt unterstellten Personen entsprechen schließlich diesem verbandsrechtlichen Sanktionierungskatalog. Die Beziehung zwischen Verband bzw. Verein und Sportlern beschränkt sich jedoch nicht nur auf die Disziplinarentscheidungen im engeren Sinn. Auf das Rechtsverhältnis wird vielmehr auch durch Zulassungsentscheidungen sowie durch die Einwirkung auf vertragliche Beziehungen, wie beispielsweise durch die Transferbestimmungen der FIFA, Einfluss genommen.

b) Beispiele der Vereinsautonomie im Sport

Die Vereinigungsfreiheit nach Art. 23 BV gestattet es den Verbänden, eigene Regelwerke aufzustellen.[184] Bestandteil dieser ist das Disziplinarrecht, das Regelungen und Maßnahmen vorseht, um Verstöße gegen Verbandsrecht entsprechend sanktionieren zu können. Das Disziplinarrecht erlangt entweder durch eine Mitgliedschaft oder durch eine Unterwerfungserklärung Geltung.[185] Unmittelbare Mitglieder der internationalen Verbände sind größtenteils die nationalen Verbände, die dann verpflichtet sind, die Regeln des Dachverbandes auch national gegenüber ihren Mitgliedern durchzusetzen.[186] Aufgrund der pyramidalen Struktur des Sports besitzen die Verbände an der Spitze auch eine Disziplinargewalt gegenüber den ihnen untergeordneten Verbänden. Beispielsweise hat die FIFA dem kamerunischen Fußballverband untersagt, beim Afrikacup im Jahr 2004 seine Mannschaft entgegen des ursprünglichen Plans nicht in einteiligen Trikots auflaufen lassen, da die FIFA dies in ihrem Regelwerk verbietet.[187]

Sollten die der Satzungsordnung der Verbände unterstellten Personen gegen diese verstoßen, werden die dort vorgesehenen Sanktionen ausgesprochen.

---

184 *Hilpert,* Die Geschichte des Sportrechts, S. 234 ff. i. E. zu allen Sportarten und deren Regeln; *Schimke/Eilers,* in: Nolte/Horst, Handbuch Sportrecht, S. 87 (91 f.).

185 Str. ist die Art und Weise der Bindung für Nichtmitlieder, vgl. beispielhaft *Nagel,* CaS 3/2010, 236 (236 ff.).

186 Vgl. als Beispiel BGH, Urteil v. 20.09.2016, II ZR 25/15 -, juris, Rn. 4.

187 *Heermann,* CaS 2006, 345 (346).

Diese Disziplinarentscheidungen sind vielfältig und können beispielsweise neben Trainings- und Wettkampfsperren auch Vertragsstrafen beinhalten. Unter gewissen Voraussetzungen kann auch ein Fehlverhalten, das nicht aus einem unmittelbaren Spielverlauf resultiert, sanktioniert werden, wenn es noch in einem zeitlichen Zusammenhang zu dem jeweiligen Sportereignis steht.[188] Daneben ist jedoch auch die Disqualifikation für Wettbewerbe möglich. Gerade im Fußball ordnen Disziplinarentscheidungen oftmals die Sperre für eine konkrete Anzahl von Spielen an.[189] Darüber hinaus sind Geldbußen, etwa aufgrund der Sanktionierung von *match-fixing* oder von Fehlverhalten, während eines laufenden Wettbewerbs möglich.[190] Suspensionen nationaler Verbände, nachdem sie die jeweilige Sportart insgesamt in der Öffentlichkeit in Verruf gebracht haben, fallen ebenfalls unter die Kategorie des Disziplinarrechts.[191] Das Teilnahmeverbot für einen an Spielmanipulationen beteiligten Fußballklub an UEFA-Wettbewerben zum Schutz des Rufs und der Integrität des UEFA-Wettbewerbs ist ein solches Beispiel.[192] Mildere Sanktionen wie Abmahnungen werden beispielsweise bei Verstößen von Offiziellen getroffen.[193] Gerade in Fällen des *match-fixing* stehen die Verbandsentscheidungen in ihrer Reichweite Dopingsanktionen oftmals jedoch in keiner Weise nach. Beispielsweise hat der Internationale Tennisverband (ITF) den österreichischen Tennisspieler *Köllerer* mit einer lebenslangen Wettkampfsperre und einer Strafe von 100.000 USD belegt.[194]

---

188 CAS-Schiedsspruch (29.09.2016) – CAS 2016/A/4558, *Mitchell Whitmore v. International Skating Union (ISU)*, Rn. 19 f.

189 Siehe zur Auslassung von 12 Spielen CAS-Schiedsspruch (13.07.2016) – CAS 2015/A/4351, *Vsl Pakruojo FK et al. v. LFF*, Rn. 19 ff.

190 CAS-Schiedsspruch (02.12.2014) – CAS 2014/A/3665, 3666 & 3667, *Luis Suárez, FC Barcelona & Uruguayan Football Association v. FIFA;* CAS-Schiedsspruch (13.07.2016) – CAS 2015/A/4351, *Vsl Pakruojo FK et al. v. LFF.*

191 CAS-Schiedsspruch (30.05.2017) – CAS 2016/A/4921 & 4922, *Maria Dzhumadzuk, Irina Shulga & Equestrian Federation of Ukraine v. Federation Equestre Internationale (FEI).*

192 CAS-Schiedsspruch (21.11.2016) – CAS 2016/A/4650, *Klubi Sportiv Skenderbeu v. Union Européenne de Football Association (UEFA).*

193 CAS-Schiedsspruch (30.05.2017) – CAS 2016/A/4921 & 4922, *Maria Dzhumadzuk, Irina Shulga & Equestrian Federation of Ukraine v. Federation Equestre Internationale (FEI).*

194 Die Geldstrafe hielt in dem Rechtsmittelverfahren vor dem CAS nicht stand, vgl. CAS-Schiedsspruch (23.03.2012) – CAS 2011/A/2490, *Daniel Köllerer v. ATP, WTF, ITF & Grand Slam Committee*, Rn. 73.

Verbandsrechtliche Disziplinarentscheidungen dienen mithin der Implementierung eines verbandskonformen Verhaltens. Nach Ausschöpfung des verbandsinternen Rechtsweges können die Sanktionierten die Entscheidungen der Rechtsmittel-Kammer des CAS zur Entscheidung vorlegen, sofern es sich nicht um wettkampfbezogene, sondern um sportbezogene Disziplinarentscheidungen handelt. Die Anträge richten sich dabei jeweils auf die Aufhebung der Entscheidungen zu Gunsten der durch sie Beschwerten.

c) *Erstinstanzliche Verbandsentscheidungen vor der ständigen und* ad-hoc-*Rechtsmittel-Kammer*

Nachfolgend werden nun diese verschiedenen, erstinstanzlichen Verbandsentscheidungen[195] dargestellt, gegen die ein Rechtsmittel beim CAS in zweiter Instanz eingelegt werden kann.

aa) Disziplinarentscheidungen

Disziplinarentscheidungen kennzeichnet grundsätzlich, dass gegen das verbandsrechtliche Disziplinarreglement verstoßen wurde. Allerdings können sie, auch wenn es der Name anders vermuten lässt, neben einem disziplinären auch einen nichtdisziplinären Charakter aufweisen, etwa durch das Erteilen von Erlaubnissen, Spiellizenzen oder sonstigen Genehmigungen.[196] Vor dem CAS als Rechtsmittelinstanz wird gegen disziplinäre Entscheidungen aus der ersten Instanz der Verbände Berufung eingelegt. Darüber hinaus gibt es Disziplinarentscheidungen mit einem unmittelbaren Wettkampfbezug, wenngleich eine trennscharfe Unterscheidung nicht immer möglich ist.[197] Eine Siebenmeterentscheidung der Offiziellen im Handball oder Hockey resultiert direkt aus

---

195 Eine Ausnahme stellen nachfolgend Dopingsanktionen dar, die zum Teil bereits in erster Instanz von dem CAS anstatt den Verbänden ausgesprochen werden.

196 *Koch,* in: Stopper/Lentze, Handbuch Fußball-Recht, 2. Aufl., Kap. 28 Rn. 9 zu der Unterscheidung von Vereinsverwaltungsakten mit disziplinären und nichtdisziplinären Charakter; teilweise wird auch von Vertragssprache gesprochen vgl. *Borges,* Verbandsgerichtsbarkeit und Schiedsgerichtsbarkeit im internationalen Berufsfußball, S. 14; zu der Qualifizierung als Beschluss *Scherrer,* SpuRt 2000, 262 (263 f.); BGE (21.01.1982) – BGE 108 II 15, S. 16 ff. setzt einen Beschluss selbstverständlich voraus.

197 BG (06.12.1994) – 120 II, 169 ff., SpuRt 1995, 211 ff.; Entscheid der NL-Disziplinarkommission vom 23.12.2000, *FC Neuchâtel Xamax/FC Zürich*, SpuRt 2000, 125 ff.; DFB-Bundesgericht (25.05.2012) – 5/2011/2012, SpuRt 2012, 169 ff.; *Hilpert,* Das Fußballstrafrecht des Deutschen Fußball-Bundes (DFB), Kap. 3 Rn. 10.

dem Spielfeldgeschehen und dient einem möglichst reibungslosen Spielverlauf. Als eine solche Tatsachenentscheidung dient sie dem „Spielverlaufsinteresse" und kann nicht einer schiedsgerichtlichen Überprüfung des CAS zugeführt werden. Anders verhält es sich bei Verstößen gegen das Verbandsrecht, welche die Rechtsverhältnisse über das Spielgeschehen hinausgehend regeln, etwa die Sperre eines Spielers für längere Zeit aufgrund eines Dopingverstoßes.[198]

Während Verstöße gegen Spielregeln einen unmittelbaren Wettkampfbezug aufweisen und damit der Überprüfung entzogen sind, stellt sich die Einordung der Sanktionen aufgrund von Tätlichkeiten und allgemein unsportlichem Verhalten während Wettkämpfen als nicht mehr eindeutig dar. Der Feldverweis eines Fußballspielers aufgrund einer Gelb-Roten-Karte gilt als eine überprüfbare, disziplinäre Wettkampfentscheidung.[199] Eine Einordung von tätlichen Angriffen, die zwar während eines laufenden Wettbewerbs stattfinden, jedoch nicht unmittelbar aus dem Spielverlauf resultieren, gestaltet sich jedoch schwierig. Eine scharfe Trennlinie ist also eher daran zu orientieren, ob ein Regelverstoß das Wettkampfergebnis unmittelbar rückwirkend beeinflussen würde. Dann wäre es interessengerecht, eine CAS-Entscheidung zu verbieten.

(1) Unmittelbar wettkampfbezogene Disziplinarentscheidungen

Sogenannte *field of play*-Entscheidungen unterliegen nur einer sehr eingeschränkten Überprüfbarkeit.[200] Dabei handelt es sich um Tatsachenentscheidungen, die auf dem Spielfeld durch einen Offiziellen getroffen werden. Verbandsintern unterliegen diese Disziplinarentscheidungen grundsätzlich keiner Kontrolle. So regelt beispielsweise Law 05 Nr. 2 Abs. 2 FIFA Laws of the Game 2018/19, dass die Entscheidungen des Schiedsrichters bezüglich der mit

---

198 Vgl. für Anfechtungsklage Schweizer BGE, Urteil der II. Zivilabteilung v. 21.01.1982, BGE 108 II 15 S. 16 ff.; *Summerer,* in: Fritzweiler u. a. Praxishandbuch Sportrecht, 3. Aufl., Kap. 5 Rn. 401 ff. ausführlich zu der gerichtlichen Justitiabilität.

199 Vgl. § 25a (1) RVO Badischer Fußballverband e. V. zur Einspruchsmöglichkeit.

200 CAS-Schiedsspruch (23.12.2009) – CAS 2009/A/1860, *Massimiliano Biaggi & Aprilia Racing Srl v. Fédération Internationale de Motocyclisme (FIM),* Rn. 15 ff.; CAS-Schiedsspruch (11.08.2012) – (OG London) 12/010, *Swedish National Olympic Committee (SNOC) & Swedish Triathlon Federation (STF) v. International Triathlon Union (ITU)*; CAS-Schiedsspruch (13.12.2012) – CAS 2011/A/2525, *Harry Wiltshire v. International Triathon Union (ITU),* Rn. 11;; CAS-Schiedsspruch (29.07.2015) – CAS 2015/A/3880, *FC Steaua Bucuresti v. Gabriel Muresan,* Leitsatz Nr. 3; CAS-Schiedsspruch (21.08.2016) – (OG Rio) 16/028, *Behdad Salimi & National Olympic Committee of the Islamic Republic of Iran (NOCIRI) v. International Weightlifting Federation (IWF).*

dem Spiel verbundenen Fakten, einschließlich der Frage, ob ein Tor erzielt wird oder nicht, und das Ergebnis des Spiels, endgültig sind. Auch die Spruchtätigkeit des CAS beschränkt sich dabei lediglich auf eine Willkürkontrolle oder falls Tatsachen übersehen und offensichtlich für die Entscheidung keine Rolle spielten.[201] Denn die Entscheidungen der Schiedsrichter während der laufenden Wettkämpfe müssen sich vor allem durch Schnelligkeit auszeichnen, um den weiteren Spielverlauf und Spielfluss nicht zu hemmen. Eine zeitlich aufwendige Prüfung ist den Offiziellen mithin nicht möglich, so dass diese Entscheidungen zum Teil fehleranfällig sein können. Eine nachträgliche Berichtigung der Entscheidungen könnte jedoch ganze Turnierverläufe umkehren, man denke nur an einen fehlerhaft gegebenen und spielentscheidenden Elfmeter in einem Fußballspiel in der Vorrunde einer Welt- oder Europameisterschaft. Außerdem sind CAS-Schiedsrichter nicht mit den zum Teil technischen Spielregeln jeder Sportart vertraut.[202] Selbst wenn man dies nicht als Gegenargument gelten lassen möchte, da ein Einlesen und Einarbeiten in die jeweiligen Spielregeln grundsätzlich möglich erscheint, waren die CAS-Schiedsrichter im Gegensatz zu den Offiziellen zum Zeitpunkt der Entscheidung nicht anwesend. Sie können damit weder die jeweilige Stimmung noch den Vorfall mit ihrem Augenschein exakt im Nachhinein nachvollziehen.[203] Spielentscheidungen nur einer eingeschränkten Kontrolle zu unterziehen, dient damit sowohl der Endgültigkeit einer Spiel- oder Turnierentscheidung als auch der Autorität der Offiziellen und der damit verbundenen Akzeptanz ihrer getroffenen Entscheidungen.[204] Die Berufung vor dem CAS gegen unmittelbar aus dem Wettkampfgeschehen resultierende Disziplinarentscheidungen nicht zuzulassen, verhindert darüber

---

201 CAS-Schiedsspruch (29.07.2015) – CAS 2015/A/3880, *FC Steaua Bucuresti v. Gabriel Muresan*, Leitsatz Nr. 3.

202 CAS-Schiedsspruch (21.08.2016) – (OG Rio) 16/028, *Behdad Salimi & National Olympic Committee of the Islamic Republic of Iran (NOCIRI) v. International Weightlifting Federation (IWF).*

203 CAS-Schiedsspruch (21.08.2016) – (OG Rio) 16/028, *Behdad Salimi & National Olympic Committee of the Islamic Republic of Iran (NOCIRI) v. International Weightlifting Federation (IWF)*; allerdings könnten sehr gute Spiel- und Wettkampfaufzeichnungen hierbei Abhilfe schaffen und einer nachträgliche Entscheidung durch die CAS-Richter als vorzugswürdig erscheinen lassen. Fragen des Beweisrechts bleiben in dieser Arbeit jedoch außer Betracht.

204 CAS-Schiedsspruch (15.07.2016) – CAS 2015/A/4208, *Horse Sport Ireland (HSI) & Cian O'Connor v. Federation Equestre Internationale (FEI)*, Leitsatz Nr. 2.

hinaus Unsicherheiten über die Endgültigkeit der Turnier- und Wettkampfergebnisse aufgrund offener Rechtsfragen und Verfahren.

(2) Sportbezogene Disziplinarentscheidungen

Sportbezogene Disziplinarentscheidungen resultieren nicht aus dem unmittelbaren Wettkampfgeschehen.[205] Es sind auch Sanktionen für Regelverstöße außerhalb des Wettkampfgeschehens Gegenstand der Disziplinarentscheidungen, wie beispielweise *match-fixing*[206] bei der Manipulation des Qualifikationsprozesses für die Olympischen Spiele. Der Skirennfahrerin *Vanessa Vanakorn* wurde vorgeworfen, die Qualifikationserfordernisse nach den Regeln der FIS nicht tatsächlich erfüllt zu haben.[207] Daraufhin verhängte die FIS eine vierjährige Sperre für alle FIS-Wettbewerbe, die schließlich vor dem CAS keinen Bestand hatte. *Match-fixing* nimmt darüber hinaus einen immer größeren Raum ein, vorrangig nicht, um eine Zulassung zu Wettbewerben zu erlangen, sondern um finanzielle Vorteile zu erwirtschaften. Die aufgrund von Spielabsprachen sanktionierten Sportler legen gegen diese Verbandsentscheidungen dann Berufung beim CAS ein.[208] Disziplinarentscheidungen können auch zwischen Verbänden getroffen werden, zum Beispiel bei der Verletzung der *Club Licensing and Financial Fair Play Regulations* im Fußball und damit einhergehender Nichtbegleichung bestehender, offener Schulden durch einen Fußballverein.[209] Ebenso haften die Vereine als juristische Person auch für das Verhalten eines ihrer Organe. Verhält sich beispielsweise ein Trainer während eines Wettkampfes nicht regelkonform, so kann dafür der Verein durch den internationalen Verband sanktioniert werden.[210]

---

205 *Koch*, in: Stopper/Lentze, Handbuch Fußball-Recht, 2. Aufl., Kap. 28 Rn. 9 mit weiteren Beispielen im Fußball.

206 Vgl. *Palermo/Williams*, CAS Bulletin 2018/02, 8 (8 ff.) ausführlich zu *match-fixing* und der diesbezüglichen Rechtsprechung des CAS.

207 CAS-Schiedsspruch (19.06.2015) – CAS 2014/A/3832 & 3833, *Vanessa Vanakorn v. Fédération Internationale de Ski (FIS).*

208 CAS-Schiedsspruch (23.03.2012) – CAS 2011/A/2490, *Daniel Köllerer v. ATP, WTF, ITF & Grand Slam Committee.*

209 CAS-Schiedsspruch (09.08.2017) – CAS 2017/A/4946, *Sports Club "Gaz Metan" Medias v. Romanian Football Federation (RFF) & Romanian Professional Football League (RPFL).*

210 *Pfister*, SpuRt 2003, 7 (10).

bb) Dopingentscheidungen

Dopingfälle sind momentan Gegenstand einer breiten Debatte und damit im öffentlichen Bewusstsein. Unter dem Begriff Doping versteht man sowohl die Einnahme verbotener, leistungssteigernder Substanzen oder die Anwendung verbotener Methoden als auch den Verstoß gegen im WADC niedergelegte Verhaltensregeln, wie die Einschüchterung potentieller Zeugen eines Dopingverstoßes oder die Weitergabe falscher Informationen an die Anti-Doping-Behörde.[211] Es kommt zu einer Bestrafung, sofern der Tatbestand des Dopings erfüllt ist. Die Sanktionierung des betroffenen Sportlers mit einem positiven Dopingbeweis benötigt dafür eine eindeutige satzungsrechtliche Grundlage. Für die deutschen nationalen Sportfachverbände bedeutet dies gem. Art. 18.3 WADC, dass eine Implementierung des NADC in das Verbandsregelwerk stattfinden und zusätzlich sichergestellt werden muss, dass die nachgeordneten Verbände, Vereine, Athleten und sonstigen Beteiligten daran gebunden werden.[212] Doping ist mithin eine Fallgruppe einer Disziplinarentscheidung, die sich lediglich durch zum Teil weitreichendere Folgen unterscheidet.

Dopingsanktionen beruhen auf einem Vertrag, nämlich der Athletenvereinbarung.[213] In dieser verpflichten sich die Athleten, den WADC anzuerkennen und zu befolgen. Der WADC selbst wurde im Jahr 2003 von den internationalen Sportverbänden verabschiedet. Die nationalen Sportverbände mit ihren Vereinen sind durch ihre Mitgliedschaft in den überstaatlichen, internationalen Verbänden an den WADC und dem NADC als daraus resultierendes Regelwerk für den Geltungsbereich des deutschen Sports gebunden. Diese Verpflichtung übertragen die nationalen Verbände durch die Bestimmungen in den Athletenvereinbarungen auf die Sportler. Der rechtliche Ausgangspunkt und der erste Anknüpfungspunkt für Dopingsanktionen ist mithin ein vertraglicher. Die Dopingsanktionen werden entweder von dem Verband oder von dem CAS in erster Instanz gegenüber den Vereinen, Athleten und sonstigen Beteiligten getroffen. Die Anti-Doping-Kammer des CAS ist statt der Sportverbände zuständig, wenn diese ihre Kompetenzen auf den CAS übertragen haben, Dopingverstöße festzustellen und zu sanktionieren. In diesen Fällen

211 Siehe Art. 2 WADC 2015 with 2018 amendments.

212 *Nagel,* CaS 2010, 236 (236 ff.).

213 Ausführlich zu der ‚rechtlichen Ausgangslage bei Dopingverstößen' *Bleistein/ Degenhart,* NJW 2015, 1353 (1354); zu der eindeutigen Einordnung als Privatrecht, speziell des Verstoßes vertraglicher Verpflichtungen *Straubel,* Loy. U. Chi. L.J. 2005, 1203 (1259).

entscheidet die Anti-Doping-Kammer in erster Instanz über Dopingvergehen. Den Sportlern steht die Möglichkeit offen, gegen diese erstinstanzlichen Einzelrichterentscheidungen der Anti-Doping-Kammer Rechtsmittel vor der Rechtsmittel-Kammer des CAS einzulegen, es sei denn, es liegt eine Entscheidung eines dreiköpfigen Schiedsgerichtes vor.[214] Für den weiteren Rechtsweg ist es also aus der Sicht der Sportler nicht entscheidend, ob die erstinstanzliche Dopingentscheidung von dem Verband oder dem CAS getroffen wurde.

Die Anträge der Sportler, die Adressat einer Disziplinarentscheidung aufgrund eines Dopingvorwurfes sind, richten sich auf die Aufhebung der Sanktionen. Die Entscheidungen, die aufgrund eines vermeintlichen Dopingvergehens ergehen, sind für die Sportler besonders einschneidend und weitreichend. Dies zeigt sich insbesondere bei Wiederholungstätern. Ein dritter Verstoß gegen eine Anti-Doping-Regel führt gem. Art. 10.7.2 WADC im Normalfall zu einem lebenslangen Ausschluss vom professionellen Sport, es sei denn einer der wenigen Ausnahmetatbestände ist einschlägig. Aus diesem Grund richten sich die Anträge der Sportler auf die Aufhebung der Suspendierung aufgrund eines Dopingvorwurfes. Die Perioden für einen Wettbewerbsausschluss sind jedoch nicht immer lebenslänglich. Allerdings bedeuten Suspendierungen für einen längeren Zeitraum von vier oder acht Jahren manchmal ähnlich weitreichende Konsequenzen.[215] Eine vierjährige Sperre kann einen Olympiazyklus betreffen. Ein Ausschluss für acht Jahre kommt dagegen dem Karriereende gleich, nachdem sportliche Höchstleistungen auf eine kurze Zeit im Leben beschränkt sind. Darüber hinaus beinhalten Suspendierungen nach Art. 10.12.1 WADC neben einem Wettkampf- auch einen Ausschluss an offiziellen Trainingsmaßnahmen. Selbst mit Ablauf der Sperre kann mithin größtenteils nicht sofort an alte Spitzenleistungen angeknüpft werden. Dies gilt vor allem in Mannschaftsportarten, bei denen individuelles Training nur bis zu einem gewissen Maß ausreichend ist. Ein Verstoß gegen Anti-Doping-Regeln während oder in Verbindung mit einem sportlichen Ereignis kann zur Disqualifikation aller individuellen Ergebnisse des Sportlers führen, die Aberkennung von Medaillen, Preisen und dem Verfall der Punkte eingeschlossen.[216]

---

214 A14 Abs. 7 ADD-Rules.

215 Vgl. Art. 10 WADC für die verschiedenen zeitlichen Längen der Sperren und die dafür notwendig vorliegenden Voraussetzungen.

216 Art. 10.1 WADC.

cc) Vertragsrechtliche Streitigkeiten

Aufgrund der Dominanz fußballrechtlicher Streitigkeiten vor dem CAS werden diese hier als Beispiel für vertragliche Verfahren dargestellt.[217] Streitigkeiten im Zusammenhang mit dem Fußball und die sich darauf ergebende Zuständigkeit des CAS sind in ihrer Regelungsvielfalt komplex und vielfältig, so dass im Folgenden nur einige wenige Beispiele ausgewählt und dargestellt werden.[218] Transfers der Fußballspieler unterliegen eng umschriebenen Voraussetzungen der FIFA. Bei einem Transfer wechseln Spieler die Klubs, für die sie registriert und spielberechtigt sind. Dieser Wechsel manifestiert sich schließlich durch den Abschluss eines Arbeitsvertrags mit dem neuen Klub. Davon zu unterscheiden sind jedoch die Transferverträge zwischen dem alten und neuen Arbeitgeber des wechselnden Spielers und Zahlungen zwischen den Klubs. Letztere können entweder Ablösezahlungen, Ausbildungsentschädigungen, Entschädigungen für Übertritte oder Vertragsauskaufzahlungen beinhalten.[219] Im Fußball spielt das Verbandsregelwerk der FIFA mit den *Regulations on the Status and Transfer of Players* (FIFA-Transferreglement) für die Transfers eine wesentliche Rolle, die den Wechsel der Spieler sehr stark reglementieren. Der internationale Transfer von Fußballspielern unterliegt mithin strengen, einheitlichen Voraussetzungen. So ist es nur registrierten Spielern erlaubt, an Spielen teilzunehmen.[220] Die Registrierung beschränkt sich allerdings auf zwei festgelegte Perioden pro Jahr.[221] Darüber hinaus ist ein internationales Zertifikat über den Transfer[222] erforderlich und zudem müssen möglicherweise die Zahlung einer

---

217 Vgl. für eine statistische Untersuchung *Sethna,* A data analysis of the arbitrators, cases and sports at the Court of Arbitration for Sport, LawInSport v. 04.07.2019.

218 Vgl. für weitere Analysen *Hovell,* in: Bernasconi, Arbitrating Disputes in a Modern Sports World, 215 (215 ff.); *Bernasconi,* in: Bernasconi, Arbitrating Disputes in Modern Sports World, 231 (231 ff.); *Bernasconi,* in: Bernasconi, International Sports Law and Jurisprudence of the CAS, 265 (265 ff.); *Watkins,* in: Bernasconi, International Sports Law and Jurisprudence of the CAS, 209 (209 ff.).

219 Vgl. beispielhaft zur Illustration CAS-Schiedssprüche (28.02.2011) – CAS 2010/A/2145, 2146, 2147, *Sevilla FC SAD v. Udinese Calcio S. p. A., Morgan de Sanctis v. Udinese Calcio s. p. A., Udinese Calcio S. p. A. v. Morgan de Sanctis & Sevilla FC SAD.*

220 Art. 5 Abs. 1 FIFA-Transferreglement.

221 Art. 6 FIFA-Transferreglement.

222 Art. 9 FIFA-Transferreglement.

Ausbildungsentschädigung[223] erfolgen und die Bestimmungen zum Solidaritätsmechanismus[224] beachtet werden.

Die „Arbeitsverhältnisse“ sind im Fußball streng reglementiert. Für eine einseitige Vertragsauflösung der Spieler oder Vereine wird ein triftiger Grund vorausgesetzt.[225] Sollte dieser nicht gegeben sein oder ein Vertragsbruch vorliegen, kann dies Entschädigungszahlungen oder sportliche Sanktionen, wie etwa Spiel- oder Transfersperren, nach sich ziehen.[226] Selbst bei einem Vertragsschluss zwischen einem Profifußballspieler und dem Fußballklub sind das Verbandsregelwerk und die diesbezüglichen Bestimmungen zu beachten.[227] Bei Vertragsverstößen ist die Dispute Resolution Chamber (DRC) der FIFA anzurufen. Diese Entscheidung kann schließlich vor dem CAS angefochten werden.

Vertragliche Streitgegenstände sind ein Paradebeispiel für ein Gleichordnungsverhältnis der Rechtssubjekte.[228] Die Kündigung eines Arbeitsverhältnisses und Streitigkeiten aufgrund eines Vertragsbruches betreffen vorrangig die zuvor ausgehandelten Bedingungen der Vertragsparteien und ihr Verhältnis zueinander. Allerdings muss das im sportrechtlichen Kontext nicht stimmen, wie das Beispiel des Fußballes belegt.[229] Die Vertragsparteien, nämlich Spieler und Vereine, können gerade die Verträge nicht in jeder Hinsicht frei aushandeln. Beide Parteien mussten zuvor das Regelwerk des übergeordneten Verbands akzeptieren. Dies zeigt sich an den Bestimmungen, die die Vertragsstabilität zwischen den Berufsfußballern und Vereinen wahren soll, wie zum Beispiel die Notwendigkeit eines internationalen Freigabescheines und die

---

223 Art. 20 FIFA-Transferreglement.

224 Art. 21 FIFA-Transferreglement.

225 Zur Bestimmung des positiven Interesses siehe CAS-Schiedssprüche (19.05.2009) – CAS 2008/A/1519–1520, *FC Shakhtar Donetsk (Ukraine) v/ Mr. Matuzalem Francelino da Silva (Brazil) & Real Zaragoza SAD (Spain) & FIFA, Mr. Matuzalem Francelino da Silva (Brazil) & Real Zaragoza SAD (Spain) v/ FC Shakhtar Donetsk (Ukraine) & FIFA*, Rn. 88 f.

226 Vgl. Art. 17 FIFA-Transferreglement.

227 Art. 18 FIFA-Transferreglement.

228 Vgl. CAS-Schiedsspruch (10.12.2015) – CAS 2015/A/4018, *Nur Cemre Kaymak v. Azerbaijan Taekwondo Federation (ATF) & World Taekwondo Federation (WTF)*, der für eine vertragliche Streitigkeit zwischen Athleten und nationalem Sportverband ein Eingreifen des internationalen Sportverbandes im Taekwondo als nicht in dessen Kompetenz fallend betrachtet.

229 Zu dem Status und zur Unterscheidung der Fußballspieler in Berufsspieler und Amateure *Hilpert*, Die Geschichte des Sportrechts, S. 341 ff.

zeitlich beschränkte Registrierungsperiode.[230] Ebenso sind die Parteien bei den Fragen der Vertragsauflösung nicht frei. Beispielsweise kann bei einer einseitigen Vertragsauflösung ohne wichtigen Grund die *Dispute Resolution Chamber der FIFA* (DRC) angerufen werden.[231] Sollte die DRC entscheiden, dass eine Vertragsauflösung ohne triftigen Grund vorliegt, dann sind die Spieler nicht nur zum Schadensersatz verpflichtet, sondern gegen sie können weitere disziplinarische Maßnahmen, wie sportliche Sanktionen, verhängt werden.[232] Vertragsbrüche, zum Beispiel das Nichterfüllen vertraglicher Verpflichtungen, können mit disziplinarischen Maßnahmen geahndet werden.[233]

dd) Zulassungsentscheidungen

Bei diesen Verfahren geht es um die Zulassung und als Umkehrschluss auch um den Ausschluss von Sportlern, Vereinen und Verbänden zu sportlichen Wettbewerben, vorrangig zu den Olympischen Spielen.[234] Aus diesem Grund werden Zulassungsverfahren meistens vor der ADH-Kammer geführt. Bei den Zulassungsentscheidungen geht es um die Überprüfung, ob die Bedingungen für die Teilnahme an einem Wettkampf erfüllt sind. Die Verbände stellen Nominierungskriterien auf, die von den Sportlern zu erfüllen sind.[235] Ein Aushandeln dieser Bestimmungen ist bereits aus Gleichheitsgesichtspunkten gegenüber den anderen Sportlern nicht möglich. Den Sportlern verbleibt jedoch die Möglichkeit, in Sonderfällen eine Ausnahmeregelung zu beantragen. Einen solchen Antrag stellte die Langläuferin Evi Sachenberger, um trotz einer leicht erhöhten Konzentration an roten Blutkörperchen eine Startberechtigung für die Olympischen Spiele zu erhalten.[236]

Der CAS entschied sich gegen eine nachträgliche Zulassung eines Boxers zu den Olympischen Spielen, nachdem die erste Wettkampfrunde bereits ausgelost

230 *Borges,* Verbandsgerichtsbarkeit und Schiedsgerichtsbarkeit im internationalen Berufsfußball, S. 92 ff. erläuternd dazu.

231 Dieses Recht beruht auf Article 24 Regulations on the Status and Transfer of Players 2018.

232 *Soek,* ISLJ 2007, 28 (28 ff.) i. E. zu den disziplinarischen Verwaltungsmaßnahmen mit u. a. sportlichen Sanktionen.

233 *Soek,* ISLJ 2007, 28 (37).

234 Siehe für die Fälle der *ad-hoc*-Kammer der Olympischen Spielen in London 2012 *Schimke,* in: Trunk/Rieckhof, Schneller, höher, weiter!, S. 159 (160 ff).

235 I. E. zur Praxis der Nominierung *Lambertz,* Die Nominierung im Sport, S. 20 ff.

236 Vgl. ausführlich *Hilpert,* Sportrecht und Sportrechtsprechung im In- und Ausland, S. 348.

worden war.[237] In dieser Entscheidung wägte der CAS die Rechte der anderen Boxer gegenüber dem nicht zugelassenen Boxer ab und stellte schließlich fest, dass das Verbandsregelwerk ohne Ausnahmeregelung einer nachträglichen Zulassung zum Schutz der übrigen Sportler nicht unverhältnismäßig sei. Darüber hinaus maß der CAS die Verbandsregeln an Grundrechten.[238] Neben diesen supranationalen Zulassungsstreitigkeiten gibt es ebenso Streitigkeiten innerhalb der nationalen Teamauswahl für sportliche Ereignisse, da die Teilnahmeplätze pro Nation begrenzt sind. Inhalt dieser Verfahren stellt die Berufung eines Athleten gegen die verbandliche Nominierungsentscheidung zugunsten eines anderen Athleten dar.[239]

Jedoch gibt es neben den Zulassungsstreitigkeiten zwischen den Sportlern als Athleten auch entsprechend Streitigkeiten zwischen Verbänden oder Vereinen, etwa betreffend die Zulassung europäischer Fußballclubs zur Europa League.[240] Eine Unterkategorie bilden Zulassungsfälle aufgrund eines Wechsels der Staatsbürgerschaft sowie einer doppelten Staatsbürgerschaft.[241] Im letzteren Fall können die Sportler wählen, für welche Nation sie antreten möchten. Sind sie jedoch bei Wettkämpfen, die durch den internationalen Sportverband anerkannt sind, für ein Land angetreten, ist ein späterer Wechsel prinzipiell nicht mehr möglich.[242] Ein Wechsel der Staatsbürgerschaft kann dann nur noch entweder durch den Ablauf einer dreijährigen Wartezeit oder falls das Olympischen Exekutive Komitees eine vorherigen Einigung der Nationalen Olympischen Komitees (NOC) mit den entsprechenden internationalen Sportverbänden akzeptiert, vollzogen werden.[243] Die Regeln gestatten den Sportlern dabei keine Mitsprache- oder Einflussmöglichkeiten. Die Entscheidung wird also gegenüber ihnen und nicht mit ihnen getroffen. Aufgrund der Vereinsautonomie ist es den Verbänden gestattet, Nominierungsrichtlinien aufzustellen, die entweder eigenständig oder auch Bestandteil der Vereinssatzung sein

---

237 *Martens/Oschütz,* SpuRt 2001, 4 (6) im Einzelnen dazu.

238 Vgl. *Hilpert,* Sportrecht und Sportrechtsprechung im In- und Ausland, S. 347.

239 Statt vieler CAS-Schiedsspruch (07.08.2016) – OG 16/005 & 16/007, *Mangar makur Chuot Chep & South Sudan Athletics Federation (SSAF) v. South Sudan Olympic Committee (SSNOC).*

240 CAS-Schiedsspruch (31.01.2012) – CAS 2011/O/2574, *UEFA v. Olympique des Alpes SA/FC Sion.*

241 *Martens/Oschütz,* SpuRt 2001, 4 (5 f.) mit anschaulichen Fällen.

242 Siehe By-law to Rule 41 (1) Olympic Charter 2015.

243 Siehe By-law to Rule 41 (2) Olympic Charter 2015.

können.[244] Das Nominierungsverfahren zu den Olympischen Verfahren sieht vor, dass die deutschen Athleten durch den nationalen Verband ausgewählt und vorgeschlagen werden, durch den DOSB nominiert und durch das IOC schließlich zugelassen werden.[245] Diese Auswahl des DOSB berechtigt die Athleten jedoch nicht zur Teilnahme, nachdem das IOC noch eine Art „Vetorecht" geltend machen kann, indem das IOC nach eigenem Ermessen jederzeit ohne Angabe von Gründen die Nominierung verweigern kann.[246] Die Voraussetzungen für die Nominierung deutscher Sportler zu internationalen Wettkämpfen wie Welt- und Europameisterschaften sind in den Nominierungsrichtlinien der jeweiligen Spitzenverbände niedergelegt.[247]

Bei der Prüfung der Zulassung spielen oftmals objektive wie subjektive Kriterien eine Rolle. Der Prüfung der Zulassung liegen Prinzipien zu Grunde, die aus dem öffentlichen Recht bekannt sind.[248] Der jeweilige Entscheidungsträger übt ein Ermessen aus, sofern neben objektiven auch subjektive Nominierungskriterien eine Rolle spielen. Solche Entscheidungen können vor dem CAS nur auf eine fehlerhafte Ermessensausübung überprüft werden.[249]

In Zulassungsverfahren vor dem CAS fechten die Sportler die Verbandsentscheidungen an und begehren die Feststellung, dass sie zu dem Wettkampf zuzulassen sind. Dabei handelt es sich um eine Berufung gegen eine erstinstanzliche Entscheidung. Vor dem CAS spielen dabei auch die Auslegung und Anwendung der Verbandsregelwerke eine Rolle. Eine solche Konstellation lag der Entscheidung der IAAF über den Ausschluss russischer Leichtathleten von den Olympischen Spielen 2016 zu Grunde. Der CAS musste die Regel 22.1A (b) IAAF-Wettbewerbsregeln 2016–17 auslegen und entscheiden, ob dies zur Grundlage für den Ausschluss der Athleten nach der Suspendierung des

---

244 Vgl. Leichtathletikverband mit Nominierungs-RL im Regelwerk, 2.1. Abs. 2 DLV NominierungsRL 2019 i. V. m. § 1 DLO; statt vieler *Hilpert,* Die Geschichte des Sportrechts, S. 317 ff. i. E. zu den Grundlagen der Verbandsautonomie im Sport.

245 *Schimke,* in: Höfling u. a., Olympische Spiele, S. 107 (107 ff.) i. E. zu den verschiedenen Rechtsbeziehungen.

246 Rule 44 Abs. 3 OC 2018; dann kann die Ermessensausübung auch nicht mehr überprüft werden.

247 Ausnahme bildet der DFB ohne geschriebene Regelungen, vgl. i. E. *Lampertz,* Die Nominierung im Sport, S. 23.

248 *Pfister,* SpuRt 2003, 7 (9) zu der Ermessensausübung und Verhältnismäßigkeit bei Anti-Doping-Regelungen.

249 CAS-Schiedsspruch (12.02.2006) – CAS OG 06/002, *Andrea Schuler v. Swiss Olympic Association & Swiss Ski Federation.*

russischen nationalen Verbands gemacht werden kann.[250] Allerdings entscheidet der CAS in Zulassungsverfahren auch über Anträge der Sportler, Sperren zu verkürzen und zu einem gewissen Zeitpunkt nach einer Dopingsperre frühzeitig wieder zu Wettkämpfen zugelassen zu werden.[251] Hier ist die Grenze zu Dopingstreitigkeiten fließend und es zeigt sich die Schwierigkeit einer stringenten Einordnung der Verfahren.

ee) Interne Verbandsentscheidungen

Im Rahmen des Selbstverwaltungsrechts der Verbände werden Entscheidungen über interne Führungsstrukturen getroffen, wie etwa die Besetzung der Verbandspositionen oder sonstige Mitgliedschaftsfragen (sog. *governance*). Diese Entscheidungen betreffen natürliche oder juristische Personen. Der CAS entscheidet über diese erstinstanzlichen Verbandsentscheidungen als Rechtsmittelinstanz.[252] Der CAS legt dabei das autonom gesetzte Recht der Verbände aus und überprüft die Anwendung im Einzelfall. Als ein Paradebeispiel kann die Prüfung von Verstößen gegen den FINA-Ethikkodex dienen, nämlich ob die Neutralität und Integrität bei der Ämterbesetzung und -ausübung gewahrt wurde.[253]

Die Anträge können sich auf ein Tun richten. So hat der CAS als zweite Instanz über Anträge von Verbänden auf die Zustimmung zu einer Mitgliedschaft oder die Aufhebung von Verbandsentscheidungen zu entscheiden.[254] Letzteres betrifft beispielsweise Fälle der Abberufung eines Mitglieds aus dem Präsidium und der Ersetzung durch ein anderes natürliches Mitglied.[255] Jedoch fallen darunter auch Anträge juristischer Personen, wie etwa die Aufhebung

---

250 CAS-Schiedsspruch (14.10.2016) – CAS 2016/A/4703, *Lyukman Adams et al. V. IAAF.*

251 CAS-Schiedsspruch (04.11.2016) – CAS 2016/A/4615, *Asli Çakir Alptekin v. World Anti-Doping Agency (WADA).*

252 Oftmals ist dabei die Klagebefugnis problematisch, vgl. statt vieler CAS-Schiedsspruch (28.06.2017) – CAS 2016/A/4924 & 4943, *Paolo Barelli v. Fédération Internationale de Natation (FINA).*

253 CAS-Schiedsspruch (28.06.2017) – CAS 2016/A/4924 & 4943, *Paolo Barelli v. Fédération Internationale de Natation (FINA)*; weiteres Bsp. für Streitigkeiten um Ämterwahl CAS-Schiedsspruch (05.03.2013) – TAS 2012/A/3027, *Jacques Anouma c. Confédération Africaine de Football (CAF)*, Rn. 64 ff.

254 CAS-Schiedsspruch (28.09.2017) – CAS 2016/A/4787, *Jersey Football Association (JFA) v. Union of European Football Associations (UEFA).*

255 CAS-Schiedsspruch (17.09.2015) – CAS 2015/A/3905, *Vasily Kraynikovskiy v. European Karate Federation (EKF)*, Rn. 43.

des Ausschlusses eines nationalen aus einem internationalen Verband.[256] Die Anträge nach einer Aufhebung von Entscheidungen beinhalten eine Ersetzung dieser zu Gunsten des Rechtsmittelschiedsklägers. Der CAS trifft im Rahmen der Verfahren auch tatsächliche Feststellungen, wie etwa die Nichtigkeit von in gesendeten Briefen enthaltenen Willenserklärungen oder Verbandsmitgliedschaften.[257]

3. *Verfahren vor dem dreiköpfigen Schiedsrichtergremium der Anti-Doping-Kammer*

Die Anti-Doping-Kammer entscheidet nur über die Verfolgung und Sanktionierung von Verstößen gegen Anti-Doping-Bestimmungen. Die Schiedsparteien können vereinbaren, dass anstelle eines Einzelschiedsrichters ein dreiköpfiges Schiedsgericht eine Dopingentscheidung trifft. In diesem Fall erklären sich die Parteien damit einverstanden, dass das Schiedsgericht als einzige Instanz entscheidet. Dies bedeutet, dass sie zu Gunsten einer schnellen Entscheidungsfindung und Rechtssicherheit darauf verzichten, diese Entscheidung vor der zweitinstanzlichen Rechtsmittel-Kammer des CAS anfechten zu können.[258] Inhaltlich unterscheiden sich die Streitigkeiten des Dopings mithin vor der Anti-Doping-Kammer und Rechtsmittel-Kammer nicht. Eine Differenzierung muss lediglich bei dem Verfahrensgang erfolgen.

4. *Themenrelevanz der Kategorisierung*

Ein Verständnis über die Zuständigkeit des CAS und die Einteilung der verschiedenen Streitigkeiten in die Kammern des CAS ist für die Themenbereiche der Öffentlichkeit der Verhandlung und die Veröffentlichung der Entscheidungen essentiell. Die Kammern des CAS besitzen zum Teil separate Verfahrensordnungen mit unterschiedlichen Regelungen zur Öffentlichkeit der Verfahren und zur Veröffentlichung der Entscheidungen. Aus diesem Grund diente die vorangestellte Kategorisierung nicht nur einer Veranschaulichung,

---

256 CAS-Schiedsspruch (25.08.2015) – CAS 2014/A/3863, *Bulgarian Sport Shooting Federation (BSSF) v. International Sport Shooting Federation (ISSF) & Bulgarian Shooting Union (BSU)*, Rn. 37.

257 CAS-Schiedsspruch (02.06.2015) – CAS 2013/A/3452, *Indonesian Sporthorse Society / Pengurus Pusat Persatuan Olahraga Berkuda Seluruh Indonesia (PORDASI) v. Olympic Committee of Indonesia (KOI).*

258 A15 Abs. 2 ADD-Rules, siehe für die Dopingentscheidungen vor der CAS-Rechtsmittel-Kammer oben.

sondern besitzt für die Themen dieser Arbeit eine Relevanz. Ordentliche Verfahren vor dem CAS sind grundsätzlich nicht öffentlich, es sei denn die Parteien einigen sich auf das Gegenteil.[259] Gleiches gilt für die Veröffentlichung der Schiedssprüche.[260] Das Prinzip der Privatautonomie wird hier entsprechend der Handelsschiedsgerichtsbarkeit einen großen Stellenwert eingeräumt. Gegensätzliches gilt für die Rechtsmittel- und Anti-Doping-Verfahren.[261] Auf Antrag der natürlichen Schiedspartei kann eine öffentliche Verhandlung stattfinden. Das Recht auf Öffentlichkeit unterliegt nur einigen Einschränkungen, die auch aus Art. 6 Abs. 1 EMRK bekannt sind. Darüber hinaus findet die Veröffentlichung der Entscheidung grundsätzlich statt, es sei denn, die Parteien einigen sich auf das Gegenteil. Entscheidungen der Anti-Doping-Kammer sind sogar grundsätzlich zu veröffentlichen, wenn Sanktionen verhängt werden.

D. Rechtliche Vorbilder für die Ausgestaltung der Verfahren vor dem CAS

Die Ausführungen zur Bedeutung des CAS in der Sportwelt, zur Schiedsbindung, der Schiedsgerichtsorganisation und den Verfahren vor dem CAS haben die Besonderheiten des CAS mit seinen Alleinstellungsmerkmalen gezeigt. Aus diesem Grund stellt sich die Frage, welche rechtlichen Kriterien für die Untersuchung der Öffentlichkeit der Verfahren und Veröffentlichung der Schiedssprüche gelten sollten und als Vergleichsmaßstab dienen können. Im Folgenden wird gezeigt, dass die Vergleichsmaßstäbe vorrangig in der staatlichen Gerichtsbarkeit und nicht in der Handelsschiedsgerichtsbarkeit zu suchen sind.[262]

---

259 R44.2 Abs. 2 S. 2 CAS-Code 2019.

260 R43 S. 3 CAS-Code 2019.

261 Siehe i. E. zur Öffentlichkeit der Verhandlung und Veröffentlichung der Entscheidungen Teil 2 und Teil 4.

262 A.A. wohl *Mütze,* Formelle und Materielle Rechtmäßigkeitsgrenzen der Sportschiedsgerichtsbarkeit, S. 100 ff., die allerdings Sport- und Handelsschiedsgerichtsbarkeit nicht unterscheidet und zudem die Sportschiedsgerichtsbarkeit nicht zutreffend und vollständig darstellt, indem sie beispielsweise das *self-enforcement* der Schiedssprüche außer Acht lässt.

I. Nähe der Sportschiedsgerichtsbarkeit zu staatlichen Gerichten

Die Sportschiedsgerichtsbarkeit – die ordentlichen Verfahren nach S20 lit. a CAS Code 2019 einmal ausgeklammert[263] – ist nicht das Gleiche wie die Handelsschiedsgerichtsbarkeit.[264] Letztere ist schwerpunktmäßig durch vertragsrechtliche Streitgegenstände zwischen privaten Parteien gekennzeichnet.[265] Die Streitigkeiten drehen sich mithin zumeist um (inter-)nationale Verträge, die zwischen den Parteien aus der Privatwirtschaft geschlossen wurden. Die Privatautonomie des materiellen Rechts soll dann auch seine Fortsetzung in der prozessualen Streitbeilegung finden. Eine öffentliche mündliche Verhandlung und eine Veröffentlichung der Entscheidungsgründe ist für die Handelsschiedsgerichtsbarkeit also weder zwingend zu fordern noch notwendig, wenn beide Parteien einverstanden sind. Als Gegenbeispiel dient bereits die Investitionsschiedsgerichtsbarkeit, die zwar auch noch durch das Prinzip der Nichtöffentlichkeit bestimmt wird, jedoch zunehmend Aufweichungen dieses Grundsatzes erlaubt.[266] Dort treffen private und staatliche Parteien aufeinander. Zudem bildet grundsätzlich internationales öffentliches Recht, wie beispielsweise bilaterale Investitionsschutzabkommen (BIT)[267], den Hintergrund der streitigen Ansprüche. Die Entscheidungsfindung des Schiedsgerichtes muss somit auf der Anwendung und Auslegung dieser Abkommen auf den streitigen Einzelfall fußen. Das Schiedsverfahren kann somit nicht mehr als „Privatsache“ der Parteien verstanden werden, da es immer auch um die Weiterentwicklung allgemein verbindlicher Regelwerke geht, die zudem eine Auswirkung auf Dritte besitzt.[268] Der CAS wurde als ein privates Schiedsgericht[269] gegründet

263 Die ordentlichen Verfahren vor dem CAS stellen die Minderheit der Verfahren dar, im Jahr 2016 waren 100 ordentliche Verfahren von insgesamt 599 beim CAS anhängig, vgl. die Statistik des CAS <https://www.tas-cas.org/fileadmin/user_upload/CAS_statistics_2016_.pdf> (besucht am 05.01.2020).

264 Ausdrücklich *De Marco,* Compelled Consent – *Pechstein* & The Dichotomy and Future of Sports Arbitration, Blog Blackstone Chambers v. 04.07.2016.

265 Vgl. für die folgende Unterscheidung zwischen Handels- und Investitionsschiedsgerichtsbarkeit *Kennaird,* in: Carlevaris u. a., International Arbitration Under Review, S. 373 (377).

266 Siehe i. E. zu den Besonderheiten in der Investitionsschiedsgerichtsbarkeit Teil 2 B. II. 2.

267 Vgl. z. B. die Aufzählung der BITs zwischen Deutschland mit 155 verschiedenen Staaten auf der Website *United Nations* UNCTAD <http://investmentpolicyhub.unctad.org/IIA/CountryBits/78> (aufgerufen am 05.01.2020).

268 Etwa in Fragen der Daseinsvorsorge, i. E. Teil 2 B. II. 2. b.

269 Siehe zur Gründung und Entwicklung des CAS, Teil 1 A. I.

und die Zuständigkeit des CAS beruht aus diesem Grund auf einer Schiedsvereinbarung[270]. Die Sportschiedsgerichtsbarkeit weist im Vergleich zur Handelsschiedsgerichtsbarkeit trotzdem einige Besonderheiten auf, die eher einen Vergleich mit staatlichen Gerichten[271] oder dem Sonderfall der Investitionsschiedsgerichtsbarkeit näher liegend erscheinen lassen. Die folgenden Punkte zeigen einige ausgewählte Unterschiede der Rechtsmittel- und Anti-Doping-Verfahren[272] von der klassischen Schiedsgerichtsbarkeit sowie Gemeinsamkeiten oder zumindest Ähnlichkeiten mit der staatlichen Gerichtsbarkeit.[273]

1. Staatsähnliche Machtstellung der Verbände

Eine strukturelle Ungleichgewichtslage zwischen den Verbänden und Sportlern spiegelt sich im Rahmen der Sportschiedsgerichtsbarkeit in verschiedenen Gesichtspunkten wider.[274] Die überlegene Position der Verbände zeigt sich in einem rein tatsächlichen Abhängigkeitsverhältnis der Athleten. Dies spiegelt sich dann bei dem Weg vor das Schiedsgericht und der Ausgestaltung des Verfahrens wider.[275]

---

270 Siehe i. E. Teil 1 C. I.

271 Als beispielhafter Vergleich dient die deutsche Gerichtsbarkeit.

272 Die Rechtsmittel-Kammer entscheidet auch über Dopingstreitigkeiten, allerdings erfolgt eine getrennte Nennung aufgrund der Möglichkeit der Verbände, bereits die erstinstanzliche Entscheidung bzgl. der Dopingverstöße auf die Anti-Doping-Kammer des CAS zu übertragen; siehe A1 ff. ADD-Rules und R47 ff. CAS-Code 2019; siehe i. E. Teil 1 C. II. und III.

273 Gesichtspunkte administrativer Art, wie der Einfluss des ICAS auf den CAS, bleiben bei den Betrachtungen ausgeklammert. Die staatliche Einflussnahme im Sport und damit z. T. einhergehender Schiedszwang stellt aufgrund der Einordnung der gesetzlich angeordneten Schiedsgerichtsbarkeit unter das UNÜ keine Alleinstellungsmerkmal dar, vgl. *Haas*, SchiedsVZ 2009, 73 (74); zu der Stellung und Qualifizierung des ICAS vgl. *Geistlinger/Hofmeister*, in: Roth/Geistlinger, Yearbook on International Arbitration, Vol. II, S. 309 (312 ff.).

274 LG München I (26.02.2014) – 37 O 28331/12, SpuRt 2014, 113 (117 f.); *Brunk*, Der Sportler und die institutionelle Sportschiedsgerichtsbarkeit, S. 38 ff. ausführlich m. w. N.; *Oschütz*, SpuRt 2007, 177 (178 f.) mit der Entscheidungsbesprechung des BG *Canas* bzgl. der Machtungleichgewichtslage; *Rigozzi*, L'arbitrage international en matière de sport, Partie 2, Sec. 1 Rn. 330 zum strukturellen Ungleichgewicht der Sportler im Vergleich zu den Konstellationen der Verbraucher und Arbeitnehmer.

275 Vgl. LG München I (26.02.2014) – 37 O 28331/12, SpuRt 2014, 113 (119), nennt im Vergleich zur ordentlichen Gerichtsbarkeit die Vorschriften zur nicht öffentlichen Verhandlung, mangelnde Prozesskostenhilfe und Kostentragung als nachteilig.

a) Tatsächliches Abhängigkeitsverhältnis

Zwischen den Sportlern und den Verbänden liegt ein tatsächliches Abhängigkeitsverhältnis vor.[276] Dies rechtfertigt die Annahme, dass aus der Sicht der Sportler keine freiwillige, sondern eine erzwungene Zustimmung zu der Zuständigkeit des CAS vorliegt.[277] Jeder Leistungssportler möchte sich im Wettkampf mit anderen Athleten messen und seine Sporttätigkeit nicht lediglich auf den Freizeitbereich abseits der Öffentlichkeit beschränken. Die professionelle Sportausübung stellt nach deutschem Recht einen Beruf i.S.v. Art. 12 GG dar und ein Eingriff in dieses Grundrecht kann nur hingenommen werden, wenn er gerechtfertigt ist.[278] Die Sportler genießen also durch die Verfassung hohen Schutz. Nicht nur die Sportler, sondern auch die Verbände können sich aufgrund der grundrechtlich gewährleisteten Vereinsautonomie nach Art. 9 Abs. 1 GG auf die Verfassung berufen. Dieser Interessenausgleich der Grundrechte schlägt sich praktisch bei der Wirksamkeitsprüfung einer Schiedsvereinbarung von Sportler und Verband nieder. Dies spiegelt jedoch nur die rechtliche Seite wider, die tatsächliche stellt sich oftmals anders dar. Denn nicht wenige Sportler verdienen ihren Lebensunterhalt durch den Sport, etwa durch Preisgelder oder bei erfolgreichen Wettkampfteilnahmen durch zum Teil lukrative Sponsoringverträge. Sie sind damit auf die Teilnahme an sportlichen Wettbewerben angewiesen, da dies einen erheblichen Teil ihrer Einnahmen generiert.[279] Diesem zwingenden Bedürfnis stehen jedoch die Monopolverbände gegenüber.[280] Die pyramidale Struktur der Sportorganisation,[281] an deren Spitze die monopolistisch organisierten internationalen Verbände stehen, verhindert ein

---

276 Statt vieler *Niedermaier,* Schieds- und Schiedsverfahrensvereinbarungen in strukturellen Ungleichgewichtslagen, S. 69.

277 Das Erfordernis der Freiwilligkeit ergibt sich aus der Perspektive des deutschen Rechts aus Art. 2 Abs. 1 GG, vgl. LG München I (26.02.2014) – 37 O 28331/12, SpuRt 2014, 113 (117); die Anforderungen und Einschränkungen sind jedoch auch abseits des Sportkontexts str., vgl. *Schöpflin,* in: Bamberger u. a., Bürgerliches Gesetzbuch, Kommentar, 4. Aufl. 2019, BGB, § 25 Rn. 85.

278 Diese richtet sich bei Profisportlern nach Art. 12 GG, während sich alle Athleten auf Art. 2 Abs. 1 GG berufen können, statt vieler *Fechner* u. a., Sportrecht, Rn. 41 S. 44 f.

279 So auch *Oschütz,* Sportschiedsgerichtsbarkeit, S. 232.

280 *Adolphsen,* SpuRt 2016, 46 (49); *Schlosser,* SchiedsVZ 2015, 257 (258) zu dem Vorteil des Monopols der Sportverbände.

281 Statt vieler *Schimke/Eilers,* in: Nolte/Horst, Handbuch Sportrecht, S. 87 (89 f.); *Blackshaw,* International Sports Law: An Introductory Guide, Ch. 2, S. 5 ff. zu dem europäischen und US-amerikanischen Sportmodel.

Werben und Wetteifern unterschiedlicher Sportveranstalter um die Teilnahme der Sportler, indem sie jeweils versuchen, ihnen die höchsten Startgelder, lukrativsten Sponsoringverträge, sportlerfreundlichsten Wettkampfregeln oder auch den aus Athletensicht interessensgerechtesten Streitbeilegungsmechanismus anzubieten.[282] Erst dieser Konditionenwettbewerb zwischen Verbänden würde den Athleten die Entscheidungsmöglichkeit eröffnen, ob und mit welchem Verband sie einen Vertragsschluss herbeiführen möchten. Die Sportler besitzen durch die Monopolstellung der Verbände jedoch gerade keine wirkliche Wahl. Sie müssen die Regelwerke der Verbände akzeptieren, um überhaupt an Wettkämpfen teilnehmen und damit ihren Beruf erfolgreich ausüben zu können.[283] Auf den Inhalt der verschieden ausgestalteten Athletenverträge der Sportausübenden mit den Verbänden oder Wettkampfveranstaltern besitzen erstere mithin keine Einflussmöglichkeit. Vielmehr müssen sie mangels Alternativen die einseitig aufgestellten Regeln und Bedingungen der Verbände vertraglich akzeptieren, um überhaupt am Wettkampfbetrieb teilnehmen zu können und damit ganz oder teilweise ihre Lebensgrundlage zu sichern.[284] Auf Regelwerke besitzen die einzelnen Sportler selbst als Vereinsmitglieder keine Möglichkeit der Einflussnahme, da die Vereinsgeschicke sowohl aufgrund der großen Mitgliederzahlen als auch der angestiegenen wirtschaftlichen Vereinstätigkeiten inzwischen von einigen wenigen gelenkt werden.[285] Selbst wenn die Regelwerke durch eine demokratische Willensbildung innerhalb der Verbände zustande kommen, so ist der einzelne Athlet als unterstes Glied für eine effektive Einflussnahme zu weit von den Entscheidungsträgern entfernt.[286] Dieses

---

282 Dieses ‚Ein-Platz-Prinzip' zeigt sich z. B. auch in Rule 20 Olympic Charter 2018; i. E. *Fischer*, Die Rolle des Ein-Platz-Prinzips in der Autonomie der Sportfachverbände, S. 141 ff.

283 *Haas/Hauptmann*, SchiedsVZ 2004, 175 (177); *Haas*, SchiedsVZ 2009, 73 (76); *Martens*, SchiedsVZ 2010, 317 (319).

284 *Haas/Hauptmann*, SchiedsVZ 2004, 175 (176 f.); *Haas*, SchiedsVZ 2009, 73 (76); *Martens*, SchiedsVZ 2010, 317 (319).

285 *Hilpert*, Das Fußballstrafrecht des Deutschen Fußball-Bundes (DFB), Kap. 3 Rn. 10.

286 *Holla*, Der Einsatz von Schiedsgerichten im organisierten Sport, S. 20; vgl. in diesem Kontext auch *Mavromati/Reeb*, CAS Code, R47 Rn. 14 zu Art. 75 ZGB für die Abgabe einer einheitlichen Willenserklärung des Verbandswillens, Anwendung jedoch str., vgl. *Adolphsen*, in ders. u.a., Sportrecht in der Praxis, Kap. 9 Rn. 1100 in einer etwas anderen Konstellation gegen die Anwendbarkeit von Art. 75 ZGB in der Schiedsgerichtsbarkeit; die Athleten können sich allerdings zusammenschließen, vgl. *Athleten Deutschland e. V.*, Website <https://www.athleten-deutschland.org> (besucht am 05.01.2020).

tatsächliche Abhängigkeitsverhältnis der Sportler von den monopolistischen Sportverbänden ist in dieser starken Form in der Handelsschiedsgerichtsbarkeit nicht zu finden. Der CAS ist also schon deshalb ein besonderes Gericht, weil er typischerweise über Sachverhalte entscheiden muss, in denen ein Abhängigkeitsverhältnis vorliegt, und dabei Regeln anwenden muss, die der Monopolist aufgesetzt hat. Dies hebt den CAS von anderen Schiedsgerichten, namentlich der Handelsschiedsgerichtsbarkeit, ab.

b) Schiedszwang

Die Streitbeilegung durch institutionelle oder *ad-hoc*-Schiedsgerichte benachteiligt oder bevorzugt grundsätzlich keine der Schiedsparteien. Ansonsten würden sie sich im Rahmen der Privatautonomie gar nicht erst auf diese einigen. In der Sportschiedsgerichtsbarkeit gilt dies nicht gleichermaßen.[287] Wie oben schon angedeutet, kann im Sportkontext von einer erzwungenen Einwilligung zur Zuständigkeit des CAS – einem faktischen Schiedszwang – gesprochen werden.[288] Die Athletenverträge enthalten in den allermeisten Fällen eine Schiedsklausel zum CAS.[289] Sollten solche Athletenverträge in Form der Athletenvereinbarung oder sonstigen Regelungsanerkennungsverträgen nicht vorliegen, dann ordnen generell auch statutarische Schiedsklauseln die Streitbeilegung durch den CAS als Schiedsgericht an. Ein bekanntes Beispiel ist die Schiedsklausel des Internationalen Olympischen Komitees (IOC). R 40 i. V. m. 61 Abs. 2 Olympic Charter (OC) macht für die Teilnahme an den Olympischen Spielen die Unterzeichnung der Schiedsvereinbarung verpflichtend. Ein Schiedszwang stellt die Regel dar und die Tendenz ist steigend.[290]

---

287 *Haas/Hauptmann,* SchiedsVZ 2004, 175 (176) bezweifeln die Privatautonomie als Legitimationsgrundlage für die Sportschiedsgerichtsbarkeit.

288 Das Vorliegen eines Schiedszwangs noch offengelassen, *Scherrer* u. a., SchiedsVZ 2015, 161 (163); inzwischen ist der Begriff des faktischen Schiedszwangs gebräuchlich und akzeptiert, siehe statt vieler EGMR (02.10.2018) – 40575/10 & 67474/10 (*Mutu&Pechstein/Suisse*) Rn. 115 spricht von „un arbitrage <forcé>"; statt vieler in der Literatur *Michaelis,* SchiedsVZ 2019, 331 (333 ff.).

289 *Haas/Hauptmann,* SchiedsVZ 2004, 175 (177 f.) ausführlich zu diesem strukturellen Ungleichgewicht.

290 Siehe in diesem Zusammenhang für die zunehmende Entscheidungszuständigkeit des CAS, wenngleich ohne Schiedszwang, *Mavromati,* in: Bernasconi, International Sports Law and Jurisprudence of the CAS, 149 (151 ff.) zu der ansteigenden Zahl rein nationaler Fällen oder eine Berufung gegen Entscheidungen nationaler Verbände und dem Trend zur Schiedsvereinbarung zu dem CAS; i. E. zu der Schiedsklausel zum CAS in Verbandsregelwerken *Brunk,* Der Sportler und die institutionelle

Viele internationale Sportverbände wie die Internationale Handball Fédération (IHF)[291] und Fédération Internationale de Ski (FIS)[292] sehen eine Schiedsklausel zum CAS vor. Selbst wenn ein internationaler Verband keine zwingende Schiedsklausel vorsieht, so empfiehlt er den nationalen Verbänden zumindest eine solche.[293] Der faktische Zwang zeigt sich darin, dass der Abschluss dieser Schiedsvereinbarungen zur unbedingten Voraussetzung sowohl für die Nominierung für Wettkämpfe als auch die ideelle und finanzielle Förderung gemacht wird.[294]

Der verbreitete Schiedszwang im Sportkontext stellt ein Alleinstellungsmerkmal dar und zeigt, dass der CAS ein Schiedsgericht *sui generis* ist und Vergleiche mit der „klassischen" Schiedsgerichtsbarkeit immer mit Bedacht gewählt werden sollten. Im Gegensatz zu Verfahren, die Arbeitnehmer[295] und Verbraucher betreffen, bestehen die Staaten im Sport nicht auf ihr Rechtsprechungsmonopol.[296] Die Schiedsfähigkeit von Arbeitnehmerstreitigkeiten ist oftmals eingeschränkt.[297] Schiedsverfahren in Verbrauchersachen sind dahingegen prinzipiell zulässig. Allerdings wird der Schutz der Verbraucher auf einer zweiten Stufe durch gesetzliche Vorschriften abgesichert, etwa durch Formvorschriften[298] oder materielle Kontrollmöglichkeiten[299] bei Abschluss der Schiedsvereinbarung. Während also in Verbraucher- und Arbeitnehmersachen das staatliche Recht teilweise Schutzvorkehrungen für die ungleiche

---

Sportschiedsgerichtsbarkeit, S. 48 f. m. w. N.; zu dem Begriff Schiedszwang vgl. EGMR (02.10.2018) – 40575/10 & 67474/10 (*Mutu&Pechstein/Suisse*) Rn. 115 spricht von „un arbitrage <forcé>".

291 Art. 23 IHF-Statuten 2018.

292 Art. 57 FIS-Statuten 2018.

293 Vgl. Art. 7.2 lit. h Internatonal Triathlon Union Constitution 2012.

294 So auch *Michaelis,* SchiedsVZ 2019, 331 (333).

295 Z. T. sind auch Sportler Arbeitnehmer, diese bleiben ausgeklammert.

296 Vorausgesetzt, Sportler werden nicht als Verbraucher und/oder Arbeitnehmer qualifiziert, vgl. i. E. *Haas/Hauptmann,* SchiedsVZ 2004, 175 (177 ff.).

297 Vgl. für Deutschland § 1030 Abs. 3 ZPO i. V. m. § 101 ArbGG; vgl. für Großbritannien (England, Wales, Schottland) aus dem Rechtskreis des *common law* § 203 Abs. 5 Employment Rights Act 1996; anders allerdings in den USA und die großzügige Bewertung der Gerichte, *Gies/Bagley,* Employee Relations L. J. 2013, 22 (22 f.); allerdings auch hier Einschränkungen, siehe Beispiel bei *Byrnes/Pollmann,* Harv. Negot. L. Rev. 2003, 289 (290 ff.).

298 Vgl. für Deutschland § 1031 Abs. 5 ZPO.

299 Vgl. für Großbritannien § 62 Consumer Rights Act 2015 zu der Prüfung, ob die Klausel fair ist.

Verhandlungsposition vorsieht, profitieren Sportler nicht von einem solchen Schutz. Dies ist bedenklich, da die strukturelle Unterlegenheit der Sportler bei Abschluss der Schiedsvereinbarung mit der unterlegenen Situation der Verbraucher und Arbeitnehmer mindestens vergleichbar ist. Letztere besitzen im Gegensatz zu Sportlern manchmal sogar noch eine, wenngleich sehr limitierte, Wahlmöglichkeit. Allerdings können auch Arbeitnehmer faktisch selten Angebote tatsächlich ablehnen, und Verbraucher besitzen wohl in den seltensten Fällen die finanziellen und zeitlichen Ressourcen sowie das Fachwissen, die Verträge wirklich zu prüfen. R 40 i. V. m. 61 Abs. 2 OC verdeutlicht die alternativlose Lage der Sportler jedoch sehr gut: Entweder die Sportler akzeptieren die Schiedsklausel oder der Ausspruch des schweizerischen Bundesgerichts „practising the sport 'in the garden'" erlangt für sie Bedeutung.[300] Den Sportlern steht im Gegensatz zu Arbeitnehmern, Verbrauchern und Wirtschaftsteilnehmern mithin gerade keine Möglichkeit offen, die Schiedsklausel nicht zu akzeptieren und auf andere Angebote ohne Schiedsklausel auszuweichen.[301]

c) Rollenspezifische Unterlegenheit der Sportler

Gleich der Schiedsgerichtsbarkeit besitzen auch Sportler in CAS-Rechtsmittel- und Anti-Doping-Verfahren ein hohes Interesse an einer schnellen, endgültigen und kohärenten Entscheidungspraxis, da sich der Wettkampfsport mit offenen rechtlichen Fragen nicht verträgt. Allerdings sind weitere Aspekte der CAS-Schiedsgerichtsbarkeit – insbesondere die verfahrensrechtliche Ausgestaltung – zum Teil noch Relikte aus der Handelsschiedsgerichtsbarkeit und für den Sportkontext nicht sinnvoll. Im Gegensatz zur Handelsschiedsgerichtsbarkeit besteht für die Rechtsmittel- und Anti-Doping-Verfahren kein generelles Interesse an der Nichtöffentlichkeit, beispielsweise aufgrund der Wahrung von Geschäftsgeheimnissen. Eine Offenheit, also eine generelle Zugangsmöglichkeit zu den mündlichen Verhandlungen des CAS trägt vielmehr zu einer verfahrensrechtlichen Ungleichgewichtslage bei. Die Nichtöffentlichkeit begünstigt nämlich zumeist die Verbände als *repeat players*[302]. Darunter versteht man Schiedsparteien, die regelmäßig die Streitbeilegung eines Schiedsgerichts in Anspruch nehmen und dadurch um die jeweiligen Besonderheiten

---

300 BG (22.03.2007) – 4P.172/2006 (*Cañas/ATP Tour*) unter 4.3.2.2.

301 *Wendland*, Vertragsfreiheit und Vertragsgerechtigkeit, § 9 S. 470 f. zur negativen Abschlussfreiheit.

302 Diese Terminologie wurde erstmals eingeführt von *Galanter*, Law and Society Rev. 1974, 95 (97).

der Schiedsgerichtsbarkeit wissen.[303] Sportverbände sind im Gegensatz zu den Sportlern, die sogenannte *one-shotters*[304] sind, wiederholt Schiedspartei vor dem CAS und können deshalb als eine Art Prototyp der *repeat players* bezeichnet werden.[305] In der Datenbank des CAS können zwar bereits sehr viele Schiedssprüche abgerufen werden.[306] Allerdings ist diese Datenbank noch immer nicht vollständig. Dies führt dazu, dass es aus der Sicht der Sportler wenig Anhaltspunkte gibt, um die Erfolgsaussichten ihres Verfahrens zu beurteilen. Verbände können demgegenüber auf ihre eigenen Erfahrungen aus früheren Verfahren zurückgreifen. Die Verbände als *repeat players* können aufgrund ihrer Prozesserfahrung die Argumente in ihrem Parteivortrag wesentlich effektiver und durchschlagender gestalten als die Sportler, die zumeist nur ein einziges Mal in ihrer sportlichen Laufbahn Schiedspartei in einem CAS-Verfahren sind.[307]

2. *Verfahrenskostenhilfe*

In privaten Schiedsgerichtsverfahren können die Schiedsparteien prinzipiell keine staatliche Prozesskostenhilfe in Anspruch nehmen.[308] Die Rechtsdurchsetzung oder auch die Rechtsverteidigung ohne eine Verfahrenskostenhilfe kann dadurch für finanziell schwächere Parteien erschwert sein.[309] Die Kosten setzen sich aus einer Verfahrensgebühr und den weiteren Verfahrenskosten zusammen.

Die gesuchstellende Schiedspartei muss mit der Einreichung der Schiedsklage eine Gebühr in Höhe von 1.000 CHF bezahlen, ohne die der CAS nicht

303 *Eslami*, Nichtöffentlichkeit, S. 343 ff. m. w. N. allgemein zu dem Problem des *repeat player* in Schiedsverfahren.

304 Diese Terminologie wurde erstmals eingeführt von *Galanter*, Law and Society Rev. 1974, 95 (97).

305 Siehe i. E. zu den Unterschieden *Niedermaier*, Schieds- und Schiedsverfahrensvereinbarungen in strukturellen Ungleichgewichtslagen, S. 72.

306 Abrufbar unter <http://www.tas-cas.org/en/jurisprudence/archive.html> (besucht am 05.01.2020).

307 Kritisch zu dieser ungleichen Verfahrensposition in der Sportschiedsgerichtsbarkeit *Lungstras*, Das Berufungsverfahren, S. 54 ff.; *Paulsson*, Arb. Int.'l 1993, 359 (361).

308 *Stegner*, in: Roth/Geistlinger, Yearbook on International Arbitration, Vol. II, S. 85 (85 ff.) mit einem Überblick über die verschiedenen Ansätze der Berechnungsmethoden der Kosten in Schiedsverfahren; siehe für schweizerische nationale Schiedsverfahren Art. 380 chZPO; zum Ausschluss von Verfahrenskostenhilfe in internationalen Schiedsverfahren siehe BG (11.06.2014) – 4A_178/2014, Rn. 4.

309 *Coester-Waltjen*, in: Boele-Woelki u. a., Liber Amicorum Kurt Siehr, S. 595 (601).

tätig wird.[310] Diese Gebühr wird unabhängig vom Verfahrensausgang nicht zurückerstattet. Allerdings besitzen Sportler, die nicht über die erforderlichen Mittel verfügen, die Möglichkeit, Verfahrenskostenhilfe zu beantragen.[311] Darüber hinaus fallen im Rahmen der Sportschiedsgerichtsbarkeit gem. R65.2 Abs. 1 S. 1 CAS-Code 2019 für die Rechtsmittel gegen Entscheidungen internationaler Verbände in Disziplinarangelegenheiten abseits der eingangs zu zahlenden Gebühr in Höhe von 1.000 CHF an die Geschäftsstelle des CAS keine weiteren Verfahrenskosten an.[312] Für die Anti-Doping-Verfahren vor der Anti-Doping-Kammer ist danach zu unterscheiden, ob das Verfahren vor einem Einzelschiedsrichter oder einem dreiköpfigen Schiedsrichtergremium stattfindet. In letzteren Fällen ist das Verfahren für die Schiedsparteien kostenlos.[313]

Gem. R65.3 S. 1 CAS-Code 2019 und A23 Abs. 2 ADD-Rules trägt in den Rechtsmittel- und Anti-Doping-Verfahren eine finanzschwache Partei, zumeist ein Sportler, allerdings die Kosten für ihre Zeugen, Sachverstände und Dolmetscher. Dies wiegt umso schwerer, da das Schiedsgericht gem. R65.3 S. 2 CAS-Code nach eigenem Ermessen der obsiegenden Partei einen Betrag für ihre Anwaltskosten und sonstigen Kosten, die im Zusammenhang mit dem Verfahren entstanden sind, also etwa für Zeugen und Dolmetscher, gewähren kann. Dass in diese Ermessensausübung nach R65.3 S. 3 CAS-Code auch die finanziellen Ressourcen der unterlegenden Partei miteinzubeziehen sind, kann bei der Komplexität und möglicherweise teuren medizinischen Gutachten in Dopingangelegenheiten für die finanzschwachen Sportler nur ein kleiner Trost sein und die ergangene Kostenentscheidung kann diese somit trotzdem finanziell noch stark herausfordern. Allerdings können die Parteien unter gewissen Voraussetzungen – inzwischen gleich dem Deutschen Sportschiedsgericht – auch vor dem CAS Verfahrenskostenhilfe in Anspruch nehmen.[314] Nach S6 Nr. 10 CAS-Code 2019 hat der ICAS einen Rechtshilfefonds geschaffen, um Einzelpersonen ohne ausreichende finanzielle Mittel den Zugang zu CAS-Schiedsverfahren

310 Siehe R38 Abs. 2, R48 Abs. 2, R64 Abs. 1 CAS-Code 2019, A23 Abs. 1 ADD-Rules.

311 Siehe Art. 6 Leitlinien VerfKostenH; kritisch zu der Ausgestaltung der Verfahrenskostenhilfe i. E. *Rigozzi/Robert-Tissot*, in: Geisinger/Trabaldo – de Mestral, Sports Arbitration: A Coach for Other Players?, S. 59 (77 ff.); siehe für Reformvorschläge *Lungstras*, Das Berufungsverfahren, S. 363.

312 *Rigozzi/Hasler*, in: Arroyo, 2. Aufl., Arbitration in Switzerland, CAS Code, R65 Rn. 3. übt generell Kritik an dieser Vorschrift.

313 Siehe A15 Abs. 4, A24 ADD-Rules.

314 Vgl. kritisch *Heermann*, DRiZ 2016, 242 (243); vgl. § 5 Abs. 2 lit. d Anhang 3 zu DIS-SportSchO.

zu ermöglichen. Darüber hinaus hat er Leitlinien für die CAS-Verfahrenskostenhilfe, einschließlich einer Kommission zur Entscheidung über die Anträge, zu erstellen. Die zum 01.01.2019 geänderten *Guidelines on Legal Aid before the Court of Arbitration for Sport* (Leitlinien VerfKostenH) regeln im Detail, unter welchen Voraussetzungen die Verfahrenskostenhilfe gewährt wird.[315]

In den *ad-hoc*-Schiedsgerichtsverfahren war es schon lange verbreitete Praxis, dass Rechtsanwälte ihre Leistungen *pro bono* anboten.[316] Nach einem gewährten Antrag auf Verfahrenskostenhilfe kann nun gem. Art. 10 S. 2 Leitlinien VerfKostenH ein *pro-bono*-Anwalt aus einer Liste ausgewählt werden, die der CAS zur Verfügung stellt. Es dürften größtenteils die Sportler und nicht die finanzkräftigen Verbände sein, die auf eine Verfahrenskostenhilfe und einen *pro-bono*-Anwalt angewiesen sind. Sofern die ICAS-Kommission die Ernennung eines *pro-bono*-Anwalts genehmigt, stimmt dieser zu, kostenlos zu arbeiten.[317] Die *pro-bono*-Parteivertreter beschränken bei der Rechtsverfolgung ihre Tätigkeiten auf ein für den Schutz der ihnen anvertrauten Interessen erforderliches Mindestmaß.[318] Bei den CAS-Rechtsmittel- und Anti-Doping-Verfahren arbeiten die *pro-bono*-Anwälte also kostenfrei und erst nach einem Antrag wird Verfahrenskostenhilfe gewährt.[319] Es kann diskutiert werden, ob die Bezahlung der Anwälte nicht besser ähnlich einem Pflichtverteidiger im deutschen Straf- und der Beiordnung eines Rechtsanwalts im deutschen Zivilprozess erfolgen sollte.[320] Die Kosten der Pflichtverteidiger werden zuerst von

315 Abrufbar unter *Website CAS* <https://www.tas-cas.org/fileadmin/user_upload/Legal_Aid_Guidelines_2019__en_.pdf> (besucht am 05.01.2020); i. E. dazu *Brägger*, CaS 2019, 11 (17 ff.).

316 Siehe Website *CAS*, Activities of the CAS Divisions at the Olympic Games Rio 2016 <http://www.tas-cas.org/fileadmin/user_upload/Report_on_the_activities_of_the_CAS_Divisions_at_the_2016_Rio_Olympic_Games__short_version__FINAL.pdf> (besucht am 05.01.2020); vgl. für die Inanspruchnahme CAS Ad hoc division – Sochi 2014, Media Release (2) Freestyle Skiing (Halfpipe) -Austria <http://www.tas-cas.org/fileadmin/user_upload/Media20Release20Sochi202.pdf> (besucht am 05.01.2020).

317 Art. 19 S. 1 Leitlinien VerfKostenH.

318 Dies kommt in Art. 19 S. 3 Leitlinien VerfKostenH zum Ausdruck.

319 Kritisch dazu *De Marco*, The dichotomy and future of sports arbitration – Legal aid and publications of decisions, LawInSport v. 20.07.2016; *Lungstras*, Das Berufungsverfahren, S. 362.

320 Dahinstehen sollen weitere Einzelheiten der Diskussion im deutschen Recht, etwa auch die Kritik zur Berechnung der Pauschalgebühr für die Pflichtverteidiger nach § 51 RVG, kritisch *Fromm*, Nicht viel für eine gute Verteidigung, LTO v. 23.09.2013.

der Staatskasse übernommen und nur in Fällen der Verurteilung hat der Angeklagte die Kosten des Verfahrens, mithin auch die Rechtsanwaltskosten, zu tragen.[321] Nach diesem Vorbild müsste der CAS oder ein sonstiger Fonds für die Kosten aufkommen,[322] damit diesbezüglich eine rollenspezifische Unterlegenheit der Sportler verneint und eine verfahrensrechtliche Waffengleichheit bejaht werden kann. Andernfalls wäre auch eine Rechtsschutzversicherung für Sportler diskutabel.[323] Allerdings hält der CAS für die finanzschwächere Schiedspartei Optionen bereit, die einer staatlichen Prozesskostenhilfe ähnlich und in Schiedsverfahren normalerweise nicht vorgesehen sind. Dies rückt den CAS in Rechtsmittel- und Anti-Doping-Verfahren erneut in die Nähe staatlicher Gerichte.

3. *Standardisierte Verbandsentscheidungen*

Schiedsgerichte entscheiden mit bindender Wirkung für die Parteien. Trotzdem zeichnen sich handelsrechtliche Schiedsverfahren durch eine Flexibilität und eine Kompromissfindung aus.[324] Das Verfahren ist ganz auf die Schiedsparteien bezogen und zugeschnitten. Dies ist beispielsweise in Anti-Doping-Verfahren aufgrund der eindeutigen Vorschriften des WADC jedoch nicht möglich. Der WADC regelt im Detail, welche Sanktionen aus Verstößen gegen Anti-Doping-Bestimmungen resultieren. Aus diesem Grund hält *Straubel* das Verfahren vor dem CAS, das seinen Ursprung nach an die Handelsschiedsgerichtsbarkeit angelehnt war, für Anti-Doping-Verfahren nicht für geeignet.[325] Der WADC ist allerdings nur ein Beispiel für die Vereinheitlichung des Sachrechts im Sport. Dieses Argument ist aus diesem Grund auch auf andere Verfahren übertragbar. Während also in der Handelsschiedsgerichtsbarkeit die Streitentscheidung im Einzelfall und die jeweiligen Interessen der Schiedsparteien im Mittelpunkt stehen, muss sich der CAS als Rechtsmittelinstanz mit Entscheidungen der ersten Instanz auseinandersetzen und dabei die Kohärenz einheitlich anzuwendender Regeln im Auge behalten. Denn die Chancengleichheit im Sport muss sich auch

---

321 Vgl. §§ 465 Abs. 1 S. 1, 464a Abs. 1 S. 2 StPO; § 121 ZPO; *Grommes*, in MüKo StPO, 1. Aufl. 2019, § 464a Rn. 11.

322 Einzelheiten werden nicht ausgeführt, da es nur um die Darlegung der rollenspezifischen Unterlegenheit geht.

323 Dazu auch *Niedermaier*, Schieds- und Schiedsverfahrensvereinbarungen in strukturellen Ungleichgewichtslagen, S. 73.

324 *Straubel*, Loy. U. Chi. L.J. 2005, 1203 (1223).

325 *Straubel*, Loy. U. Chi. L.J. 2005, 1203 (1223) beschreibt Anti-Doping-Verfahren als „decidedly uncommercial in nature".

in einer einheitlichen Anwendung und Auslegung der Sanktionsmöglichkeiten widerspiegeln.[326] Dem CAS kommt also wegen des einheitlich anzuwendenden Sachrechts – anders als einem Handelsschiedsgericht – auch die Funktion eines Revisionsgerichts zu.

4. *Bezugnahme auf Schiedssprüche*

In den Schiedssprüchen des CAS finden sich häufig Verweisungen auf ergangene Schiedssprüche. Dies stellt eine akzeptierte und auch notwendige Praxis dar, damit die Regelwerke der Verbände gleich ausgelegt und angewendet werden. Ansonsten könnten Sanktionen verhängt oder Feststellungen getroffen werden, die von gleich oder ähnlich gelagerten Fällen abweichen. Im Sport muss die Gleichheit im Wettkampf auch in einem möglichst großen Maß in der Vergleichbarkeit der Schiedssprüche gewährleistet werden. Um eine solche Bezugnahme möglich und für alle Akteure des Sports transparent zu machen, muss von dem Prinzip der Nichtöffentlichkeit und Vertraulichkeit, wie sie aus der Schiedsgerichtsbarkeit prinzipiell bekannt sind, allerdings abgewichen werden.[327]

5. *Allgemeine Kenntnis der erstinstanzlichen Verbandsentscheidungen*

Vertragliche Streitigkeiten zwischen Wirtschaftsunternehmen sind meistens der Öffentlichkeit nicht bekannt. Gleiches gilt für die ordentlichen CAS-Verfahren. Die Schiedsverfahren vor der ordentlichen Kammer des CAS sind zumeist vermögensrechtlich und finden größtenteils statt, ohne dass sie von der Öffentlichkeit wahrgenommen werden.[328] Dies liegt vor allem daran, dass beispielsweise die Verträge im Stillen ausgehandelt werden. Anders stellt sich die Situation bei den Streitgegenständen der Rechtsmittelkammer dar. Die meisten Verbandsentscheidungen, insbesondere sofern sie medienwirksame Dopingsuspensionen oder die Nichtzulassung erfolgreicher Sportler zu sportlichen Wettkämpfen betreffen, sind der Allgemeinheit in ihren Grundzügen

---

326 *Sachs*, SpuRt 2019, 50 (50) generell zur Gleichheit im Sport.

327 Dies stellt einen Unterschied zu der faktischen Präzedenzwirkung in der internationalen Schiedsgerichtsbarkeit dar, da dort diese Interessen nicht geschützt werden müssen, *König*, Transparenz, S. 35 ff. zu der faktischen Präzedenzwirkung in der Schiedsgerichtsbarkeit; siehe i. E. zu Präjudizen in der Sportschiedsgerichtsbarkeit Teil 4 C. IV. 1.

328 *Mavromati/Reeb*, CAS Code, R59 Rn. 77 beschreiben diese Verfahren als *classical arbitration*.

bereits bekannt und werden öffentlich beurteilt sowie diskutiert.[329] Denn eine Nichtteilnahme an sportlichen Großveranstaltungen oder ein Scheitern eines angekündigten Transfers eines bekannten Fußballspielers bleibt der Öffentlichkeit nicht verborgen. Die Rechtsmittel- und Anti-Doping-Verfahren stehen damit anders als in der Handelsschiedsgerichtsbarkeit wesentlich leichter in der Öffentlichkeit.

II. Zusammenfassung

Die Besonderheiten des CAS und die Bezeichnung als ein Schiedsgericht *sui generis* liegen damit auf der Hand. Bei der Suche nach Maßstäben für die Entscheidungsfindung des CAS müssen auch die Grundsätze des Prozesses vor staatlichen Gerichten eine Rolle spielen. Zwar basiert die Legitimation des CAS ursprünglich auf Mechanismen, die der Schiedsgerichtsbarkeit entstammen, so dass ein diesbezüglicher Vergleich nahe liegt. Allerdings zeigt sich an den soeben dargestellten Beispielen, dass der CAS aufgrund seiner Funktion und dem faktisch bestehenden Zwang zur Zustimmung zu einer Schiedsvereinbarung eher staatlichen Gerichten ähnlich ist. Als Vergleichsmaßstab der folgenden Analyse werden mithin die Grundsätze der staatlichen Gerichtsbarkeit herangezogen werden, sofern sie von ihrem Sinn und Zweck auch für den CAS passend sind. Als Maßstab dient dabei das deutsche Prozessrecht, vor dessen Hintergrund diese Arbeit entstanden ist.

---

329 Vgl. etwa die Diskussion um den Skirennläufer *Luitz* und die Aberkennung des Weltcupsiegs, *Hecker*, Groteske Irrwege im Fall Luitz, FAZ v. 10.01.2019.

Teil 2: Öffentlichkeit der Verfahren

Der Kontrolle der Verfahren des CAS durch die Öffentlichkeit kommt eine zentrale Bedeutung zu. Diese öffentliche Begutachtung dient zum einen dem Schutz der Schiedsparteien, da eine Überprüfung der CAS-Schiedsurteile nur sehr bedingt stattfindet. Zum anderen ist eine Öffnung der Verfahren erstrebenswert, um bestehenden Drittinteressen an CAS-Schiedsverfahren Rechnung zu tragen. In einem Vergleich mit der Öffentlichkeit der Verhandlung in der staatlichen Gerichtsbarkeit sowie der Handels- und Investitionsschiedsgerichtsbarkeit zeigt sich die besondere Interessenlage an öffentlichen Verhandlungen vor der Rechtsmittel- und Anti-Doping-Kammer des CAS. Im Rahmen dieser Untersuchung wird auch deutlich, dass die Verfahren vor dem CAS noch transparenter sein sollten. Die aktuellen Regelungen sind zwar europarechtskonform und entsprechen größtenteils noch den einfachgesetzlichen Vorgaben, aber werden dem Sinn und Zweck der öffentlichen Verhandlung in der Sportschiedsgerichtsbarkeit nicht gerecht. Diese Transparenzdefizite lassen sich auch nicht durch die Rechtsfigur der *amici curiae* ausgleichen, die als ein Mittel für Öffentlichkeit gedacht ist.

A. Öffentlichkeit in der staatlichen Gerichtsbarkeit

Über die Nichtöffentlichkeit oder zumindest die Beschränkung der Öffentlichkeit in Sportschiedsverfahren kann diskutiert und entschieden werden, sofern feststeht, welche Unterschiede und Besonderheiten sich zur staatlichen Gerichtsbarkeit ergeben und ob eine unterschiedliche Behandlung überhaupt sinnvoll ist. Als Vergleichsmaßstab setzt sich diese Arbeit mit dem Öffentlichkeitsgrundsatz der deutschen Gerichtsbarkeit auseinander, wohl wissend, dass dies nur *ein* Beitrag zur internationalen Diskussion sein kann.

I. Rechtsgrundlagen

Der Grundsatz der Öffentlichkeit basiert auf verschiedenen Rechtsgrundlagen.[330] Im deutschen Recht sehen §§ 169 ff. GVG differenzierte Vorgaben vor. Grundsätzlich verbleibt für Art. 6 Abs. 1 EMRK neben den §§ 169 ff. GVG in

330 Vgl. i. E. *Eslami*, Nichtöffentlichkeit, S. 103 ff.

innerstaatlichen, deutschen Gerichtsverfahren kein eigener Anwendungsbereich.[331] Er erhebt ebenfalls die Öffentlichkeit des Verfahrens zum Grundsatz, so dass er diesbezüglich das deutsche Recht nur weiter verstärken, mangels weiterem Regelungsbereich jedoch nicht ersetzen kann. Ähnlich verhält es sich für Art. 47 Abs. 2 Grundrechtecharta der EU, Art. 10 Allgemeine Erklärung über Menschenrechte der UN und Art. 14 Abs. 1 S. 2 Internationaler Pakt über bürgerliche und politische Rechte.

1. Einfachgesetzlich

a) § 169 GVG

§ 169 Abs. 1 GVG normiert den Öffentlichkeitsgrundsatz als Prozessmaxime einfachrechtlich[332] für deutsche staatliche Gerichtsverfahren.[333] Diese Norm gilt unmittelbar gem. § 2 EGGVG für Verfahren der ordentlichen Gerichtsbarkeit in Zivil- und Strafsachen. Allerdings wird die Vorschrift über die Öffentlichkeit der mündlichen Verhandlung zum Teil auch in anderen Gerichtsbarkeiten für anwendbar erklärt, wie beispielsweise nach § 55 VwGO für Verwaltungsverfahren.[334] Der Öffentlichkeitsgrundsatz erhält damit Geltung auch für Verwaltungs-, Sozial- und Arbeitsgerichtsverfahren sowie Verfahren vor dem Bundesverfassungsgericht.

Der Öffentlichkeitsgrundsatz nach § 169 GVG besteht jedoch nicht absolut, sondern kann aus gewichtigen Gründen, die in den §§ 169 S. 2 bis 175 GVG normiert sind, ausgeschlossen werden. Diese Vorschriften regeln sowohl die zwingenden als auch die fakultativen, im Ermessen des Gerichts stehenden Ausschlussgründe abschließend.[335] Leitprinzip dieser Ermessensausübung ist dabei die Abwägung zwischen dem Schutz der Privatsphäre der Prozessbeteiligten

---

331 So die Tendenz des BGH, vgl. BGH (02.07.1969) – 4 StR 226/69, JZ 1970, 34 (35); z. T. str., vgl. dafür *Eslami*, Nichtöffentlichkeit, S. 101 ff. m. w. N.

332 In anderen Ländern ist die Öffentlichkeit des Gerichtsverfahrens z. T. in der Verfassung normiert, siehe für die USA das Sixth Amendment in Bill of Rights: „In all criminal prosecutions, the accused shall enjoy the right to a speedy and public trial".

333 *Kissel/Mayer*, 9. Aufl., GVG, § 169 Rn. 5 ausführlich zum Geltungsbereich.

334 Vgl. darüber hinaus §§ 52, 72 ArbGG, §§ 61, 202 SGG, 52 FGO, § 17 BVerfGG, Art. 44 GG.

335 *Zimmermann*, in. MüKO ZPO, 5. Aufl. 2017, GVG, § 169 Rn. 29; *Kissel/Mayer*, 9. Aufl., GVG, § 169 Rn. 8.

und der Funktionsfähigkeit der Rechtspflege, also konkret dem Rechtsstaatsprinzip.[336]

b) Reichweite und Arten der Öffentlichkeit

In dem deutschen staatlichen Gerichtsverfahren ist die Öffentlichkeitsmaxime eng mit dem Mündlichkeitsgrundsatz verbunden.[337] Dieser Mündlichkeitsgrundsatz setzt für die Urteilsfindung grundsätzlich eine mündliche Verhandlung voraus.[338] Nur der in dieser mündlichen Verhandlung vorgetragene Prozessstoff wird zur Urteilsfindung herangezogen.[339] Nachdem den am Verfahren unbeteiligten Dritten kein Einsichtsrecht in die Prozessakten zusteht, kann ohne die Mündlichkeit der Verhandlung auch keine Öffentlichkeit staatlicher Gerichtsverfahren verwirklicht werden.[340] Öffentlichkeit meint mithin immer die Öffentlichkeit der mündlichen Verhandlung und Urteilsverkündung.

§ 169 Abs. 1 S. 1 GVG beinhaltet den Schutz der unmittelbaren Öffentlichkeit, also der an der mündlichen Verhandlung körperlich Anwesenden. Die mittelbare Öffentlichkeit wird in § 169 Abs. 1 S. 2 GVG geregelt.[341] § 169 Abs. 1 S. 2 GVG untersagt alle Ton-, Fernseh- und Rundfunkaufnahmen mit dem Zweck der öffentlichen Vorführung oder Veröffentlichung. Davon abweichende Arten der mittelbaren Öffentlichkeit, wie beispielsweise Mitschriften, sind jedoch nicht von diesem Verbot erfasst. Da Aussagen in deutschen

---

336 Vgl. BT-Drs. 16/6308 v. 07.09.2007, Zu Nummer 17 (§ 170 GVG) S. 320; zum Verhältnis Persönlichkeitsschutz und öffentliche Interessen vgl. BVerfG (05.06.1973) – 1 BvR 536/72, NJW 1973, 1226 (1228).

337 *Wöstmann*, in: Saenger ZPO, 8. Aufl. 2019, § 128 Rn. 1; vgl. für die mündliche Verhandlung z. B. § 128 Abs. 1 ZPO, §§ 226 ff., 434 Abs. 3 S. 1, 435 Abs. 3, 33 Abs. 1 StPO; § 101 Abs. 1 VwGO; *Zimmermann*, in: MüKo ZPO, 5. Aufl. 2017, GVG, § 169 Rn. 2 zu dem Zusammenhang auch mit dem Unmittelbarkeitsgrundsatz; ähnlich auch für Art. 6 Abs. 1 EMKR, in dem *public hearing* als ein Recht auf ein *oral hearing* verstanden wird, vgl. EGMR, Guide (civil limb), Stand: 31.12.2018, Rn. 350.

338 Vgl. § 128 Abs. 1 ZPO; *Stadler*, in: Musielak/Voit, 17. Aufl. 2020, ZPO, § 128 Rn. 1; *Reimer*, Verfahrenstheorie, S. 212 m. w. N. ausführlich zur Mündlichkeitsmaxime in Zivil-, Straf- und Verwaltungsverfahren.

339 Es gibt wenige Ausnahmen, vgl. für den Zivilprozess §§ 139 Abs. 5, 283 ZPO.

340 *Zimmermann*, in: MüKo ZPO, 5 Aufl. 2017, GVG, § 169 Rn. 2, Rn 11 zur fehlenden Akteneinsicht im Zivilprozess.

341 BGH (08.02.1957) – 1 StR 375/56, NJW 1957, 881 (881) sieht nur die unmittelbare Öffentlichkeit als von dem Öffentlichkeitsbegriff des GVG erfasst an und die mittelbare Öffentlichkeit lediglich als eine erwünschte „Reflexwirkung“.

Strafprozessen nicht wörtlich protokolliert werden, hat eine Gruppe von Journalisten den sog. „NSU-Prozess“ wörtlich mitprotokolliert und anschließend veröffentlicht.[342] Kontrovers diskutiert wird die Frage, ob die Medienöffentlichkeit zum Zweck der Berichterstattung noch mittelbare Öffentlichkeit darstellt, da es sich dabei nicht mehr um eine originalgetreue Wiedergabe des Verfahrens handeln muss.[343] Unabhängig von dieser Frage kommt den Medienvertretern in Gerichtsverfahren unstreitig eine gewichtige Rolle zu, da diese die Allgemeinheit oftmals erst auf ein Verfahren aufmerksam machen und darüber informieren.[344] Sie nimmt der Bevölkerung die Anstrengung, persönlich bei Gerichtsverfahren anwesend sein zu müssen. Dies ist nicht selten mit Aufwand verbunden, wie beispielsweise bei Gerichtsverfahren in einer entfernt gelegenen Stadt. Darüber hinaus ist es die Presse, die gerade komplexe Verfahren der Allgemeinheit aufbereitet und dadurch verständlich werden lässt.[345] Das BVerfG bestätigte dies in seinem Urteil zu dem Verbotsverfahren gegen die NPD:

> *„Unverzichtbar für ein demokratisches System sind die Möglichkeit gleichberechtigter Teilnahme aller Bürgerinnen und Bürger am Prozess der politischen Willensbildung und die Rückbindung der Ausübung der Staatsgewalt an das Volk (Art. 20 I und II GG).“*[346]

Nichtsdestotrotz unterliegen Berichterstatter den Beschränkungen in § 169 Abs. 1 S. 2 GVG und ihnen kommt auch keine Sonderstellung nach § 169 Abs. 1 S. 1 GVG zu. Als körperlich Anwesende in Gerichtsverfahren stellen sie auch eine unmittelbare Öffentlichkeit wie jeder andere Bürger dar. Allerdings hat sich gezeigt, dass die Berichterstattung für die Bildung einer öffentlichen Meinung der Allgemeinheit notwendig ist und damit eine wichtige Funktion der freiheitlichen Demokratie sichert.

---

342 Siehe *Ramelsberger* u. a., Der NSU-Prozess. Das Protokoll, 5 Bände.

343 Siehe für die Unterscheidung in unmittelbare und mittelbare Öffentlichkeit Teil 1 B. III.

344 Der Streit soll und muss im Rahmen dieser Arbeit nicht weiter dargestellt und einer Lösung zugeführt werden.

345 *Eslami*, Nichtöffentlichkeit, S. 171.

346 BVerfG (17.01.2017) – 2 BvB 1/13, NJW 2017, 611 (620).

2. *Verfassung*

Das deutsche Grundgesetz nennt den Öffentlichkeitsgrundsatz nicht ausdrücklich.[347] Aus diesem Grund wird diskutiert, ob die einfachgesetzliche Norm des § 169 GVG, die den Öffentlichkeitsgrundsatz als Prozessmaxime[348] normiert, als eine Verfassungsnorm qualifiziert werden sollte.[349] Bei Bejahung schließt sich die Frage an, in welchen Verfassungsrechtssätzen diese Prozessmaxime der öffentlichen mündlichen Verhandlung zu verorten ist. Das Bundesverfassungsgericht hat inzwischen den Verfassungsrang bestätigt.[350] Dabei untersuchte es die verfassungsrechtliche Rechtsgrundlage in dem Rechtsstaatsgrundsatz[351] nach Art. 20 Abs. 3 GG und dem Demokratieprinzip gem. Art. 20 Abs. 1 GG. Das Rechtsstaatsprinzip soll die richterliche Unabhängigkeit gegenüber den anderen zwei Staatsgewalten, der Exekutive und Legislative, wahren. Diese Kontrolle muss gerade durch die Bevölkerung stattfinden, da keine anderen Kontrollmechanismen vorgesehen sind.[352] Es geht dabei also um die Sicherstellung der Integrität der rechtsprechenden Gewalt. Darüber hinaus beinhaltet das Rechtsstaatsprinzip das Erfordernis von berechenbaren und vorhersehbaren Entscheidungen. Dafür wird eine Prozessöffentlichkeit als Voraussetzung betrachtet.[353] Das Demokratieprinzip erfordert eine öffentliche Meinungsbildung durch das Volk als dem Souverän. Nur auf diese Weise kann dieser Einfluss nehmen, etwa bei der Ausübung des Wahlrechts. Trotz der Qualifizierung des Öffentlichkeitsgrundsatzes als Prinzip mit Verfassungsrang unterliegt

---

347 Viele europäische Verfassungen verorten den Öffentlichkeitsgrundsatz ausdrücklich verfassungsrechtlich, vgl. Aufzählung in *Seitz,* Disposition über die Öffentlichkeit im Zivilprozess?, S. 72.

348 *Reimer,* Verfahrenstheorie, S. 211 ff. zu der Einordnung als Prozessmaxime.

349 Siehe Diskussion bei *Kahlert,* Vertraulichkeit, S. 101 f. m. w. N.

350 BVerfG (24.01.2001) – 1 BvR 2623/95, NJW 2001, 1633 (1635); ausführlich zu dem Streit, der hier nicht nachgezeichnet werden soll *Seitz,* Disposition über die Öffentlichkeit im Zivilprozess?, S. 72 ff.

351 Nach BGHSt 4, 279, NJW 1956, 1646 (1646) „gehört [der Öffentlichkeitsgrundsatz im Strafverfahren] zu den grundlegenden Einrichtungen des Rechtsstaats".

352 A.A. *Pielow,* Öffentliches Strafverfahren, S. 37; es sei keine Öffentlichkeit nötig, weil eine Trennung der drei Staatsgewalten bereits durch die Gewaltenteilung gewährleistet ist.

353 Man könnte durchaus darüber nachdenken, ob dafür nicht auch lediglich die Veröffentlichung der Entscheidungen ausreichend wäre.

dieser jedoch verfassungsimmanenten Schranken und kann somit weiter eingeschränkt werden.[354]

3. *Europäische Menschenrechtskonvention*

Die Europäische Menschenrechtskonvention (EMRK) regelt ebenfalls den Grundsatz der öffentlichen Verhandlung, wenngleich sich Unterschiede zum einfachrechtlichen deutschen Recht ergeben.

a) Art. 6 Abs. 1 EMRK

Der Öffentlichkeitsgrundsatz wird in Art. 6 Abs. 1 EMRK genannt. Die EMRK als ein völkerrechtlicher Vertrag erlangt erst durch das Transformationsgesetz in Deutschland Geltung.[355] Der Grundsatz der Öffentlichkeit in der Europäischen Menschenrechtskonvention (EMRK) deckt sich weitestgehend mit der Definition und den Bestandteilen des § 169 GVG.[356] Die Schutzrichtung der EMRK zielt allerdings auf den Einzelnen ab.[357] Die Sicherstellung der individuellen Grund- und Menschenrechte als das Regelungsziel der EMRK ergibt sich bereits aus dem Namen dieser als auch aus Art. 1 EMRK. Aus diesem Grund beinhaltet auch Art. 6 Abs. 1 EMRK nur eine individualschützende Funktion.[358] Verfahrensbeteiligte können deshalb im Gegensatz zu dem Rechtsstaatsprinzip grundsätzlich auch auf dieses Recht verzichten, sofern ein Ausschlusstatbestand des Art. 6 Abs. 1 S. 2 EMRK gegeben ist oder ein freiwilliger Ausschluss von dem Grundsatz erfolgt.[359] Im Umkehrschluss bedeutet das auch, dass der Öffentlichkeitsgrundsatz der EMRK als noch nicht verletzt angesehen werden kann, sofern der Grundsatz der Öffentlichkeit nur in Bezug

---

354 Die Befürchtung, die Prozessmaxime bei Bejahung verfassungsrechtlicher Rechtsgrundlagen nicht mehr einschränken zu können, ist unbegründet, vgl. *Kahlert,* Vertraulichkeit, S. 102 f. m. w. N.

355 Vgl. statt vieler BVerfG (14.10.2004) – 2 BvR 1481/04, IstR 2005, 31 (31 f.) zum Wesen und der innerstaatlichen Geltung der EMRK; zur EMRK als Auslegungshilfe für das GG siehe BVerfG (04.05.2011) – ZBvR 2365/09 u. a., JuS 2011, 854 (855).

356 Vgl. für die wenigen Unterschiede *Eslami,* Nichtöffentlichkeit, S. 101 ff. m. w. N.

357 BGH (27.06.1957) – III ZR 51/56, NJW 1957, 1480 (1480).

358 *Gaede,* in: MüKo StPO, 1. Aufl. 2018, EMRK, Art. 6 Rn. 3 spricht von „unmittelbar anwendbare Individualrechte"; *Zimmermann,* in: MüKO ZPO, 5. Aufl. 2017, GVG, § 169 Rn. 6.

359 BGH (27.06.1957) – III ZR 51/56, NJW 1957, 1480 (1480); EGMR (23.06.1981)- o. Az., NJW 1982, 2714 (2716); *Gaede,* in: MüKo StPO, 1. Aufl. 2018, EMRK, Art. 6 Rn. 119 m. w N.; *Zimmermann,* in: MüKo ZPO, 5. Aufl. 2017, GVG, § 169 Rn. 6.

zu den überindividuellen Interessen, also etwa dem Vertrauen in eine geordnete Rechtspflege, eingeschränkt wird. Die EMRK will mit diesem Grundsatz mithin die Einzelnen vor einer Geheimjustiz schützen und damit faire Verfahren sicherstellen.[360] Wenn die Öffentlichkeit jedoch ausgeschlossen wird, ohne dass der Schutz der Betroffenen dadurch eingeschränkt wird, etwa weil sich diese selbst für ein nicht öffentliches Verfahren entscheiden, ist der Grundsatz aus Art. 6 Abs. 1 EMRK nicht verletzt.[361] Die mittelbare Öffentlichkeit, also Rundfunk und Fernsehen, findet in Art. 6 Abs. 1 EMRK keine Erwähnung. Sie können aus dieser Vorschrift deshalb auch kein Recht an einer öffentlichen mündlichen Verhandlung ableiten.[362]

b) *Unterschiedlicher Normzweck des Öffentlichkeitsgrundsatz nach GVG und EMRK*

Ein wesentlicher Unterschied zwischen dem in der EMRK und im GVG normierten Grundsatz der Öffentlichkeit ist mithin der unterschiedliche Normzweck. Während Art. 6 Abs. 1 S. 1 EMRK den Individualschutz bezweckt, schützt § 169 Abs. 1 S. 1 GVG darüber hinaus auch überindividuelle, zum Teil auch rechtsbezogene Interessen[363]. Diese unterschiedliche Zweckzuschreibung wirkt sich auf die Möglichkeit der Einschränkbarkeit der Vorschriften aus. Sofern die Betroffenen freiwillig auf ein öffentliches Verfahren verzichten, entfällt ihre Schutzbedürftigkeit nach der EMRK. Allerdings ist aufgrund des Wortlauts[364] der Vorschrift festzuhalten, dass die Rechtsunterworfenen keinen Anspruch auf ein nicht-öffentliches Verfahren besitzen. Aufgrund des über die Rechtsunterworfenen hinausgehenden Zweckes des § 169 Abs. 1 S. 1 GVG ist die Parteidisposition bezüglich eines Ausschlusses wesentlich eingeschränkter. Ein solcher Verzicht auf die Öffentlichkeitsmaxime ist nur aus einem der im GVG aufgezählten Gründe möglich. Allerdings besitzen die Parteien keinen Anspruch auf Ausschluss der Öffentlichkeit.[365]

---

360 *Gaede*, in: MüKo StPO, 1. Aufl. 2018, EMRK, Art. 6 Rn. 119 m. w. N.

361 Vgl. *Zimmermann*, in: MüKo ZPO, 5. Aufl. 2017, GVG, § 169 Rn. 6.

362 Vgl. ausdrücklich bereits *Guradze*, Die Europäische Menschenrechtskonvention, Kommentar, Art. 6 Rn. 16.

363 Unter rechtsbezogenen Zwecken wird z. B. die Fortbildung des Rechts betrachtet, vgl. ausführlich *Reimer*, Verfahrenstheorie, S. 193 ff.

364 „können […] ausgeschlossen werden".

365 *Kissel/Mayer*, 9. Aufl. 2018, GVG, § 169 Rn. 19 m. w. N. zum fehlenden Anspruch auf Ausschluss.

II. Sinn und Zweck der Öffentlichkeit der mündlichen Verhandlung

Die Öffentlichkeit der mündlichen Verhandlung in staatlichen Gerichtsverfahren erfüllt diverse Zwecke. Für eine klare Darstellung sollen diese im Folgenden getrennt voneinander aufgeführt und diskutiert werden, wenngleich sie in einer Wechselbeziehung stehen und sich oftmals auch gegenseitig bedingen.[366]

Der Sinn und Zweck der öffentlichen mündlichen Verhandlung[367] lässt sich nicht pauschal als eine Willkürkontrolle und Unterbindung des Machtmissbrauchs oder als Stärkung und Sicherung des Vertrauens der Bevölkerung in die gerichtlichen Verfahren zusammenfassen.[368] Es sollte der Fehler vermieden werden, dem Öffentlichkeitsprinzip Funktionen zuzuschreiben, die nicht für alle Gerichtsverfahren in gleichem Maße zutreffend sind.[369] Zudem sollte beachtet werden, dass die Öffentlichkeit der mündlichen Verhandlung sowohl Individualinteressen als auch über den Einzelnen hinausgehende öffentliche, also überindividuelle Interessen wahren sollte.[370] So dient die Verhinderung von Geheimverfahren als das Gegenteil fairer Verfahren vorrangig den jeweiligen Verfahrensbeteiligten,[371] also individuellen Interessen. Demgegenüber hat die Gesellschaft ein vorrangiges Interesse an anderen Funktionen, wie beispielsweise einer Vertrauensbildung in den Rechtsstaat und einem Befriedungseffekt.

1. Ordnungsgemäße Rechtspflege

Der Grundsatz der Öffentlichkeit der mündlichen Verhandlung dient sowohl dem individuellen als auch dem öffentlichen Interesse an einer

---

366 Beispielsweise führt die Kontrolle und der Einblick in die Funktionsweise der Rspr. zu einem Vertrauen der Allgemeinheit in eben diese; *Gierhake,* JZ 2013, 1030 (1031 f.) lässt eine solche Wechselbeziehung der meisten Funktionen der Prozessöffentlichkeit auch erahnen; BVerfG (19.03.2013) -2- BvR 2628/10, 2 BvR 2883/10, 2 BvR 2155/11, NJW 2013, 1058 (1065).

367 I. F. wird mit der „mündlichen Verhandlung" der aus dem dt. Zivilprozess geläufige Begriff verwendet und es findet selten eine sprachliche Differenzierung zur „Hauptverhandlung" im dt. Strafprozess statt.

368 Vgl. etwa zu § 169 GVG sehr pauschal *Sawang,* Geheimhaltung und rechtliches Gehör im Schiedsverfahren nach deutschem Recht, S. 86.

369 *Pielow,* Öffentliches Strafverfahren, S. 36 kritisiert eine gewisse Willkür in den Funktionszuschreibungen des Öffentlichkeitsgrundsatzes.

370 Die Unterscheidung in individuelle und überindividuelle Funktionen des Öffentlichkeitsgrundsatzes wird vorgenommen bei *Kahlert,* Vertraulichkeit, S. 100 ff.

371 Geheimverfahren als ein Gegenteil zum Rechtsstaatsprinzip dient nicht nur Individual-, sondern auch Allgemeininteressen.

ordnungsgemäßen Rechtspflege.[372] Durch die Öffentlichkeit sollen verschiedene Aspekte verwirklicht werden, um dieses Ziel gewährleisten zu können. Es wird sich zeigen, dass die Öffentlichkeit zwar keine Kontrolle über die Justiz hat, diese jedoch kontrollieren kann und soll.

a) Ausschluss von Geheimverfahren

Dieser Zweck der Öffentlichkeit wird in einem Atemzug mit der historischen Entwicklung genannt, nämlich der Reaktion auf den Absolutismus und als eine Errungenschaft der Aufklärung.[373] Die Verfahrensbeteiligten sollen nicht der Willkür der Gerichte ausgesetzt sein. Aus diesem Grund soll die mündliche Verhandlung nicht hinter verschlossenen Türen durchgeführt werden, sondern allein die Möglichkeit des Zutritts Unbeteiligter soll die Gerichte disziplinieren, fair und gesetzmäßig zu entscheiden. Die Ablösung geheimer durch öffentliche Verfahren und der damit verbundenen Kontrolle durch die Prozessöffentlichkeit ist für Strafverfahren besonders relevant.[374] Ein Angeklagter fühlt sich im wahrsten Sinn des Wortes nicht „alleingelassen", da er darauf vertrauen kann, dass die Möglichkeit der Kontrolle der Gerichte durch eine öffentliche mündliche Verhandlung eine ordnungsgemäße Rechtsfindung sicherstellt. Diese Verfahrensöffentlichkeit kontrolliert mithin den Verfahrensgang und fördert damit das Vertrauen des Einzelnen in eine geordnete Rechtspflege.

b) Einhaltung der Gesetze

Der Zweck des Ausschlusses der Geheimverfahren geht mit der Kontrolle der Richter und des Ablaufs des Gerichtsverfahrens einher.[375] Eine Nichtöffentlichkeit der gerichtlichen Verfahren würde dem Volk als Souverän die Kontrollmöglichkeit der Judikative nehmen, ob deren Entscheidungen

---

372 *Voit*, in: Musielak/Voit, 17. Aufl. 2020, ZPO, § 1030 Rn. 9.

373 Zur Unterbindung der Geheimjustiz durch die Verfahrensöffentlichkeit BVerfG (15.01.2015) – 2 BvR 878/14, NJW 2015, 1235 (1236 f.); *Büstgens*, Transparenz, S. 117; *Eslami*, Nichtöffentlichkeit, S. 85 ff., ausführlich zu den historischen Hintergründen und Entwicklung des Öffentlichkeitsgrundsatzes; *Gierhake*, JZ 2013, 1030 (1032 f.) m. w. N.; *Pielow*, Öffentliches Strafverfahren, S. 18 ff.; *Zimmermann*, in: MüKo ZPO; 5. Aufl. 2017, GVG, § 169 Rn. 1.

374 *Kissel/Mayer*, GVG, 9. Aufl. 2018, § 169 Rn. 1; *Zimmermann*, in: MüKo ZPO, 5. Aufl. 2017, GVG, § 169 Rn. 1 sieht die vorrangige Bedeutung des Öffentlichkeitsprinzips im Strafverfahren.

375 *Eslami*, Nichtöffentlichkeit, S. 81 ff.; *Kissel/Mayer*, 9. Aufl. 2018, GVG, § 169 Rn. 1; *Schilken*, Gerichtsverfassungsrecht, 2. Aufl., § 12 Rn. 155.

unter Einhaltung der Gesetze zustande gekommen sind. Andernfalls hätte diese keine Kenntnis über die Anwendung der Gesetze im Einzelfall. Diese Kontrollmöglichkeit ist von Wichtigkeit, da das Parlament als gesetzgebende Gewalt durch den Wahlakt durch das Volk eine unmittelbare demokratische Legitimation erhalten hat.[376] Die Öffentlichkeit der mündlichen Verhandlung stellt mithin die Einhaltung der Gesetze sicher, die auf dieser Legitimationskette beruhen. Die Rechtsprechung soll mithin in ihrer Ausübung der Staatsgewalt durch die Allgemeinheit kontrolliert werden, damit die Bewährung des objektiven Rechts in den Verfahren gewährleistet ist.[377] Diese Prüfung ist essentiell, da die Judikative abseits interner Mechanismen wie dem Instanzenzug keiner Kontrolle von außen unterlegen ist.[378] Die unmittelbare Öffentlichkeit kann dieses Kontrolldefizit ausgleichen und nachprüfen, ob die Rechtsprechung im Sinn des Volkes als Souverän gem. Art. 20 Abs. 2 S. 1 GG handelt.[379] Die Öffentlichkeit der Verhandlung stellt mithin sicher, dass das Volk als demokratischer Souverän dadurch ihre Kontrollrechte wahren kann.

c) Gewährleistung der Unabhängigkeit der Richter

Während in den Inquisitionsverfahren Richter und Ankläger noch eine Personalunion darstellten, garantiert die heutige Verfassung gem. Art. 97 Abs. 1 GG die Unabhängigkeit der Richter.[380] Manchmal wird deshalb in den Raum gestellt, dass eine Kontrolle der Justiz durch die Öffentlichkeit antiquiert und

---

376 Statt vieler *Grzeszick*, in: Maunz/Dürig, GG, 86. EL Januar 2019, Art. 20 Rn. 134.

377 Dies setzt voraus, dass nicht nur die Verwirklichung und Durchsetzung subjektiver Rechte, sondern auch das Bewähren objektiven Rechts, also überindividuelle Interessen, als Verfahrenszweck anerkannt wird, vgl. *Jauernig*, JuS 1971, 329 (332 f.) zum objektiven Zweck des Zivilprozesses am Bsp. der DDR; *Münch*, in: Bruns u. a., Die Zukunft des Zivilprozesses, 2014, S. 5 (18) u. a. zu dem Prozess, der auch dem Recht dient; *Schaper*, Studien zur Theorie und Soziologie des gerichtlichen Verfahrens, S. 167 f. m. w. N. generell zu dem Verhältnis des subjektiven wie objektiven Verfahrenszwecks.

378 Die fehlende Kontrolle von außen ist ein Unterschied zur Exekutive, vgl. *Degenhart*, in: Isensee/Kirchhof, Handbuch des Staatsrechts, § 76, Rn. 50, S. 879 (914); Das Fehlen sonstiger Kontrollmechanismen ist Folge der richterlichen Unabhängigkeit gem. Art. 97 Abs. 1 GG als ein ebenso hohes Gut des Rechtsstaats.

379 *Seitz*, Disposition über die Öffentlichkeit im Zivilprozess?, S. 74.

380 *Pielow*, Öffentliches Strafverfahren, S. 36 m. w. N.

heutzutage nicht mehr notwendig sei.[381] Allerdings wird dabei übersehen, dass aus der Gewaltenteilung nicht folgen muss, dem Öffentlichkeitsgrundsatz in staatlichen Gerichtsverfahren heute keinen oder keinen allzu großen Stellenwert mehr einzuräumen.[382] Zum einen kann das Funktionieren einer ordnungsgemäßen Rechtspflege unter anderem gerade auch auf dem Öffentlichkeitsgrundsatz basieren.[383] In dem Wissen um die Kontrolle der Öffentlichkeit gewährleistet die Justiz faire Verfahren und Rechtsanwendung. Zum anderen zeigen auch Justizirrtümer aus der heutigen Zeit, dass eine Kontrolle des Verfahrensganges immer noch notwendig und wichtig ist.[384] Trotzdem bleibt zu beachten, dass mit Blick auf die richterliche Unabhängigkeit gem. Art. 97 Abs. 1 GG die Kontrolle der Judikative durch die Allgemeinheit nicht zu stark ausgeprägt sein sollte. Ansonsten könnte die Judikative ihre Eigenständigkeit verlieren und von dem jeweiligen, eventuell wechselnden öffentlichen Meinungsbild abhängig werden.[385] Allerdings werden Richter bereits durch die Verfahrensöffentlichkeit dazu angehalten, nach Recht und Gesetz zu entscheiden.

d) Unterbindung der Einflussnahme der Exekutive

Die Gewaltenteilung der Staatsgewalt in Legislative, Exekutive und Judikative ergibt sich aus Art. 20 Abs. 2 S. 2, Abs. 3, Art. 1 Abs. 3 GG und stellt ein „tragendes Organisationsprinzip des GG“[386] dar.[387] Die öffentliche mündliche

---

381 *Kissel/Mayer,* GVG, 9. Aufl. 2018, § 169 Rn. 1 zumindest zu dem Verlust der unmittelbaren Bedeutung der Kontroll- und Sicherungsfunktion und der Verlagerung auf andere Aspekte.

382 *Schilken,* Gerichtsverfassungsrecht, 2. Aufl., § 12 Rn. 169 zu der „latent stets vorhandenen Gefahr“.

383 So etwa *Pielow,* Öffentliches Strafverfahren, S. 38.

384 Im Fall Peggy Knobloch werden nicht nur gegen die polizeilichen Ermittlungsbeamten und die Staatsanwaltschaft Vorwürfe erhoben, sondern auch gegen das Gericht, nachdem es Widersprüchen im ersten Verfahren, wie beispielsweise vier voneinander abweichenden Geständnissen, nicht nachgegangen ist, vgl. *Truscheit,* Falsche Wahrheit, richtige Wahrheit, FAZ v. 10.04.2014; für weitere Fälle siehe *Burow,* Das Lexikon der Justizirrtümer.

385 *Kissel/Mayer,* GVG, 9. Aufl. 2018, § 169 Rn. 2 argumentiert in diese Richtung; *Gierhake,* JZ 2013, 1030 (1033 f.) auch dazu, dass sich *Feuerbach* und *Zachariae* gegen die Kontrollfunktion der Allgemeinheit aussprachen.

386 BverfG (18.12.1953) – 1 BvL 106/53, NJW 1954, 65 (68).

387 *Grzeszick* in: Maunz/Dürig GG, 86. EL Januar 2019, Art. 20 Rn. 1 ff. i. E. zu der Gewaltenteilung.

Verhandlung würde Einwirkungen des Staates oder sonstiger Dritter während des Gerichtsverfahrens, und damit die Durchbrechung der Gewaltenteilung, für jedermann offenkundig machen. Allein das reicht aus, um Einflussmaßnahmen auf die Richter erheblich zu erschweren oder ganz zu unterbinden.[388] Die Öffentlichkeit schützt damit die Unabhängigkeit der Richter.[389] Die Öffentlichkeit trägt dazu bei, dass die Exekutive die Judikative nicht beeinflussen kann.

e) Erweiterung der Rechtskenntnisse der Allgemeinheit bezüglich gerichtlicher Verfahren

Die Bevölkerung ist mit gerichtlichen Verfahren grundsätzlich nicht vertraut. Diese Unkenntnis könnte zu einer Unsicherheit und zu Berührungsängsten mit der staatlichen Gerichtsbarkeit führen.[390] Es ist nicht unwahrscheinlich, dass Bürger darauf verzichten, ihre zivilrechtlichen Ansprüche vor Gericht einzuklagen, weil ihnen der gesamte Ablauf gerichtlicher Verfahren unbekannt ist. Gerade hier setzt der Zweck der Öffentlichkeit einer mündlichen Verhandlung an. Den Einzelnen wird es dadurch möglich, gerichtliche Verfahren kennenzulernen und diesbezüglich nicht nur ihre Rechtskenntnisse zu erweitern, sondern auch die möglicherweise bestehenden Bedenken abzubauen.[391]

2. Gesellschaftliche Bedeutung und Wahrung (weiterer) öffentlicher Interessen

Die Funktionsfähigkeit der Rechtspflege steht im Interesse der Verfahrensbeteiligten und der Gesellschaft. Manchmal soll durch die Öffentlichkeit der Verfahren vorrangig öffentlichen Belangen Rechnung getragen werden, wie die nachfolgenden Ausführungen zeigen.

a) Erweiterung der Rechtskenntnisse der Allgemeinheit bezüglich der Gesetzesanwendung

Der Öffentlichkeitsgrundsatz ermöglicht es den Bürgern, sich über die Gesetzesanwendung im konkreten Einzelfall zu informieren. Die Gesetze

388 *Schilken*, Gerichtsverfassungsrecht, 2. Aufl., § 12, Rn. 155.

389 *Kissel/Mayer*, GVG, 9. Aufl. 2018, § 169 Rn. 1; BGH (23.5.1956) – 6 StR 14/56, NJW 1956, 1646 (1647).

390 *Eslami*, Nichtöffentlichkeit, S. 85.

391 Vgl. abweichende Meinung des Richters *Kühling* sowie der Richterinnen *Hohmann-Dennhardt* und *Hoffmann-Riem* zu BVerfG (24.01.2001) – 1 BvR 2623/95 u. 662/99, JZ 13/2001, 704 (708).

stellen abstrakte Rechtsregeln auf. In Gerichtsverfahren werden diese abstrakten Regeln auf den konkreten Fall angewendet.[392] Das zuerst abstrakt erscheinende Recht wird somit für den juristisch nicht geschulten Bürger durch die Konkretisierung im Einzelfall anschaulich und mithin verständlicher. Die Öffentlichkeit der mündlichen Verhandlung dient damit auch einer Rechtserkenntniserweiterung der Allgemeinheit.[393]

b) Einfluss auf die politische Willensbildung

Die Rechtsprechung greift in den „vorgegebenen (‚fremdprogrammierten') rechtlichen Entscheidungsmaßstab"[394] der Legislative ein, wenn sie das Recht durch ihre Rechtsprechung fortbildet. Es existieren jedoch von außen aufgrund der richterlichen Unabhängigkeit keine Möglichkeiten zur Kontrolle der Judikative.[395] Der Allgemeinheit kommt deshalb bei der Überprüfung, ob die Judikative im Einzelfall ihre Kompetenzen überschreitet, eine wesentliche Bedeutung zu.[396] Die Allgemeinheit kann politischen Druck erzeugen, auf den der Gesetzgeber entsprechend reagiert und die Gesetze in einer bestimmten Art für die Zukunft ergänzt.[397]

In der Prozesswirklichkeit werden die gerichtlichen Vorgänge häufig nicht durch körperliche Anwesenheit von Bürgern im Gerichtssaal vermittelt, sondern durch eine mediale Berichterstattung.[398] Dies schafft in der Gesellschaft eine Diskussionsgrundlage, ob diese Gesetzesverwirklichung im Einzelfall als angemessen empfunden und akzeptiert wird oder ob für die Zukunft eine

---

392 Str., ob dies einen Verfahrenszweck darstellt; *Bruns*, JZ 2014, 162 (162) lässt diese Frage offen, stellt jedoch die große Bedeutung der Öffentlichkeit für die Rechtsfortbildung heraus; *Schlüchter*, in: Wolter, Zur Theorie und Systematik des Strafprozeßrechts, S. 205 (215 f.), er betrachtet für den Strafprozess nur die Gerechtigkeit, Rechtssicherheit und die zu wahrende Menschenwürde als Prozesszwecke.

393 *Eslami*, Nichtöffentlichkeit, S. 85; kritischer zur Öffentlichkeit und der Befriedigung der Neugier *Becker*, in: Baumbach u. a., ZPO, Band 1, 78. Aufl. 2020, GVG Grdz. § 169 Rn. 2.

394 *Reimer*, Verfahrenstheorie, S. 198.

395 Vgl. die Dienstaufsicht gem. § 26 DRiG, i. E. statt vieler *Morgenthaler*, in: BeckOK GG, 41. Ed. 15.02.2019, Art. 97 Rn. 6.

396 Ähnlich *Gierhake*, JZ 2013, 1030 (1031).

397 Vgl. Ausführungen der Richter am BVerfG *Kühling/Hohmann-Dennhardt/Hoffmann-Riem* zu BVerfG (24.01.2001) – 1 BvR 2623/95 u. 622/99, JZ 2001, 704 (708).

398 *Eslami*, Nichtöffentlichkeit, S. 171 m. w. N. zu der Effektivität medialer Berichterstattung.

Anpassung der abstrakten Rechtsregeln stattfinden sollte.[399] Durch diverse Diskussionen kann sich mit der Zeit schließlich eine öffentliche Meinung herausbilden, die sich in der Legislative manifestieren kann.[400] Auf diese Weise ist das Recht einer andauernden Prüfung ausgesetzt und kann stetig fortgebildet werden.

c) Vertrauensbildung in den Rechtsstaat

Durch einen öffentlichen Zugang zur mündlichen Verhandlung erhält die Bevölkerung die Möglichkeit, die Gesetzesanwendung nicht nur nachzuvollziehen, sondern die Gesetzesverwirklichung auch zu kontrollieren.[401] Dieser Aspekt, nämlich die Einhaltung der Gesetze oder die Sanktionierung der Nichteinhaltung, erhält und stärkt das Vertrauen der Gesellschaft in den Rechtsstaat.[402] Dies gilt selbst dann, wenn der Einzelne entweder mangels tatsächlicher Anwesenheit im Gerichtssaal oder fehlender intellektueller oder juristischer Fähigkeiten das jeweilige Verfahren nicht wirklich verstehen und damit kontrollieren kann.[403] Die eigene Wahrnehmung ist wichtiger als Fachkenntnisse. Allein die Möglichkeit der Verfahrensöffentlichkeit schafft Vertrauen. Dies zeigt die Diskussion in der Investitionsschiedsgerichtsbarkeit. Hier wird befürchtet, dass in Schiedsverfahren im Vergleich zur staatlichen Gerichtsbarkeit der Schutz der Investoren an erster Stelle steht und die nationalen Verbraucher- und Umweltstandards auf diese Weise umgangen werden.[404] Diese Bedenken könnten nur

---

399 *Grzeszick*, in: Maunz/Dürig GG, 82. EL Januar 2018, Art. 20 II. Rn. 21 zu der Öffentlichkeit als eine Voraussetzung für die freie Meinungs- und Willensbildung in Demokratien; *Jestaedt,* AöR 2001, 204 (215 f.) zur Öffentlichkeit als Vss. der Demokratie.

400 Vgl. allgemein dazu abweichende Meinung des Richters *Kühling*, sowie der Richterinnen *Hohmann-Dennhardt* und *Hoffmann-Riem* zu BVerG (24.1.2001) – 1 BvR 2623/95 u. 662/99, JZ 2001, 704 (708).

401 *Jestaedt,* AöR 2001, 204 (215) beschreibt allgemein den *freiheitlich-demokratischen Verfassungsstaat* als einen *Beteiligungsstaat*, weil der „Staat ist um des Menschen willen da, nicht der Mensch um des Staates willen".

402 BGH (20.01.1953) – 1 StR 626/52, NJW 1953, 712 (712) generell dazu, dass sich ein Vertrauen der Bevölkerung in die Rspr. grundsätzlich nur durch den Grundsatz der Öffentlichkeit bilden kann; BGH (23.05.1956) – 6StR 14/56, NJW 1956, 1646 (1647); *Jestaedt,* AöR 2001, 204 (215) betrachtet das Vertrauen der Allgemeinheit als Voraussetzung für die parlamentarische Demokratie; *Schilken,* Gerichtsverfassungsrecht, 2. Aufl., § 12 Rn. 155 zu der vertrauensbildenden Funktion der Öffentlichkeit.

403 *Gierhake,* JZ 2013, 1030 (1032).

404 *Risse,* SchiedsVZ 2014, 265 (265 f.); siehe i. E. später unter Teil 2 B.

durch öffentliche Verfahren ausgeräumt werden. Investitionsschiedsverfahren werden mithin gerade aufgrund der Nichtöffentlichkeit in der Bevölkerung oft skeptisch beäugt und mit Unrecht gleichgesetzt.

d) Befriedungseffekt

Die Gesellschaft erhält durch die Öffentlichkeit die Möglichkeit, sich von einer geordneten Rechtspflege zu überzeugen und sich darüber zu informieren. Sie kann dadurch wahrnehmen, dass das Recht einklagbar und durchsetzbar ist. Mit dieser Gewissheit entfällt der Wunsch nach einer Reprivatisierung der Konflikte und der Durchbrechung des staatlichen Gewaltmonopols.[405] Dies führt zu einer Befriedung und mithin auch zu einer Stabilisierung der Gesellschaft, da die Legitimation der rechtsprechenden Gewalt somit nicht angezweifelt wird.[406]

III. Gefahren der Öffentlichkeit für die Beteiligten

Die Öffentlichkeit der mündlichen Verhandlung wird oftmals als einer der wesentlichen Grundsätze eines rechtstaatlichen Gerichtsverfahrens genannt.[407] Allerdings können mit dieser Öffentlichkeit auch Gefahren für die Verfahrensbeteiligten bestehen.[408]. Dabei handelt es sich um wenige spezielle Tatbestände, die in der Abwägung mit dem Öffentlichkeitsgrundsatz zumeist zurücktreten müssen.

1. Rechtliches Gehör

Die Öffentlichkeit im Gerichtssaal kann sich auch negativ für einen Verfahrensbeteiligten auswirken, wenn dieser sich durch eine Anwesenheit Dritter beeinflusst fühlt.[409] Dies kann seinen Grund darin haben, dass er nicht möchte, dass (private) Tatsachen an die Allgemeinheit gelangen. Auch könnte er sich durch

---

405 *Kargl/Sinner,* JURA 1998, 231 (234).

406 *Reimer,* Verfahrenstheorie, S. 190 f. generell zur Befriedung als Verfahrenszweck.

407 BGH (21.11.1969) – 3 StR 249/68, NJW 1975, 523 (524) mit Verweis auf weitere Rspr.; *Gierhake,* JZ 2013, 1030 (1031) m. w. N.; *Kissel/Mayer,* 9. Aufl. 2018, GVG, § 169 Rn. 4 m. w. N.

408 Dazu i. E. *Kissel/Mayer,* 9. Aufl. 2018, GVG, § 169 Rn. 12 ff.; statt vieler für eine ausführliche Untersuchung der Gefahren durch die Öffentlichkeit *Eslami,* Nichtöffentlichkeit, S. 107 ff.

409 Aus diesem Grund ist die mittelbare Öffentlichkeit ausgeschlossen, vgl. BGH (13.02.1968) – 5 StR 706/67, NJW 1968, 804 (806) mit Anmerkung *Schmidt.*

die Anwesenheit bestimmter Gruppen eingeschüchtert fühlen und aus diesem Grund in den Aussagen nicht zu allen relevanten Tatsachen Stellung beziehen.[410] Das Recht auf rechtliches Gehör nach Art. 103 Abs. 1 GG besagt jedoch, dass sich die Rechtsunterworfenen umfassend vor Gericht äußern können.[411] Dies ist zwar nach wie vor möglich, so dass keine Verletzung dieses Rechts vorliegt.[412] Allerdings wiegt eine faktische Beeinträchtigung ähnlich schwer. Die Zulässigkeit einer mittelbaren Öffentlichkeit könnte diesen Effekt noch verstärken,[413] da auf diese Weise Ausführungen der Verfahrensbeteiligten dauerhaft verkörpert und auch einem wesentlich größeren Personenkreis bekannt werden können. Aus diesem Grund sieht das Gesetz Schutzmöglichkeiten vor. Beispielsweise ist eine Einschränkung oder der Ausschluss der Öffentlichkeit über die Sitzungspolizei gem. § 176 GVG möglich.[414] Das rechtliche Gehör ist aus diesem Grund ausreichend geschützt und eine Verletzung, auch faktischer Art, nicht zu befürchten.

2. *Persönlichkeitsrecht*

Der Grundsatz der Öffentlichkeit steht in einer Wechselbeziehung mit dem Persönlichkeitsrecht nach Art. 2 Abs. 1 i. V. m. Art. 1 Abs. 1 GG. Ein Aspekt des Persönlichkeitsrechts ist die informationelle Selbstbestimmung. Diese gibt jedermann das Recht, selbst darüber zu entscheiden, ob, wann und innerhalb welcher Grenzen persönliche Lebenssachverhalte offenbart werden sollen.[415] Dieses Recht besteht jedoch nicht schrankenlos, sondern kann „zur Aufrechterhaltung einer funktionstüchtigen Rechtspflege und zur materiell richtigen Entscheidungsfindung"[416] eingeschränkt werden.[417] Allerdings ist nicht von der

410 Siehe den Bericht von *Heine/Gehrke,* Rockerboss und Kronzeuge sehen sich heute vor Gericht, Tagesspiegel v. 04.11.2014.

411 Statt vieler *Remmert,* in: *Maunz/Dürig* GG, 82. EL Januar 2018, Art. 103 Abs. 1 Rn. 62 allgemein zu dem Inhalt des Rechts auf rechtliches Gehör.

412 *Kissel/Mayer,* 9. Aufl. 2018, GVG, § 169 Rn. 13 spricht von einer Gefahr für das Recht auf rechtliches Gehör.

413 *Kissel/Mayer,* 9. Aufl. 2018, GVG, § 169 Rn. 13 zu einer qualitativen Verstärkung des Effekts.

414 Vgl. i. E. *Kissel/Mayer,* 9. Aufl. 2018, GVG, § 169 Rn. 38 ff.

415 BVerfG (15.01.1970) – 1 BvR 13/68, NJW 1970, 555 (555); BVerfG (19.04.2016) – 1 BvR 3309/13 -, Rn. 32 ff., Rn. 53 f.; statt vieler *Schmitdt,* in: ErfK, 18. Aufl. 2018, GG, Art. 2 Rn 41 f.

416 BVerfG (13.02.2007) – 1 BvR 421/05, NJW 2007, 753 (758).

417 *Schmidt,* in: ErfK, 18. Aufl. 2018, GG, Art. 2 Rn. 55.

Hand zu weisen, dass sich Verfahrensbeteiligte durch die Erörterung privater Lebenssachverhalte der Allgemeinheit gegenüber manchmal bloßgestellt fühlen. Dies gilt nicht nur, aber einmal mehr in Strafverfahren. Eine Resozialisierung der Angeklagten kann durch eine detaillierte Berichterstattung erschwert werden, da dadurch die Allgemeinheit über den Gesetzesverstoß in Verbindung mit seiner Person informiert wurde und sie diesem dadurch nach Freilassung wesentlich distanzierter begegnen könnte. Eine Berichterstattung kann sich zudem nachteilig auf einen Freigesprochenen auswirken, gerade wenn es zuvor zu lückenhaften oder sogar falschen Presseveröffentlichungen kam. Ein „Hängenbleiben" der (falschen) Vorwürfe, also eine Art Stigmatisierung trotz Freispruches,[418] bleibt dann zu befürchten. Allerdings dürfen Pressevertreter deshalb nicht immer uneingeschränkt berichten. Namen werden häufig nur abgekürzt oder gar nicht genannt und Angeklagte müssen ihr Gesicht nicht zeigen. Zudem gibt es gesetzlich normierte Ausschlussgründe der Öffentlichkeit im Interesse der besonders schutzbedürftigen Verfahrensbeteiligten. Strafprozesse mit der Beteiligung eines Jugendlichen werden gem. § 48 JGG nicht öffentlich verhandelt. In anderen Fällen liegt der Ausschluss im Ermessen des Gerichts, etwa wenn besonders persönlichkeitsrelevante Tatsachen erörtert werden, wie die Unterbringung des Beschuldigten in einem psychiatrischen Krankenhaus oder einer Entziehungsanstalt.[419]

3. Unschuldsvermutung

Außerdem kann die Öffentlichkeit in Strafverfahren Auswirkungen auf die Unschuldsvermutung haben, die Bestandteil eines fairen Verfahrens ist.[420] Dies gilt vor allem in brisanten, öffentlichkeitswirksamen Fällen. Bei mehreren Verhandlungstagen kann es zu einer Vorverurteilung durch die Allgemeinheit kommen.[421] Allerdings muss darauf vertraut werden, dass die Richter der Wahrheitsfindung Vorrang einräumen und sich nicht von der öffentlichen

---

418 *Müller*, JZ 1977, 381 (385) bereits zu diesem Stigmatisierungseffekt.

419 Siehe § 171a GVG.

420 EGMR (05.07.2001) – 41087/98, (*Phillips/The United Kingdom*) Rn. 40; *Gaede*, in: MüKo StPO, 1. Aufl. 2018, EMRK, Art. 6 Rn. 127; das faire Verfahren ist Bestandteil des Rechtsstaatsprinzips aus Art. 20 Abs. 3 GG i. V. m. Art. 2 und Art. 1 Abs. 1 GG, vgl. *Grzeszick*, in: Maunz/Dürig, 82. EL Januar 2018, GG, Art. 20 VII Rn. 144; BVerfG (04.05.2004) – 1 BvR 1892/03, NJW 2004, 2887 (2887).

421 *Pfeiffer*, DRiZ 1979, 229 (231) zur „vorverurteilenden Zuhörerschaft"; zu beobachten insbesondere bei prominenten Angeklagten wie *Jörg Kachelmann*, siehe *Baetz*, Mediale Vorverurteilung auf dem Vormarsch, Deutschlandfunk v. 29.05.2011.

Meinung beeinflussen lassen.[422] Trotzdem bleiben die psychischen und sozialen Folgen für den Angeklagten bestehen.[423]

IV. Öffentlichkeit durch Veröffentlichung von Entscheidungen

Die Öffentlichkeit kann nicht nur durch den Zugang zur mündlichen Verhandlung, sondern auch durch die Veröffentlichung von Urteilen erreicht werden. Dies legt auch Art. 6 Abs. 1 EMRK nahe, indem zwischen dem Recht auf öffentliche Anhörung und öffentliche Verkündung des Urteils unterschieden wird. In Deutschland werden eine Vielzahl von Gerichtsurteilen veröffentlicht und sind online über Datenbanken abrufbar.[424] Die Veröffentlichung der Urteile mit Entscheidungsgründen fördert vor allem die Rechtseinheit, Vorhersehbarkeit der Rechtsprechung und die Gleichbehandlung vergleichbarer Sachverhalte verschiedener Parteien.[425] Trotzdem kann eine Veröffentlichung des Urteils eine fehlende öffentliche Verhandlung und damit zusammenhängende verfahrensrechtliche Transparenzdefizite nicht ausgleichen.[426] Aus den Entscheidungsgründen lässt sich nämlich nicht feststellen, ob im Prozess zwischen den Beteiligten Waffengleichheit herrschte oder ob sich eine strukturelle Ungleichgewichtslage nachteilig auf die Wahrheitsfindung auswirkte.[427] Damit einher geht auch die mangelnde Möglichkeit herauszufinden, ob den Verfahrensbeteiligten ein umfassendes rechtliches Gehör gewährt wurde. Darüber hinaus kann nur durch die Veröffentlichung keine Kontrolle stattfinden, ob eine erschöpfende Ermittlung des Sachverhalts vorgenommen wurde und alle Tatsachen für die Urteilsfindung eine gleichrangige Berücksichtigung fanden. Die Öffentlichkeit kann sich somit nicht von der Wahrhaftigkeit eines Prozesses überzeugen. Der Disziplinierungseffekt für die Zeugen, aufgrund

---

422 *Kissel/Mayer*, 9. Aufl. 2018, GVG, § 169 Rn. 15.

423 *Hanfeld*, Und das wollen Journalisten sein?, FAZ v. 01.06.2011 zu den Folgen des Strafprozesses gegen den Wettermoderators *Jörg Kachelmann*.

424 U. a. abrufbar unter dem Justizportal des Bundes und der Länder <https://justiz.de/onlinedienste/rechtsprechung/bundesgerichte/index.php;jsessionid=336743568D7EC81E04FCC362E6E200C4> (besucht am 05.01.2020); siehe i. E. dazu später in Teil 4.

425 Siehe dazu i. E. Teil 4.

426 EGMR (03.04.2014) – 14945/03 (*Artemov/Russia*), Rn. 109; i. F. eine Zusammenfassung der Zwecke der Öffentlichkeit der Verhandlung von *Simotta*, in: Ballon/Hagen, FS Matscher, 449 (450 ff.).

427 So bereits *Ott*, Geschichte und Grundlehren des österreichischen Rechtsfürsorgeverfahrens, S. 178.

möglicherweise wissender Anwesender die Wahrheit zu sprechen, als auch für das Gericht, das Verfahren fair zu führen, kann allein durch eine Veröffentlichung nicht sichergestellt werden.

V. Fazit

Die Öffentlichkeit der Verhandlung erfüllt in der staatlichen Gerichtsbarkeit individuelle und überindividuelle Zwecke. Da von der Öffentlichkeit für die Verfahrensbeteiligten auch Gefahren ausgehen können, wird für staatliche Gerichtsverfahren statt von dem Schutz der Öffentlichkeit zwar manchmal auch von einer Schutzbedürftigkeit der Verfahrensbeteiligten vor der Öffentlichkeit gesprochen.[428] Die Ausführungen haben aber gezeigt, dass das Prozessrecht für diese Fälle Schutzmechanismen vorsieht. Die individuellen Interessen der Verfahrensbeteiligten und die überindividuelle Bedeutung des Öffentlichkeitsgrundsatzes müssen mithin im Einzelfall immer benannt, gewichtet und in einen Ausgleich gebracht werden, um festzustellen, ob ein Ausschluss der Öffentlichkeit gerechtfertigt ist.

Allerdings hat sich ein Bedeutungswandel der Funktionen des Öffentlichkeitsgrundsatzes vollzogen.[429] Neben die individuelle Funktion, etwa dem Schutz vor Geheimverfahren, sind überindividuelle Interessen der Gesellschaft – wie etwa die Bildung einer öffentlichen Meinung und die Rechtsfortbildung – hinzugetreten.[430] Die Öffentlichkeit erfüllt heutzutage weniger den Zweck einer Kontrolle des einzelnen Verfahrens, sondern begleitet vielmehr die Rechtsprechung und Rechtsprechungsentwicklung in ihrer Gesamtheit kontrollierend. Auf diese Weise kann sich die Öffentlichkeit von einer rechtmäßigen Entscheidungsfindung überzeugen, was zu einer Akzeptanz und damit Legitimität der rechtsprechenden Instanz führt.[431] Trotzdem darf die Funktion der Verhinderung von Geheimverfahren nicht ganz in den Hintergrund treten. Die latente Gefahr von Geheimverfahren rechtfertigt bereits eine präventive Kontrolle, um einer solchen negativen Entwicklung entgegenzuwirken.[432]

---

428 Anklingend bei *Baumbach* u. a., Zivilprozessordnung, Band 1, 77. Aufl. 2019, GVG Übers § 169 Rn. 2; *Simotta*, in: Ballon/Hagen, FS Matscher, 449 (453 ff.).

429 *Kissel/Mayer,* 9. Aufl. 2018, GVG, § 169 Rn. 1 zum Bedeutungswandel.

430 *Kahlert,* Vertraulichkeit, S. 49 ff. und S. 68 ff.

431 *Schilken,* Gerichtsverfassungsrecht, 2. Aufl., § 12 Rn. 155.

432 So auch *Schilken,* Gerichtsverfassungsrecht, 2. Aufl., § 12 Rn. 155; siehe dafür auch Teil 2 A. II. 1. a.

B. (Nicht-)Öffentlichkeit in der Schiedsgerichtsbarkeit

Die Schiedsgerichtsbarkeit ist durch den Grundsatz der nicht öffentlichen Verhandlung geprägt.[433] Diese Maxime und die zunehmenden Ausnahmen werden beispielhaft anhand der Handels- und Investitionsschiedsgerichtsbarkeit verdeutlicht. Die internationale Schiedsgerichtsbarkeit sieht sich oft mit den Vorwürfen der „Geheimjustiz", „Schattenjustiz im Nobelhotel", „privaten Paralleljustiz" und einer „Aushebelung der Demokratie" konfrontiert.[434] Sehr laut und deutlich wurde die Kritik an privaten Schiedsverfahren beispielsweise, als *Vattenfall* die Bundesrepublik Deutschland aufgrund des Atomausstieges auf Schadensersatz vor einem Schiedsgericht verklagte, das nicht öffentlich verhandelte.[435] Das Freihandelsabkommen *Transatlantic Trade and Investment Partnership* (TTIP)[436] zwischen den Vereinigten Staaten von Amerika und Europa stand in Deutschland vor allem aufgrund des darin vorgesehenen Investorenschutzes durch Schiedsgerichte anstatt staatlicher Gerichte in der Kritik.[437] International gesehen gibt es vor allem für die Region Südamerikas ebenfalls viele Beispiele dafür, dass Investoren die Gaststaaten in Milliardenhöhe auf Schadensersatz aufgrund der Schiedsklauseln in den Investitionsschutzabkommen vor Schiedsgerichten verklagen können.[438] Die Skepsis an

---

433 Im Folgenden wird für die Argumentation vereinzelt auch auf die Vertraulichkeit eingegangen, da sich „nicht öffentliche" und „vertrauliche" Schiedsverfahren nicht immer eindeutig und zweckmäßig voneinander abgrenzen lassen, denn die nicht öffentliche Verhandlung ist denknotwendige Voraussetzung für die Vertraulichkeit, vgl. *Esso Australia Resources Ltd. and others* v. *Plowman and others,* (1995) – 128 ALR 391 unter Confidentiality Rn. 25, abgedruckt in: Arb. Int. 1995, 235 (235 ff.); *Eslami,* Nichtöffentlichkeit, S. 202; *Fortier,* Arb. Int'l. 1999, 131 (131 ff.) sieht die Vertraulichkeit als eine logische Folge der Nichtöffentlichkeit; *Pütting,* in: Briner u. a., Liber Amicorum Böckstiegel, S. 629 (631) Qualifikation als Vorfrage; *Oberhammer,* in: Nakamura, FS Beys, 1139 (1139 f.).

434 *Buntenbroich/Kaul,* SchiedsVZ 2014, 1 (2); *Risse,* SchiedsVZ 2014, 265 (265 f); *Wimalasena,* Die Veröffentlichung von Schiedssprüchen als Beitrag zur Normbildung, S. 6.

435 *Buntenbroich/Kaul,* SchiedsVZ 2014, 1 (2 ff.); *Eslami,* Nichtöffentlichkeit, S. 1; *Risse,* SchiedsVZ 2014, 265 (268).

436 *Mayer/Ermes,* ZRP 2014, 237 zu TTIP im Allgemeinen und zu einzelnen Rechtsfragen im Speziellen.

437 *Risse,* SchiedsVZ 2014, 265 (265f.) zählt verschiedene Presseartikel mit diesbezüglicher enthaltener Kritik auf.

438 Siehe für kritische Analyse *Moore/Perez Rocha,* Extraction Casino, Mining Companies Gambling with Latin American Lives and Sovereignty through Supranational

diesen Investitionsschiedsverfahren mag sich vor allem dadurch speisen, dass die Schiedsverfahren grundsätzlich nicht öffentlich sind, während staatliche Verfahren grundsätzlich öffentlich wären.[439] Demgegenüber wird der Ausschluss der Öffentlichkeit in Schiedsverfahren seit jeher als einer der wesentlichen Vorteile für die Schiedsgerichtsbarkeit benannt.[440] Dies wird nicht nur in Deutschland, sondern auch international so gesehen[441]. Beispielsweise gaben in einer international angelegten Studie immerhin 36 Prozent aller Befragten[442] und 46 Prozent der Unternehmensjuristen an, dass für sie die Vertraulichkeit und Nichtöffentlichkeit zu den drei am meisten geschätzten Charakteristika internationaler Schiedsgerichtsbarkeit zählen.[443]

Arbitration, abrufbar auf der Website des *Institute for Policy Studies* <https://ips-dc.org/report-extraction-casino/> (besucht am 05.01.2020).

439 Siehe § 169 S. 1 GVG und Art. 6 Abs. 1 EMRK für deutsche Gerichtsverfahren.

440 Vgl. *Böckstiegel*, in: Carlevaris u.a., International arbitration under review, S. 91 (95); *Buttenbroich/Kaul*, SchiedsVZ 2014, 1 (1); *Buys*, Am. Rev. Int'l. Arb. 2003, 121 (122); *Büstgens*, Transparenz und Öffentlichkeit gemischter Schiedsverfahren, S. 75; *Haas*, SchiedsVZ 2009, 73 (73); *Holder*, Vertraulichkeit im Schiedsverfahren nach deutschem Recht, S. 17; *Kahlert*, Vertraulichkeit, S. 1 ff.; *Kohler*, Die moderne Praxis des Schiedsgerichtswesens in der Wirtschaft, S. 79; *Lachmann*, Handbuch für die Schiedsgerichtspraxis, 3. Aufl., Kap. 3 Rn. 144; *Müller*, ASA Bulletin 2005, 216 (216); *Oberhammer*, in: Nakamura, FS Beys, 1139 (1139); *Oldenstam/von Pachelbel*, SchiedsVZ 2006, 31 (32); *Ong*, Asian Int'l. Arb. J. 2005, 169 (169); *Pestalozzi*, in: Czernich/Deixler-Hübner/Schauer, Handbuch Schiedsrecht, Kap. 4 Rn. 4.1 ff.; *Sonnauer*, Die Kontrolle der Schiedsgerichte durch die staatlichen Gerichte, S. 11; *Young*, in: Carlevaris u.a., International arbitration under review, S. 421 (422); vgl. auch *Deutscher Bundestag*, BT-Drs. 13/5274, Stellungnahme des Bundesrates, S. 74; kritisch *Aden*, DZWiR 2012, 360 (360 ff.).

441 *Haas*, in: Geimer/Schütze, FS Kaissis, S. 315 (315).

442 Dazu zählen *in-house counsel, arbitrators, private practitioners, representatives of arbitral institutions, academics, experts and third party funders*, vgl. <http://www.arbitration.qmul.ac.uk/media/arbitration/docs/2018-International-Arbitration-Survey---The-Evolution-of-International-Arbitration-(2).PDF> (besucht am 05.01.2020).

443 Siehe 2018 International Arbitration Survey: The Evolution of International Arbitration abrufbar unter <http://www.arbitration.qmul.ac.uk/media/arbitration/docs/2018-International-Arbitration-Survey---The-Evolution-of-International-Arbitration-(2).PDF> (besucht am 05.01.2020).

I. Rechtsgrundlagen für die Nichtöffentlichkeit in der Handelsschiedsgerichtsbarkeit

Die Vertraulichkeit wird als wesentlicher Vorzug und essentielles Merkmal der Schiedsgerichtsbarkeit betrachtet, so dass es scheinbar aufgrund dieser allgemein anerkannten Selbstverständlichkeit lange Zeit nicht notwendig erschien, überhaupt die Rechtsgrundlage für diesen Grundsatz zu benennen, und eine Diskussion darüber schlichtweg nicht stattfand.[444] Durch das Urteil des australischen High Court aus dem Jahr 1995 ist die Frage und „Suche" nach einer Rechtsgrundlage national wie international allerdings verstärkt ins das Blickfeld gerückt.[445] Der High Court stellte in dem Urteil nämlich klar, dass die Vertraulichkeit explizit in der Schiedsvereinbarung vorgesehen sein muss.[446] Es bestehe mithin kein anerkannter Grundsatz auf Vertraulichkeit, der die Schiedsverfahren automatisch kennzeichnet. Bei der damit nötigen Herleitung und Begründung einer Rechtsgrundlage für vertrauliche Schiedsverfahren wird zum Teil großer Erfindungsreichtum gezeigt.[447] Im Folgenden sollen nur die bedeutendsten Vorschläge dargestellt werden und nach einer kurzen Diskussion die Rechtsgrundlage für die Nichtöffentlichkeit in Schiedsverfahren benannt werden.

1. *Keine Anwendung von gesetzlichen Normen wie § 169 GVG*

Es existiert im Vergleich zur staatlichen Gerichtsbarkeit keine Vorschrift über die Öffentlichkeit in Schiedsverfahren. Ein internationaler Vergleich zeigt, dass

---

444 *Prütting,* in: Briner u. a., Liber Amicorum Böckstiegel, S. 629 (630) kritisiert die fehlende Thematisierung.

445 *Esso Australia Resources Ltd. and others* v. *Plowman and others,* (07.04.1995) – 128 ALR 391, abgedruckt in: Arb. Int. 1995, 235 (235 ff.); vgl. für die neueren Auseinandersetzungen zur Rechtsgrundlage *Eslami,* Nichtöffentlichkeit, S. 201 ff.; *Kahlert,* Vertraulichkeit, S. 142 ff.; weiterhin keine Ausführungen zur Rechtsgrundlage. trifft *Lachmann,* Handbuch für die Schiedsgerichtsbarkeit, 3. Aufl., Kap. 3 Rn. 143 ff.

446 *Pütting,* in: Briner u. a., Liber Amicorum Böckstiegel, S. 629 (631) für eine ausführliche Schilderung.

447 Vgl. *Holder,* Vertraulichkeit im Schiedsverfahren nach deutschem Recht, S. 21 zu der Geltung der Nichtöffentlichkeit der mündlichen Verhandlung aufgrund des Hausrechts der Schiedsparteien oder der institutionellen Schiedsgerichte. Allerdings erhält dadurch der Ort bzw. die Räumlichkeit des Schiedsverfahrens eine übersteigerte Bedeutung und das Hausrecht sagt zudem nichts über das Verhältnis der Schiedsparteien zueinander aus, vgl. eingehend dazu *Kahlert,* Vertraulichkeit, S. 143 f.

eine fehlende Regelung in den Vorschriften der nationalen und internationalen Schiedsverfahren nach §§ 1025 ff. ZPO keine Besonderheit des deutschen Rechts ist, insbesondere auch in der Schweiz der Fall ist.[448] Eine Regelung zur Nichtöffentlichkeit in Schiedsverfahren stellt eher die Ausnahme und nicht die Regel dar. Unbeantwortet ist damit jedoch noch die Frage, ob Normen wie § 169 Abs. 1 GVG neben staatlichen Verfahren auch auf deutsche Schiedsgerichtsverfahren angewendet werden sollte.[449] Eine direkte Anwendung scheidet aufgrund des eindeutigen Wortlauts[450] sowie der Regelung im Gerichtsverfassungsgesetz aus.[451] Ebenso steht eine analoge Anwendung außer Betracht.[452] Ob eine planwidrige Regelungslücke vorliegt, ist bereits fraglich. Nachdem der Gesetzgeber die Öffentlichkeit in § 169 GVG ausdrücklich auf gerichtliche Verfahren beschränkt hat, könnte dies im Umkehrschluss bedeuten, dass diese Öffentlichkeit auch nur für die staatliche Gerichtsbarkeit und gerade nicht für Schiedsverfahren gelten sollte. Ein solcher Umkehrschluss würde jedoch zu weit führen.[453] § 169 GVG ist gerade Bestandteil des Gerichtsverfassungsgesetzes, das nach § 2 EGGVG auch nur auf die ordentliche Gerichtsbarkeit und deren Ausübung Anwendung findet. Die eindeutige Beschränkung auf die staatlichen Gerichtsverfahren überrascht damit nicht und sollte deswegen zu keinen weiteren Schlussfolgerungen führen, also ob eine planwidrige Regelungslücke bejaht werden muss. Es fehlt jedoch an einer vergleichbaren Sachverhaltskonstellation. Der Sinn und Zweck der Öffentlichkeit in Gerichtsverfahren und der Nichtöffentlichkeit in der klassischen privaten Schiedsgerichtsbarkeit unterscheidet sich nicht nur, sondern kann beinahe als konträr betrachtet werden.[454]

---

448 Vgl. die rechtsvergleichenden Ausführungen bei *Eslami,* Nichtöffentlichkeit, S. 203.

449 Die Tatsache, dass § 169 GVG erst nach der Existenz von Schiedsverfahren entstand, hat für die Beantwortung dieser Frage keine Relevanz, vgl. *Aden,* DzWiR 2012, 360 (361).

450 § 169 Abs. 1 S. 1 GVG: „Die Verhandlung vor dem erkennenden Gericht einschließich der Verkündung der Urteile und Beschlüsse ist öffentlich."

451 *Prütting,* in: Briner u. a., Liber Amicorum Böckstiegel, S. 629 (632) zwar nicht ausdrücklich, diese Annahme liegt den Ausführungen jedoch zu Grunde; *Leisinger,* Vertraulichkeit in internationalen Schiedsverfahren, S. 43; *Savang,* Geheimhaltung und rechtliches Gehör im Schiedsverfahren nach deutschem Recht, S. 244.

452 *Holder,* Vertraulichkeit im Schiedsverfahren nach deutschem Recht, S. 20.

453 So auch *Kahlert,* Vertraulichkeit, S. 145.

454 Siehe statt vieler für die Vorteile und der Wunsch nach Nichtöffentlichkeit in der Schiedsgerichtsbarkeit *Kahlert,* Vertraulichkeit, S. 51 ff.

2. *Verfahrensordnungen der institutionellen Schiedsgerichte*

Viele Verfahrensordnungen der institutionellen Schiedsgerichte regeln ausdrücklich oder indirekt die Nichtöffentlichkeit der Schiedsverfahren. Die ausdrücklichen Regelungen variieren in ihrer Reichweite. Einige Regelungen gestatten den Parteien, von dem Grundsatz der Nichtöffentlichkeit abzuweichen.[455] Andere Regelungen verlangen zusätzlich zu der Einigung der Parteien auch noch die Zustimmung des Schiedsgerichts.[456] Art. 25 S. 1 AAA-SchO gestattet es den Parteien nicht, von dem Grundsatz der Nichtöffentlichkeit abzuweichen, sondern der Grundsatz ist nur zu durchbrechen, sofern zwingende gesetzliche Vorschriften dies vorsehen oder Dritte ein direktes Interesse an dem Schiedsverfahren nachweisen können.[457] Von einer indirekten Regelung kann dann gesprochen werden, wenn die Nichtöffentlichkeit zwar nicht ausdrücklich erwähnt wird, sich jedoch zwingend aus anderen Regelungen ergeben muss. Beispielsweise regelt Art. 44.1 DIS-SchO die Vertraulichkeit des Verfahrens. Als Bestandteil der Vertraulichkeit müssen nach Art. 44.1 DIS-SchO alle Beteiligten und sonst mit dem Schiedsverfahren befasste Personen Stillschweigen bewahren, unter anderem darf bereits die Existenz des Verfahrens nicht offengelegt werden. Damit ist eine nicht öffentliche mündliche Verhandlung für die Vertraulichkeit denknotwendige Voraussetzung.[458] Durch diese Vielzahl an Regelungen ist die Nichtöffentlichkeit ein anerkannter Grundsatz des internationalen Handelsschiedsverfahrens.[459]

---

455 Vgl. Art. 28 Abs. 3 S. 1 CEAC-SchiedsO; Art. 19 Abs. 4 LCIA-SchiedsO; Art. 28 Abs. 3 S. 1 UNCITRAL-SchiedsO.

456 Vgl. Art. 38 Abs. 1 S. 2 CIETAC-SchiedsO; Art. 26 Abs. 3 S. 2 ICC-SchiedsO.

457 Art. 25 S. 2 2 AAA-SchiedsO.

458 Allgemein wird die Nichtöffentlichkeit als eine Vorstufe oder Voraussetzung der Vertraulichkeit betrachtet; siehe *Esso Australia Resources Ltd. and others* v. *Plowman and others,* (1995) – 128 ALR 391 unter Confidentiality Rn. 25, abgedruckt in: Arb. Int. 1995, 235 (235 ff.) beschreibt es als „two sides of the same coin"; *Eslami,* Nichtöffentlichkeit, S. 202; *Fortier,* Arb. Int'l. 1999, 131 (131 ff.) sieht die Vertraulichkeit als eine logische Folge der Nichtöffentlichkeit; *Pütting,* in: Briner u. a., Liber Amicorum Böckstiegel, S. 629 (631) Qualifikation als Vorfrage; wohl auch *Oberhammer,* in: Nakamura, FS Beys, 1139 (1140).

459 *Leisinger,* Vertraulichkeit in internationalen Schiedsverfahren, S. 44; *Sackmann,* Transparenz im völkerrechtlichen Investitionsschiedsverfahren, S. 40.

3. *Verfahrensvereinbarung oder Ermessen des Schiedsgerichts*

Aufgrund der Parteiautonomie steht es Schiedsparteien frei, das Verfahren selbst zu regeln. Gem. Art. 182 Abs. 1 IPRG, wie auch im deutschen Recht nach § 1042 Abs. 3 ZPO, können die Schiedsparteien mithin eine Regelung zur Öffentlichkeit der Verhandlung in der Schiedsverfahrensvereinbarung treffen. Sollten die Parteien keine Regelungen getroffen haben, steht die Verfahrensgestaltung gem. Art. 182 Abs. 2 IPRG oder § 1042 Abs. 4 ZPO im Ermessen des Schiedsgerichts, wenn nicht eine institutionelle Schiedsordnung greift. Es läge dann im Ermessen des Schiedsgerichts, die Öffentlichkeit zuzulassen oder auszuschließen.

a) Parteiautonomie im Schiedsrecht

Grundsätzlich ist es jedermann gestattet, seine Rechtsverhältnisse selbstständig zu ordnen und über seine Ansprüche zu disponieren.[460] Dieses materielle Recht findet seine Fortführung im prozessualen Recht. Das bedeutet, dass Parteien auch in der Frage, wie und von wem sie eine verbindliche Streitentscheidung treffen lassen, prinzipiell frei sind. Mithin findet eine „Verlängerung der Privatautonomie ins Prozessrecht"[461] statt. In Deutschland ist gerichtlich mehrfach bestätigt worden, dass Schiedsgerichte im jeweiligen Fall die staatlichen Gerichte ersetzten und Recht sprechen.[462] Schiedsgerichte treten also gleichberechtigt an die Stelle staatlicher Gerichte. Bis auf wenige Ausnahmen, nämlich beim Entgegenstehen öffentlicher Belange, werden Schiedsverfahren somit

---

460 *Schmidt,* in: Müller-Glöge u.a., GG, Art. 2 [Stand: 18. Auflage 2018] Rn. 24, 16 ff. zu den Grenzen der Privatautonomie.

461 *Münch,* in MüKo ZPO, 5. Aufl. 2017, Vorbem. zu § 1025 Rn. 5.

462 BGH (19. 12.1968) – VII ZR 83, 83/66, NJW 1969, 750 macht darauf aufmerksam, dass ein Schiedsgericht Rechtsprechung ausübe; BGH (05.11.1970) – VII ZR 31/69, NJW 1971, 139 bestätigt vorstehendes Urteil, indem es noch einmal klarstellt, dass ein Schiedsgericht Rechtsprechung ausübe und sich in diesem Punkt nicht von staatlichen Gerichten unterscheiden würde; BGH (15. Mai 1986) – III ZR 192/84, NJW 1986, 3027 (3028) sieht die materielle Rechtsprechung als Funktion sowie Wirkung der Schiedsgerichtsbarkeit; BGH (27. Mai 2004) – III ZB 53/03, NJW 2004, 2226, 2227 bemerkt im Zusammenhang mit der Abgrenzung von echten zu unechten Schiedsgerichten, dass bei einem Schiedsgericht „Rechtsstreitigkeiten unter Ausschluss des ordentlichen Rechtswegs der Entscheidung [...] unterworfen werden" und Schiedsgerichte Rechtsprechung im weiteren Sinne ausüben; BGH (13. 01.2005) – III ZR 265/03, NJW 2005, 1125 (1126) spricht davon, dass Schiedsgerichtsbarkeit Rechtsprechung im weiteren Sinne sei.

als ein „selbständiges Seitenstück zum Zivilprozess“[463], also als eine zulässige Alternative zum staatlichen Rechtsschutz betrachtet. Diese Parteiautonomie lässt die Parteien auch in ihrer Verfahrensgestaltung frei sein, sofern keine zwingenden Vorschriften entgegenstehen. Gem. Art. 182 Abs. 1 IPRG bzw. § 1042 dZPO können die Schiedsparteien also grundsätzlich das Verfahrensrecht selbst oder durch die Bezugnahme auf Schiedsordnungen institutioneller Schiedsgerichte bestimmen.[464]

b) Verfahrensvereinbarung der Parteien

Es ist eine zweistufige Prüfung vorzunehmen, um die Vertraulichkeit eines Schiedsverfahrens zu bestimmen.[465] Die Verfahrensgestaltung obliegt gem. Art. 182 Abs. 1 IPRG bzw. § 1042 Abs. 3 dZPO grundsätzlich den Schiedsparteien. Erst wenn eine solche Parteivereinbarung nicht vorliegt, ist das Verfahren nach Art. 182 Abs. 2 IPRG bzw. § 1042 Abs. 4 dZPO nach freiem Ermessen des Schiedsgerichtes zu bestimmen. Fraglich ist, wie mit dem Fall einer Parteivereinbarung umgegangen wird, die keine ausdrückliche Vereinbarung zur Vertraulichkeit enthält. Ob sich die Parteien konkludent, also durch schlüssiges Verhalten, auf die Nichtöffentlichkeit des Schiedsverfahrens geeinigt haben, ist dann die zentrale Frage.[466]

Der Parteiwille darf nicht durch das Ermessen des Schiedsgerichtes unterwandert werden. Dies wäre jedoch der Fall, sofern das Schiedsgericht mangels ausdrücklicher Regelung die Öffentlichkeit der Verhandlung zulässt, obwohl

---

463 *Lachmann,* Handbuch für die Schiedsgerichtspraxis, Kap. 1 Rn. 8.

464 Zur Unterscheidung Verfahrensvereinbarung, materielle Rechtswahl und prozessuale Schiedsvereinbarung, vgl. *Münch,* in: MüKo ZPO, 5. Aufl. 2017, § 1042 Rn. 79.

465 Vgl. für eine ausführliche Diskussion *Leisinger,* Vertraulichkeit in internationalen Schiedsverfahren, S. 99 ff.

466 *Dörner,* in: Schulze BGB, 9. Aufl. 2017, Vorbem. §§ 116–144 Rn. 2 allgemein zur konkludenten Willenserklärung; *Münch,* in: MüKo ZPO, 5. Aufl. 2017, ZPO, § 1042 Rn. 79; *Wilske/Markert,* in: Beck OK ZPO, 32. Ed. 01.03.2019, § 1042 Rn. 20 jeweils zur konkludenten, formfreien Verfahrensvereinbarung; den konkludenten Verzicht der Parteien auf Öffentlichkeit bejahend EGMR (27.11.1996) – 28101/95 (*Nordström-Janzon & Nordström-Lehtinen/Netherlands); Grabenwarter/Ganglbauer,* in: Czernich u. a., Handbuch Schiedsrecht, Kap. 1 Rn. 1.59; *Heermann,* SchiedsVZ 2014, 66 (69 f.) ausführlich zu der Meinung im Schrifttum; *Ringquist,* Do Procedural Human Rights Requirements Apply to Arbitration – a Study of Article 6 (1) of the European Convention on Human Rights and its Bearing upon Arbitration, 2005, S. 53.

eine gegensätzliche konkludente Parteivereinbarung getroffen wurde.[467] Da die Nichtöffentlichkeit ein Hauptcharakteristikum der Schiedsverfahren darstellt, wird eine konkludente Einigung mangels ausdrücklicher Regelung der Schiedsparteien oft vermutet.[468] Grundsätzlich sind konkludente Einigungen ebenso wie ausdrückliche möglich und sind diesen prinzipiell gleichgestellt.[469] Nur aufgrund des Fehlens einer ausdrücklichen Vereinbarung eine konkludente zu vermuten, ist allerdings nicht richtig.[470] Die Schiedsvereinbarung muss vielmehr ausgelegt werden, ob sich daraus eine konkludente Einigung der Parteien auf ein nicht öffentliches Schiedsverfahren bestimmen lässt.[471] Aufgrund der verschiedenen vorteilhaften Zwecke der Nichtöffentlichkeit in Handelsschiedsgerichtsverfahren ist der wirkliche Wille der Parteien in der Regel auf ein nicht öffentliches Schiedsverfahren gerichtet.[472] Zu einem gleichen Ergebnis kommt die Auslegung nach der Verkehrssitte. Nicht öffentliche Schiedsverfahren sind die beständige Übung und stellen den Regelfall dar.[473] Die Übung hat zum einen ihren Niederschlag in vielen Verfahrensordnungen der institutionellen Schiedsgerichte gefunden.[474] Darüber hinaus geht auch die internationale staatliche Rechtsprechung beinahe selbstverständlich von nicht öffentlichen Schiedsverfahren aus.[475] Die Auslegung hat nach dem objektiven

---

467 *Platz,* StudZR-WissOn 2014, 22 (25) ähnlich, da er § 1042 ZPO als Ausfluss der Parteiautonomie begreift, deren Anwendung nicht zum Nachteil der Parteien stattfinden darf. Wenngleich die weitere Argumentation nicht ganz überzeugen kann, dazu später.

468 Vgl. *Platz,* StudZR-WissOn 2014, 22 (25); *Prütting,* in: Briner u. a., Liber Amicorum, S. 629 (632).

469 *Armbrüster,* in: MüKo BGB, 8. Aufl. 2018, Vorbem. § 116 Rn. 7 m. w. N.

470 Vgl. ausführlich *Kahlert,* Vertraulichkeit, S. 147 f.

471 Der Frage, ob §§ 133, 157 BGB auf Schiedsvereinbarungen Anwendung findet, wird im Rahmen dieser Arbeit bejaht, für weitere Einzelheiten siehe *Münch,* in: MüKo ZPO, § 1029, 5. Aufl. 2017, Rn. 105 m. w. N. zu Rspr.; ausführlich zur Auslegung der Schiedsvereinbarung *Kahlert,* Vertraulichkeit, S. 147 ff.

472 Siehe Teil 2 B. III. 1.

473 *Kahlert,* Vertraulichkeit, S. 148 f. i. E.

474 Siehe Teil 2 B. I. 2.

475 *Oxford Shipping Co. Ltd v. Nippon Yusen Kaisha* (1984) – WL 281970 (Q.B.D. Comm. Ct.), abgedruckt in: Lloyd's Rep. 1984, 373 (379) dazu, dass die Schiedsparteien sich durch die Schiedsvereinbarung auch implizit auf die Nichtöffentlichkeit einigen; vgl. auch *Hassneh Insurance Company of Israel & Others* v. *Others* v. *Stewart J. Mew* (1993) – WL 963287 (Q.B. Comm. Ct.), abgedruckt in: Lloyd's Rep. 1993, 243 (246); *Esso Australia Resources Ltd. and others* v. *Plowman and others,* (1995) – 128 ALR 391, unter Confidentiality Rn. 25, abgedruckt in: Arb. Int'l. 1995, 235 (235 ff.).

Empfängerhorizont zu erfolgen, so dass es unschädlich ist, wenn sich die Parteien über die Nichtöffentlichkeit keinen Willen gebildet haben.[476] Die Nichtöffentlichkeit der Verfahren ist in der klassischen privaten Schiedsgerichtsbarkeit mithin der Regelfall und so weit verbreitet, dass eher die Öffentlichkeit der Verhandlung eine Zustimmung der Parteien bedarf.[477]

Damit bleibt für die freie Ermessensausübung des Schiedsgerichtes nach § 1042 Abs. 3 ZPO für die (Nicht-)Öffentlichkeit kein Raum, denn aus den genannten Gründen kann zumindest immer die Nichtöffentlichkeit als Verkehrssitte angenommen werden und somit ist die Entscheidung für die Nichtöffentlichkeit den Schiedsverfahrensvereinbarungen immanent. Etwas anderes kann nur dann gelten, sollte sich aus den vorangegangenen Verhaltensweisen der Parteien ausnahmsweise eine andere Sichtweise aufdrängen. Dieses Ergebnis, wonach für ein Ermessen kein Raum ist, wird nicht nur der Parteiautonomie am besten gerecht, sondern beseitigt auch die Rechtsunsicherheit über einen wesentlichen Aspekt des Verfahrens.[478] Als Rechtsgrundlage für die Nichtöffentlichkeit der Schiedsverfahren dient mithin vorrangig die Parteivereinbarung, aus der sich dieser Wille entweder ausdrücklich oder zumeist konkludent entnehmen lässt.

II. Rechtliche Rahmenbedingungen für die Nichtöffentlichkeit in der Investitionsschiedsgerichtsbarkeit

Anders als in der Handelsschiedsgerichtsbarkeit kann das Prinzip der Nichtöffentlichkeit der Verhandlung in den Verfahren vor Investitionsschiedsgerichten nicht als einhellige Meinung bezeichnet werden. Der Unterschied begründet sich dadurch, dass der Staat in Investitionsschiedsverfahren direkt als Partei beteiligt ist. Investitionsschiedsverfahren sind dadurch nicht mehr rein privater Natur. Die Parteiautonomie und Privatsphäre der Parteien stehen

---

476 *Kahlert,* Vertraulichkeit, S. 150; Hilfskonstruktionen können so unterbleiben und sind oft Folge dieses Trugschlusses, vgl. *Platz,* StudZR-WissOn 2014, 22 (25); a. A. *Holder,* Vertraulichkeit im Schiedsverfahren nach deutschem Recht, S. 19.

477 *Oberhammer,* in: Nakamura, FS Beys, S. 1139 (1140).

478 *Holder,* Vertraulichkeit im Schiedsverfahren nach deutschem Recht, S. 19 begrüßt bei der Annahme der Nichtöffentlichkeit aufgrund einer konkludenten Einigung eine „eindeutige Ausgangssituation"; *Park,* Arb. Int'l. 2003, 279 (283 f.) fordert generell die Normierung der Verfahrensregeln, um bei Schiedsverfahren im internationalen Kontext nicht eine Schiedspartei mit einer für sie unüblichen Regelung zu überraschen, was aber bei einem so üblichen Prinzip wie der Nichtöffentlichkeit hier nicht im gleichen Maße relevant ist.

damit nicht an erster Stelle, sondern der Fokus verschiebt sich zugunsten transparenter Verfahren.[479] Im Gegensatz zur Handelsschiedsgerichtsbarkeit beruht die Zuständigkeit der Schiedsgerichte grundsätzlich nicht auf Schiedsvereinbarungen, sondern begründet sich auf völkerrechtlichen Verträgen und bilateralen Investitionsschutzverträgen oder multilateralen Abkommen, die Schiedsgerichte als ein Instrument für die Beilegung der Streitigkeiten vorsehen.[480] Private Schiedsverfahrensvereinbarungen, die bestimmen, dass die Verfahren dem Verfahrensgrundsatz der Nichtöffentlichkeit unterliegen sollen, können aus diesem Grund prinzipiell nicht getroffen werden. Vielmehr gelten die Schiedsordnungen institutioneller Schiedsgerichte. Die Beteiligung eines Hoheitsträgers an den Schiedsverfahren spiegelt sich schließlich auch im Hinblick auf die Regelung zur Öffentlichkeit in den Schiedsordnungen dieser Schiedsgerichte wider. Beispielsweise kann gem. Art. 32 Abs. 2 ICSID-SchO das Schiedsgericht nach der Rücksprache mit dem Generalsekretär die Öffentlichkeit der mündlichen Verhandlung bestimmten, sofern keine Schiedspartei widerspricht. Die *UNCITRAL Rules on Transparency in Treaty-based Investor-State Arbitration*[481] sehen mit Art. 6 Abs. 1 UNCITRAL-SchO sogar grundsätzlich den Zugang Dritter zur mündlichen Verhandlung vor.

III. Sinn und Zweck der (Nicht-)Öffentlichkeit

Während die Verfahren in der Handelsschiedsgerichtsbarkeit also dem Prinzip der Nichtöffentlichkeit der Verhandlung unterliegen, kennt dieser Verfahrensgrundsatz in Investitionsschiedsverfahren Durchbrechungen. Dies liegt an dem unterschiedlichen Sinn und Zweck, der durch die Nichtöffentlichkeit oder Öffentlichkeit der Verfahren erreicht werden soll.

1. *Schiedsgerichtsbarkeit im Allgemeinen*

In Handelsstreitigkeiten wird oft der Weg vor ein Schiedsgericht aufgrund der Nichtöffentlichkeit der mündlichen Verhandlung gewählt. Dieser Wunsch und

479 *Leisinger*, Vertraulichkeit in internationalen Schiedsverfahren, S. 167; *Mistelis*, Arb. Int'l. 2005, 211 (212); *Stumpe*, SchiedsVZ 2008, 125 (125).

480 *Eslami*, Nichtöffentlichkeit, S. 296; *Leisinger*, Vertraulichkeit in internationalen Schiedsverfahren, S. 167 f.

481 *Eslami*, Nichtöffentlichkeit, S. 146 ff. ausführlich zu der Reform der UNCITRAL-SchO zur Herstellung von transparenteren Verfahren.

dieses Bestreben nach Nichtöffentlichkeit kann verschiedene Gründe haben, von denen im Folgenden einige herausgegriffen werden.[482]

a) Erhalt der Wettbewerbsposition

Ein vertrauliches Schiedsverfahren erfüllt im wirtschaftlichen Kontext vor allem dann seinen Zweck, wenn Geschäfts-, Betriebs-, Erfindungs- oder Steuergeheimnisse zur Sprache kommen oder Einzelheiten der Vertragsbeziehungen vor Wettbewerbern geschützt werden sollen.[483] Im staatlichen Zivilprozess kann in diesem Fall die Öffentlichkeit ausgeschlossen werden, wenn überwiegend schutzwürdige Interessen verletzt werden würden, etwa gem. § 172 Nr. 2 GVG sofern ein wichtiges Geschäfts-, Betriebs-, Erfindungs- oder Steuergeheimnis zur Sprache kommt. Ob ein Geheimnis vorliegt, wird objektiv beurteilt und der Ausschluss der Öffentlichkeit steht im Ermessen des Gerichts.[484] Dies sollte dann erst recht für Schiedsverfahren gelten, die durch das Prinzip der Parteiautonomie geprägt ist. Hinter dem technischen Knowhow, jedoch auch hinter den Informationen wie beispielsweise betriebsinterner Kalkulationen,[485] stecken personelle und finanzielle Ressourcen des Unternehmens. Diese Investitionen hat es getätigt, um sich auf dem Markt einen Wettbewerbsvorteil zu verschaffen. Ein öffentliches Schiedsverfahren[486] würde diesen Vorteil wieder obsolet machen.

b) Rufwahrung

Allgemein lässt sich sagen, dass Parteien oftmals fürchten, ihr Ruf könnte unter einem öffentlichen und nicht vertraulichen Verfahren leiden.[487] Dies kann der

---

482 Ausführlich *Kahlert,* Vertraulichkeit, S. 51 ff., allerdings nicht nur zur Nichtöffentlichkeit, sondern zur Vertraulichkeit im Allgemeinen.

483 *Hochtritt,* Internationale Sportschiedssprüche vor deutschen Gerichten, S. 30; *Jagenburg,* in: Jagenburg, FS Oppenhoff, S. 147 (156); vgl. für eine Definition des Geschäftsgeheimnis Art. 2 Nr. 1 Richtlinie (EU) 2016/943 vom 8. Juni 2016, ABl. EU L 157/1 v. 15.6.2016.

484 Vgl. *Walther,* in: Graf, Beck OK GVG, [Stand: 01.05.2019] § 172 Rn. 10; *Zimmermann,* in MüKo ZPO, 5. Aufl. 2017, GVG, § 172 Rn. 6.

485 *Hobeck/Stubbe,* SchiedsVZ 2003, 15 (18).

486 Ein nicht öffentliches Schiedsverfahren ist jedoch nicht ausreichend, es benötigt zudem Vertraulichkeit, vgl. *Kahlert,* Vertraulichkeit, S. 55.

487 *Buys,* Am. Rev. Int'l Arb. 2003, 121 (122); siehe *Hanfeld,* Und das wollen Journalisten sein?, FAZ v. 01.06.2011, für den Imageschaden bei Gerichtsverfahren von Personen des öffentlichen Lebens den Fall Jörg Kachelmann; *Kahlert,* Vertraulichkeit, S. 53 f. ausführlich zu dem Vermeiden von Imageschäden durch ein vertrauliches

Fall sein, wenn sich eine oder beide Parteien unethischen Methoden bedient hat, die im Zusammenhang mit der Streitbeilegung ans Licht kommen könnten.[488] Jedoch kann auch das Bekanntwerden eines Gerichtsverfahrens an sich dafür sorgen, dass der Ruf des Unternehmens oder eines Produktes sowohl bei dessen geschäftlichen Partnern als auch bei dem Kundenkreis in Mitleidenschaft gezogen wird.[489] Darüber hinaus könnte das Bekanntwerden innerbetrieblicher Streitigkeiten die Außenwahrnehmung des Unternehmens negativ verändern und sich schlimmstenfalls auch auf dessen Kreditwürdigkeit auswirken.[490] Die Nichtöffentlichkeit der mündlichen Verhandlung hilft dabei, den Ruf zu wahren, wirklich schützen kann eine positive Außenwahrnehmung jedoch nur eine zusätzliche Vertraulichkeit, die deshalb oftmals mit der Nichtöffentlichkeit einhergeht[491].

c) Effizienz der Entscheidungsfindung durch offene, fachkundige Diskussion

Es ist denkbar, dass ein nicht öffentliches Verfahren eine konstruktivere Streitbeilegung ermöglicht, da keine öffentlichen Anschuldigungen im Raum stehen.[492] Allerdings müssen dieser Sinn und Zweck nicht immer zwingend und treibende Kraft für ein nicht öffentliches Schiedsverfahren sein. Unternehmen, die durch ein Verfahren eine Rufschädigung befürchten, könnten eine möglichst schnelle Lösung durch einen Vergleich erreichen. Fest steht allerdings, dass das Schiedsverfahren durch die Nichtöffentlichkeit ohne eine Zuhörerschaft von Konkurrenten im wirtschaftlichen Geschäftsverkehr ablaufen kann.[493] Eine konstruktive Lösung des Konfliktes wirkt sich dann auch wieder positiv auf die weitere folgende Zusammenarbeit aus.[494]

Schiedsverfahren; *Sonnauer*, Die Kontrolle der Schiedsgerichte durch die staatlichen Gerichte, S. 11.

488 *Lew*, in: Schultsz/Van den Berg, The Art of Arbitration, S. 223 (224 f.) nennt "unethical, dishonest or merely unfair commercial practices".

489 *Kohler*, Die moderne Praxis des Schiedsgerichtswesens in der Wirtschaft, S. 81.

490 *Kohler*, Die moderne Praxis des Schiedsgerichtswesens in der Wirtschaft, S. 80.

491 Diese Annahme liegt wohl auch der Analyse bei *Eslami*, Nichtöffentlichkeit, S. 192 ff. zu Grunde.

492 *Lachmann*, Handbuch für die Schiedsgerichtspraxis, 3. Aufl., Kap. 3 Rn. 144 sieht dadurch eine offene und sachgerechtere Diskussion.

493 *Bietz, Hermann*, NZBau 2003, 177 (179).

494 *Domke*, Commercial Arbitration, S. 11 beschreibt die private Atmosphäre von Schiedsverfahren als „a climate that is also favorable to the continuance of business relations"; *Jagenburg*, in: Jagenburg u.a., FS Oppenhoff, S. 147 (155) beschreibt es als ein Klima gegenseitigen Verständnisses ohne das Trauma der Rissbildung.

Beispielsweise werden gerade gesellschaftsrechtliche Streitigkeiten, etwa GmbH-rechtliche Beschlussmängelstreitigkeiten,[495] oftmals in Schiedsgerichtsverfahren ausgetragen.[496] Dies soll gerade „eine offene, sachgerechte Diskussion der entscheidenden Fragen“[497] fernab der Allgemeinheit fördern. Mit zu viel Verfahrenstransparenz könnte darüber hinaus auch die Effizienz leiden. Das Verfahren könnte dann zu einer Selbstdarstellung verkommen und mündliche sowie schriftliche Äußerungen würden eventuell mit zusätzlichen Äußerungen versehen, um einem Missverständnis in der Öffentlichkeit zuvorzukommen.[498]

2. *Sonderfall Investitionsschiedsgerichtsbarkeit*

Die Forderung nach mehr Transparenz in Schiedsverfahren wird umso lauter, je mehr öffentliche Interessen im Raum stehen.[499] Dies ist der Fall bei gemischten Schiedsverfahren, also solchen Verfahren, an denen neben der privaten Partei der Staat entweder direkt oder indirekt als eine der Schiedsparteien beteiligt ist.[500] Aus diesem Grund wird beispielsweise bei Investitionsschiedsverfahren[501] im Vergleich zu den Schiedsverfahren in Handelssachen wesentlich mehr prozessuale Transparenz gefordert und es kann auch ein eindeutiger Trend zu mehr Offenheit bei Investitionsschiedsverfahren beobachtet werden.[502] Bei Investitionsschiedsverfahren ist immer auch der Staat Verfahrensbeteiligter

495 *Berger,* SchiedsVZ 2009, 289 (295).

496 Statt vieler: *Bayer,* ZIP 2003, 881 (881); *Berger,* SchiedsVZ 2009, 289 (295); *Sonnauer,* Die Kontrolle der Schiedsgerichte durch die staatlichen Gerichte, S. 11.

497 *Lachmann,* Handbuch für die Schiedsgerichtspraxis, 3. Aufl., Kap. 3 Rn. 144.

498 *Böckstiegel,* in: Carlevaris u. a., International arbitration under review, S. 91 (97), der seine eigene Verhaltensweise als Schiedsrichter schildert und von der Gefahr der *public statements* anstatt von *presentations in the hearing* spricht.

499 *Leisinger,* Vertraulichkeit in internationalen Schiedsverfahren, S. 201 f. spricht in diesem Fall von einem gesteigerten öffentlichen Interesse am Ausgang des Verfahrens.

500 Statt vieler *Büstgens,* Transparenz, S. 35.

501 Eine Unterscheidung in abkommensbasierte und vertragsbasierte Investitionsschiedsgerichtsbarkeit unterbleibt, vgl. dafür *Büstgens,* Transparenz, S. 56 ff.

502 *Böckstiegel,* in: Carlevaris u.a., International arbitration under review, S. 91 (96) nennt z. B. die inzwischen öffentliche, mündliche Verhandlung in NAFTA arbitration; siehe das Verfahren *Bilcon of Delaware et al. V. Canada* mit der live Übertragung der mündlichen Verhandlung im Internet <https://pca-cpa.org/en/news/bilcon-of-delaware-et-al-v-canada/> (aufgerufen am 05.01.2020).

und zwar als ein Träger von Hoheitsrechten.[503] Dieser steht „stellvertretend" für das Staatsvolk.[504]

a) Rechenschaftspflicht des Staates

Das bedeutet zum einen, dass die Allgemeinheit ein gesteigertes Informationsinteresse hat, um das Staatshandeln zu kontrollieren, also beispielsweise die Verwendung der Steuergelder zu prüfen und ihre Wahlentscheidungen der Zukunft möglicherweise anzupassen.[505] Es besteht mithin eine Rechenschaftspflicht des Staates. Dieser muss für sein Handeln verantwortlich gemacht werden können. Dieser Aspekt gewinnt zum einen an Bedeutung, wenn die Staaten die klagende Partei sind und sich zu vorsichtig einsetzen, um Steuergelder zurückzuholen. Zum anderen sind transparente Verfahren auch erforderlich, wenn Staaten die Schiedsbeklagten darstellen.[506]. Bei völkerrechtlichen Investitionsschiedsverfahren ist es dann von besonderem Interesse, inwiefern und ob der Staat gegen Abkommen verstoßen hat. Sollte der Staat in Schiedsverfahren unterliegen, dann hat das Auswirkungen auf den Haushalt.[507] In Investitionsschiedsverfahren werden oftmals solche hohen Summen eingeklagt, die dann von dem Steueraufkommen des Gaststaates, in dessen Territorium der Auslandsinvestor seine Investitionen tätigte, zu begleichen sind.[508]

b) Auswirkungen für die Allgemeinheit

Zum anderen rührt ein gesteigertes prozessuales Transparenzbedürfnis auch daraus, dass Investitionsschiedsverfahren nicht nur die Beilegung privater Interessen zum Gegenstand haben. Vielmehr betreffen diese Verfahren oftmals Themen wie die Daseinsvorsorge und können mithin über das jeweilige Schiedsverfahren hinaus weitere Folgen und entsprechende Auswirkungen für die Öffentlichkeit, wie beispielsweise für den Umweltschutz oder die öffentliche

503 Der Staat kann im Gegensatz dazu durchaus in Handelsschiedsverfahren auch eine Partei mit lediglich vertraglichen Rechten und Pflichten sein, *Sackmann,* Transparenz im völkerrechtlichen Investitionsschiedsverfahren, S. 81 zur Unterscheidung.

504 *Böckstiegel,* in: Carlevaris u.a., International arbitration under review, S. 91 (96).

505 *Risse,* SchiedsVZ 2014, 265 (271).

506 Andeutend *Donath,* Proliferation und Legitimation der internationalen Investitionsschiedsgerichtsbarkeit, S. 212.

507 *Donath,* Proliferation und Legitimation der internationalen Investitionsschiedsgerichtsbarkeit, S. 215.

508 Siehe dazu *Pinzler* u. a., Im Namen des Geldes, Zeit Online v. 27.02.2014.

Gesundheit, nach sich ziehen.[509] Bei Investitionsschiedsverfahren geht es mithin nicht nur um eine bipolare Streitbeilegung zwischen privaten Schiedsparteien, sondern die Verfahren haben im Ergebnis über die Streitparteien hinaus Auswirkungen auf eine Mehrzahl von Dritten, die an den Verfahren nicht beteiligt sind.[510]

c) Unterwanderung der demokratischen Souveränität durch das Schiedsgericht

Wenn Regierung und Verwaltung im Gaststaat demokratisch legitimiert sind, sind sie dem Volk als Souverän nicht nur rechenschaftspflichtig, sondern kann mit demokratischen Mitteln wieder entpflichtet oder zumindest durch eine öffentlichen „Druck“ gesteuert werden. Nun kontrolliert jedoch eine private, nicht demokratisch legitimierte Investitionsschiedsgericht staatliches Handeln und greift damit in den demokratischen Entscheidungsprozess ein.[511] Damit kann die demokratische Souveränität unterwandert werden.[512] Außerdem fällt die Kontrollaufgabe ansonsten der staatlichen Verwaltungsgerichtsbarkeit zu.[513] Zwar ist die staatliche Gerichtsbarkeit auch keiner direkten, demokratischen Kontrolle unterworfen,[514] jedoch finden staatliche Gerichtsverfahren grundsätzlich öffentlich statt. Daraus ergibt sich die Forderung, dass diese Streitbeilegung prozessual transparent, also mit einer öffentlichen mündlichen Verhandlung stattfinden sollte.

---

509 *Buntenbroich/Kaul,* SchiedsVZ 2014, 1 (6); *Donath,* Proliferation und Legitimation der internationalen Investitionsschiedsgerichtsbarkeit, S. 223 m. w. N.

510 *Blackaby,* in: Mistelis/Lew, Pervasive Problems in International Arbitration, S. 217 (226).

511 *Donath,* Proliferation und Legitimation der internationalen Investitionsschiedsgerichtsbarkeit, S. 33.

512 *Buntenbroich/Kaul,* SchiedsVZ 2014, 1 (6) dazu in etwas anderem Kontext, nämlich sofern sich der Gaststaat im Rahmen eines Vergleiches bspw. verpflichtet, Umweltauflagen zurückzunehmen.

513 *Donath,* Proliferation und Legitimation der internationalen Investitionsschiedsgerichtsbarkeit, S. 33 m. w. N. zu der Wahrnehmung von verwaltungsgerichtlichen Aufgaben durch Investitionsschiedsgerichte.

514 *Donath,* Proliferation und Legitimation der internationalen Investitionsschiedsgerichtsbarkeit, S. 33 lässt diesen falschen Schluss zu, da er die fehlende demokratische Legitimation der Investitionsschiedsgerichte und die Umgehung des staatlichen Rechtswegs kritisiert.

IV. Fazit

Die Privatautonomie ist ein wesentliches Merkmal der Schiedsgerichtbarkeit. Dies zeigt sich bereits bei der Bestimmung der Rechtsgrundlagen. Die Schiedsparteien sind darin frei, ein nicht öffentliches Verfahren entweder zu vereinbaren oder durch Verweis auf die Verfahrensordnung eines institutionellen Schiedsgerichts zu wählen. In Handelsschiedsverfahren entspricht ein nicht öffentliches Verfahren zumeist dem Interesse beider Parteien und ist in diesem Bereich ein wichtiger Grund für den Abschluss von Schiedsvereinbarungen. In der Investitionsschiedsgerichtsbarkeit stellt sich die Interessenlage aufgrund des Drittbezuges der Verfahren anders dar. Die Schiedsgerichtsentscheidungen tangieren oftmals auch einen breiten Personenkreis abseits der Schiedsparteien. Der Schutz dieser Drittinteressen macht die Beteiligung der Öffentlichkeit erforderlich. Als ein Kriterium für die Notwendigkeit einer öffentlichen Verhandlung in Schiedsverfahren kann also die Reichweite der Entscheidungen für einen Personenkreis über die Schiedsparteien hinaus gelten. Je stärker Dritte von den Entscheidungswirkungen betroffen sind, desto wichtiger ist eine Beteiligung der Öffentlichkeit an dem Verfahren.

C. Öffentlichkeit vor dem CAS

Im folgenden Abschnitt wird zuerst dargelegt, inwieweit die CAS-Rechtsmittel- und Anti-Doping-Verfahren der Öffentlichkeit zugänglich sind und welche Vorgaben die EMRK und das Strafprozessrecht an die CAS-Verfahren stellen. Die Untersuchung des Zwecks der Beteiligung der Öffentlichkeit zeigt, dass prinzipiell eine öffentliche Verhandlung vorgesehen werden muss. Durch die Konkretisierung der Bedeutung des Öffentlichkeitsgrundsatzes für verschiedene Personenbereiche und Institutionen wird erarbeitet, wer im Sport als Öffentlichkeit zu qualifizieren ist. Basierend auf den gewonnenen Erkenntnissen werden die Vorschriften der CAS-Verfahrensordnung beurteilt. Diese Bewertung zeigt eine Diskrepanz zwischen den wissenschaftlich herausgearbeiteten Thesen und der verfahrensrechtlichen Praxis des CAS. Abschließend wird diskutiert, ob eine Verfahrenstransparenz durch *amici-curiae*-Stellungnahmen gesteigert werden kann.

I. Vorschriften zur Öffentlichkeit der Verfahren in der CAS-Verfahrensordnung

Die Vorschriften zur Öffentlichkeit unterscheiden sich in den ordentlichen, Rechtsmittel-, Anti-Doping- und *ad-hoc*-Verfahren.

1. Ordentliches CAS-Verfahren

In den ordentlichen Verfahren vor dem CAS gilt das Prinzip der Nichtöffentlichkeit. Das bedeutet, dass sowohl an dem gesamten Verfahren als auch an der mündlichen Verhandlung nur die Parteien des Schiedsverfahrens teilhaben können. Die Öffentlichkeit ist mithin ausgeschlossen. Diese Nichtöffentlichkeit[515] des Verfahrens ist in R43 S. 1 CAS-Code 2019[516] niedergelegt, wenngleich der CAS-Code hierfür die Bezeichnung „vertraulich“ *(confidential)* wählt.[517] Die mündliche Verhandlung ist ebenfalls nicht öffentlich nach R44.2 Abs. 2 S. 2 CAS-Code 2019. Allerdings ist diese Vorschrift nicht zwingend, die Parteien können davon abweichen, sofern sie sich einig sind.[518] Aus einer Gesamtschau aus R43 S. 1 und S. 2 CAS-Code 2019 muss schließlich gefolgert werden, dass Dritte auch kein Recht zur Akteneinsicht haben.[519] Die schiedsrichterlichen Beratungen sind ebenfalls nicht öffentlich. Aus R44.2 CAS-Code 2019 ergibt sich das nicht ohne Weiteres.[520] Jedenfalls das Gleichheitsprinzip verbietet öffentliche Beratungen vor der Bekanntgabe des Schiedsspruches auf jeden Fall.[521]

2. Rechtsmittelverfahren und Anti-Doping-Verfahren

Die Regelung für die Rechtsmittelverfahren gegen erstinstanzliche Verbandsentscheidungen und für Anti-Doping-Verfahren erster Instanz unterscheiden sich grundlegend von den Vorschriften zur Öffentlichkeit in den ordentlichen Verfahren.

---

515 Im Englischen *privacy*.

516 „Proceedings under these Procedural Rules are confidential“.

517 Für eine Definition und Einordnung der Begriffe siehe Teil 1 B. II.

518 „Unless the parties agree otherwise, the hearings are not public“.

519 *Noth/Haas*, in: Arroyo, Arbitration in Switzerland, 2. Aufl. 2018, CAS Code, R43 Rn. 3 zu der umfassenden Reichweite der Vertraulichkeit.

520 *Mavromati/Reeb*, CAS Code, R43 Rn. 15 verstehen diese Vorschrift allerdings so, ohne dies weiter zu begründen.

521 *Mavromati/Reeb*, CAS Code, R43 Rn. 17.

a) *Nichtöffentlichkeit im CAS-Code 2017*

Nach dem CAS-Code 2017 fand die mündliche Verhandlung in Rechtsmittelverfahren grundsätzlich unter Ausschluss der Öffentlichkeit statt.[522] Den Schiedsparteien stand jedoch die Möglichkeit offen, eine Abweichung von diesem Grundsatz zu vereinbaren.[523] Von dieser Ausnahmeregelung abgesehen, entsprach diese Vorschrift mithin dem Grundsatz im ordentlichen Verfahren, wenn auch etwas andere Formulierungen gewählt wurden. Diese Regelung der Nichtöffentlichkeit der mündlichen Verhandlung sowie der Ausnahmetatbestand entsprachen den Verfahrensordnungen anderer Schiedsinstitutionen.[524]

Scheinbar war die Nichtöffentlichkeit in CAS-Rechtsmittelverfahren zumindest jeweils von einer der Streitparteien gewünscht, so dass sie sich nicht auf eine öffentliche Verhandlung einigen konnten oder wollten. Dies zeigt sich daran, dass unter der Geltung des CAS-Code in der Fassung aus dem Jahr 2017 nur eine einzige mündliche Verhandlung aus dem Jahr 1999 für die Öffentlichkeit zugänglich war.[525] Die Schiedsrichter entschieden sich in diesem Rechtsmittelverfahren gegen eine Dopingsanktion für die Öffentlichkeit der Verhandlung, nachdem der Schiedskläger eine solche beantragte und der internationale Schwimmverband (FINA) als Schiedsbeklagter zustimmte.[526] In dem Rechtsmittelverfahren der Eisschnellläuferin *Claudia Pechstein* scheiterte dahingegen ihr Antrag auf eine öffentliche mündliche Verhandlung an der fehlenden Zustimmung der Gegenpartei.[527]

b) *Öffentlichkeit im CAS-Code 2019 und den ADD-Rules*

Zum 01.01.2019 ist eine revidierte Verfahrensordnung mit einer geänderten Vorschrift zur Öffentlichkeit der mündlichen Verhandlung in Kraft getreten.

---

522 R57 Abs. 2 S. 2 CAS-Code 2017.

523 R57 Abs. 2 S. 2 Hs. 2 CAS-Code 2017 „unless the parties agree otherwise“.

524 Rule 32 Abs. 1, Abs. 2 S. 1 ICSID-SchO 2006; 19.4 Abs. 4 LCIA-SchO 2014; Art. 22.7 HKIAC-SchO 2013; 24.4 SIAC-SchO 2016; Art. 6 Abs. 3 S. 2 ICC-SchO 2017 dort kann die Öffentlichkeit mit Zustimmung der Parteien und des Schiedsgerichtes von der mündlichen Verhandlung ausgeschlossen werden.

525 *Mavromati/Reeb,* CAS Code, R57 Rn. 65.

526 CAS-Schiedsspruch (07.06.1999) – CAS 98/211, *B./Fédération Internationale de Natation (FINA),* S. 2.

527 CAS-Schiedsspruch (25.11.2009) – CAS 2009/A/1912 & 1913, *P. & DESG v. ISU,* Rn. 32; inzwischen hat der EGMR entschieden, dass dies einen Verstoß gegen Art. 6 Abs. 1 S. 1 EMRK darstellt, EGMR (02.10.2018) – 40575/10, 67474/10 (*Mutu&Pechstein/Suisse)* Rn. 169 ff.

Zeitgleich ist die permanente Anti-Doping-Kammer (ADD-Kammer) eingeführt worden. Die Vorschriften zur öffentlichen mündlichen Verhandlung in beiden Verfahrensordnungen entsprechen sich in den wesentlichen Punkten. Nach Rücksprache mit den Parteien kann das Schiedsgericht, sofern es sich für ausreichend informiert hält, entscheiden, keine mündliche Verhandlung abzuhalten.[528] Wird aber mündlich verhandelt, so findet dies unter Ausschluss der Öffentlichkeit statt, sofern die Parteien sich nicht auf das Gegenteil einigen.[529] Dies entspricht soweit der Vorgängervorschrift des CAS-Code 2017. Neu ist hingegen folgende Regelung: Auf Antrag einer an dem Verfahren beteiligten natürlichen Person sollte eine öffentliche Verhandlung stattfinden, wenn es sich um eine Disziplinarsache handelt.[530] Der Wortlaut legt eine „Soll-Vorschrift“ und damit einen Ermessensspielraum des Schiedsgerichts nahe. Allerdings ist bei dem Parteiantrag der natürlichen Person ein „intendiertes“ Ermessen, also eine gebundene Entscheidung des Schiedsgerichts anzunehmen.[531] Das Schiedsgericht kann von dieser gebundenen Entscheidung in atypischen Fällen abweichen, die in R57 Abs. 2 S. 4 CAS-Code 2019 abschließend aufgezählt sind. Die einzelnen Einschränkungen der Öffentlichkeit sind bereits aus Art. 6 Abs. 1 EMRK bekannt. Der Parteiantrag auf eine öffentliche Verhandlung ist mithin abzulehnen, wenn dies im Interesse der Moral, der öffentlichen Ordnung oder der nationalen Sicherheit liegt, wenn die Interessen von Jugendlichen oder der Schutz des Privatlebens der Schiedsparteien es verlangen, wenn eine öffentliche Verhandlung die Interessen der Rechtspflege beeinträchtigen würde, wenn sich das Verfahren ausschließlich auf Rechtsfragen bezieht oder wenn bereits vor der ersten Instanz eine öffentliche Verhandlung stattgefunden hat. Mit dieser Vorschrift setzt eine öffentliche mündliche Verhandlung nun nicht mehr die wohl kaum erreichbare Einigung beider Schiedsparteien voraus, sondern ermöglicht der gesuchstellenden natürlichen Person, also vorrangig den Sportlern als Schiedsparteien, die Öffentlichkeit einseitig zu beantragen.

Allerdings ist nicht gewährleistet, ob diese Auslegung der aktuellen Fassung R57 Abs. 2 CAS-Code 2019 auch die des CAS ist. Der Schwimmer *Sun Yang* hatte im Jahr 2019 als erster Sportler eine auf die neue Regelung gestützte öffentliche Verhandlung beantragt. Nachdem keine Gründe für den Ausschluss

---

528 R57 Abs. 2 S. 1 CAS-Code 2019; A19.3 Abs. 1 ADD ; *Mavromati/Reeb*, CAS Code, R57 Rn. 61 zu dem diesbezüglichen Ablauf in der Praxis.

529 R57 Abs. 2 S. 2 CAS-Code 2019.

530 R57 Abs. 2 S. 3 CAS-Code 2019.

531 So wohl auch *Brägger*, CaS 2019, 11 (18), der von einem „Anspruch“ auf eine öffentliche Anhörung spricht.

der Öffentlichkeit nach R57 Abs. 2 S. 4 CAS-Code 2019 einschlägig waren, hätte die Verhandlung nach obiger Auslegung alleine aufgrund des Antrags des Sportlers zugelassen werden müssen. Aus diesem Grund verwundert auch die Bemerkung des CAS-Generalsekretärs, dass weder die WADA noch die FINA gegen diesen Antrag Einwände erhoben hätten.[532] Denn auf solche „objections" kann es bei der Entscheidung über den Ausschluss der Öffentlichkeit nicht ankommen, sofern diese – wie nach hier vertretener Auffassung – nicht einen der abschließend genannten Ausschlussgründe betreffen. Dies lässt vermuten, dass das Schiedsgericht vor seiner Entscheidung über den Antrag auf Zulassung der Öffentlichkeit der Gegenpartei in der Praxis nicht nur eine Möglichkeit zur Stellungnahme gewährt, sondern dieser unter Umständen im Rahmen der Ermessensausübung erhebliche Beachtung schenken würde. Einem Antrag der gesuchstellenden Partei auf eine öffentliche Anhörung würde dann auch bei Verneinung der Ausschlussgründe nicht automatisch stattgegeben werden. Den Interessen der anderen Schiedspartei wird damit großer Raum gegeben. Dies entspricht nach hier vertretener Auffassung jedoch nicht der eigentlichen Regelungsintention des R57 Abs. 2 S. 3 CAS-Code 2019, der die Rechte der strukturell unterlegenen Schiedspartei erweitern sollte. Ansonsten würde die neue Vorschrift im Vergleich zu R57 Abs. 2 S. 2 CAS-Code 2017, der eine Einigung der Parteien auf die Öffentlichkeit vorsah, im Endeffekt keine Neuerungen bringen, sofern das Schiedsgericht dem ursprünglichen Antrag auf Öffentlichkeit zwar Beachtung schenkt, ihn jedoch nur bei Zustimmung der Gegenpartei gewährt. Das im Wortlaut „should" angelegte Ermessen des Schiedsgerichts, dass eine öffentliche Anhörung stattfinden *sollte,* kann sich deswegen nur auf die Ausschlussgründe beziehen. Um in Zukunft keine Zweifel an der Auslegung der Regelung aufkommen zu lassen, schlägt diese Arbeit vor, das Wort „should" durch „shall" zu ersetzen, da „shall"[533] eher ein Imperativ ist, wohingegen „should" normativer ist, indem etwas gemacht werden „sollte".[534]

Vor der Anti-Doping-Kammer finden erstinstanzliche Verfahren statt. Die Voraussetzung für den Ausschluss der Öffentlichkeit, dass bereits das erstinstanzliche Verfahren öffentlich war, fehlt aus diesem Grund in A19.3 ADD-Rules. Ebenso wird der sachliche Anwendungsbereich der Vorschrift nicht auf Disziplinarverfahren beschränkt, da Anti-Doping-Verfahren stets einen Spezialfall von diesen darstellen. Die Natur der Verfahren vor der

532 Vgl. das Editorial des CAS Bulletin, *Reeb,* CAS Bulletin 2019, 4 (4).
533 Dies entspricht das Wort „soll" im Deutschen.
534 Siehe dafür den Regelungsvorschlag in Teil 5 C.

Anti-Doping-Kammer macht mithin in diesen Punkten Abweichungen von der Vorschrift in Rechtsmittelverfahren notwendig. Im Übrigen entspricht A19.3 ADD-Rules der Regelung R57 Abs. 2 CAS-Code 2019 und unterliegt den gleichen Einschränkungen. Die Auslegungszweifel, ob eine öffentliche Verhandlung auf Antrag der natürlichen Schiedspartei stattfinden *soll* oder *sollte*, und die damit verbundene Unsicherheiten über die Reichweite der diesbezüglichen Ermessensausübung des CAS-Schiedsgerichts, stellen sich im Rahmen dieser Regelung gleichermaßen. Die Textfassung ist mithin ebenfalls anzugleichen.[535]

3. Ad-hoc-*Schiedsverfahren*

Gem. Art. 15 lit. c Abs. 3 ADH-Regeln findet auch in den *ad-hoc*-Schiedsverfahren bei den Olympischen Spielen eine mündliche Verhandlung statt, es sei denn, die Schiedsrichter halten sich bereits für ausreichend informiert, um einen Schiedsspruch zu erlassen. Die mündliche Verhandlung ist nicht öffentlich, jedoch auch nicht vertraulich. Dieses Vorgehen hat sich etabliert und wird nicht weiter begründet, sondern akzeptiert.[536] Aus Art. 15 lit. b ADH-Regeln ergibt sich jedoch die Kompetenz des Schiedsgerichts, das Verfahren nach seinem Dafürhalten unter Berücksichtigung der besonderen Bedürfnisse und Umstände des jeweiligen Einzelfalls zu organisieren. Es steht damit in der Möglichkeit des Schiedsgerichts, eine öffentliche Anhörung durchzuführen. Zudem finden – wie festgestellt – ergänzend die Vorschriften des CAS-Code Anwendung. Die Rechtsmittelverfahren sind dort unter gewissen Voraussetzungen öffentlich. Gleiches gilt dann auch für Verfahren vor der *ad-hoc*-Kammer.

II. Vorgaben aus der EMRK

Die EMRK enthält in Art. 6 Abs. 1 EMRK Vorgaben für die Öffentlichkeit. Die Maßgaben des europäischen Rechts werden im Folgenden beleuchtet. Vorangestellt wird eine Analyse des EGMR-Urteils aus dem Jahr 2018,[537] das vor allem hinsichtlich der Fragen der generellen Bindung des CAS an Art. 6 Abs. 1 EMRK und der Geltung des Öffentlichkeitsgrundsatzes im Speziellen untersucht wird.

---

535 Siehe dafür den Regelungsvorschlag in Teil 5 C.

536 Vgl. *Kaufmann-Köhler*, in: Blackshaw u. a., The CAS, S. 105 (106), die das lediglich feststellt.

537 EGMR (02.10.2018) – 40575/10, 67474/10 (*Mutu & Pechstein/Suisse*), SpuRt 2018, 253 (253 ff.).

1. *Relevanz des Art. 6 Abs. 1 EMRK für CAS-Verfahren*

Das EGMR-Urteil aus dem Jahr 2018 ist auf ein breites Echo gestoßen und hat vielen Diskussionen ein Ende gesetzt.[538] Der CAS ist an die EMRK gebunden und die Verfahrensgarantien aus Art. 6 EMRK finden bei Vorliegen der durch die Rechtsprechung aufgestellten Kriterien vor dem CAS Anwendung. Der EGMR schafft damit Rechtssicherheit, allerdings ist die Argumentation nicht durchgehend überzeugend.

a) *Bindung des CAS an die EMRK*

Die Anwendbarkeit des Art. 6 Abs. 1 EMRK in internationalen (Sport-)Schiedsverfahren wurde bis zur Entscheidung des EGMR aus dem Jahr 2018 lange Zeit diskutiert,[539] nachdem auch das Schweizerische Bundesgericht (BG) diese Frage nicht einheitlich beantwortete.[540] Eine unmittelbare Anwendbarkeit wird zum Teil trotz des Fehlens einer direkten Wirkung zwischen Privatrechtssubjekten bejaht.[541] Andere Befürworter einer Anwendung leiten diese aus einer mittelbaren Geltung der EMRK für Schiedsgerichtsverfahren her.[542] Diese Mittelbarkeit sollte sich durch die indirekte Kontrolle der staatlichen Gerichte, die diese gegenüber den Schiedsgerichten wahrnehmen, ergeben. In Sportschiedsgerichtsverfahren bedeutet dies eine Kontrolle der Verfahrensgarantien des Art. 6 Abs. 1 EMRK im Rahmen des Aufhebungsverfahrens vor dem BG nach Art. 190 Abs. 2 lit. d und lit. e IPRG oder im inländischen Vollstreckungsverfahren.

---

538 Dies macht nun eine eingehende Analyse zu Voraussetzungen und Bindungen des CAS an Art. 6 Abs. 1 EMRK obsolet, siehe dazu i. E. die Ausführungen von *Lungstras,* Das Berufungsverfahren, S. 173 ff., der die Rechtslage vor dem EGMR-Urteil (02.10.2018) – 40575/10, 67474/10 (*Mutu & Pechstein/Suisse*) zum Ausgangspunkt nimmt.

539 *Briner/von Schlabrendorff,* in: Briner u. a., Liber Amicorum, S. 89 (90 ff.) m. w. N.; *Grabenwarter/Ganglbauer,* in: Czernich u. a., Handbuch Schiedsrecht, Kap. 1 Rn. 1.45 ff.; *Haas,* SchiedsVZ 2009, 73 (76 ff.); *Jung,* ZeuS 2014, 173 (191 ff.); *Knoepfler,* SZIER 2007, 463 (467 ff.).

540 Verneint durch BG (16.10.2001) – BGE 128 III 50, S. 58; BG (04.08.2006) – 4P.105/2006, Rn. 7.3; bejaht durch BG (30.04.1991) – BGE 117 Ia 166, S. 168, Rn. 5.a; BG (17.02.2000) – 4P.168/1999, Rn. 2.a; *Haas,* SchiedsVZ 2009, 73 (74) bezeichnete die Sichtweise des BG zur Anwendbarkeit aufgrund der divergierenden Urteile als „offen"; *Widdascheck,* Der Justizgewährleistungsanspruch, S. 246 f. ging davon aus, dass das BG Art. 6 EMRK nicht anwendet.

541 *Jung,* ZeuS 2014, 173 (191 ff.).

542 *Haas,* SchiedsVZ 2009, 73 (77); *Thomassen,* CAS Bulletin 2015, 31 (33).

Letzteres zeigt jedoch bereits die Problematik und auch Reichweite dieser Diskussion. Aufgrund der „Selbstdurchsetzung“ der Schiedssprüche des CAS durch die Verbände (sog. *self-enforcement*) findet ein solches Verfahren und damit eine Minimalkontrolle der CAS-Schiedssprüche meistens nicht statt.[543] Darüber hinaus ist fraglich, ob der Grundsatz der Öffentlichkeit überhaupt zur unverzichtbaren Werteordnung des *ordre public* gezählt werden kann.[544]

Aufgrund der Rechtskraft und Vollstreckbarkeit des Schiedsspruchs[545] entspricht die Schiedsgerichtsbarkeit jedoch der ordentlichen Gerichtsbarkeit und steht zumindest einer funktionalen Betrachtung „Gerichten“ i. S. d. Art. 6 Abs. 1 EMRK gleich.[546] Allerdings gelten die Prinzipien für Prozesse vor staatlichen Gerichten nicht absolut.[547] So wird vertreten, dass der Abschluss einer Schiedsvereinbarung den Verzicht auf den Zugang zu den staatlichen Gerichten und den Öffentlichkeitsgrundsatz enthält.[548] Die gilt nach einer früheren Entscheidung des EGMR jedoch nicht, sofern die Schiedsgerichtsbarkeit nicht auf der Privatautonomie der Schiedsparteien beruht, sondern zwingend vorgeschrieben ist.[549] Die Schiedsvereinbarung ist im Sport ebenfalls „zwingend vorgeschrieben“, da der Sportler ihr nicht ausweichen kann. Aus diesem Grund muss Art. 6 Abs. 1 EMRK also auch für die Sportschiedsgerichtsbarkeit gelten.

Mit dem EGMR-Urteil *Mutu./.Schweiz und Pechstein./.Schweiz* vom 02.10.2018 (EGMR, Urt. *Mutu&Pechstein*)[550] ist nun Rechtsklarheit insofern

543 Siehe i. E. zu *self-enforcement* Teil 3 E. II.2.

544 Ablehnend *Briner/von Schlabrendorff*, in: Briner u. a., Liber Amicorum, S. 89 (98 f.); vgl. dazu auch Teil 3 D. III. 2. a.

545 Vgl. § 1055 ZPO.

546 Statt vieler *Brunk*, Der Sportler und die institutionelle Sportschiedsgerichtsbarkeit, S. 31 m. w. N.

547 Unstreitig, vgl. statt vieler EGMR (08.07.1986) – 9006/80, 9262/81, 9263/81, 9265/81; 9313/81, 9405/81 (*Lithgow & Others/The United Kingdom*)Rn. 194; EGMR (18.02.1999) – 26083–94, NJW 1999, 1173 (1174); *Grabenwarter/Ganglbauer*, in: Czernich u. a., Handbuch Schiedsrecht, Kap. 1 Rn. 1.34.

548 EGMR (27.11.1996) – 28101/95 (*Nordström-Janzon & Nordström-Lehtinen/Netherlands*); *Grabenwarter/Ganglbauer*, in: Czernich u. a., Handbuch Schiedsrecht, Kap. 1 Rn. 1.59; ausführlich zu der Meinung im Schrifttum *Heermann*, SchiedsVZ 2014, 66 (69 f.); *Ringquist*, Do Procedural Human Rights Requirements Apply to Arbitration – a Study of Article 6 (1) of the European Convention on Human Rights and its Bearing upon Arbitration, 2005, S. 53.

549 EGMR (28.10.2010) – 1643/06 (*Suda/République Tchèque*) Rn. 49.

550 EGMR (02.10.2018) – 40575/10, 67474/10 (*Mutu & Pechstein/Suisse*), deutsche Übersetzung in SpuRt 2018, 253 (253 ff.); die Kammerentscheidung des EGMR vom 02.10.2018 ist mit der Zurückweisung auf Verhandlung vor der Großen Kammer

eingetreten, als dass die internationale Schiedsgerichtsbarkeit nicht generell von dem Anwendungsbereich des Art. 6 Abs. 1 EMRK ausgenommen werden kann.[551] Dies bedeutet grundsätzlich auch eine Bindung des CAS an die EMRK. Ein englisches Berufungsgericht hatte in einem anderen Fall noch darauf bestanden, dass es sich bei der Sportschiedsgerichtsbarkeit um eine private Streitbeilegung handelt und hatte damit aufgrund der Besorgnis um die Reichweite der Aussage über die Sportschiedsgerichtsbarkeit hinaus eine Anwendung der Garantien aus Art. 6 Abs. 1 EMRK verneint.[552] Der Gerichtshof entscheidet nun konträr zu dieser Rechtsprechung. Der EGMR nennt als Voraussetzungen für ein „auf Gesetz beruhendes Gericht" nach Art. 6 Abs. 1 EMRK Entscheidungen „auf der Grundlage von Rechtsnormen und nach einem organisierten Verfahren"[553] mit „Rechtsprechungscharakter"[554] und der Möglichkeit der Einlegung von „Rechtsmitteln"[555].[556] Der EGMR stützte seine Entscheidung insbesondere auf die Rechtsprechung des BG, das die Schiedssprüche des CAS bereits als mit staatlichen Gerichtsentscheidungen vergleichbar eingestuft hatte.[557] Nach Bejahung des Merkmals des „auf Gesetz beruhenden" Gerichts war auf zweiter Stufe zu prüfen, ob ein Verzicht auf die Verfahrensgarantien vorlag. Der EGMR ging aufgrund des Schiedszwangs jedoch weder von einem direkten noch indirekten Verzicht auf die Verfahrensgarantien des Art. 6 Abs. 1 EMRK, in diesem Fall dem Grundsatz der öffentlichen Verhandlung, aus.[558] Ein gesetzlicher Ausschlussgrund nach Art. 6 Abs. 1 S. 2 Hs. 2 EMRK war im vorliegenden Fall ebenso wenig einschlägig. Im Fall *Pechstein* legte der

---

gem. Art. 43 Abs. 1 EMRK rechtskräftig geworden, vgl. Pressemitteilung ECHR 053 (2019) v. 05.02.2019, S. 3.

551 So bereits EGMR (28.10.2010) – 1643/06 (*Suda/Czech Republic*) Rn. 53 ff.; nicht weiter eingegangen wird auf die Bindungswirkung der Urteile, vgl. Art. 46 Abs. 1 EMRK für die Bindungswirkung *inter partes*; für die rechtliche Bedeutung eines Urteils gegen einen anderen Vertragsstaat vgl. BverfG (14.10.2004) – 2 BvR 1481/04, Rn. 31 ff.; vgl. i. E. *Villiger*, in: Seibert-Fohr/Villiger, Judgments of the European Court of Human Rights – Effechts and Implementation, S. 33 (33 ff.).

552 Court of Appeal (Civil Division), (21.03.2007) – [2007] EWCA Civ 238 (*Stretford/The Football Association LTD & Another*) Rn. 49.

553 EGMR (02.10.2018) – 40575/10, 67474/10 (*Mutu & Pechstein/Suisse*) Rn. 149.

554 EGMR (02.10.2018) – 40575/10, 67474/10 (*Mutu & Pechstein/Suisse*) Rn. 149.

555 EGMR (02.10.2018) – 40575/10, 67474/10 (*Mutu & Pechstein/Suisse*) Rn. 149.

556 *Heermann*, NJW 2019, 1560 (1561 f.) kritisch zu den niedrigen Voraussetzungen für die Bejahung.

557 EGMR (02.10.2018) – 40575/10, 67474/10 (*Mutu & Pechstein/Suisse*) Rn. 149.

558 EGMR (02.10.2018) – 40575/10, 67474/10 (*Mutu & Pechstein/Suisse*) Rn. 115.

EGMR dar, dass Tatsachen kontrovers diskutiert wurden und die Sanktion einen ehrenrührigen Charakter darstellte. Daraus zog der EGMR den Schluss, dass der Schutzzweck des Art. 6 Abs. 1 EMRK in diesem Fall eröffnet war und die Nichtgewährung trotz Beantragung schließlich auch eine Verletzung der Konvention bedeutete.[559]

b) Urteil des EGMR Mutu&Pechstein/Suisse vom 02.10.2018

Im Folgenden wird das Urteil in seiner Argumentation und Bedeutung für die Beurteilung der themenrelevanten Frage zu der Öffentlichkeit der Verhandlung in CAS-Schiedsverfahren näher untersucht.[560]

aa) Der Fall Pechstein vor dem EGMR

Das Urteil erging über die Rechtsmittel von *Adrian Mutu* und *Claudia Pechstein*, die sie gegen Entscheidungen des BG eingelegt hatten, in denen die Schiedssprüche des CAS bestätigt wurden.[561]

Die fünfmalige Olympiasiegerin *Pechstein* wurde im Jahr 2009 wegen verdächtiger Blutwerte für zwei Jahre gesperrt.[562] Sie beteuerte ihre Unschuld und bewies, dass sie an einem genetischen Defekt leidet. Die *International Skating Union* (ISU) ließ dies als Erklärung für die abweichenden Werte jedoch nicht ausreichen. *Pechstein* legte gegen diese Verbandsentscheidung Rechtsmittel beim CAS ein, der die zweijährige Sperre jedoch bestätigte. Die Verhandlung vor dem CAS-Schiedsgericht wurde trotz eines Antrags auf Öffentlichkeit der Verhandlung der gesuchstellenden Sportlerin nicht öffentlich abgehalten. Im Dezember 2009 beantragte die Athletin vor dem BG erfolglos die Aufhebung des Schiedsspruchs. Dagegen richtete sich das Verfahren vor dem EGMR. Im Anschluss an das Verfahren vor dem BG klagte Pechstein vor den nationalen deutschen Gerichten auf Feststellung der Rechtswidrigkeit der gegen sie verhängten Dopingsperre und auf Zahlung von Schadensersatz

---

559 EGMR (02.10.2018) – 40575/10, 67474/10 (*Mutu & Pechstein/Suisse*) Rn. 175 ff.

560 Ausgespart werden so bspw. nähere Ausführungen zum Zugangsrecht zu den Gerichten oder mit der Unabhängigkeit und Unparteilichkeit des CAS Fragen zur administrativen Transparenz, vgl. *Brunk,* Der Sportler und die institutionelle Sportschiedsgerichtsbarkeit, S. 280 ff. generell für eine Diskussion zur Unabhängigkeit und Überparteilichkeit des CAS.

561 EGMR, (02.10.2018) – 40575/10 & 67474/10 (*Mutu & Pechstein/Suisse*); für eine kurze deutsche Zusammenfassung des Urteils, vgl. CaS 2018, 369 (369).

562 Zum Sachverhalt im Fall *Mutu* und *Pechstein* ausführlich EGMR (02.10.2018) – 40575/10, 67474/10 (*Mutu & Pechstein/Suisse*) Rn. 9 ff.

und Schmerzensgeld. Das OLG München erklärte die Schiedsvereinbarung für ungültig, da *Pechstein* die Athletenvereinbarung mit der Schiedsklausel zwangsweise unterzeichnen musste, wenn sie an Wettbewerben teilnehmen wollte.[563] Der BGH hat diese Entscheidung jedoch wieder aufgehoben und betrachtet die Schiedsklausel als wirksam, weil eine Ausnutzung der marktbeherrschenden Stellung der Verbände aufgrund den gewährten Verfahrensgarantien im CAS-Code nicht vorlag.[564]

Die Entscheidung des EGMR setzt sich mit zwei Fragestellungen, nämlich der Unabhängigkeit und Unparteilichkeit des CAS sowie dem Erfordernis der öffentlichen Verhandlung auseinander. Der EGMR kam zu dem Schluss, dass die Parteien die Parteilichkeit des CAS nicht erfolgreich nachweisen konnten. Allerdings stellte der EGMR fest, dass die Nichtöffentlichkeit der mündlichen Verhandlung *Pechstein* in ihrem Recht aus Art. 6 Abs. 1 EMRK verletzt hat.[565] Die folgende Analyse des Urteils konzentriert sich auf die Anwendbarkeit des Art. 6 Abs. 1 EMRK aufgrund einer erzwungenen Einwilligung zur CAS-Schiedsgerichtsbarkeit.[566] Dieser Diskussion liegt im Kern die Frage zu Grunde, inwieweit die Schiedsparteien auf die Verfahrensgrundrechte des Art. 6 Abs. 1 EMRK durch den Abschluss der Schiedsvereinbarung ganz oder teilweise verzichten.

bb) Anwendbarkeit des Art. 6 Abs. 1 EMRK mangels Freiwilligkeit

Grundsätzlich kann auf die Rechte nach Art. 6 Abs. 1 EMRK verzichtet werden, da diese nicht absolut gelten.[567] Dies ist nach der Rechtsprechung des EGMR für die Schiedsgerichtsbarkeit allerdings nur anzunehmen, wenn sich die Parteien

---

563 OLG München (15.01.2015) – U 1110/14 (Kart), SchiedsVZ 2015, 40 (40 ff.).

564 BGH (07.06.2016) – KZR 6/15, NJW 2016, 2266 (2266 ff.).

565 Der EGMR sprach *Pechstein* aufgrund dieser Rechtsverletzung einen Schadensersatz in Höhe von 8.000 € zu, siehe EGMR (02.10.2018) – 40575/10, 67474/10 (*Mutu & Pechstein/Suisse*) Rn. 195.

566 Nachdem sich die Arbeit auf die Öffentlichkeit der Verfahren und die Veröffentlichung der Schiedssprüche beschränkt, bleibt neben den Fragestellungen zur Unabhängigkeit und Unparteilichkeit auch die Frage, ob der CAS auf Gesetz beruht, außer Betracht, vgl. für letzteres das Sondervotum der Richter *Keller* und *Serghides* in EGMR (02.10.2018) – 40575/10, 67474/10 (*Mutu & Pechstein/Suisse*) Rn. 18 ff.; i. E. *Lungstras,* Das Berufungsverfahren, S. 181 ff.

567 Unstreitig, vgl. statt vieler EGMR (8.02.1999) – 26083–94, NJW 1999, 1173 (1174); EGMR (08.07.1986) – 9006/80, 9262/81, 9263/81, 9265/81, 9313/81; 9405/81 (*Lithgow & Others/United Kingdom*) Rn. 194.

„frei, rechtmäßig und eindeutig"[568] zu einem solchen Verzicht entschieden haben. Der EGMR hat im Fall von *Pechstein* festgestellt, dass die Zustimmung zur Zuständigkeit des CAS nicht als freiwillig und unmissverständlich bezeichnet werden kann.[569] Vielmehr musste die Sportlerin die Schiedsklausel im Regelwerk der International Skating Union (ISU) akzeptieren, um weiterhin ihren Lebensunterhalt mit der Teilnahme an sportlichen Wettkämpfen zu verdienen. Ein solcher Schiedszwang führt nicht zur Unwirksamkeit der Schiedsvereinbarung, sondern ist nach der Auffassung des EGMR durch den Bedarf für eine internationale Sportschiedsgerichtsbarkeit sogar gerechtfertigt.[570] Allerdings folgert der EGMR weiter, dass diese Konstellation mangels Wahlmöglichkeit einer per Gesetz vorgeschriebenen Schiedsgerichtsbarkeit gleicht.[571] Dies entspricht der Praxis, da der vorgegebene Weg vor ein Sportschiedsgericht sich zum einen aufgrund der monopolistisch organisierten Verbandsstruktur ergeben kann.[572] Zum anderen leiten vor allem in romanischen Ländern die nationalen Sportverbände ihre Befugnisse unmittelbar vom Staat ab.[573] Aufgrund dieser Alternativlosigkeit für die Sportler ist nach dem EGMR mithin auch der CAS an die Garantien des Art. 6 Abs. 1 EMRK prinzipiell gebunden.[574]

(1) Grundsätzliches Erfordernis der Freiwilligkeit

Das Erfordernis der Freiwilligkeit für eine wirksame Einigung auf die Schiedsgerichtsbarkeit ist keine Neuheit. Der EGMR entschied bereits im Jahr 1980, dass Schiedsklauseln die ordentliche Gerichtsbarkeit nicht wirksam ausschließen können, sofern die Einigung auf einem Zwang beruht.[575] Allerdings wurde

---

568 EGMR (02.10.2018) – 40575/10, 67474/10 (*Mutu & Pechstein/Suisse*) Rn. 96, Rn. 103.

569 „n'avait pas été libre et sans equivoqué", siehe EGMR (02.10.2018) – 40575/10, 67474/10 (*Mutu & Pechstein/Suisse*) Rn. 114.

570 EGMR (02.10.2018) – 40575/10, 67474/10 (*Mutu & Pechstein/Suisse*) Rn. 98.

571 EGMR (02.10.2018) – 40575/10, 67474/10 (*Mutu & Pechstein/Suisse*) Rn. 115; zur Unterscheidung freiwilliger und per Gesetz vorgeschriebener Schiedsgerichtsbarkeit EGMR (02.10.2018) – 40575/10, 67474/10 (*Mutu & Pechstein/Suisse*) Rn. 95 f.

572 *Brunk*, Der Sportler und die institutionelle Sportschiedsgerichtsbarkeit, S. 145 m. w. N.

573 *Haas*, SJZ 2010, 585 (587).

574 EGMR (02.10.2018) – 40575/10, 67474/10 (*Mutu & Pechstein/Suisse*) Rn. 115.

575 EGMR (27.02.1980) – 6903/75 (*Deweer/Belgium*) Rn. 49, „[Z]u den erfüllenden Bedingungen zählt auf jeden Fall der Verzicht auf Zwang" aus der nichtamtlichen dt. ÜS; EGMR (28.10.2010) – 1643/06 (*Suda/République Tchèque*) Rn. 48; *Seiler*, in: Thomas/Putzo, ZPO, 41. Aufl. 2020, § 1029 Rn. 10 zum Erfordernis der Freiwilligkeit im deutschen Recht.

das Vorliegen des Zwangs nicht weiter definiert und konkretisiert. Mit diesem unpräzisen Kriterium hatte der EGMR mithin nicht mehr Rechtssicherheit, sondern eher Unklarheiten geschaffen.[576] Insofern ist die *Mutu/Pechstein*-Entscheidung als Klarstellung zu begrüßen.

Die Konstellation von *Pechstein* kann auf die Situation aller strukturell unterlegenen Sportler übertragen werden und offenbart das grundsätzliche Dilemma der Sportschiedsgerichtsbarkeit. Rechtsstaaten müssen eine Streitentscheidung durch ein unabhängiges Rechtsprechungsorgan, das nach Recht und Gesetz entscheidet, bereitstellen.[577] Die staatliche Rechtsprechung kann deshalb nur ausgeschlossen werden, wenn die Parteien dies freiwillig vereinbaren. Ansonsten könnte verhandlungsschwächeren Parteien der staatliche Schutz entzogen werden.[578] Genau diese Freiwilligkeit ist aufgrund der rollenspezifischen Unterlegenheit der Sportler, die gegenüber den Monopolverbänden keine wirkliche Alternative als die Akzeptanz der Schiedsklausel besitzen, mehr als fraglich.[579] Fehlt es an der Freiwilligkeit, kann eine schiedsgerichtliche Streitbeilegung im Sport nicht existieren. Allerdings sind alle Akteure des Sports auch Nutznießer einer einheitlichen, supranationalen und für die Zwecke des Sports zugeschnittenen Rechtsprechungsinstanz, die wichtige Zwecke erfüllt.[580]

(2) Freiwilligkeit in der Sportschiedsgerichtsbarkeit

Für die Sportschiedsgerichtsbarkeit prüfte der EGMR nun erstmalig die entscheidende Frage, ob die Beschwerdeführer *Pechstein* und *Mutu* die Zuständigkeit des CAS freiwillig und unmissverständlich anerkannten. Der EGMR führte dabei eine Analyse der Grundprinzipien durch, die möglicherweise für die Sportschiedsgerichtsbarkeit wegweisend sein können. Bei dieser Prüfung stellte das Gericht ausdrücklich klar, dass die Situation der Sportler *Mutu* und

---

576 Vgl. für Kritik *Ringquist,* Do Procedural Human Rights Requirements Apply to Arbitration – a Study of Article 6 (1) of the European Convention on Human Rights and its Bearing upon Arbitration, 2005, S. 34.

577 *Hess,* DEUHFD 2014, 171 (179) zur „Gewährleistungsverantwortung des Staats".

578 Eine darüber hinaus gehende Frage ist, inwieweit die Staaten in der Verantwortung stehen, rechtstaatliche Mindeststandards auch in außerstaatlichen Streitbeilegungsmechanismen sicherzustellen, vgl. *Hess,* DEUHFD 2014, 171 (179).

579 *Haas/Hauptmann,* SchiedsVZ 2004, 175 (176) bezweifeln die Privatautonomie als Legitimationsgrundlage.

580 Statt vieler i. E. zu den Vor- und Nachteilen des CAS *Lungstras,* Das Berufungsverfahren, S. 112 ff.

Pechstein nicht mit der Handelsschiedsgerichtsbarkeit zu vergleichen ist, so dass nicht unbesehen die gleichen Maßstäbe angelegt werden können.[581]

(aa) Der Fall Pechstein

In Handelssachen besitzen die Parteien prinzipiell die Möglichkeit, einen Vertragsschluss mit einem Handelspartner anstatt eines anderen zu schließen.[582] Die Situation von *Pechstein* unterscheidet sich von dieser Konstellation.[583] Ihre einzige Wahl bestand darin, die Schiedsklausel zum CAS gem. Art. 25 Abs. 6 i. V. m. Art. 26 ISU Constitution and General Regulations a. F. zu akzeptieren, um ihren Sport auf beruflicher Ebene ausüben zu können.[584] Eine Ablehnung der Schiedsvereinbarungen hätte die Aufgabe der Sportausübung auf dem professionellen Niveau bedeutet.[585] Erst die sportliche Teilnahme an Wettkämpfen eröffnete ihr jedoch die Möglichkeit, ihren Lebensunterhalt zu verdienen. Aufgrund dieser Konsequenzen, die die Nichtannahme der Schiedsklausel für die Beschwerdeführerin bedeutet hätte, kann nicht gesagt werden, dass sie die Klausel freiwillig und in eindeutiger Weise akzeptiert hat.[586] Aufgrund dieser Erwägungen gelangte der Gerichtshof zu dem Schluss, dass – obwohl die Schiedsklausel nicht durch Gesetz, sondern durch die Regeln der ISU auferlegt wurden –, die Anerkennung der Zuständigkeit des CAS durch *Pechstein* als ein „erzwungenes" Schiedsverfahren anzusehen ist.[587]

(bb) Der Fall Mutu

Der Gerichtshof stellte im Fall *Mutu* fest, dass aufgrund Art. 42 Reglement bezüglich Status und Transfer von Spielern in der Fassung 2001 zwar eine Streitbeilegung in erster Instanz durch die Kammer und in zweiter Instanz durch die Verbandsschiedsgerichtsbarkeit der FIFA vorgesehen war, diese Vorschrift

---

581 EGMR (02.10.2018) – 40575/10, 67474/10 (*Mutu & Pechstein/Suisse*) Rn. 103 ff.

582 EGMR (02.10.2018) – 40575/10, 67474/10 (*Mutu & Pechstein/Suisse*) Rn. 104 ff.

583 EGMR (02.10.2018) – 40575/10, 67474/10 (*Mutu & Pechstein/Suisse*) Rn. 108; i. F. handelt es sich um zusammenfassende Auszüge des Urteils, jedoch nicht um eine wörtliche ÜS, siehe dafür SpuRt 2018, 253 (253 ff.).

584 Ausführlich zu den diversen Schiedsvereinbarungen und der gerichtlichen Überprüfung dieser im Fall *Pechstein*, siehe *Michaelis*, SchiedsVZ 2019, 331 (333 ff.).

585 EGMR (02.10.2018) – 40575/10, 67474/10 (*Mutu & Pechstein/Suisse*) Rn. 111.

586 EGMR (02.10.2018) – 40575/10, 67474/10 (*Mutu & Pechstein/Suisse*) Rn. 114.

587 EGMR (02.10.2018) – 40575/10, 67474/10 (*Mutu & Pechstein/Suisse*) Rn. 115; a. A. BGH (07.06.2016) – KZR 6/15, SchiedsVZ 2016, 218 (224), der von einer Freiwilligkeit, jedoch trotzdem von einer Fremdbestimmung ausgeht. Dies ist abzulehnen, vgl. *Hammer*, Überprüfung von Schiedsverfahren durch staatliche Gerichte in Deutschland, Rn. 201 S. 34.

jedoch nicht zwingend durch die Parteien vereinbart werden musste.[588] Aus diesem Grund konnte im Fall *Mutu* nicht von einem Zwang zur Schiedsgerichtsbarkeit gesprochen werden.[589] Das Verfahren der Streitbeilegung war vielmehr der rechtsgeschäftlichen Vertragsfreiheit der Vereine und Spieler überlassen. Außerdem hatte *Mutu* nicht ausreichend dargelegt, dass er bei einer Ablehnung der Schiedsklausel komplett auf die Verdienstmöglichkeit auf derzeitigem Niveau verzichten hätte müssen.[590]

(3) Kriterien des CAS für eine erzwungene Einwilligung

Im Folgenden werden die durch den EGMR entwickelten Kriterien für eine erzwungene Einigung auf die Schiedsgerichtsbarkeit systematisiert und dargestellt. Als erste Voraussetzung muss das Verbandsregelwerk eine Schiedsklausel vorschreiben und darf diese nicht ins Belieben der Parteien stellen.[591] Dieser alternativlose Schiedszwang stellte den Unterschied zwischen den Beschwerdeführern dar.[592] Der Sportler darf mithin nicht zwischen der Annahme und Ablehnung der Schiedsklausel wählen können, sondern diese muss die einzige Handlungsmöglichkeit darstellen.[593] Ein faktischer Zwang zum Unterzeichnen der Schiedsklausel, der aber nicht das Niveau eines drohenden Existenzverlusts des Sportlers erreicht, reicht an sich noch nicht aus, um die Freiwilligkeit zu verneinen. Um in diesem Fall die Unfreiwilligkeit bejahen zu können, müssten im Einzelfall gewichtige Gründe dargelegt werden. Als zweites Kriterium klingt die Monopolstellung des Vertragspartners an. Der Gerichtshof hat zwar nicht endgültig entschieden, dass die ISU eine Monopolstellung inne hat, den Verdacht jedoch angedeutet.[594] Im Vergleich zur Handelsschiedsgerichtsbarkeit können die rollenspezifisch unterlegenen Sportler aus diesem Grund oftmals nicht zwischen Vertragsschlüssen mit verschiedenen Geschäftspartnern mit oder ohne Schiedsklausel wählen.[595] Drittes Merkmal stellen die Konsequenzen dieser Alternativlosigkeit dar, mit der sich die Sportler konfrontiert sehen. Die Athleten müssen ihren Sport beruflich ausüben und eine

588 *Dalinger*, Der Vertragsbruch des Berufsfußballspielers und die Rechtsfolgen nach Art. 17 FIFA-RSTS i. E. zu der Vorschrift und den Fassungen der Folgejahre.

589 EGMR (02.10.2018) – 40575/10, 67474/10 (*Mutu & Pechstein/Suisse*) Rn. 116; i. F. handelt es sich erneut um zusammenfassende Auszüge des Urteils.

590 EGMR (02.10.2018) – 40575/10, 67474/10 (*Mutu & Pechstein/Suisse*) Rn. 120.

591 EGMR (02.10.2018) – 40575/10, 67474/10 (*Mutu & Pechstein/Suisse*) Rn. 109.

592 So auch *Blandfort*, SchiedsVZ 2019, 120 (122).

593 EGMR (02.10.2018) – 40575/10, 67474/10 (*Mutu & Pechstein/Suisse*) Rn. 113.

594 EGMR (02.10.2018) – 40575/10, 67474/10 (*Mutu & Pechstein/Suisse*) Rn. 112.

595 EGMR (02.10.2018) – 40575/10, 67474/10 (*Mutu & Pechstein/Suisse*) Rn. 113.

Nichtannahme der Schiedsklausel würde damit nicht nur die Nichtausübung des professionellen Sports bedeuten, sondern ihnen auch ihre Verdienstmöglichkeiten, also ihre Lebensgrundlagen zu großen Teilen entziehen.[596] Der Vergleich von *Pechstein* und *Mutu* zeigt, dass es dabei jedoch lediglich um die Freiheit geht, mit dem Sport den Lebensunterhalt zu verdienen und nicht auch den höchstmöglichen Lohn in der Sportbranche erzielen zu können. Denn der Gerichtshof stellt fest, dass *Mutu* nicht erfolgreich nachweisen konnte, dass die Ablehnung der Schiedsklausel einen Verzicht auf seine Verdienstmöglichkeiten nach derzeitigem Niveau bedeutet hätte.[597] In diesem Zusammenhang verweist der EGMR auf Vereine mit weniger finanziellen Mitteln, die möglicherweise einen Vertrag mit dem Zugang zur ordentlichen Gerichtsbarkeit akzeptiert hätten.[598] In dieser Argumentation zeigen sich die erhöhten Beweis- und Darlegungsanforderungen an eine erzwungene Einwilligung, sofern das Verbandsregelwerk wie im Fall *Mutu* die Vereinbarung einer Schiedsklausel zum CAS nicht als einzige Streitbeilegungsmöglichkeit, sondern nur als eine Alternative vorsieht.[599] Der Beweis, dass ein Zwang zur Unterschrift der Klausel vorlag, kann dann kaum geführt werden. Anders verhält es sich in dem verbreiteteren Fall in der Sportpraxis, nämlich dass eine Schiedsklausel zum CAS als alleinige Streitbeilegungsmethode von Verbandsseite vorgesehen wird. Können alle Punkte bejaht werden, dann erfolgt die Einigung auf die CAS-Schiedsgerichtsbarkeit nicht freiwillig.[600] Das Erfordernis der „unmissverständlichen" Einigung auf die Schiedsklausel geht beinahe unter, ist jedoch nach der Rechtsprechung in einem zweiten Schritt ebenso zu prüfen.[601] Dieses Kriterium ist keine Neuheit[602] und fügt sich in die Rechtsprechungspraxis des

---

596 EGMR (02.10.2018) – 40575/10, 67474/10 (*Mutu* & *Pechstein/Suisse*) Rn. 108, Rn. 113.

597 EGMR (02.10.2018) – 40575/10, 67474/10 (*Mutu* & *Pechstein/Suisse*) Rn. 120.

598 EGMR (02.10.2018) – 40575/10, 67474/10 (*Mutu* & *Pechstein/Suisse*) Rn. 119.

599 So auch *Blandfort,* SchiedsVZ 2019, 120 (122).

600 Vgl. abstrakte Ausführung EGMR (02.10.2018) – 40575/10, 67474/10 (*Mutu* & *Pechstein/Suisse*) Rn. 121.

601 Für Zivilverfahren EGMR, Guide (civil limb), Rn. 113 m. w. N. zur Rspr. des EGMR; für Strafverfahren EGMR, Guide (criminal limb), Rn. 7 m. w. N. zur Rspr. des EGMR.

602 *Duval,* The „Victory" of the Court of Arbitration for Sport at the European Court of Human Rights: The End of the Beginning for the CAS, Asser International Sports Law Blog v. 10.10.2018, zweifelt, ob sich der EGMR der Reichweite der Aussage über den Sportkontext bewusst war; allerdings übersieht *Duval,* dass dies der bisherigen EGMR Rechtsprechungslinie entspricht und lediglich für die Sportschiedsgerichtsbarkeit neu ist.

EGMR.[603] Die freiwilligen Vereinbarungen (*voluntary agreements*), auf staatlichen Rechtsschutz zu verzichten, müssen – sofern sie überhaupt nach der EMRK zulässig sind[604] – unmissverständlich vorgenommen worden sein.[605] Mangels Freiwilligkeit brauchte sich der Gerichtshof mit diesem Merkmal bei *Pechstein* nicht weiter auseinanderzusetzen. Im Fall des Beschwerdeführers *Mutu* setzt der EGMR „unmissverständlich" mit der vollen Kenntnis der Sachlage gleich.[606] Interessant ist die Folgerung, die der Gerichtshof daraus zieht, dass der Sportler gem. R34 CAS-Code die Abberufung des parteibenannten Schiedsrichters der Gegenseite beantragt hatte. Daraus soll sich ergeben und somit *ex post* festgestellt sein, dass *Mutu* ursprünglich nicht „unmissverständlich" auf die staatliche Gerichtsbarkeit verzichtet hätte, so dass auch in seinem Fall Art. 6 Abs. 1 EMRK anzuwenden war.[607] Mit dieser *ex-post*-Bewertung könnte jeder Sportler durch eine solche Rüge die Anwendung von Art. 6 Abs. 1 EMRK erzwingen. Dadurch fördert der EGMR Rechtsunsicherheit.[608]

c) Kritische Würdigung der Merkmale

Die rechtliche Einordung des freiwilligen und unmissverständlichen Verzichts auf den staatlichen Rechtsschutz und der Einigung auf die Schiedsgerichtsbarkeit ist schwierig. Es ist nicht klar, worin der genaue Unterschied zu einer Willenserklärung bestehen soll. Während eine freiwillige Einigung wohl zwei übereinstimmende Willenserklärungen erfordert, beschreibt das Merkmal der Unmissverständlichkeit, dass die Parteien bei dem Verzicht eine genaue Kenntnis der Sachlage haben müssen. Dies würde in der Konsequenz bedeuten, dass den Sportverband verstärkte Informations- und Aufklärungspflichten, etwa bei Abschluss der Athletenvereinbarung, treffen. Dies wäre beispielsweise nach dem Vorbild des § 1031 Abs. 5 ZPO durch eine gesonderte Form nachweisbar und hat sich durch die sog. *written reference* auf die gesonderte Schiedsklausel in ähnlicher Weise teilweise auch etabliert.[609] Versteht man den EGMR in dieser

---

603 EGMR (23.02.1999) – 31737/96 (*Suovaniemi & Others/Finland*) S. 5 f. hat eine unmissverständliche Einigung bejaht, nachdem die Unabhängigkeit und Unparteilichkeit des Schiedsrichters im Schiedsverfahren nicht bestritten wurde.

604 Dies ist für Art. 6 Abs. 1 EMRK und den Öffentlichkeitsgrundsatz nicht weiter streitig, vgl. bereits EGMR (23.02.1999) – 31737/96 (*Suovaniemi & Others/Finland*) S. 5.

605 EGMR (23.02.1999) – 31737/96 (*Suovaniemi & Others/Finland*) S. 5.

606 EGMR (02.10.2018) – 40575/10, 67474/10 (*Mutu & Pechstein/Suisse*) Rn. 121.

607 EGMR (02.10.2018) – 40575/10, 67474/10 (*Mutu & Pechstein/Suisse*) Rn. 122.

608 Etwas kritisch auch *Blandfort*, SchiedsVZ 2019, 120 (123).

609 *Mavromati/Reeb*, CAS Code, R27 Rn. 53 ff.; *Duval*, MPIL Research Paper Series No. 2017-01, 1 (10).

Weise, dann wohnt dem Kriterium der unmissverständlichen Entscheidung genau genommen der Charakter einer Form- und Informationsvorschrift inne.

Die Frage nach einer freiwilligen und unmissverständlichen Einigung ist von großer Relevanz. Denn nur wenn die Zuständigkeit des CAS auf einer faktischen Zwangslage beruht, finden die Mindestanforderungen des Art. 6 Abs. 1 EMRK Anwendung. Im Fall der Bejahung dieser Merkmale kann ein ausdrücklicher oder auch konkludenter Verzicht auf die Verfahrensgarantien vorliegen. Die Verfahren vor dem CAS müssten dann nicht den Garantien des Art. 6 Abs. 1 EMRK, wie dem Öffentlichkeitsprinzip, entsprechen. Allerdings zeigen die folgenden Ausführungen die Schwierigkeiten und Angreifbarkeit dieser Kriterien. Aus der Bewertung einer freiwilligen und unmissverständlichen Einigung folgen jedoch einschneidende Konsequenzen. Aus diesem Grund sind rechtlich ungenaue Konkretisierungen einer Einigung nicht hinnehmbar. Eine Streitentscheidung oder die „Abschaffung" der zusätzlichen Kriterien der Einigung ist jedoch nicht nötig. Vielmehr sollte der CAS als ein Schiedsgericht *sui generis* wahrgenommen werden, zu dessen Selbstverständnis die Anwendung des Art. 6 Abs. 1 EMKR gehört.

aa) Schwierigkeiten bei der rechtlichen Einordnung

Es ist streitig, woran die Merkmale der Freiwilligkeit und Unmissverständlichkeit rechtlich überhaupt festzumachen sind,[610] da die allgemeine Rechtsgeschäftslehre lediglich zwei übereinstimmende Willenserklärungen voraussetzt und sich die Wirksamkeit der Schiedsvereinbarung nach diesen Vorschriften richten sollte.[611] Bejaht man das Erfordernis für die Freiwilligkeit[612] einer

---

610 Diskutierbar wäre eine Art Drohung, die zur Anfechtbarkeit führt, Sittenwidrigkeit oder der Verstoß gegen ein gesetzliches Verbot.

611 *Eichel*, ZZP 2016, 327 (333 f.); *Münch*, in: MüKo ZPO, 5. Aufl. 2017, § 1029 Rn. 16; *Voit*, in: Musielak/Voit, ZPO, 17. Aufl. 2020, § 1029 Rn. 7; OLG München (15.01.2015) – U 1110/14 Kart-, juris Rn. 87 ff. möchte die Unwirksamkeit einer Schiedsvereinbarung nicht an der freien Willensbildung des Athleten bei Unterzeichnung der Schiedsvereinbarung festmachen; a. A. *Heermann*, SchiedsVZ 2014, 66 (73) zur Herleitung des Freiwilligkeitserfordernisses aus den Schutzpflichten der Grundrechte, die über die zivilrechtlichen Generalklauseln §§ 138, 242, 307 BGB gelten sollen; wohl auch zweifelnd, woraus sich bei einer freien Einigung nach §§ 145 ff. BGB der Schiedszwang ergeben soll, *Michaelis*, SchiedsVZ 2019, 331 (334), der dann aufgrund der Schilderungen zur Rspr. trotzdem von einem Schiedszwang spricht.

612 Im Folgenden wird vorrangig auf die Freiwilligkeit eingegangen, um Doppelungen zu vermeiden. Die Kritik an der Freiwilligkeit passt weitestgehend auch für die Unmissverständlichkeit.

Schiedsvereinbarung,[613] dann stellen sich Folgefragen, wie mit dem geschaffenen Merkmal der Freiwilligkeit umgegangen werden muss. Dies sind etwa die genauen Voraussetzungen und die Reichweite. In Verbraucher- und Arbeitnehmerstreitigkeiten[614] wird eine Freiwilligkeit noch angenommen, da sich diese im Gegensatz zu Sportlern keiner völligen Alternativlosigkeit gegenübersehen.[615] Ein Vertragsschluss mit einem anderen Arbeitgeber ist zumindest theoretisch möglich. Wann genau das Pendel umschlägt und faktisch von einer Unfreiwilligkeit gesprochen werden muss, ist unklar. Das Kriterium ließe sich jedoch eventuell in Anlehnung an das Kartell- und Wettbewerbsrecht und der dortigen Definition von Monopolisten entwickeln.[616] Während sich der Sachverhalt im Fall *Pechstein* als eindeutig darstellte, hat der EGMR es im Fall *Mutu* versäumt, die genauen Kriterien zu nennen, die dargelegt werden müssen, damit statt einer freiwilligen eine unfreiwillige Einigung vorliegt.

Die grundsätzliche Idee der Schiedsgerichtsbarkeit beruht auf dem Gedanken, einen Streitbeilegungsmechanismus zu schaffen, der abseits des staatlichen Rechtsschutzes eine verbindliche Streitentscheidung herbeiführt, die aufgrund der Auswahl der Schiedsrichter und des Verfahrens zwischen den Parteien ein besonderes Vertrauen genießt.[617] Dies impliziert eine Freiwilligkeit, da ein aufgezwungener Weg zur Schiedsgerichtsbarkeit ein Widerspruch zu diesem Grundgedanken darstellt.[618] Die rechtliche Grundlage für ein Freiwilligkeitserfordernis ist jedoch fraglich.[619] Die Wirksamkeit der Schiedsvereinbarung richtet sich für den CAS mit schweizerischem Schiedsort nach Art. 178 IPRG. Allerdings trifft das schweizerische IPRG mit Art. 178 Abs. 1 IPRG nur Aussagen zur notwendigen Form der Schiedsvereinbarung. Materielle Wirksamkeitsgründe werden ebenso wenig wie eine Definition der „Schiedsvereinbarung"

---

613 Vgl. EGMR, v. 28.10.2010 – 1643/06 (*Suda/République Tchèque*) Rn. 48; für Deutschland Maunz/Dürig/*Hillgrubber*, 84. EL August 2018, GG, Art. 92 Rn. 88.

614 Die Frage der Schiedsfähigkeit vorausgesetzt; für Konsumentenverträge ist ein Verzicht auf den ordentlichen Gerichtsstand ungültig, vgl. im Zusammenhang mit Gerichtsstandsvereinbarungen *Zellweger-Gutknecht/Bucher*, in: BSK OR I, 6. Aufl. 2015, Anh. Art. 1 Rn. 61.

615 Auf den Vergleich der Sportler mit Arbeitnehmern oder Verbrauchern wird während der Arbeit immer wieder kurz eingegangen; zu beachten ist jedoch, dass es für Verbraucher zumindest gesonderte Formvorschriften gibt, vgl. etwa § 1031 Abs. 5 ZPO.

616 Vgl. für Marktbeherrschung und verbotenes Verhalten § 18 f. GWB.

617 Statt vieler *Paulsson*, The idea of arbitration, S. 1.

618 *Pinna*, Gazette du Palais 2008, 1 (1).

619 Ausgehend vom deutschen Recht und kritisch *Eichel*, ZZP 2016, 327 (332 f.).

genannt. Im Fall der Anwendung schweizerischen Rechts nach Art. 178 Abs. 2 IPRG richtet sich die Wirksamkeit mithin nach Art. 1 ff. schweizerisches Obligationenrecht (OR). Erforderlich ist damit eine Einigung der Schiedsparteien über alle wesentlichen Punkte, die auf zwei rechtlich übereinstimmenden Willenserklärungen beruhen muss.[620] Eine Freiwilligkeit der Einigung ergibt sich aus dem Gesetz mithin nicht.[621] Es existieren lediglich Vorschriften, um Rechtsgeschäfte in gewichtigen Ausnahmefällen unwirksam werden zu lassen.[622] Die in diesen Regelungen vorgesehenen hohen Voraussetzungen sollen jedoch nicht durch die Annahme eines zusätzlichen, nicht gesetzlichen Kriteriums umgangen werden. Allerdings werden Rechtsstreitigkeiten in einem Rechtsstaat grundsätzlich vor staatlichen Gerichten entschieden. Es besteht somit durchaus ein Bedürfnis, an den Verzicht darauf hohe Anforderungen zu stellen, da rechtsstaatliche Funktionen aus der Hand gegeben werden. Die Schiedsvereinbarung stellt mithin den Verzicht auf ein verfassungsmäßiges Recht dar. Ein solcher Verzicht ist denkbar, sofern eine rechtlich verbindliche Erklärung vorliegt, die wirksam, mithin freiwillig, abgegeben wurde.[623] Aus diesem Grund besteht eine Notwendigkeit, aufgrund des aus dem verfassungsrechtlichen Rechtsstaatsprinzip resultierenden Justizgewährungsanspruchs[624] eine freiwillige Einigung zu fordern.[625] Diese Vorgehensweise ist trotzdem bedenklich, da die Privatautonomie den Ausschluss staatlicher Gerichte erlaubt. Eine Korrektur der Einigung der Parteien kann sich in der Praxis als schwierig darstellen, da die Freiwilligkeit nicht immer so eindeutig ist, wie es im Fall *Pechstein* war. Darüber hinaus ist zu bedenken, dass „jede Begrenzung der Vertragsfreiheit zum Schutze des einen Teils gleichzeitig in die Freiheit des anderen Teils

---

620 Vgl. Art. 1 Abs. 1 i. V. m. Art. 2 Abs. 1 schweizerisches Obligationenrecht (OR).

621 A. A. *Brunk*, Der Sportler und die institutionelle Sportschiedsgerichtsbarkeit, S. 29; *Heermann*, SchiedsVZ 2014, 66 (73), die die Freiwilligkeit über die Schutzpflichten der Grundrechte konstruieren, vgl. sogleich.

622 Vgl. den Verstoß gegen die guten Sitten (Art. 20 Abs. 1 OR) und Verbot der Übervorteilung (Art. 21 Abs. 1 OR).

623 Vgl. BGH (07.06.2016) – K 6/15, NJW 2016, 2266 (2271); *Grabenwarter/Pabel*, in: EMRK, 6. Aufl. 2016, §18 Rn. 32 f.; ausführlich *Widdascheck*, Der Justizgewährleistungsanspruch, S. 176 ff. m. w. N.

624 Vgl. statt vieler zur Herleitung BVErfG (30.04.2003) – 1 PbvU 1/02 Rn. 3, BVerfGE 107, 395 (395 ff.).

625 Vgl. *Brunk*, Der Sportler und die institutionelle Sportschiedsgerichtsbarkeit, S. 29; *Heermann*, SchiedsVZ 2014, 66 (70 f.).

eingreift".[626] Eine Korrektur der Vertragsfreiheit durch das Merkmal der Freiwilligkeit dürfte nur zur Wirksamkeit oder Unwirksamkeit führen.[627]

So mag es angesichts der strukturellen Ungleichgewichtslage auf den ersten Blick überraschend erscheinen, dass der BGH feststellt, dass sich *Pechstein* der „Schiedsvereinbarung freiwillig und damit wirksam unterworfen"[628] hat. Allerdings ist dies weniger erstaunlich, wenn selbst Zwang die Wirksamkeit der Willenserklärungen nicht ausschließen kann, sie höchstens nach §§ 119 ff. BGB anfechtbar sind.[629] Denn sollte man die EGMR-Rechtsprechung anerkennen und einen bewussten und freiwilligen Verzicht auf den staatlichen Richter voraussetzen,[630] müsste eine Verneinung zur Unwirksamkeit der Schiedsvereinbarung führen.

Das BG ist der ausdrücklichen Beantwortung der Frage, ob Sportler eine freie Wahl bezüglich der Schiedsklausel haben, lange Zeit aus dem Weg gegangen. Ursprünglich musste sich das BG im Jahr 1996 mit der Frage auseinandersetzen, ob ein freiwilliger Abschluss der Schiedsvereinbarung vorlag.[631] Das Gericht nahm eine Verhältnismäßigkeitsprüfung ähnlich derjenigen des EGMR vor.[632] Das BG hat in seiner Rechtsprechungspraxis prinzipiell die Gültigkeit der Zustimmung zur Schiedsgerichtsbarkeit bejaht, sofern die Formerfordernisse erfüllt waren. Bei dem Verweis auf eine Schiedsklausel, die nicht Bestandteil des Hauptvertrags ist, muss der Vertrag durch die Schiedsparteien unterzeichnet sein und die Schiedsklausel schriftlich vorliegen.[633] Im Jahr 2007 musste sich das BG wieder eingehender mit der Frage der materiellen Wirksamkeit befassen. Im Fall *Cañas* stellte es fest, dass der Verzicht eines Sportlers auf Rechtsmittel gegen zukünftige Schiedssprüche nicht generell das Ergebnis des Ausdrucks des freien Willens sein kann.[634] Das BG hat die Frage nach der

---

626 BVerfG (07.02.1990) – 1 BvR 26/84, NJW 1990, 1469 (1470).

627 OLG München (15.01.2015) – U 1110/14 Kart, SchiedsVZ 2015, 40 (43 f.) hält die Schiedsvereinbarung aus diesem Grund für unwirksam.

628 BGH (07.06.2016) – KZR 6/15, Rn. 53, NJW 2016, 2266 (2271).

629 Im Fall des Zwangs wäre der Anfechtungsgrund nach § 123 Abs. 1 Alt. 2 BGB zu prüfen.

630 Vgl. EGMR (28.10.2010) – 1643/06 (*Suda/République Tchèque*) Rn. 48.

631 Zu der *Nagel*-Entscheidung *Wittmann*, Schiedssprüche des Court of Arbitration for Sport vor schweizerischen und deutschen Gerichten, S. 61 f.

632 *Duval*, MPIL Research Paper Series No. 2017–01, 1 (7).

633 Sog. *written reference*, vgl. zur Wirksamkeit einer schriftlichen Globalverweisung BG (07.02.2001) -4P 230/2000 (*Roberts/FIBA*), Bull ASA 2001, 523 (528 f.); i. E. zur Gültigkeit *Mavromati/Reeb*, CAS Code, R27 Rn. 50 ff.

634 BG (22.03.2007) – 4P.172/2006 (*Cañas/ATP Tour*) unter 4.3.2.2.

Wirksamkeit der Schiedsvereinbarung allerdings gegensätzlich beurteilt. Aufgrund der dringenden Notwendigkeit einer Schiedsklausel für das Sportrechtssystem und der Anfechtungsmöglichkeit der CAS-Schiedssprüche hat das BG die Wirksamkeit der Schiedsklausel angenommen.[635] Die Rechtsprechung des BG zielt mithin auf das Ergebnis ab, ohne die rechtlichen Voraussetzungen zu prüfen.[636] Allerdings hat es damit der „Freiwilligkeitsdiskussion" wieder die Tür geöffnet. Dieser Rechtsprechung liegt das grundsätzliche Dilemma zu Grunde, dass eine erzwungene Einigung für die Sportschiedsgerichtsbarkeit notwendig ist und ein freier Wille der Sportler damit keine Rolle spielen kann.[637] In der Literatur wird aus diesen Gründen von einem „compelled consent"[638] und „consensual myth"[639] gesprochen. Die Fälle von *Pechstein* und *Mutu* haben gezeigt, dass es zwar graduelle Unterschiede gibt, die Einwilligung in die Schiedsgerichtsbarkeit für die Sportler letztlich zumeist jedoch alternativlos ist. Allerdings sollte das Bewusstsein um diese Alternativlosigkeit nicht ausreichen, um die Regeln der allgemeinen Rechtsgeschäftslehre außer Kraft zu setzen. Vielmehr steht dadurch fest, dass sich die strukturell unterlegene Schiedspartei binden wollte.[640]

Sollte man trotzdem an dem Kriterium der freiwilligen Einigung auf die Schiedsgerichtsbarkeit festhalten wollen, kann für die CAS-Rechtsmittel- und Anti-Doping-Verfahren eine freiwillige Einigung der rollenspezifisch unterlegenen Sportler nicht bejaht werden. Um die Sportschiedsgerichtsbarkeit zu „retten", soll dies nicht zur Unwirksamkeit der Schiedsklausel führen, sondern der Schiedszwang wird aufgrund der Notwendigkeit des CAS lediglich einer Verhältnismäßigkeitsprüfung[641] unterzogen. In dieser Verhältnismäßigkeitsprüfung sind die Interessen der Sportler und Verbände in Abwägung zu

---

635 Für eine ausführliche Auseinandersetzung vgl. *Duval*, MPIL Research Paper Series No. 2017-01, 1 (12 f.).

636 Kritisch dazu *Duval*, MPIL Research Paper Series No. 2017-01, 1 (13).

637 *Duval*, MPIL Research Paper Series No. 2017-01, 1 (13); OLG München (15.01.2015) – U 1110/14 Kart-, juris, Rn. 86 spricht von „gewichtige[n] sachgerechte[n] Gründe[n]" für den CAS.

638 *De Marco*, Compelled Consent – *Pechstein* & The Dichotomy and Future Of Sports Arbitration, Blog Blackstone Chambers v. 04.07.2016, 1 (6).

639 *Duval*, MPIL Research Paper Series No. 2017-01, 1 (3 ff.).

640 Allgemein zum Bindungswillen als Bestandteil der Schiedsvereinbarung *Schlosser*, in: Stein/Jonas, ZPO, 23. Aufl. 2014, § 1029 Rn. 16 ff.

641 Zur Herleitung und Rechtsgrundlage *Brunk*, Der Sportler und die institutionelle Sportschiedsgerichtsbarkeit, S. 145 ff.

stellen. Ein Schiedszwang ist dann verhältnismäßig, wenn diesem ein legitimer Zweck zu Grunde liegt, welcher geeignet, erforderlich und ein angemessenes Mittel zur Zielerreichung darstellt.[642] Wenngleich der EGMR keine detaillierte Verhältnismäßigkeitsprüfung vornimmt, so schließt er sich dieser Argumentationslinie an, da er mit dem „gewichtigen Interesse [...] an einer spezialisierten Gerichtsbarkeit“[643] den Schiedszwang von *Claudia Pechstein* rechtfertigt. Es wird mithin nachträglich eine freiwillige und bewusste Zustimmung zur Schiedsgerichtsbarkeit durch die Gerichte geprüft und konstruiert.[644] Dies mag im Einzelfall den Schiedszwang rechtfertigen, erscheint jedoch im Ergebnis erneut als eine Rettungsaktion für die Sportschiedsgerichtsbarkeit trotz mangelnder Freiwilligkeit.[645]

bb) Entbehrliche Diskussion

Die Schwierigkeiten des genauen Inhalts der freiwilligen Einigung[646] und der rechtlichen Verortung[647] könnten erspart bleiben, wenn die Sportschiedsgerichtsbarkeit als das wahrgenommen und qualifiziert wird, was sie ist, nämlich keine Schiedsgerichtsbarkeit im klassischen Sinn. Vielmehr sollte sie als eine Schiedsgerichtsbarkeit *sui generis* wahrgenommen werden, wenngleich der CAS als Rechtsmittelinstanz eher an ein internationales Gericht erinnert.[648] Mit der ursprünglichen Idee der einvernehmlichen Einigung auf die alternative Streitbeilegungsmethode hat der in der Sportpraxis verbreitete

---

642 Ausführlich m. W. N. zu dieser Verhältnismäßigkeitsprüfung *Brunk,* Der Sportler und die institutionelle Sportschiedsgerichtsbarkeit, S. 145 ff.; *Duval,* MPIL Research Paper Series No. 2017–01, 1 (18 ff.).

643 EGMR (02.10.2018) – 40575/10, 67474/10 (*Mutu & Pechstein/Suisse*) Rn. 98.

644 *Duval,* MPIL Research Paper Series No. 2017–01, 1 (2 ff.) spricht von „post-consensual foundations for the CAS“.

645 *Duval,* The „Victory“ of the Court of Arbitration for Sport at the European Court of Human Rights: The End of the Beginning for the CAS, Asser International Sports Law Blog v. 10.10.2018 unter I. mit dem Hinweis zu den für manche überraschenden „post-consensual foundations to justify forced arbitration“, allerdings begrüßt er den pragmatischen Lösungsansatz.

646 *Hülskötter,* SpuRt 2018, Anmerkung, 261 (262).

647 Siehe auch Teil 2 C. II. 1. c. aa. für den Streit zwischen Anhängern der Allgemeinen Rechtsgeschäftslehre und der Konstruktion über die Schutzpflichten der Grundrechte.

648 Andeutend etwa *Casini,* in: Siekmann/Soek, Lex Sportiva: What is Sports Law?, 149 (161).

Schiedszwang nichts mehr gemein. Dieser „consensual myth“[649] sollte mithin völlig aufgegeben werden. Von einer Schiedsgerichtsbarkeit, die auf einer privatautonomen Einigung beruht, kann keine Rede mehr sein.[650] Vielmehr sollten sich der CAS und alle Sportakteure mit der Idee vertraut machen, dass es sich bei dem CAS um ein Internationales Sportgericht handelt.[651] Der CAS würde zu Gunsten der rollenspezifisch unterlegenen Sportler das Schutzschild der privaten Schiedsgerichtsbarkeit verlieren und selbstverständlich an Vorschriften wie Art. 6 EMRK gemessen werden. Dies ist schließlich auch der Kern des Problems. Die verhandlungsschwächeren Schiedsparteien sollen geschützt werden. Aufgrund der Einheitlichkeit und Vergleichbarkeit der Entscheidungen, die eine Rechtsprechungsinstanz wie den CAS notwendig machen, kann dieser Schutz nicht zum Zeitpunkt des Abschlusses der Schiedsvereinbarung gewährleistet werden. Allerdings muss und soll ihnen dann ein rechtstaatliches Verfahren sichergestellt werden, das dem staatlichen Rechtsschutz gleichwertig ist. Zumindest letzteres ist das Positive, das trotz einiger Fragezeichen aus der Entscheidung des EGMR mitgenommen werden kann. Der CAS muss, wenngleich unter nicht ganz klaren Kriterien, die Verfahrensrechte aus Art. 6 Abs. 1 EMRK garantieren und wird durch den Gerichtshof damit in die Nähe eines staatlichen Gerichts gerückt.

d) Ausblick: Unbeantwortete Fragen durch den EGMR

An dem Urteil des EGMR zu begrüßen ist, dass es Rechtsklarheit schafft, dass die verfahrensrechtlichen Mindestanforderungen des Art. 6 Abs. 1 EMRK auch vor dem CAS sichergestellt werden müssen. Möglicherweise hat der EGMR etwas vorschnell angenommen, dass der CAS ein „auf Gesetz beruhendes Gericht“ gem. Art. 6 Abs. 1 EMRK darstellt, nachdem er etwa institutionelle Frage wie die Unabhängigkeit des Spruchkörpers außer Acht lässt.[652] Für die Öffentlichkeit der Verhandlung ist dies jedoch unschädlich, da aufgrund der größtenteils erzwungenen Einwilligung zur Schiedsgerichtsbarkeit kein Verzicht auf die prozessualen Garantien vorliegt. Vielmehr ist die großzügige Bejahung des

---

649 *Duval*, MPIL Research Paper Series No. 2017–01, 1 (3).

650 A. A. *Hülskötter*, SpuRt 2018, Anmerkung, 261 (262), wenngleich eine überzeugende Begründung unterbleibt. Eine Verhältnismäßigkeitsprüfung verbietet sich nämlich trotzdem nicht, da die Einigung auf die Sportschiedsgerichtsbarkeit lediglich einer gesetzlich angeordneten Schiedsgerichtsbarkeit entspricht.

651 Ausgeklammert bleiben die Fragen der notwendigen Voraussetzungen für die Schaffung eines Internationalen Sportgerichtshofs, wie etwa völkerrechtliche Verträge.

652 Kritisch dazu *Heermann*, NJW 2019, 1560 (1561 f.).

Merkmals förderlich, da auf diese Weise prozessuale Mindestanforderungen, wie die Öffentlichkeit des Verfahrens, in CAS-Verfahren Geltung erlangen. Das Urteil mag bezüglich der zu Unrecht nicht gewährten öffentlichen mündlichen Verhandlung für *Claudia Pechstein* persönlich einen Endpunkt bedeuten. Allerdings bleiben für zukünftige Verfahren weiterhin Fragen unbeantwortet. Dies sind die genauen Kriterien, die dargelegt werden müssen, um von einer „forced arbitration" sprechen zu können. Im Fall *Mutu* stellt der Gerichtshof lediglich klar, dass die Ausführungen zu den mangelnden Wahlmöglichkeiten nicht ausreichend und überzeugend waren.[653] Darüber hinaus möchte der Gerichtshof bei *Pechstein* die Verfahrensgarantie der Öffentlichkeit nach Art. 6 Abs. 1 EMRK zwar angewendet wissen und stellt einen diesbezüglichen Verstoß fest. Allerdings verwendet der Gerichtshof zweierlei Formulierungen. Dies könnte auf die im *common-law*-Rechtskreis übliche Unterscheidung in „public hearing"[654] und „open court/open justice"[655] hindeuten. Letzteres wäre beispielsweise durch die Möglichkeit der Kenntnisnahme der Gerichtsakten noch wesentlich weitreichender als eine öffentliche mündliche Verhandlung.[656] Außerdem lässt der Gerichtshof die Gelegenheit zur Klarstellung ungenutzt, ob eine öffentliche Verhandlung nur bei Beantragung einer Schiedspartei oder generell zu gewähren ist. Die bisherige Rechtsprechung hierzu war nicht eindeutig, lässt jedoch vermuten, dass eine öffentliche Verhandlung generell und nicht erst aufgrund eines Antrags zu gewähren ist.[657]

2. Disposition über den Öffentlichkeitsgrundsatz

Fest steht also, dass der Grundsatz der Öffentlichkeit der Verhandlung auch für Schiedsverfahren Geltung beanspruchen kann. Dies sagt jedoch noch nichts darüber aus, was daraus folgt. Der Anspruch der Schiedsparteien auf

---

653 EGMR (02.10.2018) – 40575/10, 67474/10 (*Mutu & Pechstein/Suisse*) Rn. 120.

654 Siehe EGMR (02.10.2018) – 40575/10, 67474/10 (*Mutu & Pechstein/Suisse*) Rn. 182 mit der Formulierung „d´une audience sous le contrôle du public"; EGMR (02.10.2018) – 40575/10, 67474/10 (*Mutu & Pechstein/Suisse*) Rn. 184 wählt „l´absence d´audience devant la commission disciplinaire".

655 EGMR (02.10.2018) – 40575/10, 67474/10 (*Mutu & Pechstein/Suisse*) Rn. 183 nennt „la non-publicité des débats devant le TAS".

656 Royal Courts of Justice, Urteil v. 03.04.2012 – WC2A 2LL (*The Queen on the Apllication of Guardian News & Media Limited/City of Westminster Magistrates´Court*) Rn. 1 ff.

657 Vgl. *Duval*, The „Victory" of the Court of Arbitration for Sport at the European Court of Human Rights: The End of the Beginning for the CAS, Asser International Sports Law Blog v. 10.10.2018, II. A.

eine öffentliche Verhandlung kann entweder die (schieds-)gerichtliche Verpflichtung zur Gewährung einer generellen öffentlichen Verhandlung beinhalten oder diese Möglichkeit von einem Antrag der Schiedsparteien abhängig machen. Bei ersterem wäre die Öffentlichkeit die Regel. Bei dem Antragsrecht steht es dahingegen in der Möglichkeit, jedoch auch in der Pflicht der Parteien, den Grundsatz der Nichtöffentlichkeit in das Gegenteil umzukehren.

Die Grundsatzfrage lautet mithin, ob die mündliche Verhandlung[658] bereits ohne einen Antrag öffentlich stattfinden muss oder ob diese Möglichkeit zur Disposition der Parteien steht. Art. 6 Abs. 1 EMRK lässt sich durchaus in dieser Art lesen, dass die Öffentlichkeit den Regelfall darstellt. In Art. 6 Abs. 1 S. 1 EMKR ist der Grundsatz der öffentlichen Verhandlung geregelt und mit Art. 6 Abs. 1 S. 2 Hs. 2 EMRK sind die Ausschlussgründe genannt. Diese Lesart bestätigt sich bei dem deutschen Äquivalent dieser Vorschrift, da deutsche Gerichtsverfahren gem. § 169 Abs. 1 S. 1 GVG meistens öffentlich stattfinden,[659] sofern kein Ausschlussgrund nach §§ 171a ff. GVG bejaht werden kann. Die bisherige Rechtsprechung des Gerichtshofs deutet ebenfalls eher darauf hin, dass die Verhandlungen vor staatlichen Gerichten mit tatsächlichen und rechtlichen Fragestellungen grundsätzlich ohne einen Antrag öffentlich stattfinden sollten, sofern nicht eine der eng gefassten Ausnahmeregelungen einschlägig ist.[660] Dies würde dem Schiedsgericht die Pflicht einer rechtfertigenden Begründung für den Ausschluss auferlegen.[661] Allerdings hat der EGMR in Zivilverfahren bisher

---

658 Art. 6 Abs. 1 S. 1 EMRK meint mit öffentlicher Verhandlung die öffentliche, mündliche Verhandlung, vgl. EGMR (26.04.1995) – 16922/90 (*Fischer/Austria)* Rn. 44; EGMR (12.11.2002) – 38978/97 (*Salomonsson/Sweden*) Rn. 36; allerdings muss die mündliche Verhandlung nicht bei Gericht, sondern kann bspw. auch durch die Zuhilfenahme von technischen Hilfsmitteln stattfinden, vgl. EGMR (08.11.2016) – 64160/11 (*Pönkä/Estonia*) Rn. 39; der Problemkreis der mündlichen Verhandlung bleibt ausgeklammert, da sich in der CAS-Praxis eine mündliche Verhandlung etabliert hat, siehe *Rigozzi/Hasler,* Arbitration in Switzerland, 2. Aufl. 2018, CAS Code, R57 Rn. 47 ff.; ausführlicher zur Vornahme einer mündlichen Verhandlung vor dem CAS unter europarechtlichen Gesichtspunkten siehe bei *Lungstras,* Das Berufungsverfahren, S. 322 ff.

659 Ausnahme von diesem Grundsatz stellen § 170 Abs. 1 S. 1 GVG und § 48 Abs. 1 JGG dar.

660 Dies ergibt sich inzident aus EGMR (10.04.2012) – 32075/09 (*Lorenzetti/Italie*) Rn. 29 ff; ausdrücklicher EGMR, Guide (civil limb), Rn. 362; mutmaßend *Duval,* The „Victory" of the Court of Arbitration for Sport at the European Court of Human Rights: The End of the Beginning for the CAS, Asser International Sports Law Blog v. 10.10.2018.

661 Vgl. dazu sogleich.

auch lediglich ein Antragsrecht der Parteien gebilligt.[662] Dahingegen ist in gerichtlichen Strafprozessen ist die Öffentlichkeit der Verhandlung besonders elementar und aus diesem Grund wird eine öffentliche Verhandlung prinzipiell erwartet.[663] Allerdings gelten die Ausschlusstatbestände des Art. 6 Abs. 1 S. 2 EMRK ausdrücklich auch für strafrechtliche Verfahren. Eine Möglichkeit eines Antrags, den das Gericht ablehnen kann, ist also erforderlich, damit das Verfahren vor Straf- oder Zivilgerichten im Einklang mit Art. 6 Abs. 1 EMRK steht.

3. Gesetzliche Ausnahmen von dem Öffentlichkeitsgrundsatz

Die Öffentlichkeit der Verhandlung gem. Art. 6 Abs. 1 S. 1 EMRK gilt nicht absolut, allerdings ist sie dann zwingend erforderlich, wenn Glaubwürdigkeitsfragen und kontroverse Tatsachen Verfahrensgegenstand sind und das Verfahren generell einen diffamierenden Charakter aufweist.[664] Sofern also ein streitiger Sachverhalt mit undurchsichtigen Tatsachen und nicht lediglich technische oder rechtliche Fragestellungen Entscheidungsgrundlage sind,[665] ist die öffentliche Verhandlung erforderlich.[666] Ansonsten sind die Ausschlusstatbestände für eine öffentliche Verhandlung in Art. 6 Abs. 1 S. 2 Hs. 2 EMRK abschließend genannt.

Diese Ausschlusstatbestände sind zurückhaltend anzuwenden und erst nach einer zweistufigen Prüfung zu bejahen.[667] In einer ersten Prüfung muss der Sachverhalt überhaupt unter einen Ausschlusstatbestand subsumiert werden

---

662 EGMR (24.06.1993) – 14518/89 (*Schuler-Zgraggen/Switzerland*) Rn. 58 jedoch war zusätzlich zu dem Antragsrecht der Parteien auch die Möglichkeit einer öffentlichen Verhandlung von Amts wegen vorgesehen; EGMR (12.04.2006) – 58675/00 (*Martinie/France*) Rn. 40.

663 EGMR, Guide (criminal limb), Rn. 265.

664 EGMR (04.10.2018) – 40575/10 & 67474/10 (Mutu & Pechstein/Schweiz) Rn. 96, Rn. 182.

665 In diesen Fällen überwiegt oftmals das Recht auf eine Entscheidung in angemessener Frist nach Art. 6 Abs. 1 EMRK die Notwendigkeit einer mündlichen Verhandlung, die dann logischerweise nicht öffentlich stattfinden kann, vgl. zu dem Ausgleich EGMR (24.06.1993) – 14518/89 (*Schuler-Zgraggen/Switzerland*) Rn. 58; EGMR (10.05.2007) – 11032/04 (*Emmer-Reissig/Austria*) Rn. 28.

666 stRspr., vgl. EGMR (27.07.2006) – 62539/00 (*Jurisic&Collegium Mehrerau/Austria*) Rn. 65; EGMR (10.05.2007) – 11032/04 (*Emmer-Reissig/Austria*) Rn. 28; EGMR (28.02.2012) – 5488/05 (*Mehmet Emin Simsek/Turquie*) Rn. 30 f.; so auch *Blandfort*, SchiedsVZ 2019, 120 (123) m. w. N.

667 So vorgenommen von EGMR (01.03.2011) – 15924/05 (*Welke&Bialek/Poland*) Rn. 75 ff.

können.[668] Nachfolgend muss die Nichtöffentlichkeit jedoch auch in dem jeweiligen Einzelfall unbedingt notwendig sein, um die aufgezählten Rechtsgüter und Personen zu schützen.[669] Sofern ein Ausschlussgrund einschlägig ist, steht die Präklusion trotzdem noch im Ermessen des (Schieds-)Gerichtes und muss für den jeweiligen konkreten Einzelfall mithin erst noch festgestellt werden. Um das fundamentale Prinzip der Öffentlichkeit so wenig wie möglich zu beschneiden, käme dann unter Umständen auch ein Ausschluss der Öffentlichkeit von zeitlich begrenzbaren Teilen der mündlichen Verhandlung oder bestimmten Personengruppen in Betracht. § 175 GVG sieht beispielsweise für Gerichtsverfahren eine Beschränkung des Zutritts vor. Außerdem besteht die Möglichkeit, die Öffentlichkeit nur für Teile der Verhandlung auszuschließen.[670]

Die Judikatur des EGMR zu der Frage, ob die nationalen Gesetze bei der Bekanntgabe des Ausschlusses angeben müssen, aus welchem Grund die Öffentlichkeit im konkreten Einzelfall ausgeschlossen worden ist, ist nicht eindeutig. Fest steht, dass im konkreten Fall eine Ermessensentscheidung des Gerichts stattfinden muss.[671] Die Rechtsprechung des EGMR zur Frage, ob überhaupt eine mündliche Verhandlung stattfinden sollte, ist auf die öffentliche Verhandlung zu übertragen. Das Recht auf eine mündliche Verhandlung schließt immer auch eine öffentliche Verhandlung mit ein.[672] Sofern für die Ablehnung einer mündlichen Verhandlung Gründe angegeben werden müssen, sollte nichts anderes für den Ausschluss der Öffentlichkeit gelten. In den nationalen Zivilverfahren ist eine ausdrückliche Normierung im Gesetz wohl nicht erforderlich, sofern im Einzelfall erkennbar wird, dass das Gericht sich mit der Frage des Ausschlusses beschäftigt hat.[673] Für Strafverfahren tendiert der EGMR dazu, eine Begründung für den Ausschluss für notwendig zu erachten.[674] Der

---

668 EGMR (01.03.2011) – 15924/05 (*Welke&Bialek/Poland*) Rn. 75.

669 EGMR (01.03.2011) – 15924/05 (*Welke&Bialek/Poland*) Rn. 76; ausführlich zu der Verhältnismäßigkeitsprüfung *Gaede*, in: MüKo StPO, 1. Aufl. 2018, EMRK, Art. 6 Rn. 124.

670 Vgl. EGMR (17.12.2013) – 20688/04 (*Nikolova & Vandova/Bulgaria*) Rn. 75.

671 So wohl auch *Zimmermann*, in: MüKo ZPO, 5. Aufl. 2017, GVG § 174 Rn. 10 der den Ausschluss nach EGMR ohne weitere Angaben für begründungsdürftig hält.

672 So wohl auch EGMR, Guide (civil limb) Rn. 362.

673 Gefolgert aus EGMR (13.03.2018) – 32303/13 (*Mirovni Inštitut/Slovenia*) Rn. 44.

674 Ausdrücklich EGMR, Guide (criminal limb) Rn. 270, allerdings geht das aus dem zitierten Urteil nicht klar hervor, ob dies nur der Fall ist, weil das nationale Strafprozessrecht eine Begründung voraussetzt oder unabhängig davon nach Art. 6 Abs. 1 EMRK generell notwendig ist.

EGMR hat betont, dass in Strafverfahren eine hohe Erwartungshaltung für eine Öffentlichkeit vorliegt.[675] Aus diesem Grund sind die Ausschlussgründe nur sehr restriktiv anzuwenden und müssen im jeweiligen Einzelfall unzweifelhaft bejaht werden können.[676] Generell kann ein Strafverfahren „zu den schwersten in allen Rechtsordnungen überhaupt vorgesehenen Eingriffen in die persönliche Freiheit des Einzelnen führen"[677]. In gerichtlichen Strafprozessen ist die Öffentlichkeit der Verhandlung damit nach der Europäischen Menschenrechtskonvention besonders elementar. Trotzdem ist die Rechtsprechung des EGMR nicht eindeutig, ob es ausreicht, dass in Strafverfahren im Gegensatz zu Zivilverfahren der Ausschluss der Öffentlichkeit begründet werden muss. Allerdings befürwortet der EGMR bisher in Zivilprozessen, dass die nationalen Gesetze eine Begründungspflicht für die Annahme eines Ausschlussgrundes vorsehen, damit der EGMR überhaupt feststellen kann, ob ein Ermessensnicht- oder -fehlgebrauch bei der Ablehnung des Antrags vorliegt.[678] Die Angabe des Ausschlussgrundes muss dann erst recht auch für Strafverfahren gelten.

4. *CAS-Code und EMRK-Konformität*

Die aus Art. 6 Abs. 1 EMRK fließende Gewährleistung auf Öffentlichkeit ist nicht nur auf staatliche Gerichte, sondern auch auf (Sport-)Schiedsgerichte anwendbar. Die Öffentlichkeit der Verhandlung ist der Regelfall und darf auch in Schiedsverfahren erwartet werden, sofern kein Verzicht vorliegt. Nur in engen Ausnahmefällen darf von diesem Grundsatz abgewichen werden. Dann sollte die Obliegenheit zur Begründung eines Ausschlusses jedoch beim Schiedsgericht liegen und sollte nicht den Schiedsparteien mit einem Antragsrecht auferlegt werden. Trotzdem hat die voranstehende Analyse der Rechtsprechung gezeigt, dass ein Antragsrecht prinzipiell ausreichend, allerdings bei Streitgegenständen des Strafrechts aufgrund der hohen Erwartungshaltung an eine Öffentlichkeit der Verhandlung fraglich ist. Außerdem stellt sich die Rechtslage als nicht eindeutig dar, ob der Ausschluss begründet werden muss.

---

675 EGMR (24.04.2001) – 36337/97 & 35974/97 (*B. and P./United Kingdom*) Rn. 37; EGMR, Guide (criminal limb), Rn. 265.

676 EGMR (12.04.2006) – 58675/00 (*Martinie/France*) Rn. 40; EGMR (01.03.2011) – 15924/05 (*Welke & Bialek/Poland*) Rn. 74; EGMR (17.12.2013) – 20688/04 (*Nikolova & Vandova/Bulgaria*) Rn. 75.

677 BVerfG (09.03.1983) – 2 BvR 315/83, NJW 1983, 1726 (1727); BVerfG (24.02.1991) – 2 BvR 1704/90, NJW 1991, 1441 (1441).

678 So wohl EGMR (13.03.2018) – 32303/13 (*Mirovni Inštitut/Slovenia*) Rn. 44.

Die EGMR-Rechtsprechung legt dies nahe. R57 CAS-Code 2019 und A19.3 Abs. 3 S. 2–4 ADD-Rules stehen mit dem Antragsrecht auf eine öffentliche Verhandlung der natürlichen Schiedspartei mithin im Einklang mit den Vorgaben aus der EMRK.[679] Die Voraussetzung des Art. 6 Abs. 1 EMRK auf ein Recht auf eine öffentliche Verhandlung wird trotz des faktischen Schiedszwangs gewahrt, wenngleich die Vorschriften des CAS mit dem Antragsrecht der natürlichen Schiedspartei nur die Mindestanforderungen der EMRK umsetzen.

III. Vorgaben aus dem Strafprozessrecht für Anti-Doping-Verfahren

Im Zusammenhang mit Doping werden oftmals sprachliche Wendungen verwendet, die ansonsten nur aus dem Strafrecht bekannt sind.[680] So ist ein Athlet des Dopings „schuldig" und wird eben nicht als eine „vertragsbrüchige" Partei bezeichnet.[681] Darüber hinaus ist es verbreitet, von einer „Dopingstrafe" anstatt einer „Sanktion" zu sprechen.[682] Sofern es sich bei Dopingsanktionen materiellrechtlich um „klassisches" Strafrecht handelt, ist die Übertragung strafprozessualer Prinzipien auf die CAS-Verfahren gerechtfertigt.[683]

1. Schiedsfähigkeit

Nichts ändert sich jedenfalls daran, dass die Schiedsgerichtsbarkeit aufgrund des Gewaltmonopols des Staates in der Strafverfolgung nicht für das Strafrecht zuständig sein kann.[684] Strafrechtliche Sanktionen sollen aufgrund der betroffenen, besonders schützenswerten Rechtsgüter nur durch die staatlichen

---

679 Dies gilt, wenn man der in dieser Arbeit vertretenen Auslegung des Wortes „should" folgt, siehe Teil 2 C. I. 2. b.

680 *Connolly*, Va. Sports & Ent. L.J. 2006, 41 (55); *Netzle*, Verfahren und Entscheidungen des Court of Arbitration for Sport (CAS/TAS), insbesondere in Dopingsachen, S. 14.

681 Siehe etwa *Westfälische Rundschau*, Jan Ullrich wegen Dopings schuldig gesprochen, 09.02.2012.

682 *Kohler*, Strafe wegen Doping, FR v. 06.12.2017; *RP ONLINE*, Murray fordert Strafe für Doping-Sündering Scharapowa, v. 11-03-2016; *Der Tagesspiegel*, Sachenbacher fühlt sich ungerecht behandelt und will sich wehren, v. 17.07.2014.

683 Es geht dabei um die Einordnung im Rahmen des Verbandsrechts und der Sportschiedsgerichtsbarkeit. Eine andere Frage ist es, ob der Tatbestand des Dopings in den Nationalstaaten einen Straftatbestand darstellt, vgl. für Deutschland das Gesetz gegen Doping im Sport (AntiDopG), abrufbar unter <https://www.gesetze-im-internet.de/antidopg/BJNR221010015.html> (besucht am 05.01.2020).

684 Siehe *Muresan*, in: Stopper/Lentze, Handbuch Fußball-Recht, 2. Aufl. 2018, Kap. 29 Rn. 1.

Gerichte ausgesprochen werden. Aus diesem Grund fehlt die objektive Schiedsfähigkeit für strafrechtliche Sachverhalte.[685] Die CAS-Verfahren haben mit der Schiedsvereinbarung unstreitig einen privatrechtlichen Ursprung und sind schiedsfähig. Trotzdem kann aufgrund des WADC als Rechtsgrundlage der Dopingentscheidungen von einem Strafrechtscharakter der Anti-Doping-Verfahren gesprochen werden.[686]

2. *WADC als materiell-rechtliche Entscheidungsgrundlage*

In dem einleitenden Teil des WADC wird ausdrücklich klargestellt, dass sich die Regeln und Verfahren nach dem WADC hinsichtlich strafrechtlicher und privatrechtlicher Verfahren unterscheiden.[687] In der vorherigen Fassung des WADC aus dem Jahr 2009 beschränkte sich diese Klarstellung auf *criminal proceedings*.[688] In der Zusammenschau mit der *UNESCO International Convention against Doping in Sport*, in der sich die unterzeichnenden Staaten verpflichten, die Prinzipien im WADC anzuerkennen und die Durchsetzung zu garantieren, argumentiert *Rochefoucauld*, dass die nationalen Staaten die Regeln des WADC als legitime, selbstständige Regelungen ansehen, die eben nicht als Strafrecht betrachtet werden.[689] In dem von ihr diskutierten Beispiel, der Strafmündigkeit von Minderjährigen, ist dies auch überzeugend. Denn falls Sanktionen gegenüber minderjährigen Sportlern aufgrund der fehlenden Strafmündigkeit zurückgehalten würden, wäre dies eine Diskriminierung der bereits strafmündigen Sportler, die sich in den gleichen Wettbewerben direkt mit den nicht Strafmündigen messen müssten. Allerdings zeigt die neue Formulierung in dem WADC, dass es um eine einheitliche Anwendung und Auslegung der

---

685 *Schütze*, in: Wieczorek/Schütze, ZPO, 4. Aufl. 2014, § 1025 Rn. 25.

686 So auch *Widdascheck*, Der Justizgewährleistungsanspruch des Dopingsünders, S. 170 f.

687 „These sport-specific rules and procedures, aimed at enforcing anti-doping rules in a global and harmonized way, are distinct in nature from criminal and civil proceedings."; WADC abrufbar unter <https://www.wada-ama.org/sites/default/files/resources/files/wada-2015-world-anti-doping-code.pdf> (besucht am 05.01.2020).

688 "These sport-specific rules and procedures aimed at enforcing anti-doping rules in a global and harmonized way are distinct in nature from and are, therefore, not intended to be subject to or limited by any national requirements and legal standards applicable to criminal proceedings or employment matters."; WADC 2009 abrufbar unter <https://www.wada-ama.org/sites/default/files/resources/files/wada_anti-doping_code_2009_en_0.pdf> (besucht am 05.01.2020).

689 *Rochefoucauld*, CAS Bulletin 2014, 15 (16).

Vorschriften geht.[690] Die unterschiedlichen Straf- und Zivilverfahrensrechte sollen dieses Ziel nicht gefährden. Es geht mithin um eine Konformität der Dopingvorschriften und –verfahren und somit letztendlich um eine Gleichberechtigung der Sportler. Die Einordnung an sich ist dafür zweitrangig.

Unstreitig ist es jedoch, dass der WADC Verhaltensregeln aufstellt, bei deren Verstoß eine Strafe droht. Ein solches Sanktionieren von sportlichem Fehlverhalten mit einem Strafausspruch ähnelt durchaus einem dem Strafrecht vergleichendem Zweck und erinnert an das staatliche Anklagemonopol.[691] Inzwischen stellen in Deutschland durch die Schaffung des Anti-Doping-Gesetzes einige dem WADC vergleichbare Verbote einen Straftatbestand dar.[692] Dies spricht dafür, dass die rechtliche Grundlage der in den CAS-Verfahren zu entscheidenden Dopingsanktionen auch einen strafrechtlichen Gehalt und Ursprung hat.

3. Verfahrensrechtliche Konsequenzen der Einordnung

Der Strafrechtscharakter der Anti-Doping-Verfahren vor dem CAS ändert nichts daran, dass es sich bei den Dopingsanktionen der Verbände um zivilrechtliche Maßnahmen handelt.[693] Diese Tatsache ist aufgrund des zivilrechtlichen Rahmens der Verbandsentscheidungen nicht überraschend. Aufgrund der zivilrechtlichen Rechtsgrundlage der Verbandsentscheidungen vertrat der CAS lange die Ansicht, dass die zur Entscheidung berufenen rechtsprechenden Organe auch nur die Verfahrensprinzipien des Zivilprozesses anwenden müssen.[694] Trotz dieser materiell-rechtlichen Qualifikation als zivilrechtliche Streitigkeiten prüft der CAS jedoch inzwischen gelegentlich, ob auf der Verfahrensebene strafrechtliche Grundsätze, konkret der Grundsatz der Selbstbelastungsfreiheit als Bestandteil eines fairen Verfahrens, aufgrund ihrer Allgemeingültigkeit auf den zu entscheidenden Fall übertragen werden

---

690 Dies wird für einen Teilaspekt in dem *Comment* zu dem einleitenden Teil deutlich: „The Code does not require absolute uniformity in results management and hearing procedures; it does, however, require that the diverse approaches of the Signatories satisfy principles stated in the Code."

691 *Widdascheck*, Der Justizgewährleistungsanspruch des Dopingsünders, S. 170.

692 Gesetz gegen Doping im Sport (Anti-Doping-Gesetz – AntiDopG), abrufbar unter <https://www.gesetze-im-internet.de/antidopg/BJNR221010015.html> (besucht am 05.01.2020).

693 Liest man z.B. bei *Rochefoucauld*, CAS Bulletin 2014, 15 (16).

694 CAS-Schiedsspruch (15.09.2011) – CAS 2010/A/2268, I. v. Féderation Internationale de l´Automobile (FIA), Rn. 99 ff.; *Diener*, CaS 2018, 358 (360 f.).

müssen.[695] Der CAS spricht von einer *indirekten* Anwendung, was wohl einer analogen Anwendung der Verfahrensprinzipien in dem Merkmal der Vergleichbarkeit der Sachverhaltskonstellation entsprechen dürfte.[696] Die Ausführungen des CAS zeigen, dass durch eine Interessenabwägung und eine Untersuchung des Einzelfalls beurteilt werden muss, ob die Prinzipien des Strafprozesses in einem Anti-Doping-Verfahren aufgrund der Vergleichbarkeit der tatsächlichen und prozessualen Umstände Anwendung finden.[697]

4. *Bedeutung für den Öffentlichkeitsgrundsatz*

Abschließend beurteilt werden muss diese zurückhaltende Anwendung der Strafprozessrechtsmaximen des CAS nicht, da dies für das vorliegende Thema keine Rolle spielt. Der CAS legt nämlich auch dar, dass eine indirekte Anwendung eines strafprozessualen Prinzips vor allem dann nahe liegt, sofern zumindest ähnliche Merkmale des Prinzips auch aus dem Zivilprozess bekannt sind.[698] Der im Mittelpunkt dieser Arbeit stehende Öffentlichkeitsgrundsatz aus Art. 6 Abs. 1 EMRK stellt jedenfalls eine Maxime des Zivil- und des Strafprozesses dar.[699] Die Qualifikation der Dopingsanktionen als Akte des Zivil- oder des Strafrechts kann mithin für diesen Zweck dahinstehen. Das Verfahrensrecht der Öffentlichkeit der Verhandlung erhält mithin für alle Verfahrensarten vor dem CAS Geltung. Dies bedeutet jedoch auch, dass eine Diskussion und Öffnung der Verhandlung nur in Anti-Doping-Verfahren nicht ausreichen, sondern es vielmehr generell eine Verfahrensgestaltung vor dem CAS erfordert, die dem Öffentlichkeitsgrundsatz Rechnung trägt.

---

695 Siehe CAS-Schiedsspruch (15.07.2008) – CAS 2008/A/1583, Sport Lisboa e Benfica Futebol SAD v. UEFA & FC Porto Futebol SAD & CAS 2008/A/1584, Vitória Sport Clube de Guimarães v. UEFA & FC Porto Futebol SAD, Leitsatz Nr. 2, Rn. 42; CAS-Schiedsspruch (27.07.2018) – CAS 2017/A/5003, Jérôme Valcke v. FIFA, Rn. 263; *Diener*, CaS 2018, S. 358 (360 f.) zu dieser Rechtsprechungsänderung des CAS.

696 CAS-Schiedsspruch (27.07.2018) – CAS 2017/A/5003, Jérôme Valcke v. FIFA, Rn. 263.

697 CAS-Schiedsspruch (15.07.2008) – CAS 2008/A/1583 Sport Lisboa e Benfica Futebol SAD v. UEFA & FC Porto Futebol SAD & CAS 2008/A/1584 Vitória Sport Clube de Guimarães v. UEFA & FC Porto Futebol SAD, Leitsatz Nr. 2, Rn. 42; CAS-Schiedsspruch (27.07.2018) – CAS 2017/A/5003, Jérôme Valcke v. FIFA, Rn. 264 ff.

698 CAS-Schiedsspruch (27.07.2018), CAS 2017/A/5003, Jérôme Valcke v. FIFA, Rn. 263.

699 Der EGMR sieht in der Öffentlichkeit in Strafverfahren lediglich eine besondere Bedeutung und Erwartungshaltung an öffentliche Verhandlungen, siehe Teil 2 C. II. 2.

IV. Sinn und Zweck der Öffentlichkeit

Der vorangestellte Vergleich des Sinns und Zwecks der Öffentlichkeit in der Gerichtsbarkeit und Schiedsgerichtsbarkeit hat Unterschiede offenbart. Pauschal betrachtet, zeichnen sich deutsche Gerichtsverfahren durch öffentliche Verhandlungen und Handelsschiedsgerichtsverfahren durch eine Nichtöffentlichkeit aus. Die Investitionsschiedsgerichtsbarkeit ordnet sich in der Mitte ein. Diese Unterschiede sind den dahinterstehenden zum Teil unterschiedlichen Funktionen der Öffentlichkeit geschuldet. Die folgenden Ausführungen werden zeigen, dass der Öffentlichkeitsgrundsatz, wie er etwa in der deutschen staatlichen Gerichtsbarkeit gepflegt wird, auf die Sportschiedsgerichtsbarkeit übertragen werden könnte, da eine vergleichbare Interessenslage herrscht. Der bereits gebildete Katalog des Telos der Öffentlichkeit in staatlichen Verfahren kann mithin bemüht werden, um die Notwendigkeit öffentlicher Verhandlungen auch für die Sportschiedsgerichtsbarkeit zu untersuchen und von der Handelsschiedsgerichtsbarkeit abzugrenzen. Das Telos der Öffentlichkeit in CAS-Verfahren wird im Folgenden zeigen, dass eine öffentliche Verhandlung auch dort Individual- und Drittinteressen dient.

1. Öffentlichkeit zum Schutz persönlicher Interessen der Schiedsparteien

Während in der Handelsschiedsgerichtsbarkeit eine nicht öffentliche Verhandlung oftmals dem Interesse der Schiedsparteien dient,[700] kann eine öffentliche Verhandlung die Individualinteressen der Schiedsparteien im Sportrecht schützen.

a) Kein Schutz durch Parteiautonomie oder andere Mechanismen

Die Nichtöffentlichkeit der Verfahren ist ein Wesensmerkmal der Schiedsgerichtsbarkeit. Aus diesem Grund wird mit dem Abschluss der Schiedsvereinbarung ein konkludenter Verzicht der Parteien auf den Öffentlichkeitsgrundsatz angenommen.[701] Eine Kontrollmöglichkeit der Öffentlichkeit ist dann von den Schiedsparteien gerade nicht gewünscht. Das Vertrauen der Schiedsparteien in eine objektive Streitentscheidung wird bereits durch die Mitwirkung bei der Schiedsrichterbestellung verwirklicht.[702] Dies trifft auf die ordentlichen

700 Siehe i. E. Teil 2 B. III.

701 Siehe oben Teil 2 B. I. 3. b.

702 Wenngleich die Schiedsrichterliste des CAS vermehrt in der Kritik stand; *Haas*, SchiedsVZ 2009, 73 (78).

Verfahren vor dem CAS zu, die ihrem Charakter nach den Handelsschiedsverfahren gleichen. Allerdings kann dies im Rahmen der Sportschiedsgerichtsbarkeit aufgrund des faktischen Schiedszwangs in Rechtsmittel- und Anti-Doping-Verfahren nicht gelten.

Die strukturelle Unterlegenheit der Sportler bei Abschluss der Schieds- und Schiedsverfahrensvereinbarung spiegelt die Überlegenheit der sportlichen Verbände bezüglich der Wahl des Rechtsschutzes wider. Hinzu kommt, dass bereits die unechten Schiedsverfahren innerhalb der Verbände (sog. Verbandsschiedsverfahren) größtenteils nicht öffentlich abgehalten werden.[703] Bei nicht öffentlichen mündlichen Verhandlungen vor dem CAS würde keine Kontrolle stattfinden, ob mit den Athleten fair umgegangen wird. Diese Fairness bezieht sich neben dem Verfahren auch auf die materiellen Verbandsregeln, also ob sich die Verbände an ihre eigenen Regelungen halten. Für die Sicherstellung eines fairen Schiedsverfahrens, das die Rechte aller Schiedsparteien wahrt, ist das institutionelle Schiedsgericht durch die Verfahrensgestaltung verantwortlich. Gerade dies ist bei dem CAS bedenklich, da zumindest der Vorwurf mangelnder Unabhängigkeit und Unparteilichkeit der Schiedsrichter aufgrund der geschlossenen Schiedsrichterliste sowie der einseitigen Finanzierung des CAS als institutionelles Schiedsgericht im Raum steht.[704] Eine verfahrensrechtliche Kontrolle durch die Öffentlichkeit ist mithin essentiell, um einer Entscheidungsfindung zu Lasten der strukturell unterlegenen Schiedsparteien entgegenzuwirken. Eine gesteigerte Bedeutung erlangen dieser Schutz und diese Willkürkontrolle durch die Öffentlichkeit vor allem, da sich in der Schiedsgerichtsbarkeit die Aufhebungsgründe vor dem BG im Gegensatz zu der Berufungsinstanz in staatlichen Gerichtsverfahren sehr restriktiv gestalten und speziell in der Sportschiedsgerichtsbarkeit aufgrund des *self-enforcement* der Schiedssprüche eine Kontrolle in der Vollstreckungsphase größtenteils nicht mehr stattfindet.[705] Eine willkürliche Entscheidungsfindung wird in der

---

703 Verbreitet ist lediglich eine Verbandsöffentlichkeit, vgl. für ausführliche Untersuchung der Verbandsstatuten, *Monheim,* Sportlerrechte und Sportgerichte im Lichte des Rechtsstaatsprinzips – auf dem Weg zu einem Bundessportgericht, S. 242 f.; vgl. bspw. § 15 Abs. 1, Abs. 2 GO für die Rechtsinstanzen des DTTB (Fassung 10.12.2017, zuletzt geändert 08.01.2018); § 43.1 RVO-DLV (Fassung 24.03.2001, zuletzt geändert 17.11.2017); § 34 Abs. 1 S. 1 RO DSV (Fassung 09.12.2017); ebenso aus der Nichtöffentlichkeit der Verbandsschiedsverfahren, insbesondere der Disziplinarverfahren, die besondere Bedeutung der Öffentlichkeit in CAS-Rechtsmittelverfahren ableitend *Lungstras,* Das Berufungsverfahren, S. 327.

704 Vgl. EGMR (02.10.2018) – 40575/10, 67474/10 (*Mutu &Pechstein/Suisse)* Rn. 138 ff.

705 Vgl. Teil 3 E. II. 2., III.

CAS-Sportschiedsgerichtsbarkeit mithin nicht durch andere Mechanismen verhindert, sondern muss durch die Öffentlichkeit der Verhandlung Einhalt geboten werden.

b) Öffentlichkeit zum Schutz fairer Verfahren

Selbst wenn man ins Feld führt, dass eine öffentliche mündliche Verhandlung heutzutage keine wesentliche Bedeutung mehr besitzt, da Geheimverfahren nicht mehr zu befürchten sind,[706] kann dieses Argument für nicht öffentliche staatliche Gerichtsprozesse im Rahmen der CAS-Rechtsmittelverfahren keine Geltung erlangen. Denn unabhängig von der Falschheit oder Richtigkeit dieser Aussage für Gerichtsverfahren, haftet der Vorwurf der Geheimjustiz der Schiedsgerichtsbarkeit generell an. Die wiederkehrende Skepsis der Sportler bezüglich der Sportschiedsgerichtsbarkeit zeigt, dass sie sich vor dem CAS nicht immer fair behandelt fühlen und einer unparteiischen Entscheidungsfindung des CAS misstrauen.[707]

aa) Inhalt der Streitigkeiten

In Anti-Doping- und Disziplinarverfahren werden den Schiedsparteien durch das Antragsrecht auf eine öffentliche Verhandlung im Gegensatz zu den weiteren Rechtsmittelverfahren weitreichendere Möglichkeiten für die Öffentlichkeit eingeräumt. Der Öffentlichkeitsgrundsatz wird im Rahmen der EMRK nicht einheitlich aufgefasst und in Strafverfahren wird ihm ein weiterer Inhalt zugeschrieben. Nach Art. 6 Abs. 1 EMRK kommt dem Öffentlichkeitsgrundsatz zwar auch in den Zivilverfahren eine grundlegende Bedeutung zu, allerdings ist er für Strafverfahren von besonderer Bedeutung.[708] In Strafverfahren handelt es sich bei dem Verfahrensbeteiligten um einen Angeklagten, der nicht freiwillig Verfahrensbeteiligter ist, sondern als „Bedrängter" erscheint.[709] Daraus zieht *Gierhake* die Schlussfolgerung, dass dieser mangels Alternativen in einem Prozess besonders schützenswert ist und damit eine Willkürkontrolle im staatlichen Strafprozess durch die Öffentlichkeit besondere Bedeutung

706 Zu dem Meinungsstand *Kahlert,* Vertraulichkeit, S. 60 ff.

707 Vgl. zu dem Legitimitätsproblem des CAS Teil 1 A. IV.

708 EGMR (24.04.2001) – 36337/97 & 35974/97 (*B. and P./United Kingdom*) Rn. 37; EGMR, Guide (criminal limb) Rn. 265.

709 *Gierhake,* JZ 2013, 1030 (1034) etwa spricht von dem Angeschuldigten als einem Bedrängtem.

erlangt.[710] Allerdings richtet sich die Öffentlichkeit der Verhandlung in der deutschen Gerichtsbarkeit nach § 169 Abs. 1 GVG. Strafverfahren sind aus diesem Grund nicht „öffentlicher" als andere Verfahren. Dies mag auch daran liegen, dass auch ein Beklagter im Zivil- oder Verwaltungsprozess unfreiwillig Prozesspartei ist. Die Stellung als Bedrängter ergibt sich im Strafrecht vielmehr aus der Reichweite möglicher Sanktionen anstatt der Befürchtung, dem staatlichen Gewaltmonopol ausgeliefert zu sein. Im Folgenden wird dargelegt, dass genau dies bei den Sanktionen in Doping- und Disziplinarverfahren ebenso der Fall ist. Diese unterscheiden sich in ihrer Qualität und Reichweite von anderen sportrechtlichen Verfahren.

bb) Reichweite der Sanktionen

Die Änderungen des CAS-Code zum 01.01.2019 lassen nahe liegend erscheinen, dass der International Council of Arbitration for Sport (ICAS) für die Anti-Doping- und Disziplinarverfahren eine Willkürkontrolle der Entscheidungsfindung im Interesse der einzelnen Sportler nach dem Telos der EMRK ermöglichen wollte. Für diese Verfahrensarten räumt er den natürlichen Schiedsparteien ein Antragsrecht auf Öffentlichkeit ein, während es für alle anderen Rechtsmittelverfahren bei der Voraussetzung der Einigung beider Schiedsparteien verbleibt. Der ICAS setzt die im Rahmen der EMRK geltende Erwartungshaltung für eine Öffentlichkeit in Strafverfahren mithin mit der Möglichkeit eines Antragsrechts um. Denn im strafrechtlichen Kontext erhält die Öffentlichkeit wie bereits ausgeführt eine im Vergleich zu Zivilprozessen gesteigerte Bedeutung.[711] Allerdings können Dopingsanktionen der Verbände an sich nicht als materielles Strafrecht gelten,[712] es kann jedoch ein Vergleich in

710 *Gierhake*, JZ 2013, 1030 (1034); diese Schlussfolgerung an sich ist bereits fehlerhaft, die Primärquelle setzt einen Untersuchungsrichter voraus, vgl. *Feuerbach*, Betrachtungen über die Oeffentlichkeit und Mündlichkeit der Gerechtigkeitspflege, S. 164.

711 EGMR (24.04.2001) – 36337/97 & 35974/97 (*B. and P./The United Kingdom*) Rn. 37 ausdrücklich zu dem „criminal-law context where there is a high expectation of publicity".

712 Die Bezeichnung als Vereinsstrafe führt zu falschen Schlussfolgerungen, der auch verwendete Begriff der Vertragsstrafe erscheint deshalb als passender; siehe für die Verwendung beider Begriffe *Borges*, Verbandsgerichtsbarkeit und Schiedsgerichtsbarkeit im internationalen Berufsfußball, S. 14; *Schlosser*, Vereins- und Verbandsgerichtsbarkeit, S. 44 ff.

den weitreichenden Rechtsfolgen gezogen werden.[713] Diese Konsequenzen einer Dopingsanktion ähneln in ihrer Reichweite zum Teil strafrechtlichen Sanktionen. Außerdem sind in Anti-Doping-Verfahren oftmals ehrenrührige Tatsachen Verfahrensgegenstand. Der ehrenrührige Charakter liegt bei Dopingstrafen im Vergleich zu weiteren Maßnahmen der Verbände nahe und kann diesbezüglich einem Vergleich mit dem Strafrecht standhalten.[714] Ein verurteilter Straffälliger sieht sich zusätzlich mit einem gesellschaftlichen Stigma konfrontiert. Dieses scheint sich bei Dopingsanktionen auf den sportlichen Bereich und die Sphäre der Sportverbände zu beschränken. Die Folgen einer Dopingsanktion stellen sich mithin für Sportler auf den ersten Blick als nicht ebenso weitreichend und belastend dar. Allerdings treffen den Athleten nach einer Dopingsperre durchaus Konsequenzen, die weit über den rein sportrechtlichen Kontext hinausgehen. Ein CAS-Schiedsspruch, der ein Dopingvergehen eines Sportlers feststellt, betrifft fundamentale Rechte. Leistungssportler beziehen nicht selten ihren Lebensunterhalt aus ihren sportlichen Tätigkeiten und durch eine Dopingsperre ist mithin ihre Berufsausübung[715] betroffen. Die Verhängung längerer Sperren kommt einem Berufsverbot der Sportler und nicht selten, aufgrund der kurzen Lebenszeitspanne der sportlichen Leistungsfähigkeit, einem Karriereende gleich. Zudem zieht eine solche Sanktion auch wirtschaftliche Folgen nach sich, wie beispielsweise den Verlust von Sponsoren. Aus diesem Grund gleichen die Konsequenzen der Dopingstrafen in ihrer repressiven Wirkung und dem entehrenden Charakter den strafrechtlichen Sanktionen.[716].

Diese einschneidenden und weitreichenden Konsequenzen für die Athleten erfordern eine faire Entscheidungsfindung, die dann gerade durch die Öffentlichkeit kontrolliert werden muss. Darüber hinaus sollten auch die Disziplinarverfahren generell öffentlich stattfinden, da sich diese in ihren Rechtsfolgen oftmals nicht von Anti-Doping-Verfahren unterscheiden. Das Beispiel des *match-fixing* (Spielabsprachen) zeigt, dass Schiedssprüche für

---

713 Ähnlich *Widdascheck,* Der Justizgewährleistungsanspruch des Dopingsünders, S. 170 f. zur Übertragbarkeit strafrechtlicher Charakteristika auf die CAS-Schiedsverfahren.

714 Vgl. zu der Qualifikation einer Strafe als ehrenrührig bei einem in Mitleidenschaft ziehen der Berufsehre, EGMR (04.03.2014) – 18640/10 (*Grande Stevens/Italy*) Rn. 97.

715 Diese richtet sich bei Profisportlern nach Art. 12 GG, während sich alle Athleten auf Art. 2 Abs. 1 GG berufen können, statt vieler *Fechner* u. a., Sportrecht, Kap. 3 Rn. 41.

716 EGMR (02.10.2018) – 40575/10, 67474/10 (*Mutu/Pechstein)* Rn. 182 zu dem *ehrenrührigen Charakter.*

Disziplinarverstöße empfindliche Sanktionen anordnen können, die den Dopingstrafen in nichts nachstehen.[717]

cc) Rehabilitierung im Interesse der Sanktionierten

Disziplinarverfahren weisen ähnlich den Strafverfahren nicht nur einen Täter-, sondern auch einen Opferbezug auf.[718] Auch den Athleten muss durch öffentliche Verhandlungen eine Rehabilitierungsmöglichkeit eingeräumt werden. Denn erfolgreiche Sportler besitzen nicht selten eine Vorbildfunktion und werden von der breiten Öffentlichkeit bewundert.[719] Dies führt dazu, dass die populären Sportler ihre Person oftmals vermarkten. Eine einmal im Raum stehende Disziplinarentscheidung einigen Gewichts kann mithin unter Umständen den Ruf des Sportlers dauerhaft schädigen und wirtschaftliche Auswirkungen nach sich ziehen.[720] Das Image ehemaliger Dopingsünder kann auch nach dem Ablauf der Sperre und dem Wiedereintritt ins Wettkampfgeschehen dauerhaft geschädigt bleiben. Die Entscheidungen der Sportverbände[721] stoßen auf öffentliches Interesse und sind der Allgemeinheit oftmals bekannt.[722] Manchmal sind es sogar die Sportler selbst, die sich öffentlich zu Verbandsentscheidungen äußern.[723] Nachdem diese Verbandsentscheidungen damit bereits „in der Welt sind“, kann eine öffentliche Verhandlung einer Rufschädigung der gegebenenfalls fälschlicherweise verdächtigten Sportler frühzeitig entgegenwirken.

c) Zusammenfassung

Die Öffentlichkeit der Verhandlung dient mithin nicht nur dem Schutz der Athleten vor Willkür, sondern kann auch geeignet sein, ihren Ruf in der

717 Vgl. i. E. zum Inhalt der Verbandsentscheidungen Teil 1 C. III. 4.

718 In Umweltstraftaten ebenso wie in Disziplinar- und Dopingvergehen ist es denkbar, dass die Allgemeinheit das „Opfer“ darstellt.

719 *Wassong,* in: Höfling u. a., Olympische Spiele, S. 9 (11).

720 *Hofmann,* Zur Notwendigkeit eines institutionellen Sportschiedsgerichtes in Deutschland, S. 254 macht darauf aufmerksam, dass trotz eines Freispruches die Reputation des Sportlers nachhaltig in Mitleidenschaft gezogen sein kann.

721 Z. B. Sanktionen der Sportler oder das Nichtnominieren von Sportlern zu Wettkämpfen durch die Verbände.

722 *Mavromati/Reeb,* CAS Code, R59 Rn. 77.

723 Vgl. zum Beispiel die offiziell anberaumte Pressekonferenz von *Maria Sharapova* zu ihrem positiven Dopingtest <https://www.independent.co.uk/sport/tennis/maria-sharapova-retirement-announcement-live-press-conference-latest-breaking-news-as-tennis-star-a6917266.html> (besucht am 05.01.2020).

Öffentlichkeit wieder herstellen zu können. Dies ist kein Alleinstellungsmerkmal der Anti-Doping-Verfahren. Die Öffentlichkeit könnte auch bei Disziplinarentscheidungen, vor allem in den gewichtigeren Fällen, annehmen, dass an den vom CAS zu kontrollierenden Entscheidungen etwas Wahres ist und diese nicht grundlos getroffen wurden.

Die Ausführungen haben zudem gezeigt, dass Anti-Doping- und zum Teil auch Disziplinarverfahren in ihren Konsequenzen dem Strafrecht ähneln und damit im Einklang mit Art. 6 Abs. 1 EMRK eine gesteigerte Erwartungshaltung an öffentliche Verhandlungen besteht. Ein Parteiantrag für die Öffentlichkeit der Verhandlung in Rechtsmittel- und Anti-Doping-Verfahren ist dafür eine notwendige Umsetzung im CAS-Code 2019 und den ADD-Regeln.

2. *Öffentlichkeit zum Schutz rechtsbezogener, überindividueller Interessen*

Die Untersuchung der Vorschriften zur Öffentlichkeit in staatlichen, Handels- und Investitionsschiedsverfahren hat gezeigt, dass immer dann eine öffentliche mündliche Verhandlung vorgeschrieben ist, wenn das Verfahren neben den Individualinteressen der Parteien auch Auswirkungen auf Nichtverfahrensbeteiligte hat.[724] Diese Drittbezogenheit der staatlichen Verfahren zeigt sich in der Wahrung der Systeminteressen, wie der Kontrolle der Justiz, der Sicherstellung der Unabhängigkeit der rechtsprechenden Gewalt oder der Rechtskenntniserweiterung und Förderung der Vertrautheit der Allgemeinheit. Diese Drittinteressen werden unter anderem in strafrechtlichen Gerichtsverfahren offenbar, in denen durch die verübte Straftat nicht nur das Einzelinteresse des Opfers, sondern auch die allgemeinen Rechtswerte der Gesellschaft betroffen sind. Zwar dient eine öffentliche mündliche Verhandlung auch dem Schutz des Einzelnen vor Willkür, jedoch ist dies nicht das alleinige Interesse. Gleiches gilt für die CAS-Rechtsmittel- und Anti-Doping-Verfahren. In der Sportschiedsgerichtsbarkeit wird zwar nicht über Freiheitsstrafen geurteilt und lebenslange Wettkampfsperren aufgrund von Dopingverstößen bilden auch nicht das sportrechtliche Äquivalent dazu. Das zeigt sich bereits daran, dass im deutschen Strafrecht auch ein Berufsverbot nach § 70 StGB aus spezialpräventiven Gründen angeordnet werden kann.[725] Allerdings besitzen die CAS-Verfahren in diesen Fällen ebenso einen über das einzelne Verfahren hinausgehenden Sportbezug, da zumindest gewichtige Verstöße einen Angriff auf das Sportsystem

---

724 Vgl. Teil 2 A. IV.; Teil 2 B. II. 2.

725 Siehe i. E. statt vieler *Bockemühl*, in: MüKo StGB, 3. Aufl. 2016, § 70 Rn. 1 ff.

in seiner Gesamtheit bedeuten. Außerdem kann eine öffentliche Verhandlung ein eventuelles Verständnis für den Regelverstoß befördern und damit eine Diskussion über einen möglichen Verbesserungsbedarf des Regelwerks oder des Sportsystems in seiner Gesamtheit anregen. Die folgenden Ausführungen zeigen, dass die Öffentlichkeit in Sportschiedsgerichtsverfahren nicht nur dem Individualschutz dient, sondern auch öffentlichen Interessen. Ein Antragsrecht auf Öffentlichkeit nur der Sportler ist aus diesen Gründen dann nicht interessensgerecht. In dieser Arbeit wird für den Grundsatz der Öffentlichkeit der Verhandlung plädiert. Die dahinterstehenden und diese These begründenden Systeminteressen werden im Folgenden dargestellt.

a) Im Spannungsfeld zur Sportautonomie

Verfehlt wäre es, eine Öffentlichkeit der Verhandlungen aufgrund der Sportautonomie gar nicht erst zu fordern. Zwar besitzen die Sportverbände aufgrund der verfassungsrechtlich gewährleisteten Vereinigungsfreiheit national wie auch supranational nicht nur das Recht zum Zusammenschluss, sondern sie können ihre Verbandsangelegenheiten auch selbstbestimmt regeln und ihre Vorschriften durchsetzen.[726] Diese Selbstverwaltung, die durch die Verbände und Vereine durchgeführt wird, soll den organisierten Sport[727] möglichst autonom von äußeren Einflüssen werden lassen. Die Autonomie des Sports kann jedoch trotzdem nicht zu einer „Narrenfreiheit" der Verbände führen, denn diese Selbstregulierung hat Schranken faktischer und auch materiell-rechtlicher Natur.[728] Letztere Einschränkung ergibt sich durch die nationale Verfassungsgesetzgebung.[729] Auf der rechtlichen Ebene sind also Bereiche festzustellen, in

---

726 Statt vieler zur Autonomie der Sportverbände *Fischer,* SpuRt 2019, 99 (99 ff.); *Schimke/Eilers,* in: Nolte/Horst, Handbuch Sportrecht, S. 87 (91 f.) zu der eingeschränkten Verbandsautonomie der untergeordneten Verbände aufgrund der Pyramidenstruktur.

727 Es geht um den organisierten Sport, also um Vereine und Verbände, die sich selbst verwalten. Davon zu unterscheiden sind die öffentliche Sportverwaltung, kommerzielle Sportanbieter und Sekundäranbieter im Sport, siehe für Deutschland *DOSB,* Die Organisation des deutschen Sports, abrufbar unter <http://www.ispw.ovgu.de/ispw_media/TuG/Organisation+deutscher+Sports+5.pdf> (besucht am 05.01.2020).

728 Ausgeklammert ist hier die Frage der formellen Grenzen im Rahmen von Unterwerfungsvereinbarungen, vgl. für diese Fragestellung *Prokop/Haas,* SpuRt 1998, 15 (15 ff.); *Steiner,* in: Tettinger/Vieweg, Gegenwartsfragen des Sportrechts, S. 222 (223) spricht von einem „Spannungsverhältnis" zwischen Sport und staatlichem Recht.

729 Sog. mittelbare Drittwirkung der Grundrechte in Deutschland, vgl. Argumentation *Fechner* u. a., Sportrecht, Kap. 1 Rn. 37; *Steiner,* in: *Tettinger/Vieweg,*

denen sich staatliches Recht auswirkt.[730] Statt einer Staatsferne und Autonomie des Sports erscheint der Begriff der staatlichen Zurückhaltung somit als treffender.[731] Rein tatsächlich wird die Sportautonomie durch die Einwirkung verschiedener Interessengruppen auf sportliche Angelegenheiten nicht nur beschränkt, sondern dem Sport dadurch erst die Möglichkeiten und Formen für dessen Existenz gegeben. Das Sprichwort „no man is an island" besitzt mithin auch im Sport bezüglich der Sportautonomie seine Gültigkeit, da der Sport nicht nur aus sich heraus bestehen kann. Sofern der Sport jedoch nicht völlig autonom ist, sondern rechtlich wie tatsächlich von äußeren Einflüssen abhängig ist, muss er sich auch an den rechtsstaatlichen Mindestanforderungen messen lassen. Zu diesen zählt auch die Öffentlichkeit der Verfahren.

b) Im Interesse der Legitimität

Die unmittelbare Öffentlichkeit muss auch für die Sicherstellung der unparteilichen Entscheidungsfindung und für den Befriedungseffekt sportlicher Streitigkeiten gewährleistet werden. Während in der Handelsschiedsgerichtsbarkeit die Benennung der Schiedsrichter durch die Parteien eine unparteiliche Entscheidungsfindung gewährleisten soll, können die Schiedsparteien vor dem CAS nur aus einer geschlossenen Schiedsrichterliste wählen.[732] Zudem ist im Gegensatz zur Handelsschiedsgerichtsbarkeit nicht die Privatautonomie vorherrschendes Element bei der Einigung auf die Sportschiedsgerichtsbarkeit, sondern erst eine faktische Zwangslage der rollenspezifisch unterlegenen Sportler eröffnet den Weg vor den CAS als Rechtsmittelinstanz.[733] Die Akzeptanz und Berechtigung des CAS muss sich also vorrangig durch transparente, faire Verfahren ergeben, um Willkürvorwürfe gar nicht erst aufkommen zu lassen. Dies liegt insbesondere im Interesse der Athleten. Darüber hinaus ist es beispielsweise auch für die Geldgeber des organisierten Sports von Bedeutung, dass die Schiedssprüche des CAS akzeptiert werden. Ihre Investitionen und

---

Gegenwartsfragen des Sportrechts, S. 222 (224 ff.) m. w. N.; vgl. das Bosman-Urteil, EuGH (15.12.1995) – Rs. C-415/93, NJW 1996, 505 (505 ff.); allgemein *Baddeley*, CaS 2011, S. 292 (293).

730 So auch *Fechner* u. a., Sportrecht, Kap. 2 Rn. 1.

731 *Fechner* u. a., Sportrecht, Kap. 2 Rn. 4.

732 S6 Nr. 4 i. V. m. S13 ff. CAS-Code 2019 i. E. zu den Regelungen der geschlossenen Schiedsrichterliste.

733 So u. a. EGMR (02.10.2018) – 40575/10, 67474/10 (*Mutu & Pechstein/Suisse*), siehe für eine Analyse der Rspr. Teil 2 C. II. 1. b.

wirtschaftlichen Vorteile setzen ein funktionierendes System des organisierten Sports voraus, zu dem auch der Befriedungseffekt von Streitigkeiten gehört.

c) Als Vertrauensförderung und im Sinn der verfahrensrechtlichen Waffengleichheit

Ein Vertrauen in ordnungsgemäße Verfahren bildet sich durch eine Vertrautheit mit dem Rechtsprechungssystem und einer ausreichenden Rechtskenntnis.[734] Ein Vertrauen nicht nur der Schiedsparteien, sondern auch der Allgemeinheit in den CAS als effektive und objektive Rechtsprechungsinstanz in Sportsachen ist für die zukünftige Akzeptanz des CAS wichtig. Der CAS als Schiedsgericht existiert erst verhältnismäßig kurz im Vergleich zu der staatlichen Gerichtsbarkeit. Nachdem die mündlichen Verhandlungen lange Zeit hinter verschlossenen Türen abseits der Öffentlichkeit stattfanden, konnte keine Vertrautheit mit den Sportschiedsverfahren entstehen.[735] Diese Abschottung führte im Gegenteil zu einer Infragestellung fairer Verfahren und nicht zur Vertrauensbildung gegenüber dem CAS. Athleten, die nicht wissen, ob ihre Rechte in einem CAS-Verfahren fair beurteilt werden und generell mit den Vorgängen nicht vertraut sind, verzichten eher auf die Einlegung von Rechtsmittel gegen Verbandsentscheidungen. Dieses Prozessrisiko kann durch die Veröffentlichung der Schiedsurteile besser beurteilt werden, über ein faires Schiedsverfahren, das rechtsstaatlichen Grundsätzen entspricht, kann damit jedoch keine Aussage getroffen werden. Dieser Effekt wird dadurch verstärkt, dass Sportler im Vergleich zu den Verbänden keine *repeat players* darstellen und auf keine internen Erfahrungen zurückgreifen können.[736] Zudem besitzen letztere auch keine Kenntnisse über die Auslegung der Verbandsstatuten im Einzelfall, es fehlt ihnen mithin die nötige Rechtskenntnis, sollten sie nicht auf spezialisierte Sportrechtsanwälte zurückgreifen können. Selbst wenn nicht davon auszugehen ist, dass Athleten aufgrund ihres straffen Trainings- und Wettkampfzeitplans öffentlichen mündlichen Verhandlungen des CAS rein aus Interessensgesichtspunkten beiwohnen, so schließt diese Tatsache eine Förderung der Rechtskenntnisse und Vertrautheit mit CAS-Verfahren trotzdem

---

734 *Schilken,* Gerichtsverfassungsrecht, 2. Aufl., § 12 Rn. 156.

735 Nach R57 Abs. 2 S. 2 CAS-Code 2017 fanden die Verhandlungen in Rechtsmittelverfahren grundsätzlich nicht öffentlich statt, es sei denn die Schiedsparteien konnten sich auf das Gegenteil einigen.

736 *Eslami,* Nichtöffentlichkeit, S. 343 ff. zu dem Problem des *repeat player* in der Schiedsgerichtsbarkeit.

nicht aus.[737] Öffentlichen Verhandlungen, die für ihre Sportart oder für ihre besondere Situation Bedeutung haben, könnten beigewohnt werden. Außerdem erlangt an dieser Stelle die mittelbare Öffentlichkeit eine größere Bedeutung. Diese kann durch die auf verschiedene Weise erfolgende Berichterstattung über den Verfahrensinhalt einen „orientierten Umgang mit dem Recht herbei[…] führen und somit zu dessen Akzeptanz oder Kritik zu führen"[738].

d) Zum Schutz der Integrität des organisierten Sportsystems

Die folgende Untersuchung wird darlegen, dass ein wesentlicher Punkt des Telos der Öffentlichkeit der Verhandlung in dem Schutz der Integrität des organisierten Sportsystems besteht.

aa) Öffentlichkeitsbezug

In Deutschland besitzt die Strafverfolgung auch ein gesellschaftliches Element.[739] Die Bestrafung des Täters soll den Rechtsfrieden sicherstellen, indem die Täter zum einen für ihre Taten in Anspruch genommen werden und zum anderen in Zukunft als ein abschreckendes Beispiel für Normübertretungen dienen.[740] Dopingsanktionen erfüllen ebenso diese Funktionen. Sie sollen die Integrität der sportlichen Wettkämpfe und des organisierten Sports in seiner Gesamtheit schützen.[741] Dass es sich bei Dopingsanktionen der Verbände trotzdem um Akte des Zivilrechts handelt, steht der Bejahung von Drittinteressen nicht entgegen. Der Supreme Court der Vereinigten Staaten hat in Bezug auf einen Disziplinarverstoß eines Rechtsanwalts entschieden, dass diese Disziplinarverfahren aufgrund des Ziels des Schutzes öffentlicher Interessen und der Möglichkeit einer Bestrafung einen Strafrechtscharakter aufweisen.[742] Ein Vergleich des Sinns und Zwecks des zu disziplinierenden Verhaltens sowie

---

737 Kritisch aufgrund der tatsächlich seltenen Nutzung der Beiwohnung öffentlicher Verhandlungen, *Eslami,* Die Nichtöffentlichkeit, S. 85; *Schilken,* Gerichtsverfassungsrecht, 2. Aufl., § 12 Rn. 156.

738 *Eslami,* Die Nichtöffentlichkeit, S. 85.

739 *Gropp,* Strafrecht Allgemeiner Teil, Rn. 9 S. 5.

740 *Gropp,* Strafrecht Allgemeiner Teil, Rn. 143 S. 35 f.; auf die verschiedenen Theorien bezüglich der Zwecke des Strafrechtes soll im Rahmen dieser Arbeit nicht eingegangen werden.

741 *Chrobok,* Zur Strafbarkeit nach dem Anti-Doping-Gesetz, S. 76.

742 The United States Supreme Court (08.04.1968) – 390 U.S. 544, abrufbar unter <https://supreme.justia.com/cases/federal/us/390/544/> (besucht am 12.02.2020); *Straubel,* Marq.S.L.Rev. 2008, 63 (85).

der möglichen Auswirkungen dieses Disziplinarverfahrens mit einem Anti-Doping-Verfahren zeigt, dass sich beide Verfahren in diesen Punkten entsprechen. Durch das Disziplinarverfahren gegen Anwälte soll vor allem die Integrität des Rechtsstaates geschützt werden, indem andere Rechtsanwälte durch solche Verfahren abgeschreckt werden sowie die Anwälte, gegen die ein Disziplinarverfahren durchgeführt wurde, von weiteren zukünftigen Fehlverhalten abgehalten werden sollen.[743] Ähnlich wie solche Verfahren dient das Anti-Doping-Verfahren dem Schutz öffentlicher Interessen und bei Bejahung eines Dopingverstoßes steht am Ende eine Sanktionierung, also eine Art Bestrafung des Sportlers.[744] Zwar ist das öffentliche Interesse bei Verstößen der Rechtsanwälte in einem höheren Maß betroffen. Allerdings ist dies aufgrund des anderen Bezugspunkts für einen Vergleich nicht hinderlich. Auf gleiche Weise werden auch durch Anti-Doping-Verfahren öffentliche Interessen verfolgt, etwa der Glaube der Allgemeinheit an lautere Wettkämpfe mit einem ungewissen Ausgang, die Vorbildfunktion der Sportler für jugendliche Fans und die Gesellschaft als Ganzes oder die wirtschaftlichen Interessen der Sponsoren.[745] Einmal ist mithin der Bezugspunkt für die Drittinteressen die Integrität des Rechtsstaats und das andere Mal die Integrität des organisierten Sportsystems. Denn aus dem WADC geht hervor, dass Doping in einem fundamentalen Widerspruch zu dem Sportgeist steht.[746] Zu diesem Sportgeist zählt

---

743 *Straubel,* Marq.S.L.Rev. 2008, 63 (85).

744 Vgl. *Straubel,* Marq.S.L.Rev. 2008, 63 (85).

745 Sportliche Betätigung und Wettkämpfe sind (international) geprägt durch das Prinzip der Chancengleich und dem Gebot sportlicher Fairness, vgl. *Morgenroth,* Sportrecht, S. 12 f; der Konstanzer Arbeitskreis hat in seiner Erklärung neben den einzelnen Sportlern auch die Verbände, Trainer, Betreuer, Manager, Ärzte und die Sponsoren, Medien, in der Jugendarbeit Tätigen sowie die Zuschauer dem ethischen Prinzip des Fair Play verpflichtet erklärt, *Konstanzer Arbeitskreis e.V.,* Karlsruher Erklärung zum Fair Play, SpuRt 1998, 261 ff; die *Olympic Charter* (Stand 15.09.2017) erwähnt in den *Fundamental Principles of Olympism* (S. 11) zudem *fair play* als einen Bestandteil der Olympischen Idee, abrufbar unter <https://stillmed.olympic.org/media/Document%20Library/OlympicOrg/General/EN-Olympic-Charter.pdf#_ga=2.135441395.378367732.1516037569-842184967.1509972496> (besucht am 05.01.2020); den rechtlichen Hintergrund der Gleichbehandlung der Sportler erwähnt *Adolphsen,* in: Witt u. a., Jahrbuch Junger Zivilrechtswissenschaftler 2002, S. 281 (283); *Holla,* Der Einsatz von Schiedsgerichten im organisierten Sport, S. 7.

746 Siehe WADC (Fassung 2015 mit Ergänzungen aus dem Jahr 2019) S. 14, abrufbar unter <https://www.wada-ama.org/sites/default/files/resources/files/wada_anti-doping_code_2019_english_final_revised_v1_linked.pdf> (besucht am 05.01.2020).

der WADC Werte wie Ethik, Fairness und Ehrlichkeit sowie Gemeinschaftssinn und Solidarität. Bei Dopingsanktionen spielen mithin ethische Erwägungen eine Rolle. Das Bestrafen unethischen Verhaltens hat also gerade Parallelen zum Strafrecht, wie ein Vergleich mit dem *attorney discipline system* in den Vereinigten Staaten zeigt.[747] Dopingsanktionen und CAS-Rechtsmittelverfahren zeichnen sich gleich den Strafverfahren durch einen Drittbezug aus. Dritter in diesem Sinn ist dann jeder, der ein Interesse an dem Schutz der Integrität des organisierten Sports besitzt.

Dopingsanktionen als Disziplinarentscheidungen sind Ausdruck eines Unwertes.[748] Allerdings erscheint eine Unterscheidung in Disziplinarentscheidungen mit und ohne Sühnecharakter schwierig. *Schlosser* legt anhand vieler Beispiele dar, dass selbst Maßnahmen, die keinen Unwert ausdrücken sollen, doch ein solcher zukommen kann.[749] Beispielsweise drücken Maßnahmen der Sicherung und Besserung trotz ihrer grundsätzlich nichtdiskriminierenden Intentionen einen Unwert wie Kriminalstrafen aus. Selbst privatrechtliche Vertragsstrafen können diskriminierend sein. Disziplinarentscheidungen drücken mithin immer auch einen Unwert aus, der als diskriminierend und belastend empfunden werden kann. Zudem dient das Strafrecht neben repressiven auch general- und spezialpräventiven Zwecken.[750] Vorrangiges Ziel der Sportverbände ist das Sicherstellen eines regelkonformen, ordnungsgemäßen Ablaufes des Sportbetriebes und damit dem Schutz der Sportausübung.[751] Es geht nicht vorrangig um einen individuellen Schuldvorwurf gegenüber dem Sportler, sondern um die Folgen eines Nachweises verbotener, leistungssteigernder Mittel.[752] Die Bestrafung eines widerrechtlichen Verhaltens und ein damit verknüpfter Unrechtsvorwurf steht dabei zumindest nicht im Vordergrund, sondern eher die Verzerrung des sportlichen Wettbewerbs.[753]

---

747 *Straubel,* Marq.S.L.Rev. 2008, 63 (86 f.).

748 *Schlosser,* Vereins- und Verbandsgerichtsbarkeit, S. 44 ff. i. E.

749 *Schlosser,* Vereins- und Verbandsgerichtsbarkeit, S. 45 ff.

750 BVerfG, (21.06.1977) – 1 BvL 14/76, NJW 1977, 1525 (1531 f.) zu der Vereinigungstheorie bzgl. der Strafzwecke.

751 *Borges,* Verbandsgerichtsbarkeit und Schiedsgerichtsbarkeit im internationalen Berufsfußball, S. 63.

752 *Netzle,* Verfahren und Entscheidungen des Court of Arbitration for Sport (CAS/TAS), insbesondere in Dopingsachen, S. 14; vgl. auch 2.1.1 WADC der den positiven Dopingnachweis keine Schuld der Athleten verlangt.

753 Noch deutlicher *Netzle,* Verfahren und Entscheidungen des Court of Arbitration for Sport (CAS/TAS), insbesondere in Dopingsachen, S. 14; a.A. Arbitrage TAS 92/73 N./Fédération Equestre Internationale (FEI), sentence du 10 septembre 1992

Gleiches gilt im Rahmen des Sports jedoch nicht nur für Anti-Doping-Verfahren, sondern für alle Rechtsmittelverfahren vor dem CAS. Dopingverstöße sind zwar ein gutes Beispiel dafür, dass durch diese Verstöße ein lauterer Wettbewerb und die Glaubwürdigkeit fairer Wettkämpfe sowie die Sportmoral in Frage gestellt werden und damit den organisierten Sport gefährden.[754] Allerdings besitzen auch Disziplinarverstöße zum Teil eine Stoßrichtung gegen den Sport in seiner Gesamtheit. Spielabsprachen (*match-fixing*) stellen einen Angriff auf die Integrität des Sports dar. Darüber hinaus werden durch Zulassungsentscheidungen zu sportlichen Wettkämpfen beispielsweise die Drittinteressen der nicht nominierten Sportler gleicher Nationalität und Sportart tangiert. Außerdem ist an die Sponsoren zu denken, die ein Interesse an erfolgreichen Wettkampfteilnahmen ihrer Werbeträger besitzen. Auch Transferentscheidungen im Fußball weisen einen Sportbezug auf und gehen in ihrer Reichweite über die Vertragsparteien hinaus. Die Verpflichtung eines leistungsstarken Fußballspielers dient der Verstärkung des Teams, was sich möglicherweise als spielentscheidend erweisen kann. Entschädigungszahlungen zwischen Fußballclubs eröffnen für den ausbildenden Club neue finanzielle Ressourcen. Der Drittbezug durch den Angriff auf die Kollektivgüter des lauteren Wettbewerbes, die Glaubwürdigkeit der sportlichen Wettkämpfe und der vorbildhaften Sportmoral stellt sich hierbei als den Disziplinar- und Anti-Doping-Verfahren zwar nicht immer als gleichsam gewichtig dar, kann jedoch trotzdem nicht verneint werden.

bb) Befriedungsinteresse

Da durch Verstöße auch immer die Werte der Allgemeinheit angegriffen werden, muss diese kontrollieren können, dass der Staat die Rechtsverletzungen ahndet.[755] Andernfalls würde mit hoher Wahrscheinlichkeit der Wunsch nach einer Reprivatisierung der Konflikte reifen.[756] Eine öffentliche Hauptverhandlung oder öffentliche mündliche Verhandlung dokumentiert das Funktionieren des Offizial- und Legalitätsprinzips des Staates und führt dadurch zur Befriedung der Gesellschaft. Denn die Öffentlichkeit in Strafverfahren befindet sich

Rn. 11 stellt klar, dass die Art und Höhe der Sanktionen von der jeweiligen Schuld des Sportlers abhängen.

754 Vgl. *Kargl*, NStZ 2007, 489 (490) im Zusammenhang mit Ausführungen zum nationalen Dopingstrafrecht.

755 *Kargl/Sinner*, Jura 1998, 231 (233) dazu, dass Öffentlichkeit der Verhandlung einen Drittbezug erfüllen.

756 *Kargl/Sinner*, Jura 1998, 231 (234).

nicht nur in einer beobachtenden und kontrollierenden Rolle, sondern sie ist in gewisser Weise auch selbst durch jeden Strafrechtsverstoß betroffen.[757] Die jeweiligen Täter berühren mit einer Gesetzesüberschreitung nicht nur die Opfer in ihren Rechten, sondern dadurch gleichsam auch die Allgemeinheit. Die strafrechtlichen Gesetze sollen die Freiheit eines jeden garantieren. Durch einen Verstoß gegen diese greifen die Täter in diese generelle Freiheitsordnung ein und machen mithin gleichsam die Freiheitsausübung der Allgemeinheit nicht nur teilweise obsolet, sondern sprechen sich damit selbst auch von dieser Ordnung frei. Ein Strafverfahren weist damit auch immer einen Gesellschaftsbezug auf, indem es auch auf die Wiederherstellung des Rechts zielt. In Zivilverfahren geht es um den Ausgleich der Ansprüche zwischen den Verfahrensbeteiligten, aber dennoch erfüllt die öffentliche Verhandlung unter anderem mit der Schulung des Rechtsbewusstseins auch überindividuelle Zwecke.[758] Der entscheidende Unterschied soll darin bestehen, dass im Strafprozess mangels Klägers im Gegensatz zum Zivilprozess noch stärker die Bewährung des objektiven Rechts im Mittelpunkt steht.[759] Allerdings entscheidet ein Gericht immer auf der Grundlage des objektiven Rechts. In dem Strafprozess ist prinzipiell die Staatsanwaltschaft die Anklagebehörde. Prozessgegenstand ist mithin nur, was durch sie angeklagt wird. Im Zivilprozess ist das Gericht an die Anträge der Parteien gebunden, allerdings auch nicht an Rechtsmeinungen. Der entscheidende Unterschied besteht vielmehr darin, wer darüber entscheidet, welcher Sachverhalt zu beurteilen ist. Aus diesem Verständnis heraus, dass nicht nur Strafverfahren mit der Wiederherstellung des Rechts, sondern auch Zivilprozesse die Durchsetzung objektiven Rechts zum Gegenstand haben, kann ein Allgemeinbezug beider Verfahren bejaht werden und ist gerade kein Alleinstellungsmerkmal des Strafprozesses.

e) Zusammenfassung

Die Drittinteressen an den Verfahren vor dem CAS machen es notwendig, bei der Entscheidung über die Öffentlichkeit der Verhandlung nicht nur auf den Willen der Sportler abzustellen. Eine Vorschrift, die lediglich bei der Einigung der Schiedsparteien oder dem Parteiantrag der Sportler in Anti-Doping- und

757 *Gierhake*, JZ 2013, 1030 (1035); indirekt BVerfG (05.06.1972) – 1 BvR 536/72 „Lebach“, GRUR 1973, 541 (543 ff.) zu der Abwägung eines öffentlichen Interesses an Berichterstattung und dem Recht auf Resozialisierung des Straftäters.

758 *Simotta*, in: Ballon/Hagen, FS Franz Matscher, S. 449 (450).

759 Vgl. *Reimer*, Verfahrenstheorie, S. 197.

Disziplinarverfahren eine öffentliche Verhandlung ermöglicht, wird den sportlichen und wirtschaftlichen Drittinteressen an transparenten Verfahren mithin nicht gerecht. Dies stellt ein weiteres Argument für die Erforderlichkeit einer grundsätzlichen Öffentlichkeit der Verhandlung in allen Anti-Doping- und Rechtsmittelverfahren vor dem CAS nach dem Vorbild des § 169 Abs. 1 S. 1 GVG dar. Ausnahmen von dem Öffentlichkeitsgrundsatz sollten nur in seltenen Fällen und dem Vorliegen besonderer Gründe gewährt werden.

V. Wer ist als die Öffentlichkeit vor dem CAS zu verstehen?

Es steht also fest, dass die Öffentlichkeit der Verhandlung für den CAS notwendig ist. Eine differenzierte Lösung muss darüber hinaus bestimmen, wer die Öffentlichkeit im Sport darstellt. Der Sport kann in seiner Bedeutung und Wirkung nicht rein auf sportliche Betätigung reduziert werden. Dies zeigt sich auch in der Schwierigkeit, dem Sport eine Definition zu Grund zu legen.[760] Denn neben diesem Wettkampfbezug besitzt der Sport vielerlei Auswirkungen auf Bereiche, die man auf den ersten Blick nicht mit dem Sport in Verbindung bringen würde, wie etwa städtebauliche Gesichtspunkte bei der Organisation sportlicher Großereignisse oder wirtschaftliche Belange der Staaten.[761] Die sportliche Landschaft ist inzwischen also nicht nur durch die Sportausübung der miteinander im Wettkampf stehenden Athleten, sondern vor allem durch die Pluralität an Interessenvertretern geprägt.[762] Die breitgefächerte Interessenlage und die Vielzahl der Interessengruppen legen nahe, dass sich die Öffentlichkeit nicht nur durch die „Brille der Sportler“ bestimmen lässt, sondern sich auf weitere Akteure erstrecken muss. Die Ausweitung der Öffentlichkeit in Investitionsschiedsgerichtsverfahren rührt besonders aus der Tatsache, dass diese Auswirkungen für die Bevölkerung des Gaststaates besitzen.[763] Dahingegen liegt der Fokus in den Handelsschiedsgerichtsverfahren überwiegend auf den Schiedsparteien, so dass sich diese grundsätzlich dem Prinzip der Nichtöffentlichkeit verschreiben. Der Sport besitzt neben einer sportlichen auch eine wirtschaftliche und gesellschaftspolitische Dimension. Der Schwerpunkt lässt

760 *Fechner* u. a., Sportrecht, Kap. 1 Rn. 1 ff.; *Hilpert,* Die Geschichte des Sportrechts, S. 32 ff.

761 Im Jahr 2004 erwirtschaftete der Sport 3,7 % des BIP der EU, vgl. *Europäische Kommission,* Weißbuch Sport, 2007, S. 20.

762 Vgl. *Fechner* u. a., Sportrecht, Kap. 2 Rn. 7 ff.; *Hilpert,* Die Geschichte des Sportrechts, S. 32 ff.

763 Siehe oben Teil 2 B. III. 2. b.

sich mithin im Gegensatz zur Investitions- und Handelsschiedsgerichtsbarkeit nicht eindeutig auf die Gesellschaft oder die Wirtschaft bestimmen. Fest steht, dass sich der Sport nicht nur auf sportspezifische Interessen reduzieren lässt. Im Profisport geht es allen Beteiligten letztlich nicht nur um die Erbringung einer gewissen Leistung, sondern ein daraus resultierender wirtschaftlicher Erfolg ist ebenso angestrebt. Dies setzt eine organisierte Sportausübung voraus, ohne die chancengleiche Wettbewerbe und wirtschaftliche Investitionen nicht möglich wären.[764] Nutznießer einer funktionierenden Sportorganisation sind selbstverständlich die Sportler selbst, jedoch darüber hinaus alle im Folgenden genannten direkt oder indirekt am Sport Beteiligten. Die Darstellung der Interessengruppen im Einzelnen verdeutlicht die Pluralität der Beteiligten im Sport.

1. Sponsoren und Medien

Mit der Professionalisierung des Sports ging auch eine Kommerzialisierung einher.[765] Dies zeigt sich neben den wirtschaftlichen Gewinnen der Verbände durch die Austragung von Mega-Sportevents auch an der Tatsache, dass in vielen Sportarten Vermarkter für die Vermittlung zwischen den Sportakteuren eingesetzt werden.[766] Der Sportbereich ist schließlich zu einem Wirtschaftssektor aufgestiegen.[767] Dies hat nicht nur für die Sportverbände an sich Konsequenzen, sondern damit verbunden ist auch ein wachsendes Interesse der nicht direkt am Sport Beteiligten von außen auf den Sportsektor, wie beispielsweise der Medien und Sponsoren.[768] Die Sponsoren möchten den organisierten Sport schließlich als Möglichkeit von Werbeflächen und mit den Sportlern von Werbeträgern nutzen.[769]

---

764 *Chrobok*, Zur Strafbarkeit nach dem Anti-Doping-Gesetz, S. 76 zieht z. B. einen Vergleich zum Insiderhandel am Kapitalmarktrecht; einmal geht es um die Integrität des Finanzmarktes, das andere Mal um die des organisierten Sportes; *Hilpert*, Die Geschichte des Sportrechts, S. 232 ff. zum deutschen organisiertem Sport.

765 *Blackshaw*, International Sports Law: An Introductory Guide, Ch. 2 S. 7 zu der im vgl. zum Europäischen Sportmodell nach dem US Modell noch wesentlich stärkeren wirtschaftlichen Ausrichtung; *Preuß*, in: Höfling u. a., Olympische Spiele, S. 27 (32 ff.) mit einer ausführlichen ökonomischen Untersuchung der Olympischen Spiele der Neuzeit.

766 *Fechner* u. a., Sportrecht, Kap. 1 Rn. 23.

767 *Europäische Kommission*, Weißbuch Sport, 2007, S. 20.

768 *Tsiotsou*, JBIM 2011, 557 (557 ff.) i. E. zur Qualifikation und Definition von Sponsoring im Sport.

769 Vgl. das Verfahren vor dem Bundeskartellamt zur Möglichkeit der Werbung während der Olympischen Spiele, BKartA (25.02.2019) – B 2 -26/17, BeckRS 2019, 4347.

Ähnliches gilt für die Medien, die sich die Übertragungsrechte sportlicher Veranstaltungen durch Lizenzzahlungen sichern, größtenteils nach vehement geführten Preiskämpfen unter den Fernsehanstalten.[770] Das Engagement der Sponsoren und Medien hat mithin einen wirtschaftlichen Hintergrund. Um die finanziellen Ziele zu verwirklichen, besitzen die Förderer nicht nur ein immenses Interesse am organisierten Sport, sondern möchten diesen bestmöglich auf ihre eigenen Zielsetzungen zuschneiden. Wettkampfregeln und Zeiten ändern sich vor allem auch auf Drängen der Geldgeber, um noch publikumswirksamer zu werden. Eine Regulierung wettkampfbezogener Angelegenheiten findet nicht mehr nur autonom durch die Verbände statt, sondern eine Anpassung der Wettkampfregeln vollzieht sich oftmals auch aufgrund des Drucks einzelner Interessengruppen von außen. Denn die Sportverbände versuchen sich von staatlichen Fördergeldern abzunabeln, um ihre Autonomie wahren zu können. Dies führt sie jedoch nur von einer Abhängigkeit in eine andere, da sie dann beispielsweise die Austragungszeiten nach den medienwirksamsten Sendungszeiten und einzelne Turniermodi nach den Wünschen ihrer Geldgeber richten müssen.[771] Der Sport ist also nur noch seinem Namen nach autonom. In Wirklichkeit regieren die Geldgeber die Sportwelt zu großen Teilen.

2. *Bevölkerungen*

Die Öffentlichkeit im Sport sollte die den Sport konsumierende Allgemeinheit beinhalten, die die Wettkämpfe vor Ort oder durch mediale Berichterstattung verfolgt. Als „Rezipienten des Sports"[772] ist die Allgemeinheit in ihrer Zuschauerrolle nicht unmittelbar am Sport beteiligt und trotzdem kommt ihr neben den Athleten eine wesentliche Rolle zu. Sportliche Großveranstaltungen werden gerade für die den Sport konsumierende Öffentlichkeit ausgerichtet. Während die Bevölkerung in den dargebotenen Sportgeschehen auch eine Unterbrechung und Ablenkung vom Alltag sucht, stellt sie gerade die Zielscheibe der Vermarktungsformate der Medien oder der Werbung der Sponsoren dar.[773] Erst auf diese Weise gibt die den Sport konsumierende Öffentlichkeit

---

770 Vgl. dazu österreichischer Verwaltungsgerichtshof (19.06.2019) – Ro 2018/03/0016-3, CaS 2018, 411 (411 ff.).

771 *Steiner,* in: Tettinger/Vieweg, Gegenwartsfragen des Sportrechts, S. 222 (249 ff.) ausführlich zu den Auswirkungen privater Geldgeber auf den Sport.

772 *Fechner* u. a., Sportrecht, Kap. 1 Rn. 18.

773 Näher *James/Ross,* SMQ 2004, 17 (17 ff.).

den anderen Interessengruppen ihre Bedeutung.[774] Der Sport benötigt jedoch Formen, durch die die Allgemeinheit diesen „konsumieren“ kann. Dafür ist der organisierte Sport essentiell.

3. *Sportler und ihr Umfeld*

Die Athleten mit ihrem Betreuer- und Trainerstab stellen den Mittelpunkt des Sports dar. Ohne sie gäbe es keine Wettkämpfe. Jedoch sind sie ganz besonders auf den organisierten Sport angewiesen, denn sonst würde ihnen eine Plattform für ihre sportlichen Leistungen und die Möglichkeit des Wetteiferns mit anderen fehlen. Dies hätte gerade für Berufssportler einschneidende finanzielle Konsequenzen.

4. *Staaten*

Die Sportverbände und Vereine finanzieren sich oftmals nicht selbst, sondern sind hauptsächlich auf öffentliche Zuschüsse[775], Spenden- oder Sponsorengelder sowie Mitgliedsbeiträge angewiesen. Denn wenngleich die olympische Idee ursprünglich von dem Amateurgedanken geprägt war,[776] ist davon inzwischen nur noch wenig übrig. „Höher, schneller, weiter“ und das stetige Streben nach neuen Rekorden geben den Spielen inzwischen ihr Gepräge. Spitzenleistungen sind jedoch nur mit der Ausstattung finanzieller Mittel möglich, etwa um neuste sportwissenschaftliche Erkenntnisse für die Trainingssteuerung zu erlangen, optimale Trainingsbedingungen im In- und Ausland zu schaffen, die neusten Sportgeräte und Ausrüstung anschaffen zu können oder den Sportlern eine finanzielle Absicherung und Lebensgrundlage zu bieten, damit diese sich ganz auf den Leistungssport konzentrieren können. Die staatlichen Fördergelder mögen auf den ersten Blick im Widerspruch zu der Staatsferne des Sports stehen. Denn der Staat schafft mit der Vereinigungsfreiheit die rechtliche Grundlage für die Autonomie und garantiert damit gerade die Selbstständigkeit der Verbände vor staatlicher Intervention. Die genaue Ausgestaltung müsste dann rein den Verbänden obliegen und mithin „Privatsache“ sein. Allerdings zeigt

---

774 *Sotiriadou,* The Australian sport system and its stakeholders: Development of cooperative relationships, 01.01.2009, S. 12 abrufbar unter <https://works.bepress.com/popi_sotiriadou/6/> (besucht am 05.01.2020).

775 Auf die deutsche Sportförderung auf Bundes- und Länderebene sowie durch die Kommunen soll nicht im Einzelnen eingegangen werden, vgl. dafür *Fechner* u. a., Sportrecht, Kap. 2 Rn. 33 ff.

776 *Wassong,* in: Höfling u. a., Olympische Spiele, S. 9 (13 f).

die Diskussion in Deutschland beispielhaft, ob die sportliche Betätigung als Staatszielbestimmung auch in das Grundgesetz aufgenommen werden soll, dass der Staat ein Interesse an einem funktionierenden Sportsystem hat.[777] Darüber hinaus gibt es etwa in Deutschland und Australien Ministerien, die den Spitzensport fördern.[778] Dieses Interesse mag sich je nach Nation anders darstellen, vor allem bestimmen die jeweiligen politischen Konzepte das Maß staatlicher Einflussnahme. Während in sozialistischen Staaten der Sport als ein Instrument zur Ablenkung sozialer Probleme und Erfüllung von Bedürfnissen der Gesellschaft genutzt wird und diese Nationen sich stark in das Sportsystem einbringen oder dieses von Grund auf lenken, verfolgen liberalistische Staatsformen einen etwas zurückhaltenden Ansatz.[779] Allen politischen Systemen gemein ist jedoch das Zunutze machen der identitätsstiftenden Wirkung des Sports und eine erfolgreiche Außendarstellung der jeweiligen Nation.[780] Letzteres zeigt sich regelmäßig zu den Olympischen Spielen und den dort geführten Medaillenspiegeln sowie der Auszeichnung der besonders erfolgreichen Sportler.[781] Dafür benötigen sie den organisierten Sport, wenngleich die Nationen[782] mit der Vereinigungsfreiheit nur die rechtlichen Rahmenbedingungen schaffen, das Sportsystem gegenüber anderen Interessengruppen jedoch nicht schützen und mithin nicht als „Autonomiehelfer"[783] agieren können. Darüber

777 *Steiner,* SpuRt 2012, 238 (238 f.); *Steiner,* in: Tettinger/Vieweg, Gegenwartsfragen des Sportrechts, S. 136 (142 ff.); S. 127 (131 ff.); auf Landesebene existieren bereits solche Staatszielbestimmungen, siehe z. B. Art. 140 Abs. 3 BayVerf; Art. 3c Abs. 1 BWVerf; Art. 62a HessVerf; Art. 40 Abs. 4 RhPfVerf; Art. 13 Abs. 3 SHVerf; Art. 36a BremVerf.

778 Siehe für Australien den Internetauftritt des Sportministers <https://www.asada.gov.au/about-asada/governance/minister-sport> (besucht am 05.01.2020); siehe für Deutschland das Bundesministerium des Inneren, für Bau und Heimat <https://www.bmi.bund.de/DE/themen/sport/sport-node.html> (besucht am 05.01.2020); Die Schaffung eines eigenständigen, ausgegliederten Ministeriums für Sport wird diskutiert, siehe *Hecker/Reinsch,* Ein Sportministerium im Kanzleramt?, FAZ v. 29.05.2013.

779 *Sotiriadou,* The Australian sport system and its stakeholders: Development of cooperative relationships, 01.01.2009, S. 3 abrufbar unter <https://works.bepress.com/popi_sotiriadou/6> (besucht am 05.01.2020).

780 Vgl. Erklärung zum Sport in Vertrag von Amsterdam, 1997, S. 136; *Europäische Kommission,* Das Europäische Sportmodell, Diskussionspapier der GD X, S. 5.

781 In Deutschland werden besonders hervorragende sportliche Leistungen mit dem Silbernen Lorbeerblatt geehrt.

782 In diesem Fall handelt es sich um Nationen mit einem liberalistischen System.

783 *Steiner,* in: Tettinger/Vieweg, Gegenwartsfragen des Sportrechts, S. 222 (252).

hinaus besitzen Staaten, die den Spitzensport fördern, ein Interesse an einem ordnungsgemäßen Ablauf des organisierten Sports, weil sie ihren Bevölkerungen gegenüber bezüglich des Haushalts rechenschaftspflichtig sein können. Diese Rechenschaftspflicht des Staates wurde bereits in Investitionsschiedsverfahren deutlich, da dort ebenso eine Kontrolle der Verwendung staatlicher Gelder stattfinden sollte.[784]

VI. Bedeutsamkeit der Öffentlichkeit für verschiedene Interessengruppen

Aus den obigen Ausführungen zum Sinn und Zweck einer Öffentlichkeit vor dem CAS ergab sich ein Bedarf an verfahrensrechtlicher Transparenz des CAS. Es wird im Folgenden ausgeführt, dass die verfahrensrechtliche Transparenz des CAS für die Öffentlichkeit im Sinne der breiten Bevölkerung, für die Athleten und für den CAS wichtig ist, um die Funktionen des Öffentlichkeitsgrundsatzes wahren zu können.

1. Bevölkerung als Öffentlichkeit

Es stellt sich die Frage, wer das institutionelle Schiedsgericht des CAS in seiner Funktion als Wächter über alle Streitigkeiten im Sport überprüft, will man jegliche Willkür unterbinden. Der CAS ist die zentrale Rechtsprechungsinstanz in Sportangelegenheiten. Die Überprüfung der Schiedssprüche vor den staatlichen Gerichten findet nur sehr eingeschränkt statt.[785] Die gegenüber den Verbänden rollenspezifisch unterlegenen Sportler beschreiten den Weg vor den CAS zudem nicht aufgrund eines freiwilligen Willensentschlusses, der von ihrer Privatautonomie getragen ist, sondern mangels Wahlmöglichkeiten steht dieser Streitbeilegungsmechanismus einem gesetzlich angeordneten Rechtsschutz gleich.[786] Der ICAS ist Teil des administrativen CAS-Systems und aus diesem Grund keine unabhängige, neutrale Kontrollinstanz. Auch die Sportverbände können den CAS nicht wirksam kontrollieren, da sie in den Rechtsmittel- und Anti-Doping-Verfahren Schiedsparteien sind. Vielmehr sollte der CAS gerade als ein Gegengewicht zu den Monopolverbänden agieren, damit diese nicht beliebig handeln können. Eine wirksame Kontrolle der Rechtsprechung kann

---

784 In Deutschland wird der Spitzensport durch das Bundesministerium des Inneren gefördert, siehe <https://www.bmi.bund.de/DE/themen/sport/sportfoerderung/sportfoerderung-node.html> (besucht am 05.01.2020).

785 Vgl. i. E. zu den Rechtsschutzmöglichkeiten gegen Schiedssprüche Teil 3.

786 Vgl. i. E. für diese Unterscheidung und Diskussion *Haas*, SchiedsVZ 2009, 73 (75 f.).

somit nur die allgemeine Öffentlichkeit ausüben. Diese kann den CAS durch öffentliche mündliche Verhandlungen für faire Verfahren verantwortlich halten. Nachdem es aus Platz-, Kosten- oder Zeitgründen immer nur einem sehr kleinen Teil der Öffentlichkeit möglich ist, der mündlichen Verhandlung auch wirklich beizuwohnen, erhält die Medienöffentlichkeit eine essentielle Bedeutung. Medienvertreter müssen das Schiedsverfahren vor Ort verfolgen können und zudem auf die Schiedssprüche zugreifen können, um die nicht unmittelbar anwesende Öffentlichkeit informieren zu können und damit den CAS als auch die Monopolverbände rechenschaftspflichtig werden zu lassen.

2. *Rollenspezifisch unterlegene Sportler als Schiedsparteien*

Für die den Verbänden rollenspezifisch unterlegenen Sportler erhält die Öffentlichkeit der Verhandlung Bedeutung, um eine „Waffengleichheit" (*equality of arms*) im Verfahren sicherzustellen. Die Öffentlichkeit dient mithin dem Schutz der Schiedsparteien. Denn im Gegensatz zur Handelsschiedsgerichtsbarkeit unterliegen die Sportler bei der Einigung auf die Zuständigkeit des CAS einer faktischen Zwangslage und die Neutralität des Schiedsgerichts kann darüber hinaus aufgrund der beschränkten Auswahl aus der geschlossenen Schiedsrichterliste[787] nur bedingt durch die parteibenannten Schiedsrichter gewahrt werden. Die Sportler besitzen mithin ein großes Interesse, dass das Schiedsverfahren einer öffentlichen Kontrolle unterliegt, damit anstatt eines unfairen Vorteils der Sportverbände als *repeat players* eine Waffengleichheit zwischen den Schiedsparteien sichergestellt ist.

3. *CAS als institutionelles Schiedsgericht*

Sportler, Betreuer und Trainer, Verbände und Vereine, Sponsoren, Medien wie auch die Länder vereint alle ein hohes finanzielles Interesse an einem organisierten Sportsystem. Für sie steht in den Rechtsmittel- und Anti-Doping-Verfahren wirtschaftlich und zum Teil für ihren Ruf einiges auf dem Spiel. Aus diesem Grund gibt es auch außerhalb der Sportrechtsgemeinschaft nicht nur Spekulationen und Diskussionen über das Ergebnis eines Rechtsstreits, sondern alle Akteure wollen auf den CAS als eine effektive Rechtsprechungsinstanz vertrauen. Als Nutznießer wollen die verschiedenen Interessengruppen

---

787 Str. vgl. statt vieler EGMR (02.10.2018) – 40575/10, 67474/10 (*Mutu & Pechstein/Suisse*), SpuRt 2018, 253 (253 ff.) Rn. 138 ff. und Sondervotum der Richter *Keller* & *Serghides* Punkt 5. ff.

um den Erhalt eines funktionierenden Sportsystems wissen. Zu einem solchen gehört auch die Kontrolle der Ahndung etwaiger Regelverstöße durch den CAS. Erst aus dem Vertrauen auf die Funktionsfähigkeit des CAS folgt ein Befriedungseffekt. Zwar wird dadurch nicht verhindert, dass sich der CAS weiter mit verschiedenen Formen von Kritik konfrontiert sieht, vor allem durch die unterliegenden Schiedsparteien. Eine Transparenz der Entscheidungsfindung kann diese jedoch auf ein Minimum beschränken, nachdem die Öffnung eine breite Akzeptanz der Gesamtheit generiert, so dass vereinzelt verübte ungerechtfertigte Kritik als solche erkannt wird und keine weitere Bedeutung erlangt. Der Aphorismus „justice should not only be done, but should manifestly and undoubtedly be seen to be done“[788] fasst das Interesse schließlich prägnant zusammen.

VII. Fazit zur Öffentlichkeit im Sport

Der Schutz der Sportler und die Sicherstellung eines fairen Schiedsverfahrens kann mithin nur effektiv durch die Öffnung der mündlichen Verhandlung für jedermann gewährleistet werden. Denn die Verbände sind in Rechtsmittelverfahren oft selbst Schiedspartei. Die Sponsoren sind nicht nur Förderer der Sportler, sondern auch Geldgeber der Verbände und unter Umständen in einem Interessenskonflikt. Die Nationalstaaten besitzen, je nach politischem System in unterschiedlichem Ausmaß, zwar ein Interesse an dem Schutz ihrer Sportler als nationale Identifikationsfiguren und als Motor für innenpolitische, sozialpolitische Ziele. Allerdings könnte sie das dazu veranlassen, über das eigentliche Ziel – der Willkürkontrolle des Verfahrens – hinauszuschießen und durch einen Druck auf das Schiedsgericht eine interessengerechte Entscheidungsfindung zu verhindern. Gleiches gilt für die Bevölkerung der einzelnen Nationalstaaten.[789] Eine Willkürkontrolle des Verfahrens kann mithin nur effektiv durch die unmittelbare Öffentlichkeit[790] während der mündlichen Verhandlung gewährleistet werden.

Die Ausführungen zum Sinn und Zweck der Öffentlichkeit in CAS-Rechtsmittel- und Anti-Doping-Verfahren hat zudem eine Vielzahl von betroffenen Personengruppen ermittelt. Die Rechtsmittelverfahren gehen über die individuellen Interessen der Schiedsparteien hinaus und betreffen auch Drittinteressen.

---

788 *R v. Sussex Justices ex parte McCarthy* (1924) – 1 KB 256, 259 per *Lord Hewart C.J.*

789 Die geringen Auswirkungen des Dopings auf die Haltung in der Bevölkerung andeutend *Reinsch*, Die Wahrheit über Athleten, FAZ v. 21.02.2013.

790 Vgl. für Definition Teil 1 B. III.

Aus diesem Grund kann die Öffentlichkeit auch in Sportschiedsverfahren nicht auf einzelne Gruppen beschränkt werden, sondern der Begriff der Öffentlichkeit deckt sich mit der in der staatlichen Gerichtsbarkeit. Der Zutritt zu öffentlichen Verhandlungen sollte somit nicht nur einzelnen Interessengruppen, sondern jedermann garantiert werden.

Der CAS sieht für Anti-Doping-Verfahren und zweitinstanzliche Disziplinarverfahren ein Antragsrecht auf Öffentlichkeit der natürlichen Schiedspartei vor. In allen anderen Verfahren ist eine Einigung der Parteien auf die Öffentlichkeit notwendig. Die Verfahren finden mithin nicht generell öffentlich statt. Die Ausführungen zur Rechtsgrundlage zeigten, dass dies im Einklang mit Art. 6 Abs. 1 EMRK steht. An dieser Stelle werden die unterschiedlichen Sichtweisen und Schutzrichtungen der EMRK und des § 169 Abs. 1 S. 1 GVG offensichtlich und relevant.[791] Art. 6 Abs. 1 S. 1 EMKR dient dem Individualschutz und soll den Ausschluss geheimer, unfairer Verfahren für den Einzelnen sicherstellen. Aus diesem Grund können die Schiedsparteien auf den Schutz der Öffentlichkeit der Verhandlung verzichten, sofern dies freiwillig und unmissverständlich geschieht. Das deutsche GVG wählt einen anderen Ansatzpunkt. Die Öffentlichkeit soll nicht zur Parteidisposition stehen, da unter anderen auch überindividuelle, rechtsbezogene Interessen in den Schutzbereich fallen. Bezieht man einen solchen Aspekt in die Untersuchungen des CAS-Code mit ein, dann ist anstatt des Antragsrechts die generelle Öffentlichkeit zu fordern, da Systeminteressen von den Verfahren betroffen sind.[792] Dies ergibt sich zwar nicht aus der Geltung der EMRK, ist für die Rechtsmittel- und Anti-Doping-Verfahren vor dem CAS jedoch interessengerecht.

VIII. *Amici curiae* in CAS-Verfahren

Die Öffentlichkeit der Verhandlung ist ein Mittel für die Transparenz des Verfahrens. Daneben sieht der CAS-Code 2019 auch die Möglichkeit der Beteiligung durch *amici curiae* vor. Die folgenden Ausführungen legen dar, dass diese Rechtsfigur eine Möglichkeit zur Herstellung der Öffentlichkeit in CAS-Verfahren eröffnen kann. Trotzdem können *amici curiae* (*amici*)[793] neben der

---

791 Vgl. i. E. Teil 2 A. I. 3. b.

792 Aus diesem Grund ist auch der Regelungsvorschlag von *Lungstras* abzulehnen, der den Parteien im Wege eines übereinstimmenden „*ex post*-Verzichts", also während des Schiedsverfahrens, die Möglichkeit zum Öffentlichkeitsausschluss gewährt, siehe *Lungstras*, Das Berufungsverfahren, S. 328 f. und S. 410.

793 Im Folgenden wird zumeist lediglich der abgekürzte Begriff *amicus* oder *amici* verwendet.

Öffentlichkeit der Verhandlung nur als ein zusätzliches Element zur Förderung der Transparenz des Verfahrens betrachtet werden. Dies liegt vor allem an den Funktionen der *amici,* die nicht nur oder zumindest nicht vorrangig dem Zweck der Transparenzsteigerung dienen, sondern das Schiedsgericht in der Entscheidungsfindung unterstützen sollen. Aufgrund der prozessualen Rechte, die den *amici* zum Teil durch den CAS zugesprochen werden, findet allerdings in diesen Fällen ein im Vergleich zur Öffentlichkeit der Verhandlung noch größerer Transparenzgewinn für einzelne Interessensgruppen statt. Allerdings zeigen die folgenden Ausführungen auch, dass es „keine Transparenz um jeden Preis" geben darf. Es wird deswegen auch darauf eingegangen, ob die *amici* an sich überhaupt ausreichend legitimiert sind und ob durch diese Rechtsfigur nicht von dem Konzept des kontradiktorischen Charakters des Parteiprozesses abgewichen wird.

1. Einführung in die Rechtsfigur

Während eine öffentliche Verhandlung ein passives Zuhören sicherstellt, lässt das Instrument des *amicus curiae* (Freund des Gerichts)[794] die Nichtparteien aktiv an dem Verfahren teilhaben.[795] Unter einer Beteiligung als *amicus* versteht man nämlich die Möglichkeit Dritter, freiwillig eine schriftliche Stellungnahme einzureichen, um das Schiedsgericht in der jeweiligen Streitsache mit besonderen Perspektiven, Argumenten oder Fachkenntnissen zu unterstützen.[796] Allerdings wird das Instrument der *amici curiae* international je nach

---

794 Aus dem Lateinischen übersetzt, bedeutet dies „Freund des Gerichts".

795 Dieses Rechtsinstitut wird im Folgenden nur kurz dargestellt, und die Ausführungen konzentrieren sich auf die Spezifika der *amici curiae* vor dem CAS als ein Mittel für die Öffentlichkeit der Verfahren; vgl. für ausführliche Darstellung mit z. T. rechtsvergleichender Untersuchung *Blanquett/Casser,* Amicus Curiae in Deutschland, Humboldt Law Clinic, Working Paper Nr. 10, 2016; *Büstgens,* Transparenz, S. 249 ff.; *Kühne,* Amicus Curiae, S. 1 ff.; *Sackmann,* Transparenz im völkerrechtlichen Investitionsschiedsverfahren, S. 135 ff.; *Segger,* Der Amicus Curiae im internationalen Wirtschaftsrecht, S. 1 ff.; *Stumpe,* SchiedsVZ 2008, 125 (125 ff.); *Tams/Zoellner,* AVR 2007, 217 ff.; *Maxwell,* ALAJ 2007, 176 (177) generell zu *amicus curiae* als eine Maßnahme zur Verfahrenstransparenz in Investitionsschiedsverfahren.

796 CAS-Schiedsspruch (24.04.2009) – CAS 2008/A/1639, *RCD Mallorca v. The Football Association (FA) & Newcastle United,* Leitsatz Nr. 2 definiert diesen Begriff für die Sportschiedsgerichtsbarkeit noch vor der Normierung im CAS-Code; CAS-Schiedsspruch (23.06.2014) – CAS 2013/A/3393, *Genoa Cricket and Football Club v. Juan Asia Blanco,* Leitsatz Nr. 1; *Noth/Haas,* in: Arroyo, Arbitration in Switzerland,

Land etwas unterschiedlich verstanden,[797] so dass sich eine Festlegung auf gewisse Merkmale, die ein solcher Schriftsatz und die einreichenden Parteien erfüllen müssen, auch nicht lediglich durch die Nennung des Begriffs *amicus curiae* an sich ergibt. Die *amici* haben keinen Anspruch, dass ihre Stellungnahmen berücksichtigt werden, sondern dies liegt im Ermessen des Gerichts. Es gibt also weder vor dem CAS noch sonst in der Schiedsgerichtsbarkeit feste Standards und Regeln bezüglich der Reichweite und der Berücksichtigung dieser Schriftsätze.[798] International betrachtet ist diese Methode in *common-law*-Ländern und bei internationalen Gerichtshöfen vorgesehen und verbreitet, wie das Beispiel ausdrücklicher Regelungen im amerikanischen Recht[799], in der Verfahrensordnung des Internationalen Strafgerichtshofs[800] und Art. 36 EMRK zeigen. In deutschen Gerichtsverfahren ist dieses Rechtsinstitut dahingegen kaum geläufig.[801] Die CAS-Verfahrensordnung[802] und die ICSID-Arbitration-Rules[803] sehen als einzige Schiedsordnungen institutioneller Schiedsgerichte ausdrückliche Regelungen vor. Allerdings bedeutet dies nicht, dass die Einreichung von Schriftsätzen den interessierten Parteien in anderen Schiedsverfahren nicht gestattet ist. Vielmehr können diese Schriftsätze aufgrund der weitreichenden Kompetenzen des Schiedsgerichtes bezüglich der Verfahrensgestaltung trotzdem ohne ausdrückliche Klarstellung in den Verfahrensordnungen eingereicht werden.[804] Dafür ist auch das CAS-Schiedsverfahren ein

---

2. Aufl., CAS Code, R41 Rn. 23; allgemein zu dieser Rechtsfigur statt vieler *Tams/Zoellner,* AVR 2007, 217 (220 ff.).

797 *Fach Gómez,* Fordham Int'l L.J. 2012, 510 (516).

798 Das CAS Court Office gab auch auf Anfrage keine Auskunft.

799 Rule 37 Rules of the Supreme Court of the United States.

800 Rule 103 Rules of Procedure and Evidence of the International Criminal Court.

801 Siehe § 90 Abs. 2 GWB, § 27a BVerfGG, § 9 TVG, § 6 SpruchG im dt. Recht; *Blanquett/Casser,* Amicus Curiae in Deutschland, Working Paper Nr. 10, 2016, S. 18 ff. mit einer Untersuchung der tatsächlichen Situation in Deutschland; *Kühne,* Amicus Curiae, S. 169 ff.; *Segger,* Der Amicus Curiae im Internationalen Wirtschaftsrecht, S. 479 ff.; für ein Beispiel vgl. *Gesellschaft für Freiheitsrechte,* Amicus Curiae Brief zum Verfahren 1 A 15.17 vor dem Bundesverwaltungsgericht, 24.08.2018 <https://freiheitsrechte.org/home/wp-content/uploads/2018/09/2018-08_GFF_Amicus_Curiae_Brief_Linksunten_Indymedia.pdf> (besucht am 05.01.2020).

802 Vgl. sogleich.

803 Rule 37(2) ICSID-VerfO; vgl. für das internationale Recht abseits des Schiedsrechts Art. 36 Abs. 2 EMRK; Rule 44 EGMR-VerfO 2020.

804 Vgl. statt vieler Art. 17 Abs. 1 S. 1 UNCITRAL-VerfO.

Beispiel. Bereits vor der ausdrücklichen Normierung im CAS-Code wurden zum Teil *amici-curiae*-Schriftsätze akzeptiert.[805]

2. *Vorschriften in der CAS-Schiedsgerichtsbarkeit und praktische Relevanz*

Mit den Änderungen des CAS-Code im Jahr 2010 wurde die bis dahin gewohnheitsrechtlich bestehende Praxis des Rechtsinstituts des *amicus curiae* ausdrücklich in den CAS-Code aufgenommen. R41.4 Abs. 6 und R54 Abs. 5 i. V. m. R41.4 Abs. 6 CAS-Code 2019 regeln für das ordentliche und das Rechtsmittelverfahren nun das Instrument des *amicus*. In den *Arbitration Rules for the Olympic Games* (ADH-Regeln) findet sich allerdings weiterhin keine explizite Regelung, die die Schriftsätze der *amici* ausdrücklich erwähnt und gestattet.[806] Allerdings gilt R41.4 Abs. 6 CAS-Code 2019 auch für die *ad-hoc*-Verfahren.[807] Dieses Ergebnis wird durch die Anwendung in der Praxis gestützt. Schriftsätze der *amici* werden ohne Ausführungen zur rechtlichen Grundlage in *ad-hoc*-Verfahren akzeptiert und finden ihre Berücksichtigung.[808]

Von einer Zulässigkeit der *amici-curiae*-Schriftsätze ist auch in erstinstanzlichen Anti-Doping-Verfahren vor der ADD-Kammer auszugehen. Das ergibt sich zwar nicht ausdrücklich aus den zum 01.01.2019 in Kraft getretenen ADD-Regeln. Allerdings verweist A14 Abs. 6 S. 2 ADD-Rules für „multiparty arbitration" auf die Vorschriften des CAS-Code. Es handelt sich bei *amici curiae* nicht um eine Form der Mehrparteienschiedsgerichtsbarkeit, wie dies etwa bei einer Nebenintervention oder Streitgenossenschaft der Fall ist. Allerdings verweist A14 Abs. 6 S. 2 ADD-Rules auf den gesamten R41 CAS-Code 2019, der auch die *amici-curiae*-Schriftsätze regelt. Zudem sind keine Gründe ersichtlich, warum das Institut der *amici* vor der permanenten ADD-Kammer nicht

---

805 Siehe zur alten Rechtslage noch vor Änderung des CAS-Code CAS-Schiedsspruch (23.02.2009) – CAS 2008/A/1517, *Ionikos FC v. C.*; CAS-Schiedsspruch (24.04.2009) – CAS 2008/A/1639, *RCD Mallorca v. The Football Association (FA) & Newcastle United.*

806 Art. 9, 10 und 15 ADH-Rules regeln für einen sehr beschränkten Adressatenkreis lediglich andere passive Informations- und Teilhaberechte, beispielsweise die Zustellung der Schiedsklage an die NOKs und in bestimmten Fallgruppen die Anwesenheit in der mündlichen Verhandlung.

807 Vgl. Teil 1 C. II. 2. zu den speziellen Regelungen in den ADH-Rules und dem CAS-Code als Lückenfüllung.

808 Siehe etwa CAS-Schiedsspruch (06.08.2016) – CAS OG 16/12, *Ivan Balandin v. FISA & IOC*, Rn. 3.6 f.

ebenfalls gelten sollte. Interessierte Parteien können also sowohl in den ordentlichen, in Rechtsmittelverfahren, Verfahren vor der Anti-Doping-Kammer als auch in Schiedsverfahren vor den *ad hoc*-Schiedsgerichten mit der Methode des *amicus curiae* Schriftsätze einreichen.

Die Möglichkeit der *amici-curiae*-Schriftsätze wird nicht nur rein theoretisch durch den CAS-Code gewährleistet, sondern diese Möglichkeit wird sowohl in den ordentlichen, Rechtsmittel- als auch in *ad hoc*-Schiedsverfahren in Anspruch genommen.[809] Allerdings ist zu beobachten, dass *amicus-curiae*-Schriftsätze in den ordentlichen Verfahren im Vergleich zu den anderen Verfahren in einer deutlich geringeren Anzahl vorkommen.[810]

3. *Motive und Zustandekommen der* amici-curiae-*Beteiligung*

Welche Motive die *amici* verfolgen, hängt stark davon ab, auf wessen Initiative die *amici* als Nichtpartei an dem Verfahren teilhaben. Die Einreichung der Schriftsätze der „Freunde" kann durch die Initiative des Schiedsgerichts, einer Schiedspartei oder auf eigene Initiative zustande kommen.[811] Die Schriftsätze der *amici*, die aufgrund der Initiative des Schiedsgerichts eingereicht werden, sollen den CAS vor allem bei der Entscheidung des Streitgegenstandes unterstützen („assist").[812] Beispielhaft für *amici-curiae*-Schriftsätze kann die Hilfestellung mit Fachwissen durch die WADA in zum Teil komplizierten

---

809 CAS-Schiedsspruch (23.02.2009) – CAS 2008/A/1517, *Ionikos FC v. C.*; CAS-Schiedsspruch (24.04.2009) – CAS 2008/A/1639, *RCD Mallorca v. The Football Association (FA) & Newcastle United*; CAS-Schiedsspruch (05.08.2016) – (OG Rio) 16/009, *Russian Weightlifting Federation (RWF) v. International Weightlifting Federation (IWF)*; CAS-Schiedsspruch (06.08.2016) – CAS OG 16/12, *Ivan Balandin v. FISA & IOC*; CAS-Schiedsspruch (15.12.2017) – CAS 2017/A/4937, *Drug Free Sport New Zealand v. Karl Murray*; für ordentliche Schiedsverfahren ist diesbezüglich kein Schiedsspruch veröffentlicht. Die Annahme bezieht sich deswegen auf sekundäre Quellen, vgl. *Mavromati/Reeb*, CAS Code, R41 Rn. 102 ff.; Das CAS Court Office hat sich nicht zu der Praxisrelevanz geäußert..

810 *Mavromati/Reeb*, CAS Code, R41 Rn. 102 Fn. 108.

811 Siehe *Segger*, Der Amicus Curiae im Internationalen Wirtschaftsrecht, S. 254 ff., S. 412 ff.

812 Wie der Name bereits andeutet, geht es an dieser Stelle lediglich um das Ziel der *amici* und Grad der Unterstützung, da *amici* wie in ihrem Namen bereits angedeutet, immer eine helfende Unterstützung für das (Schieds-)gericht darstellen, vgl. etwa *Mavromati/Reeb*, CAS Code, R41 Rn. 96.

Fragestellungen in Dopingangelegenheiten genannt werden.[813] Ähnlich einem Sachverständigen können diese *amici* durch zusätzliche Informationen und Sachkunde das Schiedsgericht unterstützen und ein zeitlich wesentlich aufwendigeres Sachverständigengutachten ersetzen. Eine Beteiligung ist darüber hinaus auf Initiative einer Schiedspartei möglich.[814] In diesen Fällen ist die Neutralität der *amici* allerdings fraglich, da die Beibringung zusätzlichen Wissens vorranging dem Schutz der Interessen dieser Schiedspartei dienen könnte.[815] Diese Abhängigkeit muss jedoch nicht die Unbrauchbarkeit dieser Schriftsätze nach sich ziehen. Das Schiedsgericht kann die Nähe zu einer Schiedspartei bei der Glaubwürdigkeit des Spezialwissens berücksichtigen.[816] Außerdem kann ein Schriftsatz mit dem Ziel der Unterstützung speziell einer Partei vor allem in Sportschiedsverfahren die Waffengleichheit zwischen den Schiedsparteien herstellen.[817] Die Sportler als strukturell unterlegene Schiedspartei, als sog. *one shot player*, befinden sich gegenüber den Verbänden als *repeat players* manchmal im Nachteil, zumindest wenn sie ohne erfahrenen Rechtsanwalt vor dem CAS auftreten.[818] Eine unabhängige Athletenvertretung wie der im Oktober 2017 gegründete *Athleten Deutschland e. V.*[819] dient nicht nur als Sprachrohr für die Bedürfnisse der Sportler, sondern kann die Athleten mit Fachwissen und alternativen rechtlichen Argumentationen unterstützen.[820] Diese *amici-curiae*-Schriftsätze repräsentieren dann die Belange der Athleten und stellen damit eine nicht immer vorhandene Waffengleichheit zwischen den Athleten und Verbänden in den Schiedsverfahren her. Der wahrscheinlich gängigste Fall ist die Beteiligung von *amici* auf eigene Initiative beziehungsweise

---

813 CAS-Schiedsspruch (06.08.2016) – CAS OG 16/12, *Ivan Balandin v. FISA & IOC*, Rn. 7.7.

814 CAS-Schiedsspruch (23.06.2014) – CAS 2013/A/3393, *Genoa Cricket and Football Club v. Juan Aisa Blanco*, Rn. 20; *Mavromati/Reeb*, CAS Code, R41 Rn. 103.

815 Zu dieser Fragestellung speziell in gemischten Schiedsverfahren *Büstgens*, Transparenz, S. 271 ff..

816 *Büstgens*, Transparenz, S. 272.

817 *Büstgens*, Transparenz, S. 272 dazu, dass eine gewisse Parteilichkeit allen *amici*-Schriftsätzen anhaftet.

818 *Stumpe*, SchiedsVZ 2008, 125 (127) zu dem Vorteil der *amici* bei nicht anwaltlich vertretenen Parteien.

819 Offizielle Website <https://www.athleten-deutschland.org> (besucht am 05.01.2020).

820 Siehe allgemein statt vieler zu den Hintergründen und Motiven der Gründung *Jensen*, Silke Kassner: „Zu viel Willkür im Sport-System", Hamburger Abendblatt v. 05.10.2018.

Entscheidung.[821] Falls der CAS eine Beteiligung am Verfahren nach R41.2 und R41.3 CAS-Code 2019 verneint, wird dann als ein Minus wenigstens die Form der *amici* gewählt.[822] Manchmal wollen Verbände auch ausdrücklich nicht dem Schiedsverfahren als Partei beitreten, sondern ihren Standpunkt lediglich durch *amici-curiae*-Schriftsätze verdeutlichen.[823] Diese Konstellation liegt vor allem in Fällen vor, in denen der Verband in seinem *amicus-curiae*-Schriftsatz geltend macht, dass sich das Rechtsmittel nicht gegen den richtigen Beklagten richtet, sondern die Klage vielmehr gegen den Verband als Prozesspartei hätte erhoben werden müssen.[824] Sollte der Verband dann im Sinne einer Intervention nach R41.3 CAS-Code 2019 dem Streit beitreten, würde dieses Argument wegfallen und die fehlende Beklagtenstellung könnte nicht mehr widerspruchsfrei gerügt werden. Das Ziel der *amici-curiae*-Schriftsätze, die auf eigener Initiative beruhen, haben weniger die Unterstützung des Gerichts im Sinn. Sie vertreten und legen hauptsächlich parteilich den eigenen Standpunkt oder zumindest den der jeweiligen Interessengruppe dar.

4. *Funktionen des Rechtsinstituts* amicus curiae *in der Sportschiedsgerichtsbarkeit*

Die Schriftsätze der *amici* werden eingereicht, um dem CAS besondere Perspektiven und eine alternative rechtliche Argumentation oder Spezialwissen anzubieten.[825] Das Institut der *amici* räumt damit die Gelegenheit ein, das Schiedsgericht unabhängig und abseits der Parteischriftsätze auf die Folgen der Entscheidung hinzuweisen und nichtparteiliche, öffentliche Interessen im Schiedsverfahren zu repräsentieren. Bei den Disziplinar- und

821 CAS-Schiedsspruch (07.06.2018) – CAS 2017/A/5131, *Shaker Alafoo v. Hisham Al Taher, Mehrdad Pahlevanzadeh & Bahrain Mind Sports Association*, Rn. 6.

822 CAS-Schiedsspruch (16.04.2018) – CAS 2016/A/4903, *Club Atlético Vélez Sarsfileld v. The Football Association Ltd., Manchester City FC & Fédération Internationale de Football Association (FIFA)*, Rn. 36.

823 CAS-Schiedsspruch (24.04.2009) – CAS 2008/A/1639, *RCD Mallorca v. The Football Association (FA) & Newcastle United*, S. 4.

824 CAS-Schiedsspruch (23.02.2009) – CAS 2008/A/1517, Ionikos FC v. C., S. 12; CAS-Schiedsspruch (07.06.2018) – CAS 2017/A/5131, *Shaker Alafoo v. Hisham Al Taher, Mehrdad Pahlevanzadeh & Bahrain Mind Sports Association*, Rn. 39.

825 CAS-Schiedsspruch (24.04.2009) – CAS 2008/A/1639, *RCD Mallorca v. The Football Association (FA) & Newcastle United*, Leitsatz Nr. 2; *Büstgens*, Transparenz, S. 260 ff.; *Wiik, Amicus Curiae* before International Courts and Tribunals, S. 43 ff.

Anti-Doping-Verfahren, die prinzipiell ein öffentliches Interesse auslösen, erlangen die *amici* bereits aus diesen Gründen ihre Bedeutung und Berechtigung.

In der CAS-Praxis reichen besonders häufig Sportverbände als Unbeteiligte Schriftsätze zum Zweck der Rechts- und Sachverhaltsaufklärung ein, insbesondere zur Auslegung ihrer Verbandsvorschriften.[826] Sie sind durch die Entscheidung des CAS sehr oft in ihren Interessen betroffen. Dies liegt daran, dass oftmals die Verbandsregeln Streit- und Entscheidungsgrundlage des CAS sind, die von den Verbänden aufgrund ihrer Vereinsautonomie aufgestellt werden. Auslegungsstreitigkeiten bezüglicher dieser haben mithin grundsätzlich auch Auswirkungen auf die Verbände, da durch die CAS-Schiedssprüche Präjudizen bezüglich einzelner Fragen geschaffen werden könnten.

Als Betroffener eines Schiedsspruchs nutzen jedoch auch Athleten die Möglichkeit als *amici*, um auf die Folgen der Schiedsentscheidung hinzuweisen und auf die Entscheidungsfindung Einfluss zu nehmen.[827] Beispielsweise hat der Rennfahrer *Jorge Lorenzo* eine schriftliche Stellungnahme in dem CAS-Verfahren eingereicht, in dem der direkte Titelkontrahent *Rossi* Berufung gegen eine Entscheidung der Rennleitung des Malaysia-Grand-Prix einlegte.[828] Diese sprach nach einem vermeintlichen Stoß durch *Rossi* mit dem Motorradfahrer *Marc Marquez* während eines laufenden Wettbewerbs drei Strafpunkte aus.[829] Dies hätte den Anstieg seines Punktekontos auf vier Zähler und damit beim darauffolgenden Wettbewerb eine Strafversetzung auf den letzten Startplatz bedeutet. Diese Strafversetzung von *Rossi* hätte die Titelchancen von *Lorenzo* erheblich gesteigert, so dass die CAS-Entscheidung auch für *Lorenzo* sportliche Konsequenzen hatte.

---

826 CAS-Schiedsspruch (23.06.2014) – CAS 2013/A/3393, *Genoa Cricket and Football Club v. Juan Aisa Blanco*, Leitsatz Nr. 1; CAS-Schiedsspruch (04.02.2016) – CAS 2015/A/4260, *Al Hilal Saudi club v. Asian Football Confederation (AFC) & Al Ahli Club*, Rn. 37: *Mavromati/Reeb,* CAS Code, R41 Rn. 102; *Noth/Haas,* in: Arroyo, Arbitration in Switzerland, 2. Aufl., CAS Code, R41 Rn. 23.

827 *Noth/Haas,* in: Arroyo, Arbitration in Switzerland, 2. Aufl., CAS Code, R41 Rn. 23.

828 Vgl. Pressemitteilung CAS v. 05.11.2015 in der Sache *Valentino Rossi* – Request to stay the execution of the FIM Stewards desicion is dismissed <https://www.tas-cas.org/fileadmin/user_upload/Media_Release_4259_0511.pdf> (besucht am 05.01.2020); das Schiedsurteil ist nicht abrufbar.

829 Siehe für eine Zusammenfassung *Dalton,* Lorenzo cannot intervene n Rossi appeal to CAS, REUTERS Sports News v. 03.11.2015.

Dem Institut der *amici* wird neben dem Informationsbedürfnis des CAS und dem Mitteilungsbedürfnis Dritter auch die Funktion eines Legitimitätsgewinns des CAS zugeschrieben.[830] Dieses Ziel soll aufgrund des Themenzuschnitts des vorliegenden Buches in den Mittelpunkt der nachfolgenden Analyse gerückt werden.

5. *Legitimität des CAS durch* amici

Die Transparenz des Verfahrens ist ein Mittel zur Förderung der Akzeptanz des CAS.[831] Die Beteiligung der *amici* kann diese fördern, sofern damit eine Transparenzsteigerung verbunden ist. Die Rechtsfigur des *amicus curiae* wird sowohl von den Schiedsgerichten als auch von der Wissenschaft vorteilhaft mit einer Steigerung der Verfahrenstransparenz und damit einhergehender Akzeptanz der Schiedsverfahren in Verbindung gebracht.[832] Allerdings können Schriftsätze Dritter nur dann relevant werden, wenn diesen auch Einblick in das Schiedsverfahren gewährt wird und sie damit ein Verständnis für die Belange des Einzelfalls gewinnen können.[833] Ihnen sollte mithin der Zugang zu Dokumenten und der mündlichen Schiedsverhandlung gewährt werden. Anderenfalls können sie ihre Schriftsätze nur auf die Kenntnisse stützen, die ihnen aus dem öffentlichen Raum bekannt geworden sind. Ein Transparenzgewinn der Verfahren hängt mithin von dem Grad der Wahrnehmbarkeit des Schiedsverfahrensinhalts und Beteiligungsmöglichkeiten, also den prozessualen Rechten der *amici* ab.

a) Transparenz als Konsequenz des prozessualen Status

Als Hauptmerkmale der *amici* werden in internationalen Verfahren die Information des Schiedsgerichts mit Fach- und Sonderwissen, das Mitteilungsbedürfnis und das Interesse an einer Einflussnahme Dritter genannt.[834] Den

830 Statt vieler siehe Diskussion m. w. N. in *Büstgens*, Transparenz, S. 276 ff.; *Wiik*, *Amicus Curiae* before International Courts and Tribunals, S. 53 ff. m. w. N.

831 *Mavromati/Reeb*, CAS Code, R41 Rn. 298; *Segger*, Der Amicus Curiae im Internationalen Wirtschaftsrecht, S. 197 zu den Zugangsmöglichkeiten und Beteiligungsmöglichkeit als gleichwertige Bestandteile der Transparenz.

832 *Mavromati/Reeb*, CAS Code, R41 Rn. 96. *Sackmann*, Transparenz im völkerrechtlichen Schiedsverfahren, S. 135 m. w. N.; *Segger*, Der Amicus Curiae im Internationalen Wirtschaftsrecht, S. 151 ff.; *Tams/Zoellner*, AVR 2007, 217 (221).

833 So auch *Stumpe*, SchiedsVZ 2008, 125 (129 f.) mit weiteren Ausführungen zu dem Spannungsverhältnis zur Vertraulichkeit des Schiedsverfahrens.

834 *Sackmann*, Transparenz im völkerrechtlichen Schiedsverfahren, S. 160, die in diesem Zusammenhang auf eine Studie aus dem Jahr 2005 verweist.

amici-curiae-Schriftsätzen werden andere Hauptmerkmale anstatt einer Transparenzsteigerung der Verfahren zugeschrieben. Diese Aussage ist jedoch in ihrer Pauschalität nicht für alle Verfahren richtig. Vielmehr hängt eine Transparenzsteigerung davon ab, welche prozessualen Rechte den *amici* gewährt werden.[835] Sofern den *amici* eine öffentliche Anhörung, der Zugang zu Dokumenten oder die Anwesenheit in der mündlichen Verhandlung nicht gestattet wird,[836] wird durch die *amici-curiae*-Schriftsätze lediglich dem Schiedsgericht tatsächliche oder rechtliche Expertise übermittelt. Es findet mithin ein Informationsfluss nur in Richtung des Schiedsgerichtes statt, nicht anders herum.[837] Dies wäre für eine Transparenz des Verfahrens jedoch nötig.[838] Das Institut der *amici* dient dann nur dem Mitteilungsbedürfnis der Dritten. Allerdings könnte selbst in diesen Fällen durch *amici-curiae*-Schriftsätze faktisch trotzdem eine Steigerung der Akzeptanz der Schiedsverfahren in der Allgemeinheit ausgehen, wenngleich dies natürlich nicht empirisch belegbar ist.[839]

Im CAS-Code heißt es lediglich, dass das Schiedsgericht die Einreichung von *amicus-curiae*-Schriftsätzen zulassen kann.[840] Die Regeln schweigen jedoch darüber, welche prozessualen Rechte die *amici* besitzen.[841] Außer der Zulassung liegt auch im Ermessen des CAS, ob die *amici* in der mündlichen Verhandlung anwesend sein dürfen, eine Kopie der Parteischriftsätze und Einblick in Dokumente erhalten.[842]

---

835 So wohl auch *Sackmann,* Transparenz im völkerrechtlichen Investitionsschiedsverfahren, S. 178.

836 Vgl. z. B. ICSID Case (02.02.2007) – No. ARB/05/22, Procedural Order No. 5 (*Biwater Gauff (Tanzania) Ltd. v. United Republic of Tanzania)* Rn. 68 S. 20, abrufbar unter <https://www.italaw.com/sites/default/files/case-documents/ita0091_0.pdf> (besucht am 05.01.2020), darin lehnt das Schiedsgericht den Zugang zu den Schriftstücken ab; *Brower,* Vand. J. Transnat'l. L. 2003, 37 (72); *Maxwell,* ALAJ 2007, 176 (182 ff.).

837 *Büstgens,* Transparenz, S. 276 f.

838 Siehe oben die Definition von Transparenz, Teil 1 B. I.

839 Vgl. ähnlich *Büstgens,* Transparenz, S. 282.

840 R41 Abs. 6 CAS-Code 2019; R54 Abs. 5 CAS-Code 2019 verweist auf R41 CAS-Code 2019.

841 *Noth/Haas,* in: Arroyo, Arbitration in Switzerland, 2. Aufl., CAS Code, R41 Rn. 26.

842 So auch *Noth/Haas,* Arbitration in Switzerland, 2. Aufl., CAS Code, R41 Rn. 26; ausgeklammert bleibt die Frage, ob die *amici* mit der Beteiligung an den Verfahrenskosten auch Pflichten treffen, vgl. CAS-Schiedsspruch (16.04.2018) – CAS 2016/A/4903, *Club Atlético Vélez Sarsfileld v. The Football Association Ltd., Manchester City FC & Fédération Internationale de Football Association (FIFA)*, Rn. 36 dazu, dass die *amici* ihre eigenen Verfahrenskosten selbst tragen müssen; *Noth/Haas,* Arbitration

Wenn eine Schiedspartei in Anti-Doping- und Rechtsmittelverfahren erfolgreich die Öffentlichkeit der mündlichen Verhandlung beantragt hat oder sich die Schiedsparteien darauf geeinigt haben, können auch *amici* unproblematisch anwesend sein. Der CAS hatte allerdings auch schon bei nicht öffentlichen Verhandlungen die *amici* zu dem Termin der mündlichen Verhandlung eingeladen.[843] Dies war der Fall, wenn sich das Schiedsgericht durch die Anwesenheit weitere Erläuterungen und Klarheit versprochen hatte, da den *amici* dann auch Kommentare gestattet wurden, wie das Rechtsmittelverfahren des russischen Ruderers *Ivan Balandin* zeigt. Nach vermeintlichen Unregelmäßigkeiten des Dopingtestlabors in Moskau wurde vermutet, dass trotz des Nachweises verbotener Substanzen dem Sportler ein negativer Dopingtest bestätigt wurde. Nach der Veröffentlichung des *McLaren Reports* stellte das IOC strikte Zulassungskriterien für die Zulassung zu den Olympischen Sommerspielen in Sotchi auf. Die FISA musste die vom IOC festgelegten Teilnahmebedingungen bewerten und einhalten. Nach Informationen aus dem McLaren-Bericht bestätigten sich diese Unregelmäßigkeiten des Dopingtestes auch im Fall des Ruderers *Balandin*. Daraufhin wurde unter anderem *Balandin* nicht für die Olympischen Spiele nominiert. In der mündlichen Verhandlung unterstützte die WADA das Schiedsgericht mit einer Erläuterung der „disappearing positives methology“ (DPM), die diesem Test zu Grunde lag. Die komplizierten Vorgänge machten mithin neben der Zulassung eines Schriftsatzes der WADA als *amicus* auch Nachfragen und zusätzliche Erläuterungen in der mündlichen Verhandlung notwendig. Gleiches galt für gezielte Nachfragen bezüglich des tatsächlichen Spezialwissens von *McLaren*.

In einem weiteren Rechtsmittelverfahren wurde dem nationalen argentinischem Fußballverband (AFA) die Teilnahme an der mündlichen Verhandlung mit einem beschränkten Status gestattet.[844] Die AFA durfte vor den mündlichen Schlussanträgen der Schiedsparteien selbst bis zu 15 Minuten mündlich vortragen. Solche weitgehenden Beteiligungsrechte der *amici*, die in diesem Verfahren auch noch die Offenlegung der Schriftsätze und Unterlagen umfasste, sind

---

in Switzerland, 2. Aufl., CAS Code, R41 Rn. 26 zu den fehlenden Regelungen im CAS-Code; siehe für eine ausführliche Diskussion *Büstgens*, Transparenz, S. 295 ff.; *Wiik*, *Amicus Curiae* before International Courts and Tribunals, S. 562 ff.

843 CAS-Schiedsspruch (06.08.2016) – CAS OG 16/12, *Ivan Balandin v. FISA & IOC*, auf diesen Schiedsspruch wird im Folgenden Bezug genommen.

844 CAS-Schiedsspruch (16.04.2018) – CAS 2016/A/4903, *Club Atlético Vélez Sarsfileld v. The Football Association Ltd., Manchester City FC & Fédération Internationale de Football Association (FIFA)*, Rn. 36.

allerdings als Ausnahme zu betrachten.[845] Die AFA beantragte als Nebenintervenient an dem Verfahren teilzuhaben. Das Hauptargument für die Abweisung des Antrags war die Tatsache, dass die AFA nicht selbst ein Rechtsmittel beim CAS einlegte. Die Klagebefugnis zum CAS wäre zu bejahen gewesen. Die Zulassung von AFA als Nebenintervenient und damit Partei des CAS-Verfahrens würde dann aber zu einer Umgehung der 21-tägigen Frist führen, innerhalb der die Entscheidung angefochten werden muss. Allerdings benötigte der CAS für die Entscheidung trotzdem die Expertise der AFA. Der CAS hielt es vor allem für notwendig, die Ansichten und tatsächlichen Ausführungen der AFA in Bezug der Behauptungen des Schiedsklägers zu hören, da die AFA in dem Verbandsverfahren beteiligt war, das schließlich zu der angefochtenen Entscheidung führte. Der CAS hat in diesem Fall der AFA als *amicus* mithin so weitreichende prozessuale Rechte zugestanden, um eine rechtmäßige Entscheidung treffen zu können, ohne der AFA einen formellen Parteistatus – der eine Fristumgehung bedeutet hätte – zu gewähren.

Diese zwei Beispielsfälle verdeutlichen, dass sich der prozessuale Status der *amici* nicht immer nur auf die Möglichkeit der Einreichung eines Schriftsatzes oder die Wahrnehmbarkeit des Schiedsverfahrensinhalts beschränken muss, sondern im Einzelfall auch in der mündlichen Verhandlung aktive Beteiligungsmöglichkeiten ermöglicht. Der CAS entscheidet generell je nach Einzelfall, welche prozessualen Rechte Nichtparteien gewährt werden sollten und für das Verfahren zweckmäßig sind. Diesen Verfahren ist jedoch gemein, dass immer auch wesentliche öffentliche Interessen tangiert waren. Der Fall *Balandin* stellte eine Art Präzedenzfall dar, da die Zulassung zu den Olympischen Spielen aufgrund der gleichen Sachverhaltskonstellation auch noch fünf weiteren Sportlern verwehrt wurde. Außerdem spielten in dem Verfahren auch die vermeintlichen Unregelmäßigkeiten des Dopingtestlabors in Moskau eine Rolle. Es ging damit um einen Angriff auf die Integrität des Sports an sich. In dem zweiten soeben geschilderten Verfahren war die Anwendung und Auslegung einer Verbandsvorschrift der FIFA Verfahrensgegenstand, die europäische Fußballclubs regelmäßig auszuhebeln versuchten. Der CAS hat in solchen Fällen das Interesse der Schiedsparteien an einer bipolaren Streitentscheidung und ihrer Parteiautonomie bezüglich der Verfahrensgestaltung in der Ermessensausübung zu berücksichtigen.[846] Aus diesem Grund wird der prozessuale

845 Siehe für den beispielhaft geschilderten Fall CAS-Schiedsspruch (16.04.2018) – CAS 2016/A/4903, *Club Atlético Vélez Sarsfileld v. The Football Association Ltd., Manchester City FC & Fédération Internationale de Football Association (FIFA)*, Rn. 65 ff.

846 So auch *Mavromati/Reeb*, CAS Code, R41 Rn. 101.

Status der *amici* nach der Zweckmäßigkeit in Einzelfall bestimmt.[847] Die Anwesenheit der *amici* in mündlichen Verhandlungen wird deshalb nicht immer als notwendig erachtet.[848]

b) Zusammenfassung

Es ist eine Entscheidung im Einzelfall, welchen prozessualen Status und Rechte die *amici* in CAS-Verfahren besitzen. Den *amici* wird die Wahrnehmbarkeit des Verfahrensinhalts durch die Kenntnisnahme der Schriftsätze, Verfahrensdokumente oder der Anwesenheit in der mündlichen Verhandlung[849] gestattet.[850] Darüber hinaus bleibt es dem Ermessen des CAS vorbehalten, den *amici* in der mündlichen Verhandlung Fragen zu stellen oder durch einen mündlichen Vortrag aktiv an der mündlichen Verhandlung zu beteiligen.[851]

6. *Zulassungsentscheidung über die* amici curiae

Sofern beide Schiedsparteien der Einreichung von *amici-curiae*-Schriftsätzen zustimmen, bestehen keine Bedenken gegen die Zulassung durch den CAS, sofern dieser die Unterstützung durch *amici* für erforderlich und hilfreich erachtet. Nicht nur die Zulassung der *amici-curiae*-Schriftsätze steht damit im Ermessen des Schiedsgerichts, sondern auch die Bestimmung des prozessualen Status. Die Zulassung der *amici* an sich ist jedoch fraglich, wenn keine ausdrückliche Zustimmung oder sogar Ablehnung einer der beiden Schiedsparteien vorliegt.[852] Sollte der CAS *amici-curiae*-Schriftsätze in diesen Fällen zulassen, dann bedeutet dies eine Abweichung von dem Konzept des

---

847 Zu dem weiten Ermessensspielraum des CAS *Noth/Haas,* in: Arroyo, Arbitration in Switzerland, 2. Aufl., CAS Code, R41 Rn. 26.

848 CAS-Schiedsspruch (23.02.2009) – CAS 2008/A/1517, *Ionikos FC v. C.*, S. 12.

849 CAS-Schiedsspruch (06.08.2016) – CAS OG 16/12, *Ivan Balandin v. FISA & IOC*, Rn. 3.8.

850 Siehe CAS-Schiedsspruch (16.04.2018) – CAS 2016/A/4903, *Club Atlético Vélez Sarsfileld v. The Football Association Ltd., Manchester City FC & Fédération Internationale de Football Association (FIFA)*, Rn. 36.

851 CAS-Schiedsspruch (16.04.2018) – CAS 2016/A/4903, *Club Atlético Vélez Sarsfileld v. The Football Association Ltd., Manchester City FC & Fédération Internationale de Football Association (FIFA)*, Rn. 36; CAS-Schiedsspruch (06.08.2016) – CAS OG 16/12, *Ivan Balandin v. FISA & IOC*, Rn. 7.7 ff.

852 CAS-Schiedsspruch (24.04.2009) – CAS 2008/A/1639, *RCD Mallorca v. The Football Association (FA) & Newcastle United*, Rn. 7 ff. zur alten Rechtslage vor Aufnahme einer Vorschrift in den CAS-Code.

kontradiktorischen Charakters des Parteiprozesses, weil womöglich eine Partei Unterstützung für ihren Standpunkt erhält und damit die Waffengleichheit gestört wird.[853] Es bleibt zu untersuchen, wann und inwieweit das Interesse der Parteien an Individualrechtschutz zugunsten der Gestaltung der Rechtsordnung zurücktritt und aufgrund der öffentlichen Drittinteressen gerechtfertigt ist. Die Parteiautonomie und der Grundsatz der Waffengleichheit dürfen allerdings nicht in ihr komplettes Gegenteil verkehrt werden.[854]

a) Spannungsverhältnis zwischen Parteiautonomie und schiedsgerichtlicher Verfahrensgestaltung

Der CAS-Code enthielt bis zum Jahr 2010 keine ausdrückliche Regelung zu den *amici.* Aus diesem Grund traf er auch keine Regelung, wie mit der Konstellation mangelnder Zustimmung umgegangen werden soll.[855] Die Verfahrensgestaltung obliegt gem. Art. 182 Abs. 2 IPRG dem CAS, sofern die Parteien das Verfahren nicht selbst bestimmt haben.[856] Die Schiedsparteien haben eine Schiedsverfahrensvereinbarung durch die Bezugnahme auf den CAS als institutionelles Schiedsgericht getroffen.[857] Die Schiedsparteien haben damit das Verfahren bestimmt.[858] Seit dem Jahr 2010 existiert mit R41.4 Abs. 6 CAS-Code 2019 auch eine Vorschrift in der Verfahrensordnung des CAS, die ausdrücklich klarstellt, dass Schiedsrichter die Einreichung zu den von ihnen festgelegten Bedingungen („on such terms and conditions as it may fix")[859] zulassen können. Sofern die positiven Effekte der *amici* die negativen überwiegen, steht es im

---

853 *Stumpe,* SchiedsVZ 2008, 125 (135).

854 *Mavromati/Reeb,* CAS Code, R41 Rn. 101.

855 *Mavromati/Reeb,* CAS Code, R41 Rn. 100 f. zur alten Rechtslage; der CAS musste diesen Streit nicht entscheiden, da er in dem zu entscheidenden Fall zumindest das öffentliche Interesse an dem Streitgegenstand abgelehnt hat, siehe CAS-Schiedsspruch (24.04.2009) – CAS 2008/A/1639, *RCD Mallorca v. The Football Association (FA) & Newcastle United,* Rn. 16 f.

856 Art. 182 IPRG ist anwendbar, da sich der Schiedsort des CAS für alle Verfahren in der Schweiz befindet, Art. 176 IPRG und siehe S1 CAS-Code 2019, Art. 7 S. 1 ADH-Regeln; Art. 7 S. 1 ADD-Regeln; *Baddeley/Landrove,* in: Czernich u. a., Handbuch Schiedsrecht, Kap. 32 Rn. 32.37 ff. zur Anwendung des Kapitel 12 IPRG in der CAS-Sportschiedsgerichtsbarkeit.

857 Siehe Ausführungen Teil 3 C. II. 1.

858 Statt vieler *Oetiker,* in: ZK IPRG, 3. Aufl. 2018, Art. 192 Rn. 7.

859 R41 Abs. 6 CAS-Code.

Ermessen des Schiedsgerichts, *amici* auch ohne eine Zustimmung der Parteien zuzulassen.[860]

Die Bestimmung des Verfahrens durch den CAS war und ist vor allem deswegen problematisch, weil dadurch die grundsätzlich im Schiedsrecht geltende Parteiautonomie ausgehebelt wird. Diese Parteiautonomie spiegelt sich nach Art. 182 Abs. 1 und Abs. 2 IPRG auch in der Bestimmung des Verfahrensrechts wider. Diese Parteiautonomie muss jedoch dann zurücktreten, wenn nicht nur eine Streitentscheidung zwischen den Parteien getroffen werden soll, sondern auch gewichtige öffentliche Interessen durch die Entscheidung betroffen sind. Der Schutz der öffentlichen Interessen rechtfertigt es, die *amici* auch ohne Zustimmung der Parteien durch den CAS zuzulassen. Die *amici* müssen dann jedoch ein gewichtiges Eigeninteresse („vital interest") an der anhängigen Streitsache vor dem CAS vorbringen. Dies ist der Fall, wenn sie durch die zu erwartende Entscheidung des CAS selbst in ihren Rechten betroffen werden oder die Entscheidung öffentliche Interessen zu beeinträchtigen droht.[861]

b) Kriterium des wesentlichen öffentlichen Interesses

Das Merkmal der öffentlichen Auswirkungen eines Schiedsspruchs ist mithin für die Frage der Zulässigkeit der *amici* entscheidend. Dies setzt allerdings voraus, dass CAS-Verfahren neben einer bipolaren Streitentscheidung einen Drittbezug besitzen, dessen Berücksichtigung im Verfahren durch *amici-curiae*-Schriftsätze sichergestellt werden kann. Anschließend gilt es zu bestimmen, ob und wann ein wesentliches öffentliches Interesse bejaht werden kann.

aa) Amici als Chance zur Wahrung öffentlicher Interessen

Der CAS schafft mit den Schiedssprüchen in Rechtsmittel- und Anti-Doping-Verfahren Tatsachen auch für einen Personenkreis, der über die Schiedsparteien hinausgeht.[862] Besonders erwähnenswert ist in diesem Zusammenhang die faktische Präjudizwirkung der CAS-Schiedssprüche durch die Herausbildung einer *lex sportiva*. Dies bedeutet, dass der CAS nicht nur eine Entscheidung

---

860 Siehe etwa CAS-Schiedsspruch (23.02.2009) – CAS 2008/A/1517, *Ionikos FC v. C.*, S. 12; *Mavromati/Reeb*, CAS Code, R41 Rn. 101, zu den Schranken siehe sogleich.

861 CAS-Schiedsspruch (24.04.2009) – CAS 2008/A/1639, *RCD Mallorca v. The Football Association (FA) & Newcastle United*, Rn. 11 und 16.

862 Siehe dafür Teil 4 C. IV.

zwischen den Schiedsparteien trifft, sondern auch neues Recht schafft.[863] Sobald sich der CAS jedoch von einer rein bipolaren Streitentscheidung entfernt, müssen auch die Interessen derjenigen Berücksichtigung finden, auf die sich die Entscheidung auswirkt. Die Parteien werden jedoch nur ihre Interessen vertreten und dementsprechend dem Schiedsgericht auch nur die diesbezüglichen Informationen vortragen. Die Parteien beschränken ihr Vorbringen auf einen vergangenen Sachverhalt und wollen ihren konkreten Streit einer Entscheidung zuführen. Daraus folgt ein Informationsbedarf des CAS, inwiefern der Schiedsspruch auch die zukünftige, abstrakt-generelle Rechtslage gestalten kann und Auswirkungen auf Rechtspositionen Dritter besitzt.[864] Diese Drittinteressen blieben ansonsten dem Schiedsgericht unbekannt und drohen bei der Entscheidungsfindung unberücksichtigt zu bleiben. Zum einen muss es dann diesen Unbeteiligten durch die Möglichkeit der *amici-curiae*-Schriftsätze gestattet sein, ihren Standpunkt darzustellen. Zum anderen müssen die Schiedsrichter in diesen Fällen vollumfänglich über diese weiteren Interessen informiert werden, um eine Entscheidung treffen zu können, die im Nachgang auch auf breite Akzeptanz der Allgemeinheit stößt und sich für weitere gleich oder ähnlich gelagerte Fälle als zweckmäßig erweist. Diese Notwendigkeit wird durch einen Vergleich mit § 27a BVerfGG für Verfahren vor dem Bundesverfassungsgericht deutlich, der Stellungnahmen sachkundiger Dritter vorsieht. Die Urteile des letztinstanzlichen Bundesverfassungsgerichts besitzen sehr oft eine große gesellschaftliche Durchschlags- und Gesetzeskraft.[865] Die Auswirkungen auf einen großen Personenkreis machen jedoch ein Hintergrundwissen über deren Bedürfnisse und Ansichten notwendig, will das Gericht nicht an der Realität vorbei urteilen. Diese Regelung existiert, obwohl ansonsten in Deutschland die Rechtsfigur des *amicus* weitestgehend ungeläufig ist. Diese Tatsache unterstreicht das Erfordernis, die Sachkunde Dritter mit in die Entscheidungen einzubeziehen, sofern sich diese neben den Verfahrensparteien auch auf einen größeren Personenkreis auswirkt.

---

863 Siehe auch die Gerichte in den USA, die bedingt durch *legal realism* und *sociological jurisprudence* zunehmend als Gesetzgeber fungieren, vgl. *Kühne,* Post von Freunden, LTO v. 25.09.2018.

864 *Kühne,* Amicus Curiae, S. 57 zu dem Informationsbedarf der amerikanischen Gerichte.

865 Vgl. statt vieler BVerfG (10.01.1995) – 1 BvR 718/89, NJW 1995, 1141 (1141 ff.); BVerfG (10.10.1995) – 1 BvR 1476/91 -, BVerfGE 93, 266–319, NJW 1995, 3303 (3303 ff.); BVerfG (27.01.2015) – 1 BvR 471/10, 1 BvR 1181/10, NJW 2015, 1359 (1359 ff.).

bb) Bestimmung wesentlicher öffentlicher Interessen

Die *amici* können mithin öffentliche Interessen wahren. Nachfolgend soll die Frage untersucht werden, in welchen Fällen es gerechtfertigt erscheint, ein wesentliches öffentliches Interesse an dem Schiedsverfahren zu bejahen. Der Schiedsspruch muss dafür jedenfalls eine Auswirkung auf einen Personenkreis über die Schiedsparteien hinausgehend besitzen.[866] Allerdings ist dies ein sehr vages Kriterium, da die CAS-Schiedsverfahren zumindest indirekt immer auch Auswirkungen auf die Allgemeinheit besitzen können. Es muss also nicht lediglich ein öffentliches Interesse an dem Verfahren vorliegen, sondern dieses muss sich als wesentlich und gewichtig darstellen, so dass es sich im Einzelfall von einem generellen öffentlichen Interesse abhebt.[867] Der CAS setzt diese Schwelle in einem Vergleich mit Fällen der Handels- und Investitionsschiedsgerichtsbarkeit hoch an und nennt vergleichend finanzielle, ökologische und menschenrechtliche Aspekte als wesentliche öffentliche Interessen.[868] Jedenfalls hat der CAS die korrekte Anwendung der Verbandsvorschriften im Interesse einer guten Rechts- und Verwaltungspraxis nicht als ein wesentliches öffentliches Interesse qualifiziert.[869] Die Auswirkung auf Dritte ist offensichtlicher bei Disziplinarverstößen einigen Gewichts wie *match-fixing* oder bei Dopingverstößen, da hier jeweils ein Angriff auf die Integrität des gesamten Sportsystems vorliegt. Weniger naheliegend erscheint dies allerdings etwa bei Transferstreitigkeiten im Fußball. Ein wesentliches öffentliches Interesse ist zudem fraglich, wenn das Schiedsurteil einen Wettbewerber des Athleten betrifft. Das erfolgreiche Rechtsmittel vor dem CAS gegen einen Punkteabzug, Wettkampfsperre oder Zulassung zu einem Wettkampf wirkt sich immer auch auf die nationalen oder internationalen Konkurrenten aus.[870] Das wesentliche öffentliche Interesse

866 CAS-Schiedsspruch (24.04.2009) – CAS 2008/A/1639, *RCD Mallorca v. The Football Association (FA) & Newcastle United*, Leitsatz Nr. 2.

867 In CAS-Schiedsverfahren wurde von „vital interest" gesprochen, vgl. CAS-Schiedsspruch (24.04.2009) – CAS 2008/A/1639, *RCD Mallorca v. The Football Association (FA) & Newcastle United*, Leitsatz Nr. 2; vgl. auch *Maxwell*, AIAJ 2007, 176 (178), der von „particular public interest" spricht.

868 CAS-Schiedsspruch (24.04.2009) – CAS 2008/A/1639, *RCD Mallorca v. The Football Association (FA) & Newcastle United*, Rn. 16.

869 CAS-Schiedsspruch (24.04.2009) – CAS 2008/A/1639, *RCD Mallorca v. The Football Association (FA) & Newcastle United*, Rn. 16.

870 A. A. Pressemitteilung CAS v. 05.11.2015 in der Sache *Valentino Rossi* – Request to stay the execution of the FIM Stewards desicion is dismissed <https://www.tas-cas.org/fileadmin/user_upload/Media_Release_4259_0511.pdf> (besucht am 06.01.2020); das Schiedsurteil ist nicht abrufbar.

sollte sich also entweder durch die Auswirkungen des Schiedsspruches auf einen besonders großen Personenkreis ergeben (Quantität), oder der Schiedsspruch hat einen besonders intensiven Effekt auf Dritte (Qualität). Allerdings sollten auch nicht zu hohe Hürden für die Zulassung der *amici* aufgebaut werden. Der CAS kann in der Entscheidungsfindung die Interessen der Dritten noch entsprechend berücksichtigen und gewichten. Ein wesentliches öffentliches Interesse ist insbesondere bei den Disziplinar- und Anti-Doping-Verfahren anzunehmen, weil dabei die Vermutung nahe liegt, dass die Integrität des organisierten Sports als Ganzes betroffen ist.[871]

7. Gefahren durch amici curiae

Der Wille und die Notwendigkeit einer Transparenzsteigerung der CAS-Verfahren dürfen jedoch nicht dazu führen, dass die *amici* alle Regeln der grundsätzlich geltenden Streitentscheidung zwischen den Schiedsparteien außer Kraft setzen können. Dies ist jedoch nicht zu befürchten, da das rechtliche Gehör der Schiedsparteien auch bei der Zulassung der *amici* sichergestellt werden muss und die Gefahr für die Parteilichkeit der Entscheidungsfindung im Vergleich zu spezialisierten Kammern nicht erhöht ist. Darüber hinaus kann zwar die Legitimation der *amici* an sich fraglich sein. Allerdings bestehen mit der Ermessensentscheidung des CAS zur Zulassung und Reichweite der prozessualen Rechte sowie dem Erfordernis des wesentlichen öffentlichen Interesses ausreichende Schranken.

a) Rechtliches Gehör der Parteien

Die Ausführungen zeigten, dass durch Stellungnahmen der *amici* Drittinteressen in den Verfahren repräsentiert werden und die Schiedssprüche des CAS damit für die öffentliche Akzeptanz förderlich sind. Für die Wahrung dieser Drittinteressen werden den *amici* zum Teil weitgehende prozessuale Rechte durch den CAS eingeräumt. Dieser Transparenzgewinn darf jedoch auch das Interesse der Schiedsparteien an einer Streitentscheidung im Einzelfall nicht völlig außen vorlassen. Dieses Interesse findet grundsätzlich in der Parteiautonomie ihre Stütze, so dass die Parteien das schiedsgerichtliche Verfahren bestimmen. An der Beteiligung Dritter muss ihnen deshalb nicht unbedingt gelegen sein. Gem. R41.4 Abs. 6 liegt die Zulassung der *amici* allerdings ausdrücklich im Ermessen des CAS. Diese Ermessensentscheidung des Schiedsgerichts ist

871 Siehe im Einzelnen zu dem Sinn und Zweck der Öffentlichkeit in CAS-Verfahren und den Drittinteressen, Teil 2, C. IV. bis VI.

nicht mit Rechtsmitteln zum BG angreifbar.[872] Ermessensfehler bei der Bestimmung des prozessualen Status der *amici* und der einseitigen Berücksichtigung der Drittinteressen blieben dann ohne Folgen. Sofern den Schiedsparteien keine Möglichkeit der Kenntnis- und Stellungnahme auf die *amici-curiae*-Schriftsätze eingeräumt wird, kann jedoch ein Anfechtungsgrund gegen den daraufhin erlassenen Schiedsspruch bejaht werden.[873] Die Schiedsparteien sind dann gem. Art. 190 S. 2 lit. d Alt. 2 IPRG in ihrem Anspruch auf rechtliches Gehör verletzt.[874] Das Recht auf rechtliches Gehör stellt unter anderem sicher, dass sich die Schiedsparteien zu dem Vorbringen der Gegenpartei äußern und dieses widerlegen können, um ihren eignen Rechtsstandpunkt wirksam vertreten zu können.[875] Die Stellungnahmen der *amici* werden als Schriftsätze in das Schiedsverfahren eingeführt. Zwar sind sie keine Prozesspartei, allerdings werden die Schriftsätze, sofern sie die Zulassungskriterien erfüllen, nicht anders als Schriftsätze der Parteien behandelt. Der CAS muss den Schiedsparteien zur Wahrung des rechtlichen Gehörs mithin immer die Möglichkeit geben, sich zu den Stellungnahmen der *amici* äußern zu können, damit der Schiedsspruch später nicht vor dem BG angefochten werden kann.[876] Eine Reaktionsmöglichkeit der Schiedsparteien muss auch möglich sein, wenn sich die *amici* in der mündlichen Verhandlung äußern dürfen.[877]

Während es also kein Rechtsmittel gegen die Zulassungsentscheidung der *amici* und die Reichweite deren prozessualer Rechte gibt, findet durch diese Rechtsfigur trotzdem keine Transparenz um jeden Preis statt. Der Grundsatz

---

872 Dies gilt mit der Einschränkung, dass dadurch nicht das rechtliche Gehör oder das Recht auf ein faires Verfahren betroffen ist, vgl. *Raeschke-Kessler*, in: Prütting/Gehrlein, ZPO, 11. Aufl., § 1059 Rn. 72 f.; Verfahrensregeln durch das Schiedsgericht nach Art. 182 Abs. 2 IPRG sind verfahrensleitende Verfügungen, gegen die es keine Rechtsmittelmöglichkeiten gibt, siehe *Schneider/Scherer*, in: BSK, IPRG, Art. 182 Rn. 47.

873 So auch *Schneider/Scherer*, in: BSK, IPRG, Art. 182 Rn. 47.

874 *Oetiker*, in: ZK IPRG, 3. Aufl. 2018, Art. 192 Rn. 63.

875 Statt vieler *Schneider/Scherer*, in: BSK, IPRG, Art. 190 Rn. 63 m. w. N. aus der Rspr.

876 Siehe etwa CAS-Schiedsspruch (23.02.2009) – CAS 2008/A/1517, Ionikos FC v. C., S. 12; CAS-Schiedsspruch (16.04.2018) – CAS 2016/A/4903, *Club Atlético Vélez Sarsfileld v. The Football Association Ltd., Manchester City FC & Fédération Internationale de Football Association (FIFA)*, Rn. 68.

877 Siehe für das Vortragsrecht der Parteien direkt im Anschluss zu dem mündlichen Vortrag des *amicus* CAS-Schiedsspruch (16.04.2018) – CAS 2016/A/4903, *Club Atlético Vélez Sarsfileld v. The Football Association Ltd., Manchester City FC & Fédération Internationale de Football Association (FIFA)*, Rn. 36.

des rechtlichen Gehörs und der damit verbundene Anfechtungsgrund stellt für die Schiedsparteien ausreichend sicher, dass sie auf die Stellungnahmen der *amici* reagieren und deren Argumente möglicherweise entkräften können. Aus diesem Grund muss den Schiedsparteien unbedingt eine Möglichkeit der Stellungnahme auf die *amici-curiae*-Schriftsätze gewährleistet werden, da sonst die Aufhebung des Schiedsspruches möglich ist.[878] Aufgrund des Drittbezugs der Rechtsmittel- und Anti-Doping-Verfahren ist eine Beteiligungsmöglichkeit durch *amici* in den CAS-Verfahren dann jedenfalls höher zu bewerten als das schiedsverfahrensrechtliche Konzept der kontradiktorischen Streitbeilegung.

b) Gefährdung der schiedsrichterlichen Unparteilichkeit

Amici-Stellungnahmen müssen aufgrund eigener Interessen nicht neutral gehalten sein. Darüber hinaus unterliegen *amici* im Vergleich zu den Schiedsparteien auch nicht der Wahrheitspflicht. Damit ist die Gefahr einer einseitigen parteilichen Beeinflussung des Schiedsgerichts verbunden.[879] Mit den Ausführungen in den *amici-curiae*-Schriftsätzen muss sich der CAS allerdings auseinandersetzen, sofern sie für die Entscheidungsfindung relevant werden. Ansonsten könnte aus Sicht der unterlegenen Schiedsparteien der Anschein entstehen, dass der CAS seine Entscheidungen möglicherweise auf sachwidrige Erwägungen gestützt hat, indem er sich in der Entscheidungsfindung einseitig ohne konkrete Prüfung durch die *amici* beeinflusst lassen hat. Dies würde ein Verstoß gegen das Prinzip der Unabhängigkeit und Unparteilichkeit gem. Art. 6 Abs. 1 S. 1 EMRK darstellen.[880] Ein Bedarf an Informationen besteht für Schiedsgerichte jedoch generell, selbst im Fall spezialisierter Entscheidungskammern. Mit der revidierten Fassung der CAS-Verfahrensordnung zum Jahresbeginn 2019 wurde beispielsweise eine permanente Kammer für Dopingangelegenheiten etabliert.[881] Die Schiedsrichter der ADD-Kammer verfügen über einen besonderen Sachverstand in Dopingangelegenheiten.

---

878 Siehe für diese Möglichkeit statt vieler CAS-Schiedsspruch (16.04.2018) – CAS 2016/A/4903, *Club Atlético Vélez Sarsfileld v. The Football Association Ltd., Manchester City FC & Fédération Internationale de Football Association (FIFA)*, Rn. 68; zu weiteren Verfahrensgarantien der Parteien, die im Zusammenhang mit den *amici* berücksichtigt werden sollten *Mavromati/Reeb*, CAS Code, R41 Rn. 104.

879 Im Ergebnis für das amerikanische und deutsche Zivilprozess ablehnend *Kühne*, Amicus Curiae, S. 128, 220 ff.

880 So wohl EGMR (17.01.1970) – 268/65 (*Delcourt/Belgien*) Rn. 31; BVerfG (25.07.1979) – 2 BvR 878/74 Rn. 102, BVerfGE 52, 131 ff. zum deutschen Recht.

881 Siehe Teil 1 C. II. 1. c.

Das Schiedsgericht hat aus diesem Grund auf den ersten Blick keinen Informationsbedarf durch Dritte. Es besitzt daher grundsätzlich allein durch das Parteivorbringen und das eigene Fachwissen die Sach- und Rechtskenntnisse, um die Entscheidung einer Streitigkeit herbeizuführen. Allerdings erlangen die Schiedsrichter der spezialisierten Kammern aufgrund des Austausches mit Kollegen und der Fachöffentlichkeit sowie der Weiterbildung auf Fortbildungen und durch die Lektüre der relevanten Veröffentlichungen aus der Wissenschaft und Praxis das nötige Spezialwissen und den Überblick über die Reichweite der Entscheidung für die sportliche Gesamtrechtsordnung.[882] Die Art und Weise der Informationsbeschaffung ist lediglich eine andere. In beiden Fällen muss und wird es für die Öffentlichkeit transparent, worauf der CAS seine Fachkenntnisse stützt, da eine Offenlegung und Auseinandersetzung mit der Wissens- und Erkenntnisquelle, nämlich entweder direkt mit dem Vorbringen der *amici* oder indirekt durch eine nachvollziehbare Begründung der Entscheidung, stattfinden.[883] Außerdem ist durch das Institut der *amici* eine Wissensübermittlung an den CAS nicht nur einer sehr beschränkten und vielleicht auf einer Lobbyarbeit beruhendem kleinen Kreis einer Fachöffentlichkeit möglich, sondern steht vielmehr allen Interessensgruppen offen. *Amici-curiae*-Schriftsätze stellen also im Vergleich zu einer eigenständigen Informationsbeschaffung der Schiedsrichter kein größeres Gefährdungspotential für parteiliche Entscheidungen dar.

c) Fehlende Legitimation der amici

In Investitionsschiedsverfahren wird diskutiert, ob mit dem Instrument des *amicus curiae* eine Steigerung der Legitimation der Schiedsentscheidung verbunden ist.[884] Streng genommen bedarf es einer Legitimation der schiedsrichterlichen Entscheidungen zwar nicht, weil eine solche durch die Vorschriften zur Zulässigkeit der Schiedsgerichtsbarkeit und deren Grenzen, im Fall von Deutschland den §§ 1025 ff. ZPO, bereits hinreichend durch den

---

882 Zu den Risiken einer Informationsbeschaffung der Schiedsrichter durch diese Quellen, die oftmals einseitig und politisch motiviert sind, siehe *Kühne,* Amicus Curiae, S. 222.

883 Siehe auch *Kühne,* Amicus Curiae, S. 222.

884 i. E. *Büstgens*, Transparenz, S. 278 ff.; *Tams/Zoellner,* AVR 2007, 217 (221 ff.); a. A. *Segger,* Der Amicus Curiae im Internationalen Wirtschaftsrecht, S. 188, der eine Legitimation bereits durch die nationalen Vorschriften zur Schiedsgerichtsbarkeit als ausreichend erachtet.

demokratisch gewählten Gesetzgeber legitimiert sind.[885] Allerdings hängt der Ruf nach einer weiteren Legitimationsgrundlage damit zusammen, dass etwa in Investitionsschiedsverfahren oftmals öffentliche Interessen im Raum stehen und sich der Schiedsspruch etwa in Themen der Daseinsvorsorge unmittelbar auf die Bevölkerung auswirken kann. Trotzdem findet die Streitentscheidung durch ein nicht demokratisch legitimiertes Schiedsgericht statt, das möglicherweise diese essentiellen Interessen überhaupt nicht oder nicht ausreichend berücksichtigt. Durch die *amici* soll diesen Interessen Gehör verschafft und die Streitentscheidung mithin legitimiert werden. Dieser Effekt ist jedoch bereits für die Investitionsschiedsgerichtsbarkeit fraglich, da die Spitzen der Nichtregierungsorganisationen oftmals selbst nicht durch demokratische Wahlen legitimiert sind und damit auch nicht zwingend alle Interessen repräsentieren.[886] Die schiedsgerichtliche Entscheidungsfindung könnte dann zum Nachteil einer Schiedspartei verfälscht werden, da durch die *amici-curiae*-Schriftsätze nur die Belange einer Partei gestützt werden und diesen damit mehr Gewicht gegeben wird. Es ist also nicht nur die Legitimation der Entscheidung, sondern auch die Legitimation der *amici* in den Blick zu nehmen.

Im Sport kann ein Interessenkonflikt zwischen den Belangen der Verbandsspitzen und den Athleten herrschen.[887] Dies verdeutlicht unter anderem der Kampf um Vermarktungsrechte. So mussten die Sportler auf individuelle Sponsoren während der Olympischen Spiele verzichten, was für den DOSB und IOC ein Profit in Milliardenhöhe, für die Sportler hingegen beträchtliche wirtschaftlichen Einbußen bedeuten kann.[888]. Beispielsweise wäre die Gründung des deutschen Vereins *Athleten Deutschland e. V.*[889] nicht notwendig gewesen, wenn sich die Athleten bereits durch die Verbände ausreichend repräsentiert gesehen hätten. Den großen Zuspruch, den *Athleten Deutschland e.V.* durch

---

885 *Segger,* Der Amicus Curiae im Internationalen Wirtschaftsrecht, S. 188 diesbezüglich zur Investitionsschiedsgerichtsbarkeit.

886 *Brower,* Vand. J. Transnat'l. L. 37 (73).

887 *Steiner,* in: Tettinger/Vieweg, Gegenwartsfragen des Sportrechts, S. 222 (224 f.).

888 Rule 40 OC; das deutsche Bundeskartellamt erwirkte allerdings eine Öffnung der Werbemöglichkeiten für deutsche Sportler und ihre Sponsoren, vgl. *Bundeskartellamt,* Mitteilung vom 27.02.2019 <https://www.bundeskartellamt.de/SharedDocs/Meldung/DE/Pressemitteilungen/2019/27_02_2019_DOSB_IOC.html> (besucht am 09.10.2019).

889 Offizielle Website <https://www.athleten-deutschland.org> (besucht am 06.01.2020).

die Sportler erhält,[890] zeigt die Annahme vieler Sportler, dass die Verbände an erster Stelle eigene (wirtschaftliche) Interessen verfolgen. Das Ungleichgewicht zwischen Athleten und Verbänden, die vorrangig auf die Durchsetzung ihrer Interessen bedacht sind, könnte in CAS-Schiedsverfahren fortwirken, wenn Verbände als *amici* in CAS-Verfahren auftreten. Allerdings ist es, wie das deutsche Beispiel des *Athleten Deutschland e.V.* zeigt, nur eine Frage der Zeit, dass sich die Athleten organisieren und Strukturen aufbauen, die eine effektive Interessenvertretung und ein ernstzunehmendes Gegengewicht zu den Verbänden darstellen. Selbst wenn dies noch einige Zeit in Anspruch nehmen wird,[891] so wäre es trotzdem falsch, deswegen das Rechtsinstitut des *amicus curiae* in den CAS-Verfahren abzulehnen. Vielmehr sollten den Bedürfnissen der Sportler nach dem deutschen Vorbild Strukturen und eine einheitliche, effektive Stimme gegeben werden, um diese Methode nutzen zu können, mit den Schriftsätzen als unbeteiligte Dritte ihren Interessen eine Stimme in den Verfahren geben zu können. In einem Schiedsverfahren, das oftmals auf einer faktischen Zwangslage der Sportler bei Abschluss der Schiedsvereinbarung beruht, kann durch die Unterstützung der *amici* eine Waffengleichheit zwischen den Schiedsparteien hergestellt werden. Dieser Effekt, der durch die *amici* erreicht werden kann, fördert letztendlich die rechtmäßige Entscheidungsfindung des CAS und damit die Legitimation der Entscheidung. Eine Gefährdung der prozessualen Rechte der Schiedsparteien durch die Missbrauchsgefahr ist kaum zu befürchten, da der CAS im Einzelfall prüft, ob *amici* zugelassen werden sollen oder ob auch nur Teile der *amici-curiae*-Schriftsätze für das Verfahren und die Argumentation Berücksichtigung finden. Um die *amici* auch ohne die Zustimmung der Schiedsparteien zulassen zu können, ist mit dem wesentlichen öffentlichen Interesse an der Streitentscheidung eine weitere Schranke eingebaut, die der CAS bei der Ermessensausübung berücksichtigen muss.[892] Wenn der CAS zudem diese Prüfungsschritte für die Schiedsparteien und die Öffentlichkeit in der mündlichen Verhandlung oder in der Veröffentlichung des Schiedsspruchs

890 Die Vizepräsidentin Silke Kassner spricht am 05.10.2018 von 360 Mitgliedern, vgl. *Jensen,* Silke Kassner: „Zu viel Willkür im Sport-System", Hamburger Abendblatt v. 05.10.2018.

891 Bisher gibt es lediglich in Deutschland mit *Athleten Deutschland e. V.* eine verbandsunabhängige Athletenvertretung und mit dem IOC gibt es bisher nur Gespräche und keine konkreten Ergebnisse, vgl. *Jensen,* Silke Kassner: „Zu viel Willkür im Sport-System", Hamburger Abendblatt v. 05.10.2018.

892 Siehe dafür oben.

offenlegt, ist die Missbrauchsgefahr nicht ausreichend legitimierter *amici* vernachlässigbar.

Der positive Effekt der *amici* für eine weitere Legitimation der Entscheidung durch den CAS überwiegt. Zwar können die Personen der *amici* an sich nicht ausreichend legitimiert sein. Allerdings ist durch die Ermessensentscheidung des CAS eine Kontrolle eingebaut, ob und inwieweit die *amici* für die Verfahren zugelassen werden. Außerdem muss als weitere Schranke ein wesentliches öffentliches Interesse vorliegen. Dieser Drittbezug der Verfahren rechtfertigt es, dass der kontradiktorische Charakter des Schiedsverfahrens eingeschränkt wird. Die gegebenenfalls fehlende Legitimation der *amici* an sich wirkt sich also nicht nachteilig auf das CAS-Verfahren aus.

8. *Fazit*

Amici haben vor allem für die Disziplinar- und Anti-Doping-Verfahren Bedeutung, da besonders diese Verfahren oftmals nicht nur den konkreten Streit entscheiden, sondern darüber hinaus auch sportartübergreifend abstrakt-generelle Maßstäbe für die sportliche Gesamtrechtsordnung aufstellen.[893] Besonders diese Verfahren sollen aufgrund ihrer Breitenwirkung für die Öffentlichkeit transparent sein. Die Ausführungen haben allerdings auch das Missbrauchspotential der *amici* und die Abweichung von dem Konzept des kontradiktorischen Charakters des Parteiprozesses aufgezeigt. Das Missbrauchsrisiko kann allerdings durch die konkrete Ausgestaltung der Zulassung von *amici* auf ein Minimum begrenzt werden.

Die Regelung im CAS-Code 2019 erschöpft sich auf ein rechtliches Mindestmaß und lässt dem Schiedsgericht grundsätzlich die Freiheit, *amici* in den Verfahren zuzulassen und dabei auch den jeweiligen prozessualen Status zu bestimmen. Es liegt gem. R41.4 Abs. 6 CAS-Code 2019 im Ermessen des Schiedsgerichts, Dritte an dem Verfahren zu beteiligen. Da das Schiedsgericht von den Parteien zur Entscheidungsfindung berufen wurde, muss es auch über Art und Umfang der Beteiligung entscheiden können. Allerdings hat sich gezeigt, dass auf Grund des kontradiktorischen Charakters des Schiedsverfahrens eine Reaktionsmöglichkeit der Parteien auf die Stellungnahmen der *amici* gewährleistet sein muss, sofern bei der Entscheidungsfindung auf die Stellungnahmen zurückgegriffen wurde. Anderenfalls wäre das rechtliche Gehör der Parteien verletzt.

---

893 *Kühne,* Amicus Curiae, S. 324 zu der größeren Bedeutung der *amici* für Rechtsmittelgerichte.

Es bleibt festzuhalten, dass *amici-curiae*-Schriftsätze in CAS-Verfahren ihre Berechtigung genießen und notwendig sind, da sie zur Transparenz des CAS beitragen können.[894] Dies liegt weniger an der Funktion und den Motiven der *amici*, sondern an dem jeweiligen prozessualen Status. Eine Steigerung der Verfahrenstransparenz geht mit der Reichweite der Rechte im Verfahren einher. Es ist also nicht lediglich der CAS als Schiedsgericht, der durch *amici* Informationen erhält, sondern auch die *amici* selbst als Stellvertreter der Öffentlichkeit. Die *amici* sind aus diesem Grund für die prozessuale Legitimität[895] der Schiedssprüche förderlich, da die Öffentlichkeit durch diese Beteiligungsform die getroffenen CAS-Entscheidungen mit tangierten öffentlichen Interessen eher akzeptieren dürfte. Die *amici* geben diesen Drittinteressen nämlich eine Stimme. Außerdem haben die Ausführungen gezeigt, dass die *amici* viele verschiedene Funktionen erfüllen, die einer rechtmäßigen und gerechten Entscheidungsfindung dienen.

Die *amici curiae* sind für die Transparenz in der Sportschiedsgerichtsbarkeit sinnvoll, allerdings kann dieses Instrument sonstige Transparenzdefizite nicht ausgleichen.[896] Zusätzlich zu dem Rechtsinstitut *amicus curiae* muss also weiterhin eine öffentliche mündliche Verhandlung garantiert werden, da die *amici* nur einen Aspekt der Transparenz darstellen. Wie bereits festgestellt, kann nur die Öffentlichkeit der Verhandlung wirkliche Transparenz der Entscheidungsfindung des Schiedsgerichts für die gesamte Öffentlichkeit herstellen, die sich nicht durch *amici* an dem Verfahren beteiligen können oder wollen. Die *amici* repräsentieren jedoch je nachdem, auf wessen Initiative sie an dem Verfahren teilhaben und welche Motive sie verfolgen, nur einen kleinen Ausschnitt wesentlicher öffentlicher Interessen. Selbst bei weitreichenden prozessualen Rechten wird diese Beteiligungsmöglichkeit nur einzelnen Interessengruppen

894 Von einer „Überladung" der CAS-Verfahren mit *amici* ist momentan nicht auszugehen und der Notwendigkeit nach amerikanischen Vorbild gesetzlich die Vorgehensweise mit *amici curiae* zu regeln, um die zunehmende Zahl auf ein sinnvolles Maß zu begrenzen, ist nicht notwendig, vgl. Ausführungen bei *Blanquett/Casser*, Amicus Curiae in Deutschland, Working Paper Nr. 10 2016, S. 8; allerdings hat sich dieser Effekt nicht immer eingestellt, betrachtet man z. B. die beim U. S. Supreme Court eingereichten 136 *Amicus-Curiae*-Schriftsätze bzgl. *Obamacare*, siehe *Baynes*, „Friends" line up for *Obamacare* Supreme Court challenge, Reuters v. 18.03.2012.

895 *Wiik*, Amicus curiae, S. 526 zu dem Begriff *procedural legitimacy*.

896 Dies zeigt sich an den Investitionsschiedsverfahren, die trotz der Methode der *amici curiae* als instransparent gelten, vgl. *Maxwell*, ALAJ 2007, 176 (178), der *amici curiae* als „poor solution to such a need for transparency" bezeichnet.

zuteil. Für die *amici* werden die Verfahren damit transparenter. Die Ausführungen in Teil 2 haben jedoch gerade ergeben, dass die Öffentlichkeit im Sport nicht auf einzelne Gruppen beschränkt werden kann, sondern eine generelle Öffentlichkeit notwendig ist. Öffentliche Verhandlungen lassen darüber hinaus den Druck der Allgemeinheit, die mit der Methode der *amici curiae* noch allzu oft einen Transparenzgewinn verbinden, auf die CAS-Schiedsrichter entfallen, *amici-curiae*-Schriftsätze auch bei einer Unzweckmäßigkeit für das anhängige Verfahren zuzulassen, um dem Vorwurf eines intransparenten Verfahrens zu entgehen.[897]

897 Dazu bei Investitionsschiedsverfahren *Maxwell*, AIAJ 2007, 176 (185).

Teil 3: Folgen der Verletzung des Öffentlichkeitsgrundsatzes aus der Perspektive des deutschen Rechts

Die Notwendigkeit, Öffentlichkeit auch in Sportschiedsverfahren vor dem CAS zu gewährleisten, wurde dargelegt. Daran schließt sich die Frage an, welche Folgen sich aus einer Verletzung des Öffentlichkeitsgrundsatzes aus deutscher Sicht ergeben. Wenngleich sich der Sport durch seine Internationalität auszeichnet, so stellt sich nämlich für die Athleten deutscher Verbände trotzdem die Frage, ob sie dieses System der privaten Rechtssetzung und -durchsetzung akzeptieren müssen oder ob ihnen durch die deutsche Gerichtsbarkeit ein Mindestmaß an Kontroll- und Schutzmöglichkeiten verbleibt.[898] Dem Grunde nach geht es also um die Frage, ob die Autonomie des Sports wirklich so weit reicht oder reichen sollte, dass Regelungen zur Öffentlichkeit lediglich kritisiert werden können oder ob der staatlichen Gerichtsbarkeit eine Einflussmöglichkeit verbleibt, ohne das an sich sinnvolle System der geschlossenen Sportschiedsgerichtsbarkeit zu unterlaufen. Die folgenden Ausführungen zeigen an dem Beispiel des Öffentlichkeitsgrundsatzes, welche Möglichkeiten Sportler deutscher Verbände dabei besitzen. Es geht jedoch auch darum, die Konsequenzen nicht öffentlicher Sportschiedsverfahren und damit den indirekten Einfluss nationaler Rechtsordnungen auf die internationale Sportschiedsgerichtsbarkeit darzustellen. Ob der Schiedsspruch bestehen bleibt oder Wirkung erzeugt, sollte nicht erst nach einem Umweg über den staatlichen Rechtsschutz feststehen. Denn aus der Sicht des CAS und des ganzen Sportsystems besteht sicherlich der Wunsch, den Einfluss nationaler, zum Teil divergierenden Rechtsordnungen, und die damit verbundene Rechtszersplitterung möglichst gering zu halten. Dieser Teil zeigt mithin die Notwendigkeit öffentlicher Verhandlungen vor dem CAS, um auch in Zukunft den internationalen Stellenwert der CAS-Schiedssprüche zu erhalten.

898 Diese Frage stellen sich viele Sportler in der Praxis, wie die Petition von *Pechstein* zeigt, vgl. *Reinsch,* Angriff auf Schiedszwang, FAZ v. 23.07.2015.

A. Schnittstellen zwischen deutscher staatlicher Gerichtsbarkeit und der Schiedsgerichtsbarkeit

Grundsätzlich ist die private Streitentscheidung durch Schiedsgerichte der staatlichen gleichwertig und von dieser unabhängig.[899] Trotzdem ergeben sich Schnittstellen zwischen Schiedsgerichts- und staatlicher Gerichtsbarkeit. Im deutschen Recht existieren verschiedene Einbruchstellen des staatlichen Rechts in das Schiedsgerichtswesen.[900] Der Rechtsweg vor die ordentlichen Gerichte ist gem. § 1032 Abs. 1 ZPO grundsätzlich ausgeschlossen, sofern Klage in einer Angelegenheit erhoben wird, die Gegenstand einer Schiedsvereinbarung ist (sog. Einredeverfahren). Die Klage ist dann bereits unzulässig. Trotzdem eröffnen § 1032 Abs. 1 und 2 ZPO eine Kontrollmöglichkeit des Staates, da bei einer Feststellung der Nichtigkeit, Unwirksamkeit oder Undurchführbarkeit der Schiedsvereinbarung der Rechtsweg vor die ordentlichen Gerichte eröffnet ist. Die Wirksamkeit der Schiedsvereinbarung kann mithin einer staatlichen Überprüfung unterliegen.

Außerdem kann nach § 1059 Abs. 1 ZPO ein Antrag auf gerichtliche Aufhebung des Schiedsspruchs gestellt werden (sog. Aufhebungsklage). Allerdings ist dieser Antrag auf die dort abschließend aufgezählten Fälle beschränkt. Insbesondere der *ordre-public*-Vorbehalt gem. § 1059 Abs. 2 lit. b ZPO eröffnet den Gerichten die Möglichkeit, zwingende staatliche Wertungen bei der Anerkennungs- und Vollstreckungsphase noch zu berücksichtigen und zur Geltung zu verhelfen. Drastische Mängel nach § 1059 Abs. 2 ZPO, wie die Unwirksamkeit der Schiedsvereinbarung, ein Verstoß gegen Verfahrensregeln, die fehlende Schiedsfähigkeit des Streitgegenstands oder ein Verstoß gegen die öffentliche Ordnung können zur Aufhebung des Schiedsspruchs führen. Die deutsche Rechtsordnung prüft den Schiedsspruch damit auf für sie unverzichtbare Erfordernisse, da Schiedssprüchen gem. § 1055 ZPO grundsätzlich die gleichen Wirkungen wie den staatlichen Gerichtsurteilen zukommen.[901] Im Fall des CAS richtet sich die Aufhebung der Schiedssprüche freilich nicht nach § 1059

899 Für die Bezeichnung als „verfassungsrechtlich unaufgeregten Koexistenz" siehe *Steiner*, SpuRt 2014, 2 (2).

900 Die Hilfstätigkeiten deutscher staatlichen Gerichte für die ausländischen Schiedsverfahren bleiben im Folgenden außer Betracht, siehe dafür *Geimer*, IZPR, 8. Aufl. 2020, 16. Teil 2. Kap. Rn. 3742 ff.

901 § 1055 ZPO; vgl. für den Normzweck des Aufhebungsantrags *Voit*, in: Musielak/Voit, 17. Aufl. 2020, ZPO, § 1059 Rn. 1; statt vieler zu der nur teilweisen urteilsgleichen Wirkung *Münch*, in: MüKO ZPO, 5. Aufl. 2017, § 1055 Rn. 1 f.

ZPO, sondern findet nach Art. 190 Abs. 2 IPRG vor schweizerischen Gerichten statt, das schweizerisches Recht anwendet.

Eine weitere Schnittstelle zwischen staatlichem Recht und der Schiedsgerichtsbarkeit existiert bei der Anerkennung und Vollstreckung der Schiedssprüche (sog. Anerkennungs- und Vollstreckbarkeitsverfahren). Schiedsgerichte besitzen im Gegensatz zu den Staaten keinen Vollstreckungsapparat. Aus diesem Grund sind die obsiegenden Schiedsparteien auf die staatlichen Organe angewiesen. Allerdings sollen die Schiedssprüche aus der Sicht der Staaten durch den Rückgriff auf die staatlichen Einrichtungen dann auch ihren grundsätzlichen Wertungen entsprechen. Schiedssprüche sind mithin nicht aus sich heraus vollstreckbar, sondern es bedarf gem. § 1060 Abs. 1 ZPO einer Vollstreckbarerklärung.[902] Im Rahmen dieser unterziehen die staatlichen Gerichte die Schiedssprüche einer Kontrolle, um die minimalen Anforderungen der soeben geschilderten Aufhebungsgründe nach § 1059 Abs. 2 ZPO sicherzustellen. Für ausländische Schiedssprüche, also solche mit einem Schiedsort außerhalb Deutschlands, ist neben der Vollstreckbarerklärung auch noch die Anerkennung des Schiedsspruchs erforderlich, um eine Zwangsvollstreckung in Deutschland zu ermöglichen.[903] Dies richtet sich entweder nach dem New Yorker UN-Übereinkommen über die Anerkennung und Vollstreckung ausländischer Schiedssprüche vom 10. Juni 1958 (UNÜ)[904] oder anderen Staatsverträgen. Die Anerkennungsversagungsgründe des UNÜ beschränken sich auf eine Minimalkontrolle der Schiedssprüche. Diese internationale Vollstreckbarkeit der Schiedssprüche wird als einer der wesentlichen Vorzüge der Schiedsgerichtsbarkeit betrachtet, da für die Urteile ordentlicher Gerichte keine vergleichbar verbreitete Verpflichtung zur Anerkennung und zur

902 Zu dem sog. *self-enforcement* der Sportschiedssprüche siehe später in Teil 3 E. II. 2. und III.

903 Vgl. § 1061 ZPO für die Anerkennung und Vollstreckung ausländischer Schiedssprüche.

904 Vgl. Art. 1 UNÜ zu dem Anwendungsbereich; das UNÜ findet gleich der gesetzlich angeordneten Schiedsgerichtsbarkeit auch bei einer erzwungenen Zustimmung Anwendung, vgl. die Anwendbarkeit bejahend für auf einseitigen Schiedsanordnungen beruhenden Schiedssprüchen *v. Bary*, Gerichtsstands- und Schiedsvereinbarungen im internationalen Erbrecht, S. 222 ff. m. w. N.; das UNÜ gilt als ein Meilenstein internationaler Staatsverträge und ist für den Siegeszug der Schiedsgerichte als wichtigste Rechtsquelle essentiell, siehe *Adolphsen*, in: MüKo ZPO, 5. Aufl. 2017, UNÜ, Art. 1 Rn. 1; zum Zeitpunkt November 2019 haben 161 Staaten das UNÜ unterzeichnet.

Vollstreckung besteht.[905] Diese Kontrolle findet allerdings zumeist aufgrund des *self-enforcement* der Sportschiedssprüche nicht statt, was eine Prüfung der öffentlichen Ordnung noch essentieller werden lässt.[906]

B. Spezifika für internationale Sportschiedssprüche

CAS-Schiedssprüche sind in Deutschland als ausländische Schiedssprüche eines echten Schiedsgerichts zu qualifizieren.[907] Der Sitz des Schiedsgerichts nach S1 CAS-Code 2019 liegt mit Lausanne in der Schweiz. Die *ad-hoc*-Verfahren finden am Ort der sportlichen Veranstaltungen statt und würden somit größtenteils einen Schiedsort außerhalb der Schweiz besitzen. Allerdings gilt selbst für die *ad-hoc*-Schiedssprüche gem. Art. 7 S. 1 ADH-Regeln immer die Schweiz als Schiedsort, unabhängig von ihrer geografischen Lage.[908] Mit dem gleichbleibenden schweizerischen Schiedsort ist die Aufhebung von CAS-Schiedssprüchen im Sinn der Förderung einer einheitlichen Rechtsprechungspraxis immer dem BG vorbehalten. Bei allen Schnittstellen zwischen staatlicher und Schiedsgerichtsbarkeit muss dem im Sport geltenden Gleichheitsprinzip[909] Rechnung getragen werden. Die sportlichen Regelwerke müssen nicht nur weltweit für alle Sportler angewendet werden, sondern sie müssen auch einheitlich ausgelegt werden.[910] Erst ein solcher internationaler, einheitlicher Regelungs- und Entscheidungseinklang kann die Chancengleichheit aller am Sport Beteiligter gewährleisten. Aus diesem Grund ergeben sich für die Sportschiedsgerichtsbarkeit im Verhältnis zum staatlichen Recht und der Handelsschiedsgerichtsbarkeit einige Besonderheiten.

---

905 Statt vieler *Hamann/Lennarz,* JA 2012, 801 (808).

906 Zu dem *self-enforcement* der Sportschiedssprüche siehe später Teil 3 E. II. 2. und III.

907 Die Klassifikation des CAS als „echtes Schiedsgericht" ist inzwischen in der Rechtsprechung anerkannt, siehe *Lungstras,* Das Berufungsverfahren, S. 103 ff.; *Prütting,* SpuRt 2016, 143 (145) mit Hinweis auf BGH-Rspr.; *Summerer,* SpuRt 2018, 197 (200).

908 *Villiger,* in: Stopper/Lentze, Handbuch Fußball-Recht, 1. Aufl. 2012, Kap. 21 Rn. 23 S. 965 (977) bezeichnet den Ort des Schiedsgerichts bei Olympischen Spielen deshalb lediglich als den „Tagungsort"; das Auseinanderfallen von Schiedsort und Ort der mündlichen Verhandlung ist nicht unüblich, vgl. § 1043 Abs. 2 ZPO.

909 *Adolphsen,* SchiedsVZ 2004, 169 (170); z. T. auch als „Einheitlichkeit der Sportausübung" bezeichnet, vgl. *Haas,* SchiedsVZ 2009, 73 (80) m. w. N.

910 Statt vieler *Kluth,* GWR 2015, 83 (83).

C. Einfluss der Vorschriften zur Öffentlichkeit auf die Wirksamkeit der Schiedsvereinbarung

Die Tatsache, dass sich bei dem Abschluss der Schiedsvereinbarung mit Verband und Sportlern keine gleichstarken Privatrechtssubjekte gegenüberstehen, kann Auswirkungen auch auf die Schieds- und Schiedsverfahrensvereinbarung besitzen, welche zum Beispiel nach § 1032 ZPO auch durch deutsche Gerichte geprüft werden darf.[911] Die fehlende Freiwilligkeit könnte die Wirkungslosigkeit der Schiedsvereinbarung bedeuten. Allerdings ist der internationale Entscheidungseinklang für den organisierten Sport essentiell und Alternativen zu einem faktischen Schiedszwang rar. Aus diesem Grund sollte ein Ausgleich nicht an der Wirksamkeit der Schiedsklausel ansetzen, sondern über das Verfahrensrecht stattfinden. Einige Vertreter dieser Ansicht betrachten die CAS-Verfahrensordnung bereits als ausreichend, während andere Reformen des Verfahrensrechts fordern.[912] Trotzdem fehlt es bisher an einer umfassenden Auseinandersetzung mit der Wirksamkeit von Schiedsverfahrensvereinbarungen im Sport. Auch abseits der Sportschiedsgerichtsbarkeit beschränkt sich die AGB-Inhaltsprüfung auf ausgewählte Punkte, wie beispielsweise die Kostenregelungen oder den Schiedsort.[913] Im Sportkontext bildet zumeist – wie dargelegt – die Schiedsvereinbarung im Gegensatz zur Verfahrensvereinbarung den Ausgangspunkt der Wirksamkeitsprüfung.[914] Bei dieser Prüfung sollte die Gestaltung des Schiedsverfahrens allerdings nicht außer Acht gelassen werden. Der BGH hat diese Dimension in seinem Urteil vom 7. Juni 2016 jedenfalls vernachlässigt.[915]. Dies ist zwar naheliegend, da Schiedsvereinbarung und Schiedsverfahrensvereinbarung zwei eigenständige Vereinbarungen darstellen, so dass deren Wirksamkeit grundsätzlich unabhängig voneinander bestimmt werden

---

911 Siehe zur rollenspezifischen Unterlegenheit der Sportler Teil 2 D. I. 1.

912 Siehe für eine ausführliche Darstellung des Meinungsstands in der Literatur zum unfreiwilligen Abschluss der Schiedsvereinbarung im Sport und den daraus resultierenden Folgen und teilweisen Forderungen an das Verfahrensrecht *Druml*, Sportgerichtsbarkeit, S. 239 ff. m. w. N.

913 Vgl. dazu *Niedermaier*, Schieds- und Schiedsverfahrensvereinbarungen in strukturellen Ungleichgewichtslagen, S. 258 ff.

914 Siehe für eine ausführliche Darstellung des Meinungsstands in der Literatur zum unfreiwilligen Abschluss der Schiedsvereinbarung im Sport und den daraus resultierenden Folgen und teilweisen Forderungen an das Verfahrensrecht *Druml*, Sportgerichtsbarkeit, S. 239 ff.

915 BGH (07.06.2016) – KZR 6/15, NJW 2016, 2266 (2266 ff.).

kann.[916] Allerdings werden die folgenden Ausführungen zeigen, dass sowohl bei der Begründung der Unwirksamkeit als auch bei den Rechtsfolgen, Schieds- und Schiedsverfahrensvereinbarung nicht isoliert voneinander betrachtet werden sollten und können. Anderenfalls würde sich beispielsweise vor Erlass des Schiedsspruchs aus der Sicht deutscher Athleten keine Kontrollmöglichkeit der Schiedsverfahrensvereinbarung vor deutschen Gerichten, deren Zuständigkeit vorausgesetzt, ergeben. Zumindest gilt dies, sofern man sich der Meinung anschließt, dass sich die Schiedseinrede des § 1032 ZPO nur auf die Schiedsvereinbarung beziehen kann. Diese enge Verbindung der Vereinbarungen sollte sich darüber hinaus auch bei dem die Wirksamkeit bestimmenden anwendbaren Kollisionsrecht widerspiegeln. Denn der enge Regelungszusammenhang rechtfertigt die einheitliche Bestimmung des anwendbaren Rechts für die Wirksamkeit beider Vereinbarungen. Die Unzweckmäßigkeit einer isolierten Betrachtung der Schiedsvereinbarung und Schiedsverfahrensvereinbarung wird vor allem bei der AGB-Inhaltsprüfung deutlich. Es wird sich zeigen, dass erst eine Gesamtbeurteilung von Schiedsvereinbarung und Verfahren zu einer unangemessenen Benachteiligung durch die Schiedsklausel führen kann, da die zum Teil nachteilige Verfahrensvereinbarung in Beziehung zu der unfreiwilligen Vereinbarung der Schiedsgerichtsbarkeit zu setzen ist. Unabhängig von dieser Frage muss eine benachteiligende Regelung auch als unangemessen erscheinen. Für diese Unangemessenheitsprüfung ist ein Vergleichsmaßstab erforderlich. Es ist also zu klären, welcher vergleichende Maßstab bei der Inhaltsprüfung gelten muss, also woran sich etwa die Bestimmung zur Öffentlichkeit in der CAS-Schiedsgerichtsordnung messen lassen muss. Dieser Orientierungspunkt könnte sich nach Vorschriften anderer Schiedsgerichtsverfahren richten. Dies ist jedoch in der Sportschiedsgerichtsbarkeit zu verneinen, da die Athleten keine Auswahl an institutionellen Schiedsgerichten besitzen, sondern die Zuständigkeit des CAS von Verbandsseite vorgesehen wird.

Selbst wenn man, wie es die nachfolgenden Ausführungen nahelegen, nach deutschem AGB-Recht zu der Unwirksamkeit der Schiedsvereinbarung gelangt, muss dafür das deutsche Sachrecht überhaupt anwendbar sein. Dies ist nach Erlass des CAS-Schiedsspruchs grundsätzlich nicht der Fall, da das UNÜ gem. Art. V Abs. 1 lit. a UNÜ das schweizerische Recht für anwendbar erklärt. Ob das anwendbare Recht vor Erlass des Schiedsspruchs nach dem autonomen

---

916 KG (13.06.2016) – 20 SchH 1/16, BeckRS 2016, 126421; *Münch*, in: MüKo ZPO, 5. Aufl. 2017, § 1029 Rn. 26b; inzident *Voit*, in: Musielak/Voit, ZPO, 17. Aufl. 2020, § 1042 Rn. 33.

Kollisionsrecht der Rom I-VO oder ebenso nach dem UNÜ bestimmt werden sollte, kann schließlich dahinstehen. Nach beiden Lösungen würde das Recht am Schiedsort, also wiederum schweizerisches Recht zur Anwendung berufen. Es wird sich jedoch zeigen, dass die Inhaltsprüfung nach § 307 BGB im Sportkontext bei gewissen Sachverhaltskonstellationen im Rahmen der *ordre-public*-Kontrolle zur Geltung kommen kann.

Für die folgenden Ausführungen soll zwar mit den Regelungen zur Öffentlichkeit das Schiedsverfahrensrecht des CAS, mithin eine Vorschrift der Schiedsverfahrensvereinbarung, im Mittelpunkt stehen. Trotzdem bildet aus den genannten Gründen die Prüfung der Schiedsvereinbarung den Ausgangspunkt der Untersuchung, da erst sie zur Zuständigkeit des Schiedsgerichts führt.[917] Die Schiedsverfahrensvereinbarung als flankierende Vereinbarung ist inzident heranzuziehen. Auf diese Weise soll die Frage, welche Auswirkung die Vorschrift über die Öffentlichkeit der Verhandlung auf die Wirksamkeit der Schiedsvereinbarung besitzt, näher beleuchtet werden. Im Folgenden werden aufgrund der Gesamtbetrachtung die Schieds- und Schiedsverfahrensvereinbarung gemeinsam der deutschen AGB-Inhaltsprüfung unterzogen und die Rechtsfolgen der Unwirksamkeit dargestellt.[918] Das AGB-Recht erweist sich dabei als das geeignetste Mittel für Feststellungen zur Wirksamkeitsprüfungen in strukturellen Ungleichgewichtslagen. Außerdem muss abschließend bei einer weltumspannenden Materie wie dem Sport zu der Frage, ob und wann eine deutsche AGB-Inhaltsprüfung Prüfungsmaßstab ist, Stellung bezogen werden.

I. Unvollständige Perspektive des BGH

Der BGH hat im Fall *Pechstein*[919] bei der Prüfung der Wirksamkeit der Schiedsvereinbarung seine Argumente allein darauf gestützt, dass die CAS-Schiedsgerichtsbarkeit eine gleichwertige Alternative zu staatlichem Rechtsschutz darstellt.[920] Mithin hat der BGH die Gestaltung des Schiedsverfahrens und diesbezügliche Vorschriften der CAS-Verfahrensordnung nicht näher untersucht.[921]

917 So auch *Lasthaus*, Bucerius Law Journal 2015, 70 (70 ff.).

918 Für die Schweiz existieren zwar keine eigenständigen Regelungen des AGB-Rechts, allerdings für Verbraucher eine AGB-Inhaltskontrolle gem. Art. 8 UWG.

919 BGH (07.06.2016) – KZR 6/15, NJW 2016, 2266 (2266 ff.).

920 Zur Entscheidung des BGH als eher überraschend und als politisch motiviert, siehe *Michaelis*, SchiedsVZ 2019, 331 (339 f.); *Prütting*, SpuRt 2016, 143 (144).

921 Vgl. die Kritik von *Eichel*, ZZP 2016, 327 (327 f.) und (342).

Zwar erwähnt der BGH die Garantien des Schiedsverfahrens nach Art. 6 Abs. 1 EMRK. Die dort niedergelegten Prinzipien hat er jedoch aufgrund der Freiwilligkeit der Einigung sowie der Gleichwertigkeit der Schiedsgerichtsbarkeit zu staatlichen Gerichten ohne nähere Untersuchung als gegeben angesehen.[922] Der beschränkte Prüfungsumfang des BGH mag sich aus der Unsicherheit ergeben haben, welche Anforderungen überhaupt an ein faires Verfahren im Kontext der Sportschiedsgerichtsbarkeit zu stellen sind.[923] Dies hätte bereits eine komplexe Prüfung erforderlich gemacht. Zusätzlich wäre dann noch der Aspekt der Schiedsvereinbarung, die in CAS-Rechtsmittel- und Anti-Doping-Verfahren auf einem faktischen Zwang beruht, zu berücksichtigen gewesen. Diese Fragestellungen sind jedoch nicht gänzlich unbekannt und der BGH hätte dabei kein Neuland betreten müssen. Ähnliche Konstellationen sind beispielsweise aus Franchiseverträgen[924] bekannt.[925] Allerdings ist es aus dem Blickwinkel des BGH nicht erstaunlich, dass sich bei Annahme der freiwilligen Einigung auf die Schiedsgerichtsbarkeit eine genaue Analyse des Schiedsverfahrens erübrigt. Erst die Feststellung der Unfreiwilligkeit gibt wirklich Anlass zur Prüfung der Garantien nach Art. 6 Abs. 1 EMRK, wie schließlich vom EGMR vorgenommen.[926] Eine solche Diskussion wäre nach der in dieser Arbeit vertretenen Auffassung jedoch unerlässlich gewesen, da bereits eine nicht öffentliche mündliche Verhandlung in der Zusammenschau mit einem faktischen Zwang zur Schiedsgerichtsbarkeit in ihrer stärksten Konsequenz aufgrund des Verbots

922 BGH (07.06.2016) – KZR 6/15 unter B. II. 2. c) cc), SchiedsVZ 2016, 218 (225); a. A. EGMR und Bejahung einer unfreiwilligen, auf Zwang beruhenden Schiedsvereinbarung EGMR (02.10.2018) – 40575/10, 67474/10 (*Mutu&Pechstein/Suisse)* Rn. 114.

923 *Eichel,* ZZP 2016, 327 (341); *Niedermaier,* Schieds- und Schiedsverfahrensvereinbarung in strukturellen Ungleichgewichtslagen, S. 348 allgemein zu den Konstellationen der Ungleichgewichtslagen.

924 Vgl. *Subway-Fälle,* OLG Dresden (07.12.2007) – II Sch 8/07, IHR 2008, 119, RKS A 1 Nr. 160; OLG Bremen (30.10.2008)– 2 Sch 2/08 -, juris; OLG Celle (04.12.2008) – 8 Sch 13/07 -, juris; i. E. statt vieler *Samtleben,* in: Kronke/Thorn, FS von Hoffmann, S. 1066 (1066 ff.).

925 Dabei ging es jedoch nicht um die Garantien aus Art. 6 Abs. 1 EMRK, sondern um Fragen der Wahl des Schiedsorts in strukturellen Ungleichgewichtslagen, vgl. für den Sachverhalt *Samtleben,* in: Kronke/Thorn, FS von Hoffmann, S. 1066 (1066 f.).

926 EGMR (02.10.2018) – 40575/10, 67474/10 (*Mutu&Pechstein/Suisse)* Rn. 95; a. A. OLG München (15.01.2015) – U 1110/14 Kart, BeckRS 2015, 2086, diese ist jedoch abzulehnen, vgl. für ausführliche Diskussion *Heermann,* SchiedsVZ 2015, 78 (80 ff.); BVerfG (07.02.1990) – 1 BvR 26/84-, BverGE 81, 242–263 Rn. 47 generell zur Einschränkung der Parteiautonomie.

der geltungserhaltenden Reduktion entgegen § 306 Abs. 1 BGB den restlichen Vertragsinhalt nicht unberührt lässt, sondern die Schiedsvereinbarung insgesamt für unwirksam erklärt und damit die Unzuständigkeit des CAS nach sich zieht.[927] Zudem hat der BGH der Wirksamkeitsprüfung der Schiedsvereinbarung verfassungsrechtliche und kartellrechtliche Grundsätze zu Grunde gelegt. Dies mag dem Gedanken geschuldet sein, dass nach der Auffassung des BGH eine Klauselkontrolle nach deutschem AGB-Recht für schweizerische Schiedssprüche des CAS international gesehen keine Geltung erlangt.[928]

II. Deutsche AGB-Inhaltskontrolle von Schieds- und Schiedsverfahrensvereinbarung

Da sich die Ausführungen auf die Inhaltskontrolle konzentrieren, sollen die unangemessene Benachteiligung im Mittelpunkt stehen und allgemeine AGB-Erwägungen nur angerissen werden.

1. Vorliegen von AGB

Schiedsvereinbarungen im Sport stellen AGB dar und unterfallen einer Inhaltskontrolle nach §§ 307 ff. BGB.[929] Es soll nur der Klarheit halber erwähnt werden, dass dies selbst dann gilt, sofern der Athletenvertrag selbst keine AGB darstellt, da die Verträge unabhängig voneinander beurteilt werden müssen.[930] Die Schiedsklausel ist ein eigener Vertrag, selbst wenn sie in einem Regelwerk enthalten ist.

Das Verfahrensrecht wird durch die CAS-Schiedsgerichtsordnung bestimmt. Nicht nur das materielle Recht, sondern auch verfahrensrechtliche Regelungen

---

927 Vgl. die Ausführungen sogleich unter Teil 3 C. II. 2. c. cc.

928 *Eichel*, IPrax 2016, 305 (306).

929 *Holla*, Der Einsatz von Schiedsgerichten im organisierten Sport, S. 117; *Kotzenberg*, Die Bindung des Sportlers an private Dopingregeln und private Schiedsgerichte, S. 141; *Zuck*, SpuRt 2014, 5 (6 f.) m. w. N.; a. A. *Kreißig*, in: Adolphsen u. a., Sportrecht in der Praxis, Rn. 235 S. 89; ausgespart, ob es sich bei satzungsmäßigen Schiedsklauseln nach § 310 Abs. 4 S. 1 BGB um einen Bereich des Gesellschaftsrechts handelt, vgl. *Oschütz*, Sportschiedsgerichtsbarkeit, S. 236; von einer einseitigen Auferlegung der AGB kann selbst bei prominenten Sportlern, die versuchen, auf den Inhalt Einfluss zu gewinnen, ausgegangen werden, da selbst der einseitige Wunsch der Verbände, den Vertrag zu ihren Bedingungen abzuschließen, ausreichend ist, vgl. i. E. *Basedow*, in: MüKo BGB, 8. Aufl. 2019, § 305 Rn. 21.

930 Vgl. für das deutsche Recht § 1040 Abs. 1 S. 2 ZPO; *Schwab/Walter*, 7. Aufl. 2005, Schiedsgerichtsbarkeit, Kap. 4 Rn. 16.

dienen dem Ausgleich von Ungleichgewichtslagen.[931] Durch den Verweis auf die CAS-Schiedsgerichtsordnung werden den Athleten einseitig Verfahrensregelungen vorgeschrieben, auf die sie keine Einflussmöglichkeit besitzen. Zwar wird die CAS-Schiedsgerichtsordnung nach S6 Nr. 1 CAS-Code 2019 durch den ICAS und nicht von den Sportverbänden erlassen, bedenklich wird die Fortführung einseitiger Machtverhältnisse jedoch trotzdem, sofern die Verfahrensordnung die strukturell unterlegenen Sportler nicht ausreichend schützt. Vorschriften in Schiedsverfahrensvereinbarungen müssen deswegen einer Inhaltskontrolle nach § 307 BGB unterzogen werden.[932] Sowohl die Schiedsklausel in wettkampfbezogenen und in den wesentlich weitreichenderen Athletenvereinbarungen als auch die Schiedsverfahrensvereinbarung stellen mithin AGB nach § 305 BGB dar und können somit einer AGB-Inhaltskontrolle unterliegen.

2. *Inhaltskontrolle der Schiedsverfahrensvereinbarung*

Nachdem es sich um AGB handelt, stellt auch die AGB-Inhaltskontrolle nach § 307 Abs. 1 BGB das probate Mittel dar, um die Interessen der Sportler und Verbände, unter Beachtung ihres Rechts auf Vereinsautonomie nach Art. 9 Abs. 1 GG[933], in einen Ausgleich zu bringen.[934]

a) *Anwendungsbereich der AGB-Kontrolle*

Für einen Ausgleich und die Prüfung, ob der Inhalt[935] der vertraglichen Bestimmungen die Vertragsdisparität widerspiegelt, ist die AGB-rechtliche Inhaltsprüfung nach § 307 BGB prädestiniert und stellt das geeignetste Mittel dar.[936] Die Inhaltsprüfung nach § 307 BGB ist gerade darauf zugeschnitten,

---

931 *Kocher*, Funktionen der Rechtsprechung, S. 1 so für das „Verbraucherprozessrecht".

932 Vgl. zu der Schiedsverfahrensvereinbarung als AGB-Recht, BGH (28.11.1994) – II ZR 11/94, NJW 1995, 583 (587); BGH (13.01.2005) – III ZR 265/03, NJW 2005, 1125 (1126 f.); *Eichel*, ZZP 2016, 327 (340); *Niedermaier*, Schieds- und Schiedsverfahrensvereinbarung in strukturellen Ungleichgewichtslagen, S. 237; *Oschütz*, Sportschiedsgerichtsbarkeit, S. 237 lediglich andeutend.

933 Art. 23 BV nach schweizerischem Recht.

934 *Kotzenberg*, Die Bindung des Sportlers an private Dopingregeln und private Schiedsgerichte, S. 141.

935 Auf schützende Formvorschriften und diesbezügliche Vergleiche zu Arbeitnehmern und Verbrauchern wird nicht eingegangen, vgl. *Haas*, SchiedsVZ 2004, 175 (177 ff.).

936 *Eichel*, ZZP 2016, 327 (335); *Gildeggen*, Internationale Schieds- und Schiedsverfahrensvereinbarungen in Allgemeinen Geschäftsbedingungen vor deutschen Gerichten, S. 196 ff; *Stoffels*, AGB-Recht, 3. Aufl. 2015, § 14 Rn. 384 zum generellen

„die Vertragsgerechtigkeit unter Berücksichtigung der gegenseitigen Interessen her[zu]stellen, die von den Parteien selbst wegen der tatsächlichen Situation nicht geschaffen wird".[937] Eine solche rollenspezifische Ungleichgewichtslage bei Abschluss der Schiedsvereinbarung und Schiedsverfahrensvereinbarung ist gerade bei den Sachverhaltskonstellationen einer strukturellen Ungleichgewichtslage zwischen Sportler und Verband zu bejahen.[938] Die Art und Modalitäten der Streitbelegung werden ihnen einseitig diktiert.

Ein Aushandeln der inhaltlichen Vertragsbedingungen ist jedoch auch nicht praktikabel. Zumindest die wettkampfbezogenen Regeln[939] müssen für alle konkurrierenden Teilnehmer einer sportlichen Veranstaltung gleich sein, weil ansonsten der direkte Wettbewerb nicht mehr funktioniert. Eine Konkurrenz und somit echte Wahlmöglichkeit wäre somit lediglich auf die Teilnahme an Wettkämpfen beschränkt, die von verschiedenen, miteinander in Konkurrenz stehenden Verbänden organisiert und ausgetragen werden. Die CAS-Verfahrensordnung bleibt jedoch durch das institutionelle Schiedsgericht vorgegeben. Lediglich verhandelbar ist die Schiedsklausel als solche.[940] Echte Vertragsfreiheit wäre nur dann gegeben, wenn die Schiedsklausel oder die Schiedsverfahrensvereinbarung zur Disposition beider Parteien stünde. Die fehlende Einflussmöglichkeit der Sportler auf den Abschluss der Schiedsvereinbarung und den Inhalt der Schiedsverfahrensvereinbarung sollte dann zumindest an anderer Stelle ausgeglichen werden. Aus diesem Grund ist besonderes Augenmerk auf die Ausgestaltung des Verfahrens, insbesondere die Vorschriften

---

Verhältnis der §§ 307 ff. BGB zu anderen Vorschriften; *Wendland*, Vertragsfreiheit und Vertragsgerechtigkeit, § 9 S. 468 ff. ausführlich zu dem Schutzzweck der Inhaltskontrolle u. a. bei der „situativen Unterlegenheit des Verwendungsgegners"; siehe für die Anwendbarkeit *Eichel*, ZZP 2016, 327 (336) m. w. N.

937 *Stadler* in: Jauernig, BGB, 17 Aufl. 2018, § 307 Rn. 2.

938 Anerkannt vgl. *Eichel*, ZZP 2016, 327 (331 ff.); *Gildeggen*, Internationale Schieds- und Schiedsverfahrensvereinbarungen in Allgemeinen Geschäftsbedingungen vor deutschen Gerichten, S. 196 f. zur analogen Anwendung im kaufmännischen Geschäftsverkehr; *Haas*, SchiedsVZ 2004, 175 (182 ff.); *Niedermaier*, Schieds- und Schiedsverfahrensvereinbarungen in strukturellen Ungleichgewichtslagen, S. 69; *Seiler*, in: Thomas/Putzo, ZPO, 41. Aufl. 2020, § 1029 Rn. 10.

939 Nicht direkt wettkampfbezogene Regelungen sind bspw. Werbeverbote während Wettkämpfen, Kleiderordnungen, Datenschutzerklärungen und die Endbindung der Mannschaftsärzte von der ärztlichen Schweigepflicht.

940 *Eichel*, ZZP 2016, 327 (335) spricht deshalb auch von einem ‚Konditionenwettbewerb [...] zwischen staatlicher und Schiedsgerichtsbarkeit'.

zur Öffentlichkeit, zu legen.[941] Denn das strukturelle Ungleichgewicht lediglich durch Formvorschriften bei Abschluss der Schiedsvereinbarung auszugleichen, würde dem Schutz der rollenspezifisch unterlegenen Sportler nicht gerecht werden. So bewertet auch der EGMR eine „erzwungene" Zustimmung zur CAS-Schiedsgerichtsbarkeit nicht als einen unwirksamen Verzicht auf den staatlichen Rechtsschutz, sondern prüft, ob das Schiedsverfahren den Garantien in Art. 6 Abs. 1 EMRK entspricht.[942] Es muss also eine Inhaltskontrolle vorgenommen werden, sofern AGB vorliegen.[943]

b) Gesamtbeurteilung der Vereinbarungen als Prüfungsumfang

Eine Bestimmung zur Nichtöffentlichkeit der Verfahren stellt nur eine Regelung der Schiedsverfahrensvereinbarung dar. Aus diesem Grund sollte sie nicht isoliert Gegenstand einer Inhaltsprüfung sein. Für eine sachgerechte Prüfung muss eine Gesamtbeurteilung der Schiedsvereinbarung vorgenommen werden.

aa) Gesamter Vertragsinhalt der Schiedsverfahrensvereinbarung

Es ist fraglich, ob und wie sich eine einzelne unangemessene Vorschrift insgesamt auswirken kann, also beispielsweise ein Verstoß gegen den Öffentlichkeitsgrundsatz die gesamte Schiedsverfahrensvereinbarung unwirksam werden lässt. Denn es ergibt sich aus dem Wortlaut,[944] dass die Inhaltskontrolle immer nur eine einzige Klausel zum Gegenstand hat, um eine nachvollziehbare Gewichtung und Abwägung der Interessen der Parteien durchführen zu können.[945] Trotzdem sollte das Verfahrensrecht in seiner Gesamtheit betrachtet werden.[946] Verfahrensordnungen versuchen insgesamt ein stimmiges und faires Verfahren zu gewährleisten. Dies mag dazu führen, dass einzelne unangemessene Regelungen durch weitere, sehr vorteilhafte Bestimmungen ausgeglichen

---

941 A. A. LG München I (26.02.2014) – 37 O 28331/12, SchiedsVZ 2014, 100 (106), das ungeachtet der Ausgestaltung des Verfahrens bei einer nicht freiwilligen Einigung auf die Schiedsgerichtsbarkeit pauschal von der Nichtigkeit der Klausel ausgeht.

942 EGMR (04.10.2018) – 40575/10 und 67474/10 (*Mutu&Pechstein/Suisse*) Rn. 115.

943 Vgl. *Coester-Waltjen*, in: Boele-Woelki u. a., Liber Amicorum Kurt Siehr, S. 595 (602 f.) die allein aus der Zulässigkeit von Schiedsklauseln nicht generell auch auf die Wirksamkeit solcher schließen möchte.

944 §§ 307–309 BGB sprechen immer von „die" oder „eine" Bestimmung.

945 Statt vieler *Coester*, in: Staudinger, BGB, April 2013, § 307 Rn. 56.

946 *Coester*, in: Schlosser u. a., Staudinger BGB, § 307, April 2013 Rn. 124. spricht davon, dass „das gesamte Klauselwerk oder der Vertrag […] nur den Verständnis- und Bewertungshintergrund für die zu prüfende Klausel" bilden.

werden können („Kompensationswirkung")[947] oder sich eine bereits fragwürdige Regelung durch andere nachteilige Vorschriften schließlich als unangemessen darstellt („Summierungs- oder Verstärkereffekt").[948] Allerdings erscheint eine solche Untersuchung für CAS-Schiedsverfahren aus zweierlei Gründen nicht praktikabel.

Aufgrund der Unterschiede der Streitgegenstände, die vor dem CAS verhandelt werden, stellen sich bereits einzelne Vorschriften einmal als angemessen und das andere Mal als inakzeptabel dar. Beispielsweise ist es auch im Interesse der Athleten, dass Nominierungsstreitigkeiten zu einer konkreten Sportveranstaltung, die unmittelbar bevorsteht oder noch stattfindet, schnell und verlässlich entschieden werden. Kurze Fristen sorgen damit für Rechtssicherheit und sind unerlässlich. Allerdings stellen sich kurze Fristen bei der Berufung vor dem CAS gegen Disziplinarentscheidungen, die beispielsweise die Zahlung einer Ausbildungsentschädigung und Geldstrafen anordnen,[949] nicht als gleichermaßen zwingend dar. Diese sind vielmehr rechtfertigungsbedürftig, da eine schnelle Entscheidungsfindung nicht priorisiert werden muss. Die öffentliche Verhandlung ist in den CAS-Verfahren generell geboten.[950] Allerdings hat sie sich in Anti-Doping- und Disziplinarverfahren als besonders drängend erwiesen. Die Untersuchung des Zusammenspiels von verschiedenen Verfahrensvorschriften würde sich für die Schiedsparteien nicht mehr als nachvollziehbar, sondern eher als willkürlich darstellen, weil sie den Einzelfall weder antizipieren noch ihm in jedem Fall gerecht werden kann.

Zudem ist der Grundsatz der Öffentlichkeit der Verhandlung in den Rechtsmittel- und Anti-Doping-Verfahren des CAS so essentiell, dass das Fehlen der Öffentlichkeit durch andere Verfahrensvorschriften nicht ausgeglichen werden könnte.[951] Dies gilt zum einen aufgrund des Schutzes der individuellen Interessen der Schiedsparteien. Zum anderen dient die Öffentlichkeit aufgrund

---

947 BGH (01.12.1981) – KZR 37/80, NJW 1982, 644 (645), auch wenn nicht ausdrücklich dieser Begriff verwendet wird; BGH (17.12.1998) – VII ZR 243–97, NJW 1999, 942 (944); *Stoffels,* AGB-Recht, Rn. 487 f., S. 190 f.

948 *Stoffels,* AGB-Recht, § 16 Rn. 486 m. w. N.; *Wurmnest,* in: MüKo BGB, 8. Aufl. 2019, § 307 Rn. 37.; *Coester,* in: Staudinger, BGB, April 2013, § 307 Rn. 124 m. w. N. zu Rspr.; *Coester-Waltjen,* in: Boele-Woelki u. a., Liber Amicorum Kurt Siehr, S. 595 (610) den Summierungseffekt bei Schiedsvereinbarungen andeutend.

949 Vgl. CAS-Schiedsspruch (24.10.2013) – CAS 2012/A/3032, *SV Wilhelmshaven v. Club Atlético Excursionistas*; Art. 64 FIFA Disciplinary Code 2017.

950 Vgl. i. E. Teil 2.

951 Zu dem Sinn und Zweck der Öffentlichkeit im Sport siehe Teil 2 C. IV.

des Drittbezuges der CAS-Verfahren auch überindividuellen, rechtsbezogenen Interessen. Diese Drittinteressen können bei der Verletzung der Öffentlichkeitsmaxime nicht durch andere verfahrensrechtliche Schutzvorschriften für die Sportler ausgeglichen werden.

bb) Schiedsvereinbarung als erweiterter Bezugspunkt

Interessengerechter und sinnvoller erscheint es, einzelne Vorschriften der Verfahrensordnung zu der Wirksamkeit der Schiedsvereinbarung ins Verhältnis zu setzen. Sollte bei der Einigung auf die Schiedsvereinbarung aufgrund einer strukturellen Ungleichgewichtslage faktischer Zwang im Sinne der EGMR-Rechtsprechung[952] vorgelegen haben, dann muss die Fortführung des Subordinationsverhältnisses auf Verfahrensebene verhindert werden.[953] Eine Manifestation dieser Ungleichgewichtslage im Verfahrensrecht muss unbedingt unterbunden werden. Denn sonst könnten die monopolistisch organisierten Sportverbände nicht nur den Abschluss einer Schiedsvereinbarung alleine bestimmen, sondern darüber hinaus auch das Verfahrensrecht des CAS einseitig maßgeblich beeinflussen.[954] Mithin kann bereits nur eine unangemessene Verfahrensbestimmung das ganze Schiedsverfahren in Frage stellen und damit Einfluss auf eine im Übrigen wirksame Schiedsvereinbarung nehmen. Dieser Summierungseffekt findet also auch zwischen verschiedenen Vereinbarungen statt, die hier notwendigerweise in einer Wechselbeziehung stehen.[955] Auf den Öffentlichkeitsgrundsatz angewendet bedeutet dies das Folgende: Sofern die Vorschrift im Einzelfall in der Zusammenschau mit dem faktischen Zwang der Schiedsgerichtsbarkeit unangemessen ist, dann sollte dies auch die Schiedsvereinbarung unwirksam werden lassen. Anderenfalls würde sich die Ungleichgewichtslage bei der Einigung auf die Schiedsvereinbarung im Verfahren fortsetzen. Denn eine bereits fragwürdig zustande gekommene Schiedsvereinbarung mag zwar isoliert betrachtet noch wirksam

---

952 EGMR (02.10.2018) – 40575/10 & 67474/10 (*Mutu&Pechstein/Suisse*) Rn. 115 spricht von „un arbitrage <forcé>".

953 Ausdrücklich EGMR (02.10.2018) – 40575/10, 67474/10 (Mutu&Pechstein/*Suisse)* Rn. 114; *Lorenz,* AcP 1958/1958, 265 (267) bereits dazu, dass es sich bei einem Schiedsvertrag in gewissen Konstellationen nur noch dem Namen nach um einen Vertrag handelt, sich die Vertragsfreiheit jedoch eher in Zwang gewandelt hat.

954 Der CAS-Code wird vom ICAS erlassen, vgl. S6 Nr. 1 CAS-Code.

955 Siehe zum Verhältnis Schiedsvereinbarung und Schiedsverfahrensvereinbarung Teil 3 C. II. 2. a.

sein, jedoch verstärkt – je nach Streitgegenstand[956] – die Nichtgewährung der Öffentlichkeit diese nachteilige Wirkung derart, dass die Schiedsvereinbarung schließlich unwirksam werden muss. Zwar handelt es sich bei dem Öffentlichkeitsprinzip nicht um eine Sonderregelung, um Ungleichgewichtslagen im Rahmen des Verfahrensrechts auszugleichen. Darunter versteht man in staatlichen Gerichtsverfahren eher Vorschriften zum Zugang zu Gericht durch Prozesskostenhilfe, die Beiordnung eines Anwalts beziehungsweise Pflichtverteidigers zur anwaltlichen Vertretung und einer richterlichen Verfahrensführung mit Hinweispflichten.[957] Die öffentliche mündliche Verhandlung eröffnet aber erst die Möglichkeit, materiell-rechtliche wie verfahrensrechtliche Machtgefälle für die Allgemeinheit offensichtlich zu machen und einer Kontrolle zu unterziehen. Insbesondere für den CAS haben die Ausführungen gezeigt, dass eine Einigung auf die CAS-Schiedsgerichtsbarkeit oft nur durch faktischen Zwang zustande kommt.[958] Ob die Schiedsgerichtsbarkeit den Parteien einen Rechtsschutz eröffnet, der dem staatlichen gleichwertig ist, hängt dann von den Schutzvorschriften des einzelnen Verfahrensrechts ab, in diesem Fall den Bestimmungen des CAS-Code.[959]

c) *Prüfungsmaßstab und -gang der inhaltlichen Wirksamkeitsprüfung*

Nach § 307 Abs. 1 BGB sind AGB unwirksam, wenn sie den Vertragspartner des Verwenders entgegen den Geboten von Treu und Glauben unangemessen benachteiligen. Damit gibt das Gesetz den Prüfungsgang vor, nachdem erst eine Benachteiligung konstatiert werden muss, die sich in einem zweiten Prüfungsschritt schließlich als unangemessen darstellt. Es ist der Frage nachzugehen, ob eine Schiedsvereinbarung zugunsten einer Verfahrensordnung ohne Berücksichtigung des Öffentlichkeitsgrundsatzes wirksam ist.

---

956 Insbesondere ist dies aufgrund der einschneidenden Konsequenzen der Schiedssprüche bei Disziplinar- und Anti-Doping-Verfahren der Fall.

957 *Niedermaier*, Schieds- und Schiedsvereinbarung in strukturellen Ungleichgewichtslagen, S. 71 ff. zu den Auswirkungen der Ungleichgewichtslage auf verfahrensrechtlicher Ebene.

958 Siehe i. E. EGMR (02.10.2018) – 40575/10, 67474/10 (*Mutu&Pechstein/Suisse*) und Analyse Teil 2 C. II.

959 Zu pauschal, allerdings ohne Berücksichtigung des Verfahrensrechts in BT-Drucks. 13/5274 vom 12.07.1996, zu § 1029 S. 34; hier wird die Rechtsfolge der alten Rechtslage als zu weitgehend betrachtet, da der Rechtsschutz durch schiedsgerichtliche Verfahren grundsätzlich der staatlichen Gerichtsbarkeit gleichwertig ist.

aa) Feststellung der Benachteiligung

Eine Benachteiligung liegt dann vor, wenn die vertragliche Abrede der nicht öffentlichen mündlichen Verhandlung die Sportler als Vertragspartner schlechter stellt. Die Feststellung einer Benachteiligung setzt begriffsnotwendig einen Vergleichsmaßstab voraus. Denn es geht dabei um eine Benachteiligung einer Person gegenüber einer anderen Person in einer vergleichbaren Konstellation.[960] Die Bildung eines Vergleichsmaßstabes, um eine Benachteiligung festzustellen, ist mithin essentiell.[961] Die Besonderheiten des Sports machen es schwierig, eine passende Vergleichsgruppe zu bilden. Die Vorschriften zur Öffentlichkeit in den Verfahrensordnungen der anderen institutionellen Schiedsgerichte können jedenfalls nicht vergleichend herangezogen werden.[962] Auf den ersten Blick könnten diese Verfahrensordnungen zwar Aufschluss darüber geben, welcher Standard in Schiedsverfahren gilt und ob durch die CAS-Schiedsgerichtsordnung eine die Sportler benachteiligende Abweichung davon vorliegt. Denn eine wiederkehrende Bezugnahme der Schiedsparteien auf die Verfahrensordnungen zeigt, dass diese für die Praxis anerkannte und dort etablierte Vorschriften enthalten.[963] Die Handelsschiedsgerichtsbarkeit ist gerade durch das Merkmal der Nichtöffentlichkeit gekennzeichnet.[964] Danach läge keine Benachteiligung der Sportler vor. Allerdings sollte der Maßstab der Benachteiligung nicht nur aus dem Blickwinkel der Handelsschiedsgerichtsbarkeit betrachtet und gebildet werden, da sich bereits der Sinn und Zweck, der hinter den verfahrensrechtlichen Bestimmungen steht, stark unterscheidet.[965] Aus diesem Grund können diese keinen Anhaltspunkt für eine Benachteiligung liefern. In der Investitionsschiedsgerichtsbarkeit vollzieht sich bereits eine Aufweichung der starren Annahme, dass Schiedsverfahren immer nichtöffentlich sein müssten,

960 Vgl. etwa § 3 Abs. 1 S. 1 AGG.

961 Gerade die Bestimmung des Maßstabes kann mitunter sehr schwierig sein, vgl. etwa zu der *doctrine of unconsionability* in der USA *Niedermaier*, Schieds- und Schiedsverfahrensvereinbarungen in strukturellen Ungleichgewichtslagen, S. 218.

962 So jedoch pauschal für die Schiedsgerichtsbarkeit *Niedermaier*, Schieds- und Schiedsverfahrensvereinbarungen in strukturellen Ungleichgewichtslagen, S. 254.

963 *Gildeggen*, Internationale Schieds- und Schiedsverfahrensvereinbbarungen in Allgemeinen Geschäftsbedingungen vor deutschen Gerichten, S. 240 will deshalb diese Verfahrensordnungen nicht einer AGB-Inhaltskontrolle unterziehen.

964 Siehe Teil 2 B.

965 Siehe für das Telos der Öffentlichkeit in der Sportschiedsgerichtsbarkeit Teil 2 C. IV.; siehe auch EGMR (02.10.2018) – 40575/10, 67474/10 (*Mutu&Pechstein/Suisse*) Rn. 175 ff.

wenngleich zum Beispiel Regel 32 Abs. 2 ICSID-SchO eine nicht öffentliche Verhandlung noch generell vorsieht. Diese Sichtweise zu einer schrittweisen Öffnung der mündlichen Verhandlung hat jedoch beispielsweise Eingang in Art. 6 Abs. 1 UNCITRAL Rules on Transparency in Treaty-based Investor-State Arbitration 2014 (UNCITRAL-TR) gefunden, obwohl der Einführung dieses Artikels eine kontroverse Diskussion vorausging.[966]

Ohne ein Schiedsverfahren würden die gesetzlichen Vorschriften der staatlichen Gerichtsverfahren gelten, eine Orientierung muss mithin an diesen gesetzlichen Leitbildern erfolgen.[967] Denn die Interessenlage in staatlichen Gerichtsverfahren und den CAS-Verfahren stellt sich de facto als gleich dar, da in den meisten Rechtsmittel- und Anti-Doping-Verfahren des CAS eine erzwungene Einwilligung zur Sportschiedsgerichtsbarkeit vorliegt.[968] Zudem sind die gesetzlichen Bestimmungen die Alternative, auf die die Sportler verzichten und mithin der Maßstab, gegenüber dem sie benachteiligt werden könnten. Daher ist der Maßstab von § 169 GVG, Art. 6 EMRK maßgeblich, wenn die Schiedsklausel die Zuständigkeit eines deutschen Gerichts ausgeschlossen hat. In deutschen staatlichen Gerichtsverfahren gilt sowohl national als auch supranational der Öffentlichkeitsgrundsatz nach § 169 Abs. 1 S. 1 GVG, Art. 6 Abs. 1 S. 1 EMRK, es sei denn einer der engen Ausschlusstatbestände ist einschlägig. Vorschriften, die keine öffentliche mündliche Verhandlung vorsehen, stellen mithin eine Benachteiligung dar.

bb) Unangemessenheitsprüfung

Nach der ständigen Rechtsprechung ist eine „formularmäßige Vertragsbestimmung […] dann unangemessen, wenn der Verwender durch einseitige Vertragsgestaltung missbräuchlich eigene Interessen auf Kosten seines Vertragspartners durchzusetzen versucht, ohne von vornherein auch dessen Belange hinreichend zu berücksichtigen und ihm einen angemessenen Ausgleich zuzugestehen“[969].

Für Schiedsverfahren, die auf einer nicht freiwillig abgeschlossenen Schiedsvereinbarung fußen, gewinnt das verfahrensrechtliche Prinzip der Öffentlichkeit zusätzlich an Bedeutung, um trotzdem, wenngleich zu einem anderen

966 Vgl. *IISD/VCC/CIEL* (Hrsg.), Submission to UNCITRAL Working Group II on International Arbitration, Stand: 01.-05.10.2012.

967 Dies gilt trotz § 307 Abs. 2 Nr. 1 BGB, vgl. *Fastrich*, Richterliche Inhaltskontrolle im Privatrecht, S. 280 ff.

968 EGMR, (04.10.2018) -40575/10 und 67474/10 (*Mutu&Pechstein/Schweiz*) Rn. 114 f.

969 Statt vieler BGH (28.01.2010) – Xa ZR 37/09, NJW 2010, 2046 (2047); stRspr. seit BGH (05.06.1997) – VII ZR 324/95, NJW 1997, 2598 (2599).

Zeitpunkt, noch eine Kontrolle und Transparenz der CAS-Schiedsgerichtsbarkeit zu garantieren.[970] Wird die öffentliche mündliche Verhandlung bei gewissen Streitigkeiten nicht gewährt, dann findet kein Ausgleich der unfreiwilligen Einigung auf die Schiedsgerichtsbarkeit statt.

Die Angemessenheitsprüfung nach § 307 Abs. 1 BGB erfordert eine Interessenabwägung.[971] Dafür müssen die betroffenen Interessen festgestellt werden. Die Schiedsvereinbarung und Schiedsverfahrensvereinbarung tangieren die Interessen vieler Akteure des Sports und nicht nur die der Verbände als Verwender und der Sportler als deren Vertragspartner.[972] Allerdings verbieten es Wortlaut und Schutzzweck, den Schutzgegenstand der Inhaltskontrolle nach § 307 Abs. 1 BGB auf diese Dritten auszudehnen, sofern diese nicht selbst berechtigt werden oder sonstige Rechte herleiten können.[973] Diese Grenze, wie etwa bei Sicherungsverträgen und deren mittelbare Auswirkung auf das Vermögen Dritter, ist hier noch nicht überschritten.[974] Allerdings können die Interessen Dritter mittelbar Berücksichtigung finden, indem sie die Interessen der Verwender und Vertragspartner entsprechend abschwächen und Einschränkungen rechtfertigen.

Die Interessen der Verbände und Athleten sind mithin in einen Ausgleich zu bringen. Es geht dabei nicht um die Gewichtung und Abwägung eines Einzelfalls, sondern um eine abstrakt-generelle Prüfung.[975] Der EGMR begründete die Notwendigkeit einer öffentlichen Verhandlung vor dem CAS mit dem ehrrührigen Charakter der Dopingsperre und der kontroversen Diskussion

---

970 Zu der Wahrung „ureigener Interessen“ des Öffentlichkeitsgrundsatzes angesichts der monopolistischen Strukturen der Sportschiedsgerichtsbarkeit *Eichel*, ZZP 2016, 327 (345).

971 Vgl. für Prüfungsgang der unangemessenen Benachteiligung *Pfeiffer*, in: Wolf u. a. AGB-Recht, 6. Aufl. 2013, BGB, § 307 Rn. 75 ff.; *Stoffels*, AGB-Recht, 3. Aufl. 2015, § 16 Rn. 466 ff.

972 Vgl. dazu die Ausführungen zur Öffentlichkeit im Sport Teil 2 C. V. und VI.

973 Vgl. *Baetge*, AcP 2002, 972 (978); i. E. BGH (07.10.1981) – VIII ZR 214/80, NJW 1982, 178 (180); *Westermann*, AcP 2008, 141 (141 ff.); *Wurmnest*, in: MüKo BGB, 8. Aufl. 2019, § 307 Rn. 52; a. A. *Beatge*, AcP 2002, 972 (979 ff.); uneindeutiger *Grüneberg*, in: Palandt, BGB, 79. Aufl. 2020, § 307 Rn. 11.

974 Siehe für Beispiele der Drittinteressen auf Seiten der Vertragspartner *Wolf*, in: ders. u.a., AGB-Recht, 6. Aufl. 2013, BGB, § 307 Rn. 172 m. w. N.

975 Zu der ‚überindividuell-generalisierenden Betrachtungsweise‘ bei Prüfung der Unangemessenheit nach § 307 Abs. 1 BGB *Stoffels*, AGB-Recht, 3. Aufl. 2015, § 16 Rn. 473.

der Tatsachen, die eine Anhörung vieler Experten erforderlich machte.[976] Der Individualschutz der Sportler ist in Anti-Doping-Verfahren in der Tat besonders hoch zu bewerten, da diese Verfahren in ihren Konsequenzen Parallelen zum Strafprozess aufweisen.[977] Es können darüber hinaus keine gleichwertigen Interessen der Verbände an nicht öffentlichen Verhandlungen entgegengesetzt werden. Vielmehr kann eine Öffentlichkeit der Verhandlung auch dem Interesse der nationalen Sportverbände dienen, der eine vor dem CAS aufgehobene oder bestätigte Sanktion oftmals umsetzen muss. Die Befürchtung, dass eine druckausübende Öffentlichkeit, die mit dem Sportler sympathisiert, eine gerechte Entscheidungsfindung durch den CAS verhindert, ist abzulehnen. Diesem Druck muss und kann ein Schiedsgericht gleich den staatlichen Gerichten standhalten. Jedenfalls stellen sich die konkreten Folgen einer nicht öffentlichen Verhandlung für die Sportler als wesentlich folgenreicher dar als lediglich die Gefahr einer Beeinflussung des Schiedsgerichts.

Zwar stellen sich in anderen Rechtsmittelverfahren abseits der Anti-Doping-Verfahren die Konsequenzen einer nicht öffentlichen Verhandlung für die Athleten oftmals als nicht ebenso einschneidend dar. In dem Bereich des *match-fixing* werden jedoch empfindliche Sanktionen ausgesprochen, wie im Fall *Köllerer* eine lebenslange Wettkampfsperre.[978] Darüber hinaus kommt für Profisportler die Nichtzulassung zu Wettkämpfen oder die Sperrung aufgrund der Disziplinarentscheidungen einem Berufsverbot und damit einer Verhinderung eines Gelderwerbs gleich.[979] Im öffentlichen Raum stehende Anschuldigungen zu *match-fixing* oder Unregelmäßigkeiten bei Transfers können ebenfalls die Glaubwürdigkeit der Sportler sehr in Mitleidenschaft ziehen. Der Ausschluss von Geheimverfahren und der Schutz der Sportler durch eine kontrollierende Öffentlichkeit ist mithin höher zu gewichten. Dieses Interesse der Sportler ist vor allem auch dann höher zu bewerten, wenn der Abschluss der Schiedsvereinbarung aufgrund eines faktischen Zwangs geschah.

---

976 EGMR (02.10.2018) – Nr. 40575/10, 67474/10 (*Mutu&Pechstein/Suisse)* Rn. 182, SpuRt 2018, 253 (253 ff.) für deutsche ÜS.

977 Siehe andeutend Teil 2 C. III.; den Strafrechtscharakter bejahend *Widdascheck*, Der Justizgewährleistungsanspruch, S. 170 ff.; ähnlich auch *Straubel*, Marq.S.L.Rev. 2008, 63 (85).

978 CAS-Schiedsspruch (23.03.2012) – CAS 2011/A/2490, *Daniel Köllerer v. Association of Tennis Professionals (ATP), Women's Tennis Association (WTF), International Tennis Federation (ITF) & Grand Slam Committee*, Leitsatz Nr. 3.

979 *Steiner*, in: Tettinger/Vieweg, Gegenwartsfragen des Sportrechts, S. 222 (224).

cc) Unwirksamkeit der Schiedsvereinbarung als Rechtsfolge

Aufgrund der Selbstständigkeit der Schiedsvereinbarung und Schiedsverfahrensvereinbarung muss auch deren Wirksamkeit unabhängig voneinander beurteilt werden.[980] Die anschließende, relevante Frage ist jedoch, wie und ob sich die Unwirksamkeit einer auf die andere Vereinbarung auswirkt. Eine Schiedsvereinbarung eröffnet erst die Möglichkeit eines schiedsgerichtlichen Verfahrens. Jedes Schiedsverfahren hat mithin eine Schiedsvereinbarung als Voraussetzung.[981] Im Handelsrecht ist der Gedanke des *favor validitatis* zu berücksichtigen und eine unwirksam zustande gekommene Schiedsverfahrensvereinbarung hat mithin keine Auswirkungen auf eine wirksame Einigung auf die Schiedsgerichtsbarkeit, namentlich die Schiedsvereinbarung.[982] Dies entspricht dem Gedanken des § 306 Abs. 1 BGB, nach dem AGB ganz oder teilweise nicht Vertragsbestandteil geworden oder unwirksam sind, der Vertrag im Übrigen wirksam bleibt. Dafür wäre jedoch Voraussetzung, dass die inhaltliche Wirksamkeit der Vereinbarungen aufgrund eines getrennten Regelungsgehalts unabhängig voneinander beurteilt werden kann.[983] Nur auf diese Weise ist eine Unterteilung in einen wirksamen und unwirksamen Teil möglich und interessengerecht. Allerdings stellt sich die Situation in der Sportschiedsgerichtsbarkeit bei der Prüfung der Klausel zur Öffentlichkeit anders dar. Denn beide Regelungen sind auf das Engste miteinander verknüpft, weshalb auch bereits im Rahmen der Inhaltsprüfung eine Gesamtbetrachtung vorgenommen wurde. Die Sportler befinden sich in CAS-Rechtsmittelverfahren bei Abschluss der Schiedsvereinbarung in einer strukturellen Unterlegenheit.[984] Hätte eine unangemessene Verfahrensregelung keine Auswirkung auf die Schiedsvereinbarung, würde dies dem Prinzip der geltungserhaltenden Reduktion widersprechen. Eine isolierende Aufteilung in einen unwirksamen und im Übrigen wirksamen Teil muss aus diesem Grund ausscheiden, denn im Gegensatz zu den Interessen im Handelsrecht möchten die Schiedsparteien im

980 Vgl. für Differenzierung statt vieler Art. V Abs. 1 lit. a und lit. d UNÜ; § 1029 Abs. 1 und § 1042 Abs. 3 ZPO; BGH (16.04.2015) – I ZB 3/14, NJW 2015, 3234 (3237); *Münch*, in: MüKo ZPO, 5. Aufl. 2017, § 1029 Rn. 11.

981 Siehe zur Zuständigkeit des CAS Teil 1 C. I.

982 *Geimer*, IZPR, 8. Aufl. 2020, 16. Teil 3. Kap. Rn. 3799b zu *favor validitatis*.

983 Bejahend *Gildeggen*, Internationale Schieds- und Schiedsverfahrensvereinbarungen in Allgemeinen Geschäftsbedingungen vor deutschen Gerichten, S. 241 f.; generell zur Teilbarkeit *Basedow*, in: MüKo BGB, 7. Aufl. 2016, § 306 Rn. 17 ff.

984 Siehe zur rollenspezifischen Unterlegenheit der Sportler Teil 1 D. I. 1.

Sport, insbesondere die Athleten, nicht um jeden Preis eine Entscheidung des Schiedsgerichts.[985]

Eine nicht öffentliche mündliche Verhandlung bedeutet in der Zusammenschau mit einem faktischen Zwang zur Schiedsgerichtsbarkeit aufgrund des Verbots der geltungserhaltenden Reduktion die Unwirksamkeit der Schiedsvereinbarung und damit die Unzuständigkeit des CAS. Dies gilt unabhängig von dem Zeitpunkt der Inhaltskontrolle, also vor oder nach Schiedsspruchserlasses.[986] Denn zwar kann generell nach Erlass des Schiedsspruchs bestimmt werden, ob sich ein Missbrauchspotential überhaupt verwirklicht hat. Allerdings ist dies bei Vorschriften zur Öffentlichkeit aufgrund der individuellen und überindividuellen Zwecke nicht ermittelbar. Die Problematik der Nachweisbarkeit zeigt sich auch in der strafrechtlichen und zivilrechtlichen Revision, in der die Öffentlichkeit der mündlichen Verhandlung gem. §§ 338 Nr. 6 StPO, 547 Nr. 5 ZPO als absoluter Revisionsgrund ausgestaltet ist.[987] Anders stellt sich die Situation nur dar, sofern die Öffentlichkeit zur mündlichen Verhandlung zugelassen wurde oder wenn die Partei, die sich auf die Wirksamkeit der Schiedsklausel beruft, einer öffentlichen Verhandlung zustimmt.

3. *Auswirkungen des CAS-Code 2019 für die Wirksamkeit der Schiedsvereinbarung*

Die Parteien besitzen zwar ein Recht auf den Zugang zu staatlichen Gerichten, dies darf jedoch nicht mit einer Pflicht gleichgesetzt werden. Aus diesem Grund sind auch Schiedsvereinbarungen zum CAS grundsätzlich von den staatlichen Gerichten zu akzeptieren, um die Privatautonomie der Parteien nicht zu beschränken. Die Gerichte tendieren deswegen dazu, selbst bei einem faktischen Schiedszwang nicht von der Unwirksamkeit der Schiedsvereinbarung auszugehen, sondern im konkreten Einzelfall zu untersuchen, ob das konkret vereinbarte Schiedsgericht und dessen Verfahrensordnung in der Zusammenschau die Schiedsvereinbarung unwirksam werden lässt. Der Schwerpunkt der Prüfung verschiebt sich mithin von der Abschlusskontrolle auf die Inhaltskontrolle. Sollte sich eine Schiedspartei dann als schutzfähig erweisen, ist es schließlich auch geboten, in die Privatautonomie einzugreifen.

---

985 So auch *Eichel*, ZZP 2016, 327 (345 f.).

986 *Niedermaier*, Schieds- und Schiedsverfahrensvereinbarungen in strukturellen Ungleichgewichtslagen, S. 329 zu dieser Unterscheidung.

987 Siehe für Erklärung und Diskussion der absoluten Revisionsgründe sogleich später.

Für Schiedsverfahren werden nur die Prinzipien der Gleichbehandlung der Parteien und der Gewährung des rechtlichen Gehörs zu den Mindestanforderungen an ein faires Verfahren gezählt.[988] Allerdings wurde für die internationale Sportschiedsgerichtsbarkeit die Bedeutung der Öffentlichkeit der Verhandlung herausgearbeitet. Der Öffentlichkeitsgrundsatz ist in Rechtsmittel- und Anti-Doping-Verfahren vor dem CAS ein unverzichtbarer Mindestbestandteil eines fairen Verfahrens. Dies liegt daran, dass sich vor dem CAS in diesen Fällen keine strukturell gleichstarken Schiedsparteien gegenüberstehen, sondern die Schiedsvereinbarung auf einer faktischen Zwangslage beruht. In diesen Fällen sind höhere Anforderungen an das Verfahren zu stellen. Aus diesem Grund ist eine Schiedsvereinbarung, deren Einigung aufgrund der strukturellen Ungleichgewichtslage zwischen Sportler und Verband zustande kam, zwar isoliert betrachtet noch wirksam, in Zusammenschau mit einem nicht öffentlichen Verfahren wird sie jedoch unwirksam. Eine Verfahrensordnung, die den Grundsatz der Öffentlichkeit der Verhandlung unberücksichtigt lässt, hat also Einfluss auf die Wirksamkeit der Schiedsvereinbarung. Eine Schiedsvereinbarung zugunsten einer Verfahrensordnung, die wie Regelung R57 Abs. 2 CAS-Code 2017 den Grundsatz der Öffentlichkeit der Verhandlung unberücksichtigt ließ, ist demnach unwirksam. Eine Schiedsklausel kann jedoch auch ohne Wahlrecht wirksam sein, sofern sich die Sportler im konkreten Fall aufgrund der Verfahrensausgestaltung nicht als schutzwürdig erweisen. Gem. R57 Abs. 2 CAS-Code 2019 und A19.3 Abs. 3 ADD-Rules soll durch den Antrag der gesuchstellenden natürlichen Partei die Verhandlung öffentlich stattfinden. Sofern die Stattgabe des Antrags den Regelfall darstellt, kann die Öffentlichkeit der Verhandlung nun einseitig durch den Antrag der natürlichen Schiedspartei herbeigeführt werden. Die gesuchstellenden Sportler sind nicht mehr darauf angewiesen, dass sich die Verbände, die sich auf die Wirksamkeit der Schiedsvereinbarungen berufen, einer öffentlichen Verhandlung zustimmen.[989] Aufgrund dieser Verbesserungen in der CAS-Verfahrensordnung hat die Vorschrift zur Öffentlichkeit der Verhandlung in diesen Fällen keine Auswirkung auf die Wirksamkeit der Schiedsvereinbarung. Allerdings sieht der CAS-Code nur ein Antragsrecht für die Disziplinar- und Anti-Doping-Verfahren vor. Die

---

988 Statt vieler *Geimer*, in: Zöller ZPO, 33. Aufl. 2020, § 1042 Rn. 2 f.; *Niedermaier*, Schieds- und Schiedsverfahrensvereinbarungen in strukturellen Ungleichgewichtslagen, S. 50; *Prütting*, in: Prütting/Gehrlein ZPO, 11. Aufl. 2019, § 1042 Rn. 5 f.; *Schneider/Scherer*, in: BSK IPRG, 3. Aufl. 2013, Art. 182 Rn. 49 ff.

989 Dies gilt, wenn man der in dieser Arbeit vertretenen Auslegung des Wortes „should" folgt, siehe Teil 2 C. I. 2. b.

Sportler sind jedoch auch in den anderen Verfahrensarten der Rechtsmittel- und Anti-Doping-Kammer schutzbedürftig, so dass eine Schiedsvereinbarung zum CAS ohne ein Antragsrecht auf Öffentlichkeit nach deutschem Recht in diesen Fällen weiter unwirksam ist.

III. Praktische Durchsetzung der Unwirksamkeit einer Schiedsvereinbarung aus der Sicht der Athleten deutscher Verbände

Für die Wirksamkeitsprüfung der Schiedsvereinbarung ist gem. Art. V Abs. 1 lit. a Alt. 3 UNÜ grundsätzlich mangels Rechtswahl das Recht des Landes anwendbar, in dem der Schiedsspruch ergangen ist. In diesem Fall wäre dies das schweizerische Recht. Art. 8 chUWG sieht eine AGB-Inhaltskontrolle nur für Konsumenten vor. Aus der Sicht deutscher Sportler stellt sich damit die Folgefrage, ob sie trotzdem eine Möglichkeit besitzen, die Schiedsvereinbarung vor einem deutschen Gericht überprüfen zu lassen, das zudem deutsches Recht anwendet. Erst dies würde sicherstellen, dass sich die Unwirksamkeit der Schiedsvereinbarung, die sich aus dem Zusammenspiel der nicht öffentlichen mündlichen Verhandlung und dem strukturellen Ungleichgewicht bei Abschluss der Schiedsvereinbarung ergibt, auch zugunsten der Sportler deutscher Verbände auswirkt.

1. Rechtsschutzmöglichkeiten gegen CAS-Schiedssprüche vor deutschen Gerichten

Die Sportler deutscher Verbände besitzen gegen die CAS-Schiedssprüche vor deutschen Gerichten nur sehr eingeschränkte Rechtsschutzmöglichkeiten, die sich dabei nach dem Zeitpunkt des Erlasses des Schiedsspruches unterscheiden.[990]

a) Vor dem Erlass des Schiedsspruchs

Vor dem Erlass des Schiedsspruchs sind für Sportler deutscher Verbände die deutschen Gerichte für die Kontrolle der Schiedsvereinbarung prinzipiell nicht zuständig. Deutsche Gerichte sind nicht kraft Staatsangehörigkeit international zuständig, sondern im Regelfall nur dann, wenn die Beklagten in Deutschland

990 Statt vieler zu dem Zeitpunkt der Überprüfung und diesbezüglichen Einteilung *Haas*, in: Bittner u. a., FS Rechenberger, S. 187 (187 ff.).

sitzen oder wohnhaft sind.[991] Die meisten internationalen Sportverbände haben ihren Sitz allerdings in der Schweiz.[992] Die Klage gegen internationalen Sportverbände kann nur in Ausnahmefällen in Deutschland erhoben werden, etwa wenn mehrere Personen zusammen verklagt werden gem. Art. 8 Nr. 1 Brüssel Ia-VO, Art. 6 Nr. 1 LugÜ[993] vor dem Gericht des Ortes, an dem einer der Beklagten seinen Wohnsitz hat, sofern zwischen den Klagen eine so enge Beziehung gegeben ist, dass eine gemeinsame Verhandlung und Entscheidung geboten erscheint, um zu vermeiden, dass in getrennten Verfahren widersprechende Entscheidungen ergehen können. Der internationale Verband kann somit nur zusammen mit dem deutschen Verband vor deutschen Gerichten verklagt werden. Für die erforderliche Konnexität müsste der nationale Verband die Sanktion oder Entscheidung des internationalen Verbands allerdings im Einzelfall unterstützt haben.[994] Die Einredesituation vor deutschen Gerichten ist damit möglich, stellt aber sicher nicht den Regelfall dar. Sofern also der schiedsbeklagte Athlet ein staatliches deutsches Gericht anrufen würde, so müsste sich der Beklagte des gerichtlichen Verfahrens gem. § 1032 Abs. 1 ZPO auf die Schiedsvereinbarung berufen. Aufgrund dessen prüft das deutsche Gericht, ob die Schiedsvereinbarung nichtig, unwirksam oder undurchführbar ist.[995] Neben dieser Schiedseinrede des Beklagten, besitzt der Schiedsunwillige nach § 1032 Abs. 2 ZPO in vorgegebenen zeitlichen Grenzen die Möglichkeit, die Zulässigkeit des schiedsrichterlichen Verfahrens vor dem staatlichen Gericht prüfen zu lassen. Diese Möglichkeiten der Schiedseinrede und des Feststellungsantrags vor deutschen Gerichten existieren nach § 1025 Abs. 2 ZPO ebenfalls bei Schiedsverfahren mit einem ausländischen Schiedsort. Die ausdrückliche Prüfungskompetenz der staatlichen Gerichte ergibt sich für Deutschland als

991 Siehe Art. 4 Abs. 1 Verordnung (EU) Nr. 1215/2012 des Europäischen Parlaments und Rates vom 12.12.2012 (Brüssel Ia-VO); Art. 2 Abs. 1 Übereinkommen über die gerichtliche Zuständigkeit und die Anerkennung und Vollstreckung von Entscheidungen in Zivil- und Handelssachen (LugÜ).

992 Siehe <https://www.atlasderschweiz.ch/de/international-sport-associations-with-headquarter-in-switzerland/> (besucht am 06.01.2020).

993 Die Brüssel Ia-VO besitzt nur für Mitgliedstaaten der EU Geltung. Für Beklagte in der Schweiz ist das fast gleichlautende LugÜ anzuwenden, da die Schweiz und Deutschland Vertragsparteien des LugÜ sind.

994 Siehe für die Argumente und als Beispiel LG München I (26.02.2014) – 37 O 28331/12 Rn. 92 f., SchiedsVZ 2014, 100 (100 ff.).

995 § 1032 Abs. 1 ZPO; für die generelle Zulässigkeit einer solchen vgl. *Adolphsen*, in: MüKo ZPO, 5.Aufl. 2017, UNÜ, Art. II Rn. 36.

Vertragsstaat des UNÜ aus Art. II Abs. 3 UNÜ, wenngleich das UNÜ direkt nur für den Zeitpunkt nach Erlass des Schiedsspruchs gelten kann.[996]

b) Nach dem Erlass des Schiedsspruchs

Nach dem Erlass des Schiedsspruchs sind im Sportkontext ebenfalls selten deutsche Gerichte für die Inhaltsprüfung der Schiedsvereinbarung international zuständig. Ein Schiedsspruch des CAS ist in der Schweiz und nach schweizerischem Recht ergangen. Der Aufhebungsantrag des Schiedsspruchs nach Art. V Abs. 1 lit. e UNÜ kann mithin immer nur vor schweizerischen Gerichten beantragt werden. Dahingegen sind im inländischen Vollstreckbarerklärungsverfahren nach § 1061 Abs. 2 ZPO die deutschen Gerichte zuständig, um dem Schiedsspruch in Deutschland die Anerkennung zu versagen. Allerdings dürfte es im Rahmen der Sportschiedsgerichtsbarkeit aufgrund des *self-enforcement*[997] der CAS-Schiedssprüche selten überhaupt zu einem solchen Vollstreckbarerklärungsverfahren kommen. Der Schiedsunwillige kann gem. § 256 ZPO allerdings auch eine negative Feststellung auf die Anerkennungsunfähigkeit des Schiedsspruchs vor deutschen Gerichten anstrengen.[998] Schiedssprüchen des CAS kann die Anerkennung jedoch nur mit Wirkung für das deutsche Inland versagt werden. Dies ist aufgrund der grenzüberschreitenden Sportausübung und Sportorganisation selten zweckmäßig.

2. Statut der Schiedsverfahrensvereinbarung

Schieds- und Schiedsverfahrensvereinbarung sind zwei selbstständige Vereinbarungen, so dass auch ihr Zustandekommen unabhängig voneinander bestimmt werden muss. Dies würde ebenfalls bedeuten, dass bei der Frage der Wirksamkeit die Unterscheidung in ein Schiedsvereinbarungs- und Schiedsverfahrensvereinbarungsstatut stattfinden müsste.[999] Allerdings hat bereits die Inhaltsprüfung die enge Verbindung beider und die Unzweckmäßigkeit

---

996 Streng genommen ergibt sich aus Art. II Abs. 1 UNÜ die Pflicht zur Beachtung der Schiedsvereinbarung und aus Art. II Abs. 3 UNÜ die prozessualen Folgen.

997 Siehe dazu Teil 3 E. II. und III.

998 Siehe i. E. *Adolphsen*, Internationale Dopingstrafen, S. 512 f.; *Adolphsen*, in: ders. u. a., 9. Kap. Rn. 1129; *Pfister*, in: Fritzweiler u. a., Praxishandbuch Sportrecht, 3. Aufl. 2014, 4. Kap. Rn. 164.

999 *Samtleben*, in: Kronke/Thorn, FS von Hoffmann, S. 1066 (1069 f.) bezeichnet die Trennung in die Statute lediglich als ‚theoretisch'; i. E. zu der Problematik und Hintergründen *Gildeggen*, Internationale Schieds- und Schiedsverfahrensvereinbarungen in Allgemeinen Geschäftsbedingungen vor deutschen Gerichten, S. 145 ff.

einer getrennten Betrachtung offenbart, so dass es zumindest nahe liegt, das anwendbare Kollisionsrecht einheitlich zu bestimmen. Auf das Statut der Schieds*verfahrensvereinbarung* kommt es vorliegend jedoch nicht an. Es wird die Wirksamkeit einer Vorschrift über die Nichtöffentlichkeit des Verfahrens und deren Auswirkung auf die Schieds*vereinbarung* untersucht. Das anwendbare Recht für die Wirksamkeitskontrolle der AGB-Schiedsklausel, in diesem Fall die inhaltliche Angemessenheit, ist nach dem Schieds*vereinbarungs*statut zu überprüfen.[1000]

3. *Statut der Schiedsvereinbarung*

Vor und nach Erlass des Schiedsspruches können staatliche Gerichte die Wirksamkeit der Schiedsvereinbarung entweder direkt durch die negative Feststellungsklage oder in der Einrede- und Vollstreckungssituation indirekt überprüfen.[1001] Deutsche Gerichte können allerdings nur die Anerkennungsunfähigkeit der Schiedssprüche feststellen oder den CAS als unzuständig erklären, wenn die Schiedsvereinbarung nach dem auf sie anwendbaren Recht unwirksam ist. Welche Rechtsordnung über die materielle Wirksamkeit der Schiedsvereinbarung bestimmt, richtet sich nach dem maßgeblichen Kollisionsrecht.

a) Vor Erlass des Schiedsspruchs

Das UNÜ regelt grundsätzlich die Anerkennung und Vollstreckung ausländischer Schiedssprüche.[1002] Eine direkte Anwendung dieser Vorschriften für die Bestimmung des anwendbaren Rechts bezüglich der Wirksamkeitsprüfung der Schiedsvereinbarung vor Erlass des Schiedsspruchs würde sich mithin verbieten.[1003] Für diese Phase bestimmt das autonome Kollisionsrecht das anwendbare Recht.[1004] Ob eine Erweiterung des Anwendungsbereichs des Art. V Abs. 1

1000 *Ampatzi*, Das AGB-Recht in der nationalen und internationalen Schiedsgerichtsbarkeit im unternehmerischen Geschäftsverkehr, S. 151.

1001 Siehe oben Teil 3 C. III. 1.

1002 Allerdings erfährt dies Durchbrechungen, vgl. etwa Art. II UNÜ; die Anwendung des UNÜ auch auf Sportschiedssprüche wird heute allgemein anerkannt und nicht weiter hinterfragt, vgl. statt vieler *Adolphsen*, SchiedsVZ 2004, 169 (171); *Pfister*, in: Fritzweiler u. a., Praxishandbuch Sportrecht, Kap. 4 Rn. 172; *Oschütz*, Sportschiedsgerichtsbarkeit, S. 70 f.; die Anwendbarkeit lediglich diskutiert und bejaht von *Heß*, ZZPInt 1998, 457 (460 ff.).

1003 *Hausmann*, in: Reithmann/Martiny, Internationales Vertragsrecht, 8. Aufl. 2015, 8. Teil, Rn. 8.408.

1004 Vgl. i. E. *Stoffels*, AGB-Recht, 3. Aufl. 2015, S. 75 ff.

lit. a UNÜ auch für die Phase vor der Anerkennung und Vollstreckung vorzunehmen ist, erscheint für die Fälle der Handelsschiedsgerichtsbarkeit durchaus als sinnvoll.[1005] Über die Wirksamkeit der Schiedsvereinbarung soll vor Erlass des Schiedsspruches nicht anders entschieden werden als nach Erlass. Ansonsten könnte beispielsweise das während des Schiedsverfahrens berufene Recht die Wirksamkeit anordnen, während das anwendbare Recht in der Anerkennungs- und Vollstreckungsphase von dessen Unwirksamkeit ausgeht. Solche Divergenzen sollten nach Möglichkeit verhindert werden.[1006] Zudem liegt gerade bei der Handelsschiedsgerichtsbarkeit die Vermutung nahe, dass beide Schiedsparteien eine Streitbeilegung durch das Schiedsgericht bevorzugen und sich deswegen auch ein freiwilliger Abschluss der Schiedsvereinbarung vorliegt. Das anwendbare Recht somit auch vor Erlass des Schiedsspruchs nach Art. V Abs. 1 lit. a UNÜ zu bestimmen und möglichst ein Recht zu berufen, das von der Wirksamkeit ausgeht, trägt mithin dem Gedanken des *favor validitatis* der Schiedsvereinbarung Rechnung.[1007] Aufgrund der festgestellten, strukturellen Ungleichgewichtslage zwischen Sportlern und Verbänden, ist es jedoch zumindest fraglich, ob dieser Gedanke im Fall der Sportschiedsgerichtsbarkeit als Rechtfertigung für den zeitlich erweiterten Anwendungsbereich des Art. V Abs. 1 lit. a UNÜ vor der Anerkennungs- und Vollstreckungsphase dienen kann, da den strukturell unterlegenen Parteien nicht immer an der Berufung eines Kollisionsrechts gelegen sein dürfte, das möglichst zur Wirksamkeit der Schiedsvereinbarung gelangt.[1008] Zwar liegt auf der einen Seite in der Handelsschiedsgerichtsbarkeit bei Abschluss der Schiedsvereinbarung Vertragsparität vor und auf der anderen Seite ist zwischen Sportler und Verband eine Ungleichgewichtslage gegeben. Allerdings muss dies trotzdem nicht die Anwendung des autonomen Kollisionsrechts bedeuten.[1009] Denn bei der Analogieprüfung muss

1005 Vgl. *Martiny,* in: MüKo BGB, Vorbem. Rom I-VO Rn. 88 für die Selbstverständlichkeit der analogen Anwendung ohne weitere Begründung; bejahend *Haas,* SchiedsVZ 2011, 289 (299).

1006 Vgl. Anmerkung *Geimer* zu BGH (21.09.2005) – III ZB 18/05, LMK 2006, 166229, der von dem „Interesse des Entscheidungseinklangs" spricht.

1007 Vgl. oben zu dem Gedanken *favor validitatis* in der Handelsschiedsgerichtsbarkeit Teil 3 C. II. c. cc.

1008 *Eichel,* IPRax 2016, 305 (309); a. A. für den Sportkontext *Adolphsen,* in: ders. u. a., Sportrecht in der Praxis, S. 247 (282) Rn. 1160 jedoch lediglich feststellend und ohne Prüfung; a. A. ohne Berücksichtigung des Gesichtspunkts der strukturellen Ungleichgewichtslage *Duve/Rösch,* SchiedsVZ 2015, 69 (74).

1009 So jedoch OLG München (15.01.2015) – U 1110/14 Kart, SchiedsVZ 2015, 40 (42).

beachtet werden, dass im Rahmen des Merkmals der vergleichbaren Sachverhaltskonstellation nicht die Handels- mit der Sportschiedsgerichtsbarkeit verglichen wird. Es geht bei der Ausweitung des Anwendungsbereichs des Art. V Abs. 1 lit. a UNÜ auf den Zeitraum vor Erlass des Schiedsspruchs darum, zwischen der Situation in der Sportschiedsgerichtsbarkeit vor und im Vollstreckungsverfahren einen Vergleich zu ziehen. Vergleicht man diese beiden Phasen miteinander, so trägt das Argument der Einheitlichkeit zu beiden Zeitpunkten auch im Sportkontext. Ob es aufgrund des *self-enforcement* der Schiedssprüche überhaupt auf die Einheitlichkeit ankommt, weil die Vollstreckungsphase durch dieses Instrument kaum jemals durchgeführt wird, bildet erst und nur eine tatsächliche Folgefrage, die ein rechtliches Bestreben nach einem einheitlichen Kollisionsrecht nicht entkräften kann. Es ist daher sinnvoll, Art. V Abs. 1 lit. a UNÜ schon vor der Anerkennungs- und Vollstreckungsphase auch im Einredeverfahren anzuwenden, um eine einheitliche Rechtsanwendung zu erreichen.[1010] Ansonsten hängt es vom Zufall des Prüfungszeitpunktes ab, welches Kollisionsrecht anwendbar ist. Darüber hinaus sind viele Fragen des autonomen Kollisionsrecht umstritten, so dass die nationalen Gerichte im Rahmen der Schiedseinreden durchaus zur Anwendbarkeit unterschiedlichen Rechts kommen könnten. Dies wäre für die Einheitlichkeit der internationalen Materie des Sports hinderlich. Nach Art. V Abs. 1 lit. a UNÜ wäre daher schweizerisches Recht maßgeblich.

b) Nach Erlass des Schiedsspruchs

Nach Erlass des Schiedsspruchs ist das UNÜ anwendbar, wenn der Schiedsspruch in Deutschland anerkannt werden müsste. Art. V Abs. 1 lit. a UNÜ beruft für die Bestimmung der inhaltlichen Gültigkeit der Schiedsvereinbarung entweder das von den Parteien gewählte oder das am Schiedsort geltende Recht. Mangels einer Rechtswahl in den Schiedsklauseln ist somit im Fall der CAS-Schiedsgerichtsverfahren schweizerisches Recht anwendbar. Nach Art. 178 Abs. 2 IPRG[1011] ist die Schiedsvereinbarung gültig, wenn sie dem von den Parteien gewählten, dem auf die Streitsache anwendbaren oder dem schweizerischen Recht entspricht. Dieser schweizerischen Vorschrift liegt

---

1010 Siehe statt vieler für h. M. *Tyrolt*, Sportschiedsgerichtsbarkeit und zwingendes staatliches Recht, S. 43 m. w. N., a. A. *Eichel*, IPRax 2016, 305 (309).

1011 Vor dem CAS finden vorrangig internationale Schiedsverfahren statt, nämlich wenigstens eine der Parteien hat ihren Wohnsitz oder gewöhnlichen Aufenthalt nicht in der Schweiz, vgl. Art. 176 Abs. 1 IPRG.

damit das Prinzip des *favor validitatis* zu Grunde, weil die Schiedsvereinbarung gültig ist, sofern nur eines der berufenen Rechte von dessen Wirksamkeit ausgeht.[1012] Das wesentlich schiedsfreundlichere schweizerische Sachrecht sieht jedoch keine ABG-Inhaltskontrolle gem. § 307 BGB vor, sondern beurteilt die Wirksamkeit der Schiedsklausel anhand von Art. 18 Abs. 1 des schweizerischen Obligationenrechts (OR).[1013] In Sportschiedsverfahren beurteilt das BG die Wirksamkeit sehr großzügig und wohlwollend.[1014] Das BG stellt in internationalen Schiedsverfahren niedrigere Anforderungen an eine wirksame Schiedsvereinbarung.[1015] Dabei handelt es sich jedoch nicht zwangsläufig um einen Wertungswiderspruch. Vielmehr erkennt das BG damit die Notwendigkeit eines zentralen und spezialisierten Sportschiedsgerichts an, um dem im Sport immanenten Gleichheitsprinzip Geltung zu verschaffen. Sollten nämlich bei der Streitentscheidung im Sport unterschiedliche Rechtsordnungen zur Entscheidung berufen werden und diese möglicherweise zu divergierenden Ergebnissen gelangen, wäre auch die Chancengleichheit des sportlichen Wettkampfs ad absurdum geführt.[1016]

c) *Zusammenfassung*

Danach wäre sowohl vor als auch nach Erlass des Schiedsspruchs gem. Art. V Abs. 1 lit. a UNÜ das Recht am Schiedsort, also in dem Fall des CAS nach

---

1012 Vgl. den Wortlaut des Art. 178 Abs. 2 IPRG („oder"); *Berger/Kellerhals*, Internationale und interne Schiedsgerichtsbarkeit in der Schweiz, 2. Kap. § 5 Rn. 369 ff; *Blackaby* u. a., Redfern and Hunter on International Arbitration, Student Version, Rn. 3.33 S. 173 bezeichnet die Vorschrift als „maximus opportunity to uphold the validity".

1013 i. E. *Zimmermann*, CaS 2014, 11 (13) m. w. N. zur Spruchpraxis des BG; BG (17.01.2013) – 4A_244/2012 Rn. 4.2 ff. abweichend und restriktive Auslegung der Wirksamkeit der Schiedsvereinbarung in Sportsachen.

1014 BG (22.03.2007) – 133 III 235, S. 245; BG (20.01.2010) – 4A_548/2009 unter 4.1; BG (07.11.2011) – 138 III 29, S. 34; BG (13.02.2012) – 4A_428/2011 unter 3.2.2; *Eichel*, IPRax 2016, 305 (306 f.); *Zimmermann*, CaS 2014, 11 (14).

1015 BG (15.03.1990) – 116 Ia 56, S. 58; BG (08.07.2008) – 129 III 675, S. 681; und BG (25.10.2010) – 4A_279/2010, unter C.3.1 zur restriktiven Auslegung des Verzichtwillens auf die staatliche Gerichtsbarkeit.

1016 Vgl. zur Wichtigkeit des CAS Teil 1 A. III.; das BG bewertet die Wirksamkeit der Schiedsvereinbarung zu den ordentlichen Kammern des CAS jedoch auch nach diesem großzügigen Maßstab, obwohl sich die Streitgegenstände dort nicht als wettkampfbezogen darstellen und die Chancengleichheit im Wettkampf nicht tangiert ist.

Art. 178 Abs. 2 Alt. 3 IPRG das schiedsfreundliche schweizerische Recht anwendbar. Eine Überprüfung der Schiedsvereinbarung nach deutschem Recht würde dann nicht stattfinden. Allerdings könnte vor und nach Erlass des Schiedsspruchs unabhängig von dem schweizerischen Recht und dessen Beurteilung der Wirksamkeit eine deutsche Inhaltskontrolle der Schiedsvereinbarung als Teil des *ordre public* durchzuführen sein, um den gesetzlichen Wertungen des § 307 BGB zur Geltung zu verhelfen.

4. Ordre-public-*Kontrolle deutscher Gerichte*

Das deutsche Recht und damit die deutsche Inhaltskontrolle kann bei Bejahung der deutschen AGB-Regeln als Teil des deutschen *ordre public*[1017] zur Geltung kommen.[1018] Für die rechtliche Nachprüfung von CAS-Schiedssprüchen durch die deutschen Gerichte unter dem Gesichtspunkt des *ordre public* ist aufgrund der analogen Anwendung des Art. V Abs. 1 lit. a UNÜ auf den Zeitpunkt vor Erlass des Schiedsspruches in allen Verfahrensstadien der kollisionsrechtliche *ordre-public*-Vorbehalt des Art. V Abs. 1 lit. a UNÜ i. V. m. Art. 6 EGBGB anzuwenden. Die deutsche AGB-Inhaltsprüfung nach § 307 BGB kann aufgrund der Herleitung aus dem höherrangigen Recht in begrenzten Ausnahmefällen Teil der deutschen öffentlichen Ordnung sein, allerdings liegt nicht immer ein Verstoß vor.

Das UNÜ ist ein Staatsvertrag ohne Regelung zu einem inländischen, kollisionsrechtlichen *ordre-public*-Vorbehalt. Zudem soll die Wirksamkeit der Schiedsvereinbarung aus Gründen der Rechtsklarheit grundsätzlich bereits im Schiedsverfahren selbst geklärt werden (sog. Kompetenz-Kompetenz des Schiedsgerichts)[1019]. Außerdem kommt im Fall des UNÜ hinzu, dass diesem ein Vertrauen der Vertragsstaaten zu Grunde liegt, dass die Schiedsverfahren – und die diesen zugrundeliegenden Schiedsklauseln – in den jeweiligen Staaten der Schiedsorte möglicherweise nach anderen, jedoch ebenso nach rechtstaatlichen Grundsätzen beurteilt werden. Allerdings können dem UNÜ ständig weitere

---

1017 Der EuGH zählt die Klauselrichtlinie zum *ordre public,* siehe EuGH (26.10.2006) – C-168/05 (*Mostaza Claro*); EuGH (06.10.2009) C-40/08 (*Asturcom*); kritisch dazu *Hilbig,* SchiedsVZ 2010, 74 (78 ff.); *Niedermaier,* Schieds- und Schiedsverfahrensvereinbarungen in strukturellen Ungleichgewichtslagen, S. 339 ff.

1018 Generell zur Rechtsgrundlage einer *ordre-public*-Prüfung für *Streitbeilegungsvere inbarungen* in Fällen strukturell unterlegener Parteien *Thorn/Nickel,* IPrax 2018, 541 (545 ff.).

1019 Vgl. für Deutschland § 1040 Abs. 1 ZPO.

Vertragsstaaten beitreten und eine Kündigung wird gem. Art. XIII Abs. 1 S. 2 UNÜ auch erst ein Jahr, nachdem die Notifikation dem Generalsekretär zugegangen ist, wirksam. Diese Offenheit des UNÜ für neue Vertragsstaaten bedeutet, dass die bereits beigetretenen Vertragsstaaten die Möglichkeit besitzen sollten, die Schiedsklauseln auf ihre unabdingbaren Wertevorstellungen überprüfen zu können. Es ist aus diesem Grund allgemeine Meinung, dass sich die Vertragsstaaten bei offenen Abkommen, die fortwährend weiteren Staaten offenstehen, eine inländische *ordre-public*-Kontrolle vorbehalten wollten.[1020] Nun könnte man argumentieren, dass jedoch Deutschland und die Schweiz bereits seit längerer Zeit dem UNÜ beigetreten sind und aus diesem Grund dieses „Überraschungsmoment" der Werteordnung eines neuen Vertragsstaates ausbleibt. Dennoch sollte im Rahmen des UNÜ die Anwendung des kollisionsrechtlichen *ordre public* nicht von dem Zeitpunkt des Eintritts des jeweiligen Staats abhängen. Denn die jeweils geltenden (rechtsstaatlichen) Grundsätzen und Wertevorstellungen ändern sich nicht mit der zeitlichen Länge des Beitritts oder gerade schon. Denkbar ist es nämlich auch, dass Staaten schon seit längerer Zeit in Vertragsbeziehungen standen, ehe eine neue Regierung die Rechtsstaatlichkeit abschafft. Es muss dann eine Reaktionsmöglichkeit bei den Staaten verbleiben. Aus diesem Grund muss ein Schutz der öffentlichen Ordnung der Mitgliedstaaten gewährleistet sein und der Vorbehalt der inländischen *ordre-public*-Kontrolle gem. Art. 6 EGBGB i. V. m. Art. 1 Abs. 2 lit. e Rom I-VO muss in Art. V Abs. 1 lit. a UNÜ konkludent hineingelesen werden.[1021]

5. *Konkrete* ordre-public-*Prüfung*

Vor und nach Erlass des Schiedsspruchs beruft das Kollisionsrecht zwar schweizerisches Recht als anwendbar. Allerdings sind die gesetzlichen Wertungen des § 307 BGB aufgrund der Herleitung aus höherrangigem Recht Bestandteil des *ordre public* nach Art. 6 EGBGB i. V. m. Art. 1 Abs. 2 lit. e Rom I-VO. Auf diese Weise ist eine Korrektur des Rechtsanwendungsergebnisses des schweizerischen Rechts, das von der Wirksamkeit der Schiedsklausel ausgeht, vorzunehmen. Eine solche Ergebniskorrektur findet mithin im Rahmen eines staatlichen Gerichtsprozesses durch das deutsche Gericht statt.

1020 Siehe statt vieler *von Hein*, in: MüKO BGB, 7. Aufl. 2018, EGBGB, Art. 6 Rn. 42 m. w. N.

1021 *Pfister*, in: Fritzweiler u. a., Praxishandbuch Sportrecht, 3. Aufl. 2014, 4. Kap. Rn. 157 Fn. 530 ohne weitere Begründung zur Kontrolle der staatlichen Gerichte über die schiedsgerichtliche Entscheidung über die Wirksamkeit der Schiedsvereinbarung.

a) Prüfungsgegenstand und -maßstab

Prüfungsgegenstand ist das Ergebnis der Rechtsanwendung im Einzelfall und nicht die ausländische Sachnorm an sich.[1022] In diesem Fall müsste also das Ergebnis, nämlich die Wirksamkeit der Schiedsvereinbarung nach schweizerischem Recht, in einem untragbaren Widerspruch zu deutschen Gerechtigkeitsvorstellungen und Grundgedanken stehen.[1023] Es geht also nicht um die inhaltliche Prüfung der Schiedsvereinbarung, sondern vielmehr darum, ob es der deutschen öffentlichen Ordnung widerspricht, dass das schweizerische Recht eine Schiedsvereinbarung für wirksam hält, während eine deutsche Inhaltsprüfung zur Unwirksamkeit der Klausel gelangen würde.[1024] Die schweizerischen Normen an sich werden mithin keiner Prüfung unterzogen. Maßgeblich bleibt damit die Kernfrage, ob die AGB-rechtliche Inhaltsprüfung zum deutschen *ordre public* zählt und auf diese Weise zur Anwendung kommen sollte.[1025]

Inhalt und damit Prüfungsmaßstab der *ordre-public*-Prüfung stellen die unverzichtbaren Wertevorstellungen des deutschen Rechts dar. Ein Verstoß muss gem. Art. 6 EGBGB offensichtlich sein. Da es sich bei der *ordre-public*-Kontrolle lediglich um eine Art „Notbremse" handelt, um offensichtliche und schwerwiegende Widersprüche der ausländischen Rechtsanwendung zum deutschen Rechtsverständnis zu unterbinden, muss die Messlatte für Normen, die zur unverzichtbaren Wertevorstellungen zählen, entsprechend hoch sein. Art. 6 S. 2 EGBGB nennt insbesondere die Grundrechte.[1026] Dies ist auch der Grund, warum die Geltendmachung eines *ordre-public*-Verstoßes vor deutschen Gerichten oft erfolglos bleibt.[1027] Die staatliche Gerichtsbarkeit akzeptiert

---

1022 I. E. zu Art. 21 Rom I-VO *v. Bar/Mankowski,* IPR § 1 Rn. 1003 ff.

1023 BGH (28.04.1988) – IX 127/87, NJW 1988, 2173 (2174); BGH (04.06.1992) – IX ZR 149/91, NJW 1992, 3096 (3101); BGH (16.09.1993) – IX 82/90, NJW 1993, 3269 (3270).

1024 *Hau,* in: Wolf u. a, AGB-Recht, 6. Aufl. 2013, 2. Teil IntGV Rn. 59; *Martiny,* in: MüKo BGB, 7. Aufl. 2018, Rom I-VO, Art. 21 Rn. 5.

1025 *Raiser,* Recht der allgemeinen Geschäftsbedingungen, S. 89 f. bereits vor der Schaffung des AGB-Gesetzes zu der Notwendigkeit der AGB-Kontrolle u. a. durch die staatliche Gerichtsbarkeit.

1026 Statt vieler zu Rom I-VO i. E. *Martiny,* in: MüKo BGB, 7. Aufl. 2018, Rom i-VO, Art. 21 Rn. 3; BT-Drucks. 13/5274 vom 12.07.1996, S. 59 zu den Grundrechten als Bestandteil.

1027 *Martiny,* in: MüKo BGB, 7. Aufl. 2018, Rom I-VO, Art. 21 Rn. 4.

damit die Schiedsgerichtsbarkeit als private Streitbeilegungsmethode und greift nur in Extremfällen kontrollierend ein.[1028]

Die Inhaltsprüfung einer AGB-Klausel stellt somit zwar inländisch zwingendes Recht dar, befindet sich trotzdem nicht auf einer Stufe mit dem höherrangigen Recht und ist mithin grundsätzlich nicht Prüfungsmaßstab des *ordre-public*-Vorbehalts.[1029] Allerdings kann die Inhaltsprüfung im Rahmen der *ordre-public*-Prüfung relevant werden, nämlich aufgrund der erforderlichen ergebnisorientierten Betrachtung. Dafür muss untersucht werden, ob nicht durch das Hinzutreten weiterer Besonderheiten im Ergebnis die Schiedsvereinbarung einer Inhaltskontrolle nach deutschem Recht zugänglich sein muss.[1030] Denn die rechtsgeschäftliche Entscheidungsfreiheit ist verfassungsrechtlich geschützt. Zudem kann auch die Intransparenz generell gegen den *ordre public* verstoßen, sofern dadurch das Recht auf den gesetzlichen Richter betroffen ist.

b) Rechtsgeschäftliche Entscheidungsfreiheit und Recht auf den gesetzlichen Richter als Bestandteil der deutschen öffentlichen Ordnung

Die deutsche AGB-Inhaltsprüfung nach § 307 Abs. 1 BGB ist nur dann Teil der deutschen öffentlichen Ordnung, sofern das deutsche Recht zur Unwirksamkeit der Schiedsvereinbarung[1031] in einer Gesamtbeurteilung mit der Schiedsverfahrensvereinbarung gelangt, während das schweizerische Recht von der Wirksamkeit ausgeht. Denn dieses Ergebnis widerspricht dem verfassungsrechtlichen Schutz der rechtsgeschäftlichen Entscheidungsfreiheit sowie dem Verfassungsrecht auf den gesetzlichen Richter.[1032]

Der Abschluss der Schiedsvereinbarung in Athletenvereinbarungen, also im sportlichen Kontext, ist nicht mit der Einigung auf die Schiedsgerichtsbarkeit in handelsrechtlichen Beziehungen vergleichbar. Teilnehmer des Wirtschaftsverkehrs unterliegen grundsätzlich keinem Kontrahierungszwang mit einem bestimmten Vertragspartner und müssen somit nicht einseitig auferlegte

1028 *Pfeiffer*, NJW 2012, 1169 (1172).

1029 *Pfeiffer*, NJW 2012, 1169 (1172).

1030 *Pfeiffer*, SchiedsVZ 2014, 161 (165) spricht von einem „Sandhaufen-Theorem".

1031 Auch statuarische Klauseln sind darunter zu fassen. Diese sind nur dann wirksam, wenn man davon ausgeht, dass es eine Form der rechtsgeschäftlichen Zustimmung gab und damit letztlich in diesem Zusammenhang nicht anders als rechtsgeschäftliche Schiedsvereinbarungen zu beurteilen.

1032 Vgl. ähnliche Argumentation für Franchisenehmer *Samtleben*, in: Kronke/Thorn, FS von Hoffmann, S. 1066 (1075).

Vertragsbedingungen, wie die Schiedsklausel, akzeptieren. Im Wirtschaftsverkehr wird mithin eine fehlende Vertragsgestaltungsfreiheit durch eine Vertragsabschlussfreiheit ausgeglichen.[1033] Es mag ein faktischer Zwang vorliegen, um den größtmöglichen Gewinn durch Abschluss von Verträgen mit bestimmten Wirtschaftsteilnehmern sicherzustellen, allerdings ist trotzdem davon auszugehen, dass lediglich Gewinneinbußen und nicht die völlige Unfähigkeit der Teilnahme am Wirtschaftsmarkt daraus folgen.[1034] Während also wirtschaftliche Unternehmen eine Schiedsklausel nicht akzeptieren müssen, stellt sich die Lage zwischen Athleten und Verbänden anders dar. Die vertragliche Selbstbestimmung der Privatautonomie findet hier ihre Grenzen, da die Vertragsparität nicht mehr gewährleistet ist und eine einseitige Bestimmung des Vertragsinhaltes stattfindet. Von einer Selbstbestimmung kann auf Seiten der Sportler keine Rede mehr sein. Eine fehlende Privatautonomie würde in diesem Fall den Grundrechten widersprechen, die als objektive Werteordnung (sog. mittelbare Drittwirkung der Grundrechte) auch auf das Zivilrecht wirken.[1035] Aus diesem Grund ist es anerkannt, dass sich Grundrechte in diesem Fall auch auf das Vertragsrecht auswirken, um den Grundrechtsschutz der unterlegenen Partei nach Art. 20 Abs. 1, Art. 28 Abs. 1 GG zu gewährleisten.[1036] Die selbstbestimmte Willensbildung im Vertragsrecht ist mithin ein wesentlicher Bestandteil der deutschen Rechtsordnung und deswegen Teil des deutschen *ordre public*.[1037]

Aus Art. 101 Abs. 1 S. 2 GG und Art. 6 Abs. 1 EMRK[1038] leitet sich das Recht auf den gesetzlichen Richter beziehungsweise dem Zugang zu den Gerichten

---

1033 *Leuschner*, JZ 2010, 875 (882).

1034 I. E. zur Abschlussfreiheit und zu einem mittelbaren Einfluss des Vertragsinhalts durch entsprechendes Abschlussverhalten, *Wendland*, Vertragsfreiheit und Vertragsgerechtigkeit, § 9 S. 470 f.

1035 Grundlegend zur objektiven Werteordnung der Grundrechte BVerfG (15.01.1958) – 1 BvR 400/57, NJW 1958, 257 (257).

1036 BVerfG (07.02.1990) – 1 BvR 26/84 Rn. 50, NJW 1990, 1469 (1469 ff.); zur Bedeutung der Grundrechte als Interpretations- und Auslegungshilfe zivilrechtlicher Generalklauseln BVerfG 19.10.1993) – 1 BvR 567/89, NJW 1994, 36 (38).

1037 Vgl. auch *Eichel*, IPRax 2016, 305 (308); *Zuck*, SpuRt 2014, 5 (7).

1038 Ausgespart werden soll hier die Diskussion, dass Art. 6 Abs. 1 EMRK keinen Verfassungsrang besitzt, jedoch als Bestandteil des Bundesrechts unmittelbar anwendbar ist, und bei Nichtbeachtung die BRD völkerrechtswidrig handelt, vgl. *Meyer-Ladewig/Nettesheim*, in: Meyer-Ladewig u. a., HK-EMRK, 4. Aufl. 2017, Einleitung Rn. 14 ff.

ab.[1039] Dieser Zugang zu den Gerichten ist jedoch nicht absolut geschützt, sondern kann durch privatautonome Vereinbarung zugunsten der Schiedsgerichtsbarkeit ausgeschlossen werden. Allerdings muss dieser Ausschluss im Rahmen einer Vertragsparität erfolgen, nämlich „frei, rechtmäßig und eindeutig“[1040] sein. Dies muss für die Fälle struktureller Ungleichgewichtslagen zwischen Sportler und Verbänden verneint werden. Die Schiedsklauseln in Athletenvereinbarungen verdeutlichen gerade dieses Machtungleichgewicht. Die Athleten stehen entweder vor der Wahl, die Sportschiedsgerichtsbarkeit zu akzeptieren oder aufgrund der Monopolstellung der Sportverbände ihren (professionellen) Sport nicht ausüben zu können. Letzteres stellt sich nicht wirklich als eine Alternative dar. Damit verletzt dieser Schiedszwang das Recht auf den gesetzlichen Richter, da die Athleten keine wirkliche Wahlmöglichkeit besitzen, die staatlichen Gerichte mit den dort geltenden rechtsstaatlichen Verfahrensregeln als Entscheidungsinstanz zu wählen. Allerdings bindet das Grundrecht grundsätzlich nur den Staat und gilt nicht mittelbar zwischen Privaten. Auch die EMRK verpflichtet als Vertragsstaat vorrangig den deutschen Staat.[1041] Die Schiedsvereinbarungen stellen jedoch gerade Verträge zwischen Privatrechtssubjekten dar. Allerdings sind zum einen die Normen des deutschen Rechts konventionsfreundlich auszulegen.[1042] Zum anderen stellen Grundrechte eine objektive Werteordnung dar, so dass sie sich auch auf privatrechtliche Verträge auswirken und die Privatautonomie entsprechend begrenzen können.[1043] Aufgrund eines Kontrahierungszwangs und fehlender Alternativen für die Sportler bei Abschluss der Schiedsvereinbarung liegt mithin auch die Verletzung des Rechts auf den gesetzlichen Richter vor.

Die Inhaltskontrolle stellt gerade das kontrollierende Instrument dar, um Machtungleichgewichtslagen bei Vertragsschluss auszugleichen, indem durch eine Interessenabwägung geprüft wird, ob die Benachteiligung – nämlich der unfreiwillige Verzicht auf den gesetzlichen Richter – auch zu einer

---

1039 Das Recht auf den gesetzlichen Richter ist auch in anderen Rechtsordnungen außerhalb der EU bekannt, vgl. für die Schweiz Art. 30 Abs. 1 S. 1 BV.

1040 Vgl. EGMR (02.10.2018) – 40575/10, 67474/10 (*Mutu&Pechstein/Suisse*) Rn. 96.

1041 *Meyer-Ladewig/Nettesheim*, in: Meyer-Ladewig u. a., HK-EMRK, 4. Aufl. 2017, Einleitung Rn. 17 ff.

1042 *Meyer-Ladewig/Nettesheim*, in: Meyer-Ladewig u. a., HK-EMRK, 4. Aufl. 2017, Einleitung Rn. 19.

1043 Grundlegend zur objektiven Werteordnung der Grundrechte BVerfG (15.01.1958) – 1 BvR 400/57, NJW 1958, 257 (257); *Bleistein/Degenhart*, NJW 2015, 1353 (1355) m. w. N.

Unangemessenheit der gesamten Schiedsklausel führt, etwa wenn diese Ungleichgewichtslage eine Fortführung in den verfahrensrechtlichen Bestimmungen erfährt. Aufgrund der Herleitung der AGB-Inhaltsprüfung aus dem höherrangigen Recht,[1044] ist in diesen sportspezifischen Fällen bei vertraglicher Ungleichgewichtslage die Inhaltskontrolle Teil des deutschen *ordre public.*

c) Verstoß

Athleten würden durch den Summierungseffekt, nämlich dem unfreiwilligen Abschluss einer Schiedsvereinbarung und der Zustimmung zu einer Schiedsverfahrensordnung ohne Öffentlichkeitsprinzip zum Objekt des Verfahrens ohne ausreichende Kontrollfunktionen. Es entspricht der Werteordnung deutschen Rechts, diese Machtungleichgewichtslagen einer Inhaltsprüfung zu unterstellen. Das schweizerische Recht, das im Ergebnis von einer Wirksamkeit der Schiedsvertragsklausel ausging,[1045] stellt aus diesem Grund einen Verstoß gegen den inländischen *ordre public* dar.[1046] Ein anderes Ergebnis würde in einem offensichtlichen Widerspruch zu dem deutschen Wertemaßstab stehen.

d) Inlandsbezug zu Deutschland als Forumsstaat

Da grundsätzlich ein internationaler Entscheidungseinklang gewährleistet werden soll, wird auch der *ordre-public*-Vorbehalt entsprechend restriktiv gehandhabt und aus diesem Grund wird als ein ungeschriebenes Tatbestandsmerkmal eine Inlandsbeziehung des Sachverhaltes zum Forumsstaat gefordert.[1047] Ein Inlandsbezug kann sich aufgrund personaler, sachlicher oder rechtlicher Umstände ergeben.[1048] In den hier untersuchten Fällen würde das bedeuten, dass sich diese Inlandsbeziehung aufgrund persönlicher Bezugspunkte, wie dem dauernden Aufenthaltsort des betreffenden Sportlers in Deutschland, dem

---

1044 Aufgrund dieser Herleitung kann dahinstehen, ob das AGB-Recht allgemein Teil des *ordre public* ist.

1045 Siehe das *obiter dictum* des BG zur Wirksamkeit erzwungener Schiedsvereinbarungen zum CAS, BG (22.03.2007), BGE 133 III 235, 245, SchiedsVZ 2007, 330 ff.

1046 *Martiny,* in: MüKo BGB, 7. Aufl. 2018, Rom I-VO, Art. 21 Rn. 6 generell zum Verstoß; *Münch,* in: MüKo ZPO, 5. Aufl. 2017, § 1059 Rn. 42 dazu, dass ein schiedsrechtlicher *ordre public* nicht restriktiver gehandhabt werden sollte.

1047 H. M. Vgl. *Martiny,* in: MüKo BGB, 7. Aufl. 2018, Rom I-VO, Art. 21 Rn. 5.; *Voltz,* in: Staudinger BGB, 12. Aufl. 2013, [Stand: September 2012] Art. 6 EGBGB Rn. 157 m. w. N. zu Art. 6 EGBGB.

1048 *Voltz,* in: Staudinger BGB, 12. Aufl. 2013, [Stand: September 2012] Art. 6 EGBGB Rn. 158.

Sitz des Verbandes in Deutschland oder einer Athletenvereinbarung bezüglich eines Wettkampfs auf deutschen Territorium, ergeben können.[1049]

e) *Einfluss des CAS-Code 2019 und der ADD-Rules auf die* ordre-public-*Prüfung*

Da das schweizerische Vertragsrecht eine Schiedsvereinbarung zugunsten einer Verfahrensordnung ohne Öffentlichkeitsgrundsatz im Gegensatz zum deutschen Recht als wirksam erachtet, steht dies im Widerspruch zu dem deutschen *ordre public.* Die deutsche Inhaltsprüfung des wirksamen Zustandekommens der Schiedsklausel nach § 307 BGB leitet sich aus dem höherrangigen Recht ab und ist deshalb Bestandteil des deutschen *ordre public.* R57 Abs. 2 CAS-Code 2019 und A19.3 Abs. 3 ADD-Rules lassen den strukturell unterlegenen Schiedsparteien die Wahl zwischen einer nicht öffentlichen oder öffentlichen Verhandlung. Diese Reform des CAS-Code steht zumindest für Disziplinar- und Anti-Doping-Verfahren im Einklang mit dem deutschen Recht. Ein *ordre-public*-Verstoß liegt für diese Verfahren nicht vor.

Soweit R57 Abs. 2 S. 3 CAS-Code 2019 und A19.3 Abs. 3 S. 3 ADD-Rules ein Antragsrecht auf die Öffentlichkeit der Verhandlung vorsehen, ist es aus der Sicht der Sportler dann aber auch aussichtslos, die Nichtöffentlichkeit der Verhandlung nachträglich zu rügen, da sie die Öffentlichkeit der Verhandlung beantragen können. Wird der Antrag auf Öffentlichkeit nicht gestellt oder der Öffentlichkeit der Verhandlung nach R57 Abs. 2 S. 2 CAS-Code 2019 oder A19.3 Abs. 3 S. 2 ADD-Rules nicht zugestimmt, dann verstoßen die Sportler gegen die Rügeobliegenheit.[1050] Auf die Unwirksamkeit der Schiedsvereinbarung oder

---

1049 *Pfister,* in: Fritzweiler u. a., Praxishandbuch Sportrecht, 3. Aufl. 2014, 2. Kap. 6. Teil Rn. 36; etwas uneindeutiger *Eichel,* der auf die Wirkung des Schiedsspruchs abstellt, ohne dies weiter zu konkretisieren.

1050 Eine Rügeobliegenheit kann sich nur auf § 1032 ZPO beziehen, weil eine *ordre-public*-Kontrolle in der Anerkenntnissituation in der in dieser Arbeit vertretenen Ansicht nicht stattfindet, siehe generell für die Präklusion der Einrede der Unwirksamkeit der Schiedsvereinbarung bei Verhandeln zur Hauptsache für Deutschland gem. § 1040 Abs. 2 S. 1 ZPO; statt vieler Kurzkommentar zu BGH (14.04.1988) – III ZR 12/87 in: *Bühler/Raeschke-Kessler,* EWiR Art. V UNÜ 1988, 1121 (1122); i. E. *Coester-Waltjen,* in: Boele-Woelki u. a., Liber Amicorum Kurt Siehr, S. 595 (612 f.); vgl. für die Schweiz, *Schott/Courvoisier,* in: BSK IPRG, 3. Aufl. 2013, Art. 186 Rn. 100; zu der Präklusion durch rügelose Einlassung bei Art. V Abs. 1 lit. a UNÜ *Adolphsen,* in: MüKo ZPO, 5. Aufl. 2017, UNÜ, Art. V Rn. 6 ff.; i. E. zu den Voraussetzungen einer Präklusion *Niedermaier,* Schieds- und Schiedsverfahrensvereinbarungen in strukturellen Ungleichgewichtslagen, S. 328 f.; im

einen Verstoß der öffentlichen Ordnung können sie sich dann nachträglich nicht mehr berufen.

IV. Zusammenfassung

Die Zuständigkeit des CAS als Schiedsgericht muss zwischen den Parteien vereinbart werden. Eine wirksame Schiedsvereinbarung ist dafür Voraussetzung. Die Wirksamkeitsprüfung vollzieht sich über die Anwendung der allgemeinen Rechtsgeschäftslehre und setzt mithin eine Einigung auf einen schiedsfähigen Gegenstand voraus. Die Wirksamkeit ist grundsätzlich unabhängig von der Schiedsverfahrensvereinbarung zu beurteilen. Allerdings muss letztere im Rahmen der Prüfung nach §§ 305 ff. BGB – nachdem die Anwendbarkeit der Inhaltskontrolle bejaht wurde – auch Prüfungsgegenstand sein.

Die rollenspezifisch unterlegenen Sportler als Schiedsparteien in CAS-Rechtsmittelverfahren und letztinstanzlichen Anti-Doping-Verfahren möchten oftmals durch eine öffentliche Verhandlung ihre positive Außendarstellung wiederherstellen. Außerdem liegt es aufgrund des größtenteils unfreiwilligen Verzichts auf staatlichen Rechtsschutz in ihrem Interesse, dass durch eine schützende Kontrolle der Öffentlichkeit faire Verfahren sichergestellt sind. Diesen Bedürfnissen stehen keine ebenso gewichtigen Verbandsinteressen gegenüber. Die rollenspezifische Unterlegenheit der Sportler bei dem Abschluss der Schiedsvereinbarung bedeutet allerdings noch nicht die Unwirksamkeit der Schiedsvereinbarung. Die fehlende Freiwilligkeit führt nicht zur pauschalen Nichtigkeit, sondern es müssen weitere Umstände, in diesem Fall die konkrete Gestaltung des Schiedsverfahrens, hinzutreten. Dieser Summierungseffekt zwischen einem fehlenden Wahlrecht bei Abschluss der Schiedsvereinbarung und einer nicht öffentlichen Verhandlung, wie ehemals in R44.2 Abs. 2 S. 2 CAS-Code 2017 vorgesehen, macht eine Schiedsvereinbarung zum CAS unwirksam. Die überlegene Position der Verbände führt mithin in einer Gesamtbetrachtung mit der Vorschrift einer nicht öffentlichen Verhandlung zur Unwirksamkeit der Schiedsvereinbarung. Die Vorschrift zur Öffentlichkeit der Verhandlung wirkt sich mithin auf die Wirksamkeit der Schiedsvereinbarung aus.

Rahmen des Art. V Abs. 1 lit. a UNÜ wird für Fragen der materiellen Wirksamkeit eine Präklusion abgelehnt, vgl. Anmerkung zu OLG Köln (16.12.1992) – 16 W 43/92 in: *Haas*, IPRax 1993, 382 (384); OLG Schleswig-Holsteinisches (30.03.2000) – 16 SchH 5/99, RIW 2000, 706 (707); *Adolphsen*, in. MüKo ZPO, 5. Aufl. 2017, UNÜ, Art. V Rn. 9; *Mallmann*, SchiedsVZ 2004, 152 (157); *Schwab/Walter*, Schiedsgerichtsbarkeit, 7. Aufl. 2005, Kap. 44 Rn. 10.

Die Wirksamkeit der Schiedsvereinbarung bestimmt sich allerdings nach dem für sie anwendbaren Recht. Die Prüfung der Wirksamkeit der Schiedsvereinbarung zum CAS unterliegt schweizerischem Recht, das selbst für den alten CAS-Code bei dem unfreiwilligen Abschluss einer Schiedsvereinbarung und der Zustimmung zu einer Schiedsverfahrensordnung ohne Öffentlichkeitsprinzip nicht zu der Unwirksamkeit der Schiedsvereinbarung gelangte. Die deutschen Wertungen finden in diesen Fällen deswegen nur über den *ordre-public*-Vorbehalt Anwendung. Die AGB-Inhaltsprüfung selbst ist zwar kein Bestandteil des deutschen *ordre public*, allerdings leitet sich die AGB-Inhaltsprüfung aus dem höherrangigen Recht, namentlich der rechtsgeschäftlichen Entscheidungsfreiheit und dem Recht auf den gesetzlichen Richter ab. Eine Vorschrift zur Nichtöffentlichkeit der Schiedsverfahren würde zusammen mit einem faktischen Schiedszwang einen *ordre-public*-Verstoß darstellen. Die Schiedsvereinbarung wäre dementsprechend unwirksam. Dies könnte bei entsprechender Zuständigkeit nach § 1032 ZPO geltend gemacht werden. Die Ausführungen haben gezeigt, dass gerade in diesem Themenkomplex vieles streitig ist. Beispielhaft fand eine Untersuchung nur aus der Sicht deutscher Athleten statt. In anderen Staaten werden die gleichen Fragen – gerade was den *ordre public* angeht – möglicherweise anders beurteilt. Dies führt zu einer im Sport nicht gewollten Rechtszersplitterung, jedoch möglicherweise zugunsten eines rechtsstaatlich gewollten Schutzes der Sportler.

Trotz einer Schiedsvereinbarung drohen den Verbänden damit Verfahren vor den staatlichen Gerichten.[1051] Die Wirksamkeit der Schiedsvereinbarung ist allerdings zu bejahen und nicht *ordre-public*-widrig, sofern das Verfahren im Einklang mit dem *deutschen ordre public* steht. Während R57 Abs. 2 S. 2 CAS-Code 2017 nur bei Einigung der Schiedsparteien eine öffentliche mündliche Verhandlung ermöglichte, kann die Öffentlichkeit gem. R57 Abs. 2 S. 3 CAS-Code 2019 und A19.3 Abs. 3 ADD-Rules nun auch einseitig durch den Antrag der Sportler herbeigeführt werden, wenn man der in dieser Arbeit vertretenen Auslegung des Wortes „should“ folgt.[1052] Mit dieser Maßgabe hätte die Reform des CAS-Code die für die Disziplinar- und Anti-Doping-Verfahren gebotene Verbesserungen gebracht. Trotz des faktischen Abschlusszwanges können damit die inhaltliche Wirksamkeit der Schiedsvereinbarung bejaht werden und die mit der zentralen, internationalen Sportschiedsgerichtsbarkeit verbundenen Vorteile zum Tragen kommen. Allerdings muss der CAS Nachbesserungen

1051 Ähnlich *Lasthaus*, Bucerius Law Journal 2015, 70 (75).
1052 Siehe Teil 2 C. I. 2. b.

auch für die anderen Verfahrensarten treffen und für diese den Grundsatz der Öffentlichkeit der Verhandlung einführen.

D. Einfluss der Vorschriften zur Öffentlichkeit auf die Aufhebungsverfahren des BG

Eine nachträgliche Heilung der Nichtöffentlichkeit findet vor dem BG aufgrund der nicht öffentlichen Aufhebungsverfahren und der beschränkten Überprüfungsmöglichkeiten nicht statt. Vielmehr geht es um die Auswirkungen nicht öffentlicher CAS-Verfahren auf die Aufhebungsverfahren vor dem BG, also um die Frage, ob aufgrund der Nichtöffentlichkeit die CAS-Schiedssprüche erfolgreich angefochten werden können.

I. Möglichkeit und Hintergründe der Anfechtung der CAS-Schiedssprüche

Die CAS-Verfahrensordnung stellt mit R46 Abs. 3 und R59 Abs. 4 CAS-Code 2019 deklaratorisch klar, dass – wie generell in der Schiedsgerichtsbarkeit – in allen Sportschiedsgerichtsverfahren mit dem Aufhebungsverfahren, hier vor dem BG, ausdrücklich eine Rechtsmittelinstanz vorgesehen ist.[1053] Allerdings ist diese aufgrund der Formulierung, dass die Schiedssprüche für die Parteien „final and binding" sind, streng von einer Berufungsinstanz in einem gerichtlichen staatlichen Verfahren zu unterscheiden, da es nicht zu einer weiteren Tatsacheninstanz kommt. Es bleibt aufgrund des schweizerischen Sitzes des Schiedsgerichts stets nur die Aufhebung der CAS-Schiedsurteile vor dem BG.[1054] Dieses schiedsgerichtliche Rechtsmittel richtet sich nach den Anfechtungsgründen gem. Art. 190 Abs. 2 IPRG und ist damit an die Tatsachenfeststellungen des CAS gebunden.[1055] Ungefähr 10 Prozent der Sportschiedssprüche

---

1053 Zu den schiedsgerichtlichen Rechtsmitteln vgl. *Oetiker,* in: ZK IPRG, 3. Aufl. 2018, Art. 190 Rn. 2; *Sánchez-Pedreño Kennaird,* in: Carlevaris u. a., International Arbitration Under Review, 373 (380); i. E. zu den Voraussetzungen *Mavromati/Reeb,* CAS Code, R46 Rn. 30 ff.; der Verzicht auf Beschwerdemöglichkeit nach Art. 192 Abs. 1 IPRG ist in Sportschiedsgerichtsverfahren gerade nicht zulässig und die Vorschrift ist insoweit teleologisch zu reduzieren, vgl. BG (22.03.2007) – 133 II 235 Rn. 4; *Haas,* SchiedsVZ 2009, 73 (82 f.); *Oschütz,* SpuRt 2007, 177 (177 f.).

1054 Vgl. Art. 177, 191 Abs. 1 IPRG.

1055 Generell dazu BG (02.09.1993) – 119 II 380 Rn. 3. b.

wurden im Aufhebungsverfahren vor dem BG erfolgreich angefochten.[1056] Dass die Anfechtungsgründe aus Art. 190 Abs. 2 IPRG selten erfolgreich geltend gemacht werden können, stellt jedoch keine Besonderheit der Sportschiedssprüche dar.[1057] In Handelsschiedsverfahren liegt die Erfolgsrate vor dem BG mit ungefähr 7 Prozent sogar niedriger.[1058] In den seltensten Fällen liegt dies an der Unzulässigkeit des Aufhebungsverfahrens vor dem BG aufgrund eines verspäteten Vorbringens[1059] oder mangelndem Rechtsschutzbedürfnis[1060]. Die geringen Erfolgsaussichten begründen sich durch die abschließend aufgezählten Anfechtungsgründe gem. Art. 190 Abs. 2 IPRG.[1061] Vor dem BG findet also lediglich eine sehr eingeschränkte Kontrolle des CAS-Schiedsspruchs statt.[1062] Trotz der starken Beschränkung der Anfechtung auf gravierende Mängel und der damit zusammenhängenden geringeren Erfolgsaussichten wird das BG sehr oft als Beschwerdeinstanz für die CAS-Schiedssprüche in Anspruch genommen, so dass dies inzwischen sogar einen Großteil der Arbeitsbelastung des BG ausmacht.[1063] Dabei handelt es sich jedoch um keinen Widerspruch. Gerade Schiedssprüche, die Verbands- und/oder Vereinsentscheidungen der Sportverbände bestätigen, haben für die Sportler oftmals einschneidende Konsequenzen. Dies verdeutlichen beispielsweise Schiedssprüche, die eine zwei-, vier- oder sogar achtjährige[1064] Wettkampfsperre aufgrund eines Dopingverstoßes aussprechen. Die Ausschöpfung aller Rechtsmittel erscheint aus der Sicht der unterlegenen Partei also nur konsequent. Auch für die unterlegenen Verbände könnte ein Aufhebungsverfahren Bedeutung erlangen, damit die

---

1056 *Hess,* DEUHFD 2014, 171 (176) nennt bis zum Jahr 2015 von 60 Beschwerden nur fünf als erfolgreich; bis zum Jahr 2014 *Mavromati,* in: Bernsasconi, Arbitrating Disputes in a Modern Sports World, 149 (155); *Mitten/Opie,* in: Siekmann/Soek, Lex sportiva What is Sports Law?, 173 (200); *Oetiker,* in: ZK IPRG, 3. Aufl. 2018, Art. 190 Rn. 17.

1057 *Baddeley/Landrove,* in: Czernich u. a., Handbuch Schiedsrecht, Kap. 32 Rn. 32.64.

1058 *Dasser/Roth,* ASA Bulletin 2014, 460 (463).

1059 BG (06.01.2014) – 4A_476/2013 Rn. 2.1.

1060 BG (18.06.2011) – 4A_636/2011 Rn. 2.3.1 f.

1061 Statt vieler feststellend BG (10.02.2010) – 4A_612/2009 Rn. 4.2.

1062 Vgl. für eine empirische Analyse, *Dasser,* ASA Bulletin 2010, 82 (82 ff.); *Oetiker,* in: ZK IPRG, 3. Aufl. 2018, Art. 190 Rn. 16.

1063 *Coccia,* CAS Bulletin 2013, 2 (17); *Netzle,* SpuRt 2011, 2 (2) m. w. N.; *Oschütz,* SpuRt 2007, 180 (181 f.); *Pfister,* in: Fritzweiler u. a., Praxishandbuch Sportrecht, 3. Aufl. 2014, Kap. 4 Rn. 17 mit Beispielen zu erfolgreichen Aufhebungsverfahren.

1064 *Ingle,* Marathon champion Jemima Sumgong has doping ban doubled to eight years, The Guardian v. 25.01.2019.

Schiedssprüche keine Präjudize setzen. Allerdings scheinen die Verbände die Urteile des CAS trotzdem zu allermeist zu akzeptieren, wie die veröffentlichten Entscheidungen des BG nahelegen. Das liegt möglicherweise daran, dass der CAS auf ihre Initiative hin gegründet wurde und die Anfechtungsgründe für die Verbände selten von Belang sind.

II. Heilung der Nichtöffentlichkeit

Eine nachträgliche Heilung eines nicht öffentlichen CAS-Verfahrens scheidet aus.[1065] Dies wäre nur der Fall, sofern das Aufhebungsverfahren vor dem BG öffentlich stattfinden würde und dem Telos der Öffentlichkeit der Verhandlung auch nachträglich noch gerecht werden könnte. Bereits in Urteilsverfahren steht es gem. Art. 57 Schweizerisches Bundesgerichtsgesetz (BGG) alleine in der Kompetenz der Abteilungsleiter, mündliche Parteiverhandlung anzuordnen. Wenn das BG als Beschwerdeinstanz Entscheide von Schiedsgerichten prüft, enthält Art. 77 BGG keine vergleichbare Regelung. Das BG hat ausdrücklich festgestellt, dass es für diese Entscheidungen keine Aufklärung des Sachverhalts mehr bedarf und eine Entscheidung auf Aktenlage treffen kann.[1066] Es besteht aufgrund der gegebenen Spruchreife keine Notwendigkeit auf die Öffentlichkeit der Verfahren.[1067] Der Überprüfungsmaßstab des BG ist auf die Anfechtungsgründe beschränkt, es findet gerade keine vollständige, allumfassende Prüfung der Sach- und Rechtslage statt. Der angefochtene Schiedsspruch wird gem. Art. 190 Abs. 2 IPRG nur in ausgewählten Punkten auf eine Mangelhaftigkeit überprüft und der Fall nicht komplett neu aufgerollt. Letzteres wäre aber notwendig, um der Interessenlage der Parteien und der Öffentlichkeit sowie dem Recht auf öffentliche Verhandlungen nach Art. 6 Abs. 1 EMRK gerecht zu werden und die Nichtöffentlichkeit der CAS-Verfahren zu heilen.[1068]

III. Anfechtungsgründe für den Verstoß gegen die Öffentlichkeit der Verfahren

Dem Zuschnitt des Themas geschuldet, werden nur die Vorschriften der CAS-Verfahrensordnung zur Öffentlichkeit und deren Relevanz für den

---

1065 So auch *Lungstras,* Das Berufungsverfahren, S. 327 f.

1066 BG (10.02.2009) – 4A_612/2009 Rn. 4.2.

1067 BG (10.02.2009) – 4A_612/2009 Rn. 4.2.

1068 Siehe auch *Grabenwarter/Pabel,* in: ders. u. a., EMRK, 6. Aufl. 2016, § 24 Rn. 107 m. w. N. zur EGMR-Rspr.

Anfechtungsgrund gem. Art. 190 Abs. 2 lit. d und lit. e IPRG untersucht.[1069] Die Geltendmachung einer Verletzung der öffentlichen Ordnung stellt zugleich den häufigsten Anfechtungsgrund der CAS-Schiedssprüche dar, wenngleich das BG in 58 ihm vorliegenden Fällen nur zwei Mal eine Verletzung des *ordre public* festgestellt hat.[1070]

1. Art. 190 Abs. 2 lit. d IPRG

Gem. Art. 190 Abs. 2 lit. d IPRG kann ein Schiedsspruch angefochten werden, wenn der Grundsatz der Gleichbehandlung der Parteien oder der Grundsatz des rechtlichen Gehörs verletzt wurde. Bereits vor der EGMR Rechtsprechung im Fall *Mutu&Pechstein/Suisse* vom 02.10.2018 wollte *Wittmann* in Anti-Doping-Verfahren aufgrund des Öffentlichkeitsgrundsatzes des Art. 6 Abs. 1 S. 1 EMRK nicht öffentliche Verfahren unter den Anfechtungsgrund subsumieren.[1071] Eine Begründung ließ er leider vermissen. Die Nichtöffentlichkeit lässt sich unter keinen der Anfechtungsgründe des Art. 190 Abs. 2 lit. d IPRG subsumieren, die lediglich die verfahrensrechtlichen Mindestanforderungen an das Verfahren schützen wollen.[1072] Sowohl aus dem Anspruch auf rechtliches Gehör[1073] als auch dem Anspruch auf ein kontradiktorisches Verfahren[1074] lässt sich kein Anspruch auf eine öffentliche mündliche Verhandlung ableiten. Mit der revidierten Verfahrensordnung muss auf Antrag der natürlichen Schiedspartei nach R57 Abs. 2 S. 3 CAS-Code 2019 nun eine öffentliche Verhandlung

1069 *Pfisterer,* in: BSK IPRG, 3. Aufl. 2013, Art. 190 Rn. 25 ff. i. E. generell zu allen Anfechtungsgründen; *Coccia,* in: Bernasconi, International Sports Law and Jurisprudence of the CAS, 169 (201 f.) zu der öffentlichen Verhandlung als kein Bestandteil des Anspruchs auf rechtliches Gehör; *Mavromati,* in: Bernsasconi, Arbitrating Disputes in a Modern Sports World, 149 (152 ff.) mit einer Analyse der Anfechtung der CAS-Schiedssprüche aus den Jahren 2012–2014.

1070 Die Statistik bezieht sich auf das Jahr 2014, vgl. *Mavromati,* in: Bernsasconi, Arbitrating Disputes in a Modern Sports World, 149 (192).

1071 *Wittmann,* Schiedssprüche des Court of Arbitration for Sport vor schweizerischen und deutschen Gerichten, S. 84.

1072 *Pfisterer,* in: BSK IPRG, 3. Aufl. 2013, Art. 190 Rn. 60 f.

1073 Vgl. für die Bestandteile des Anspruchs auf rechtliches Gehör die Bundesgerichtsrechtsprechung, BG (30.09.2003) – BGE 130 III 35 S. 36, S. 37 f. Rn. 5; BG (03.11.2011) – 4A_319/2011, 4A_327/2011, Rn. 4.1.

1074 Vgl. für die Bestandteile des Anspruchs auf ein kontradiktorisches Verfahren die Bundesgerichtsrechtsprechung, BG (30.09.2003) – BGE 130 III 35 S. 36, S. 38 Rn. 5; BG (18.10.2004) – 4P.104/2004/Ima, Rn. 5.3.1.

gewährt werden, sofern keiner der Ausnahmetatbestände einschlägig ist.[1075] Bereits aus diesem Grund stellt die Verfahrensordnung nunmehr keinen Verstoß mehr dar, selbst wenn man die Nichtöffentlichkeit als einen Bestandteil des Anfechtungsgrunds nach Art. 190 Abs. 2 lit. d IPRG begreifen würde.

2. *Art. 190 Abs. 2 lit. e IPRG*

Es kann mithin nur der Anfechtungsgrund des *ordre public* realistisch erwogen werden. Nach Art. 190 Abs. 2 lit. e IPRG kann der Entscheid angefochten werden, wenn dieser mit dem *ordre public* unvereinbar ist. Dieser *ordre-public*-Vorbehalt hat die Wahrung der fundamentalen und unverzichtbaren materiellen als auch verfahrensrechtlichen Rechtsgrundsätze einer Rechtsordnung zum Inhalt. Das BG legt das Merkmal der öffentlichen Ordnung mithin sehr eng aus und macht nur sehr restriktiv von diesem Anfechtungsgrund Gebrauch.[1076]

Noch nicht abschließend geklärt ist, ob eine Verletzung gem. Art. 190 Abs. 2 lit. e IPRG der schweizerischen öffentlichen Ordnung vorliegen muss oder ob die Vorschrift einen transnationalen *ordre public* vorsieht.[1077] Letztlich kann dies jedoch dahinstehen, da es immer einen Ausgangspunkt für die Beurteilung geben muss und die Richter des BG auch einen transnationalen *ordre public* somit aus ihrem schweizerischen Blickwinkel beurteilen werden.[1078] Dieser *approche pragmatique* geht mithin von der schweizerischen Rechtsordnung aus, soll jedoch bei der weiteren Beurteilung die internationale Funktion und damit internationale Wertungen miteinbeziehen.[1079] Eine unterschiedliche Auffassung der Staaten bezüglich der Vorschriften zur mündlichen öffentlichen Verhandlung könnte sich als marginal darstellen, was die Niederlegung des Prinzips in dem in vielen Staaten anwendbaren Art. 6 Abs. 1 EMKR zeigt. Trotzdem hatte das BG die Vorschriften des Art. 6 Abs. 1 EMRK und Art. 30 Abs. 3 BV nicht auf Schiedsverfahren angewendet.[1080] Allerdings dient Art. 6

1075 Dies gilt, wenn man der in dieser Arbeit vertretenen Auslegung des Wortes „should" folgt, siehe Teil 2 C. I. 2. b.

1076 *Baddeley/Landrove*, in: Czernich u. a., Handbuch Schiedsrecht, Kap. 32 Rn. 32.121.

1077 *Coccia*, CAS Bulletin 2013, 2 (15); *Oetiker*, in: ZK IPRG, 3. Aufl. 2018, Art. 190 Rn. 95 ff.

1078 *Coccia*, CAS Bulletin 2013, 2 (15); *Coccia*, in: Bernasconi, International Sports Law and Jurisprudence of the CAS, 169 (203); *Mavromati*, in: Bernasconi, Arbitrating Disputes in a Modern Sports World, 149 (191); *Mitten/Opie*, in: Siekmann/Soek, Lex sportiva. What is Sports Law?, 173 (200).

1079 BG (19.04.1994) – BGE 120 II 155, S. 168.

1080 BG (10.02.2010) – BGE 4I_612/2009, E.4.1.

Abs. 1 EMRK als eine Auslegungshilfe für die Konkretisierung der Anfechtungsgründe nach Art. 190 Abs. 2 IPRG.[1081]

Aus der Definition der ständigen Rechtsprechung des BG wird deutlich, dass es sich beim verfahrensrechtlichen *ordre public* lediglich um eine Abwehr gravierender Verfahrensmängel handeln kann.[1082] „Ein Versto[ß] gegen den verfahrensrechtlichen Ordre public liegt vor bei einer Verletzung von fundamentalen und allgemein anerkannten Verfahrensgrundsätzen, deren Nichtbeachtung zum Rechtsempfinden in einem unerträglichen Widerspruch steht, sodass die Entscheidung als mit der in einem Rechtsstaat geltenden Rechts- und Wertordnung schlechterdings unvereinbar erscheint."[1083] Bisher waren die Nichtbeachtung der materiellen Rechtskraft eines früheren Entscheids, die Unabhängigkeit und Unparteilichkeit von Sachverständigen, das Recht auf ein faires Verfahren sowie eines Verstoßes gegen den Grundsatz *ne bis in idem*[1084] Bestandteil des verfahrensrechtlichen *ordre public*.[1085] Speziell in Bezug auf die Schiedssprüche des CAS war der Anfechtungsgrund aufgrund eines grundlegenden prozessualen Fehlers erfolgreich, nachdem der CAS der Einrede der *res judicata* keine Beachtung schenkte und trotz eines Urteils des Handelsgerichts den Streitgegenstand erneut entschied.[1086]

Damit ein verfahrensrechtlicher *ordre-public*-Verstoß nach Art. 190 Abs. 2 lit. e IPRG bejaht werden kann, müsste das Prinzip der öffentlichen Verhandlung Teil eines solchen sein.[1087] Ein Verstoß müsste im nächsten Schritt gem. Art. 77 Abs. 3 Bundesgerichtsgesetz (BGG) begründet werden. Es wäre also im Detail darzulegen, inwiefern ein Verstoß gegen Art. 6 Abs. 1 EMRK unter Art. 190 Abs. 2 lit. e IPRG fällt. Ein Verstoß ist zudem erst dann zu bejahen, wenn das Ergebnis der Entscheidung gegen die öffentliche Ordnung verstößt.[1088]

1081 BG (21.02.2008) – 4A_370/2007 Rn. 5.3.2.

1082 BG (28.04.2000) – BGE 126 III 249, E. 3b mit Verweisen auf stRspr.

1083 BGE 140 III 278, Rn. 3.1; BG (13.04.2010), BG (27.05.2014), BGE 132 III 389, Rn. 2.2.1; BGE 136 III 345, Rn. 2.1; BG (29.05.2015), BGE 141 III 229, Rn. 3.2.1.

1084 Allerdings nicht klar, ob Bestandteil des materiellen oder verfahrensrechtlichen *ordre public*, vgl. BGer, 3.1.2001 – 4A_386/2010, E. 9.3.1.

1085 *Oetiker*, in: ZK IPRG, Band II, 3. Aufl. 2018, Art. 190 Rn. 120 ff.; *Pfisterer*, in: BSK IPRG, 3. Aufl. 2013, Art. 190 Rn. 82 ff.

1086 *Netzle*, SpuRt 2011, 2 (6).

1087 Ablehnend *Briner/Von Schlabrendorff*, in: Briner u. a., Liber Amicorum, S. 89 (98).

1088 Statt vieler *Oetiker*, in: ZK IPRG, 3. Aufl., Art. 190 Rn. 94.

a) *Die Öffentlichkeit nach Art. 6 Abs. 1 EMRK als Bestandteil des* ordre public

Allerdings ist es ständige Rechtsprechung des BG, dass eine Berufung wegen der Verletzung der Verfahrensgrundsätze nach Art. 6 Abs. 1 EMRK und Bestimmungen aus der Verfassung oder den Staatsverträgen keinen Beschwerdegrund nach Art. 190 Abs. 2 IPRG darstellen, sondern lediglich konkretisierend für die abschließend aufgezählten Gründe herangezogen werden können.[1089] Andernfalls würden die sehr restriktiv gehaltenen Aufhebungsründe nach Art. 190 Abs. 2 IPRG ausgeweitet.[1090] Dies würde bedeuten, dass die Nichtöffentlichkeit der mündlichen Verhandlung nicht zur Aufhebung des Schiedsspruchs führt, nachdem dieser nicht unter den verfahrensrechtlichen *ordre public* fällt.[1091] Dies deckt sich mit der lange verbreiteten Ansicht, dass Schiedsgerichte nicht an das höherrangige Recht nach Art. 6 Abs. 1 EMRK gebunden sind.[1092] Allerdings lässt das BG anklingen, dass es sich nicht generell der Möglichkeit verschließt, das Prinzip der öffentlichen Verhandlung zum verfahrensrechtlichen *ordre public* zu zählen.[1093] Entscheiden musste das BG die Frage schließlich nicht, da es einen Verstoß bereits an der mangelnden Begründung scheitern ließ. Zumindest für Aufhebungsverfahren, die ein Schiedsverfahren zwischen einem Sportler und Verband in zweiter Instanz zum Gegenstand hatten, ist aufgrund des Urteils des EGMR vom 02.10.2018 eine Änderung dieser Praxis denkbar.[1094] Der EGMR hat entschieden, dass unter gewissen Voraussetzungen der CAS als Schiedsgericht an das Verfahrensprinzip der Öffentlichkeit nach Art. 6 Abs. 1 EMRK gebunden ist.[1095] Daraus resultiert in den einschlägigen Fallgruppen ein Anspruch auf eine öffentliche Verhandlung in CAS-Rechtsmittel- und

---

1089 BG (04.08.2006) – 4P.105/2006, Rn. 7.3; BG (21.02.2008) – 4A_370/2007, Rn. 5.3.2; BG (04.01.2012) – 4A_238/2011, Rn. 3.1.2; BG (21.02.2014) – 4A_178/2014, Rn. 2.4; BG (26.04.2016), BGE 142 III 360, S. 362 Rn. 4.1.2.

1090 BG (04.08.2006), 4P.105/2006/fun, Rn. 7.3.

1091 BG (10.02.2010) – 4A_612/2009, Rn. 4.1.; *Pfisterer,* in: BSK IPRG, 3. Aufl. 2013, Art. 190 Rn. 84; *Mavromati,* in: Bernsasconi, Arbitrating Disputes in a Modern Sports World, 149 (154 ff.) will, wenn überhaupt, eine Verletzung der essentiellsten Prinzipien der EGMR ohne nähere Begründung nur unter den materiellen *ordre public* fassen.

1092 Vgl. i. E. Teil 2 C. II. 1. a.

1093 BG (10.02.2010) – 4A_612/2009 Rn. 4.1.

1094 EGMR (02.10.2018) – 40575/10, 67474/10 (*Mutu&Pechstein/Suisse*), SpuRt 2018, 253 (253 ff.).

1095 EGMR (02.10.2018) – 40575/10, 67474/10 (*Mutu&Pechstein/Suisse*) Rn. 115, 95.

Anti-Doping-Verfahren. Dieser Anspruch verdeutlicht, dass eine öffentliche Verhandlung unter bestimmten Voraussetzungen durchaus als „fundamentaler und allgemein anerkannter Verfahrensgrundsatz“[1096] gelten kann, sofern man die Wichtigkeit des Öffentlichkeitsgrundsatzes mit den staatlichen Gerichtsverfahren gleichstellt.

b) Undurchführbarkeit der Ergebniskontrolle

Trotzdem führt diese geänderte Sichtweise deswegen noch nicht unbedingt zur Aufhebung des Schiedsspruchs. Die Verletzung des verfahrensrechtlichen *ordre public* muss nicht lediglich bejaht werden, sondern muss sich schließlich auch auf das Ergebnis des Schiedsspruchs ausgewirkt haben.[1097] Dies dürfte jedoch bei der Verletzung des Öffentlichkeitsgrundsatzes schwierig möglich sein, nachdem dieser vor allem einen Schutz- und Informationscharakter aufweist. Ob das Schiedsgericht jedoch aufgrund der fehlenden Anwesenheit der Öffentlichkeit während der mündlichen Verhandlung das Verfahren parteiisch führte, lässt sich im Nachhinein nicht feststellen. Denn dafür wäre gerade die Öffentlichkeit notwendig gewesen. Wollte man einen verfahrensrechtlichen Verstoß feststellen, würde man sich „im Kreis drehen“, da ein solcher erst durch eine öffentliche mündliche Verhandlung und die Anwesenheit der kontrollierenden Öffentlichkeit nachweisbar wäre, diese jedoch gerade ausgeschlossen war. Dieses Dilemma der fehlenden Nachweismöglichkeit zeigt sich letztlich auch im deutschen Recht. Gem. § 547 Nr. 5 ZPO, § 338 Nr. 6 StPO stellt die Verletzung der Vorschriften über die Öffentlichkeit des Verfahrens einen absoluten Revisionsgrund dar.[1098] Im Vergleich zu den relativen Revisionsgründen nach § 337 Abs. 1 StPO entfällt mithin der Nachweis, dass das Urteil auf der Verletzung des Gesetzes beruht.[1099] Der Vorteil des absoluten Revisionsgrunds liegt

---

1096 BG (21.02.2008) – 4A_370/2007, Rn. 5.3.

1097 *Oetiker*, in: ZK IPRG, 3. Aufl. 2018, Art. 190 Rn. 123 m. w. N. zu der Ergebniskontrolle; *Pfisterer*, in: BSK IPRG, 3. Aufl. 2013, Art. 190 Rn. 74; bereits BG (19.04.1994), BGE 120 II 155 S. 166 f., 6. a.

1098 Vgl. statt vieler *Ball*, in: Musielak/Voit, ZPO, 17. Aufl. 2020, § 547 Rn. 12; h. M. setzt für den Revisionsgrund der Verletzung des Öffentlichkeitsgrundsatzes ein Verschulden des Gerichts voraus, vgl. *Knauer/Kudlich*, in: MüKo StPO, 1. Aufl. 2019, § 338 Rn. 134; für die Schweiz wohl kein Revisionsgrund, höchstens konstruierbar über Art. 328 Abs. 2 chZPO, Art. 410 Abs. 2 lit. a chStPO.

1099 Die Rechtsprechung hat diesen Unterschied etwas aufgeweicht, indem kein absoluter Revisionsgrund vorliegt, wenn es zwingend ausgeschlossen ist, dass das Urteil auf dem Verstoß beruhen kann, vgl. *Knauer/Kudlich*, in: MüKo StPO, 1. Aufl. 2019, § 338 Rn. 152.

mithin darin, dass ein Verstoß für die Ursächlichkeit des Urteils grundsätzlich unwiderlegbar vermutet wird.[1100] Um einen Verstoß der öffentlichen Ordnung zu bejahen, müsste also bereits in dem Ausschluss der Kontrollmöglichkeit der Öffentlichkeit der Verfahrensverstoß liegen. Damit würde man jedoch der Ergebniskontrolle den Kern nehmen.

IV. Konsequenzen einer fehlerhaften oder willkürlichen Nichtgewährung des Antrags auf Öffentlichkeit

Es hat sich gezeigt, dass die Sportschiedssprüche nur an dem sehr engen Kassationsmaßstab des Art. 190 Abs. 2 IPRG gemessen werden können. Es muss schließlich nicht entschieden werden, ob ein nicht öffentliches CAS-Rechtsmittelverfahren einen *ordre-public*-Verstoß darstellt. Mit R57 Abs. 2 CAS-Code 2019 wurde für die CAS-Rechtsmittelverfahren eine ausdrückliche Vorschrift in die Verfahrensordnung aufgenommen, die keine Einigung der Schiedsparteien mehr voraussetzt, sondern eine öffentliche mündliche Verhandlung mit dem Antrag der natürlichen Schiedspartei grundsätzlich ermöglicht.[1101] Die zentrale Frage ist nun, ob die Verneinung einer öffentlichen Verhandlung trotz Antrags der Sportler zu einer Aufhebung nach Art. 190 Abs. 2 lit. e IPRG führt.

Gem. R57 Abs. 2 CAS-Code 2019 und A19.3 Abs. 3 S. 3 ADD-Rules sollte („should") auf Antrag einer an dem Verfahren beteiligten natürlichen Person eine öffentliche Verhandlung stattfinden, wenn der Streitgegenstand im ersten Fall disziplinarischer Art ist oder im zweiten Fall eine Dopingsanktion Verfahrensgegenstand ist. Ein solcher Antrag kann („may") jedoch aufgrund der abschließend aufgezählten Gründe abgelehnt werden. Dies lässt auf eine Ermessensentscheidung des Schiedsgerichts schließen. Bei einem Ermessensfehl- oder -nichtgebrauch, also einem nicht stattgegebenen Antrag oder einem Ausschluss, obwohl eine sorgsame Prüfung und Abwägung eine öffentliche Verhandlung erforderlich gemacht hätten, liegt mithin ein Verstoß gegen die Verfahrensvorschriften vor. Ein willkürlicher oder besonders schwerer Verstoß gegen die Verfahrensordnung ist nur dann beachtlich, wenn die Mindestanforderungen des Verfahrens verletzt wurden, also die Gleichheit der Schiedsparteien und die Gewährung des rechtlichen Gehörs betroffen ist.[1102] Wenn

1100 *Ball*, in: Musielak/Voit, ZPO, 17. Aufl. 2020, § 547 Rn. 2 zu § 547 ZPO; *Gericke*, in: KK-StPO, 7. Aufl. 2013, § 338 Rn. 1.

1101 Dies gilt, wenn man der in dieser Arbeit vertretenen Auslegung des Wortes „should" folgt, siehe Teil 2 C. I. 2. b.

1102 Für den jeweiligen Inhalt vgl. BG (30.09.2003), BGE 130 III 35, S. 38.

eine Partei willkürlich benachteiligt wird, dann ist immer die Gleichheit der Parteien betroffen, es geht hierbei nicht um eine Ergebniskontrolle. Art. 182 Abs. 3 IPRG normiert dies ausdrücklich als zwingende Verfahrensregel und findet seine Entsprechung in dem Anfechtungsgrund gem. Art. 190 Abs. 2 lit. d IPRG.[1103] Dabei geht es um den Kern eines jeden fairen Verfahrens. Kann eine Partei im Schiedsverfahren ihren Standpunkt nicht darlegen oder wird kein kontradiktorisches Verfahren gewährt, dann wird die Entscheidungsfindung dadurch rein zufällig. Die Wichtigkeit dieser Verfahrensvorschriften wird aus Art. 29 BV deutlich, die Art. 182 Abs. 3 IPRG als Grundlage diente.[1104] Aus Art. 182 Abs. 3 IPRG[1105] lässt sich jedoch der Schluss ziehen, dass weitere Verfahrensmängel keinen Anfechtungsgrund nach Art. 190 Abs. 2 lit. d IPRG darstellen.[1106] Dies bedeutet für einen Ermessensfehl- oder -nichtgebrauch bezüglich des Antrags auf Öffentlichkeit zweierlei: Erstens fällt dieser Verstoß nicht unter den Anfechtungsgrund nach Art. 190 Abs. 2 lit. d IPRG. Zweitens ist jedoch auch eine Rüge des verfahrensrechtlichen *ordre public* nach Art. 190 Abs. 2 lit. e IPRG aus diesem Grund problematisch. Dieser Anfechtungsgrund ist den explizit in Art. 190 Abs. 2 lit. a-d IPRG genannten Gründen subsidiär und findet nur Anwendung bei Verfahrensmängeln, die nicht ausdrücklich erfasst werden.[1107] Zwar wird die Ablehnung eines rechtmäßigen Antrags auf Öffentlichkeit in Art. 190 Abs. 2 IPRG nicht erwähnt. Allerdings regelt Art. 190 Abs. 2 lit. d IPRG alle relevanten Verstöße gegen Verfahrensvorschriften und will nur zwingenden Verfahrensvorschriften zur Durchsetzung verhelfen. Eine willkürliche Entscheidung, die nicht das rechtliche Gehör oder kontradiktorische Verfahren betrifft, fällt nicht darunter. Würde man dies jedoch zum Bestandteil des verfahrensrechtlichen *ordre public* nach Art. 190 Abs. 2 lit. e IPRG machen, dann würde man durch die Hintertür den Anfechtungsgrund nach Art. 190 Abs. 2 lit. d IPRG ausweiten.

1103 BG (30.09.2003), BGE 130 III 35, S. 37 f. Rn. 5; BG (01.07.1991), BGE 117 II 346, S. 347 Rn. 1.

1104 *Pfisterer*, in: BSK IPRG, 3. Aufl. 2013, Art. 190 Rn. 60.

1105 Gesetzeswortlaut: Unabhängig vom gewählten Verfahren muss das Schiedsgericht in allen Fällen die Gleichbehandlung der Parteien sowie ihren Anspruch auf rechtliches Gehör in einem kontradiktorischen Verfahren gewährleisten.

1106 *Oetiker*, in: ZK, IPRG, 3. Aufl., Art. 190 Rn. 81; *Pfisterer*, in: BSK IPRG, Art. 190 Rn. 61.

1107 *Oetiker*, in: ZK IPRG, 3. Aufl. 2018, Art. 190 Rn. 115; *Pfisterer*, in: BSK IPRG, 3. Aufl. 2013, Art. 190 Rn. 81.

Unabhängig davon hat das BG bereits mehrfach betont, dass eine willkürliche oder falsche Anwendung der schiedsgerichtlichen Verfahrensordnung nicht für die Bejahung eines Verstoßes gegen den verfahrensrechtlichen *ordre public* ausreicht:[1108] „Ein Verstoss gegen den verfahrensrechtlichen *ordre public* ist gegeben bei Verletzung von fundamentalen und allgemein anerkannten Verfahrensgrundsätzen, deren Nichtbeachtung zum Rechtsempfinden in einem unerträglichen Widerspruch steht, so dass die Entscheidung als mit der in den Kulturstaaten geltenden Rechts- und Werteordnung schlechterdings unvereinbar erscheint."[1109] Die öffentliche Verhandlung ist jedoch nicht absolut geschützt und stellt damit keine zwingende Verfahrensregel dar.[1110] Es bleibt mithin zu vermuten, dass eine willkürliche oder fehlerhafte Ermessensausübung nicht zu der Aufhebung des Schiedsspruchs führt. Unabhängig von der Frage, ob sich der Verstoß auf das Ergebnis des Schiedsurteils auswirkte, handelt es sich bei dem Antragsrecht der natürlichen Schiedspartei mithin um ein sehr stumpfes Schwert. Denn selbst wenn die Athleten eine öffentliche Verhandlung beantragen, ist davon auszugehen, dass sie keine Möglichkeit besitzen im Aufhebungsverfahren gegen eine ablehnende Entscheidung vorzugehen. Es wäre also eine Änderung der Aufhebungsgründe nach Art. 190 Abs. 2 IPRG oder die Schaffung einer weiteren, CAS-internen Beschwerdeinstanz notwendig, um das Antragsrecht nicht zur reinen Makulatur werden zu lassen. Letztere könnte etwa dem Vorbild des internen *Annulment Body* des *International Centre for the Settlement of Investment Disputes* (ICSID) gem. Rule 50 ff. ICSID-SchO nachgebildet werden.[1111] Im Rahmen dieser Arbeit wird allerdings eine Verhandlung über den Ausschluss der Öffentlichkeit am zweckmäßigsten erachtet.[1112] Denn nur eine solche hat zur Voraussetzung, dass vor

1108 BG (28.04.2000), BGE 126 III 249, S. 253, 3. B; BG (27.05.2003), BGE 129 III 445, S. 464, 4. 2. 2; BG (27.03.2006) – 4P.23/2006/ruo, Rn. 4.2; *Pfisterer,* in: BSK IPRG, 3. Aufl. 2013, Art. 190 Rn. 81.

1109 BG (27.03.2006) – 4P.23/2006/ruo, Rn. 4.2.

1110 Vgl. etwa für den Verzicht auf die Rechte aus Art. 6 Abs. 1 EMKR statt vieler EGMR (08.07.1986) – 9006/80; 9262/81; 9263/81; 9265/81; 9313/81; 9405/81 Rn. 194; EGMR (18.02.1999) – 26083–94, NJW 1999, 1173 (1174);; für den schweizerischen Zivilprozess Art. 54 Abs. 3 chZPO.

1111 Ausführlich zu ICSID Annulment, *Bottini,* ICSID Review 2016, 712 (712 ff.); *Gaillard,* Annulment of ICSID Awards, S. 1 ff.; *Nozari,* Applicable Law in International Arbitration – The Experience of ICSID and Iran – United States Claims Tribunal, S. 134 ff.

1112 Vgl. dazu i. E. Teil 5 B. I. 3.

dem Ausschluss der Öffentlichkeit allen Schiedsparteien die Möglichkeit zur Stellungnahme gegeben werden muss. Sofern sich die Parteien nicht zur Frage des Ausschlusses äußern konnten, stellt dies eine Verletzung des rechtlichen Gehörs und mithin einen Aufhebungsgrund dar.[1113]

E. Einfluss der Vorschriften zur Öffentlichkeit auf das deutsche Vollstreckungsverfahren

Die folgenden Ausführungen legen dar, dass die Vorschriften zur Öffentlichkeit im Sport oftmals keinen Einfluss auf das Vollstreckungsverfahren besitzen. Die Schiedssprüche des CAS unterliegen zwar der Vollstreckung nach dem UNÜ,[1114] das im Vergleich zur staatlichen Gerichtsbarkeit ein wesentlich vereinfachtes Verfahren vorsieht. Eine solche Vollstreckbarerklärung des staatlichen Gerichts ist aber im Bereich der Sportverbände aufgrund des „self-enforcement" faktisch oftmals nicht nötig. Dies mag für den organisierten Sport Vorteile besitzen, nimmt dem Exequaturstaat Deutschland jedoch die nachträgliche Kontrolle des Schiedsspruchs. Nachfolgend zeigt sich mithin, dass es notwendig war und ist, die Vorschriften zur Öffentlichkeit in Rechtsmittel- und Anti-Doping-Verfahren zu revidieren, da die Sicherstellung der Öffentlichkeit der Verhandlung zumindest über das Vollstreckungsverfahren nicht mehr gewährleistet ist, beziehungsweise Verstöße keine Auswirkungen besitzen.

I. Vollstreckung der Schiedssprüche nach dem New Yorker Übereinkommen

Der CAS selbst besitzt im Gegensatz zu den staatlichen Rechtsordnungen keine Möglichkeit, die Durchsetzung der Schiedssprüche sicherzustellen. Ein privates Streitbeilegungssystem ist nur dann eine Alternative zu dem Rechtsschutz vor staatlichen Gerichten, wenn die Anordnungen in den Schiedssprüchen auch umgesetzt werden.[1115] Die Vollstreckung der Sportschiedssprüche muss sich aus diesem Grund prinzipiell, wie alle anderen Schiedsurteile auch, nach dem ursprünglich für die Handelsschiedsgerichtsbarkeit entwickeltem UNÜ richten. Da sich der Sitz des CAS in der Schweiz befindet, handelt es sich aus deutscher Sicht um einen ausländischen Schiedsspruch. Dieser ist grundsätzlich

---

1113 Vgl. zu § 174 GVG das Urteil des BGH (09.12.2015) – IV ZR 272/15, NJW-RR 2016, 606 (607).

1114 Vgl. sogleich.

1115 *Beain*, in: Bernasconi, Arbitrating Disputes in a Modern Sports World, 73 (74).

auch in Deutschland vollstreckbar. Die Anerkennung und Vollstreckung richtet sich in dem Verhältnis Schweiz und Deutschland gem. § 1061 Abs. 1 S. 1 ZPO nach dem UNÜ.[1116] Nach dem UNÜ sind nur Anerkennungshindernisse nach Art. V UNÜ zu prüfen, die, wie oben gezeigt, elementare Punkte betreffen.[1117]

II. Fehlende Überprüfungsmöglichkeiten durch deutsche Gerichte

Die Nichtöffentlichkeit der Verhandlung kann vor deutschen Gerichten nicht unter die Versagungsgründe nach Art. V UNÜ subsumiert werden. Zudem macht das Institut des *self-enforcement* eine staatliche Anerkennung- und Vollstreckung der Schiedssprüche obsolet.

1. Vollstreckungsversagungsgründe

a) Art. V Abs. 2 lit. b UNÜ

Der *ordre-public*-Vorbehalt nach Art. V Abs. 2 lit. b UNÜ ermöglicht es Deutschland als Exequaturstaat, dass es Vorschriften über das Verfahren wie R57 Abs. 2 S. 2 CAS-Code 2017 und R57 Abs. 2 CAS-Code 2019 als Bestandteil der Schiedsverfahrensvereinbarungen nicht akzeptieren muss, wenn sie in einem erheblichen Widerspruch zur Verfahrensgerechtigkeit stehen.[1118] Die Bezeichnung, welcher *ordre public* Art. V Abs. 2 lit. b UNÜ zu Grunde liegt, ist nicht von Bedeutung, da die Begrifflichkeiten nicht einheitlich verwendet werden[1119] und sich für Deutschland zwischen *ordre public international* und *ordre public intern* aufgrund der gleichen Reichweite keine Unterschiede[1120] ergeben.[1121]

1116 Nach § 1062 Abs. 2 ZPO ist das jeweilige OLG für den Antrag auf Vollstreckbarerklärung zuständig.

1117 Ausgenommen bleibt die Frage der Präklusion, sofern eine Aufhebungsmöglichkeit nicht wahrgenommen wurde, vgl. *Wittmann*, Schiedssprüche des Court of Arbitration for Sport vor schweizerischen und deutschen Gerichten, S. 169 ff.

1118 *Schlosser*, in: Stein/Jonas, ZPO, Band 10, 23. Aufl. 2014, Anhang zu § 1061 Rn. 291.

1119 *Solomon*, in: Bermann, Recognition and Enforcement of Foreign Arbitral Awards, S. 329 (366 ff.).

1120 *Adolphsen*, in: MüKo ZPO, 5. Aufl. 2017, UNÜ, Art. V Rn. 69.

1121 *Schlosser*, in: Stein/Jonas, ZPO, Band 10, 32. Aufl. 2014, Anhang zu § 1061 Rn. 317 zu den verschiedenen Begrifflichkeiten; die Schwierigkeiten einer Definition beklagt *Kühn*, SchiedsVZ 2009, 53 (58).

Die Restitutionsgründe sind Bestandteil des *ordre public*.[1122] Eine Restitutionsklage in Zivil- und Strafverfahren nach § 580 Nr. 8 ZPO und § 359 Nr. 6 StPO findet unter anderem statt, wenn der Europäische Gerichtshof für Menschenrechte eine Verletzung der Europäischen Konvention zum Schutz der Menschenrechte und Grundfreiheiten oder ihrer Protokolle festgestellt hat und das Urteil auf dieser Verletzung beruht. Der EGMR hat festgestellt, dass auch ein Schiedsgericht an die Verfahrensgarantien nach Art. 6 Abs. 1 EMRK gebunden ist und die Nichtöffentlichkeit der mündlichen Verhandlung unter gewissen Voraussetzungen einen Verstoß darstellt.[1123] Allerdings kann die Öffentlichkeitsmaxime trotzdem keinen Bestandteil dieser Restitutionsgründe darstellen, da kein Fall denkbar ist, in dem das Urteil auf der Verletzung, also der nicht öffentlichen Verhandlung, beruht.[1124]

Im Rahmen des Art. V Abs. 2 lit. b UNÜ richtet sich die Versagung der Vollstreckung nach den wesentlichen Grundsätzen der deutschen öffentlichen Ordnung, also der *lex fori*.[1125] Der deutsche *ordre public* wird nur sehr restriktiv angewendet und respektiert größtenteils ausländische Entscheidungen.[1126] Es muss sich dabei mithin um eine für die deutsche „Rechtsordnung grundlegenden Wertentscheidungen des Gesetzgebers“[1127] handeln, zu denen auch Mindestanforderungen an ein faires Verfahren zu zählen sind.[1128] Allerdings besitzt die europarechtliche Vorschrift Art. 6 Abs. 1 EMRK in Deutschland nach Art. 59 Abs. 2 S. 2 GG lediglich den Rang eines einfachen Bundesgesetzes.[1129] Auf den ersten Blick widerspricht es sich deshalb, die Garantien aus

1122 *Adolphsen*, in: MüKo ZPO; 5. Aufl. 2017, UNÜ, Art. V Rn. 78; *Geimer*, in: Zöller, ZPO, 33. Aufl. 2020, § 1061 Rn. 42; *Schlosser*, in: Stein/Jonas, ZPO, Band 10, 32. Aufl. 2014, Anhang zu § 1061 Rn. 353; vgl. für ein Beispiel aus der Rechtsprechung BGH (06.10.2016) – I ZB 13/15, SchiedsVZ 2018, 53 (59); a. A. *Kröll*, SchiedsVZ 2004, 113 (119).

1123 EGMR (02.10.2018) – 40575/10, 67474/10 (*Mutu&Pechstein/Suisse*) Rn. 115, Rn. 169 ff.

1124 *Braun*, NJW 2007, 1620 (1621); *Braun*, in: MüKo ZPO, 5. Aufl. 2016, § 580 Rn. 81.

1125 *Adolphsen*, in: MüKo ZPO, 5. Aufl. 2017, UNÜ, Art. V Rn. 70; *Schlosser*, in: Stein u. a., ZPO, Band 10, 32. Aufl. 2014, Anhang zu § 1061 Rn. 316. *Solomon*, in: Bermann, Recognition and Enforcement of Foreign Arbitral Awards, 329 (365).

1126 Andeutend *Anders*, in: Baumbach u. a., ZPO, 79. Aufl. 2020, ZPO, § 1059 Rn. 16 zu § 1059 ZPO; *Solomon*, in: Bermann, Recognition and Enforcement of Foreign Arbitral Awards, 329 (365).

1127 BGH (10.03.2016) – I ZB 99/14, NJW-RR 2016, 892 (895).

1128 OLG Köln, Schiedsspr. v. 04.08.2017 – 19 Sch 6/17, NJOZ 2018, 949 (951 f.).

1129 Siehe i. E. Teil 2 A. I. 3. a.

Art. 6 EMRK zu den fundamentalen Anforderungen an das Verfahren zu zählen. Dies würde bedeuten, dass der Öffentlichkeitsgrundsatz kein Bestandteil der öffentlichen Ordnung ist. Allerdings können die Verfahrensprinzipien aus Art. 6 Abs. 1 EMRK als Grundwertungen des Europarechts zum fairen Verfahren gelten.[1130] Zwar handelt es sich um kein europäisches Grundrecht,[1131] die Rechte aus Art. 6 EMKR werden jedoch zur Konkretisierung dieser herangezogen. Europäisches Recht muss in den nationalen Rechtsordnungen angewendet werden. Das bedeutet, dass der deutsche Staat mit dem Mittel der *ordre-public*-Kontrolle die Anwendbarkeit der Mindestanforderungen des Art. 6 Abs. 1 EMRK an ein faires Verfahren in Schiedsverfahren kontrollieren beziehungsweise sicherstellen muss.[1132]

Die Öffentlichkeit des Verfahrens ist jedoch trotzdem nicht unter den verfahrensrechtlichen *ordre public* zu fassen, nachdem es sich dabei nicht um ein absolutes Prinzip handelt, sondern ein Verzicht möglich bleibt.[1133] Die Einschränkung der Öffentlichkeit in staatlichen Gerichtsverfahren ist mithin möglich.[1134] Zudem müssen gravierende Verfahrensmängel und nicht lediglich Verstöße gegen deutsche Grundvorstellungen an ein faires Verfahren bejaht werden können.[1135] Der Grundsatz der öffentlichen Verhandlung ergibt sich aus § 169 GVG und Art. 6 Abs. 1 EMRK, die jedoch gerade keine Grundrechte oder grundrechtsgleiche Rechte darstellen. Dies ist ein Indiz dafür, den Öffentlichkeitsgrundsatz nicht zur deutschen öffentlichen Ordnung zu zählen.

1130 *Föhlisch,* Der gemeineuropäische *ordre public,* S. 47; *Habscheid,* in: Gerhardt u. a., FS Henckel, S. 341 (344 f.); *Oppermann* u. a., Europarecht, S. 269 ff. allg. zu den Grundlagen und der Bedeutung der EMRK.

1131 Ein Grundrecht oder grundrechtsgleiches Recht ist jedoch für die Bejahung des *ordre public* nicht nötig, sondern kann eher als Indiz dafür gewertet werden, siehe für Einzelfälle die Aufzählung bei *Adolphsen,* in: MüKo ZPO, 5. Aufl. 2017, UNÜ, Art. V Rn. 76.

1132 *Geimer,* in: Zöller, ZPO, 33. Aufl. 2020, § 1061 Rn. 48; *Schlosser,* in: Stein/Jonas, ZPO, Band 10, 32. Aufl. 2014, Anhang zu § 1061 Rn. 352; zu dem *fair trial* aus Art. 6 EMRK als Bestandteil des *ordre public* siehe *Ruzik,* in: Tietje u. a., Beiträge zum Transnationalen Wirtschaftsrecht, 2003, 5 (25) m. w. N.

1133 *Haas,* SchiedsVZ 2009, 73 (77 f.); es geht hier lediglich um die Möglichkeit und nicht um die Wirksamkeit des Verzichts.

1134 Ausdrücklich im Gesetz, vgl. §§ 170 ff. GVG, Art. 6 Abs. 1 S. 2 Hs. 2 EMRK.

1135 OLG Saarbrücken (30.05.2011) – 4 Sch 03/10, SchiedsVZ 2012, 47 (50); OLG München (11.04.2012) – 34 Sch 21/11, SchiedsVZ 2012, 156 (159) beispielhaft zu den unterschiedlichen Bestandteilen des rechtlichen Gehörs in Deutschland und im Ausland als nicht *ordre-public*-widrig.

Selbst wenn man die Nichtöffentlichkeit des Verfahrens als einen Verstoß gegen offensichtliche Grundsätze des deutschen Rechts erachtet,[1136] fehlt es an der Kausalität des Ausschlusses der Öffentlichkeit für das Schiedsurteil. Es muss zumindest die Möglichkeit bestehen, dass das Schiedsurteil auf dem Verstoß beruht. Die obigen Darstellungen haben jedoch bereits gezeigt, dass das Schiedsurteil nicht auf der Verletzung des Öffentlichkeitsgrundsatzes beruhen kann und erlangen dementsprechend auch hier Geltung.[1137] Inwiefern das Schiedsgericht anders geurteilt hätte, wenn eine öffentliche mündliche Verhandlung stattgefunden hätte, lässt sich nicht darlegen.[1138] Ob sich eine nicht öffentliche mündliche Verhandlung negativ auf das Ergebnis des Schiedsspruchs ausgewirkt hat, ist mithin nicht feststellbar. Darüber hinaus wurde durch die neue Vorschrift R57 Abs. 2 CAS-Code 2019 diese Diskussion obsolet. Nunmehr geht es alleine um die Frage, ob sich Fehler bei der Ermessensausübung des Schiedsgerichts bezüglich des Antrags auf Öffentlichkeit oder die ermessensfehlerhafte Annahme eines Ausschlussgrunds in der Vollstreckungsphase auswirken können. Es ist jedoch davon auszugehen, dass eine fehlerhafte Ermessensausübung nicht unter den deutschen verfahrensrechtlichen *ordre public* fällt.[1139] Diese Annahme stützt sich darauf, dass grundsätzlich auch der Fehl- oder Nichtgebrauch des Verfahrensermessens des Schiedsgerichts nach § 1042 Abs. 4 ZPO keinen Bestandteil des verfahrensrechtlichen *ordre public* darstellen soll, sofern dadurch die Schiedspartei nicht zugleich in ihrem Recht auf rechtliches Gehör und ein faires Verfahren verletzt ist.[1140] Die staatliche Kontrolle des Schiedsverfahrens und damit auch eine Ermessensausübung des

1136 Dies könnte für die internationale Rechtshilfe- und Auslieferungsverfahren in Strafsachen möglich sein, kann jedoch hier aufgrund der Spezialität als auch der Anwendung des Öffentlichkeitsgrundsatzes auf Gerichtsverfahren nicht herangezogen werden, *Rübenstahl,* WiJ 2014, 53 (67).

1137 Siehe Ausführungen zum Aufhebungsverfahren, Teil 3, D. II. 2. b.

1138 Es muss nur die Wahrscheinlichkeit der Kausalität vorliegen, was jedoch nichts an der Unmöglichkeit des Nachweises ändert, *Geimer,* in: Zöller, ZPO, § 1061, 33. Aufl. 2020, Rn. 28; vgl. zur Kausalität *Schlosser,* in: Stein/Jonas, ZPO, Band 10, 32. Aufl. 2014, Anhang zu § 1061 Rn. 367; bei der Verletzung in der 1. Instanz wird die Kausalität unwiderlegbar vermutet, *Zimmermann,* in: MüKo ZPO, 5. Aufl. 2017, GVG, § 169 Rn. 65.

1139 So *Raeschke-Kessler,* in: Prütting/Gehrlein, ZPO, 11. Aufl., § 1059 Rn. 72; der *ordre public* entspricht dem nach Art. V Abs. 2 lit. b UNÜ, vgl. Stein u. a., ZPO, Band 10, 32. Aufl. 2014, Anhang zu § 1061 Rn. 314.

1140 So *Raeschke-Kessler,* in: Prütting/Gehrlein, ZPO, 11. Aufl., § 1059 Rn. 72 f. allerdings ohne klare Begründung.

Schiedsgerichts soll sich zudem auf gewichtige Ausnahmefälle beschränken. Der *ordre public* soll nämlich generell möglichst restriktiv angewendet und Verstöße zurückhaltend bejaht werden.[1141]

b) Art. V Abs. 1 lit. d Alt. 2 UNÜ

Übt der CAS bei Ablehnung des Antrags einer Partei auf eine öffentliche Verhandlung sein Ermessen falsch aus, so ist es zumindest denkbar, dass dies nach Art. V Abs. 1 lit. d Alt. 2 UNÜ einen Verstoß gegen die Vereinbarung der Parteien über das schiedsrichterliche Verfahren darstellt.[1142] In dem Fall der CAS-Rechtsmittelverfahren gilt durch die Bezugnahme in der Schiedsvereinbarung die institutionelle Schiedsgerichtsordnung des CAS.[1143] Diese ist als eine das Verfahren bestimmende Regelung zu qualifizieren.[1144] Dieser räumt mit R57 Abs. 2 CAS-Code 2019 dem Schiedsgericht eine Ermessensabwägung ein. Das OLG München sieht in einem Ermessensnichtgebrauch einen Verstoß gegen die Parteivereinbarung über das schiedsgerichtliche Verfahren.[1145] Das OLG hat somit erstmalig und soweit ersichtlich bisher einmalig entschieden, dass ein Schiedsgericht von einem eingeräumten Ermessen auch Gebrauch machen muss, was sich aus der Begründung des Schiedsspruchs ergeben muss. Anderenfalls ist aufgrund dieses Mangels des schiedsgerichtlichen Verfahrens der Schiedsspruch nach § 1059 Abs. 2 Nr. 1 lit. d ZPO auf Antrag aufzuheben.[1146]

1141 Andeutend *Anders*, in: Baumbach u. a., ZPO, 78. Aufl. 2020, § 1059 Rn. 16; der *ordre public* in § 1059 ZPO entspricht dem des UNÜ, vgl. *Schlosser*, in: Stein/Jonas, ZPO, Band 10, 32. Aufl. 2014, Anhang zu § 1061 Rn. 314.

1142 Art. V Abs. 2 lit. b UNÜ ist den Anerkennungs- und Versagungsgründen aus Abs. 1 grundsätzlich subsidiär. Sollte ein Mangel an dem schiedsgerichtlichen Verfahren vorliegen, dann kann kein Verstoß gegen die öffentliche Ordnung mehr vorliegen. Für die bessere Verständlichkeit wurde hier trotzdem die Prüfung des *ordre public* vorangestellt, vgl. zur Subsidiarität statt vieler *Schlosser*, in: Stein/Jonas, ZPO, Band 10, 32. Aufl. 2014, Anhang zu § 1061 Rn. 352; a. A. *Solomon*, in: Bermann, Recognition and Enforcement of Foreign Arbitral Awards, 329 (369) m. w. N.

1143 Allgemein dazu *Wais*, in: Schütze u. a., Handbuch des Schiedsverfahrens, 2. Aufl. 1990, 1. Teil Rn. 337.

1144 *Anders*, in: Baumbach u. a., ZPO, 78. Aufl. 2020, § 1059 Rn. 12 zu § 1059 ZPO.

1145 OLG München (20.04.2009) – 34 Sch 017/08 -, juris Rn. 95.

1146 Der Verlust des Rügerechts und die damit rückwirkende Heilung bleibt außer Acht, vgl. *Geimer*, in: Zöller, ZPO, 33. Aufl. 2020, § 1061 Rn. 34 ff.; *Schlosser*, in: Stein/Jonas, ZPO, Band 10, 32. Aufl. 2014, Anhang zu § 1061 Rn. 286; *Seiler*, in: Thomas/Putzo, ZPO, 41. Aufl. 2020, § 1027 Rn. 7, § 1029 Rn. 11.

Diese Rechtsprechung wendet mithin auf die Ermessensausübung des Schiedsgerichts ähnliche Maßstäbe wie für die staatlichen Gerichtsverfahren an. Sind sich staatliche Gerichte nicht über die Möglichkeit der Ermessensausübung bewusst, dann stellt dies einen Verfahrensfehler dar.[1147] Zwar findet vorliegend nicht § 1059 ZPO, sondern das UNÜ Anwendung. Allerdings entsprechen sich beide Vorschriften in ihrem Wortlaut.[1148] Trotzdem ist eine Übertragung dieser Rechtsprechung auf die Anerkennung und Vollstreckung internationaler Schiedssprüche des CAS aufgrund der autonomen Auslegung des UNÜ[1149] als völkerrechtlicher Vertrag sehr fraglich. Außerdem wird für internationale im Vergleich zu nationalen Schiedssprüchen ein wesentlich geringerer Maßstab für die Erforderlichkeit der Offenlegung der Überlegungen des Schiedsgerichts angelegt.[1150] Zudem würde nach der OLG-Rechtsprechung nur der Ermessensnichtgebrauch einen Vollstreckungsversagungsgrund nach Art. V Abs. 1 lit. d UNÜ darstellen. Trotz der Ermessensfehler bei der Verneinung des Antrags auf Öffentlichkeit oder bei der Annahme einer der Ausnahmetatbestände für den Ausschluss könnte mithin die Vollstreckung aus dem Schiedsspruch stattfinden.[1151]

2. Self-enforcement *der CAS-Schiedssprüche*

Im Sportkontext ist jedoch selbst eine Vollstreckbarerklärung unter den vereinfachten Voraussetzungen des UNÜ meistens aus rein tatsächlichen Gründen entbehrlich. Dies liegt bei Schiedssprüchen der Rechtsmittel-Kammer, die Verbands- oder Vereinsentscheidungen zum Gegenstand haben, nicht unbedingt daran, dass die Schiedsparteien den Anordnungen von sich aus Folge leisten.[1152] Vielmehr müssen die Verbände bei der Vollstreckung nicht die staatlichen Gerichte bemühen, da die Verbände in ihren Satzungen oftmals Sanktionen

---

1147 BGH (13.04.1994) – XII ZR 168/92 -, juris Rn. 42.

1148 Es ist im Rahmen des *ordre public* allgemeine Meinung, dass sich dieser in Verständnis und Reichweite decken, vgl. *Schlosser,* in: Stein/Jonas, ZPO, Band 10, 32. Aufl. 2014, Anhang zu § 1061 Rn. 314.

1149 *Adolphsen,* in: MüKo ZPO, 5. Aufl. 2017, UNÜ, Art. I Rn. 3.

1150 *Schlosser,* FamRZ 2016, 1310 (1313).

1151 Ähnlich auch im Rahmen des *ordre public,* der zu verneinen ist, wenn die Auffassung des Schiedsgerichts vertretbar ist und sich somit auf eine kartellrechtliche Plausibilitätskontrolle beschränkt, vgl. OLG Celle (14.10.2016) – 13 Sch 1/15 (Kart) 7 3/15, GWR 2017, 362 (362).

1152 So jedoch *Behler,* in: Reichert, Handbuch Vereins- und Verbandsrecht, 14. Aufl. 2018, Kap. 2 Rn. 3413 zur Verbandsschiedsgerichtsbarkeit.

für die Nichtbefolgung vorsehen und dadurch ein eigenes, verbandsrechtliches Vollstreckungssystem existiert (sog. *self-enforcement*).[1153] Diese „Selbstdurchsetzung" der Schiedssprüche bedeutet, dass diese nicht mit Hilfe der staatlichen Gerichte anerkannt und vollstreckt werden müssen, da die internationalen Sportverbände selbst die Mittel besitzen, eine Erfüllung des Schiedsspruchs herbeizuführen.[1154] Die Verbände sehen regelmäßig direkte Sanktionen vor, sollte die unterlegene Schiedspartei dem Schiedsspruch keine Folge leisten.[1155] Die Verbände können jedoch auch indirekten Druck auf die Sportler aufbauen und ihnen bis zur Befolgung des Schiedsspruches die Teilnahme an Leistungsüberprüfungstests und Wettkämpfen verweigern. Dies ist jedoch oftmals notwendig, um weiterhin dem Bundeskader angehören zu können und damit von finanzieller, sportlicher und ideeller Förderung zu profitieren.[1156] Allerdings zeigen diese Ausführungen zugleich, dass eine Vollstreckung lediglich bei Leistungsschiedssprüchen notwendig ist und sich bei Gestaltungs- und Feststellungsklagen erübrigt.[1157]

Das *self-enforcement* ist dabei von der Vollzugsgewalt als Bestandteil der Vereinigungsfreiheit zu unterscheiden. Dabei geht es um die „Befugnis der Vereine und Verbände, im Rahmen ihres Wirkungskreises für die Aufrechterhaltung der disziplinarischen Ordnung der Mitglieder zu sorgen",[1158] also den Vorschriften in der Satzung Geltung zu verschaffen. Dem Institut des *self-enforcement*

1153 *Adolphsen,* in: ders. u. a., Sportrecht in der Praxis, Kap. 9 Rn. 1153; *Adolphsen,* Internationale Dopingstrafen, S. 511; *Wittmann,* Schiedssprüche des Court of Arbitration for Sport vor schweizerischen und deutschen Gerichten, S. 168; zu dem Vollstreckungssystem der FIFA *Beain,* in: Bernasconi, Arbitrating Disputes in a Modern Sports World, 73 (75 ff.).

1154 *Mangan,* Arb. Int'l. 2009, 591 (599 f.); *Vaitiekunas,* The Court of Arbitration for Sport: Law-Making and the Question of Independence, S. 242.

1155 Vgl. dazu sogleich die Ausführungen zur FIFA.

1156 Vgl. Deutscher Ruderverband e. V., Kaderrichtlinien für die Bundeskader 2019/2020 Nationalmannschaften, abrufbar unter <https://www.rudern.de/sites/default/files/downloads/amtliche-bekanntmachungen/4899_-_kaderrichtlinien_fuer_die_bundeskader_2019-2020.pdf> (besucht am 06.01.2020).

1157 *Geimer,* in: Zöller, ZPO, 33. Aufl. 2020, § 1061 Rn. 18 sieht bei gestaltenden und feststellenden Schiedssprüchen keine Notwendigkeit der Vollstreckbarerklärung; aus deutscher Prozessrechtsperspektive würde es sich bei Entscheidungen über die Sanktionen der Verbände zumeist um Feststellungs- oder Gestaltungsurteile handeln, die grundsätzlich nicht vollstreckungsfähig sind, siehe *Götz,* in: MüKo ZPO, 5. Aufl. 2016, § 704 Rn. 6 f.

1158 *Fechner* u. a., Sportrecht, 3. Kap. Rn. 37.

liegt mithin nicht die primäre Durchsetzung satzungsrechtlicher Vorschriften, sondern der Schiedsurteile zu Grunde. Ein hervorragendes Beispiel dafür bieten die Vollstreckungsmechanismen der FIFA, die innerhalb der Verbände diesbezüglich eine Vorreiterrolle einnimmt.[1159] Nach Art. 64 Abs. 1 lit. a FIFA Disciplinary Code 2017 (FIFA DC 2017) wird jede Partei wegen der Nichtbefolgung einer CAS-Entscheidung mit einer Geldstrafe belegt. Darüber hinaus wird gem. Art. 64 Abs. 1 lit. b FIFA DC 2017 eine weitere, letzte Frist eingeräumt, den fälligen Betrag zu zahlen oder der nicht finanziellen Entscheidung nachzukommen. In diesem zweiten Schritt der Vollstreckungsphase werden den Fußballclubs und nationalen Verbänden Sanktionen angedroht, sollte dieser Pflicht nicht nachgekommen werden. Diese reichen von Punkteabzügen bis hin zu Vereinsausschlüssen.[1160] Dieses Vollstreckungssystem der FIFA ist auf staatlichen Zwang nicht angewiesen, zeigt sich als sehr effektiv und ist lediglich in weniger als einem Prozent der Fälle nicht erfolgreich.[1161]

Für Schiedsverfahren in denen eine Partei kein Sportakteur und damit nicht an die Regularien der Verbände gebunden oder von diesen abhängig ist, muss eine Vollstreckung der CAS-Schiedssprüche weiterhin nach dem UNÜ erfolgen.[1162] Beispielsweise ist dabei an Vertragsschlüsse über den Bau von Sportstätten zwischen den Verbänden und Wirtschaftsunternehmen zu denken. Dass diese Verträge eine Schiedsklausel zum CAS beinhalten, ist allerdings eher unwahrscheinlich und unüblich.[1163] Diese Fälle beschränken sich dann auch auf die ordentlichen Schiedsverfahren und fallen in den Anwendungsbereich des UNÜ.

1159 *Beain,* in: Bernasconi, Arbitrating Disputes in a Modern Sports World, 73 (75 ff.); dazu ausführlich *Haas,* in: Höfling u. a., Fußball, Motor des Sportrechts, S. 65 (65 ff.).

1160 Art. 64 Abs. 1 lit. c-d FIFA DC 2017.

1161 *Haas,* in: Höfling u. a., Fußball, Motor des Sportrechts, S. 65 (69); allerdings stößt das System der Selbstvollstreckung der FIFA bei der Insolvenz einer Partei an seine Grenzen, vgl. *Beain,* in: Bernasconi, Arbitrating Disputes in a Modern Sports World, S. 73 (80 ff.).

1162 *Beain,* in: Bernasconi, Arbitrating Disputes in a Modern Sports World, S. 73 (89 f.) spricht von „The Non-Sport Enforcement".

1163 Darüber hinaus müsste für die Bejahung der Zuständigkeit des CAS ein Sportbezug vorliegen, vgl. S12 Abs. 1 CAS-Code 2019.

III. Spannungsfeld zwischen *self-enforcement* und staatlicher Vollstreckung

Nationale Sportverbände sind aufgrund ihrer Einbindung in die internationale, pyramidale Sportstruktur dazu verpflichtet, die Entscheidungen der Monopolverbände durchzusetzen, selbst wenn diese innerstaatlichem Recht widersprechen.[1164] Dies gewährleistet die Gleichbehandlung aller Sportausübenden, wenngleich dies bedeutet, dass nationale Rechtsvorstellungen nicht berücksichtigt werden können. Das Vollstreckungssystem der Verbände im Sportkontext hat jedoch den Vorteil, dass dadurch eine Vollstreckung zeitnah und unverändert stattfindet,[1165] aber dafür ohne eine Kontrolle. Beispielsweise kann in Deutschland die Einreichung des Antrags auf die Vollstreckbarerklärung bei dem zuständigen OLG einige Zeit in Anspruch nehmen. Die Verpflichtung, den Schiedssprüchen des CAS Folge zu leisten und die diesbezüglich vorgesehenen Sanktionen in den Satzungen bauen entsprechenden Druck entweder direkt auf die unmittelbaren Mitglieder oder auf die nationalen Verbände auf, die Sanktionen auch gegenüber ihren Mitgliedern durchzusetzen. Ein solches System ist nicht nur weniger umständlich und zeitsparender, sondern auch erfolgreicher.[1166] Die Vereinheitlichung der Vollstreckung durch das *self-enforcement* der Schiedssprüche stellt sicher, dass der Inhalt der ursprünglichen Entscheidung durchgesetzt wird. Wertungen der staatlichen Rechtsordnungen etwa im Rahmen des *ordre-public*-Vorbehalts nach Art. V Abs. 2 lit. b UNÜ bleiben auf diese Weise außer Betracht. Die Chancengleichheit im Sport wird dadurch bei der Durchsetzung der Schiedssprüche verwirklicht.

Die Selbstvollstreckung der Verbände steht auch nicht im Widerspruch mit dem staatlichen Zwangsvollstreckungsmonopol.[1167] Bei Ausschlüssen von Wettkämpfen kann der Verband den Sportlern ein Startrecht verweigern.[1168] Ansprüche auf Geldzahlungen stellen sich in CAS-Rechtsmittelverfahren als wesentlich seltener dar, können jedoch in dem Verhältnis zwischen Vereinen,

---

1164 *Steiner*, in: Tettinger/Vieweg, Gegenwartsfragen des Sportrechts, S. 222 (225); auf die kritischen Gesichtspunkte, da dem Sport hier mehr Bedeutung beigemessen wird als der staatlichen Souveränität, wird nicht vertieft eingegangen.

1165 BG (05.01.2007) – 4P.240/2006; Kurzkommentar *Riemer*, CaS 2007, 110 (113).

1166 *Beain*, in: Bernasconi, Arbitrating Disputes in a Modern Sports World, 73 (91) spricht sich generell für *self-enforcing* der Schiedssprüche aus.

1167 BG (05.01.2007) – BG 4P.240/2006, Rn. 4; allg. zum Gewaltmonopol *Herdegen*, in: Maunz/Dürig, GG, 84. EL August 2018, Art. 79 Rn. 180.

1168 So auch *Wittmann*, Schiedssprüche des Court of Arbitration for Sport vor schweizerischen und deutschen Gerichten, S. 168.

etwa bei Ausbildungsentschädigungen im Fußball, vorkommen.[1169] Das Prinzip des *self-enforcement* greift dann nicht, und die Verbände sind wieder auf eine staatliche Vollstreckungshilfe angewiesen, wollen sie das aufgrund ihrer vereinsrechtlichen Sanktionsgewalt angedrohte Übel der Geldstrafe schließlich durchsetzen.

Darüber hinaus muss sich ein Sportler staatlicher Vollstreckungshilfe bedienen, sollte ihm ein Geldanspruch gegenüber einem Verband zustehen, den dieser nicht freiwillig begleicht, oder sonstigen Anordnungen des Schiedsspruchs nicht nachkommen.[1170] Denn die Verbände sehen für diese Fälle in ihren Regelwerken keine Vorschriften zu Sanktionsmöglichkeiten gegen sich selbst vor. Allerdings sind gerade die Sportverbände aufgrund der Vorteilhaftigkeit einer zentralen Sportschiedsgerichtsbarkeit die treibenden Kräfte für diese. Aus diesem Grund kann davon ausgegangen werden, dass gerade die Verbände aufgrund der Vorteilhaftigkeit einer zentralen Sportschiedsgerichtsbarkeit ein Interesse daran haben, die Glaubwürdigkeit und Effektivität des CAS aufrechtzuerhalten und die Schiedssprüche mithin freiwillig befolgen.[1171] Gewiss ist diese Tatsache trotzdem nicht, da der CAS unabhängig und gerade nicht Teil der Verbände ist. Aus diesem Grund könnten die Verbände in Einzelfällen anderen Interessen einen höheren Stellenwert einräumen.

IV. Keine Auswirkung der Nichtöffentlichkeit

Die fehlende *ultima-ratio*-Kontrolle der Staaten infolge des Instituts des *self-enforcement* erscheint nicht nur vorteilhaft. Das Schiedsverfahren und seine Verfahrensprinzipien unterliegt damit in der Vollstreckungsphase nämlich keiner Kontrolle. Verfahrensrechtliche Mindeststandards nach Art. 6 Abs. 1 EMRK sollen jedoch selbst im Rahmen von Schiedsverfahren durch die

---

1169 Vgl. BGH (20.09.2016) – II ZR 25/15 -, juris, Rn. 3.

1170 Zu der nicht freiwilligen Vornahme eines Widerrufs durch den Internationalen Basketballverband LG München I (29.02.2000) – 7 O 3106/00, SpuRt 2000, 155 (155 ff.); i. E. zur Bedeutsamkeit staatlicher Vollstreckung für die Sportler *Adolphsen*, Internationale Dopingstrafen, S. 510 ff.

1171 Die internationalen Verbände kritisieren, wenngleich selten, den CAS jedoch manchmal öffentlich, vgl. BBC Sport v. 05.02.2018 <https://www.bbc.com/sport/winter-olympics/42936248> (besucht am 06.01.2020); dass die internationalen Verbände die CAS-Schiedssprüche zumeist akzeptieren, zeigt sich auch daran, dass das IOC erst einmal seit der Gründung des CAS die Aufhebungsklage vor dem BG angestrengt hat, siehe BG (15.01.2019) – 4a_382/2018.

staatlichen Gerichte sichergestellt werden.[1172] Diese Gewährleistung im Rahmen der Vollstreckbarerklärung entfällt auf diese Weise. Kompensiert werden könnte dies durch eine Kontrolle der Minimalanforderungen im Aufhebungsverfahren.[1173] Allerdings haben die obigen Ausführungen gezeigt, dass wohl nicht zu erwarten ist, dass eine ermessensfehlerhafte Ablehnung des Antrags auf Öffentlichkeit in R57 Abs. 2 S. 4 CAS-Code 2019 einen Anfechtungsgrund darstellt.[1174]

Dennoch ändert daran das sinnvolle Institut des *self-enforcement* der Schiedssprüche nichts. Denn auch im Rahmen der Vollstreckbarerklärung könnte die nicht öffentliche Verhandlung im Ergebnis keinen *ordre-public*-Verstoß darstellen. Eine staatliche Vollstreckung wäre mithin kein nachträglicher Garant für eine öffentliche Verhandlung.

Es war also wichtig mit R57 Abs. 2 S. 3 CAS-Code 2019 die Transparenz des CAS-Verfahrens zu stärken. Anderenfalls würde die unbefriedigende Situation vorliegen, dass die Öffentlichkeit der Verhandlung nach Art. 6 Abs. 1 EMRK geboten ist, in der Vollstreckungsphase jedoch trotzdem keine Beachtung finden könnte. Die Nichtgewährleistung einer öffentlichen mündlichen Schiedsverhandlung aufgrund eines Ermessensnicht- oder -fehlgebrauchs hätte mutmaßlich jedoch trotzdem weder im Aufhebungs- noch im Vollstreckungsverfahren Auswirkungen. Dies bedeutet, dass sich die rollenspezifische Unterlegenheit der Sportler bei Abschluss der Schiedsvereinbarung über ein nicht öffentlich kontrollierbares Schiedsverfahren bis in die Aufhebungs- und Vollstreckungsphase fortsetzten würde. Eine Minimalkontrolle sowohl während des Schiedsverfahrens aufgrund der nicht öffentlichen Verhandlung als auch im Nachgang aufgrund der nicht notwendigen Vollstreckbarerklärung bliebe dann aus.

1172 EGMR (02.12.1991) – 18479/91 (*Jakok Boss/Deutschland*).

1173 Es bestehen lediglich marginale Unterschiede zwischen den Vollstreckungsversagungsgründen nach § 1061 Abs. 1 S. 1 ZPO i. V. m. Art. V UNÜ und Art. 190 Abs. 2 IPRG, wie etwa die Prüfung des *ordre public* im Vollstreckungsverfahren von Amts wegen, vgl. *Wittmann*, S. 177 f.; der Verzicht auf Beschwerdemöglichkeit nach Art. 192 Abs. 1 IPRG ist in Sportschiedsgerichtsverfahren gerade nicht zulässig, vgl. BG (22.03.2007) BGE 133 II 235, S. 239 f. Rn. 4; *Haas*, SchiedsVZ 2009, 73 (82 f.); *Mavromati/Reeb*, CAS Code, R46 Rn. 44 ff.; *Oschütz*, SpuRt 2007, 177 (177 f.).

1174 Vgl. Teil 3 E. II. 1.

F. Einfluss der Vorschriften zur Öffentlichkeit auf die Möglichkeit einer Individualbeschwerde vor dem EGMR

Das Beispiel von *Claudia Pechstein* zeigt, dass eine nicht öffentliche mündliche Verhandlung vor dem CAS erfolgreich mit der Individualbeschwerde nach Art. 34 S. 1 EMRK vor dem EGMR geltend gemacht werden kann.[1175] *Pechstein* hat sich dabei auf die Öffentlichkeit der Verhandlung nach Art. 6 Abs. 1 EMRK berufen. Die kleine Kammer des EGMR hat einstimmig entschieden, dass aufgrund der faktischen Zwangslage bei Abschluss der Schiedsvereinbarung die Öffentlichkeit der Verhandlung nach Art. 6 Abs. 1 EMRK auch auf die Sportschiedsgerichtsbarkeit Anwendung finden muss und somit die Nichtöffentlichkeit der CAS-Verhandlung im Fall *Pechstein* gerügt. Das BG hat allerdings verkannt, dass Art. 6 Abs. 1 EMRK in diesen Fällen einschlägig ist. Aus diesem Grund wurde die beklagte Schweiz zu einer Entschädigungszahlung in Höhe von 8.000 € verurteilt.[1176]

Möglich war dies, da der EGMR im Rahmen der Individualbeschwerde im Gegensatz zu der *ordre-public*-Prüfung keine Ergebniskontrolle vornimmt. Es stellt keine Voraussetzung dar, dass durch die Verletzung der EMRK auch ein konkreter Schaden entstanden ist. Die Beschwerdebefugnis ist zu bejahen, solange die Konvention verletzt ist.[1177] Zudem führt das Urteil aus, dass die Schweiz die richtige Beschwerdegegnerin darstellt.[1178] Dies erscheint auf den ersten Blick als nicht ganz selbstverständlich, da die Nichtöffentlichkeit des CAS-Verfahrens gerügt wird, der kein staatliches Gericht, beziehungsweise keine öffentlich-rechtliche Anstalt der Schweiz ist. Eine Zurechnung erfolgt jedoch über die Anwendbarkeit des schweizerischen Gesetzes, das nach Art. 190 f. IPRG das Aufhebungsverfahren vorsieht.[1179] Erst durch das erfolglose Aufhebungsverfahren vor dem BG konnte der Schiedsspruch schließlich rechtskräftig werden. Dem Feststellungsurteil des EGMR nach muss die Schweiz als unterliegender Vertragsstaat die Wiedergutmachung leisten und

---

1175 Die weiteren Fragen des Urteils, wie die Unabhängigkeit und Unparteilichkeit des CAS, bleiben außer Betracht, vgl. statt vieler *Blandfort*, SchiedsVZ 2019, 120 (123 f.); *Heermann*, NJW 2019, 1560 (1562 f.).

1176 EGMR (02.10.2018) – 40575/10, 67474/10 (*Mutu&Pechstein/Suisse*) Rn. 182 ff.

1177 *Meyer-Ladewig/Kulick*, in: Meyer-Ladewig u. a., HK-EMRK, 4. Aufl. 2017, Art. 34 Rn. 20.

1178 EGMR (02.10.2018) – 40575/10, 67474/10 (*Mutu&Pechstein/Suisse)* Rn. 65 ff.

1179 EGMR (02.10.2018) – 40575/10, 67474/10 (*Mutu&Pechstein/Suisse)* Rn. 66; so wohl auch *Blandfort*, SchiedsVZ 2019, 120 (121).

darüber hinaus zukünftige gleichartige Verstöße gegen den Öffentlichkeitsgrundsatz nach Art. 6 Abs. 1 EMRK verhindern.[1180]

Allerdings zeigt diese Individualbeschwerde exemplarisch, dass dies eine mögliche Konsequenz nicht öffentlicher Verhandlungen in CAS-Rechtsmittelverfahren darstellen kann. Dieser Weg setzt allerdings zum einen besonders viel „Durchhaltevermögen" des betroffenen Sportlers voraus und sieht zum anderen mit der Entschädigungszahlung anstatt der Aufhebung des Urteils eine lediglich beschränkte Rechtsfolge vor. Nach Art. 35 Abs. 1 EMRK ist eine Zulässigkeitsvoraussetzung für die Individualbeschwerde zunächst die Rechtswegerschöpfung. Auf zeitliche und finanzielle[1181] Ressourcen können die Sportler aufgrund ihrer knapp bemessenen Zeit als Leistungssportler und oftmals geringen Verdienstmöglichkeiten durch den Sport größtenteils nicht zurückgreifen. Dies könnte sie somit bereits von dieser europäischen Rechtsschutzmöglichkeit abschrecken. Darüber hinaus handelt es sich bei dem EGMR um ein Gericht mit hoher Arbeitsbelastung, so dass eine über mehrere Jahre hinziehende Verfahrensdauer keine Seltenheit darstellt. Alleine im Jahr 2019 sind 41850 Beschwerden bei dem Gerichtshof neu registriert worden und am 30.11.2019 waren noch 59850 Verfahren anhängig.[1182] *Pechstein* reichte am 11.11.2010 Individualbeschwerde ein und musste schließlich fast acht Jahre auf einen Urteilsspruch warten.[1183] Für die Schnelllebigkeit im Leistungssport ist das eine nicht hinnehmbare Verfahrensdauer.

Auf diese Weise schleicht sich durch die Hintertür wieder eine Art Instanzenzug gegen CAS-Schiedsurteile ein, die die einzelnen Verfahren für die Parteien zur zeitlichen und finanziellen Zerreißprobe werden lassen. Etwas, das durch die Schaffung des CAS, einer zentralen Rechtsprechungsinstanz, gerade verhindert werden sollte. Es war also notwendig, dass die Vorschriften zur Öffentlichkeit der Verhandlung reformiert wurden und mit dem Antragsrecht der natürlichen Schiedspartei die Möglichkeit einer Öffentlichkeit der Verhandlung erweitern.

1180 Vgl. *Satzger*, Internationales und Europäisches Strafrecht, § 10, S. 143 m. w. N.

1181 Das Individualbeschwerdeverfahren vor dem EGMR ist kostenfrei und zusätzlich kann Prozesskostenhilfe gewährleistet werden, vgl. Rule 101 VerfO-EGMR 2020.

1182 Statistik abrufbar auf der Website des *EGMR* unter <https://www.echr.coe.int/Documents/Stats_month_2019_ENG.pdf> (besucht am 06.01.2020).

1183 Die Kammerentscheidung des EGMR vom 02.10.2018 ist mit der Zurückweisung auf Verhandlung vor der Großen Kammer inzwischen rechtskräftig, vgl. Pressemitteilung ECHR 053 (2019) v. 05.02.2019, S. 3.

G. Fazit

Die Öffentlichkeit der Verhandlung stellt ein wichtiges Prinzip in Gerichts- und Schiedsverfahren dar. Trotzdem bleiben Verletzungen dieses Grundsatzes im Rahmen der CAS-Schiedsverfahren aus Sicht deutscher Athleten größtenteils folgenlos. Aus der Sicht deutscher Sportler stellt sich nämlich die Frage, wie und ob eine Kontrolle durch die staatlichen deutschen Gerichte stattfinden kann. Zwar liegt der Ort der Kontrollmöglichkeit einer Schiedsvereinbarung vor Erlass des Schiedsspruchs durch eine Schiedseinrede im Fall des seltenen deutschen Gerichtsstands oder nach Schiedsspruchererlass durch den deutschen Vollstreckungsort bei Sportlern deutscher Verbände nach § 1061 ZPO in Deutschland. Allerdings ist zu beachten, dass es aufgrund des *self-enforcement* der CAS-Schiedssprüche in Sportangelegenheiten oftmals keiner Vollstreckbarerklärung bedarf. Eine Aufhebungsklage kann nach Art. V Abs. 1 lit. e Alt. 2 UNÜ aufgrund des Schiedsortes des CAS nur in der Schweiz erhoben werden. Das BG kontrolliert die CAS-Schiedssprüche nur an dem sehr engen Kassationsmaßstab des Art. 190 Abs. 2 IPRG. Die Öffentlichkeit der Verhandlung ist allerdings kein Bestandteil der Mindestanforderungen an ein faires Verfahren gem. Art. 190 Abs. 2 lit. d IPRG und auch kein Teil der öffentlichen Ordnung nach Art. 190 Abs. 2 lit. e IPRG. Ein Schiedsspruch, der in einem nicht öffentlichen Schiedsverfahren ergangen ist, kann mithin nicht aufgehoben werden. Darüber hinaus ist zu beachten, dass bei Zweifeln an der Gültigkeit der Schiedsvereinbarungen nach der international anerkannten *in favorem validitatis doctrine* zugunsten der Wirksamkeit der Schiedsklausel entschieden werden sollte.[1184] Bei mehreren möglichen Auslegungsmethoden ist also möglichst die Auslegung zu wählen, die von der Wirksamkeit der Schiedsvereinbarung ausgeht. Dieses Prinzip findet seine Fortsetzung schließlich in Art. 178 Abs. 2 IPRG, das für die Wirksamkeit eine alternative Anknüpfung an verschiedene Rechte vorsieht.[1185] Das dann aufgrund des CAS-Schiedsortes berufene sportschiedsfreundliche schweizerische Recht geht grundsätzlich von der Wirksamkeit der Schiedsvereinbarung aus, ungeachtet der Verfahrensvorschriften, sofern nur die Unabhängigkeit und Unparteilichkeit des

---

1184 *Berger,* SchiedsVZ 2009, 289 (293) m. w. N.; *Hanefeld/Wittinghofer,* SchiedsVZ 2005, 217 (221); *Karimullin,* SchiedsVZ 2017, 23 (23); *Niedermaier,* Schieds- und Schiedsverfahrensvereinbarungen in strukturellen Ungleichgewichtslagen, S. 33.

1185 *Karrer,* in: Kronke u. a., Handbuch Internationales Wirtschaftsrecht, 2. Aufl. 2017, Teil P Rn. 1600.

Schiedsgerichts gewährleistet ist.[1186] Somit setzt sich das Kräfteungleichgewicht und die Benachteiligung der Sportler bis ins Kollisionsrecht fort. Aus Sicht der deutschen Rechtsordnung und der ihr unterworfenen Athleten besteht als letzte „Notbremse" nur noch der *ordre-public*-Vorbehalt. An dessen Anwendbarkeit als reine Ergebniskontrolle sowie an die Begründung der Vorschriften als Teil der deutschen öffentlichen Ordnung sind jedoch grundsätzlich hohe Anforderungen zu stellen. Trotzdem liegt in dem fehlenden Wahlrecht bei Abschluss der Schiedsvereinbarung und den Regeln des alten CAS-Code 2017 ein Widerspruch zu der rechtsgeschäftlichen Entscheidungsfreiheit und dem Recht auf den gesetzlichen Richter, die Bestandteil der deutschen öffentlichen Ordnung sind. Eine Schiedsvereinbarung ist unter diesen Umständen aus deutscher Sicht unwirksam und den Verbänden könnten ordentliche Gerichtsverfahren vor deutschen Gerichten drohen. Die Individualbeschwerde vor dem EGMR kann zwar erfolgsversprechend sein – wie der Fall *Mutu/Pechstein* exemplarisch gezeigt hat – ist allerdings kein ordentliches Rechtsmittel. Daher muss davon ausgegangen werden, dass das BG in der Pflicht und dem Zugzwang steht, seine bisherige Rechtsprechung oder die Aufhebungsgründe in Art. 190 Abs. 2 IPRG entsprechend zu ändern. CAS-Schiedssprüche, die in einem nicht öffentlichen Rechtsmittelverfahren vor der Rechtsmittel-Kammer entschieden wurden, könnten erst dann durch die schiedsunterlegenen Sportler erfolgreich aufgehoben werden. Denn selbst wenn ein Schiedsgericht den Antrag auf Öffentlichkeit der gesuchstellenden Partei ermessensfehlerhaft ablehnt, stellt dies momentan keinen Aufhebungsgrund dar.

Art. 57 Abs. 2 CAS-Code 2017 sah grundsätzlich die Nichtöffentlichkeit der Verhandlung vor und entsprach damit nicht europarechtlichen Mindeststandards an faire Verfahren.[1187] Die Öffentlichkeit der Verfahren sollte von Vorherein durch den CAS gewährleistet werden, um rechtsbeständige Entscheidungen im Sport zu gewährleisten. Aus diesem Grund war eine revidierte CAS-Vorschrift zum 01.01.2019 sinnvoll. Allerdings ist zu beachten, dass nach R57 Abs. 2 S. 3 CAS-Code 2019 und A19.3 Abs. 3 S. 3 ADD-Rules ein Antragsrecht auf öffentliche mündliche Verhandlungen nur für die Disziplinar- und Anti-Doping-Verfahren vorgesehen ist. Die Verfahren sind also nicht prinzipiell öffentlich und es geht aus den genannten Vorschriften auch nicht hervor, ob ein abgelehnter Antrag auf Öffentlichkeit zu begründen und damit

1186 *Eichel*, IPRax 2016, 305 (306 f.); *Karrer*, in: Kronke u. a., Handbuch Internationales Wirtschaftsrecht, 2. Aufl. 2017, Teil P Rn. 1601.

1187 So wohl auch *Lungstras*, Das Berufungsverfahren, S. 330.

von dem Schiedsgericht zu rechtfertigen ist. Die Darstellungen haben bereits angedeutet, dass sich hierbei weitere Problemfelder bezüglich der nachträglichen Kontrollmöglichkeit eröffnen. Um jegliche nachteilige Abweichungen von dem grundlegenden Öffentlichkeitsgrundsatz für die Sportler auszuschließen und ein Verfahren, das im Einklang mit der Rechtsstaatlichkeit steht, zu gewährleisten, sollte der CAS-Code um eine Vorschrift zu der Verhandlung über den Ausschluss der Öffentlichkeit ergänzt werden. Dadurch erhalten die Schiedsparteien die Möglichkeit, die Wichtigkeit der Öffentlichkeit der Verhandlung darzulegen. Dies führt den CAS-Schiedsrichtern die Bedeutung der Öffentlichkeit in jedem Einzelfall vor Augen. Ein Ausschluss der Öffentlichkeit ist dann nur in gewichtigen Ausnahmefällen zu erwarten. Sollte den Schiedsparteien keine Gelegenheit zur Stellungnahme in dieser Verhandlung eingeräumt werden oder ihre Argumente nicht entsprechend berücksichtigt worden sein, dann stellt dies eine Verletzung des Rechts auf rechtliches Gehör dar. Eine Aufhebungsklage vor dem BG wäre also nur nach einer Revision des CAS-Code erfolgreich, sofern die geänderte Fassung eine Verhandlung über den Ausschluss der Öffentlichkeit vorsieht. Dem Schiedsspruch wäre dann (im Gegensatz zu dem auf Deutschland begrenzten Umweg über den deutschen *ordre-public*-Vorbehalt) in der Einrede- und Vollstreckungssituation, generell seine Wirkung zu versagen.

Teil 4: Veröffentlichung der Schiedssprüche mit Entscheidungsgründen

Mit der Veröffentlichung der Schiedssprüche einschließlich der Entscheidungsgründe kann der CAS ein wichtiges „Transparenzsignal" aussenden. Aufgrund des durch die Vorschriften in der CAS-Verfahrensordnung eingeräumten Ermessen des Schiedsgerichts und der unvollständigen Publizitätstätigkeit des CAS sind die Sportschiedssprüche nicht *grundsätzlich* öffentlich zugänglich und abrufbar. Der CAS darf sich allerdings nicht (weiter) als ein reiner „Dienstleister" für die Schiedsparteien verstehen. Denn neben einer fairen Entscheidungsfindung im Einzelfall erfüllt der CAS darüberhinausgehende Aufgaben, die den Sport in seiner Gesamtheit betreffen. Für die zweckmäßige Berücksichtigung dieser Drittinteressen ist grundsätzlich die Veröffentlichung aller Entscheidungen erforderlich.

Als Veröffentlichung wird die Wiedergabe und öffentliche Zugänglichmachung von Gerichtsentscheidungen entweder in ihrer vollständigen Form mit Tenor, Tatbestand sowie den Entscheidungsgründen oder in einer gekürzten Fassung verstanden. Übersendungspflichten an die Parteien und Auskunftserteilungs- sowie Akteneinsichtsrechte fallen nicht darunter.[1188]

Hinter der Diskussion um die Notwendigkeit der Veröffentlichung der Schiedssprüche steckt die Frage, ob CAS-Schiedssprüche Präjudize darstellen und durch den CAS Rechtsfortbildung betrieben wird. Darüber hinaus kann die Veröffentlichung eine soziale Rechtmäßigkeitskontrolle des CAS ermöglichen. Allerdings muss in die Untersuchung mit einbezogen werden, ob die Interessen der Schiedsparteien einer Veröffentlichung mit Entscheidungsgründen entgegenstehen oder im Fall der Sportschiedsgerichtsbarkeit prinzipiell auch in ihrem Interesse ist.

Nach R59 Abs. 7 S. 1 CAS-Code 2019 sind die Schiedssprüche zweiter Instanz grundsätzlich zu veröffentlichen, es sei denn die Schiedsparteien einigen sich auf das Gegenteil. Allerdings geht der CAS diesem Bedürfnis an veröffentlichen Schiedssprüchen trotz der daran bestehenden öffentlichen Interessen nicht vollumfänglich nach. Der CAS missachtet damit seine Verfahrensordnung. Die Veröffentlichung der Schiedssprüche findet nicht breitflächig genug und zum Teil mit erheblichen zeitlichen Verzögerungen statt. Darüber hinaus

1188 Vgl. für Unterscheidung *Putzke/Zenthöfer*, NJW 2015, 1777 (1777).

sollte die Veröffentlichung – ähnlich dem A21 Abs. 6 ADD-Rules – in Zukunft nicht mehr durch eine Einigung der Parteien ausgeschlossen werden können.

A. Staatliche Gerichtsbarkeit

Eine Diskussion über die Veröffentlichung der Entscheidungen wird aufgrund der geläufigen Vertraulichkeit der Schiedsverfahren auf den ersten Blick nicht für die Sportschiedsgerichtsbarkeit erwartet, sondern eher in der staatlichen Gerichtsbarkeit verortet. Die Ausführungen zur Veröffentlichung der Entscheidungen in der deutschen staatlichen Gerichtsbarkeit – die ein steter mitgedachter Vergleichsmaßstab dieser Arbeit ist – zeigen allerdings erneut die Parallelen des CAS zu staatlichen Gerichten. Die Interessenlage und Rechtsgrundlagen für die Publizität der Gerichtsentscheidungen in der deutschen, staatlichen Gerichtsbarkeit schärfen nicht nur das Verständnis für die Beweggründe der Veröffentlichung, sondern zeigen die Unterschiede und vor allem die Ähnlichkeiten zur Sportschiedsgerichtsbarkeit. Dadurch wird die Relevanz der Veröffentlichung für die Sportschiedssprüche des CAS ersichtlich.

I. Interessenlage

Die deutschen Gerichte wenden das Recht nicht nur an und konkretisieren dieses, sondern bilden es auch fort. Dieser Schluss lässt sich bereits aus § 132 Abs. 4 Alt. 1 GVG ziehen. Nach dieser Vorschrift kann der erkennende Senat des BGH eine Frage von grundsätzlicher Bedeutung dem Großen Senat zur Entscheidung vorlegen, wenn das nach seiner Auffassung zur Fortbildung des Rechts oder zur Sicherung einer einheitlichen Rechtsprechung erforderlich ist. Diese Rechtsfortbildung[1189] macht jedoch eine Veröffentlichung der Urteile erforderlich, da die Rechtsnormen auf diese Weise weiterentwickelt und zum Teil in ihrem Bedeutungsgehalt verändert werden.[1190] Der Bevölkerung muss es möglich sein, ihre gesetzlichen Rechte und Pflichten zu kennen und die Erfolgsaussichten ihrer Rechtschutzmöglichkeiten einschätzen zu können.[1191] Eine Publizität der Entscheidungen ist dafür unabdingbare Voraussetzung.[1192]

1189 *Duve/Keller*, SchiedsVZ 2005, 169 (170).

1190 I. E. zu dem Sinn und Zweck der Publizität der Gerichtsentscheidungen *Eslami*, Nichtöffentlichkeit, S. 174 ff. m. w. N.

1191 OVG Bremen (25.10.1988) – OVG 1 BA 32/88, NJW 1989, 926 (927).

1192 Vgl. etwa die gesetzlich vorgesehene Veröffentlichungspflicht des BVerfG in § 31 Abs. 2 S. 3 BVerfGG, sofern durch die Entscheidung die Gesetze tangiert werden.

Die richterliche Rechtsfortbildung erfordert darüber hinaus die Kontrolle der Öffentlichkeit, um nicht mit dem Prinzip der Gewaltenteilung in Widerspruch zu geraten, da grundsätzlich die Legislative für die Gesetzgebung zuständig ist.[1193] Die Legislative wurde durch demokratische Wahlen für eine bestimme Wahlperiode durch die Bevölkerung als eigentlicher Souverän dazu legitimiert. Eine öffentliche Meinungsbildung ist als Korrektiv und Druckmittel für die folgenden Wahlperioden damit unerlässlich. Dies muss dann auch für richterliche Entscheidungen gelten, sofern diese das Recht fortbilden.[1194] Nicht nur die Diskussion in der Bevölkerung, sondern gerade auch in der Fachöffentlichkeit ist sachdienlich für die Rechtsfortbildung, vor allem um Fehlentwicklungen rechtzeitig entgegen zu wirken.[1195] Auch die ordnungsgemäße Rechtsfortbildung macht mithin die Veröffentlichung der Entscheidungen erforderlich.

Die Qualitätssicherung der Rechtsprechung hängt eng mit diesen Gesichtspunkten zusammen. Die Richter werden ihre Argumente und Entscheidungsgründe dementsprechend sorgsam wählen, wenn sie wissen, dass die Urteile im Nachgang Gegenstand eines öffentlichen Diskurses sein können. Löst ein Urteil dennoch eine öffentliche Protestwelle aus, kann dies für die Zukunft zu einer Rechtsprechungsänderung führen.[1196] Diese Gesichtspunkte steigern also generell die Qualität der Rechtsprechung. Darüber hinaus trägt die Veröffentlichung zur Transparenz bei und fördert damit nicht nur das Vertrauen der Allgemeinheit in eine unabhängige Rechtsprechung, sondern vielmehr auch die Akzeptanz des Rechtsprechungssystems.[1197] Allerdings kann die Unterbindung einer Geheimjustiz und die Kontrolle eines fairen Verfahrens nach rechtsstaatlichen Grundsätzen wirklich effektiv nur durch die Öffentlichkeit der Verfahren, also eine öffentliche mündliche Verhandlung, hergestellt werden.[1198] Der Sinn und Zweck der Veröffentlichung einer Gerichtsentscheidung ist mithin nicht vorrangig darin zu suchen, sondern in der Vorhersehbarkeit der Entscheidungen für die Öffentlichkeit, einer ordnungsgemäßen Rechtsfortbildung und Vertrauensbildung mit der Rechtsprechung und einer Qualitätssteigerung der

1193 BVerwG (26.02.1997) – 6 C 3/96 (Lüneburg), NJW 1997, 2694 (2695).

1194 Abseits davon zur Notwendigkeit der demokratischen Legitimation allein der rechtsprechenden Gewalt *Seitz,* Disposition über die Öffentlichkeit im Zivilprozess?, S. 74 f.

1195 OLG Celle (12.06.1990) – 1 VAs 4/90, NJW 1990, 2570 (2571); BVerwG (26.02.1997) – 6 C 3/96, NJW 1997, 2694 (2695).

1196 *Duve/Keller,* SchiedsVZ 2005, 169 (170).

1197 Statt vieler *Schilken,* Gerichtsverfassungsrecht, 2. Aufl. 1994, § 12 Rn. 155.

1198 Vgl. Teil 2 A. II. 1.

Urteilssprüche.[1199] Im Strafprozessrecht erlangt die Publizität der Entscheidungen ebenso einen großen Stellenwert. Das Strafrecht dient neben der Ahndung von Gesetzesverstößen auch general- und sozialpräventiven Zwecken.[1200] Eine Verhaltenssteuerung kann jedoch nur dann wirksam stattfinden, wenn die jeweiligen Entscheidungsgründe der Allgemeinheit auch bekannt sind.[1201]

II. Rechtsgrundlagen und Veröffentlichungspraxis

Grundsätzlich ist nur die Verkündung gesetzlich geregelt. Nachfolgend zeigt sich jedoch, dass für die deutschen Gerichte eine Veröffentlichungspflicht bejaht werden kann, wenngleich die Veröffentlichungspraxis dieses Ergebnis nicht widerspiegeln. Aus der EMRK ergibt sich keine Bedingung zur Publikation, sofern die Öffentlichkeit die Gelegenheit hatte, sich von einem fairen Verfahren zu überzeugen.[1202] Allerdings existieren für den EGMR selbst Vorschriften, die eine Veröffentlichung seiner Entscheidungen anordnen.

1. Einfachgesetzliches Recht

Gem. §§ 169 Abs. 1 S. 1, 173 Abs. 1 GVG ist die Verhandlung vor dem erkennenden Gericht einschließlich der Verkündung der Urteile und Beschlüsse öffentlich.[1203] Im deutschen Zivilprozess wird das Urteil gem. § 311 Abs. 2 S. 1 ZPO durch Vorlesung der Urteilsformel verkündet. Im Strafprozess findet nach § 268 Abs. 2 S. 1 StPO die Urteilsverkündung durch Verlesung der Urteilsformel und Eröffnung der Urteilsgründe statt. Eine gesetzliche Transparenz in der Form der Veröffentlichung der Urteile ergibt sich aus diesen Vorschriften mithin nicht.[1204] Allerdings legen diese Vorschriften das generelle Transparenzerfordernis staatlichen Handelns dar.

In Deutschland regeln die Gesetze und Geschäftsordnungen mithin nur rudimentär, ob eine Veröffentlichung stattfinden muss. Ein ähnliches Bild

---

1199 Str., vgl. die soeben vorgenommenen Erläuterungen; a. A. *Putzke/Zenthöfer*, NJW 2015, 1777 (1778), die diese Gesichtspunkte ohne weitere Diskussion als Sinn und Zweck der Veröffentlichung nennen.

1200 Siehe für die Strafzwecktheorie statt vieler *Hoffmann-Holland*, in: MüKo StGB, 3. Aufl. 2017, § 24 Rn. 32 ff.

1201 OLG Celle (12.06.1990) – 1 VAs 4/90, NJW 1990, 2570 (2571).

1202 Siehe statt vieler bereits EGMR (08.12.1983) – 8273/78 (*Axen/Germany*) Rn. 32.

1203 Diese Vorschrift gilt gem. § 55 VwGO auch für den Verwaltungsprozess.

1204 Wohl auch *Eslami*, Nichtöffentlichkeit, S. 176.

ergibt sich für die Schweiz.[1205] Die Publikation der Gerichtsentscheidungen ist dort nur für die Bundesgerichte gesetzlich geregelt, nicht jedoch für die kantonalen Gerichte.[1206] Die schweizerischen Bundesgerichte können selbst die Art und Weise festlegen, in der eine Publikation erfolgt.[1207]

2. *Verfassungsrecht*

Im deutschen Grundgesetz ist die Pflicht zur Veröffentlichung der Urteile nicht ausdrücklich verortet. Ob deutsche Gerichte kraft höherrangigen Rechts trotzdem dazu verpflichtet sind, war streitig.[1208] Das Bundesverfassungsgericht stellte im Jahr 2015 allerdings klar, dass eine „Rechtspflicht zur Publikation veröffentlichungswürdiger Gerichtsentscheidungen allgemein anerkannt ist"[1209]. Eine solche Amtspflicht ergibt sich aus der Justizgewährungspflicht als Bestandteil des Rechtsstaatsgebots, dem Demokratiegebot und dem Grundsatz der Gewaltenteilung.[1210] Dieses Machtwort des Bundesverfassungsgerichts statuiert nunmehr einen Anspruch auf die Herausgabe zumindest anonymisierter Abschriften und der Urteilsgründe. Dieses Recht besteht damit voraussetzungslos, da die einschränkende Regel des § 299 ZPO für die Akteneinsicht nach der neusten BGH-Rechtsprechung gerade nicht für die Veröffentlichung gilt.[1211] Die veröffentlichungswürdigen Gerichtsentscheidungen sind also zu veröffentlichen, wenngleich zum Schutz der Verfahrensbeteiligten Schutzvorkehrungen, wie zum Beispiel eine anonymisierte Form, vorgenommen werden können.[1212] Die Einschränkung auf eine Veröffentlichungswürdigkeit mag verständlich sein, da durch eine Flut irrelevanter Entscheidungen auch der Überblick über die wesentlichen Entscheidungen verloren gehen und damit auch die

---

1205 Hier wird nur vergleichend darauf eingegangen, ausführlich zu der schweizerischen Veröffentlichungspraxis *Tschümperlin,* in: Kettiger/Sägesser, Kommentar zum Publikationsgesetz des Bundes, S. 69 (71 ff.).

1206 Vgl. Art. 27 Abs. 1 Bundesgesetz über das Bundesgericht (BGG); Art. 25 S. 1 Bundesgesetz über das Bundesstrafgericht (SGG); Art. 29 Abs. 1 Bundesgesetz über das Bundesverwaltungsgericht (VGG).

1207 Vgl. Art. 27 Abs. 3 BGG; Art. 25 S. 2 SGG; Art. 29 Abs. 3 VGG.

1208 *Zimmermann,* in: MüKo ZPO, 5. Aufl. 2017, GVG, § 169 Rn. 13.

1209 BVerfG (14.09.2015) – 1 BvR 857/15 Rn. 16, NJW 2015, 3708 (3709).

1210 BVerwG (26.02.1997) – 6 C 3/96, NJW 1997, 2694 (2695); BVerfG (14.09.2015) – 1 BvR 857/15 Rn. 16, NJW 2015, 3708 (3709); BGH (05.04.2017) – IV AR(VZ) 2/16, NJW 2017, 1819 (1819 f.); *Putzke/Zenthöfer,* NJW 2015, 1777 (1777).

1211 BGH (05.04.2017) – IV AR(VZ) 2/16, NJW 2017, 1819 (1819).

1212 I. E. zu den Einschränkungen *Putzke/Zenthöfer,* NJW 2015, 1777 (1780 ff.).

Rechtsfortbildung bedroht sein kann. Das BVerfG führt allerdings nicht aus, wann eine Entscheidung als veröffentlichungswürdig gilt und wer darüber entscheidet.[1213] Dieses unklare Kriterium öffnet somit Raum für Missbrauch. Aus diesem Grund sollten – über die Entscheidung des BVerfG hinausgehen – alle Urteile öffentlich zugänglich sein, sofern „nicht ausnahmsweise unabweisbare höhere Interessen die Unterrichtung der Allgemeinheit oder einer einzelnen Person verbieten“[1214]. Die Veröffentlichungspraxis der Gerichte hinkt dem Verfassungsauftrag der Veröffentlichungspflicht grundsätzlich noch hinterher, da nach wie vor nicht alle Urteile veröffentlicht werden oder nur kostenpflichtig beschafft werden können.[1215] Eine Differenzierung nach der Veröffentlichung würdigen und unwürdigen Entscheidungen ist aus dieser unvollständigen Veröffentlichungspraxis gerade nicht ersichtlich.

3. EMRK

Gem. Art. 6 Abs. 1 S. 2 Hs. 1 EMRK muss ein Urteil öffentlich verkündet werden.[1216] Die EMRK enthält allerdings keine Regelung zur Veröffentlichung der Entscheidungen.[1217] Die EMRK lässt damit die Urteilsverkündung ausreichen und fordert keine Veröffentlichung inklusive der Entscheidungsgründe. Darüber hinaus soll nach der Rechtsprechung des EGMR die Vorschrift trotz des eindeutigen Wortlauts keine Verlesung in öffentlicher Sitzung erforderlich machen, sondern auch andere Maßnahmen können ausreichend sein.[1218] Art. 6 Abs. 1 S. 2 Hs. 1 EMRK ist mithin nicht wortlautgetreu zu verstehen, sofern der Sinn und Zweck der öffentlichen Verkündung trotzdem gewährleistet wird.[1219] Dies bedeutet im Umkehrschluss jedoch auch, dass eine nicht öffentliche Verkündung des Urteils entsprechend ausgeglichen werden muss, etwa durch die Veröffentlichung der Urteile.

1213 Kritisch dazu auch die Anmerkung zu BVerfG (14.09.2015) – 1 BvR 857/15 von *Vogel*, NJW 2015, 3708 (3711).

1214 BGH (05.04.2017) – IV AR(VZ) 2/16, NJW 2017, 1819 (1819).

1215 *Kuntz*, JurPC Web-Dok. 12/2006, Abs. 8 ff.

1216 Mangels Relevanz wird nicht weiter auf das Verhältnis EMRK und GVG eingegangen, vgl. dazu *Kissel/Mayer*, GVG, 9. Aufl., § 169 Rn. 82 ff.

1217 Die Verkündung und Veröffentlichung werden nicht immer sorgsam auseinandergehalten, ungenau auch *Lungstras*, Das Berufungsverfahren, S. 331 ff.

1218 EGMR (21.09.2006) – 12643/02 (*Moser/Austria*) Rn. 101.

1219 EGMR (22.02.1984) – 8209/78 (*Sutter/Switzerland*) Rn. 33; EGMR (28.06.1984) – 7819/77, 7878/77 (*Campbell and Fell/The United Kingdom*) Rn. 91.

B. Schiedsgerichtsbarkeit

Die Veröffentlichung ist nach eingangs entwickelter Definition ein Teilaspekt der übergeordneten Vertraulichkeit des Verfahrens,[1220] so dass diese im Folgenden den Ausgangspunkt bildet.

I. Interessenlage

In vielen Verfahrensordnungen der Schiedsinstitutionen wird die Vertraulichkeit des Verfahrens ausdrücklich geregelt.[1221] Allerdings gibt es davon auch einige Ausnahmen. Die Stockholmer Handelskammer verpflichtet lediglich die Handelskammer, das Schiedsgericht sowie den Sekretär desselben zur Vertraulichkeit.[1222] Ebenso trifft die Vertraulichkeit in den AAA International Rules nur die Schiedsrichter und die Verwaltung der Schiedsinstitution.[1223] Als sehr prominentes Beispiel für eine fehlende Regelung zur Vertraulichkeit der Schiedsparteien sei die ICC-Schiedsgerichtsordnung angeführt.[1224] Im Falle der ICC-Regeln konnte man sich nicht auf eine Regelung einigen, nachdem sich zum einen die Ansichten darüber in den nationalen Regelwerken[1225] unterscheiden und zum anderen die Art und Weise der Ahndung einer Missachtung der Vertraulichkeitspflicht durch einen der Beteiligten weitere schwierige Folgefragen nach sich zieht.[1226] Die Antragsbefugnis in Art. 22 Abs. 3 ICC Rules ermöglicht es dem Schiedsgericht, eine Entscheidung im Einzelfall zu treffen,

---

1220 Vgl. Teil 1 B. II.

1221 Art. 30.1 LCIA Arbitration Rules 2014; Art. 42.1, 42.3 HKIAC Administered Arbitration Rules 2013; Art. 39.1 SIAC Rules 2016; Art. 44.1 DIS-SchO 2018; Art. 38 Abs. 2 CIETAC Arbitration Rules 2015; Art. 75 ff. WIPO Arbitration Rules.

1222 Art. 3 SCC Arbitration Rules 2017.

1223 Art. 37 Abs. 1 ICDR Arbitration Rules 2016.

1224 Dies mag überraschend erscheinen, siehe *Webster/Bühler*, Handbook of ICC Arbitration, 4. Aufl. 2018, Art. 22 Rn. 22–52.

1225 Die nationalen Gesetzgeber in England, Frankreich und Spanien verpflichten die Parteien zur Vertraulichkeit, während in Schweden, Norwegen und Australien Gegenteiliges gilt, vgl. mit Nachweisen *Hobér/Foerster*, SchiedsVZ 2007, 207 (211).

1226 Andeutend *Webster/Bühler*, Handbook of ICC Arbitration, 4. Aufl. 2018, Art. 22 Rn. 22–52 deutet dies an; *Dodge/Schramm*, in: Arroyo, Arbitration in Switzerland, 2. Aufl. 2018, ICC Rules, Art. 22 Rn. 16 für die ICC Regeln 2012; *Mavromati/Reeb*, CAS Code, R43 Rn. 27, die bei der Verletzung der Pflicht einen Schadensersatzanspruch in Erwägung ziehen; *Wimalasena*, Die Veröffentlichung von Schiedssprüchen als Beitrag zur Normbildung, S. 105 ff. sowohl zu der materiellen Rechtslage als auch der prozessualen Durchsetzung.

also ob im jeweiligen Fall eine rechtliche Basis für die Vertraulichkeit zwischen den Schiedsparteien besteht. Die Vertraulichkeit des Schiedsverfahrens kann mithin nur durch einen Antrag[1227] bei der ICC gewährleistet werden und steht neben diesem Erfordernis zusätzlich noch im Ermessen des Schiedsgerichtes.[1228] Zudem muss das Schiedsgericht berücksichtigen, ob es sich bei einer der Schiedsparteien um einen staatlichen Beteiligten handelt. Oftmals überwiegt in einem solchen Fall das öffentliche Interesse an größtmöglicher Transparenz des Verfahrens gegenüber dem privaten Interesse der Schiedsparteien an Vertraulichkeit.[1229]

Der Vergleich der verschiedenen Verfahrensordnungen zeigt, dass es – jenseits der Frage, ob öffentlich verhandelt wird[1230] – keinen einheitlichen Umgang mit dem Vertraulichkeitsprinzip gibt.[1231] Aus alledem lässt sich schließen, dass die Schiedsgerichtsbarkeit zwar nach wie vor eine Form der privaten Streitbeilegung ist und grundsätzlich ein vertrauliches Verfahren erwartet wird.[1232] Allerdings kann bei einer fehlenden Regelung trotzdem nicht von einer Vertraulichkeit ausgegangen werden. Eine Nichterwähnung der Vertraulichkeit deutet also in diesem Fall auch nicht auf eine solche hin. Die Vertraulichkeit wird in der Schiedsgerichtsbarkeit mithin nur gewährleistet, wenn dies für das jeweilige Verfahren auch in der Verfahrensordnung geregelt ist oder ausdrücklich vereinbart wurde.

Das nationale deutsche Schiedsrecht nach §§ 1025 ff. ZPO enthält keine Regelung zur Veröffentlichung der Schiedssprüche. Dies überrascht nicht, da bereits Fragen der Vertraulichkeit nicht geregelt sind.[1233] Allerdings können die Schiedsparteien sich in der Schiedsvereinbarung auf ein institutionelles Gericht mit Verfahrensordnung beziehen oder bereits in der Schiedsverfahrensvereinbarung eine selbstständige Vertraulichkeitspflicht mit dem Bestandteil der Nichtveröffentlichung vorsehen.[1234]

1227 Art. 22 Abs. 3 ICC Arbitration Rules 2017.

1228 Das Ermessen ergibt sich bereits aus der Formulierung „the arbitral tribunal may make orders“; zu den einzelnen Erwägungen der Ermessensausübung *Webster/Bühler*, Handbook of ICC Arbitration, 4. Aufl. 2018, Art. 22, Rn. 22–62.

1229 Vgl. i. E. dazu *Leisinger*, Vertraulichkeit in internationalen Schiedsverfahren, S. 201 ff.

1230 Vgl. dazu oben Teil 2 B. I. 2.

1231 So auch *Leisinger*, Vertraulichkeit in internationalen Schiedsverfahren, S. 128.

1232 Dies kann und wird in der Schiedsgerichtsbarkeit bezüglich der Freiwilligkeit durchaus kritisch gesehen.

1233 Zum deutschen Schiedsrecht *Büstgens*, Transparenz, S. 85 f. m. w. N.

1234 Vgl. § 1042 Abs. 3 ZPO, i. E. *Münch*, in: MüKo ZPO, 5. Aufl. 2017, § 1042 Rn. 84 ff.

II. Rechtspraxis

1. *Handelsschiedsgerichtsbarkeit*

Die Parteiautonomie der Schiedsparteien spiegelt sich auch in den Vorschriften zur Veröffentlichung der institutionellen Schiedsgerichte wider. Die Veröffentlichung der Schiedssprüche erfordert die Zustimmung beziehungsweise Einwilligung beider Schiedsparteien.[1235] Schiedssprüche werden deswegen nur sehr selten veröffentlicht.[1236] Aufgrund der größtenteils verbreiteten Vertraulichkeit der Handelsschiedsgerichtsbarkeit fehlt es deswegen inzwischen insbesondere für das deutsche Wirtschaftsrecht nahezu vollständig an Grundsatzentscheidungen ordentlicher Gerichte.[1237] Schlagworte wie „Parallelmarkt für Schiedssprüche"[1238] und *„'unlawful' publication of awards"*[1239] beschreiben diese Problematik. Schiedsrichter, die ebenfalls Anwalt in einer Kanzlei sind, könnten ihren dortigen Kollegen Zugang zu Präzedenzfällen verschaffen oder ihnen zumindest mündlich von ihren Erfahrungen berichten. In diesem Zusammenhang werden im Handelsrecht oftmals die Schlagworte „private libraries"[1240] und „exclusive club"[1241] verwendet. *Mitten* deutet an, dass möglicherweise ein Verstoß des Gleichheitsgrundsatzes vorliegt, sofern die Schiedssprüche mangels Veröffentlichung nicht für alle Parteien gleichermaßen zugänglich, also bekannt sind.[1242] Den Parteien fehlt dann die Möglichkeit, ihre Erfolgschancen einzuschätzen und möglicherweise auch ihre Argumentation anzupassen. Die Handelsschiedsgerichtsbarkeit ist allerdings schwerpunktmäßig durch vertragliche Streitgegenstände zwischen den privatwirtschaftlichen Parteien gekennzeichnet.[1243] Die Streitigkeiten drehen sich mithin zumeist um (inter-)nationale Verträge, die zwischen den Parteien aus der Privatwirtschaft

---

1235 Vgl. Art. 44.3 S. 2 DIS-SchO 2018; Art. 30.3 LCIA-SchO; Art. 34 Abs. 5 UNCITRAL-SchO.

1236 Zu den wenigen Ausnahmen *Duve/Keller*, SchiedsVZ 2005, 169 (171).

1237 *Hirsch*, SchiedsVZ 2003, 49 (52); *Kahlert*, Vertraulichkeit, S. 69 f.

1238 *Duve/Keller*, SchiedsVZ 2005, 169 (173).

1239 *Zlatanska*, Int'l. J. Arb. 2015, 25 (26).

1240 *Zlatanska*, Int'l. J. Arb. 2015, 25 (26).

1241 *Zlatanska*, Int'l. J. Arb. 2015, 25 (26).

1242 *Mitten*, Pepp. Disp. Resol. L. J. 2009, 51 (60 f.).

1243 Vgl. für die folgende Unterscheidung zwischen Handels- und Investitionsschiedsgerichtsbarkeit *Kennaird*, in: Carlevaris u. a., International Arbitration Under Review, S. 373 (377).

geschlossen wurden. Die Privatautonomie des materiellen Rechtes soll dann auch seine Fortsetzung in der prozessualen Streitbeilegung finden.

2. *Investitionsschiedsgerichtsbarkeit*

Gegensätzliches gilt für die Investitionsschiedsgerichtsbarkeit. Dort treffen mit dem Investor und dem Gaststaat eine private und eine staatliche Partei aufeinander.[1244] Zudem bildet grundsätzlich internationales öffentliches Recht, wie beispielsweise bilaterale Investitionsschutzabkommen (BITs)[1245], den Hintergrund der streitigen Ansprüche. Die Entscheidungsfindung des Schiedsgerichtes muss somit auf der Auslegung und Anwendung dieser Abkommen auf den streitigen Einzelfall fußen. Das Schiedsverfahren kann somit nicht mehr als „Privatsache" der Parteien verstanden werden, da es immer auch um die Weiterentwicklung allgemein verbindlicher Regelwerke geht. Aus diesem Grund erfordern diese Schiedsverfahren ein hohes Maß an Transparenz. Trotzdem ist eine Veröffentlichung der Schiedssprüche gem. R48 Abs. 4 S. 1 ICSID-SchO nur mit Zustimmung der Parteien möglich. Im Gegensatz zu den Schiedsordnungen der anderen institutionellen Schiedsgerichte macht das ICSID inhaltliche Vorgaben über die Veröffentlichung, sofern eine Zustimmung der Parteien vorliegt. Gem. R48 Abs. 4 S. 2 ICSID-SchO soll die Veröffentlichung zumindest Auszüge der Entscheidungsgründe beinhalten.

C. Court of Arbitration for Sport

Im Folgenden wird gezeigt, dass die Rechtsmittel- und Anti-Dopingkammern des CAS nicht nur eine Streitbeilegung unter den privaten Schiedsparteien treffen, sondern die Entscheidungen darüber hinaus überindividuelle, rechtsbezogene Zwecke erfüllen. Aus diesem Grund ist auch für den CAS, ähnlich wie in der staatlichen Gerichtsbarkeit eine Veröffentlichung der Schiedssprüche erforderlich.

1244 *Büstgens*, Transparenz, S. 60 ff. zu den diversen Erscheinungsformen der Investitionsschiedsverfahren; *Sackmann*, Transparenz im völkerrechtlichen Investitionsschiedsverfahren, S. 86 f. i. E. zu dem Rechtsverhältnis der Parteien.

1245 Vgl. z. B. die Aufzählung der BITs zwischen Deutschland mit 155 verschiedenen Staaten abrufbar unter <http://investmentpolicyhub.unctad.org/IIA/CountryBits/78> (aufgerufen am 06.01.2020).

I. Interessenlage

Eine öffentliche mündliche Verhandlung lässt zwar den jeweiligen Einzelfall anschaulich und transparent werden. Allerdings ist diese prozessuale Transparenz flüchtig. Erst eine konstante Veröffentlichungspraxis der CAS-Schiedssprüche kann die Sportschiedsgerichtsbarkeit über den Einzelfall hinaus in ihrer Gesamtheit beleuchten und transparent werden lassen. Die Veröffentlichung der Entscheidungen ist mithin neben der Öffentlichkeit der Verhandlung nötig, um eine Auseinandersetzung mit der Spruchpraxis des CAS auf lange Sicht zu gewährleisten und eine noch größere Breitenwirkung zu erzielen. Die Bezugnahme auf frühere Entscheidungen und die damit einhergehende Rechtsfortbildung steht jedoch in dem Spannungsfeld zwischen privaten und öffentlichen Interessen. Die Frage, die sich in der Schiedsgerichtsbarkeit diesbezüglich immer wieder stellt, ist, ob lediglich eine Streitentscheidung im Einzelfall herbeigeführt werden soll oder ob das Schiedsverfahren darüber hinaus auch öffentlichen Interessen dienen,[1246] also auch für die Zukunft Leitlinien für die Gesellschaft aufstellen soll.[1247] Auf die allgemeine Diskussion in der Schiedsgerichtsbarkeit soll hier nicht weiter eingegangen werden, sondern es werden nur die diesbezüglichen Besonderheiten der Sportschiedsgerichtsbarkeit herausgearbeitet.[1248]

Als ein wesentlicher Grund für die Verweisung auf *precedents* wird oftmals das „Streben der Schiedsgerichte nach Rechtssicherheit, Vorhersehbarkeit und Rechtseinheitlichkeit“[1249] genannt. Diese präjudizielle Bedeutung der Schiedssprüche kann auch bei dem CAS festgestellt werden.[1250] Darüber hinaus dient die Veröffentlichung der Rechtsfortbildung.[1251] Die Veröffentlichung der Schiedssprüche soll zudem zu einem transparenteren Verfahren beitragen, indem es eine anschließende Diskussion des jeweiligen Schiedsspruches in der Wissenschaft und Praxis ermöglicht und somit auf nachfolgende Verfahren

1246 *Zlatanska,* Int'l. J. Arb. 2015, 25 (29 und 33) m. w. N.

1247 I. E. *Eslami*, Nichtöffentlichkeit, S. 393 ff. m. w. N; a. A. kann mit dem Schlagwort „decide, not to teach“ zusammengefasst werden, vgl. *Zlatanska,* Int'l. J. Arb. 2015, 25 (33); Konflikt als eine „Privatsache“ der Parteien darstellend *Risse,* SchiedsVZ 2014, 265 (271).

1248 Statt vieler für eine ausführliche allgemeine Darstellung *Eslami*, Nichtöffentlichkeit, S. 389 ff.

1249 *Wimalasena,* Die Veröffentlichung von Schiedssprüchen als Beitrag zur Normbildung, S. 211.

1250 Siehe Teil 4 C. IV. 1.

1251 Siehe Teil 4 C. IV. 2.

Einfluss ausüben kann.[1252] Die Veröffentlichung gewährleistet mithin auch eine langfristige Rechtmäßigkeitskontrolle der CAS-Schiedsgerichtsbarkeit.[1253]

II. Rechtsgrundlagen

Die Veröffentlichung der Schiedssprüche ist als ein Bestandteil der Vertraulichkeit zu betrachten.[1254] Aus diesem Grund werden nachfolgend Ausführungen zur Vertraulichkeit vorangestellt. Obwohl die vorliegende Arbeit die ordentlichen Verfahren ausklammert, sind Schilderungen zu den Rechtsgrundlagen der Vertraulichkeit in diesen für Auslegungsfragen notwendig.

1. Vertraulichkeit

a) Ordentliche Verfahren

R43 CAS-Code 2019 regelt für die ordentlichen Schiedsverfahren eine umfassende Vertraulichkeit. Nach dieser Regel sind die Schiedsparteien, Schiedsrichter[1255] und der CAS verpflichtet, keine Tatsachen oder andere Informationen in Bezug auf den Streitfall oder das Verfahren, ohne die Erlaubnis des CAS an Dritte weiterzugeben. Die Reichweite der Vertraulichkeitsverpflichtung ist dementsprechend groß und umfasst nicht nur die Schiedssprüche und Anordnungen des Schiedsgerichtes, sondern auch die schiedsrichterlichen Beratungen, mündliche und schriftliche Mitteilungen des Schiedsgerichts sowie des CAS *Court Office* und darüber hinaus auch die Schriftsätze der Schiedsparteien.[1256] Diese allseitige Vertraulichkeit entfällt nur, sofern rechtliche Verpflichtungen außerhalb des Schiedsverfahrens dies nötig machen, beispielsweise Anordnungen staatlicher Richter.[1257] Die Reichweite des Personenkreises, der

---

1252 Vgl. *Eslami,* Nichtöffentlichkeit, S. 389; *Kaufmann-Kohler,* Arb. Int'l. 2007, 357 (374) indirekt, indem sie auf die diesbezüglichen Funktionen des Rechtes hinweist.

1253 Siehe Teil 4 C. IV. 3.

1254 Siehe Teil 1 B. II.

1255 Die Pflicht zur Vertraulichkeit der Schiedsrichter wird dadurch nur bestätigt, denn diese ergibt sich bereits aus einer der Regelungen aus dem Kontext der Pflichten der Schiedsrichter nach S19 Abs. 1 CAS-Code 2019.

1256 *Noth/Haas,* in: Arroyo, Arbitration in Switzerland, 2. Aufl. 2018, CAS Code, R43 Rn. 3.

1257 Anerkannt, diese Thematik soll hier nicht näher dargestellt werden, vgl. sportspezifisch dazu *Kaufmann-Kohler/Bärtsch,* in: Blackshaw u. a., The CAS, S. 69 (96); *Noth/Haas,* in: Arroyo, Arbitration in Switzerland, 2. Aufl. 2018, CAS Code, R43 Rn. 4.

zur Vertraulichkeit verpflichtet ist, ist dahingegen nicht deutlich geregelt. Im CAS-Code fehlt eine explizite Regelung, die auch Zeugen und Sachverständige mit in die Vertraulichkeitspflicht einbezieht. R43 S. 2 CAS-Code 2019 nennt den Begriff „parties". Wenngleich aus dem Wortlaut nicht eindeutig hervorgeht, ob damit nur die Schiedsparteien gemeint sind, so können jedoch parteibenannte[1258] Zeugen und Sachverständige nicht Adressaten dieser Norm sein. Die Schiedsvereinbarung wurde nur zwischen den Schiedsparteien geschlossen. Aus dem Grundsatz der Relativität der Schuldverhältnisse folgt damit auch nur eine Wirkung des Vertrages für die Schiedsparteien.[1259] Mangels einer bestehenden Vertraulichkeitspflicht könnten die parteibenannten Zeugen und Sachverständige vertrauliche Informationen des Schiedsverfahrens nach außen tragen. Eine Regelung im CAS-Code nach dem Beispiel von § 43.1 S. 2 DIS-SportSchO, nach der auch die von den Beteiligten im Schiedsverfahren herangezogenen Personen zur Verschwiegenheit zu verpflichten sind, wäre deshalb durchaus in Erwägung zu ziehen.[1260] Im Gegensatz dazu werden die durch das Schiedsgericht bestellten Schiedsrichter und Zeugen mit einer Selbstverständlichkeit unter den Begriff „parties" subsumiert, die überrascht.[1261] Einer Begründung bleiben diese Befürworter jedoch schuldig. Bereits aus der Systematik des CAS-Code wird ersichtlich, dass mit dem Begriff *parties* immer nur die Schiedsparteien bezeichnet werden sollen. R40.2 CAS-Code 2019 und R40.3 CAS-Code 2019 verdeutlichen dies beispielsweise. Sowohl die Schiedsrichterbestellung als auch die Zahlungen stellen nur Angelegenheiten der Schiedsparteien dar. Warum unter R43 S. 2 CAS-Code 2019 etwas anderes gelten sollte und von dem Begriffsverständnis *parties* als Schiedsparteien abgewichen werden soll, ist nicht ersichtlich. Nicht nur die Systematik des CAS-Code, sondern auch Regelungen anderer Verfahrensordnungen legen ebenso nahe, dass die Vertraulichkeitsbestimmungen für durch das Schiedsgericht bestellte Sachverständige und Zeugen nur bei ausdrücklicher Nennung für diese gelten sollen.

1258 Zu der Möglichkeit und dem Unterschied parteibenannter und von dem Schiedsgericht angeordneten Beweismittel, wie auch Zeugen und Sachverständige, vgl. R44.2, R44.3 CAS-Code 2019 für das ordentliche Verfahren und R57 Abs. 3 S. 2 i. V. m. R44.2, R44.3 CAS-Code 2019 für das Rechtsmittelverfahren.

1259 Übereinstimmend *Noth/Haas,* in: Arroyo, Arbitration in Switzerland, 2. Aufl. 2018, CAS Code, R43 Rn. 2, *Mavromati/Reeb*, CAS Code, R43 Rn. 21.

1260 Vgl. etwa § 43.1 S. 2 DIS-SportSchO: „Von den Beteiligten im Schiedsverfahren hinzugezogene Personen sind zur Verschwiegenheit zu verpflichten."

1261 *Mavromati/Reeb*, CAS Code, R43 Rn. 16; *Noth/Haas,* in: Arroyo, Arbitration in Switzerland, 2. Aufl. 2018, CAS Code, R43 Rn. 2.

Beispielsweise erwähnen Art. 44.1 S. 1 DIS-SchO, Art. 8 Nr. 1 CAM-SchO und Art. 38 Nr. 2 CIETA-SchO Sachverständige und/oder Zeugen ausdrücklich als zur Vertraulichkeit Verpflichtete. Dies wäre überflüssig, würden sie bereits unter den Parteibegriff fallen. Die Vertraulichkeitspflicht in ordentlichen CAS-Verfahren adressiert somit nur den ausdrücklich in R43 CAS-Code 2019 genannten Personenkreis, nicht jedoch durch die Parteien benannte oder durch das Schiedsgericht bestellte Sachverständige und Zeugen. Für alle Adressaten der Vertraulichkeitspflicht kann diese mit der Erlaubnis des CAS aufgehoben werden.[1262] Allerdings trifft der CAS-Code keine Angaben über das Verfahren oder die Voraussetzungen der Beantragung einer solchen Ausnahme.[1263]

b) Rechtsmittelverfahren

Eine Regelung für die Vertraulichkeit des Schiedsverfahrens existiert für die Rechtsmittelverfahren nicht. Eine Vorschrift wie R43 S. 2 CAS-Code 2019 für das ordentliche Verfahren sucht man in den Vorschriften R47 bis R59 CAS-Code 2019 mithin vergebens. Nachdem es keine geschriebene Regelung gibt, stellt sich die Frage, welche Folgerungen für die Vertraulichkeit der Rechtsmittelverfahren zu treffen sind.

Der CAS merkt auf seiner Website lediglich an, dass für die Rechtsmittelverfahren zwar keine expliziten Vertraulichkeitsvorschriften existieren, die Schiedsrichter und das Personal des CAS jedoch ähnliche Geheimhaltungspflichten wie in den ordentlichen Verfahren treffen.[1264] Der CAS äußert sich in diesem Zusammenhang jedoch nicht zu der Frage, was für die Vertraulichkeit der Schiedsparteien und der sonstigen mit dem Verfahren befassten Personen gilt. Um die Frage beantworten zu können, bedarf es einer umfassenden Auslegung.

aa) Systematische Auslegung

Mit R59 Abs. 7 CAS-Code 2019 und A21 Abs. 6 ADD-Rules 2019 existieren ausdrückliche Regelungen nur für einen Bestandteil der Vertraulichkeit, nämlich zu der Thematik der Veröffentlichung der Schiedssprüche und der Vertraulichkeit der Fallakten. Im Gegensatz dazu enthält R43 CAS-Code 2019 eine

---

1262 Siehe R43 S. 2 CAS-Code 2019: „permission of the CAS".

1263 Auch die Literatur thematisiert dies nicht, vgl. *Mavromati/Reeb*, CAS Code, R43 Rn. 5.

1264 Website *TAS*, Frequently Asked Questions <http://www.tas-cas.org/en/general-information/frequently-asked-questions.html> (besucht am 06.01.2020).

umfassendere Regelung für die Vertraulichkeit im ordentlichen Schiedsverfahren, indem es zwischen der Vertraulichkeitspflicht einiger am Schiedsverfahren befassten Personen und der Veröffentlichung des Schiedsspruches unterscheidet. R59 Abs. 7 CAS-Code 2019 und A21 Abs. 6 ADD-Rules 2019 dahingegen lassen Ersteres außen vor und treffen nur eine Regel für die Veröffentlichung der Schiedssprüche. Nachdem R59 CAS-Code 2019[1265] als einen Aspekt der Vertraulichkeit nur den Grundsatz für die Veröffentlichung der Schiedssprüche regelt, lässt sich daraus im Vergleich zu R43 CAS-Code 2019 schließen, dass das Verfahren an sich weiterhin vertraulich behandelt werden soll.[1266] Die Möglichkeit der Veröffentlichung des Schiedsspruches bildet zu dem Vertraulichkeitsgrundsatz eine Ausnahme. Denn würde die Verfahrensordnung nicht von einer Vertraulichkeit ausgehen, dann wäre eine Vorschrift bezüglich der Veröffentlichung des Schiedsspruches als eine Ausnahme der Vertraulichkeit entbehrlich. Diese Feststellung deckt sich mit dem Wortlaut der R59 Abs. 7 S. 1 CAS-Code 2019. Demnach soll das Ergebnis des Schiedsverfahrens nicht veröffentlicht werden, wenn die beiden Parteien sich darauf einigen. Die weiteren Aspekte der Fallakten sollen gem. R59 Abs. 7 S. 2 CAS-Code 2019 weiter vertraulich bleiben. Durch diese wiederholende Formulierung kann konkludent auf einen Vertraulichkeitsgrundsatz geschlossen werden, von dem durch die Möglichkeit der Veröffentlichung eine Ausnahme getroffen wird.

Aus dem Grundsatz der Möglichkeit von nicht öffentlichen mündlichen Verhandlungen in Rechtsmittelverfahren können keine Rückschlüsse auf eine Vertraulichkeitspflicht geschlossen werden, da zwischen der (Nicht-)Öffentlichkeit und (Nicht-)Vertraulichkeit keine Beziehung besteht. Es gibt keine Gründe, warum ein nicht öffentliches Verfahren auch vertraulich sein sollte.[1267] Diese Tatsache spiegelt sich auch darin wider, dass Schiedsverfahren vor institutionellen Schiedsgerichten, die eine Nichtöffentlichkeit vorschreiben, nicht auch die Vertraulichkeit mitumfassen.[1268] Diese muss von den Schiedsparteien unabhängig in der Schiedsvereinbarung geregelt werden.

1265 Aufgrund des Gleichlaufs der Vorschriften R59 Abs. 7 CAS-Code 2019 und A21 Abs. 6 ADD-Rules 2019 wird im Folgenden nur mit der Vorschrift aus dem CAS-Code argumentiert.

1266 *Mavromati/Reeb,* CAS Code, R57 Rn. 78 schließt aus einem Vergleich mit R43 und R59 mit der Erwähnung der Veröffentlichung implizit auf die Vertraulichkeit des Schiedsverfahrens.

1267 *Mavromati/Reeb,* CAS Code, R43 Rn. 12.

1268 *Noussia,* Confidentiality in International Commercial Arbitration, S. 24 f.

bb) Historische Auslegung

R59 Abs. 7 S. 2 CAS-Code wurde nachträglich im Jahr 2013 als Klarstellung eingefügt.[1269] Bei dem CAS mehrten sich die Anfragen Dritter, Akteneinsicht zu gewähren.[1270] Die nachfolgende Regelung R57 Abs. 7 S. 2 CAS-Code soll nun als Klarstellung dienen, dass diese Dokumente weiterhin vertraulich sind. Da sich nunmehr auch eine ausdrückliche Regelung für die Vertraulichkeit der Dokumente findet, muss nun eventuell auch für die Vertraulichkeitspflicht der Beteiligten des Schiedsverfahrens etwas Anderes gefolgert werden. Im Zuge der Ergänzung des R59 Abs. 7 S. 2 CAS-Code hätte auch eine ausdrückliche Klarstellung bezüglich der Vertraulichkeit des Verfahrens stattfinden können. Dies könnte entweder unterblieben sein, weil die Vertraulichkeit des Verfahrens als selbstverständlich betrachtet wird oder eben nicht gewährleistet sein soll. Obwohl der Trend in Rechtsmittelverfahren mit der grundsätzlichen Veröffentlichung der Schiedssprüche im Gegensatz zum ordentlichen Verfahren in Richtung größerer Transparenz des Verfahrens geht, können aus den genannten Argumenten keine verlässlichen Folgerungen für eine Vertraulichkeit getroffen werden.[1271] Es könnte auch nach wie vor noch eine Erwartungshaltung herrschen, dass Schiedsverfahren vertraulich sind.

cc) Vergleich mit Verfahrensordnungen institutioneller Schiedsgerichte

Der Vergleich der verschiedenen Verfahrensordnungen der institutionellen Schiedsgerichte hat gezeigt, dass es keinen einheitlichen Umgang mit dem Vertraulichkeitsprinzip gibt.[1272] In den Rechtsmittelverfahren des CAS ist bei der Berufung gegen eine Verbandsentscheidung zumindest die Disziplinarentscheidung zumeist schon der Öffentlichkeit bekannt. Dies gilt umso mehr, wenn es sich um einen für jedermann sichtbaren Regelverstoß gehandelt hat oder Sanktionen wie etwaige Wettkampfsperren im Raum stehen.[1273] Zudem sind bei den meisten Streitgegenständen der Rechtsmittel-Kammer auch

---

1269 So zumindest *Mavromati/Reeb*, CAS Code, R57 Rn. 78.

1270 So zumindest *Mavromati/Reeb*, CAS Code, R57 Rn. 78.

1271 Die neue Vorschrift R57 Abs. 2 CAS-Code 2019 setzt diesen Trend mit einer Steigerung der Transparenz der Verfahren ebenfalls fort.

1272 So auch *Leisinger*, Vertraulichkeit in internationalen Schiedsverfahren, S. 128.

1273 Dies zeigt sich auch immer wieder durch die Bekanntgabe positiver Dopingbefunde oder sogar bereits bei einem Dopingverdacht, *Meurer*, Medizinische Therapie oder Doping?, Deutschlandfunk v. 13.12.2017.

Drittinteressen von Belang. Dadurch überwiegt das Interesse an nicht vertraulichen Verfahren.

2. Veröffentlichung

Im ordentlichen Verfahren werden die Schiedssprüche grundsätzlich nicht veröffentlicht, es sei denn, die Parteien erteilen gem. R43 S. 3 Alt. 1 CAS-Code 2019 beide ihre Zustimmung zu einer Veröffentlichung. Eine solche Zustimmung ist eher nicht zu erwarten, da die unterlegene Partei wohl kaum ein Interesse daran hat. Es besteht jedoch noch die Möglichkeit, dass der *Division President* gem. R43 S. 3 Alt. 2 CAS-Code 2019 auch ohne diese Zustimmung eine Veröffentlichung ermöglicht. Der CAS-Code konkretisiert jedoch nicht weiter, unter welchen Voraussetzungen diese Zustimmung erteilt werden soll. Bisher wurden CAS-Schiedssprüche trotz der fehlenden Zustimmung der Parteien teilweise aus Gründen der herausragenden Bedeutung des Schiedsspruches für eine gesamte Sportart[1274] oder aus Gründen der Rechtssicherheit und Fairnessgesichtspunkten[1275] veröffentlicht.[1276] Die wenigen Veröffentlichungen der Schiedssprüche ordentlicher Verfahren zeigen jedoch, dass der *Division President* eine Veröffentlichung nur in außergewöhnlichen, seltenen Fällen anordnet. Ebenfalls ist es denkbar, dass die Parteien einer Veröffentlichung zustimmen, dies jedoch an Bedingungen knüpfen, wie beispielsweise eine Anonymisierung des Schiedsspruches durch Löschen aller Namen und Details, die einen Rückschluss auf diese geben könnten.[1277]

In den Rechtsmittelverfahren stellt sich die Situation entgegengesetzt dar. Gem. R59 Abs. 7 S. 1 CAS-Code 2019 werden die Schiedssprüche, eine Zusammenfassung und/oder eine Pressemitteilung grundsätzlich veröffentlicht, es sei denn beide Parteien haben sich auf eine Nichtveröffentlichung geeinigt.[1278] Es ist davon auszugehen, dass R59 Abs. 7 CAS-Code 2019 mit der Bezeichnung „award" nicht nur den Tenor meint, also den Schiedsspruch im engeren Sinn,

---

1274 In CAS 2008/O/808 KFF v. FIFA ging es um den nationalen kenianischen Fußballverband. Aufgrund des Ein-Platz-Prinzips kann es nur einen nationalen Verband geben, in Kenia beanspruchten jedoch zwei diese Rolle für sich.

1275 In CAS-Schiedsspruch (16.04.2008) – CAS 2008/O/1455, *Boxing Australia/AIBA* ging es um kurzfristige Änderungen der Qualifikationskriterien für die Olympischen Spiele durch den nationalen Verband.

1276 CAS-Schiedssprüche entnommen aus *Noth/Haas*, in: Arroyo, Arbitration in Switzerland, 2. Aufl. 2018, CAS Code, R43 Rn. 7 ff.

1277 *Mavromati/Reeb*, CAS Code, R43 Rn. 25.

1278 R59 Abs. 7 CAS-Code 2019.

sondern angesichts von R59 Abs. 1 S. 3 CAS-Code 2019 auch die Entscheidungsgründe.[1279] Das führt dazu, dass die Schiedssprüche prinzipiell veröffentlicht werden, da die obsiegende Partei ein gesteigertes Interesse daran haben dürfte.[1280] Es muss jedoch nicht die Veröffentlichung des Schiedsspruches erfolgen, sondern es ist auch möglich, lediglich eine Zusammenfassung und eine Pressemitteilung bekannt zu geben.[1281] Inzwischen ist es nicht selten der Fall, dass der Generalsekretär des CAS vor die Presse tritt und den Schiedsspruch zusammenfasst sowie kurze rechtliche Erläuterungen für die Allgemeinheit gibt.[1282] Allerdings wird den Parteien trotz der prinzipiellen Veröffentlichung die Möglichkeit eingeräumt, sensible Informationen oder gesamte Teile des Schiedsspruches von der Veröffentlichung ausnehmen zu lassen, sofern sie gute Gründe dafür darlegen können.[1283]

Die Verfahrensordnungen für die *ad-hoc*-Schiedsverfahren trafen bisher keine Regelungen zur Veröffentlichung der Schiedssprüche. Diese Verfahrensordnungen galten jedoch ergänzend zu der CAS-Verfahrensordnung.[1284] Aus diesem Grund bleibt es mangels einer Regelung bezüglich der Veröffentlichung der Schiedssprüche bei den Vorschriften des CAS-Code und es gelten die Ausführungen zu dem Rechtsmittelverfahren. Denn es bietet sich auch in den *ad-hoc*-Verfahren eine Veröffentlichung der Entscheidungen an. Diese müssen zwar sehr schnell ergehen, die Veröffentlichung der Schiedssprüche muss jedoch nicht umgehend erfolgen. Gem. Art. 19 Abs. 2 S. 1 ADH-Rules ist die Entscheidung den Schiedsparteien umgehen mitzuteilen, da erst dadurch der Schiedsspruch rechtskräftig wird. Allerdings kann das Schiedsgericht nach Art. 19 Abs. 2 S. 2 ADH-Rules den Parteien erst nur den Tenor verkünden und

---

1279 Ohne Begründung so wohl auch *Mavromati/Reeb*, CAS Code, R59 Rn. 79; *Rigozzi/Hasler*, in: Arroyo, Arbitration in Switzerland, 2. Aufl. 2018, CAS Code, R59 Rn. 21; unabhängig von dem Gesetzestext ist die Veröffentlichungspraxis des CAS, nämlich eine Publikation der Schiedssprüche mit Entscheidungsgründen, ein Indiz für diese Annahme.

1280 *Mavromati/Reeb*, CAS Code, R59 Rn. 77; *Rigozzi/Hasler*, in: Arroyo, Arbitration in Switzerland, 2. Aufl. 2018, CAS Code, R59 Rn. 21.

1281 R59 Abs. 7 CAS-Code 2019.

1282 *Mavromati/Reeb*, CAS Code, R59 Rn. 79; *Rigozzi/Hasler*, in: Arroyo, Arbitration in Switzerland, 2. Aufl. 2018, CAS Code, R59 Rn. 24.

1283 *Rigozzi/Hasler*, in: Arroyo, Arbitration in Switzerland, 2. Aufl. 2018, CAS Code, R59 Rn. 21 zu der diesbezüglichen Praxis beim CAS, wenn auch so nicht im CAS-Code niedergelegt; vgl. CAS-Schiedsspruch (08.03.2012) – CAS 2011/A/2425, *Ahongalu Fusimalohi v FIFA*, Rn. 104 ff.

1284 Vgl. *McLaren*, Marq.S.L.Rev. 2001, 515 (521).

die Entscheidungsgründe zu einem späteren Zeitpunkt mitteilen. Es spricht also auch bei den *ad-hoc*-Verfahren nichts gegen eine Veröffentlichung mit Entscheidungsgründen, wenngleich diese aufgrund der Notwendigkeit schneller Entscheidungen zumeist zeitlich verzögert stattfinden muss.

Grundsätzlich sind festgestellte Verstöße gemäß den Anti-Doping-Bestimmungen des IOC zu veröffentlichen.[1285] Allerdings darf die Entscheidung nur mit Zustimmung des Athleten oder einer anderen Person, auf die sich die Entscheidung bezieht, veröffentlicht werden, wenn kein Verstoß gegen Anti-Doping-Bestimmungen festgestellt wurde. Diese Gesichtspunkte wurden schließlich in den Verfahrensregeln der seit dem 01.01.2019 bestehenden Anti-Doping-Kammer umgesetzt. Gem. A21 Abs. 6 S. 1 ADD-Rules sollte der CAS den Schiedsspruch, eine Zusammenfassung und/oder eine Pressemitteilung, in der die Ergebnisse des Verfahrens dargelegt sind, veröffentlichen, wenn Sanktionen verhängt worden sind und der Schiedsspruch endgültig und verbindlich ist. A21 Abs. 6 ADD-Rules entspricht damit nicht der Regelung für die Rechtsmittelverfahren. Sofern eine Dopingsanktion verhängt wurde, steht die Veröffentlichung – im Gegensatz zu den Rechtsmittelverfahren – nicht zur Disposition der Parteien, die sich damit nicht auf eine Nichtveröffentlichung einigen können. Im Ergebnis ergeben sich allerdings trotz der verschiedenen Regelungen kaum Unterschiede, da die obsiegende Schiedspartei in Rechtsmittelverfahren– wie bereits ausgeführt – selten einer Nichtveröffentlichung zustimmen dürfte.

III. Veröffentlichungspraxis

Obwohl in den Rechtsmittelverfahren nach dem CAS-Code grundsätzlich von einer Veröffentlichung der Schiedssprüche ausgegangen werden kann, spiegelt sich dieses Ergebnis nicht in der Veröffentlichungspraxis des CAS wider.

1. Geringe Anzahl der veröffentlichten Schiedssprüche

Zwar stellt der CAS auf seiner Homepage eine Datenbank mit den Schiedssprüchen zur Verfügung,[1286] allerdings erweist sich diese als nicht

1285 Art. 8.2.4, 13.3 IOC Anti-Doping Rules Rio 2016; Art. 8.2.3, 13.3 IOC Anti-Doping Rules PyeongChang 2018; Ausnahmen bestehen auch bei minderjährigen Sportlern, vgl. Art. 8.2.4 IOC Anti-Doping Rules Rio 2016; Art. 8.2.3 IOC Anti-Doping Rules PyeongChang 2018.

1286 Siehe *Website CAS* <http://jurisprudence.tas-cas.org/Help/Home.aspx> (besucht am 06.01.2020).

vollständig.[1287] *Spera* weist nach, dass in den Jahren 1995 bis 2003 nur eine begrenzte Anzahl an Schiedssprüchen auch tatsächlich veröffentlicht wurden.[1288] Im Jahr 2013 sind beispielsweise nur 19 Prozent der Schiedssprüche der Rechtsmittel-Kammer in der Datenbank aufrufbar. Die geringen Veröffentlichungszahlen ändern sich auch in den Folgejahren 2014 bis 2018 nicht.

Darüber hinaus veröffentlicht der CAS zweimal jährlich das *CAS Bulletin*, das für die Fassungen seit dem Jahr 2010 auf der Homepage zum Download verfügbar steht.[1289] Dies umfasst jeweils um die 15 Grundsatzentscheidungen. Diese Zusammenfassung der wegweisenden Schiedssprüche ist zu begrüßen. Dadurch werden die neusten Entwicklungen und Rechtsprechungstendenzen für die Öffentlichkeit transparent gemacht.

2. *Veralteter Stand der Datenbank*

Die Datenbank der Schiedssprüche ist nicht auf dem neusten Stand.[1290] Im Zeitpunkt November 2019 wurden lediglich 48 Schiedssprüche aus dem Jahr 2018 mit Entscheidungsgründen veröffentlicht. Nachdem diese Zahl trotz in etwa gleichbleibender Verfahrenszahlen deutlich unterhalb des Schnittes der vergangenen sieben Jahre liegt, ist davon auszugehen, dass noch weitere Veröffentlichungen aus dem Jahr 2018 folgen werden. Allerdings wäre eine Veröffentlichung ohne große zeitliche Verzögerungen essentiell. Die Sportschiedsrichter des CAS beziehen vergangene Schiedssprüche in ihre Entscheidungen mit ein (faktische Präjudizenbindung).[1291] Aus diesem Grund kommt es vor, dass sich Schiedsrichter in Schiedssprüchen auf die Begründungen und Lösungen vergangener Schiedsentscheidungen beziehen, die (noch) nicht veröffentlicht und damit den Schiedsparteien und ihren Parteivertretern nicht bekannt sind.[1292] Dies konterkariert die Rechtmäßigkeitskontrolle und Vorhersehbarkeit. Die

---

1287 *Rigozzi/Hasler,* in: Arroyo, Arbitration in Switzerland, 2. Aufl, CAS Code, R59 Rn 22 deutet dies an.

1288 *Spera,* Time for Transparency at the Court of Arbitration for Sport, Asser Sports Law Blog v. 31.01.2017

1289 Siehe Website *CAS* <http://www.tas-cas.org/en/bulletin/cas-bulletin.html> (besucht am 06.01.2020).

1290 Datenbank auf der Website *CAS* abrufbar unter <http://jurisprudence.tas-cas.org/Help/Home.aspx> (besucht am 06.01.2020).

1291 Siehe CAS-Schiedsspruch (28.06.2004) – CAS 2004/A/628, *International Association of Athletics Federations (IAAF)/USA Track & Field (USATF) & Y.*, Rn. 19; sogleich i. E. Teil 4 C. IV. 1. c.

1292 *Rigozzi,* L'arbitrage international en matière de sport, Partie 3 Sec. 3 Rn. 1266.

zeitlich zum Teil sehr verzögerten Veröffentlichungen werden auch nicht dadurch aufgefangen, dass der CAS die neusten Schiedssprüche (*recent decisions*) auf seiner Homepage veröffentlicht.[1293] Diese Sammlung stellt sich bei genauerer Betrachtung als nicht durchgehend aktuell dar. Im April 2019 wurden dort 29 Schiedssprüche veröffentlicht, darunter 15 aus dem Jahr 2018, neun aus dem Jahr 2017 und fünf aus dem Jahr 2016. Die Liste ist also überwiegend nicht auf dem neusten Stand, nachdem Entscheidungen aus den Jahren 2016 und 2017 kaum als *recent* gelten können. Darüber hinaus werden diese Schiedssprüche aus der aktuellen Liste nicht in der Datenbank veröffentlicht. Das führt dazu, dass diese später nicht mehr aufgerufen werden können, sobald sie nicht mehr unter den *recent desicions* aufgeführt werden.[1294]

3. *Pressemitteilungen durch den CAS*

Darüber hinaus ist der CAS dazu übergegangen, Pressemitteilungen auf der Website zu veröffentlichen.[1295] Dies ist für die Rechtsmittel- und Anti-Doping-Verfahren in dem CAS-Code[1296] niedergelegt und eine Besonderheit der Sportschiedsgerichtsbarkeit.[1297] Diese Pressemitteilungen fassen den Inhalt der Schiedssprüche kurz und prägnant zusammen. Für jedes Jahr ist zudem ein Archiv der vergangenen Pressemitteilungen abrufbar.[1298] Gerade diese Pressearbeit des CAS, die neben den schriftlichen Pressemitteilungen zum Teil auch Pressekonferenzen umfasst, ist gerade in Disziplinarverfahren zur Wahrung der privaten Interessen der Athleten begrüßenswert.[1299] Die Verbände betreiben in der Regel Öffentlichkeitsarbeit, indem sie ihre eigenen Pressemitteilungen bekanntgeben. Es ist davon auszugehen, dass die Verbände angestellte Mitarbeiter beschäftigen, welche sich um die Außendarstellung der Verbände

1293 Siehe Website *CAS* <http://www.tas-cas.org/en/jurisprudence/recent-decisions.html> (besucht am 06.01.2020).

1294 Festgestellt von *Spera*, Time for Transparency at the Court of Arbitration for Sport, Asser Sports Law Blog v. 31.01.2017.

1295 Siehe Website *CAS* <http://www.tas-cas.org/en/media/media-releases.html> (besucht am 06.01.2020).

1296 R59 Abs. 7 S. 1 Alt. 3 CAS-Code 2019; A21 Abs. 6 S. 1 Alt. 3 ADD-Rules.

1297 In § 43.2 DIS-SportSchO heißt es abseits der Regelungen zu der Veröffentlichung der Schiedssprüche lediglich zusätzlich: „Die DIS darf Informationen über Schiedsverfahren anonymisiert in Zusammenstellung statistischer Daten veröffentlichen.".

1298 Siehe Website *CAS* <http://www.tas-cas.org/en/media/media-release-archive.html> (besucht am 06.01.2020).

1299 Vgl. i. E. *Mavromati/Reeb*, CAS Code, R59 Rn. 80.

kümmern. Damit haben sie bereits vor, während und nach dem Schiedsverfahren durch einseitige Berichterstattungen die Möglichkeit, Einfluss auf die öffentliche Meinung auszuüben. Der einzelne Sportler besitzt diese Möglichkeit in der Regel nicht. Die Pressearbeit des CAS stellt damit ein Gleichgewicht zwischen den Sportlern und Verbänden her.

Zudem können gerade auch diese verkürzten Zusammenfassungen zu mehr Transparenz und Rechtssicherheit beitragen.[1300] Zum einen können sie für den Sportler als ein Anhaltspunkt dienen, wie er den rechtlichen Schiedsspruch richtig nach außen kommunizieren kann. Zum anderen wird die öffentliche Presse nicht immer den kompletten Schiedsspruch in voller Länge lesen und rechtlich richtig bewerten können.[1301] Dies kann zu falschen oder verzerrten Berichterstattungen zum Nachteil einer Schiedspartei führen. Die verkürzten Pressemitteilungen des CAS können aus diesem Grund zu einer richtigen, transparenten Berichterstattung beitragen. Außerdem wird durch die offiziellen Stellungnahmen des CAS (falschen) Spekulationen vorgebeugt. Der CAS veröffentlicht die Verlautbarungen zu den Schiedsverfahren sehr zeitnah und noch bevor die Schiedssprüche veröffentlicht werden. Dies entlastet zudem auch den CAS vor permanenten Anfragen über den Verfahrensstand und der CAS kann sich ganz auf seine Kernkompetenz, nämlich die Entscheidung der Schiedsverfahren, konzentrieren.[1302]

IV. Auseinandersetzung mit der Veröffentlichungspraxis

Sofern Schiedssprüche Präjudizen darstellen und das Schiedsgericht die Aufgabe der Rechtsfortbildung erfüllen soll, dienen die Schiedsverfahren nicht nur einer Streitbeilegung zwischen den Parteien, sondern die CAS-Schiedssprüche entfalten eine *erga-omnes*-Wirkung. Diese rechtsfertigt eine grundsätzliche Veröffentlichung der Schiedssprüche. Darüber hinaus zeigt sich, dass eine Rechtsmäßigkeitskontrolle auch vor dem CAS Geltung erlangen soll und welche Rolle die Parteiinteressen spielen. Schließlich werden diese Ausführungen

---

1300 Vgl. i. E. *Mavromati/Reeb,* CAS Code, R59 Rn. 80; *Rigozzi/Hasler,* in: Arroyo, Arbitration in Switzerland, 2. Aufl. 2018, CAS Code, R59 Rn. 24.

1301 Vgl. ähnlich die z. T. falschen Schlussfolgerungen aus dem Urteil des belgischen Gerichts im Fall *Seraing/FIFA*, dazu *Duval,* Seraing vs. FIFA: Why the rumours of CAS´s death have been greatly exaggerated, Asser International Sports Law Blog v. 10.09.2018.

1302 *Mavromati/Reeb,* CAS Code, R59 Rn. 80.

verdeutlichen, dass eine Veröffentlichung der CAS-Schiedssprüche verschiedene Interessen verwirklicht und notwendig ist.

Ob die Schiedssprüche des CAS veröffentlicht werden sollten, hängt vor allem davon ab, ob die Streitentscheidung vorrangig den Partei- oder Drittinteressen dienen soll. Institutionelle Gesichtspunkte verdeutlichen erneut die Sonderstellung des CAS als ein Schiedsgericht *sui generis* und deuten auf eine Entscheidung im öffentlichen Interesse hin. Zwar sind die Schiedsrichter des CAS im Gegensatz zur staatlichen Gerichtsbarkeit zeitlich begrenzt für die Entscheidung des konkreten Einzelfalls ernannt, der CAS an sich ist es jedoch nicht. Dies liegt nicht in der Einordnung als ein institutionelles Schiedsgericht, sondern an den flächendeckenden Schiedsvereinbarungen im Sport, die den CAS als alleinige Entscheidungsinstanz im Sport vorsehen. Daraus resultiert eine Entscheidung der Rechtsmittel-Kammer in sich wiederholenden, ähnlich gelagerten Fällen, die mit den Verbandsregelwerken eine gleiche Rechts- und Entscheidungsgrundlage besitzen. Diese Tatsache geht mit der Erwartungshaltung aller Sportbeteiligten an einer konstanten CAS-Rechtsprechung einher, um die Chancengleichheit im Wettkampf dadurch gewährleisten zu können. Der Zweck der CAS-Rechtsmittelverfahren erschöpft sich nicht in einer Streitentscheidung im Einzelfall, sondern im Vordergrund steht vielmehr im Sinn des Sports die schiedsverfahrensübergreifende Gleichbehandlung der Schiedsparteien und die Einheitlichkeit der Entscheidungspraxis des CAS. Beispielsweise soll eine einheitliche CAS-Rechtsprechung in Disziplinar- und Anti-Doping-Verfahren einen Gleichlauf der Sanktionen sicherstellen.[1303] Sich widersprechende Entscheidungen müssen mithin vermieden werden.[1304] Der CAS trifft mithin nicht nur eine Einzelfallentscheidung, sondern gestaltet auch die Rechtslage im Sport mit.

1. *Präjudizen in der Sportschiedsgerichtsbarkeit*

Mit einer Veröffentlichung der CAS-Schiedssprüche können sich Präjudizen herausbilden, die für mehr Vorhersehbarkeit in den nachfolgenden Schiedsverfahren sorgen können.[1305] Unmittelbar mit dieser Feststellung verknüpft

---

1303 *Baddeley/Landrove*, in: Czernich u. a., Handbuch Schiedsrecht, Kap. 32 Rn. 32.119.

1304 Vergleichbar ist dies mit den sog. Parallelverfahren, also unterschiedlichen Verfahren, denen die gleiche Rechtsfrage zu Grunde liegt, vgl. dafür *Eslami*, Nichtöffentlichkeit, S. 349.

1305 Vgl. später zu der Frage, ob CAS-Schiedsrichter überhaupt an Präjudizen gebunden sind.

ist die Beurteilung der Veröffentlichungspraxis der Schiedssprüche durch den CAS.[1306] Denn wenn die Schiedssprüche *precedents* darstellen oder eine faktische Bindungswirkung für die nachfolgenden Schiedssprüche entfalten, dann müssen alle Schiedssprüche auch veröffentlicht werden. Ansonsten würde sich die Situation einstellen, dass sich die Parteien vor dem CAS nicht angemessen verteidigen können, wenn sich die Schiedsrichter an Schiedssprüche gebunden fühlen, die den Parteien jedoch nicht bekannt sind. Dies ist eine Tatsache, die zur Aufhebung vor dem BG führen könnte.[1307] Dieser Konflikt ließe sich nur auf drei Arten auflösen. Entweder stützen sich die Tribunale nur auf die veröffentlichten Schiedssprüche, es besteht eine generelle Publikationspflicht[1308] oder die CAS-Schiedssprüche dürfen keine Bindungswirkung entfalten.

a) *Definition Präjudiz*

Ein „Präjudiz [ist eine] gerichtliche Entscheidung mit Bindungswirkung für andere Gerichte oder Justizorgane"[1309].[1310] Richterlichen Präjudize sind mithin „Entscheidungen einer Rechtsfrage, die erneut zu entscheiden ist"[1311]. Präjudizen im Sinne einer *stare decisis doctrine* als auch lediglich faktisch geltende (*persuasive)* sollen im Folgenden unter diesen Begriff gefasst werden.[1312] Nicht unter den Begriff fallen sollen lediglich Verweisungen auf zuvor entschiedene Fälle.[1313]

1306 A. A. *Lachmann,* Handbuch für die Schiedsgerichtspraxis, S. 51 Rn. 172 f.

1307 So *Mitten,* Pepp. Disp. Resol. L. J. 2009, 51 (60), der sich vorstellen kann, dass dies der öffentlichen Ordnung widerspricht, indem es den Prinzipien *good faith* und *equal treatment* entgegenstehen könnte.

1308 Als eine Alternative dazu ist auch denkbar, dass nur die Verfahrensbeteiligten Zugriff auf alle Schiedssprüche haben, nicht die allgemeine Öffentlichkeit, dies ist jedoch abzulehnen, siehe Teil 2 V. & VI.

1309 Website *Bundeszentrale für politische Bildung* <http://www.bpb.de/nachschlagen/lexika/recht-a-z/22702/praejudiz> (besucht am 06.01.2020).

1310 *Eslami,* Nichtöffentlichkeit, S. 372 ff. zu der Abgrenzung zu den gesetzlich geregelten Bindungswirkungen, die hier nicht weiter ausgeführt werden soll.

1311 *Duve/Keller,* SchiedsVZ 2005, 169 (170).

1312 So auch *Kaufmann-Kohler,* Arb. Int'l. 2007, 357, 358.

1313 *Kaufmann-Kohler,* Arb. Int'l. 2007, 357, 358.

b) Präjudizen im nationalen Recht

Präjudizen sind in den nationalen Rechtsordnungen unterschiedlich weit verbreitet[1314]. Die Bindung an Präjudizen ist aus dem *common-law*-Rechtsraum bekannt, dem *civil-law*-Rechtskreis, also auch dem deutschen Recht, ist sie hingegen fremd.[1315] Im *common law* ist es üblich und gängige Praxis, dass den richterlichen Urteilen eine Art Lückenfüllung der gesetzlichen Regelungen zukommt. *Wimalasena* schreibt den Urteilen mithin die Funktion als „originäre Rechtsquelle"[1316] und als „Auslegungshilfe"[1317] zu. Im *common law* wird durch ein Urteil eine Streitentscheidung im konkreten Einzelfall getroffen. Allerdings können sich die dort getroffenen Aussagen auch auf nachfolgende Streitentscheidungen auswirken, wenn diese sich als inhaltlich gleich gelagert darstellen. Es scheint mithin durchaus gerechtfertigt, von einer „richterlichen Normbildung"[1318] durch Präjudize zu sprechen. Im *civil law*[1319] kommen den richterlichen Urteilen dahingegen keine verbindliche Wirkung zu. Trotzdem finden vergangene Urteile bei vergleichbaren Sachverhaltskonstellationen faktisch doch Anwendung. Im kontinentaleuropäischen Rechtskreis wird oftmals der Ansatz verfolgt, frühere Entscheidungen als eine überzeugende Argumentationsgrundlage zu nutzen. Zudem findet die Rechtsprechung des Bundesgerichtshofes grundsätzlich Beachtung in seinen weiteren Urteilen[1320] sowie den Urteilen der ihm untergeordneten Gerichte[1321]. Durch eine solche

---

1314 Ausführlich zu Präjudizen im nationalen Recht der verschiedenen Rechtsräume, vgl. *König*, Präzedenzwirkung internationaler Schiedssprüche, S. 9 ff.

1315 Statt vieler mit ausführlicher Erläuterung: *Wimalasena*, Die Veröffentlichung von Schiedssprüchen als Beitrag zur Normbildung, S. 132 ff.

1316 *Wimalasena*, Die Veröffentlichung von Schiedssprüchen als Beitrag zur Normbildung, S. 132.

1317 *Wimalasena*, Die Veröffentlichung von Schiedssprüchen als Beitrag zur Normbildung, S. 132.

1318 Vgl. *Wimalasena*, Die Veröffentlichung von Schiedssprüchen als Beitrag zur Normbildung, S. 128.

1319 *Merryman/Perdomo*, The Civil Law Tradition, S. 1 ff. ganz allgemein und grundlegend zum *civil law*, auch in Abgrenzung zum *common law*.

1320 BGH (04.10.1982) – GSZ 1/82, NJW 1983, 228.

1321 *Berger*, in: Ebke u. a., FS Elsing, S. 15 (19) spricht davon, dass die deutschen Richter einen „subtilen, ‚quasi-rechtlichen' Druck unterliegen, die obergerichtliche und vor allem höchstrichterliche Rechtsprechung bei ihrer Entscheidungsfindung zu befolgen".

wiederholende Bezugnahme bildet sich nicht selten eine ständige Rechtsprechung[1322] heraus.[1323] Je gefestigter diese Rechtsprechung ist und gleiche Fragestellungen einheitlich löst, desto größer ist die faktische Bindungswirkung der nachfolgenden Gerichte.[1324] Es kann mithin festgestellt werden, dass die Unterschiede bezüglich der zukünftigen Entscheidungswirkungen der Gerichtsurteile zwischen *common law* und *civil law* nicht so groß sind, wie man auf den ersten Blick vermuten könnte, und somit das Beachten vorangegangener Entscheidungen nur eine Frage unterschiedlich starker Ausprägung ist.[1325]

c) Schiedsgerichtsbarkeit im Allgemeinen und Sportschiedsgerichtsbarkeit im Speziellen

Im Schiedsrecht existiert keine Bindung an Präjudizen im Sinne einer *stare decisis doctrine.*[1326] So haben die Schiedssprüche in der Handelsschiedsgerichtsbarkeit, sofern sie überhaupt bekannt, also veröffentlicht worden sind, lediglich eine überzeugende Wirkung für nachfolgende Streitentscheidungen. Selbst wenn veröffentlichte Schiedssprüche einen entscheidenden Einfluss auf die nachfolgenden Entscheidungen hätten, ist deren Befolgung jedoch auf keinen Fall verbindlich wie bei Präjudizen im Sinne von *stare decisis.* Trotzdem weist *Kaufmann-Kohler* darauf hin, dass Schiedsrichter zunehmend auf vorhergehende Schiedssprüche verweisen und diese diskutieren, obgleich diese These nicht für alle Bereiche der Schiedsgerichtsbarkeit in gleichen Maßen gilt.[1327] In

---

1322 Im Englischen als *jurisprudence constante* und im Französischen als *arrêt de principe* bezeichnet, vgl. *Kaufmann-Kohler,* Arb. Int'l. 2007, 357 (360).

1323 Vgl. *Kaufmann-Kohler,* Arb. Int'l. 2007, 357 (360) und die dort angegebenen Quellen zu der ständigen Rechtsprechung in Frankreich, Schweiz und Deutschland; als ein Beispiel für Deutschland sei die BGH-Rechtsprechung zu dem Merkmal des „Aushandelns" in § 305 Abs. 1 S. 3 BGB genannt, vgl. BGH (22.11.2012) – VII ZR 222/12, NJW 2013, 856.

1324 *Fon/Parisi,* Int'l. Rev. Law and Economics 2006, 519 (522).

1325 *Kaufmann-Kohler,* Arb. Int'l. 2007, 357 (359); *Yalnazov,* Precedent and Statute, S. 267 ff.

1326 *Lachmann,* Handbuch für die Schiedsgerichtsbarkeit, 3. Aufl., Kap. 3 Rn. 170; *Blackaby,* Redfern and Hunter on International Arbitration, Rn. 9.145 S. 563; *Oschütz,* Sportschiedsgerichtsbarkeit, S. 343 f.

1327 *Kaufmann-Kohler,* Arb. Int'l. 2007, 357 (357 ff); speziell zu der Häufigkeit der Bezugnahme in CAS-Schiedssprüchen *Bersagel,* Pepp. Disp. Resol. L. J. 2012, 189 (199 ff.); ausführlich mit Beispielen diverser Schiedsinstitutionen zu der Frage einer faktischen Präzedenzwirkung von Schiedssprüchen *Wimalasena,* Die Veröffentlichung von Schiedssprüchen als Beitrag zur Normbildung, S. 191 ff.

handelsrechtlichen Streitigkeiten findet nur selten eine Bezugnahme auf andere Schiedssprüche statt.[1328] Anders stellt sich das Bild in der Investitionsschiedsgerichtsbarkeit dar, in der durch die häufigere Bezugnahme der Schiedsrichter eine faktische Präzedenzwirkung vorangegangener Schiedssprüche festgestellt werden kann.[1329] Ob Schiedssprüche überhaupt eine Bindungswirkung entfalten können, hängt jedoch auch davon ab, ob es sich um institutionalisierte Schiedsgerichte handelt, da nur diese eine ständige Referenz sein können.

In der Sportschiedsgerichtsbarkeit des CAS besitzen die Schiedssprüche ebenfalls keine Präzedenzwirkung. Das bedeutet, dass Schiedsrichter nicht an die vorangegangenen Schiedssprüche gebunden sind.[1330] Die Schiedsrichter des CAS besitzen auch das Verständnis, dass es keine *stare decisis doctrine* in der Sportschiedsgerichtsbarkeit gibt.[1331] Allerdings stellen die Schiedsrichter auch klar, dass sie frühere Entscheidungen gründlich mit in ihre Erwägungen einbeziehen und sofern es in dem aktuellen Fall beweisrechtlich geboten erscheint, den Argumenten des früheren Schiedsspruches auch folgen werden. Dabei lassen sie jedoch die Beweggründe, also ob sie es aufgrund eines Art kollegialen Respekts für ihre zuvor entscheidenden Schiedsrichterkollegen oder für die Schaffung eines einheitlichen Rechtes tun, offen.[1332] In einer anderen Entscheidung hat der CAS festgestellt, dass er Anträge, die sich auf vergangene Schiedssprüche beziehen, akzeptiert. Allerdings wollen sich die Schiedsrichter trotzdem nicht daran festgehalten wissen. Die Schiedsrichter beziehen also frühere Entscheidungen gründlich mit in ihre Erwägungen ein und es liegt primär

1328 So generell *Kaufmann-Kohler*, Arb. Int'l. 2007, 357, 362 ff.; *König*, Präzedenzwirkung internationaler Schiedssprüche, S. 127 ff. führt eine ausführliche Studie durch und kommt zu etwas anderen Ergebnissen. Trotzdem kann noch immer die allgemeine Tendenz behauptet werden, dass die faktische Präzedenzwirkung in der Handelsschiedsgerichtsbarkeit wenig ausgeprägt ist.

1329 *Kaufmann-Kohler*, Arb. Int'l. 2007, 357, 368 ff.

1330 Übereinstimmend; *Blackshaw*, Sport, Mediation and Arbitration, S. 179; *Blackshaw*, International Sports Law: An Introductory Guide, S. 132; *Casini*, in: Siekmann/Soeck, What is sports law?, S. 149 (160); *Nafziger*, in: Blackshaw u. a., The CAS, S. 409 (409); a. A. *Kaufmann-Kohler*, Arb. Int'l. 2007, 357, 373 legt dar, dass die Praxis der Bezugnahme „close to a true *stare decisis* doctrine“ ist.

1331 CAS-Schiedsspruch (28.06.2004) – 2004/A/628, *International Association of Athletics Federations (IAAF)/USA Track & Field (USATF)&Y.*, Rn. 19.

1332 CAS-Schiedsspruch (28.06.2004) – 2004/A/628, *International Association of Athletics Federations (IAAF)/USA Track & Field (USATF)&Y.*, Rn. 19.

an den Parteien, eine Änderung der Sichtweise herbeizuführen.[1333] Allerdings sind die Schiedsrichter in der Lage und besitzen die Möglichkeit, Vergleiche zu ziehen und die Unterschiede des zu entscheidenden Falles zu vergangenen Schiedssprüchen aufzuzeigen, um eine andere Entscheidung zu rechtfertigen. So geschehen ist das im Schiedsspruch *CAS 2008/A/1519 & 1520*, bei dem die Schiedsrichter in einigen Punkten bei der Bestimmung und Berechnung der Entschädigungszahlung sich nicht immer den Argumenten des *Webster case*[1334] anschließen.[1335] Es kann somit festgestellt werden, dass die Schiedsrichter bereits aus Gründen der „legal predictability"[1336] frühere Entscheidungen berücksichtigen, obwohl sie das nicht müssten.

Möglicherweise muss aufgrund der Verweisungspraxis in den Schiedssprüchen von *binding precedents* gesprochen werden. Dann müssten die CAS-Schiedsrichter vergangene Schiedssprüche mit in ihre Entscheidungen einbeziehen. Damit wären die Schiedsrichter faktisch an die *stare decisis doctrine* gebunden. Dies erscheint zum einen durchaus plausibel, da Schiedsrichter begründen, wenn und wann sie von früheren Schiedssprüchen abweichen.[1337] Zum anderen setzen sie sich intensiv mit Schiedssprüchen auseinander und es hat inzwischen eher Seltenheitswert, wenn CAS-Schiedssprüche keine Bezugnahme auf vorangegangene Entscheidungen enthalten. *Kaufmann-Kohler* argumentiert, dass durch diese fortwährende Bezugnahme unter anderem eine einheitliche Auslegung und schließlich Anwendung der entsprechenden Regelungen erfolgt. Beispielhaft dafür nennt sie die Auslegung des Art. 10.5.2 WADC mit dem auslegungsbedürftigen Rechtsbegriffen *no significant fault or negligence*. Für diesen kleinen Ausschnitt der CAS-Rechtsprechung mag sie

---

1333 CAS-Schiedsspruch (16.07.2010) – 2008/A/1545, *Andrea Anderson, LaTasha Colander Clark, Jearl Miles-Clark, Torri Edwards, Chryste Gaines, Monique Hennagan, Passion Richardson/IOC*, Rn. 55.

1334 CAS-Schiedsspruch (30.01.2008) – 2007/A/1298, 1299 & 1300, *Wigan Athletic FC v/ Heart of Midlothian; Heart of Midlothian v/Webster & Wigan Athletic FC; Webster v/Heart of Midlothian.*

1335 Vgl. CAS-Schiedsspruch (19.05.2009) – CAS 2008/A/1519–1520, *FC Shakhtar Donetsk (Ukraine) v/ Mr. Matuzalem Francelino da Silva (Brazil) & Real Zaragoza SAD (Spain) & FIFA; Mr. Matuzalem Francelino da Silva (Brazil) & Real Zaragoza SAD (Spain) v/ FC Shakhtar Donetsk (Ukraine) & FIFA*) Rn. 116, 117, 120, 141.

1336 CAS-Schiedsspruch entnommen aus *Reilly*, J. Disp. Resol. 2012, 63 (75); *Wimalasena*, Die Veröffentlichung von Schiedssprüchen als Beitrag zur Normbildung, S. 199 bezieht sich auf CAS 1997/176 Rn. 40.

1337 Vgl. CAS-Schiedsspruch (19.05.2009) – CAS 2008/A/1665, *J./Udinese Calcio S.p.A.*, Rn. 57.

Recht behalten. Weitet man den Blick jedoch auf andere Bereiche aus, so zeigt sich, dass diese Tatsache nicht generell Geltung besitzt. In der Rechtsfrage der Auslegung des *strict-liability*-Grundsatzes finden sich in den CAS-Schiedssprüchen divergierende Sichtweisen.[1338] Dies widerspricht der Annahme einer *stare decisis doctrine* deutlich. Darüber hinaus muss auch beachtet werden, dass die Schiedsrichter des CAS aus verschiedenen Rechtstraditionen stammen. Aus diesem Grund liegt es nahe, dass Schiedsrichter aus dem *common law* eher geneigt sind, Schiedssprüche als *binding prededents* aufzufassen. Im Gegensatz dazu könnte es Schiedsrichtern aus dem Rechtskreis des *civil law* fern liegen, Schiedssprüche als bindende Präzedenzfälle zu betrachten. Möglicherweise kommt es damit zu einer Art Zweiteilung in der Praxis des CAS. In der Tat gibt es Schiedssprüche, die von einem Tribunal nur aus Schiedsrichtern des *civil law* geprägten Ländern erlassen wurden und die keine Verweisung auf Fallrecht des CAS beinhaltet.[1339] Allerdings lässt sich daraus nicht generell schließen, dass sich die Schiedsrichter je nach ihrer Herkunft an Schiedssprüche gebunden sehen oder nicht. *Bersagel* untersuchte dafür 23 Fälle, die Dopingvergehen in der Leichtathletik zum Gegenstand hatten. Sie kam sogar zu dem Ergebnis, dass das Zitieren von CAS-Schiedssprüchen bei Schiedsrichtern aus dem kontinentaleuropäischen Rechtsraum noch etwas häufiger vorlag. Ob diese Tatsache aufgrund der lediglich 23 untersuchten Schiedssprüche verallgemeinerungsfähig ist, kann dahinstehen. Auf jeden Fall zeigt diese Untersuchung, dass die juristische Ausbildung der Schiedsrichter keinen Einfluss auf die Bezugnahme von Schiedssprüchen hat. Dieses Ergebnis bestätigt sich, wenn man diesbezüglich aktuellere Fälle auch abseits der Leichtathletik betrachtet.[1340]

1338 Vgl. ausführlich dazu: *Bersagel*, Pepp. Disp. Resol. L. J. 2012, 189 (196 f.).

1339 CAS-Schiedsspruch (02.12.2014) – CAS 2014/A/3665, 3666 & 3667, *Luis Suárez, FC Barcelona & Uruguayan Football Association/FIFA*.

1340 Siehe für dreiköpfiges Schiedsgericht mit allen Schiedsrichtern aus dem *civil law* Rechtskreis CAS-Schiedsspruch (07.11.2016) – CAS 2016/A/4416, *Fédération Internationale de Football Association (FIFA) v. Confederación Sudamericana de Fútbol & Brian Fernández*, Rn. 57, 66, 77; mit Einzelschiedsrichter aus der Schweiz siehe CAS-Schiedsspruch (09.11.2016) – CAS 2016/A/4567, *Al Jazira FSC v. FC Lokomotiv*, Leitsatz Nr. 3, Rn. 70; ebenso mit Einzelschiedsrichter aus der Schweiz CAS-Schiedsspruch (21.11.2016) – CAS 2016/A/4512, *World Anti-Doping Agency (WADA) v. Turkish Football Federation (TFF) & Ahmet Kuru*, Rn. 55; alle drei Schiedssprüche beziehen sich auch in materiellen Fragen auf vorangegangene Schiedssprüche.

Es spricht mithin viel dafür, dass CAS-Schiedssprüche momentan eine *persuasive authority* besitzen, also ganz in dem Sinn einer *jurisprudence constance.*[1341] Diese Frage muss im Rahmen dieser Arbeit jedoch auch nicht abschließend geklärt werden. Vielmehr zeigt sich, dass es aufgrund der Systeminteressen der CAS-Rechtsprechung in Rechtsmittelverfahren sehr gute Gründe für und sogar die Notwendigkeit einer faktischen Präzedenzwirkung der Schiedssprüche gibt. Voraussetzung dafür ist dann jedoch die Begründung der Schiedssprüche und die Veröffentlichung mit Entscheidungsgründen.

d) Gründe und Belege für die Bezugnahme

Die Gründe für eine Bezugnahme auf *precedents* können vielfältig sein. Der bekannte CAS-Schiedsrichter *McLaren* stellt noch einmal klar, dass die Schiedsrichter nicht verpflichtet sind, Präzedenzfälle mit in ihre Entscheidungen einzubeziehen, dies jedoch aus Gründen der Anschaulichkeit und Verständlichkeit (*sake of clarity*) meistens tun würden. Eine Verhaltensweise der Schiedsrichter, die nachvollziehbar erscheint. In den CAS-Schiedsverfahren werden oftmals sehr spezifische Fragen mit einem sportrechtlichen Bezug aufgeworfen, wie beispielsweise sehr technische Fragen des Dopings oder spezielle Fragestellungen im Vertragsrecht bei Spielertransfers sowie die Nominierung für Wettkämpfe. Mit derartigen Fragen sind die Schiedsrichter außerhalb des Sportes in dieser Art und Weise nicht konfrontiert und es ist deshalb naheliegend, dass sie frühere Schiedssprüche als Anhaltspunkt und eine Art Rückversicherung ihrer Sichtweise benutzen.[1342] Auf jeden Fall bietet die Bezugnahme auf *precedents* eine Erleichterung der Entscheidungsfindung, nachdem auf diese Weise „das Rad nicht immer neu erfunden werden muss“. Nichtsdestotrotz bedeutet dies nicht, dass die Schiedsrichter damit die *stare decis doctrine* bei CAS-Schiedsverfahren einführen wollen. Auch *Kaufmann-Kohler* gesteht in ihrem Fazit letztendlich ein, dass die Verweisungspraxis beim CAS lediglich „close to a true *stare decisis* doctrine“[1343] kommt. Eine Abweichung von der CAS-Rechtsprechung findet nach wie vor statt und ist auch ohne Konsequenzen. Dies zeigt

---

1341 *Bersagel,* Pepp. Disp. Resol. L. J. 2012, 189 (204.); *Reilly,* J. Disp. Resol. 2012, 63 (75); zum „Befolgungsdruck“ anstatt eines „Befolgungszwang“ *Hofmann,* Zur Notwendigkeit eines institutionellen Sportschiedsgerichtes in Deutschland, S. 259 Bezeichnung als „rein faktische Präzedenzwirkung“ *Oschütz,* Sportschiedsgerichtsbarkeit, S. 343 f.

1342 So auch *Lew,* in Schultsz/Van den Berg, The Art of Arbitration, S. 223 (229) allgemein für die Schiedsgerichtsbarkeit.

1343 *Kaufmann-Kohler,* Arb. Int'l. 2007, 357 (373).

sich an den aufeinanderfolgenden Schiedssprüchen *Raducan* und *Foschi.*[1344] Beide Male lag ein Verstoß gegen Anti-Doping-Bestimmungen vor, allerdings handelte es sich jeweils um ehrliche Athleten und es konnte kein Dopingverstoß nachgewiesen werden, da durch die eingenommenen Substanzen keine leistungssteigernden Wirkungen ausgingen. Während im Fall *Raducan* diese subjektiven Gesichtspunkte keine Rolle spielen, wurde im Fall *Foschi* die Sperre aufgrund der subjektiven Elemente reduziert.

Warum CAS-Schiedsrichter die Rechtsprechung des CAS in ihren Entscheidungen zitieren, spielt lediglich eine untergeordnete Rolle. Es steht fest, dass sie es unabhängig von ihrer „juristischen Herkunft" in einem immer größeren Maße tun oder zumindest begründen, warum sie in dem vorliegenden, ähnlich gelagerten Fall anders entscheiden.

e) Notwendigkeit einer Bezugnahme aufgrund der Drittinteressen

Kaufmann-Kohler legt dar, dass diese öffentlichen Interessen[1345], vor allem die Vorhersehbarkeit und Konstanz der Entscheidungen, dem Recht immanente Prinzipien darstellen.[1346] Diese Prinzipien können jedoch wiederum nur erreicht werden, wenn das Schiedsgericht früheren Präzedenzfällen auch Folge leistet. Sie beschreibt dies als eine „moral obligation"[1347] der Schiedsrichter. In einem Vergleich der Handels- mit der Sport- und Investitionsschiedsgerichtsbarkeit untermauert sie, dass je weniger das anwendbare Recht entwickelt ist, desto mehr müssen Schiedsrichter auch als eine Art Gesetzgeber tätig werden. In der Handelsschiedsgerichtsbarkeit ist dies nicht wesentlich, nachdem dort zumeist nationales Recht Anwendung findet. In der Sportschiedsgerichtsbarkeit kann jedoch gerade nicht auf ähnlich entwickelte Normen zurückgegriffen werden. Im Gegenteil, die anwendbaren Regelwerke sind oftmals nicht eindeutig und bedürfen einer Konkretisierung und Auslegung durch das Schiedsgericht. Darüber hinaus ist eine konstante Anwendung der Vorschriften im Sport jedoch von überragender Wichtigkeit. Athleten werden im Wettkampf nach exakt den gleichen Regeln bewertet. Dies soll und muss sich dann auch in den Entscheidungen des CAS widerspiegeln.

1344 Dazu *Kane,* Melb. J. Int'l. L. 2003, 611 (624 ff.).

1345 Der Übersichtlichkeit halber werden diese im Folgenden getrennt voneinander dargestellt, was kaum möglich ist, da diese fließend ineinander übergehen.

1346 *Kaufmann-Kohler,* Arb. Int'l. 2007, 357 (374).

1347 *Kaufmann-Kohler,* Arb. Int'l. 2007, 357 (374).

aa) Rechtssicherheit

Schiedsverfahren sollen über die Streitbeilegung des Einzelfalles hinaus auch für eine darüberhinausgehende Rechtssicherheit (*certainty*) sorgen.[1348] Durch die Veröffentlichung der Schiedssprüche werden diese transparent. Im Folgenden können alle Beteiligten ihr Verhalten dementsprechend danach ausrichten und zukünftige Konfliktparteien ist es wesentlich besser möglich ihre Erfolgschancen des Verfahrens auszurechnen. Dies ist umso besser möglich, sofern Schiedssprüche auch Präzedenzfälle darstellen. Auf diese Weise werden zukünftige Verfahren noch vorhersehbarer, nachdem die Parteien wissen, dass das Schiedsgericht wiederum dieselben Regeln und Prinzipien der Streitbeilegung zu Grunde legen wird.

Eine Rechtssicherheit kann jedoch nicht alleine mit *precedents* und einer Veröffentlichung der Schiedssprüche erreicht werden. In CAS-Schiedsverfahren findet nicht immer das gleiche materielle Recht beziehungsweise Vorschriften Anwendung.[1349] Im ordentlichen Verfahren[1350] können die Parteien das anwendbare Recht wählen.[1351] Lediglich subsidiär findet schweizerisches Recht Anwendung oder die Parteien haben die Möglichkeit, das Schiedsgericht *ex aequo et bono* entscheiden zu lassen. Mithin könnten Streitigkeiten um einen Sponsoringvertrag einmal nach deutschem, ein anderes Mal nach französischen und wieder ein anderes Mal nach australischem Recht entschieden werden, je nachdem, welches Recht die Parteien für anwendbar erklären. Darüber hinaus ist es den Parteien auch möglich, kein nationales Recht, sondern andere Vorschriften und Prinzipien für anwendbar zu erklären, wie es die Formulierung *rules of law* anstatt *law of a country* nahelegt.[1352] Im ordentlichen Verfahren sind es also an erster Stelle die Parteien, die eine Rechtswahl treffen können.

Dies stellt sich im Rechtsmittelverfahren etwas anders dar.[1353] Nachdem dort ein Rechtsmittel gegen eine bereits erlassene Entscheidung eingelegt wird, ist diese Entscheidung auch Ausgangspunkt für die Bestimmung

---

1348 *Eslami*, Nichtöffentlichkeit, S. 393; *Kaufmann-Kohler*, Arb. Int'l. 2007, 357 (378).

1349 Im Folgenden geht es jeweils nur um das anwendbare materielle Recht und nicht das anwendbare Verfahrensrecht.

1350 R45 CAS-Code, dies ist die Vorschrift für das anwendbare materielle Recht, vgl. *Mavromati/Reeb*, CAS Code, R45 Rn. 54.

1351 I. E. zu der Rechtswahl, die ausdrücklich oder stillschweigend getroffen werden kann *Mavromati/Reeb*, CAS Code, R45 Rn. 57 ff.

1352 So auch *Mavromati/Reeb*, CAS Code, R45 Rn. 58.

1353 R58 CAS-Code.

des anwendbaren Rechts.[1354] Aus diesem Grund richtet sich das anwendbare Recht nach den jeweiligen Verbandsregeln, die der Entscheidung zu Grunde liegen. Lediglich subsidiär, im Sinne von ergänzend, erhält die Rechtswahl der Parteien Wirkung. Sollten die Parteien keine Rechtswahl getroffen haben, dann findet subsidiär das nationale Recht am Sitz des Vereines oder Verbandes Anwendung, der die Entscheidung erlassen hat. Alternativ dazu steht es dem Schiedsgericht auch frei, dasjenige Recht oder diejenigen Regeln anzuwenden, die es für passend erachtet. Eine solche Wahl wäre jedoch durch das Schiedsgericht zu begründen. Die Parteien können bei den CAS-Rechtsmittelverfahren mithin wesentlich weniger bis keinen Einfluss auf das anwendbare, materielle Recht nehmen, sofern die Verbandsregelwerke erschöpfend sind. Das Schiedsgericht prüft in Rechtsmittelverfahren also immer erst, ob aufgrund der Verbandsregelwerke eine Streitentscheidung möglich ist.

Bei der *ad-hoc*-Schiedsgerichtsbarkeit während der Olympischen Spielen richtet sich das anwendbare materielle Recht nach den anwendbaren Verbandsvorschriften (*applicable regulations*), generellen Rechtsprinzipien (*general principles of law*) und den Vorschriften, die zur Streitentscheidung geeignet erscheinen (*rules of law, the application of which deems appropriate).*[1355] In den allermeisten Fällen entscheidet das *ad-hoc*-Schiedsgericht die Streitgegenstände nach den Verbandsvorschriften.[1356] Die Parteien besitzen dabei gerade nicht die Möglichkeit, nationales Recht zu wählen. Um eine konstante CAS-Rechtsprechung zu erhalten, könnte man die *ad-hoc*-Verfahren als Vorbild nehmen. Wie dort müsste der CAS auch in den ordentlichen wie den Rechtsmittelverfahren konkret vorgeben, welches materielles Recht anwendbar ist beziehungsweise nationales Recht als Rechtswahl ausschließen. Diese Argumentation greift jedoch zu kurz und widerspricht nicht der Tatsache, dass Vorhersehbarkeit und Konstanz der CAS-Rechtsprechung als öffentliches Interesse durch eine möglichst einheitliche Rechtsprechung gewährleistet wird. Die Rechtswahl der

---

1354 *Mavromati/Reeb,* CAS Code, R58 Rn. 75 beschreiben es als *decisive factor* und *connecting link.*

1355 Art. 17 ADH-Rules lautet wie folgt: The Panel shall rule on the dispute pursuant to the Olympic Charter, the applicable regulations, general principles of law and the rules of law, the application of which it deems appropriate, ADH-Rules abrufbar unter <https://www.tas-cas.org/en/arbitration/ad-hoc-division.html> (besucht am 06.01.2020).

1356 *Mavromati,* The Rules governing the CAS Anti-Doping and Ad Hoc Divisions at the Olympic Games, S. 11.

Parteien hat nur im ordentlichen Verfahren eine zentrale Bedeutung. Diese Verfahren ähneln jedoch sehr der Handelsschiedsgerichtsbarkeit. Dort soll die Privatautonomie eine wesentlich größere Rolle spielen und die Streitentscheidung primär privaten Interessen dienen. In den Rechtsmittelverfahren finden in erster Linie die Vorschriften der Verbände Anwendung. Somit werden vergleichbare Sachverhalte auch nach den gleichen Regeln entschieden. Diese Regelwerke mögen nicht immer optimal abgefasst sein und müssen zum Teil ausgelegt werden. Gerade dafür ist jedoch die Veröffentlichung der Schiedssprüche wichtige Voraussetzung. Die Rechtssicherheit wird durch die Veröffentlichung der Schiedssprüche mithin gewährleistet, trotz oder gerade wegen des für anwendbar erklärten Rechts.

bb) Vorhersehbarkeit (predictability) und Konstanz (consistency)

Das Prinzip der Vorhersehbarkeit hängt sehr eng mit dem der Rechtssicherheit zusammen.[1357] Die Rechtssicherheit kann das Resultat aus der Vorhersehbarkeit der Schiedsentscheidungen darstellen. Erst durch die Bezugnahme auf *precedents* können sich einheitliche Leitlinien für die Zukunft herausbilden. Werden Vorschriften, wie zum Beispiel die Regelwerke der Sportverbände, fortwährend gleich durch den CAS ausgelegt und angewendet, dann werden diese anschaulich und begreifbar, mithin für die Normadressaten berechenbar. Die theoretischen Vorschriften werden somit in die Praxis transportiert. Darüber hinaus sollten Regeln und Prinzipien auch konstant angewendet werden, damit das Ergebnis des Schiedsverfahrens wiederum vorhersehbar bleibt. Würden die Schiedsrichter die jeweiligen Verfahren nach unterschiedlichen Prinzipien und einer unterschiedlichen Auslegung der anwendbaren Normen entscheiden, dann würden die Parteien sehr schnell das Vertrauen in einen solchen Streitbeilegungsmechanismus verlieren, denn sie wüssten nicht, auf was sie sich einstellen können und fühlen sich dem Schiedsgericht mithin „hilflos“ ausgeliefert.

cc) Gleichbehandlung (equal treatment)

Veröffentlichte Schiedsurteile zumindest mit der Wirkung einer *jurisprudence constante* können sicherstellen, dass Schiedsparteien bei gleicher Sachlage auch identisch behandelt werden. *Anderson* sieht gerade die konstante Anwendung der gleichen Prinzipien als einen der Hauptgründe für den Erfolg

---

1357 Zu beidem *Eslami*, Nichtöffentlichkeit, S. 393 ff.

des CAS.[1358] Dem Prinzip der Gleichbehandlung der Parteien auch über das jeweilige Schiedsverfahren hinaus und im Vergleich zu Schiedsparteien anderer Verfahren kommt gerade in der Sportschiedsgerichtsbarkeit eine besondere und verglichen mit anderen Schiedsverfahren abseits des Sportes wohl auch einzigartige Bedeutung zu. Wirtschaftsakteure können mit ihren jeweiligen Geschäftspartnern unterschiedliche Verträge abschließen. Innerhalb der gesetzlichen Grenzen müssen in der Wirtschaft nicht alle Vertragspartner gleichbehandelt werden. Athleten treten jedoch gerade in Wettkämpfen gegeneinander an. Sie messen sich gerade untereinander, wer eine gewisse Distanz mit der schnellsten Zeit absolviert, wer am stärksten ist, am weitesten springen oder sonst einen Wettkampf nach den Spielregeln für sich entscheiden kann.[1359]

Sollten diese Schiedssprüche jedoch nicht veröffentlich worden sein und den Schiedsparteien mithin nicht zur Verfügung gestanden und zur Kenntnis gelangt sein, so können sie sich nicht angemessen verteidigen und argumentieren. Eine solche Situation ist nicht hinnehmbar. *Lenard* kritisiert in diesem Zusammenhang eine Art „closed information system"[1360], dass das Wissen über die Erfolgsaussichten und das Argumentieren nur den Schiedsrichtern und den jeweiligen Anwälten durch die Anwesenheit in den CAS-Verfahren, mangels Veröffentlichung der Schiedssprüche jedoch nicht allgemein, zur Verfügung stand. Nach der im Jahr 2010 eingeführten Regelung S18 CAS-Code darf ein CAS-Schiedsrichter zwar nicht mehr in anderen Schiedsverfahren als Parteivertreter auftreten, dies gilt jedoch nicht für seine Kanzleikollegen.[1361] Darüber hinaus sind die Sportverbände wesentlich öfter Partei in CAS-Schiedsverfahren. Die Verbände als *repeat players*[1362] können somit im Lauf der Jahre einen Pool an Schiedsentscheidungen anlegen. Dies wird darüber hinaus noch durch die R59 Abs. 6 CAS-Code 2019 begünstigt, nach dem ein Verband, der die Sanktionen erlassen hat und nicht Partei des CAS-Verfahrens war, eine Kopie

1358 *Anderson,* Modern Sports Law, S. 88; ob dies wirklich aufgrund der z. T. divergierenden Entscheidungen in Dopingangelegenheiten stimmt, kann hier erst einmal noch dahinstehen.

1359 Zu dem Gleichheitsprinzip im Sport *Adolphsen,* Internationale Dopingstrafen, S. 1.

1360 *Lenard,* Pepp. Disp. Resol. L. J. 2009, 173 (180).

1361 *Rigozzi* u. a., in: Arroyo, Arbitration in Switzerland, 2. Aufl., CAS Code, Introduction Rn. 21.

1362 *Kaczmarek,* Emp. Rts. & Emp. Pol'y J. 2000, 285 (319 f.) zu den Vorteilen dieser und dem Widerspruch zu equality in Schiedsverfahren im Arbeitsrecht; *Schmitz,* U. Kan. L. Rev. 2006, 1211 (1211 ff.) zu den verschiedenen Bereichen, in denen *repeat players* Vorteile haben könnten.

des Tenors – falls vorhanden – und des Schiedsspruches erhält.[1363] Dadurch sind sie gegenüber Athleten, die höchstwahrscheinlich nur ein einziges Mal Partei in einem CAS-Schiedsverfahren sind (sog. *one-shot-player*)[1364], deutlich im Vorteil.

Mitten macht darauf aufmerksam, dass bisher eine Diskussion der Frage fehlt, ob ein fehlender Zugriff auf und die Möglichkeit der Kenntnisnahme der Schiedssprüche einen Anfechtungsgrund vor dem BG darstellt.[1365]. Gem. Art. 190 Abs. 2 lit. d IPRG kann der Entscheid angefochten werden, wenn der Grundsatz der Gleichbehandlung der Parteien [...] verletzt wurde. „Das Schiedsgericht darf einer Partei [mithin] nicht gewähren, was es der anderen verwehrt hat und darf einer Partei nicht verweigern, was es der anderen gewährt hat.“[1366] Bereits inhaltlich kann eine unvollständige Publikation der Schiedsurteile nicht unter diesen Anfechtungsgrund fallen. Zwar sollen *precedents* dazu dienen, dass gleichgelagerte Fälle auch gleich entschieden werden. Den *one shot players* fehlt im Gegensatz zu den *repeat players* die Möglichkeit, ihre Erfolgsaussichten des Verfahrens zu bestimmen und ihre Erklärungen auf den Argumentationen bereits entschiedener Schiedssprüche basieren zu lassen. Diese mögliche Waffenungleichheit hat ihren Grund jedoch nicht in einem Zutun des CAS an sich, sondern entsteht faktisch. Den *repeat players* sind die Schiedssprüche auch in den Fällen des R59 Abs. 6 CAS-Code 2019 lediglich aufgrund ihrer eigenen Organisation und datenbankähnlichen Systemen bekannt. Darüber hinaus muss dieser Anfechtungsgrund auch zeitlich abgelehnt werden. Die Gleichbehandlung der Parteien ist ab Ernennung der Schiedsrichter zu verwirklichen.[1367] Der mögliche Zugriff auf Präjudizen findet jedoch bereits davor statt. Würde man diese Zeitspanne vorverlagern, würde man die Pflichten des Schiedsgerichts grundsätzlich auf zeitliche Bereiche außerhalb ihres Einflussbereiches ausdehnen.[1368]

Ein Verstoß gegen die öffentliche Ordnung im Aufhebungsverfahren nach Art. 190 Abs. 2 lit. e IPRG oder im deutschen Vollstreckbarerklärungsverfahren

1363 Kritisch auch *Lungstras*, Das Berufungsverfahren, S. 336.

1364 *Eslami*, Nichtöffentlichkeit, S. 343.

1365 *Mitten*, Pepp. Disp. Resol. L. J. 2009, 51 (60 f.).

1366 *Pfisterer*, in: BSK IPGR, 3. Aufl., Art. 190 Rn. 62.

1367 *Pfisterer*, in: BSK IPGR, 3. Aufl., Art. 190 Rn. 62.

1368 In diesem Fall wäre es dem CAS zwar möglich und damit in dessen Einflussbereich, die Schiedssprüche zu veröffentlichen, allerdings kann aufgrund einer Ausnahme nicht der Grundsatz umgekehrt werden.

muss ebenso verneint werden.[1369] Der allgemeine Gleichheitssatz aus Art. 8 Abs. 1 BV und Art. 3 Abs. 1 GG erfordert zwar, dass Gleiches gleich und Ungleiches ungleich behandelt wird.[1370] Eine Bindung an Präjudizen würde eine Gleichheit der Entscheidungen garantieren. Die Richter sind allerdings nur an das Recht und Gesetz gebunden,[1371] weshalb aus dem Gleichheitssatz keine Bindung der Richter an Präjudizen gefolgert werden kann. Im kontinentalen Rechtsraum entfalten Präjudizen mithin keine Bindungswirkung.[1372] Vielmehr müssen die Gerichte auf wirtschaftliche, politische oder gesellschaftliche Veränderungen oder eine einmal fälschlicherweise ergangene Entscheidung reagieren und eine Rechtsprechungsänderung herbeiführen können.[1373] Hinzu kommt, dass die Parteien auf die Streitbeilegung des Streitgegenstands des jeweiligen Verfahrens nach dem Gesetz vertrauen, also eine Leistung, Feststellung eines Rechtsverhältnisses oder Strafbarkeit einer Handlung.[1374] Präjudizen stellen jedoch an sich keine Rechtsquelle, sondern als Auslegungshilfe eine „Rechtserkenntnisquelle“[1375] dar. Die Legitimität einer Entscheidung, die Gerechtigkeit erzeugen soll, resultiert jedoch aus der Gesetzesbindung der Richter.[1376] Die Bindung an Präjudizen folgt aus diesen Gründen nicht aus Art. 8 Abs. 1 BV und Art. 3 Abs. 1 GG. Wesentliche Grundsätze des schweizerischen oder deutschen Rechts sind damit nicht verletzt. Nachdem bereits staatliche Gerichte nicht an Präjudizen gebunden sind, muss dies erst recht für Schiedsgerichte gelten, nachdem bereits die Geltung von Präjudizen in der Schiedsgerichtsbarkeit generell umstritten ist. Abweichungen von zeitlich vorgelagerten Schiedsentscheidungen sind den CAS-Schiedsrichtern der Rechtsmittel-Kammer mithin möglich, ohne dass

---

1369 Anders wohl *Mitten*, Pepp. Disp. Resol. L. J. 2009, 51 (61) für das Aufhebungsverfahren vor dem BG.

1370 Statt vieler m. w. N. auch im Sportkontext *Sachs*, SpuRt 2019, 50 (52 f.).

1371 Vgl. zur richterlichen Unabhängigkeit Art. 191c BV, Art. 97 Abs. 1 GG; vgl. zu den Grundsätzen rechtstaatlichen Handelns Art. 5 Abs. 1 BV, Art. 20 Abs. 3 GG.

1372 Anerkannt und übereinstimmend BVerfG (11.11.1964) – BvR 488/62, BVerfGE 18, 224–241 unter IV. 6.; BVerfG (04.08.2004) – 1 BvR 1557/01, NVwZ 2005, 81 (82); *Eslami*, Nichtöffentlichkeit, S. 379; *König*, Präzedenzwirkung internationaler Schiedssprüche, S. 16; *Larenz*, in: Fasching/Kralik, FS Schima, S. 247 (255 ff.); *Vogenauer*, HWB-EuP 2009, abrufbar unter <https://hwb-eup2009.mpipriv.de/index.php/Richterrecht> (besucht am 06.01.2020).

1373 *Larenz*, in: Fasching/Kralik, FS Schima, S. 247 (261).

1374 *König*, Präzedenzwirkung internationaler Schiedssprüche, S. 17.

1375 *Larenz*, in: Fasching/Kralik, FS Schima, S. 247 (262).

1376 *Roellecke/Starck*, VVDStRL 1976, 7 (39).

dies einen Aufhebungsgrund darstellt oder die Vollstreckung in Deutschland verhindern würde.[1377]

Trotzdem ist diese Situation der Ungleichbehandlung unbefriedigend. Faktische Präjudize des CAS als Rechtserkenntnisquelle sollten auch den „natürlichen" Schiedsparteien, also hauptsächlich den Sportlern, zugänglich sein. In Rechtsmittel- und Anti-Doping-Verfahren sind gerade die Sportler die Adressaten der Verbandsvorschriften und müssen aus diesem Grund wissen, was von ihnen verlangt wird oder werden kann und wann ein Rechtsmittel gegen Verbandsentscheidungen erfolgsversprechend ist.[1378] Erst durch diese Klarheit und verständliche Konkretisierung der Regelwerke befinden sich die Sportler auf Augenhöhe mit den Verbänden und die Entscheidung, Rechtsmittel beim CAS einzulegen, ist für sie nicht mehr unabwägbar. Eine Publikation und damit Offenlegen aller Schiedssprüche und der Entscheidungsgründe führt mithin zu einer Gleichbehandlung der Schiedsparteien, die das gesamte Sportrechtssystem transparenter macht und damit die Legitimität des CAS weiter steigert.

f) Notwendigkeit für die Gewährleistung eines Entscheidungseinklangs

Diese Argumentation führt zu der Schlussfolgerung, dass die *stare decisis doctrine* beim CAS Anwendung finden muss. Dies setzt wiederum eine Veröffentlichung der Schiedssprüche mit den Entscheidungsgründen voraus.[1379] Allerdings lässt sich durchaus bezweifeln, ob durch *precedents* alleine überhaupt diese öffentlichen Interessen gewährleistet werden können. Möglicherweise gibt es Mechanismen, die eine Alternative zu den *precedents* und damit auch der Veröffentlichung darstellen. Zudem müssten eventuell noch weitere Punkte hinzutreten, dass diese öffentlichen Interessen wirklich auch Geltung erlangen. Denn eine konstante einheitliche CAS-Rechtsprechung könnte nicht durch die Veröffentlichung der Schiedssprüche alleine gewährleistet werden, wenn sich die publizierten Schiedssprüche widersprechen.

Gerade bei Disziplinarentscheidungen, Zulassungsfragen und Dopingsanktionen spielt aufgrund des starken Wettkampfbezuges die gleiche Behandlung der Athleten eine wichtige Rolle. Divergierende Schiedsurteile gefährden diese

---

1377 A. A. ohne nähere Begründung wohl *Mitten*, Pepp. Disp. Resol. L. J. 2009, 51 (61) für das Aufhebungsverfahren vor dem BG.

1378 Zum Bestimmtheits- und Klarheitsgebot im Rahmen des Wirtschaftsrechts *Zoellner*, Das Transparenzprinzip im internationalen Wirtschaftsrecht, S. 67

1379 *König*, Präzedenzwirkung internationaler Schiedssprüche, S. 38 ff. zu den Voraussetzungen einer faktischen Präzedenzwirkung der Schiedssprüche.

Gleichbehandlung. Diese entstehen, sofern jedes Tribunal eine neue, von vorangegangenen Schiedsentscheiden und dort gefundenen Prinzipien losgelöste Entscheidung trifft. Im Handelsrecht ist dieser „darwinistische“ Prozess durchaus gewünscht oder zumindest nicht hinderlich.[1380] Mit der Zeit würde sich bei sich widersprechenden *precedents* die praktikabelste durchsetzen. In der Sportschiedsgerichtsbarkeit kann die ungleiche Spruchpraxis des CAS bis zu diesem Zeitpunkt jedoch nicht hingenommen werden, nachdem die Gleichbehandlung aller Parteien vor dem CAS und nicht nur die Gleichbehandlung der jeweiligen Schiedsparteien gewährleistet werden muss. Beispielsweise wäre es nicht hinnehmbar, einen Dopingverstoß in derselben Sportart unter gleichen Bedingungen anders zu sanktionieren.

aa) Momentane defizitäre Alternativen

Das *Court Office* in seiner jetzigen Form kann die Entstehung sich widersprechender Entscheidungen gleicher Sachverhaltskonstellationen nicht verhindern. Es findet zwar sowohl im ordentlichen Verfahren als auch im Rechtsmittelverfahren eine finale Korrektur der Schiedssprüche durch das *Court Office* statt.[1381] Allerdings beschränkt sich das *Court Office* dabei hauptsächlich auf die Berichtigung formaler Fehler sowie auf Hinweise zum materiellen Recht.[1382] Andere Kompetenzen kommen etwa dem Präsidenten des Basketball Arbitral Tribunal (BAT) zu, der vor der Unterzeichnung des Schiedsurteils einen Entwurf übermittelt erhalten sollte. Gem. R16.1 Abs. 2 BAT-Rules 2017 kann dieser im Interesse der Entwicklung eines einheitlichen Fallrechts weitere Schiedsrichter zu Rate ziehen oder dies den Schiedsrichtern des laufenden Schiedsverfahrens selbst gestatten. Im Gegensatz dazu beschränkt sich die Tätigkeit des *Court Office* auf ein abschließendes Gegenlesen der Schiedssprüche und kann aufgrund der alleinigen Entscheidungskompetenz des Schiedsgerichtes[1383] auch eher als ein „zahnloser Tiger“ bezeichnet werden.

Eine andere Möglichkeit von dem Inhalt des Schiedsspruches Kenntnis nehmen zu können, ist über das Aufhebungsverfahrens vor dem BG.[1384] Allerdings kann auch dieses Verfahren nicht generell für Vorhersehbarkeit und Konstanz

1380 Zum „Darwinian process“ *Straubel*, Loy. U. Chi. L.J. 2005, 1203 (1258).

1381 R46 Abs. 1 S. 5, R59 Abs. 2 S. 1 CAS-Code 2019.

1382 *Mavromati/Reeb*, CAS Code, R46 Rn. 24 ff. i. E.

1383 Dies ist aufgrund der Unabhängigkeit des CAS von ICAS (hier ausgeübt durch den CAS Secretary General, der dem CAS Court Office angehört) auch notwendig, vgl. *Mavromati/Reeb*, CAS Code, R46 Rn. 27.

1384 *Poudret/Besson*, Comparative law of international arbitration, Rn. 372 S. 319.

der CAS-Rechtsprechung sorgen. Zwar ist es richtig, dass diese Urteile grundsätzlich veröffentlicht werden und somit auch der Schiedsspruch, der in manchen Fällen zuvor nicht veröffentlicht wurde, bekannt wird.[1385] Allerdings sind die Anfechtungsgründe des Art. 190 Abs. 2 IPRG sehr beschränkt.[1386] Dies bedeutet, dass zum einen eine Anfechtung nur in seltenen Fällen in Betracht gezogen wird. Zu einer inzidenten Veröffentlichung des Schiedsspruches kommt es damit sehr selten. Zum anderen werden die Schiedssprüche damit nur sehr eingeschränkt überprüft. Zu einer Angleichung der Rechtsprechung kommt es damit nicht. Zudem würde dies auch immer nur eine Reaktion im Sinne einer Kontrolle darstellen und nicht die Ursachen angehen, also bereits eine konstante Rechtsprechung bei den CAS-Schiedssprüchen zu entwickeln.

Ebenso verhält es sich mit dem Verfahren nach §§ 1061 ff. ZPO zur Vollstreckbarerklärung vor den deutschen staatlichen Gerichten, deren Entscheidungen größtenteils publiziert werden. Allerdings sind die Schiedssprüche im Sport oftmals *self-enforcing* und bedürfen somit zumeist keiner Vollstreckung der staatlichen Gerichte mehr.[1387] Das bedeutet jedoch, dass eine Kontrollmöglichkeit in der Vollstreckungsphase wegfällt. Zudem gilt das bereits dargestellte bezüglich der Berufung zum BG. Die Vollstreckungsversagungsgründe sind nach dem UNÜ nur in sehr ausgewählten Fällen möglich. Dieser Mechanismus ist nicht ausreichend, um eine konstante, vorhersehbare CAS-Rechtsprechung unabhängig von einer Veröffentlichung der Schiedssprüche zu etablieren.

bb) Mechanismen zur Sicherstellung von precedents

Der CAS könnte eine Art internen *Annulment body* nach dem Vorbild des International Centre for the Settlement of Investment Disputes (ICSID) einführen.[1388] Dies könnte die Schiedsrichter disziplinieren, konstant Recht zu sprechen, um nicht von einer internen, weiteren Instanz aufgehoben zu werden. Die abschließend aufgezählten Aufhebungsgründe in Art. 52 Abs. 1 ICSID-VerfO zeigen jedoch den Unterschied zu einem Berufungsverfahren.[1389] Die Aufhebung des

---

1385 *Grau/Markwardt,* in: Grau/Markwardt, Internationale Verträge, S. 161 (162).

1386 Siehe i. E. Teil 3 D.

1387 Statt vieler *Bersagel,* Pepp. Disp. Resol. L. J. 2012, 189 (195); vgl. i. E. Teil 3 E. II. 2.

1388 Ausführlich zu ICSID Annulment, *Bottini,* ICSID Rev. 2016, 712 (712 ff.); *Gaillard,* Annulment of ICSID Awards, S. 1 ff.; *Nozari,* Applicable Law in International Arbitration – The Experience of ICSID and Iran – United States Claims Tribunal, S. 134 ff.

1389 i. E. *Nozari,* Applicable Law in International Arbitration – The Experience of ICSID and Iran – United States Claims Tribunal, S. 137 ff.

Schiedsspruchs findet dementsprechend nur statt, sofern das Verfahren nicht rechtmäßig war und wesentliche Verfahrensprinzipien verletzt wurden. Die materielle Richtigkeit ist kein Gegenstand des Aufhebungsverfahrens des ICSID. Außerdem existiert ein solcher Mechanismus vor allem deshalb, damit in gewichtigen Ausnahmefällen noch eine Kontrollmöglichkeit gegeben ist, da eine Kontrolle staatlicher Gerichte nicht stattfindet, auch nicht indirekt durch die Anerkennung und Vollstreckung der Schiedssprüche.[1390] Eine *ultima-ratio*-Kontrolle ist durch den CAS jedoch bereits durch die Berufungsinstanz des BG gegeben.[1391] Ein weiterer, vergleichbarer Mechanismus erscheint damit überflüssig, um nicht die Vorteile einer endgültigen und schnellen Entscheidungsfindung durch den CAS mit einer zusätzlichen Kontrollmöglichkeit wieder in ihr Gegenteil zu verkehren. Diese Ziele lassen sich viel besser durch die Geltung von *precedents* verwirklichen. Die Entscheidungsfindung durch immer neu zusammengesetzte CAS-Schiedsrichter macht inkonsistente Entscheidungen wahrscheinlich. Die einfachste Abhilfe ließe sich durch die Geltung der *stare decisis doctrine* auch in CAS-Rechtsmittelverfahren schaffen.[1392]

Um Widersprüchen in CAS-Schiedssprüchen wirksam entgegen zu treten, wurde bereits die Schaffung einer *Grand Chamber* vorgeschlagen.[1393] Bei Grundsatzentscheidungen soll ein fünfköpfiges Tribunal entscheiden und eine verbindliche Entscheidung für die nachfolgenden Verfahren treffen, also *precedents* schaffen. Die *stare decisis doctrine* wäre dann auf diese Schiedssprüche im Folgenden zwingend anwendbar. Dies würde zu einer konstanten Rechtsprechung in wesentlichen Fragen führen. Die Intention ist klar und begrüßenswert, die Ausführung jedoch fraglich. Ob ein fünfköpfiges Schiedsgericht mehr Fachwissen besitzt als ein dreiköpfiges, um *precedents* zu schaffen,

1390 Gem. Art. 54 ICSID-Rules muss ein Schiedsspruch von allen Vertragsstaaten der ICSID Convention anerkannt werden und finanzielle Verpflichtungen sind wie ein rechtskräftiges Urteil des Vertragsstaates zu vollstrecken; *ICSID*, Updated Background Paper on Annulment for the Administrative Council of ICSID, S. 1.

1391 Internationale Schiedssprüche echter Schiedsgerichte unterfallen einer eingeschränkten Kontrolle durch das BG, vgl. Art. 77 Abs. 1 Bundesgesetz über das Bundesgericht (BGG).

1392 Vgl. für ähnliche Schlussfolgerungen in anderem Zusammenhang, nämlich zur Diskussion eines ständigen Gremiums anstatt der *ad hoc*-Komitees in ICSID Aufhebungsverfahren, *Nozari*, Applicable Law in International Arbitration – The Experience of ICSID and Iran – United States Claims Tribunal, S. 136 f.

1393 *Segan*, Does the Court of Arbitration for Sport need a „Grand Chamber“?, LawInSport v. 15.01.2014.

kann bereits angezweifelt werden. Daran knüpft die Frage an, wer diese fünf Schiedsrichter benennen darf. Dies wäre dann von einer gesteigerten Wichtigkeit, nachdem der Schiedsspruch am Ende nicht nur den Einzelfall entscheidet, sondern eine verbindliche Grundsatzentscheidung trifft. Die Schaffung einer solchen *Grand Chamber* würde zudem einen wichtigen und wesentlichen Grundsatz der (Sport-)Schiedsgerichtsbarkeit einschränken, nämlich schnellen, effektiven und nicht zu teuren Rechtschutz für alle Parteien zu gewährleisten.[1394] Es ist jedoch davon auszugehen, dass die Verfahren vor einer *Grand Chamber* teurer werden, da zwei Schiedsrichter mehr daran beteiligt werden und davon auszugehen ist, dass die Schiedsrichter sich aufgrund der gesteigerten Bedeutung der Entscheidung etwas mehr Zeit für die Entscheidung und das sorgsame Formulieren der Entscheidungsgründe lassen.[1395] Auf der anderen Seite können solche verbindlichen Grundsatzentscheidungen im Nachgang zu schnelleren, effizienteren Verfahren führen, nachdem die Schiedsrichter in den folgenden Verfahren an diese gebunden sind und Anhaltspunkte für ihre Entscheidung besitzen. *Segan* macht darauf aufmerksam, dass die momentane Situation mit der Masse an unüberschaubarem Fallrecht die Verfahren erst recht kostspielig werden lässt.[1396] Bedenken können jedoch aus der Frage erwachsen, wie und wer entscheiden soll, ob es sich um eine Grundsatzentscheidung handelt. *Segan* schlägt dafür den Präsidenten vor.[1397] Möglicherweise stellen sich manche Verfahren jedoch erst im Nachhinein von einer grundsätzlichen Bedeutung heraus. Es käme dann durch eine solche *Grand Chamber* erst recht zu einer Rechtszersplitterung und möglicherweisen ungleichen Behandlung. Auf diese Art und Weise vermittelt man den Parteien, dass es Streitgegenstände erster und zweiter Klasse gibt. Die einen Parteien können sich aufgrund

---

1394 Allgemein zur Schnelligkeit der Entscheidungsfindung als ein Vorteil der (Sport) Schiedsgerichtsbarkeit mit weiteren Quellen *Adolphsen,* in: ders. u.a., Sportrecht in der Praxis, S. 247 (258 Rn. 1033).

1395 Vgl. generell für die höheren Kosten bei Schiedssprüchen mit schriftlichen Entscheidungsgründen die Statistik des Basketball Arbitral Tribunal (BAT) abrufbar unter <https://martens-lawyers.com/wp-content/themes/martens/downloads/events-talks/Heiner_Kahlert_Facts-and-numbers_Statistics_on_BAT_%20activities.pdf> (besucht am 06.01.2020).

1396 *Segan,* Does the Court of Arbitration for Sport need a „Grand Chamber"?, LawInSport v. 15.01.2014.

1397 *Segan,* Does the Court of Arbitration for Sport need a „Grand Chamber"?, LawInSport v. 15.01.2014.

einer vorangegangenen Grundsatzentscheidung ihre Erfolgschancen ausrechnen, andere, die nicht auf Grundsatzentscheidungen zurückgreifen können, allerdings nicht.

Der Vorschlag von *Anderson* geht in eine ähnliche Richtung. Er schlägt die Schaffung und Etablierung eines „permanently sitting International Court of Justice for Sport“ nach dem Vorbild des *International Court of Justice* vor.[1398] Dies erst soll eine konstante Rechtsprechung gewährleisten. Damit einher geht die Kritik an der Bestellung der Schiedsrichter für jedes Verfahren.[1399] Im Januar 2018 konnte aus der geschlossenen Liste aus 393 Schiedsrichtern ausgewählt werden. In diese geschlossene Liste werden grundsätzlich Schiedsrichter aufgenommen, die auf dem Gebiet der internationalen Schiedsgerichtsbarkeit wirken und anerkannt sind. Darüber hinaus besitzen sie auch ein gewisses Verständnis und Kenntnis über den Sport an sich. Trotzdem führt dies dazu, dass bei 393 Schiedsrichtern eine gewisse Rotation bei der Schiedsrichterbestellung vorliegt. Somit ist die Wahrscheinlichkeit sehr groß, dass in verschiedenen Verfahren jeweils andere Schiedsrichter über möglicherweise gleiche Fragen richten. Nachdem die *stare decisis doctrine* beim CAS keine Geltung besitzt, liegt hier ein Potential für inkonstante und unvorhersehbare Entscheidungen, indem vergleichbare Sachverhalte nicht gleich beurteilt werden. Aus diesem Grund ist zu überlegen, ob CAS-Schiedsverfahren durch weniger, permanente Schiedsrichter eher in der Form von Richtern geführt werden sollten. Diesen würden dann keine anderen Aufgaben und Tätigkeiten außerhalb des CAS nachkommen. Allerdings fördert gerade diese geschlossene Schiedsrichterliste eine gewisse Flexibilität und Qualität der Schiedssprüche. Auf diese Weise kann sichergestellt werden, dass jeweils die Schiedsrichter Streitigkeiten entscheiden, die mit den jeweiligen Eigenheiten des Streitgegenstandes am besten vertraut sind. So ist gewährleistet, dass die Schiedsrichter berufen werden können, die beispielsweise mit den Regeln des Curlings[1400] oder mit Immaterialgüterrecht am besten vertraut sind.[1401] Zudem hängen damit schwierige weitere Folgefragen zusammen. Da die Benennung der Schiedsrichter in die geschlossene Liste das CAS bereits umstritten war und weiterhin diskutiert

---

1398 *Anderson*, Modern Sports Law, S. 93.

1399 Vgl. R39, R40.2 Abs. 3, R53, R54 CAS-Code 2019.

1400 Curling ist eine auf dem Eis ausgetragene, olympische Wintersportart.

1401 *Holla*, Der Einsatz von Schiedsgerichten im organisierten Sport, S. 34 m. w. N. zu der besonderen Sachkunde der Schiedsrichter als ein wesentlicher Vorteil der Schiedsgerichtsbarkeit.

wird, müsste ein Mechanismus gefunden werden, wie und von wem solche *permanent arbitrators* zulässigerweise ernannt werden könnten.

g) Zusammenfassung

Die ordentlichen CAS-Verfahren entsprechen weitestgehend denen der Handelsschiedsgerichtsbarkeit und damit erfüllen sie den vorrangigen Zweck der Streitbeilegung im Einzelfall. Eine gewisse Flexibilität zwischen den unterschiedlichen Verfahren auch auf Kosten einer Gleichbehandlung ist deshalb nicht problematisch. Die *stare decisis doctrine* würde dann in einem Widerspruch zu diesen Schiedsverfahren stehen. Diese stellen gerade eine private, auf Übereinstimmung der Parteien basierende Streitbeilegung dar, die jeweils im Einzelfall aufgrund der dortigen Sachlage getroffen wird. Der Schiedsspruch soll dann auch nur bindende Wirkung zwischen den Parteien erhalten.

Für die Rechtsmittelverfahren stellt sich die Situation anders dar. Die Ausführungen zeigten, dass es ein Bedürfnis an Präzedenzfällen für Schiedssprüche gibt, da die bisherigen Mechanismen die privaten und öffentlichen Interessen an einer Rechtssicherheit, Vorhersehbarkeit, Konstanz und Gleichbehandlung nicht garantieren können. Trotzdem müsste eine weitere Stelle geschaffen werden, um divergierende Entscheidungen zu vermeiden und dieser Doktrin somit auch Geltung zu verschaffen. Die Schaffung mehrerer Kammern für verschiedene Streitgegenstände erscheint dabei nicht so praxistauglich wie die Etablierung eines Art *singel supervisory panel*[1402]. Dieses könnte die Befolgung der *precedents* innerhalb des CAS kontrollieren, sofern es losgelöst von der Institution des ICAS agiert. Daran zeigt sich, dass alleine durch die Veröffentlichung der Schiedssprüche eine Gleichbehandlung der Parteien nicht zwingend gewährleistet wird, wenngleich faktisch der Begründungsdruck auf die Schiedsrichter abweichender Entscheidungen steigen dürfte. Trotzdem ist die Veröffentlichung der Schiedssprüche und der Entscheidungsgründe als ein erster Schritt unbedingt erforderlich. Die Etablierung von faktischen Präjudizen würde dann auch nicht der Gleichbehandlung der Schiedsparteien widersprechen, da auf die Schiedssprüche nicht nur durch das Schiedsgericht und den *repeat players*, sondern auch durch die strukturell unterlegenen Sportler als Schiedspartei Bezug genommen werden kann.

1402 *Straubel*, Loy. U. Chi. L.J. 2005, 1203 (1272).

2. *Rechtsfortbildung*

Als weiteres Argument für die Veröffentlichung der Schiedssprüche kann auch das Bedürfnis nach Rechtsfortbildung genannt werden. Im internationalem Bereich entscheiden zunehmend Schiedsgerichte anstatt staatlicher Gerichte.[1403] Oftmals wird die Schiedsgerichtsbarkeit damit kritisiert, dass sie durch die Vertraulichkeit der Verfahren und fehlenden Veröffentlichung der Schiedssprüche eine Rechtsfortbildung des staatlichen Rechtes verhindere.[1404] Zu weiten Teilen des Wirtschaftsrechtes fehlen öffentliche Entscheidungen, die sowohl Rechtssicherheit über die Auslegung der Gesetze schaffen als auch dem Gesetzgeber die Möglichkeit einräumen, auf wissenschaftliche Kritik und wiederkehrende Tendenzen in der schiedsgerichtlichen Rechtsprechung zu reagieren.[1405] Allerdings erscheint bei dieser Diskussion der Begriff „Rechtsfortbildung" nicht immer passend, um den wirklichen Kern der Problematik wiederzugeben. Es muss zwischen der Auslegung der Vorschriften, der Rechtsfortbildung und Rechtsfortentwicklung unterschieden werden.[1406] In Anlehnung an *Eslami* soll ein Fall von Rechtsfortbildung [...] in Abgrenzung zur Auslegung erst dann vorliegen, wenn die grammatikalische, systematische, historische und teleologische Normauslegung zu keinem Ergebnis führt oder aber zu einem Ergebnis

---

1403 *Hoffmann*, SchiedsVZ 2010, 96 (97 ff.); beispielsweise wurden im Jahr 2018 bei der ICC 842 neue Fälle eingereicht, die 2282 Parteien aus 135 Ländern umfassten, vgl. *ICC*, ICC Dispute Resolution 2018 Statistics, abrufbar unter <http://files-eu.clickdimensions.com/iccwboorg-avxnt/files/web_icc_disputeresolution2018statistics.pdf?m=11.6.2019%20 11%3A46%3A22&_cldee=YWdvaW5zQHZlbGF3LmNvbQ%3D%3D&recipientid=contact-780a89b59404e911a99f000d3ab38ab1-e7a8451ec8964a3399514c904bfdf1e2&esid=5a1d9a87-22a1-43b0-8004-4bc0ca257142> (besucht am 06.01.2020).

1404 *Kahlert*, Vertraulichkeit, S. 70 mit zahlreichen Nachweisen; grundsätzlich zu einem Bedeutungsverlust staatlicher Gerichte aufgrund der zunehmenden Anzahl an Schiedsverfahren *Hoffmann/Maurer*, Zeitschrift für Rechtssoziologie 2010, 279 (279 ff.); zu der fortschreitenden Vermehrung der Hinwirkung durch Schiedsinstitutionen auf eine Veröffentlichung *Risse*, SchiedsVZ 2014, 265 (274).

1405 *Berger*, SchiedsVZ 2009, 289 (295 ff.) nennt als Beispiel die Bereiche Gesellschaftsrechtliche GmbH-Beschlussmängelstreitigkeiten, Recht des Unternehmenskauf, AGB-Recht und das internationale Bank- und Finanzmarktrecht bei b2b Geschäften; a.A. *Lachmann*, Handbuch für die Schiedsgerichtspraxis, S. 51 f. Rn. 171 nennt lediglich den Bereich Unternehmenskäufe; weitere Beispiele und Nachweise *Leisinger*, Vertraulichkeit in internationalen Schiedsverfahren, S. 267; *Duve/Keller*, SchiedsVZ 2005, 169 (172).

1406 So auch *Eslami*, Nichtöffentlichkeit, S. 372.

führt, das in der Zusammenschau mit anderen Normen nicht als vertretbar angesehen werden kann und demnach zur Lösung der entscheidenden Rechtsfrage der Wortsinn überschritten werden muss".[1407] Die schiedsrichterliche Auslegung und Rechtsfortbildung werden für die Zwecke dieser Arbeit unter den Begriff Rechtsfortbildung im engeren Sinn gefasst. Die Fortentwicklung des Rechtes beziehungsweise auch der Regelwerke der Verbände aufgrund einer konstanten schiedsrichterlichen Rechtsprechungspraxis und der Möglichkeit eines öffentlichen Diskurses über die Schiedsurteile soll dahingegen unter dem Begriff der Rechtsfortentwicklung fallen und wird im Folgenden als Rechtsfortbildung im weiteren Sinn verstanden.[1408]

a) Rechtsfortbildung im weiteren Sinn

Ein Paradebeispiel für eine Rechtsfortentwicklung durch die CAS-Rechtsprechung ist der *World Anti Doping Code (WADC).*[1409] Ursprünglich beurteilte jeder Sportverband Dopingverstöße nach einem eigenen „Doping-Code", ehe dieses uneinheitliche System im Jahre 2003 durch ein einheitliches Regelwerk, dem WADC, ersetzt wurde.[1410] Etliche Vorschriften des WADC basieren jedoch auf der CAS-Rechtsprechung, indem der WADC viele Argumente der CAS-Schiedssprüche kodifiziert.[1411] Das Beispiel des WADC verdeutlicht, dass eine konstante, veröffentlichte CAS-Rechtsprechung zu neuen, schriftlichen Regelungen führen kann. Der CAS nimmt mithin eine nicht unbedeutende Rolle wahr, das Recht fortzuentwickeln. Dies ist jedoch nur dann möglich, wenn die CAS-Schiedssprüche auch öffentlich bekannt sind, also veröffentlicht werden.

aa) Herabsetzung der Dauer der Sperren

Vor der Zeit des einheitlichen WADC unterschieden sich die Regelungen der Verbände bezüglich der Dauer der Sperren.[1412] Darüber hinaus sahen

1407 *Eslami,* Nichtöffentlichkeit, S. 371.

1408 Im Folgenden wird nicht die Rechtsfortbildung der spezifisch schiedsverfahrensrechtlichen Bereiche, wie z.B. die Auslegung des CAS-Code untersucht. Diese Fragestellungen würden ansonsten auch unter diese Begriffsbestimmung fallen, vgl. *Kahlert,* Vertraulichkeit, S. 71.

1409 Der aktuelle WADC in der Fassung 2015 mit Ergänzung aus dem Jahr 2019 kann online abgerufen werden unter <https://www.wada-ama.org/sites/default/files/resources/files/wada_anti-doping_code_2019_english_final_revised_v1_linked.pdf> (besucht am 06.01.2020); i. F. Bezugnahme auf diese Fassung.

1410 *Netzle,* SpuRt 2003, 186 (186 f.).

1411 Siehe i. E. *Oschütz,* in: Blackshaw u. a., The CAS, S. 246 (250 ff.).

1412 *Netzle,* SpuRt 2003, 186 (188 f.) i. E. zu den Sanktionen vor und durch den WADC.

nur manche Verbandsregelwerke die Möglichkeit der zeitlichen Verkürzung der Sperre vor. Trotz fehlender Verbandsregeln reduzierte der CAS dennoch manchmal die Dauer der Sperren und begründete dies mit dem Persönlichkeitsrecht der Sportler sowie dem Grundsatz der Proportionalität. Der WADC enthält nun ausdrücklich die Möglichkeit der Strafreduktion, wenngleich nur unter strengen Voraussetzungen.[1413]

bb) Beweislastverteilung

Wenn einem Sportler die Verletzung der Dopingregeln vorgeworfen wird, dann muss die sanktionierende Institution, also beispielsweise der Sportverband, nach Art. 3 WADC nachweisen, dass der Athlet diese verletzt hat. Allerdings trifft die sanktionierende Behörde nur die Beweislast, dass auch wirklich eine positive Dopingprobe vorliegt. Sie muss beispielsweise zweifelsfrei nachweisen, dass das Blut oder das Urin verbotene Substanzen enthält. Wie es dazu kommen konnte, also ob sich der Athlet wissentlich verbotene Dopingmethoden angewendet hat, die Befunde zusätzlich auch auf genetischen Ursachen beruhen könnten oder ob der Athlet vielleicht sogar Opfer kontaminierter Nahrungsmittel geworden ist, obliegt nicht dem Beweis der Sanktionsinstitution. Art. 3.1 WADC setzt damit die jahrelange CAS-Rechtsprechung bezüglich der Beweislastverteilung um.[1414]

cc) Strict-liability-*Grundsatz*

Der *strict-liability*-Grundsatz besagt, dass das Verschulden für einen positiven Dopingtest jeden Sportler trifft.[1415] Die Athleten tragen mithin die volle Verantwortung dafür, dass sich keine verbotenen Substanzen in ihrem Körper befinden. Dies gilt selbst dann, wenn die Verabreichung ohne Wissen der Athleten geschehen sein sollte. Dieser Grundsatz wurde über Jahre durch den CAS entwickelt und schließlich in Art. 2.1 WADC schriftlich niedergelegt.[1416]

1413 Art. 10.5 WADC.

1414 Vgl. u. a. CAS-Schiedsspruch (22.12.1998) – CAS 98/208, *N., J., Y., W. / Féderation International de natation*, Rn. 13 ff.; *Kaufmann-Kohler*, Arb. Int'l. 2007, 357 (365 f.).

1415 Zur Entwicklung des *stict-liability*-Grundsatzes durch den CAS und die Kodifizierung im WADC *Netzle*, SpuRt 2003, 186 (188 f.); vgl. auch *Kaufmann-Kohler*, Arb. Int'l. 2007, 357 (365 f.).

1416 *Kaufmann-Kohler*, Arb. Int'l. 2007, 357 (365 f.); *Netzle*, SpuRt 2003, 186 (188 f.).

b) Rechtsfortbildung im engeren Sinn

Der CAS spielte in der Vergangenheit auch bei der Auslegung und Rechtsfortbildung der vorhandenen Regelungen eine bedeutende Rolle.

aa) WADC

Nach 10.5.2 WADC kann eine Sanktion unter gewissen weiteren Vorgaben reduziert werden, sofern der Athlet *no significant fault or negligence* trägt. Diese Begriffe werden im WADC allerdings nicht weiter konkretisiert oder definiert. Der CAS musste diese Begriffe mithin in einer Reihe von Entscheidungen auslegen, um die Voraussetzungen im Einzelfall prüfen zu können.[1417] Durch die fortwährende Bezugnahme auf andere Schiedssprüche hat der CAS die Begriffe nicht nur im Einzelfall ausgelegt, sondern sie auch jeweils für die Zukunft weiter konkretisiert, so dass nunmehr eine eindeutige Begriffsbestimmung mit den Tatbestandsmerkmalen möglich ist.

bb) Olympic Charter

Auch der folgende Fall zeigt, dass die Schiedsrichter des CAS Begriffe auslegen müssen und vor einer Auslegung über den Wortsinn hinaus auch keine Zurückhaltung üben. *Perez* wollte bei den Olympischen Spielen 2000 für die Vereinigten Staaten als Kajakfahrer teilnehmen.[1418] Allerdings repräsentierte er bei Olympia im Jahre 1992 bereits Kuba. Das Olympische Komitee (IOC) sah den maßgeblichen Ablauf der drei Jahre nach dem Nationalitätenwechsel noch nicht als erfüllt an. Kuba erteilte zudem keine Zustimmung, so dass das IOC auch nicht von dieser Regelung abweichen konnte. Die besondere Situation war jedoch, dass *Perez* sich bereits im Jahr 1993 aus Kuba absetzte und in den Vereinigten Staaten Asyl beantragte. Der CAS sah dadurch die By-law to Rule 41 Olympic Charter (OC)[1419] als erfüllt an.[1420] Nach der Auslegung des Begriffs *change nationality* kamen die Schiedsrichter zu dem Ergebnis, dass darunter

---

1417 *Kaufmann-Kohler*, Arb. Int'l. 2007, 357 (366).

1418 Siehe CAS-Schiedsspruch (19.09.2000) – CAS ad hoc Division OG 00/005, *Angel Perez / International Olympic Committee (IOC).*

1419 Heute By-law to Rule 41.2 OC 2017.

1420 Vgl. CAS-Schiedsspruch (19.09.2000) – CAS ad hoc Division OG 00/005, *Angel Perez / International Olympic Committee (IOC)*, Rn. 19 ff.; hier stimmt das Schiedsgericht mit der Argumentation in dem Fall *Perez* überein, entscheidet jedoch aufgrund einer anderen Sachverhaltslage anders, da *Miranda* nicht als Überläufer/ Flüchtling betrachtet werden konnte.

nicht nur der Wechsel zu einer neuen Nationalität gefasst werden kann, sondern auch die Änderung der Nationalität in den Status Staatenloser (*stateless*).[1421] Durch diese Interpretation waren seit 1993 die drei Jahre abgelaufen, in denen *Perez* zuletzt Kuba repräsentiert hat.

In einem anderen Fall hat der CAS in dem Schiedsspruch dem IOC sogar aufgetragen, die Athletin *Scott* anstatt der gedopten Athletin nachträglich die Goldmedaille zu verleihen.[1422] Die damalige Vorschrift stellte nicht ausdrücklich klar, ob sich eine positive Dopingprobe auch auf die anderen olympischen Wettkämpfe auswirkt und zu einer Annullierung aller Ergebnisse führen muss, selbst wenn die positive Probe nur bezüglich eines Wettkampfes vorliegt. Der CAS argumentierte, dass dies aufgrund des olympischen Gedankens[1423] so sein müsste. Die aktuelle Fassung der Rule 59.2.1 OC 2017 ist wesentlich differenzierter formuliert und ausgestaltet. Dies ist ein weiteres Beispiel dafür, dass eine Auslegung und Rechtsfortbildung des CAS zu einer Rechtsfortentwicklung führen kann.

cc) IAAF Competition Rules

In einem anderen Fall ging es um die Interpretation einer Regelung der IAAF Competition Rules.[1424] Der amerikanische Leichtathlet *Young* wurde während der Olympischen Spiele in Sydney im Jahr 2000 positiv auf Doping getestet. Im Anschluss stellte sich die Frage, ob daraufhin auch die Teamstaffel ihre Medaille aberkannt bekommen sollte. Young lief in dieser Staffel im Vorlauf, nicht jedoch im Finale. Die Regeln des Internationalen Leichtathletikverbandes regelten damals nur die Frage bezüglich der Disqualifikation und nachträglichen Aberkennung der sportlichen Leistung des einzelnen Athleten.[1425] Der Verband argumentierte jedoch, dass diese Vorschrift sinnvollerweise auch die Aberkennung der gesamten Teamleistungen regeln wollte (*purposivly*). Die

---

1421 CAS-Schiedsspruch (19.09.2000) – CAS ad hoc Division OG 00/005, *Angel Perez / International Olympic Committee (IOC)*, Rn. 32.

1422 CAS-Schiedsspruch (18.12.2003) – CAS 2002/O/373, *Canadian Olympic Committee (COC) & Becki Scott/International Olympic Committee (IOC)*, S. 19 Rn. 4.

1423 Die Bestandteile ausführlich nachlesbar in der Preamble der OC 2017.

1424 CAS-Schiedsspruch (20.07.2005) – CAS 2004/A/725, *United States Olympic Committee (USOC) v. International Olympic Committee (IOC) & International Association of Athletics Federation (IAAF)*.

1425 Rule 59.4 IAAF Competition Rules lautete damals: „ […] the athlete shall be disqualified from that competition and the result amended accordingly"; heute Rule 40 IAAF Competition Rules 2016–2017.

Schiedsrichter widersprachen dieser Interpretation jedoch und beriefen sich auf den ausdrücklichen Wortlaut, der eindeutig nur von *the athlete* und eben nicht auch von *the team* spricht.[1426] Dieser Fall zeigt, inwiefern die Rechtsfortbildung im engeren Sinn auch eine Rechtsfortentwicklung nach sich ziehen kann. Inzwischen hat der Internationale Leichtathletikverband weiterhin in Rule 40 IAAF Competition Rules 2016–2017 die Sanktionen für die individuellen Athleten festgelegt, jedoch mit Rule 41 eine zusätzliche Vorschrift geschaffen, um die Konsequenzen für das Team ausdrücklich zu regeln.

c) *Spezialfall* lex sportiva

Nachfolgende Ausführungen zeigen, dass durch die Rechtsprechung des CAS auch eine *lex sportiva*[1427] entwickelt wird. Die Wirkung der Schiedssprüche findet nicht nur noch *inter partes* zwischen den Schiedsparteien statt, sondern sie haben Auswirkungen auf einen größeren Personenkreis. Dies macht die Veröffentlichung der Schiedssprüche notwendig.

aa) *Vergleichsmaßstab* lex mercatoria

Bei der Frage, ob und warum die Veröffentlichung der Schiedssprüche für das Bilden einer *lex sportiva* wichtig ist, lohnt sich ein Blick auf die diesbezügliche Diskussion in der Handelsschiedsgerichtsbarkeit in Bezug auf die *lex mercatoria*[1428]. Ein Vergleich erscheint gerechtfertigt, da der CAS[1429] selbst, ebenso wie eine Auffassung in der Literatur[1430] zwischen beiden Konzepten

---

1426 CAS-Schiedsspruch (20.07.2005) – CAS 2004/A/725, *United States Olympic Committee (USOC) v. International Olympic Committee (IOC) & International Association of Athletics Federation (IAAF)*, Rn. 1 ff.

1427 Für weitere Literaturangaben für den Begriff und den Hintergrund der *lex sportiva* vgl. *Reuter*, in: MüKo BGB, 7. Aufl. 2015, § 25 Rn. 62.

1428 Zu der Frage der Existenz und Natur einer *lex mercatoria* vgl. *König*, Präzedenzwirkung internationaler Schiedssprüche, S. 117 ff.

1429 CAS-Schiedsspruch (20.08.1999)- CAS 98/200, *AEK Athens and SK Slavia Prague / Union of European Football Associations (UEFA)*, Rn. 156; CAS-Schiedsspruch (07.10.2003) – CAS 2002/O/410, *The Gibraltar Football Association (GFA)/Union des Associations Européennes de Football (UEFA)*, Rn. 4.

1430 *Foster*, in: Siekmann/Soeck, What is sports law?, S. 35 (45) sieht aufgrund der Vergleichbarkeit beider Konzepte einen Gleichlauf der Probleme und mithin bei der (neuen) Diskussion der *lex sportiva* einen Rückgriff auf die bereits geführte (alte) Diskussion bzgl. der *lex mercatoria*; *Parrish*, European Law Rev. 2012, 716 (719) erwähnt den diesbezüglichen Vergleich von *Foster; Mitten/Opie*, in: Siekmann/Soeck, What is sports law?, S. 173 (190) sprechen von Ähnlichkeiten beider

Parallelen ziehen. Allerdings muss auch die Unterschiedlichkeit beider Konzepte berücksichtigt werden.[1431] *Nafziger* weist darauf hin, dass die *lex mercatoria* ein Produkt der über Jahrhunderte langen Anwendung der Handelsbräuche ist.[1432] Die *lex sportiva* hat sich dahingegen aus wenigen Streitigkeiten in einem kurzen Zeitraum in einer begrenzten, speziellen Materie, nämlich dem Sport, entwickelt.[1433]

bb) Begriff lex mercatoria

Bereits im Jahr 1995 stellte *Gaillard* fest, dass bereits seit Längerem eine wissenschaftliche Diskussion um das Thema der *lex mercatoria* sehr kontrovers geführt wird.[1434] Es wurde schließlich auch vertreten, dass der Name *lex mercatoria* irreführend und besser durch Ausdrücke wie *transnational rules* oder *general principles of international commercial law* ersetzt werden sollten.[1435] Auf diese Weise sollte eine Klarstellung stattfinden, dass es sich dabei um keinen Gegensatz zu nationalem Recht handelt, sondern wie *Kaufmann-Kohler* die Ausführungen deutet, eher um eine Methode, die Regeln anzuwenden, die im internationalen Handel passend sind.[1436] Diese Vorschläge konnten sich jedoch nicht durchsetzen, so dass im Jahr 2019 immer noch von der *lex mercatoria* gesprochen wird. Im Rahmen dieser Arbeit wird deren Existenz angenommen. Zudem sollen die verschiedenen Ansichten, was unter dem Begriff *lex mercatoria* zu verstehen ist, nicht weiter dargestellt und diskutiert werden.[1437] Diese Arbeit versteht unter dem Begriff ein transnationales Recht, das staatliche, überstaatliche und nichtstaatliche Normenordnungen vereint.[1438] Dieses wird vor allem durch Schiedsgerichte fortgebildet und entwickelt.[1439]

Konzepte; *Blackshaw*, Sport, Mediation and Arbitration, S. 185 ff. ausführlich zu den Ähnlichkeiten und Unterschieden.

1431 Auf die Diskussion, ob überhaupt eine *lex mercatoria* existiert, soll hier nicht weiter eingegangen werden.

1432 *Nafziger*, in: Siekmann/Soeck, What is sports law?, S. 53 (54 f.).

1433 *Nafziger*, in: Siekmann/Soeck, What is sports law?, S. 53 (54 f.); für weiteren Unterschied *Casini*, in: Siekmann/Soeck, What is sports law?, S. 149 (158); weiteres kann für die Frage der Veröffentlichung dahinstehen.

1434 *Gaillard*, ICSID Rev. 1995, 208 (209).

1435 *Gaillard*, ICSID Rev. 1995, 208 (211).

1436 *Kaufmann-Kohler*, Arb. Int'l. 2007, 357 (364).

1437 Zur Darstellung der verschiedenen diskutierten Ansichten *Gaillard*, ICSID Rev. 1995, 208 (209 f.).

1438 Vgl. *König*, Präzedenzwirkung internationaler Schiedssprüche, S. 118.

1439 Vgl. *König*, Präzedenzwirkung internationaler Schiedssprüche, S. 118.

cc) Begriffsklärung lex sportiva

Wenn man sich näher damit beschäftigt, was sich hinter dem Begriff *lex sportiva* eigentlich verbirgt, so stellt man schnell fest, dass kein einheitliches Verständnis darüber besteht. Eine allgemeingültige Definition sucht man mithin vergebens. Der Begriff *lex sportiva* zeichnet sich vor allem durch Unschärfe aus.[1440] Es ist dabei interessant, dass viele trotzdem von der Existenz einer *lex sportiva* ausgehen, auch wenn Inhalt, Reichweite und Umfang ungeklärt sind.[1441]

Der CAS selbst trägt auch nur bedingt zur Klarheit bei. Im Jahre 2005 erklärten Schiedsrichter das gesamte Konzept der *lex sportiva* als zu vage und ungenau, um daraus verbindliche Regeln für das Verhältnis der Verbände und Athleten mit konkreten Rechten und Pflichten ableiten zu können.[1442] Mithin lehnten sie die Anwendung dieser ab und wendeten *general principles of law* an, die sich nicht auf einen sportrechtlichen Kontext beschränken müssen. Allerdings hat der CAS im Nachgang in etlichen Entscheidungen ausdrücklich auf die *lex sportiva* verwiesen und scheint dieses Konzept generell anzuerkennen.[1443] Über den Inhalt und die Reichweite der *lex sportiva* besteht jedoch auch innerhalb der CAS-Schiedsrichter keine Übereinstimmung. So wird durchaus auch von *lex ludica* gesprochen.[1444] Diese Definition der *lex ludica* ist jedoch in

---

1440 *Foster,* in: Siekmann/Soeck, What is sports law?, S. 123 (125).

1441 *Erbsen,* in: Siekmann/Soeck, What is sports law?, S. 91 (92); *McLaren,* Marq.S.L.Rev. 2001, 515 (523 ff.) bejahend zu der Entwicklung einer *lex sportive* durch die ad hoc Schiedsgerichte; *Blackshaw,* International Sports Law: An Introductory Guide, S. 132; a. A. *Parrish,* European Law Rev. 2012, 716 (717) zur Nichtexistenz eines „sports law".

1442 CAS Advisory opinion (21.04.2006) – CAS 2005/C/976 & 986, *Féderation Internationale de Football Association (FIFA) & World Antidoping Agency (WADA),* Rn. 124.

1443 Statt vieler vgl. CAS-Schiedsspruch (16.07.2010) -CAS 2008/A/1545, *Andrea Anderson, LaTasha Colander Clark, jearl Miles-Clark, Torri Edwards, Chryste Gaines, Monique Hennagan, Passion Richardson v. International Olympic Committee (IOC),* Rn. 62 ff.;; CAS-Schiedsspruch (30.04.2012) -CAS 2011/A/2626, *Club Rangers de Talca v. Féderation Internationale de Football Association (FIFA),* Rn. 19; CAS-Schiedsspruch (29.06.2016) – CAS 2016/A/4377, *World Anti Doping Agency (WADA) v. International Weightlifting Federation (IWF) & Yenny Fernanda Alvarez Caicedo,* Rn. 46.

1444 CAS-Schiedsspruch (20.08.1999) – CAS 98/200, *AEK Athens and SK Slavia Prague / Union of European Footbball Associations (UEFA),* Rn. 156.

anderen Schiedssprüchen auch für das Konzept der *lex sportiva* passend und wird als Synonym verwendet.[1445]

Ohne im Rahmen dieser Arbeit die Diskussion noch einmal nachzeichnen zu wollen, ob überhaupt das Konzept *lex sportiva* existiert,[1446] sollen nur die Aspekte behandelt werden, die für die hier relevante Frage der Veröffentlichung der Schiedssprüche eine Rolle spielen.[1447]

Grundsätzlich lassen sich zwei Ansichten über das Verständnis der *lex sportiva* unterscheiden.[1448] Die einen fassen unter den Begriff nur die Prinzipien, die durch den CAS in den Schiedsurteilen herausgebildet werden. Die anderen wollen das Konzept *lex sportiva* umfassender verstanden wissen. Neben den Prinzipien und Regeln, die der CAS in den Schiedssprüchen entwickelt und anwendet, beziehen sie auch das selbstgesetzte, nichtstaatliche Recht der Sportverbände mit ein. Welches Begriffsverständnis vorzugswürdig ist, soll nicht im Rahmen dieser Arbeit entschieden werden. Die Anhänger beider Ansichten stellen jedenfalls übereinstimmend als einen oder den einzigen Bestandteil auf die Schaffung der *lex sportiva* durch die Entscheidungspraxis des CAS ab. Problematisch könnte an den Begriffsbestimmungen sein, dass *lex sportiva* oftmals mit *CAS jurisprudence* gleichgestellt wird.[1449] Dem CAS wird so eine, beziehungsweise die zentrale Rolle bei der Entwicklung der Rechtsgrundsätze eingeräumt. Schiedsrichter des CAS sympathisieren durchaus mit dieser Ansicht.[1450] Sie machen deutlich, dass durch die CAS Rechtsprechung (*CAS jurisprudence*) gewisse Prinzipien im Sportrecht verfeinert und entwickelt

---

1445 Ausdrücklich zu den Begriffen als Synonyme CAS-Schiedsspruch (20.05.2005) – CAS 2004/A/678, *Apollon Kalamaria F.C. v. Davidson Oliveira Morais*, Rn. 25.

1446 Allein diese Fragen sind höchstumstritten und könnten Inhalt einer eigenständigen Arbeit sein, vgl. ebenso *Blackshaw*, International Sports Law: An Introductory Guide, S. 143.

1447 *Lenard*, Pepp. Disp. Resol. L. J. 2009, 173 (179) hat als ICAS-Mitglied bereits im Jahr 2009 die Existenz einer *lex sportiva* zweifelsfrei bejaht.; zusammenfassend zu der kontrovers geführten Debatte über die Existenz „Sports Law“ *Blackshaw*, Sport, Mediation and Arbitration, S. 177.

1448 *Vieweg*, SpuRt 2013, 227 (227) zählt in den Fußnoten die einzelnen Vertreter der verschiedenen Ansichten auf.

1449 *Casini*, in: Siekmann/Soeck, What is sports law?, S. 149 (151) spricht beispielsweise von „judge-made sport law“; *Foster*, in: Siekmann/Soeck, What is sports law?, S. 35 (43) spricht davon, dass ein Bestandteil der *lex sportiva* die durch den CAS kundgetanen Rechtsgrundsätze sind.

1450 Vgl. i. F. CAS-Schiedsspruch (18.12.2003) – CAS 2002/O/373, *Canadian Olympic Committee (COC) & Beckie Scott / International Olympic Committee (IOC)*, Rn. 14.

wurden. Beispielhaft wird die verschuldensunabhängige Haftung im Dopingkontext sowie das Fairnessprinzip genannt. Zwar drücken sich die Schiedsrichter vorsichtig aus, ob diese Prinzipien Teil einer sich entwickelten *lex sportiva* sind.[1451] Allerdings begreifen sie die Bezugnahme der Parteien auf vergangene Schiedssprüche als eine Rechtswahl gerade auf dieses Fallrecht (*case law*). Dieses Fallrecht wiederum umfasst Prinzipien, die sich durch die Anwendung des Verbandsrechts entwickelt haben. Nachdem die Schiedsrichter anfangs zu erkennen gegeben haben, dass sich diese Prinzipien durchaus als einen Teil der *lex sportiva* begreifen lassen, erkennen sie dem CAS zumindest eine zentrale Rolle bei der Schaffung und dem Inhalt der *lex sportiva* zu.[1452]

dd) Lex sportiva *und das Erfordernis der Veröffentlichung*

Das Konzept der *lex mercatoria* dient unter anderem als eine Begründung für die Notwendigkeit, die Schiedssprüche zu veröffentlichen. So spricht *Kahlert* davon, dass die Veröffentlichung der Schiedssprüche „insbesondere für die Entwicklung einer internationalen *lex mercatoria* […] von großer Bedeutung“[1453] wäre. Den wichtigen Fragen, warum genau dies der Fall sein sollte, geht er jedoch nicht weiter nach. *Ong* hingegen beschreibt einen Art Kreislauf, der durch die Veröffentlichung der Schiedssprüche in Gang gesetzt wird.[1454] Nachdem ein Schiedsspruch veröffentlicht wurde, steht er der Öffentlichkeit für eine Debatte zur Verfügung. Durch diese Diskussion in Praxis und Wissenschaft können wiederum Verbesserungen für die Zukunft angestoßen und die *lex mercatoria* auf diese Weise weiterentwickelt werden. Die Schiedsrichter beziehen sich dann zukünftig bei ihren Streitentscheidungen auf die verbesserte *lex mercatoria*. Ähnlich sieht *Lew* die Schiedsgerichte bei der Anwendung und Weiterentwicklung der Prinzipien der *lex mercatoria* in der Pflicht, welcher sie nur durch die Veröffentlichung der Schiedssprüche vollständig nachkommen können.[1455] Denn die *lex mercatoria* ist durch (Handels-)Institutionen nur lückenhaft niedergelegt, vielmehr ist es rein tatsächlich durch die Handelsbräuche geprägt. Mithin werden diese Prinzipien erst durch die Schiedssprüche sichtbar, indem sie dort zum Teil erstmalig fixiert, also durch

---

1451 „ […] might be deemed part of an emerging '*lex sportiva*'“.

1452 *Lenard*, Pepp. Disp. Resol. L. J. 2009, 173 (180) mit seinen Ausführungen macht deutlich, dass er dem CAS als zentrale Figur bei der Schaffung der *lex sportiva* sieht.

1453 *Kahlert*, Vertraulichkeit, S. 70.

1454 *Ong*, Asian Int'l. Arb. J. 2005, 169 (177).

1455 *Lew*, in: Schultsz/Van den Berg, The Art of Arbitration, S. 223 (231).

den Schiedsspruch schriftlich niedergelegt werden. Dies ermöglicht im Folgenden eine weitere Bezugnahme. Ohne die Veröffentlichung der Schiedssprüche läuft dieses Ziel jedoch fehl. Ebenso kann die Argumentation von *König* verstanden werden.[1456] Nach der Ansicht von *König* wird das transnationale Recht, worunter auch die *lex mercatoria* fällt, nicht nur durch die Schiedsgerichte fortgebildet, sondern gerade durch diese entwickelt. Die Schiedsgerichte machen die Handelsbräuche in ihren Entscheidungen erst transparent und wenden sie im jeweiligen Einzelfall an. Wenn dies jedoch so ist, dann spricht diese Sichtweise aus den soeben genannten Gründen einmal mehr für die Veröffentlichung der Schiedssprüche.

Hofmann nimmt für die Bildung einer *lex sportiva* die *lex mercatoria* zum Vorbild.[1457] Allerdings lässt er weitere, konkrete Ausführungen vermissen. Er legt das Argument zu Grunde, dass ein Sportschiedsgericht in Abgrenzung zu den diversen Verbandsschiedsgerichten gerade für eine Kontinuität in der Rechtsprechungspraxis sorgen soll. Nachdem sich die Verbandsgerichtsbarkeit also unter anderem durch divergierende Entscheidungen auszeichnet, soll das Sportschiedsgericht eine Einheitlichkeit gewährleisten. Erst dann kann sich seiner Meinung nach eine *lex sportiva* herausbilden. Es ist durchaus zu begrüßen, dass ein Sportschiedsgericht eine gewisse Kontinuität in seiner Entscheidungspraxis gewährleisten soll. Wie genau es dadurch jedoch zu einer *lex sportiva* kommen soll, wird nicht ganz klar, wenngleich sich natürlich Prinzipien erst herausbilden, nachdem sie häufig Anwendung in vergleichbaren Sachverhalten gefunden haben.

Adolphsen sieht die Aufgabe der *lex sportiva* auch in der Lückenfüllung der zum Teil unvollständigen Verbandsregeln. Er spricht deshalb für den sportrechtlichen Kontext davon, dass sich „auf der Grundlage der *lex sportiva* [...] eine gefestigte Rechtsprechung entwickeln [müsste]".[1458] Dies würde in der Tat dem „universellen Geltungsanspruchs des internationalen Sports"[1459] helfen, indem dann gewährleistet wäre, dass in gleichen oder vergleichbaren Sachverhalten den Sportlern und Verbänden auch die gleichen Rechte zugesprochen werden

1456 *König*, Präzedenzwirkung internationaler Schiedssprüche, S. 117 ff.

1457 *Hofmann*, Zur Notwendigkeit eines institutionellen Schiedsgerichtes in Deutschland, S. 258.

1458 *Adolphsen*, in: Witt u. a., Jahrbuch Junger Zivilrechtswissenschaftler 2002, S. 281 (290).

1459 *Adolphsen*, in: Witt u. a., Jahrbuch Junger Zivilrechtswissenschaftler 2002, S. 281 (290).

und die gleichen Pflichten gelten.[1460] Eine solche gefestigte Rechtsprechung kann jedoch einmal mehr nur verwirklicht werden, wenn die Entscheidungen des CAS auch bekannt, also veröffentlicht werden. Ob die Rechtsfortbildung und Entwicklung der Rechtsgrundsätze durch den CAS bereits den Namen der *lex sportiva* verdient, kann dahinstehen. Bereits die Diskussion der Entwicklung einer *lex sportiva* machen eine unbedingte Veröffentlichung der Schiedssprüche notwendig.

Gerade die Stellung des CAS als ein Hauptakteur bei der Entwicklung der *lex sportiva* muss in Bezug auf die nicht immer gewährte Veröffentlichung der Schiedssprüche mithin kritisch gesehen werden. Denn wenn gerade dieses Fallrecht ein oder der Bestandteil der *lex sportiva* sein soll, jedoch mangels Veröffentlichung für die Parteien nicht verfügbar ist, dann bedeutet das einen nicht hinnehmbaren Zustand der Rechtsunsicherheit. Es liegt dann folgende Situation vor: Zwar gibt es keine *precedents*, also sind die Schiedsrichter nicht an vorangegangene Schiedssprüche gebunden.[1461] Allerdings ist bei den Schiedsrichtern die Ansicht verbreitet, dass das Fallrecht Teil der *lex sportiva* ist. Oftmals wird von der *lex sportiva* als einem *judge-made sports law* gesprochen.[1462] Dieses Fallrecht wird mithin gerade auch zur Falllösung weiterer Fälle herangezogen. Somit sehen sich Schiedsrichter rein faktisch doch an die vorangegangenen Schiedsurteile beziehungsweise die dort entwickelten Prinzipien gebunden. Die Waffengleichheit im Verfahren erfordert dann jedoch auch die Möglichkeit zur Kenntnisnahme für beide Schiedsparteien und nicht nur für die *repeat players*.

Neben dem Grund für die Veröffentlichung, nämlich allen Schiedsparteien eine gleiche Argumentationsgrundlage zu ermöglichen, sind publizierte Schiedssprüche für die rechtmäßige Bildung und Weiterentwicklung der *lex sportiva* erforderlich. Diese Notwendigkeit verdeutlichen exemplarisch die *amici-curiae*-Schriftsätze.[1463] Diese Stellungnahmen unbeteiligter Dritter können dem Schiedsgericht bei komplexen Fragestellungen durch ihre Expertise helfen und sind bei Verfahren mit einer (faktischen) Präjudizenwirkung unbedingt nötig. Momentan zeigt es sich, dass vor allem die Verbände als interessierte Parteien *amici-curiae*-Schriftsätze einreichen. Dies mag aufgrund des

---

1460 *Adolphsen*, in: Witt u. a. Jahrbuch Junger Zivilrechtswissenschaftler 2002, S. 281 (290 f.) macht das beispielhaft an der Herleitung der Schadensersatzansprüche plausibel.

1461 Siehe für Diskussion der *precedents* Teil 4 C. IV. 1.

1462 *Casini*, in: Siekmann/Soeck, What is sports law?, S. 149 (151) m. w. N.

1463 Siehe i. E. zu dieser Rechtsfigur Teil 2 C. VIII.

gewünschten „precedental effect“ der Schiedssprüche zum Beispiel bei der richtigen und einheitlichen Auslegung der Verbandsvorschriften nicht nur im Interesse der Verbände, sondern auch der Allgemeinheit sein. Ein zu großer Einfluss der Sportverbände durch die einseitige und verzerrte Darstellung lediglich ihrer Interessen könnte jedoch zu einer Ungleichgewichtslage zwischen den Schiedsparteien führen.[1464] Zwar können *amici-curiae*-Schriftsätze nicht neutral sein, da sie notwendigerweise die Argumente einer der Schiedsparteien stützen.[1465] Allerdings ist dann eine Auseinandersetzung des Schiedsgerichtes mit den vorgebrachten Interessen im Schiedsspruch und dessen Veröffentlichung sinnvoll, um den Anschein einer unfairen Handhabung gegenüber einer Partei auszuschließen. Auf diese Weise sind der Inhalt und die Reichweite der *amici-curiae*-Schriftsätze für die Allgemeinheit bekannt. In nachfolgenden Verfahren verbliebe somit die Möglichkeit bei gleicher Thematik die damals vorgebrachten und in dem CAS-Schiedsspruch berücksichtigten Argumente zu widerlegen. Dies würde eine Zementierung einseitiger Belange in der *lex sportiva* verhindern.

d) Zusammenfassung

Der CAS wendet das Recht nicht nur an, sondern legt es aus und bildet es fort. Die aufgeführten Beispiele, allen voran die Entwicklung einer *lex sportiva*, haben gezeigt, dass dies für einen Bereich wie dem Sport sinnvoll ist. Es scheint fast, als habe sich der Sport schneller als die diesbezüglichen Regelwerke entwickelt. Der CAS soll mit seiner Rechtsprechung mithin gerade diese Funktionen erfüllen. Der CAS entfernt sich damit von einer reinen Streitentscheidung des Einzelfalls und die Schiedssprüche erhalten eine allgemeinverbindliche Wirkung. Diese Tatsache sowie eine effektive Rechtsfortbildung machen die Veröffentlichung der Schiedssprüche erforderlich.

3. Soziale Rechtmäßigkeitskontrolle der CAS-Rechtsprechung

Schiedsverfahren im Allgemeinen werden oft skeptisch von außen beäugt und nicht selten wird ihnen mangelnde Transparenz vorgeworfen.[1466] Diese Kritik rührt oft daher, dass durch die Vertraulichkeit des Verfahrens sowie mangels

---

1464 Vgl. zur Investitionsschiedsgerichtsbarkeit *Sackmann*, Transparenz im völkerrechtlichen Investitionsschiedsverfahren, S. 175 f.; *Tams/Zoellner*, AVR 2007, 217 (221).

1465 *Büstgens*, Transparenz, S. 272 zu der (unmöglichen) Neutralität des *amicus curiae*.

1466 *Risse*, SchiedsVZ 2014, 265 (265 ff.) spricht sogar von einem „Arbitration Bashing“.

Veröffentlichung des Schiedsspruches die Öffentlichkeit nicht an dem Verfahren oder zumindest den Entscheidungsgründen teilhaben kann. Die (soziale) Kontrolle der CAS-Rechtsprechung fehlt damit. Recht sollte jedoch nicht nur gesprochen werden, sondern der Öffentlichkeit sollte auch die Möglichkeit gegeben werden, wahrzunehmen, dass Recht gesprochen wird (*justice seen to be done*)[1467]. Misstrauen am Rechtsprechungsprozess soll so gar nicht erst aufkommen und das Vertrauen in den Rechtsstaat gestärkt werden.[1468] Auf Regeln wird erst vertraut, wenn auch sichtbar ist, dass diese in rechtmäßiger Weise angewendet werden.[1469] Zwar gelten bezüglich der Schiedsverfahren, die auf privatautonomen Entscheidungen der Parteien beruhen, etwas andere Grundsätze als in staatlichen Verfahren. Allerdings wird der CAS nicht selten in Bezug zu einem staatlichen Gericht gesetzt und seine Rolle als ein *Supreme Court for Sport* diskutiert.[1470] Selbst wenn man den CAS nicht als ein solches, sondern weiterhin als privates Schiedsgericht ansieht, können Schiedsentscheidungen auch Auswirkungen über die Parteien hinausgehend entfalten.[1471] *Unlawfull practices* müssen mithin auch im Interesse der ganzen Gesellschaft verhindert werden und eine demokratische Kontrolle sollte gewährleistet werden.[1472] Auf den CAS übertragen bedeutet dies eine konsequente Veröffentlichung aller Schiedssprüche.

Die Veröffentlichung der Entscheidungen könnte darüber hinaus andere Verbände, die nicht an dem Schiedsverfahren beteiligt waren, dazu anregen, ihre eigenen Regelungen und Praktiken zu überdenken.[1473] Die Öffentlichkeit

---

1467 RV Sussex Justices ex p Mc Carthy [1924] 1 KB 256, Lord Hewart CJ: „[...] of fundamental importance that justice should not only be done, but should manifestly and undoubtedly be seen to be done." Ausschnitt abrufbar unter <http://johnhemming.blogspot.de/2011/04/r-v-sussex-justices-ex-p-mccarthy-1924.html> (besucht am 05.01.2020).

1468 Dieses Argument gilt umso mehr bezüglich der Öffentlichkeit der mündlichen Verhandlung nach § 169 GVG als Bestandteil des Rechtsstaatsprinzips, vgl. BVerfG (24.01.2001) – 1 BvR 2623/95, NJW 2001, 1633 (1635).

1469 Ähnlich *Kaufmann-Kohler*, Arb. Int'l. 2007, 357 (373 f.).

1470 *Beloff*, in: Siekmann/Soek, Lex Sportiva: What is Sports Law?, S. 69 (71); *Casini*, in: Siekmann/Soek, Lex Sportiva: What is Sports Law?, S. 153 (149); *Foster*, in: Siekmann/Soek, Lex Sportiva: What is Sports Law?, S. 123 (147); *Nafziger*, in: Siekmann/Soek, Lex Sportiva: What is Sports Law?, S. 53 (59).

1471 *Smit*, Am. Rev. Int. Arb. 2000, 567 (579); siehe für den Drittbezug i. E. Teil 2 C. V., Teil 4 C. IV. 1. e. & 2.

1472 *Kaczmarek*, Emp. Rts. & Emp. Pol'y J. 2000, 285 (321).

1473 Siehe speziell zur Schiedsgerichtsbarkeit im öffentlichen Recht *Kaczmarek*, Emp. Rts. & Emp. Pol'y J. 2000, 285 (322).

ist nach einer Veröffentlichung auf gewisse Themen sensibilisiert. Um ihre Mitgliederzahlen sowie Sponsoren zu halten, werden die Verbände versuchen, den sozialen Erwartungen gerecht zu werden. Zudem sind in sportrechtlichen Streitigkeiten Schiedsverfahren ein soziales Phänomen, da staatlicher Rechtsschutz gerade ausgeschlossen ist.[1474]

Kahlert weist zwar darauf hin, dass in staatlichen Gerichtsverfahren die Kontrolle durch die Öffentlichkeit nur noch selten faktisch stattfindet.[1475] Er macht aber darauf aufmerksam, dass die theoretische Möglichkeit trotzdem positive Auswirkungen auf die Qualität der Verfahren sowie Entscheidungen haben kann.[1476] Sofern die Schiedsrichter wissen, dass die Schiedssprüche später von einer breiten Öffentlichkeit wahrgenommen werden, werden diese die Entscheidungen noch gewissenhafter durchdenken und begründen.[1477]

Vor dem CAS können nur Schiedsrichter agieren, die in die geschlossene Liste aufgenommen wurden. Dafür müssen sie nach S14 CAS-Code 2019 über ganz spezielle Fähigkeiten und eine gewisse Reputation verfügen. Nach S19 Abs. 2 CAS-Code 2019 besitzt der ICAS die Möglichkeit, CAS Schiedsrichter auch wieder von dieser Liste zu entfernen. Zudem wird diese Liste alle vier Jahre erneut erlassen.[1478] Es ist im Idealfall also davon auszugehen, dass die Fähigkeiten der Schiedsrichter bereits einer gewissen Kontrolle unterliegen. Diese Tatsache einer geschlossenen Schiedsrichterliste lässt auch einen Vergleich zu den *Federal Court Judges* in den Vereinigten Staaten nicht abwegig erscheinen. *Kaczmarek* legt dar, dass diese zwar Gründe für ihre Entscheidungen nennen müssen, dies jedoch mündlich ausreicht und eine Veröffentlichung gerade nicht notwendig ist.[1479] Es stellt sich daraufhin die Frage, warum an Schiedsrichter als private Streitschlichter mit dem Erfordernis einer Veröffentlichung der Schiedssprüche höhere Anforderungen gestellt werden. Allerdings verweist er als Rechtfertigung auf den aufwendigen Nominierungsprozess sowie die Überprüfbarkeit der Entscheidungen in einer Berufungsinstanz. Dieses Argument

---

1474 Zu *social phenomenon* in der Schiedsgerichtsbarkeit *Zlatanska,* Int'l. J. A. 2015, 25 (29).

1475 *Kahlert,* Vertraulichkeit, S. 60.

1476 Spricht von einer Disziplinierung der Entscheidungsträger durch die Öffentlichkeit *Kahlert,* Vertraulichkeit, S. 60 f.

1477 *Kaczmarek,* Emp. Rts. & Emp. Pol'y J. 2000, 285 (318); *Zlatanska,* Int'l. J. A. 2015, 25 (30); *Wimalasena,* Die Veröffentlichung von Schiedssprüchen als Beitrag zur Normbildung, S. 220 f. m. w. N.

1478 S13 Abs. 1 CAS-Code 2019.

1479 *Kaczmarek,* Emp. Rts. & Emp. Pol'y J. 2000, 285 (328).

lässt sich auf die CAS-Schiedsrichter der geschlossenen Liste sowie einer zumindest „weitmaschigen" Überprüfbarkeit der Entscheidungen vor dem BG übertragen. Allerdings mit einem wesentlichen Unterschied, nämlich dass die Verhandlungen vor dem *Federal Court* grundsätzlich öffentlich sind.[1480] Die mündliche Verhandlung vor dem CAS ist in Rechtsmittel- und Anti-Doping-Verfahren jedoch nur bei der Einigung der Schiedsparteien auf Öffentlichkeit oder in einigen Verfahrensarten zusätzlich bei einem erfolgreichen Antrag auf Öffentlichkeit der natürlichen Schiedspartei öffentlich.[1481] Die Veröffentlichung der CAS-Schiedssprüche kann aus diesem Grund die Qualität dieser weiter sichern, sofern die Schiedssprüche mit den Namen der Schiedsrichter veröffentlicht werden.[1482] Allerdings ist trotzdem darauf hinzuweisen, dass sich aus den veröffentlichen Schiedssprüchen nicht unbedingt ergeben muss, dass auch das Verfahren rechtmäßig abgelaufen ist.[1483] Die Öffentlichkeit der Verhandlung verliert also auch bei der Veröffentlichung nicht an Bedeutung. Trotzdem ist die Veröffentlichung der Schiedssprüche eine wesentliche Voraussetzung für die Rechtmäßigkeitskontrolle der CAS-Rechtsprechung.

4. Parteiinteressen

Der Persönlichkeitsschutz der natürlichen Schiedspartei steht einer Veröffentlichung der Schiedssprüche nicht entgegen, obwohl diese in die Persönlichkeits- oder Intimsphäre der Athleten eingreifen kann.[1484] In Rechtsmittelverfahren mit dem Streitgegenstand des Dopings können Themen bezüglich des Gesundheitszustandes der Athleten zur Sprache kommen. Oftmals verteidigen Athleten einen positiven Dopingnachweis mit (Erb-)Krankheiten.[1485] Diese sensiblen Informationen möchte nicht jeder Sportler der Öffentlichkeit preisgeben. Schiedssprüche der Rechtsmittel-Kammer werden jedoch nur dann nicht

---

1480 *Kaczmarek*, Emp. Rts. & Emp. Pol'y J. 2000, 285 (328).

1481 Siehe dazu i. E. Teil 2.

1482 *Wimalasena*, Die Veröffentlichung von Schiedssprüchen als Beitrag zur Normbildung, S. 221.

1483 So wohl auch *Kahlert*, S. 61.

1484 Die Gefahr der Verletzung der Persönlichkeitssphäre durch die Veröffentlichung der Schiedssprüche andeutend *Kahlert*, Vertraulichkeit, S. 55 f. m. w. N.

1485 Siehe die Argumentation des Tour-de-France-Siegers *Froome*, der seine Asthmakrankheit für einen positiven Dopingtest verantwortlich macht, *Eder*, Froomes Pedalieren in der Grauzone, FAZ v. 14.12.2017; Pechstein nennt genetische Gründe für Blutwerte, siehe *Wittinghofer/Schenk*, A Never Ending Story: Claudia Pechstein's Challenge to the CAS, Kluwer Arbitration Blog v. 14.06.2016.

veröffentlicht, wenn sich beide Schiedsparteien darauf einigen. Oftmals hat die WADA allerdings ein Interesse an der Veröffentlichung, so dass eine solche Einigung nicht erreicht wird.[1486] Aufgrund der öffentlichkeitswirksamen Sanktionen schützt die Sportler auch eine anonymisierte Fassung des Schiedsurteils nicht, da die Allgemeinheit trotzdem Rückschlüsse auf den jeweiligen Sportler ziehen kann. Der Persönlichkeitsschutz der Athleten leidet allerdings nicht durch eine Veröffentlichung der Schiedssprüche. Dieses Phänomen konnte in aller Deutlichkeit bei der russischen Schwimmerin *Yulia Efimowa* beobachtet werden. Diese wurde durch den internationalen Schwimmverband als ehemalige Dopingsünderin zu den Olympischen Spielen 2016 in Rio de Janeiro zugelassen. In der Schwimmhalle wurde sie dann während des Wettkampfes durch Pfiffe und Buhrufe sowohl der Zuschauer als auch mit dem Ignorieren durch zahlreiche Schwimmkollegen konfrontiert. Kurz vor den Olympischen Sommerspielen 2016 erließ das *Executive Board* des IOC eine Entscheidung, die unter anderem vorsah, dass bereits einmal wegen Dopings suspendierte russische Sportler nicht an den Spielen teilnehmen dürfen.[1487] *Efimowa* wehrte sich mit Erfolg vor der ADD-Kammer des CAS gegen dieses Doppelbestrafungsverbot und durfte letztlich als Schwimmerin an den Spielen teilnehmen.[1488] Allerdings kann für die Missachtung, mit der *Efimowa* im Anschluss rund um die Wettkämpfe konfrontiert wurde, nicht die mangelnde Vertraulichkeit des Schiedsverfahrens, hier in Form der Veröffentlichung des Schiedsspruches, verantwortlich gemacht werden. Der Stein wurde bereits durch die Bestimmung des IOC losgetreten, dass russische Sportler, die einmal wegen Doping gesperrt wurden, nicht teilnehmen dürfen, selbst wenn diese Sanktion bereits vollständig ausgelaufen waren. Man hätte glauben können, dass die Veröffentlichung des *ad-hoc*-Schiedsurteils gerade danach zu einer sachlicheren Atmosphäre beiträgt. Die Ruderer *Anastasia Karbelshikova* und *Ivan Poshivalov* legten aus dem gleichen Grund ebenfalls vor der ADD-Kammer des CAS Einspruch

1486 Vgl. für die Nennung von Schiedssprüchen, die diese Vermutung belegen *Mavromati/Reeb*, CAS Code, R59 Rn. 77.

1487 CAS-Schiedsspruch ad hoc Division (05.08.2016) – (OG Rio) 16/004 (*Yulia Efimova v. Russian Olympic Committee (ROC), International Olympic Committee (IOC) & Fédération Internationale de Natation (FINA)* mit einem Abdruck eines Auszugs der wesentlichen IOC Bestimmung unter Rn. 2.6 ff.

1488 Siehe CAS-Schiedsspruch ad hoc Division (05.08.2016) – (OG Rio) 16/004 (*Yulia Efimova v. Russian Olympic Committee (ROC), International Olympic Committee (IOC) & Fédération Internationale de Natation (FINA)*).

ein.[1489] Das Schiedsurteil wurde ebenfalls veröffentlicht, erregte jedoch kaum Aufmerksamkeit. Das mag natürlich daran liegen, dass diese Sportler aus anderen Gründen letztendlich doch nicht bei den Olympischen Spielen an den Start gingen. Das zuvor geäußerte Argument verfängt allerdings nicht, dass sich ein öffentliches Verfahren zumeist ideell und finanziell negativ auf die Reputation eines Sportlers auswirkt und selbst ein „Freispruch" diesen Effekt nicht mehr umkehren könnte[1490] Auslöser eines Imageschadens der Athleten ist sehr oft eben nicht das Rechtsmittelverfahren vor dem CAS und die Veröffentlichung der Entscheidung, sondern bereits die vorangegangene Disziplinarentscheidung. Die Tennisspielerin *Maria Sharapowa* hat bereits nach ihrem Dopinggeständnis viele ihrer Sponsoren verloren.[1491] Diese Rufschädigung vollzog sich also bereits ganz unabhängig von einem öffentlichen oder vertraulichen CAS-Verfahren. Dieser Fall zeigt zudem, dass Sportler oftmals selbst die Öffentlichkeit suchen, um ihren öffentlichen Ruf wiederherzustellen. Der Drittbezug der Rechtsmittel- und Anti-Doping-Verfahren rechtfertigt zumeist eine Veröffentlichung.

V. Fazit zur Veröffentlichung der Sportschiedssprüche

Die Schiedsgerichtsbarkeit bewegt sich in einem Spannungsverhältnis zwischen Partei- und Drittinteressen. Während den Parteien zumindest in der Handelsschiedsgerichtsbarkeit übereinstimmend an einem vertraulichen Schiedsverfahren ohne eine Veröffentlichung des Schiedsspruches gelegen ist, steht für die Öffentlichkeit die Transparenz der Verfahren im Vordergrund. Die Privatautonomie tritt umso weiter in den Hintergrund, je stärker das Schiedsverfahren öffentlichen Interessen dient. Die Entscheidungsgrundlagen – oftmals die Verbandsregelwerke – der CAS-Rechtsmittel- und Anti-Doping-Verfahren wiederholen oder gleichen sich. In der Sportschiedsgerichtsbarkeit ist es damit nicht nur möglich, sondern auch sinnvoll auf frühere Schiedssprüche zurückzugreifen. Außerdem sind die Regelwerke im Sport noch vergleichsweise neu und müssen durch eine Auslegung oftmals noch konkretisiert werden. Das

1489 Siehe CAS-Schiedsspruch ad hoc Division (04.08.2016) – (OG Rio) 16/013 (*Anastasia Karabelshikova & Ivan Podshivalov v. Fédération Internationale des Sociétés d'Aviron (FISA) & International Olympic Committee (IOC)*.

1490 So *Hofmann*, Zur Notwendigkeit eines institutionellen Sportschiedsgerichtes in Deutschland, S. 254.

1491 *Jacobsen*, Doping: Maria Sharapowa verliert Nike, Porsche und TAG Heuer als Sponsor, Absatzwirtschaft v. 09.03.2016.

Interesse des Sports an der Gleichbehandlung gleichgelagerter Fälle ist nicht nur besonders zu berücksichtigen, sondern fördert auch die Rechtssicherheit. Dieses Entwicklungsanliegen der sportrechtlichen Entscheidungsgrundlagen macht eine faktische Präjudizwirkung der Schiedssprüche und die Rechtsfortbildung durch den CAS notwendig, um im Interesse des Sports eine kohärente Entscheidungspraxis zu gewährleisten.[1492] Der Öffentlichkeit soll dabei durch die Veröffentlichung mit detaillierten Entscheidungsgründen eine *ex-post*-Kontrolle ermöglicht werden. Diese Punkte verdeutlichen die gewichtigen Interessen der Sportgemeinschaft an der Veröffentlichung der Entscheidungen der CAS-Rechtsmittel- und Anti-Doping-Kammer. Der CAS spricht nicht nur im Namen der Schiedsparteien Recht, sondern die Entscheidungen sind auch im Interesse der Öffentlichkeit und stellen eine Art Gemeingut dar.

Den Sportlern ist ebenso an einer Veröffentlichung der Schiedsurteile gelegen, um eine Waffengleichheit im Verfahren herzustellen, indem der Wissensvorsprung der *repeat player* verringert wird. Die Veröffentlichung der Schiedssprüche mit Entscheidungsgründen führt zu einer Ergebnistransparenz, die den Sportlern eine Einschätzung ermöglicht, ob und wie sie ihre Interessen und Rechte am effektivsten wahren und durchsetzen können.

Staatliche Gerichte folgen grundsätzlich höherrangiger Rechtsprechung, damit die Urteile in einer späteren Instanz nicht aufgehoben oder zur Entscheidung zurückverwiesen werden. Der CAS sieht sich nicht mit einem derartigen Befolgungsdruck früherer Schiedssprüche konfrontiert. Im Gegensatz zur staatlichen Gerichtsbarkeit existiert kein Instanzenzug, der bei Abweichungen von der Rechtsprechungspraxis eine Aufhebung oder Rückverweisung veranlassen würde. Eine verfahrensübergreifende Ungleichbehandlung der Schiedsparteien wäre daher möglich und bliebe ohne Konsequenz. Eine Veröffentlichung dient hier zumindest einem transparenten Offenlegen möglicher Ungleichbehandlungen und schafft für die Schiedsrichter auch einen faktischen Druck für eine erhöhte Argumentationsbedürftigkeit bei Abweichungen von vorangegangenen Entscheidungen.

Die Ausführungen zu den Wirkungen der Schiedssprüche des CAS als Rechtsmittelinstanz haben zudem gezeigt, dass diese letztinstanzlichen

---

1492 Das Erreichen dieser Ziele durch die Veröffentlichung könnte die oftmals kritisierte geschlossene Schiedsrichterliste des CAS – auf die in dieser Arbeit nicht näher eingegangen wird – obsolet werden lassen. Die Notwendigkeit dieser wird u. a. mit einem einheitlichen Entscheidungseinklang des CAS gerechtfertigt, siehe BG (27.05.2003) – 4P.267/2002, BGE 129 III 445, S. 455 ff. Rn. 3.3.3.2.

Gerichtsentscheidungen gleichstehen, da sie die Rechtslage für einen breiten Personenkreis mitgestalten. Eine solche *erga-omnes*-Wirkung stützt als Argument die generelle Veröffentlichung der Schiedssprüche der Rechtsmittel-Kammer, da der Öffentlichkeit für die Steuerung ihres zukünftigen Verhaltens die Schiedssprüche mit Entscheidungsgründen auch bekannt sein müssen.

Aus diesen Gründen ist das – zudem selten bestehende[1493] – Spannungsverhältnis in der Sportschiedsgerichtsbarkeit zu Gunsten des Kollektivinteresses an der Veröffentlichung des Schiedsspruches mit Entscheidungsgründen aufzulösen, so dass alle Entscheidungen grundsätzlich zu veröffentlichen sind. Die erhöhten Kosten,[1494] die dadurch entstehen, sollten jedoch nicht von den Schiedsparteien getragen werden müssen, da die Veröffentlichung vorrangig Drittinteressen dient.[1495]

1493 Siehe zu den Parteiinteressen an einer Veröffentlichung Teil 4 C. IV. 4.

1494 Für die erhöhten Kosten durch die Veröffentlichung der Entscheidungsgründe vgl. BAT-Schiedsverfahren, i. E. *Janssens,* The Basketball Arbitral Tribunal´s policy on publishing written reasons – does it strike the right balance between speed & legal certainty?, LawInSport v. 29.03.2019.

1495 Möglichkeiten wäre etwa eine Quersubventionierung durch die ordentlichen Verfahren, die prinzipiell nicht veröffentlicht werden und dadurch Kosten einsparen oder die Schaffung eines Fonds.

Teil 5: Reformbedarf und Anpassung der Verfahrensregeln zur Öffentlichkeit der Verhandlung und Veröffentlichung der Entscheidungen des CAS

In den voranstehenden Teilen wurde die Transparenz des CAS in Hinblick auf die Öffentlichkeit der Verhandlung und der Veröffentlichung der Schiedssprüche mit Entscheidungsgründen analysiert. Dabei ist ein Vergleich mit den Transparenzstandards staatlicher Gerichte gerechtfertigt, was sich jedoch bisher nicht in den entsprechenden CAS-Vorschriften widerspiegelt und für die Legitimität des CAS abträglich ist. Basierend auf den Ergebnissen der Untersuchung muss eine Anpassung der Verfahrensordnung des CAS erfolgen. Aus diesem Grund wird im Folgenden jeweils ein konkreter Regelungsvorschlag für eine Reform der relevanten Vorschriften der CAS-Verfahrensordnung in der Fassung des Jahres 2019 formuliert.

A. CAS als gerichtsähnliche Institution

Die Frage, ob sich der CAS zu einem internationalen Gericht entwickeln sollte, musste im Rahmen dieser Arbeit nicht beantwortet werden. Deutlich geworden ist jedoch, dass sich der CAS momentan nicht in die bekannten Formen der Schiedsgerichtsbarkeit einordnen lässt, sondern ein Schiedsgericht *sui generis* darstellt. Als solches weist er viele Parallelen zu staatlichen Gerichten auf, die einen Vergleich mit diesen naheliegen lassen und erlauben. Die CAS-Schiedssprüche besitzen im Gegensatz zur Handelsschiedsgerichtsbarkeit nicht nur eine *inter-partes*-Wirkung zwischen den Schiedsparteien, sondern haben auch eine Auswirkung weit über diesen Personenkreis hinaus.[1496] Durch die CAS-Entscheidungen wird das Recht fortentwickelt, was sich schließlich an der Entwicklung der *lex sportiva* zeigt.[1497] Außerdem stellen Schiedssprüche oftmals

1496 Vgl. beispielsweise das Verfahren *Caster Semenya, Athletics South Africa* & *IAAF* zu der am 01.11.2018 in Kraft tretenden IAAF-Zulassungsbestimmungen für Frauen (Sportler mit unterschiedlichen Geschlechtsentwicklungen) und für die Zukunft des Sports wegweisende Entscheidung, siehe *Ingle,* Court has Semenya's career in its hands – and decision could affect all of sport, The Guardian v. 18.02.2019.

1497 Vgl. dazu Teil 4 C. IV. 2. c.

faktische Präjudizen dar, an die die Schiedsrichter *de facto* gebunden sind.[1498] In den ordentlichen Verfahren entscheidet das Schiedsgericht gem. R45 S. 1 CAS-Code 2019 die Streitigkeit nach den von den Parteien gewählten Rechtsnormen oder mangels einer solchen Rechtswahl nach schweizerischem Recht. Zudem können die Parteien den CAS nach R45 S. 2 CAS-Code 2019 dazu ermächtigen, „ex aequo et bono" zu entscheiden. Im Gegensatz dazu muss der CAS in den Rechtsmittelverfahren gem. R58 S. 1 CAS-Code 2019 vorrangig eine Streitentscheidung auf der Grundlage der Verbandsvorschriften herbeiführen. Eine Entscheidung nach Recht und Billigkeit (*ex aequo et bono*) ist ausgeschlossen. Während allgemeine Schiedsentscheidungen im Gegensatz zu staatlichen Urteilen oftmals eher aufgrund wirtschaftlicher statt rechtlicher Entscheidungsgrundlagen getroffen werden,[1499] trifft dies auf die Rechtsmittel- und Anti-Doping-Verfahren vor dem CAS nicht zu. Schiedssprüche der Rechtsmittel-Kammer und Anti-Doping-Kammer sollen gerade eine Gleichheit und Fairness nicht nur zwischen den Schiedsparteien, sondern generell für alle Sportakteure sicherstellen. Dafür muss die Entscheidung jedoch auf der Anwendung objektiver, allgemeingültiger Vorschriften und Regelwerke ergehen. Hierbei entspricht die Sportschiedsgerichtsbarkeit der staatlichen, weshalb auch eine Angleichung bezüglich der Publikationspflicht der Schiedssprüche geboten erscheint. Zudem rechtfertigt der faktische Zwang der Sportler, Rechtsschutz vor dem CAS suchen zu müssen, die Kontrolle eines fairen Verfahrens durch die Öffentlichkeit. Denn das „ob" der Streitbeilegung (faktischer Schiedszwang) ist durch das „wie" (Verfahrensvorschriften) unbedingt auszugleichen. Aufgrund der einschneidenden und belastenden Verfahrensfolgen gilt dies ganz besonders, allerdings eben nicht nur, für die Dopingstreitigkeiten.

Der CAS besitzt mithin viele Parallelen zu staatlichen Gerichten. Aus diesem Grund hat sich auch der Sinn und Zweck einer öffentlichen Verhandlung und der Veröffentlichung der Schiedssprüche als für den CAS ebenso passend erwiesen. Der CAS sollte sich also nicht mit dem Schutzschild der Schiedsgerichtsbarkeit umgeben können, sondern sich an den Transparenzstandards der staatlichen Gerichte messen lassen müssen.

1498 Vgl. dazu Teil 4 C. IV. 1.

1499 *Gumbis/Dereškevičiutė*, in: Roth/Geistlinger, Yearbook on International Arbitration, Vol. II, 101 (104 f.).

B. Reformierung des CAS-Code im Lichte von Transparenz und Legitimität

Die Öffentlichkeit der Verfahren und Veröffentlichung der Entscheidungen führt zu einem Transparenzgewinn der internationalen Sportschiedsgerichtsbarkeit. Dies muss Ziel des CAS sein, um seine Legitimität langfristig zu gewährleisten. Dies macht eine Reformierung der Verfahrensordnung notwendig, da die aktuelle Fassung aus dem Jahr 2019 diesem Transparenzanspruch noch nicht gerecht wird.

Ein nicht öffentliches Schiedsverfahren ohne Veröffentlichung des Schiedsspruchs ist für die Legitimität des CAS jedoch abträglich. Die prozessuale Legitimität[1500] des CAS, also die Akzeptanz der Entscheidung auch durch den Unterlegenen des jeweiligen Schiedsverfahrens oder die sonst in irgendeiner Art und Weise tangierte Öffentlichkeit, kann nur durch die Transparenz des Verfahrens erreicht werden. Denn die Rechtsmittel- und Anti-Doping-Verfahren sollen sowohl von den Schiedsparteien als auch den potentiell zukünftigen Verfahrensparteien und Interessenvertretern als fair wahrgenommen und kontrolliert werden können. Daraus muss die transparente Ausgestaltung der Verfahren folgen.[1501] Neben der Öffentlichkeit der Verhandlung dient eine Beteiligungsmöglichkeit durch die Rechtsfigur der *amici curiae* der erhöhten Transparenz, da den *amici* durch die Handhabung des CAS mit der Anwesenheit in der mündlichen Verhandlung, Zugang zu Verfahrensdokumenten oder der Möglichkeit eigener mündlichen Ausführungen oder Kommentierungen in Einzelfällen weitreichende prozessuale Rechte eingeräumt werden.

Eine hohe Qualität der Schiedssprüche hat dahingegen die materielle Legitimität[1502] zur Folge. Widersprechende Entscheidungen müssen aus den genannten Gründen auch in der Sportschiedsgerichtsbarkeit vermieden werden. Die Schiedssprüche müssen als präjudizielle Leitlinien der Weiterentwicklung des Verbandsrechts sowie der *lex sportiva* dienen und die öffentliche Diskussion und damit einhergehende Rechtsprechungsänderungen ermöglichen. Dies steigert nicht nur die inhaltliche Qualität der Schiedssprüche, sondern auch die Vertrautheit mit und Vorhersehbarkeit der CAS-Rechtsprechung. Auf der Grundlage der veröffentlichten Schiedssprüche mit detaillierten Entscheidungsgründen können die Schiedsparteien die Erfolgsaussichten ihrer

---

1500 Zu *procedural legitimacy Wiik*, Amicus curiae, S. 526.

1501 Ähnlich *Zoellner*, Das Transparenzprinzip im internationalen Wirtschaftsrecht, S. 183 zur „prozedurale[n] Transparenz" in nationalen Verwaltungsverfahren.

1502 Zu *substantive legitimacy Wiik*, Amicus curiae, S. 529.

Rechtsmittel gegen Verbandsentscheidungen verlässlicher kalkulieren. Diese Punkte können allerdings nur durch eine in der Verfahrensordnung niedergelegte Transparenz verwirklicht werden.

I. Anpassung der Vorschriften zur Öffentlichkeit

Die genannten Gründe machen eine Revision der Vorschriften des CAS-Code 2019 in verschiedener Hinsicht notwendig. Die momentanen Vorschriften setzen zwar in einem Minimalbereich die Vorgaben des EGMR um, wirklich interessengerecht und auch für die Legitimität des CAS förderlich sind sie allerdings nicht. Grundsätzlich ist erforderlich, dass alle Rechtsmittel- und Anti-Doping-Verfahren öffentlich sind. Ein Antragsrecht der natürlichen Schiedspartei – also der Sportler – wird der Bedeutung des Öffentlichkeitsgrundsatzes ebenso wie das Nichtbenennen des konkreten Ausschlussgrundes nicht gerecht. Daher ist im Ausgangspunkt eine öffentliche Verhandlung vorzusehen und nur im Ausnahmefall nach einer gesonderten Verhandlung darüber ein Ausschluss der Öffentlichkeit zu ermöglichen. Der Ablauf einer Verhandlung über den Ausschluss der Öffentlichkeit sollte in die Vorschriften aufgenommen werden.[1503] Eine so revidierte Fassung des CAS-Code würde die Individual- und Systeminteressen an öffentlichen Verfahren vollumfänglich berücksichtigen.

1. *Reformvorschlag: Generelle Öffentlichkeit anstatt Antragsrecht und -pflicht*

R57 Abs. 2 S. 2 und S. 3 CAS-Code 2019 und der fast gleichlautende A19.3 Abs. 3 S. 2 und S. 3 ADD-Rules gehen bei einer fehlenden Einigung beider Schiedsparteien von dem Grundsatz einer nicht öffentlichen Verhandlung aus, wenn nicht der Sportler einen Antrag stellt und zudem eine Disziplinar- oder Anti-Doping-Streitigkeit vorliegt. Einem Antrag auf Öffentlichkeit müsste aufgrund der im Folgenden genannten Punkte in den allermeisten Fällen prinzipiell stattgegeben werden. Die momentanen Regelungen setzen jedoch mit dem Parteiantrag für die Öffentlichkeit der Verhandlung ein Tätigwerden der Sportler voraus. Dies stellt aufgrund des fundamentalen Rechts auf eine öffentliche Verhandlung eine falsche Pflichtenverteilung dar und widerspricht sowohl dem Interesse der Sportler als auch der Öffentlichkeit.

1503 Siehe für einen konkreten Regelungsvorschlag Teil 5 C.

a) *Vorgaben aus der EMRK*

Es ist anzunehmen, dass der CAS-Code 2019 mit der Gewährung einer Antragsmöglichkeit auf Öffentlichkeit den Anforderungen der EGMR-Rechtsprechung entspricht.[1504] Allein fraglich bleibt, ob eine Beschränkung des Antragsrechts auf die „natürlichen" Schiedsparteien – also die Sportler – der EMRK zuwiderläuft, da sich eine Beschränkung auf einen Personenkreis aus Art. 6 Abs. 1 S. 1 EMRK nicht ergibt.[1505] Fälle, in denen Verbände entgegen dem Willen der Sportler die Öffentlichkeit der Verhandlung fordern, sind in der bisherigen Sportschiedsgerichtspraxis allerdings nicht vorgekommen.[1506] Der fundamentale Grundsatz der Öffentlichkeit eines jeden rechtsstaatlichen Systems macht es jedoch notwendig,[1507] dass ein Antragsrecht nicht auf Disziplinar- und Dopingsachen beschränkt bleibt, sondern auch für die weiteren Rechtsmittelverfahren, also die vertraglichen, Zulassungs- und internen Verbandsverfahren vorgesehen wird.

b) *Regel-Ausnahme-Verhältnis*

R57 Abs. 2 S. 3 CAS-Code 2019 und A19.3 Abs. 3 S. 3 ADD-Rules wählen die Formulierung, dass bei einem Antrag in Disziplinar- und Anti-Doping-Verfahren eine öffentliche Verhandlung stattfinden „soll"[1508]. Allerdings ist nach der EGMR-Rechtsprechung das Ermessen auf null reduziert und die Öffentlichkeit wäre zwingend zuzulassen, sofern eine streitige Entscheidung Verfahrensgegenstand ist. Es liegt die Vermutung nahe, dass in den CAS-Rechtsmittel- und Anti-Doping-Verfahren prinzipiell streitige Sachverhalte entschieden werden müssen.[1509] Disziplinar- und Anti-Doping-Verfahren haben zumeist einen Streit auf der Basis einer nicht gesicherten Beweisgrundlage und

---

1504 Vgl. Teil 2 C. II. 2.

1505 *Meyer-Ladewig* u. a., in: ders. u. a., HK-EMRK, 4. Aufl. 2017, Art. 6 Rn. 4; so auch *Lungstras,* Das Berufungsverfahren, S. 330 f. m. w. N.

1506 Siehe für die Beschränkung des Antragsrechts auf natürliche Personen auch § 28 Abs. 2 S. 2 Hs. 1 Dis-SportSchO 2016; da diese Arbeit anstatt des Antragsrechts die generelle Öffentlichkeit vorschlägt, muss über die Rechtmäßigkeit der Beschränkung nicht entschieden werden; siehe *Lungstras,* Das Berufungsverfahren, S. 330 f.

1507 EGMR (22.02.1984) – 8209/78 (*Sutter/Switzerland*) Rn. 26; EGMR (14.11.2000) – 35115/97 (*Riepan/Austria*) Rn. 27; EGMR (28.10.2010) – 14040/03 (*Krestovskiy/Russia*) Rn. 24.

1508 Übersetzung der Autorin, die offizielle, englische Fassung spricht von *should*.

1509 Siehe für Anspruchsinhalt und Grenzen des Art. 6 Abs. 1 EMRK Teil 2 C. II. 2. & 3.

Glaubwürdigkeitsfragen zum Gegenstand.[1510] Dies zeigt sich letztlich auch daran, dass für eine Dopingsanktion Gutachten von Sachverständigen oft unerlässlich sind. Aber auch andere CAS-Rechtsmittelverfahren zeichnen sich durch Unsicherheiten hinsichtlich Tatsachen aus. Beispielsweise liegen Zulassungsverfahren zumeist eine Ermessensentscheidung des normierenden Verbands zu Grunde. Es ist dann jedoch nicht ersichtlich, warum die Vorschrift der Schiedspartei die Obliegenheit eines Antrags auferlegt und stattdessen nicht lediglich ein Widerspruchsrecht der natürlichen Schiedspartei gegen eine öffentliche Verhandlung vorsieht. Denn im Regelfall ist dem Antrag auf die Öffentlichkeit der Verhandlung durch die gesuchstellende natürliche Schiedspartei stattzugeben.

c) Transparenzinteresse der Sportgemeinschaft

Sollten sich die Schiedsparteien nicht auf eine öffentliche Verhandlung einigen können, dann hat nur die „natürliche Schiedspartei" – also der Sportler – die Möglichkeit, eine solche gem. R57 Abs. 2 S. 3 CAS-Code 2019 und A19.3 Abs. 3 S. 3 ADD-Rules zu beantragen. Für die Öffentlichkeit besteht jedoch keine Gelegenheit, eine öffentliche Verhandlung herbeizuführen. Es fehlt auch die Möglichkeit, eine öffentliche Verhandlung auf Initiative des Schiedsgerichts anzuordnen. Nachdem der revidierten Fassung des R57 Abs. 2 CAS-Code 2019 und der seit Jahresbeginn 2019 neuen Vorschrift A19.3 Abs. 3 ADD-Rules mit Art. 6 Abs. 1 EMRK eine Vorschrift zu Grunde liegt, die auf den Individualschutz der Verfahrensbeteiligten abzielt,[1511] ist dies nicht weiter erstaunlich. Allerdings sind in CAS-Rechtsmittel- und Anti-Doping-Verfahren auch Drittinteressen betroffen und zu berücksichtigen.[1512] Die überindividuelle Bedeutung der Öffentlichkeit in Gerichtsverfahren sollte deshalb auch für die Sportschiedsgerichtsbarkeit gelten und sich im CAS-Code niederschlagen.[1513] Das öffentliche Interesse an prozessualer Transparenz zeigt sich etwa in deutschen Gerichtsverfahren daran, dass die öffentliche Verhandlung nicht zur Disposition der Parteien steht, indem ein Ausschluss nur in den gesetzlich

1510 Vgl. etwa für die Beweislastverteilung Art. 3 WADC und das Verschulden Art. 2.1 WADC.

1511 Vgl. zu dem Normzweck des Art. 6 Abs. 1 EMRK Teil 2 A. 3. c.

1512 Siehe Teil 2 C. IV. 2. & VI.

1513 Die Drittinteressen lässt *Lungstras* bei seinem Reformvorschlag unberücksichtigt und beschränkt das Recht auf eine öffentliche Verhandlung auf die Parteien, da er den CAS-Code nur auf die Vereinbarung mit Art. 6 EMRK überprüft, *Lungstras*, Das Berufungsverfahren, S. 410.

geregelten Konstellationen nach §§ 171a ff. GVG möglich ist.[1514] Es besteht kein Anspruch der Parteien auf den Ausschluss der Öffentlichkeit.[1515] Die Öffentlichkeit soll durch ihre Beteiligung eine gewisse Vertrautheit mit CAS-Verfahren entwickeln, die Auslegung und Anwendung der abstrakten Verbandsregelwerke auf den Einzelfall kennenlernen und durch die Transparenz des Verfahrens schließlich auch Vertrauen in die Rechtsprechung des CAS bilden.[1516] Letzteres fördert einen Befriedungseffekt, so dass vor allem Sportler weniger geneigt sein dürften, auf Rechtsschutz vor nationalen Gerichten zu bestehen.[1517] Die Aussage bezüglich der Schiedsverfahren mit staatlicher Beteiligung, dass die Verfahrenstransparenz eine „Kontrolle der Entscheidungsfindung des Schiedsgerichts – nicht zugunsten der beklagten Schiedspartei, wohl aber zugunsten betroffener Mitglieder der Öffentlichkeit“[1518] sicherstellen soll, ist mithin übertragbar.

2. *Reformvorschlag: Angabe des Ausschlussgrundes*

Die Gründe für den Ausschluss der Öffentlichkeit nach dem Vorbild des Art. 6 Abs. 1 S. 2 Hs. 2 EMRK sind in R57 Abs. 2 S. 4 CAS-Code 2019 und A19.3 Abs. 3 S. 4 ADD-Rules abschließend genannt und stehen im Ermessen des Schiedsgerichts. Der Ausschluss beziehungsweise die Ablehnung des Antrags auf eine öffentliche mündliche Verhandlung ist dann gerechtfertigt, wenn der CAS nach einer pflichtgemäßen Ermessensausübung einen der abschließend genannten Ausschlussgründe bejaht.[1519] Die Ausschlussgründe und die diesbezügliche Ermessensausübung des Gerichts sind auch in Art. 6 Abs. 1 S. 2 Hs. 2 EMRK vorgesehen und die Vorschriften entsprechen damit in ihrem Wortlaut dem höherrangigen Recht.[1520] Es stellt sich allerdings die Folgefrage, ob der Grund des Ausschlusses durch den CAS genannt werden muss. Unabhängig

1514 *Kissel/Mayer*, GVG, 9. Aufl., § 169 Rn. 19.

1515 Statt vieler i. E. *Zimmermann*, in: MüKo ZPO, 5. Aufl. 2017, GVG § 169 Rn. 24 ff.

1516 Siehe für den Sinn und Zweck der Öffentlichkeit Teil 2 IV.

1517 Siehe zu dem Vorteil des CAS gegenüber staatlichen Gerichten die Sicherstellung eines internationalen Entscheidungseinklangs Teil 1 A. III.

1518 *Büstgens*, Transparenz, S. 247.

1519 Die Verfahrensordnung verwendet den Begriff „may“; vgl. EGMR zur Möglichkeit der Ausschlussgründe nach Art. 6 Abs. 1 S. 2 Hs. 2 EMRK, EGMR (12.04.2006) – 58675/00 (*Martinie/France*) Rn. 40; EGMR (01.03.2011) – 15924/05 (*Welke and Bialek/Poland*) Rn. 74.

1520 Statt vieler zum Ermessen des Gerichts EGMR, Guide (criminal limb) Rn. 264.

davon ist die Angabe des Grundes für das Schiedsgericht als Disziplinierungsmaßnahme und als ein weiteres Mittel zur Transparenzsteigerung sinnvoll.

R57 Abs. 2 CAS-Code und A19.3 Abs. 3 ADD-Rules sehen keine Begründungspflicht des CAS für die Ablehnung des Antrags, für die Bejahung eines Ausschlussgrunds oder für eine Verhandlung über den Ausschluss der Öffentlichkeit vor.[1521] Wenn lediglich Rechtsfragen Verfahrensgegenstand sind oder das erstinstanzliche Verfahren bereits öffentlich war, dann mag dies aufgrund der Offensichtlichkeit des Grundes für die Ablehnung des Antrags und den Ausschluss der Öffentlichkeit unnötig erscheinen. Die anderen Ausschlussgründe der Gefährdung der Sittlichkeit, der öffentlichen Ordnung, der Staatssicherheit und der Interessen von Jugendlichen oder der Schutz des Privatlebens der Schiedsparteien oder die Interessen der Rechtspflege stellen sich als nicht ebenso eindeutig dar und erfordern eine Verhältnismäßigkeitsprüfung im konkreten Einzelfall. Als Konsequenz bedeutet dies, dass die Ermessensausübung des CAS nicht transparent stattfindet und damit auch keiner Nachprüfung zugänglich ist.

a) *Europarechtliche Vorgaben*

Die Judikatur des EGMR hinsichtlich der Frage, ob die nationalen Gerichte im Einzelfall benennen müssen, auf welchen der gesetzlich normierten Gründe sie den Ausschluss der Öffentlichkeit stützten, ist nicht eindeutig. Der EGMR hat betont, dass in Strafverfahren eine hohe Erwartungshaltung der Beteiligung der Öffentlichkeit besteht.[1522] Aus diesem Grund sind die Ausschlussgründe nur sehr restriktiv anzuwenden und müssen im jeweiligen Einzelfall unzweifelhaft bejaht werden können.[1523] Den Streitigkeiten vor dem CAS liegen zivilrechtliche Rechtsverhältnisse zu Grunde. Allerdings wurde bereits die Nähe der Verfahrenskonsequenzen und Reichweite der Doping- und Disziplinarsanktionen zum Strafrecht betont. Für Strafverfahren tendiert der EGMR dazu, eine Begründung für den Ausschluss als notwendig zu erachten.[1524] Allerdings ist

1521 Vgl. § 174 Abs. 1 GVG.

1522 EGMR (24.04.2001) – 36337/97 & 35974/97 (*B. and P./The United Kingdom*) Rn. 37.

1523 EGMR (12.04.2006) – 58675/00 (*Martinie/France*) Rn. 40; EGMR (01.03.2011) – 15924/05 (*Welke and Bialek/Poland*) Rn. 74; EGMR (17.12.2013) – 20688/04 (*Nikolova & Vandova/Bulgaria*) Rn. 75.

1524 Ausdrücklich EGMR, Guide (criminal limb) Rn. 270, allerdings geht das aus dem zitierten Urteil nicht klar hervor, ob dies nur der Fall ist, weil das nationale Strafprozessrecht eine Begründung voraussetzt oder unabhängig davon nach Art. 6 Abs. 1 EMRK generell notwendig ist.

die Rechtslage in diesem Punkt ungeklärt. Die CAS-Vorschriften 2019 stehen diesbezüglich im Einklang mit Art. 6 Abs. 1 EMRK, da aus der Judikatur nicht zwingend gefolgert werden kann, dass im jeweiligen Einzelfall ausdrücklich die Angabe des Grundes zu nennen ist.

b) Mittel zur Selbstkontrolle des CAS

Abgesehen von den fehlenden europarechtlichen Vorgaben wäre die Angabe von Gründen für die Annahme eines Ausschlusstatbestands nach R57 Abs. 2 S. 4 CAS-Code 2019 und A19.3 ADD-Rules Abs. 3 S. 4 ADD-Rules zur Selbstdisziplinierung des CAS sinnvoll.[1525] Die Begründungspflicht könnte als Hemmschwelle für das Schiedsgericht dienen, einen Ausschlussgrund nicht vorschnell anzunehmen, sondern die zu Grunde liegenden Argumente und Abwägung auf ihre Stringenz und Plausibilität zu überprüfen.

c) Mittel zur Überprüfbarkeit für die Schiedsparteien

Die Schiedsparteien bleiben nach dem CAS-Code 2019 in Unkenntnis, warum der Antrag auf Öffentlichkeit abgelehnt oder ein Ausschlussgrund angenommen wurde. Dies erscheint auf den ersten Blick auch nicht notwendig. Die Begründung dient in Gerichtsverfahren auch der Überprüfbarkeit durch das Revisionsgericht.[1526] Die Ermessensausübung des CAS kann jedoch weder im Aufhebungsverfahren vor dem BG noch im Vollstreckungsverfahren überprüft werden.[1527] Dies bedeutet für deutsche Sportler, dass sie erst durch eine Individualklage vor dem EGMR eine Kontrolle dieser Ermessensausübung herbeiführen können, indem sie eine Verletzung des Art. 6 Abs. 1 EMRK rügen. Allerdings handelt es sich bei der Öffentlichkeit um „eine der wichtigsten Errungenschaften des Rechtsstaats".[1528] In der stärksten Konsequenz könnte ein solcher „Freibrief" für das Schiedsgericht bedeuten, dass sich trotz der revidierten Fassung praktisch keine Änderungen zu der Vorgängervorschrift ergebe.

Die Schaffung einer weiteren Instanz innerhalb des CAS, vor dem Ermessensentscheidungen des Schiedsgerichts und etwaige Verstöße schnell und effektiv nachgeprüft und korrigiert werden könnten, wäre mithin zu überlegen. Dann würde auch eine Erweiterung des R57 Abs. 2 CAS-Code 2019 und

1525 *Kissel/Mayer*, GVG, 9. Aufl., § 174 Rn. 11 spricht von „Selbstkontrolle" des Gerichts.
1526 *Kissel/Mayer*, GVG, 9. Aufl., § 174 Rn. 11.
1527 Vgl. i. E. Teil 3 D. IV & E. II. 1. b.
1528 *Baumbach* u. a., Zivilprozessordnung, Band 1, 77. Aufl. 2019, GVG Übers § 169 Rn. 2.

A19.3 Abs. 3 ADD-Rules zumindest mit einer Pflicht des Schiedsgerichts bei Ablehnung des Antrags der natürlichen Schiedspartei aufgrund der Annahme eines Ausschlussgrundes diesen auch zu benennen, Sinn machen. Anderenfalls ist zu befürchten, dass Rechtsunsicherheiten bezüglich der Schiedsgerichtsentscheidungen bestehen, da vermehrt Individualklagen vor dem EGMR eingelegt werden könnten. Dies ist jedoch gerade einer schnellen und endgültigen Entscheidungsfindung im Sport abträglich.

3. *Lösungsvorschlag: Verhandlung über den Ausschluss der Öffentlichkeit*

Ein anderer gangbarer Weg – ohne die Notwendigkeit einer weiteren Instanz – ist die grundsätzliche Öffentlichkeit der mündlichen Verhandlung mit der Möglichkeit des Ausschlusses der Öffentlichkeit nach einer Verhandlung darüber. § 174 GVG sieht für die deutschen Gerichtsverfahren eine Verhandlung über den Ausschluss der Öffentlichkeit vor. Nach § 174 Abs. 1 S. 3 GVG ist in den meisten Fällen außerdem anzugeben, aus welchem Grund die Öffentlichkeit ausgeschlossen worden ist. Dies ist auch für den CAS eine sinnvolle Lösung. Erst dadurch hätte die Antragsstellung auf die Öffentlichkeit der Verhandlung nicht nur einen deklaratorischen Wert.

Eine Verhandlung über den Ausschluss der Öffentlichkeit mit den Athleten schützt die Hauptakteure des Sports effektiv in ihren Rechten. In einer solchen Verhandlung hätten die Sportler die Gelegenheit darzulegen, warum sie ihr Recht auf Öffentlichkeit höher bewerten als einen Ausschlussgrund, sie könnten mithin zum möglichen Ausschluss der Öffentlichkeit Stellung nehmen. Findet eine Verhandlung über den Ausschluss der Öffentlichkeit trotz ausdrücklicher Normierung im CAS-Code nicht statt, liegt ein Verstoß des Rechts auf rechtliches Gehör vor.[1529] Darüber hinaus sind die Schiedsparteien auch in ihrem Recht auf rechtliches Gehör verletzt, sofern eine Verhandlung über den Ausschluss der Öffentlichkeit stattfindet, sie in dieser jedoch keine Möglichkeit bekommen, sich äußern zu können. Die Nichtgewährung rechtlichen Gehörs stellt einen Anfechtungsgrund nach Art. 190 S. 2 lit. d Alt. 2 IPRG dar.[1530] Außerdem kann die Verletzung des rechtlichen Gehörs im Anerkennungs- und Vollstreckbarerklärungsverfahren als Bestandteil des verfahrensrechtlichen *ordre public* gem. Art. V Abs. 2 lit. b

---

1529 Vgl. zur nationalen Rechtslage in Deutschland im Rahmen von § 174 GVG statt vieler *Kissel/Mayer*, GVG, 9. Aufl., § 174 Rn. 3.

1530 i. E. *Pfisterer*, in: BSK IPRG, 3. Aufl., Art. 190 Rn. 63 ff.

UNÜ gerügt werden.[1531] Auf diese Weiche könnten die Parteien ihr Recht auf eine öffentliche Verhandlung wirksam durchsetzen. Auch durch das Antragsrecht würde der gesuchstellenden Partei zwar rechtliches Gehör gewährt, da eine explizite Aufforderung des Schiedsgerichts zur Stellungnahme nicht notwendig erscheint.[1532] Allerdings dürfte es in der Praxis nicht möglich sein, den Beweis dafür zu erbringen, ob der CAS die Erwägungen aus dem Antrag auch berücksichtigt hat. Ein schlichtes Antragsrecht ermöglicht den natürlichen Schiedsparteien damit keine Reaktionsmöglichkeit, vielmehr würden sich die Argumente auf Mutmaßungen stützen. Statt des Antragsrechts der natürlichen Schiedspartei sollte mithin eine Verhandlung über den Ausschluss beziehungsweise die Zulassung der Öffentlichkeit in die Vorschriften aufgenommen werden. Dieses Recht könnte dann auch im Aufhebungs- und Vollstreckungsverfahren geltend gemacht werden.

4. *Zusammenfassung*

Die Reformvorschläge lassen sich auf unbedingt notwendige und wünschenswerte Änderungen des R57 Abs. 2 CAS-Code 2019 und A19.3 Abs. 3 ADD-Rules zusammenfassen.[1533] Die drohende Stigmatisierung der Sportler bei einem erfolglosen CAS-Rechtsmittel- und Anti-Doping-Verfahren und der damit einhergehenden Bestätigung einschneidender Verbandssanktionen muss der öffentlichen Kontrolle unterliegen, damit die Schiedsparteien vor einer undurchsichtigen, geheimen oder einer ungerechten Rechtspflege geschützt werden.[1534] Die Änderungen des CAS-Code zum 01.01.2019 zumindest für die Disziplinar- und Anti-Doping-Verfahren ein Antragsrecht der natürlichen Schiedspartei auf Öffentlichkeit vorzusehen, war mithin notwendig, jedoch bereits in der Beschränkung auf diese beiden Verfahrensarten nicht weitreichend genug.[1535] Die Öffentlichkeit der Verhandlung ist aus diesem Grund für alle Verfahrensarten in den CAS-Code aufzunehmen. Darüber hinaus dient die Angabe des Grundes für den Ausschluss der

---

1531 Statt vieler als Bestandteil des verfahrensrechtlichen *ordre public, Adolphsen,* in: MüKo ZPO, 5. Aufl. 2017, UNÜ, Art. V Rn. 25, Rn. 74.

1532 Vgl. zur nationalen Rechtslage in Deutschland im Rahmen von § 174 GVG statt vieler *Kissel/Mayer,* GVG, 9. Aufl., § 174 Rn. 4.

1533 Siehe für einen ausformulierten, konkreten Regelungsvorschlag Teil 5 C.

1534 Vgl. für diesen Sinn und Zweck der Öffentlichkeit nach Art. 6 Abs. 1 EMRK statt vieler EGMR (24.04.2001) – 36337/97 & 35974/97 (*B. and P./United Kingdom*) Rn. 36.

1535 Siehe für konkrete Regelungsvorschläge Teil 5 C.

Öffentlichkeit – aktuell vor dem CAS nicht erforderlich – aufgrund der im Vergleich zu nationalen Gerichtsverfahren fehlenden Nachprüfungsmöglichkeit durch ein Revisionsgericht der Disziplinierung des Sportschiedsgerichts und der Information der Öffentlichkeit. Die Ermessensausübung des Schiedsgerichts ist mithin transparent zu machen und die Fälle der Ablehnung des Antrags auf Öffentlichkeit auf die abschließend aufgezählten Ausschlussgründe zu beschränken. Letzteres sollte aus der Textfassung des CAS auch deutlich hervorgehen. Das Wort „should" in R57 Abs. 2 S. 3 CAS-Code 2019 und in A19.3 Abs. 3 S. 3 ADD-Rules ist deshalb durch das imperativere Wort „shall" zu ersetzen.[1536] Neben diesen unausweichlich vorzunehmenden Änderungen plädiert diese Arbeit darüber hinaus allerdings für einen Grundsatz der generellen Öffentlichkeit der Verhandlung. Neben den Individualinteressen der Sportler dienen öffentliche Verhandlungen vor dem CAS nämlich stets auch Drittinteressen. Die Öffentlichkeit der Verhandlung darf aus diesem Grund nicht allein von dem Wunsch der Sportler abhängen. Am effektivsten und zweckmäßigten – wenngleich über das notwendige Maß der Anpassung des R57 Abs. 2 CAS-Code 2019 und A19.3 Abs. 3 ADD-Rules hinausgehend – stellt sich jedoch eine Verhandlung über den Ausschluss der Öffentlichkeit dar. Ansonsten besteht die Gefahr, dass den Änderungen des CAS-Code 2019 eine Alibifunktion für eine größere Transparenz zukommt, die sich in der Verfahrenswirklichkeit als wirkungslos darstellt. Sollte den Sportlern nämlich eine solche Verhandlung über den Ausschluss der Öffentlichkeit verwehrt werden, dann sind sie in ihrem rechtlichen Gehör verletzt. Denn im Rahmen einer Verhandlung über den Antrag auf Beteiligung der Öffentlichkeit oder – sofern man kein Antragserfordernis vorsieht, sondern von dem Grundsatz der öffentlichen Verhandlung ausgeht – über den Ausschluss, müsste allen Schiedsverfahrensbeteiligten die Gelegenheit zu Stellungnahmen eingeräumt werden. Diese Verletzung des rechtlichen Gehörs könnte schließlich durch die Anfechtung vor dem BG geltend gemacht werden. Erst die Ergänzung des CAS-Codes um eine Verhandlung über den Ausschluss der Öffentlichkeit kann also deutlich machen, dass es der CAS mit der Öffentlichkeit ernst meint und eine solche notfalls auch durch die Sportler auf dem Umweg über das BG durchgesetzt werden kann.

1536 Siehe für die momentan bestehenden Unsicherheiten bei der Auslegung der Regelung Teil 2 C. I. 2. b.

II. Anpassung der Vorschriften zur Veröffentlichung

Grundsätzlich werden die Schiedssprüche veröffentlicht, die Schiedsparteien können sich allerdings auf das Gegenteil einigen. Für Anti-Doping-Verfahren können die Schiedsparteien selbst bei einer Einigung die Veröffentlichung nicht ausschließen, sofern der Schiedsspruch eine Sanktion ausspricht. Es hat sich gezeigt, dass eine Einigung auf den Ausschluss der Publizität aufgrund der Auswirkungen der Schiedssprüche auf Drittinteressen generell nicht interessengerecht ist. Das wesentliche Ergebnis der Untersuchung in Teil 4 lässt sich mithin dahingegen zusammenfassen, dass die Veröffentlichung der Schiedssprüche nach R59 Abs. 7 S. 1 CAS-Code 2019 nicht von der Einigung der Parteien abhängen darf, sondern generell vorzunehmen ist. Ein Ausschluss der Veröffentlichung darf lediglich als eine *ultima ratio* zum Schutz der Schiedsparteien stattfinden. Darüber hinaus muss sich die Veröffentlichungspraxis des CAS ändern, um eine hohe Qualität der Entscheidungen zu garantieren und das Vertrauen der Sportler in das Sportrechtsprechungssystem (zurück) zu gewinnen. Letzteres lässt sich allerdings schwer in eine Vorschriftsform des CAS-Code bringen. Dieser Tatsache verschließt sich auch die vorliegende Arbeit nicht, allerdings ist die momentane Veröffentlichungspraxis des CAS nicht annehmbar, so dass R59 Abs. 7 CAS-Code 2019 auch diesbezüglich angepasst werden sollte. In R57 Abs. 7 CAS-Code 2019 ist aus diesem Grund die konkrete Normierung der Veröffentlichungspflicht sowie die Art und Weise dieser aufzunehmen.

Ähnliches gilt für die Anpassung des A21 Abs. 6 ADD-Rules. Sofern das Schiedsgericht eine Dopingsanktion ausspricht, soll der Schiedsspruch veröffentlicht werden. Die möglicherweise bestehende Schutzbedürftigkeit der sanktionierten Sportler muss in diesen Fällen hinter das öffentliche Interesse an einer Veröffentlichung zurücktreten. Im Fall des Freispruchs soll es den Sportlern freistehen, ob diese eine Veröffentlichung wünschen. Für diese Fälle ist das Antragsrecht beizubehalten. Sofern das dreiköpfige Schiedsgericht der Anti-Doping-Kammer als erste und gleichzeitig letzte Instanz entscheidet, sollte auch die zeitnahe Veröffentlichungspflicht in den Regeln niedergelegt werden. Ansonsten könnten diese Schiedssprüche nicht zur Kenntnis der Öffentlichkeit gelangen. Bei Einlegung von Rechtsmitteln gegen erstinstanzliche Entscheidungen des Einzelschiedsrichters der Anti-Doping-Kammer greifen anschließend die Veröffentlichungsobliegenheiten der Rechtsmittel-Kammer, so dass eine Regelung für diese Verfahren entbehrlich erscheint.

1. *Reformvorschlag: Grundsätzliche Veröffentlichung endgültiger und bindender Schiedssprüche*

Die Veröffentlichung der Schiedssprüche mit Entscheidungsgründen gem. R59 Abs. 7 S. 1 CAS-Code 2019 in das Ermessen der Schiedsparteien zu stellen, kann im Konflikt mit Art. 6 Abs. 1 S. 2 Hs. 1 EMRK stehen, sofern keine öffentliche Verkündung des Schiedsspruches stattfindet.[1537] Demnach müssen Dritten der Inhalt der Schiedsurteile zugänglich sein können. Die Schiedsurteile des CAS mit den Entscheidungsgründen müssen jedoch unabhängig von europarechtlichen Vorgaben veröffentlicht werden, damit die faktische, präjudizielle Bindungswirkung der Schiedssprüche vollständig verwirklicht werden kann. Dies ist aus Gründen der Rechtssicherheit, einer konstanten Rechtsprechungspraxis und der Gleichbehandlung der Schiedsparteien unabdingbar. Die Veröffentlichung dient darüber hinaus auch der Transparenz der Rechtsanwendung – vor allem der Verbandsregelwerke – und der Rechtsfortbildung. Die getroffenen Entscheidungen des CAS können erst durch eine konsequente Publikation in das öffentliche Bewusstsein gelangen und somit eine soziale Rechtmäßigkeitskontrolle der Rechtsprechung in Gang setzen. Die Funktion der CAS-Rechtsprechung erstreckt sich neben der Entscheidung im Einzelfall mithin auch auf Systeminteressen. Diese Allgemeinverbindlichkeit macht jedoch eine konsequent gehandhabte Publikation aller Schiedssprüche der Rechtsmittel-, *ad-hoc-* und Anti-Doping-Kammer erforderlich und kann nicht von einer Einigung beziehungsweise Zustimmung der Schiedsparteien abhängen. Der CAS gestaltet durch die Schiedssprüche häufig die Rechtslage, statt nur das Recht anzuwenden, womit er in die Nähe eines Revisionsgerichts gerückt werden kann. R59 Abs. 7 S. 1 CAS-Code 2019 sieht zwar grundsätzlich eine Veröffentlichung vor, allerdings können sich die Schiedsparteien auf das Gegenteil einigen. R59 Abs. 7 S. 1 CAS-Code 2019 muss also entsprechend geändert werden, um der *erga-omnes*-Bedeutung der Schiedssprüche gerecht zu werden. Schiedssprüche der internationalen Sportschiedsgerichtsbarkeit sollten prinzipiell transparent sein. Es sollte also eine Möglichkeit der Kenntnisnahme für die Öffentlichkeit bestehen. Eine Transparenz besteht jedoch nur dann, wenn auch der Inhalt, also die detaillierten Entscheidungsgründe, veröffentlicht werden. Die Veröffentlichung der Schiedssprüche sollte nur in Ausnahmefällen ausgeschlossen werden können, etwa wenn der Persönlichkeitsschutz der natürlichen Schiedspartei dies erfordert. Dies könnte

1537 Siehe i. E. *Lungstras*, Das Berufungsverfahren, S. 335.

durch einen Antrag der Schiedspartei durch den CAS im jeweiligen Einzelfall geprüft werden.

A21 Abs. 7 ADD-Rules wird den System- und Individualinteressen wesentlich besser gerecht, da eine Veröffentlichung nicht von der Einigung der Parteien abhängt, sondern einen endgültigen und bindenden Schiedsspruch voraussetzt. Sollte ein Dopingverstoß durch die ADD-Kammer festgestellt werden, dann überwiegt das Interesse der Allgemeinheit an einer Veröffentlichung.

2. Reformvorschlag: Sicherstellung einer zeitnahen Veröffentlichung

Die Ausführungen zu den Rechtsgrundlagen haben gezeigt, dass eine Veröffentlichung der Schiedssprüche nach höherrangigem Recht nicht vorgenommen werden muss. Allerdings müssen Urteile nach Art. 6 Abs. 1 EMRK für die Öffentlichkeit zugänglich sein, wenn eine öffentliche Verkündung nicht stattfindet.[1538] Sollte ein Antrag auf Öffentlichkeit nach R57 Abs. 2 S. 2 CAS-Code 2019 oder A19.3 Abs. 3 ADD-Rules nicht gestellt oder abgelehnt worden sein, findet auch keine öffentliche Verkündung statt. Um den europarechtlichen Vorgaben gerecht zu werden, sollte in diesen Fällen eine umgehende Veröffentlichung der Schiedssprüche vorgenommen werden. Das durch eine Nichtöffentlichkeit entstehende Wissensungleichgewicht zwischen den Verbänden als *repeat players* und den Sportler als *one shot players* stellt zwar keinen Aufhebungsgrund vor dem BG dar. Die Sportler können ihre Rechte aber nur durch verfügbare, ihnen zur Kenntnis gelangenden Informationen effektiv wahren. Zudem schafft die Veröffentlichung einen ständigen Informationsfluss, was wiederum das Vertrauen der Sportler in die CAS-Rechtsprechung stärkt. Das Entwicklungsanliegen der noch jungen Materie des Sportrechts kann außerdem nur durch die Publizität der Entscheidungen erreicht werden. Eine konsequente, zeitnahe Veröffentlichungspraxis ist zwar nicht gesetzlich vorgeschrieben und kann deswegen von den Schiedsparteien nicht geltend gemacht werden. Aus den genannten Gründen sollte trotzdem eine stringente, zeitnahe Veröffentlichung der Schiedssprüche mit Entscheidungsgründen stattfinden.[1539] Eine diesbezügliche Konkretisierung in der Verfahrensordnung des CAS wäre sinnvoll, um die Aufmerksamkeit des CAS für dieses Problemfeld zu schärfen.

1538 Siehe Teil 4 A. II. 3.

1539 So auch *Lungstras*, Das Berufungsverfahren, S. 340 und S. 411.

C. Konkrete Regelungsvorschläge

Appeal Arbitration Procedure

Art. CAS-Code	Code of Sports-related Arbitration (In force as from 1 January 2019)	Proposed Provision

R57 Scope of Panel´s Review – Hearing[1540]

R57 (2)	After consulting the parties, the Panel may, if it deems itself to be sufficiently well informed, decide not to hold a hearing.~~ At the hearing, the proceedings take place in camera, unless the parties agree otherwise. At the request of a physical person who is party to the proceedings, a public hearing should be held if the matter is of a disciplinary nature. Such request may however be denied~~ in the interest of morals, public order, national security, where the interests of minors or the protection of the private life of the parties so require, where publicity would prejudice the interests of justice, where the proceedings are exclusively related to questions of law or where a hearing held in first instance was already public.	After consulting the parties, the Panel may, if it deems itself to be sufficiently well informed, decide not to hold a hearing. Hearings shall be open to the public unless, in accordance with sentence 5 of this paragraph, the Tribunal in exceptional circumstances decides otherwise, either of its own motion or at the request of a party. Any request for a hearing to be held in camera must include reasons and specify whether it concerns all or only part of the hearing. Audio and television or radio recordings as well as audio and film recording intended for public presentation or for publication of their content shall be inadmissible. The public may be excluded from a hearing or from a part thereof in the interest of morals, public order,

1540 Angelehnt an §§ 169 ff. GVG, Rule 63 EGMR-VerfO 2020, Art. 76 EuGH-VerfO.

		national security, where the interests of minors or the protection of the private life of the parties so require, where publicity would prejudice the interests of justice, where the proceedings are exclusively related to questions of law or where a hearing held in first instance was already public. The issue of exclusion of the public shall be discussed in a non-public sitting if a party so requests or if the Tribunal deems this appropriate. The ruling excluding the public must be pronounced in public and the reasons for exclusion of the public must be stated; it may be pronounced in a non-public sitting if there is fear that its public pronouncement would seriously disrupt order in the sitting.

R59 Award[1541]

R59 (7)	~~The award, a summary and/or a press release setting forth the results of the proceedings shall be made public by CAS, unless both parties agree that they should remain confidential.~~ In any event, the other elements of the case record shall remain confidential.	The award, which states reasons, shall be made public by CAS, once the award is final and binding. The panel may additionally publish a summary and/or press release setting forth the results of the proceedings. In any event, the other elements of the case record shall remain confidential.

1541 Angelehnt an Rule 33, Rule 47, Rule 104A f. EGMR-VerfO 2020, Art. 92 EuGH-VerfO; Request for anonymity. Practice Directions zu Rule 33 und Rule 47 EGMR-VerfO 2020.

R59 (8)		When the physical person who is party to the proceedings wishes to request anonymity in respect of the publication of the arbitral award while the case is pending before the tribunal, she or he should set out the reasons for the request and specify the impact that this publication may have. In deciding on the request, the Secretary General shall take into account the explanations provided by the application and the level of publicity that the proceedings have already received. When it is not appropriate or practical to grant the request, the Secretary General should give reasons and also decide on the most appropriate steps to protect the applicant from being identified, in particular the deletion of the personal data from the published arbitral award.
R59 (9)		The Secretary General shall be responsible for the publication of awards in an appropriate, publicly accessible form within one year of the notification of the operative part of the award. The Court Office shall in addition publish annual official reports of selected awards and of any document which the President of the CAS considers it useful to publish, particularly with regard to changes in case law of the CAS and decisions of high importance.

Arbitration Rules
CAS Anti-Doping Division

Art. ADD-Rules	Arbitration Rules CAS Anti-Doping-Division (In force as from 1 January 2019)	Proposed Provision

A19.3 Hearing[1542]

A19.3 (3)	The President of the Panel shall conduct the hearing and ensure that the statements made are concise and limited to the subject of the written presentations, and then only to the extent that these presentations are relevant. ~~At the hearing, the proceedings shall take place in camera, unless the parties agree otherwise. At the request of a physical person who is party to the proceedings, a public hearing should be held. Such request may however be denied~~ in the interest of morality, public order, national security, when the interests of minors or the protection of the parties' private life so require, when publicity would prejudice the interest of justice or when the proceedings are exclusively related to questions of law.	The President of the Panel shall conduct the hearing and ensure that the statements are concise and limited to the subject of the written presentations, and then only to the extent that these presentations are relevant. The hearing before a Sole Arbitrator shall take place in public, unless both parties agree otherwise, or non-public hearings are requested by one party and it is appropriate and practical to grant the request. Hearings before the three-member Panel as a sole instance shall be open to public unless in accordance with paragraph 4, the Tribunal in exceptional circumstances decides otherwise, either of its own motion or at the request of a party. Any request for a hearing to be held in camera must include reasons and specify whether it concerns all or

1542 Angelehnt an §§ 169 ff. GVG, Rule 63 EGMR-VerfO 2020, Art. 76 EuGH-VerfO.

		only part of the hearing. Audio and television or radio recordings as well as audio and film recording intended for public presentation or for publication of their content shall be inadmissible.
A19.3 (4)		The public may be excluded from a hearing before a Sole Arbitrator or three-member Panel or from a part thereof in the interest of morality, public order, national security, when the interests of minors or the protection of the parties' private life so require, when publicity would prejudice the interest of justice or when the proceedings are exclusively related to questions of law. The issue of exclusion of the public shall be discussed in a non-public sitting if a party so requests or if the Tribunal deems this appropriate. The ruling excluding the public must be pronounced in public and the reasons for exclusion of the public must be stated; it may be pronounced in a non-public sitting if there is fear that its public pronouncement would seriously disrupt order in the sitting.

A21 Award[1543]

A21 (6)	The award, a summary and/or a press release-setting forth the results of the proceedings-shall be made public by CAS if any sanctions are imposed, once the award is final and binding.- ~~However, if the award is not final and upon application by a party, the CAS ADD may disclose certain elements of the case record so as~~ to enable a reviewing court or tribunal to understand the factual basis for the award. Otherwise, all other elements of the case record shall remain confidential.	The award, which states reasons, shall be made public by the CAS ADD if any sanctions are imposed or at the request by the physical party who is party to the proceedings, once the award is final and binding or before as to enable a reviewing court or tribunal to understand the factual basis for the award. The CAS ADD may additionally publish a summary and/or press release setting forth the results of the proceedings. Otherwise, all other elements of the case record shall remain confidential.
A21 (7)		When the parties agree to designate a three-member Panel and the CAS ADD therefore decides as a sole instance, the Managing Counsel of the CAS ADD shall be responsible for the publication of awards in an appropriate, publicity accessible form within one year the arbitral award was notified.
A21 (8)		Apart from that, Article R59 CAS-Code applies mutatis mutandis to the anti-doping arbitration procedure.

1543 Angelehnt an Rule 33, Rule 47, Rule 104A f. EGMR-VerfO 2020, Art. 92 EuGH-VerfO; Request for anonymity. Practice Directions zu Rule 33 und Rule 47 EGMR-VerfO 2020.

D. Ausblick: „Im Namen der Öffentlichkeit"

Das System der Sportrechtsprechung durch den CAS bedarf keiner Abschaffung, sondern die Ausführungen zeigen, dass nach einer Reform rechtsstaatliche Standards erfüllt werden können. Es sollte also nicht das Ende des CAS propagiert werden, sondern vielmehr ein neuer Anfang. Dieser Neubeginn ist durch die neuen Vorschriften zur Öffentlichkeit der Verhandlung und die Veröffentlichung der Entscheidungen bereits eingeläutet worden. Der CAS als Schiedsgericht sollte im Namen der Schiedsparteien Recht sprechen, die sich aufgrund der Schiedsvereinbarung darauf einigten.[1544] Aufgrund der Reichweite seiner Entscheidungen, die ihn in die Nähe eines (internationalen) Höchstgerichts rückt, sollte er auch im Namen aller am Sport Beteiligten Rechtsprechung betreiben. Der CAS besteht nicht um seiner selbst oder allein um der Parteien willen, sondern um einem fairen Sportsystem zu dienen. Er leitet seine Autorität von der Öffentlichkeit im Sport ab und sollte deswegen zwar nicht in Abhängigkeit, jedoch „im Namen der Öffentlichkeit" Recht sprechen.[1545] Um diese abgeleitete Autorität nicht zu verlieren und sich damit sein eigenes Ende zu schaffen, muss sich der CAS in Zukunft noch mehr Transparenz verschreiben. Anderenfalls besteht die Gefahr, dass der CAS im Namen der Einflussreichsten Recht spricht oder jedenfalls diese Befürchtung nährt. Dies lässt auf Dauer die Akzeptanz des CAS schwinden. Der CAS als ein institutionalisiertes Schiedsgericht für den Sport benötigt jedoch gerade dieses Vertrauen als einen wesentlichen Bestandteil seiner Legitimität. Sonst ergeht es dem CAS ähnlich wie einer Sportmannschaft. Ist deren Leistung dauerhaft schlecht, so nimmt mit der Zeit meistens auch das öffentliche Interesse ab. Der CAS muss sich weiterhin reformieren und transparenter werden. Die zum 01.01.2019 revidierten – jedoch auch noch verbesserungswürdigen – Vorschriften zur Öffentlichkeit der Verhandlung sollten also nur einen ersten Schritt darstellen und die Öffentlichkeit der Verhandlung vor den CAS-Kammern sollte eine in Zukunft nicht weiter erwähnenswerte Selbstverständlichkeit sein.

1544 Str. für internationale Gerichte, vgl. *Bogdandy/Venzke*, EJIL 2012, 7 (8).

1545 *Feskorn*, in: Zöller ZPO, 33. Aufl. 2020, § 311 Rn. 1 weist im Rahmen des § 311 ZPO daraufhin, dass darunter nicht die Abhängigkeit des Gerichts von einer Volksmeinung zu verstehen ist.

Literaturverzeichnis

Stand: Mai 2020

Aden, Menno, Die Nichtöffentlichkeit des Schiedsverfahrens. Verstoß gegen ein prozessuales Grundrecht?, Deutsche Zeitschrift für Wirtschafts- und Insolvenzrecht (DZWiR) 2012, 360–363.

Adolphsen, Jens, Eine lex sportiva für den internationalen Sport?, in: *Witt, Carl-Heinz* (Hrsg.), Jahrbuch Junger Zivilrechtswissenschaftler 2002, Die Privatisierung des Privatrechts. Rechtliche Gestaltung ohne staatlichen Zwang, Stuttgart 2003, S. 281–301.

Adolphsen, Jens, Grundfragen und Perspektiven der Sportschiedsgerichtsbarkeit, Zeitshrift für Schiedsverfahren (SchiedsVZ) 2004, 169–174.

Adolphsen, Jens, Grundfragen und Perspektiven der Sportschiedsgerichtsbarkeit, SchiedsVZ 2004, 169–175.

Adolphsen, Jens / Nolte, Martin / Lehner, Michael / Gerlinger, Michael (Hrsg.), Sportrecht in der Praxis, Stuttgart 2012.

Adolphsen, Jens, Müssen Sportler vor ein Schiedsgericht, PRO, Deutche Richterzeitung (DriZ) 2016, 254–254.

Adolphsen, Jens, Sportschiedsgerichtsbarkeit Anfang 2016, Sport und Recht (SpuRt) 2016, 46–51.

Ahrendt, Achim, Der Zuständigkeitsstreit im Schiedsverfahren, Tübingen 1996.

Ampatzi, Styliani, Das AGB-Recht in der nationalen und internationalen Schiedsgerichtsbarkeit im unternehmerischen Geschäftsverkehr. Eine Untersuchung im deutschen und griechischen Recht, Baden-Baden 2019.

Anderson, Jack, Modern sports law, Oxford u. a. 2010.

Andy, Ruzik, Die Anwendung von Europarecht durch Schiedsgerichte, in: Tietje, Christian / Kraft, Gerhard / Sethe, Rolf (Hrsg.), Beiträge zum Transnationalem Wirtschaftsrecht, Heft 17, 2003, S. 5–41.

Arroyo, Manuel, Arbitration in Switzerland, Vol. II, 2. Aufl., Alphen aan den Rijn 2018 [zitiert: *Bearbeiter,* in: Arroyo, Arbitration in Switzerland].

Babeck, Wolfgang, Einführung in das australische Recht mit neuseeländischem Recht, München 2011.

Baddeley, Margareta, Résume et remarques à l´égard de la décision du Tribunal cantonal vaudois du 24 juin 2011, Causa Sport (CaS) 2011, 292–293.

Bamberger, Heinz Georg / Roth, Herbert / Hau, Wolfgang / Poseck, Roman (Hrsg.), Bürgerliches Gesetzbuch, Band §§ 1–480, 4. Auflage, München 2019 [zitiert: *Bearbeiter,* in: Bamberger u. a., BGB].

v. Bar, Christian / Mankowski, Peter (Hrsg.), Internationales Privatrecht, Band II, 2. Aufl., München 2019.

von Bary, Christiane, Gerichtsstands- und Schiedsvereinbarungen im internationalen Erbrecht, Tübingen 2018.

Bayer, Walter, Schiedsfähigkeit von GbmH-Streitigkeiten, Zeitschrift für Wirtschaftsrecht (ZIP) 2003, Heft 20, 881–892.

Beain, Kepa Larumbe, CAS Awards and Enforcement Issues, in: Bernasconi, Michele (Hrsg.), Arbitrating Disputes in a Modern Sports World, Bern 2016, S. 73–92.

Beatge, Dietmar, Allgemeininteressen in der Inhaltskontrolle: Der Einfluss öffentlicher Interessen auf die Wirksamkeit Allgemeiner Geschäftsbedingungen, Archiv für die civilistische Praxis (AcP) 2002, 972–993.

Beck´sche Kurz-Kommentare ZPO, Band 1, hrsg. von *Baumbach, Adolf* (Begr.), *Lauterbach Wolfgang / Albers, Jan / Hartmann, Peter* (Hrsg.), Zivilprozessordnung mit FamFG, GVG und anderen Nebengesetzen, 78. Aufl., München 2020 [zitiert: *Bearbeiter,* in: Baumbach u. a., ZPO].

Beck´sche Kurz-Kommentare, Band 51, hrsg. von *Müller-Glöge, Rudi / Preis, Ulrich / Schmidt, Ingrid,* Erfurter Kommentar zum Arbeitsrecht, 19. Aufl., München 2019 [zitiert: *Bearbeiter,* in: ErfK].

Beck´scher Online-Kommentar GG, hrsg. von *Epping, Volker / Hillgruber, Christian,* BeckOK Grundgesetz, 41. Ed., München 2019 [zitiert: *Bearbeiter,* in: BeckOK GG].

Beck´scher Online-Kommentar GVG, hrsg. von *Graf, Jürgen-Peter,* Beck´scher Online-Kommentar GVG, 3. Aufl., München 2019 [zitiert: BeckOK GVG].

Beck´scher Online-Kommentar StPO mit RiStBV und MiStra, hrsg. von *Graf, Jürgen-Peter,* Beck´scher Online-Kommentar StPO mit RiStBV und MiStra, 34. Ed., München 2019 [zitiert: *Bearbeiter,* in: BeckOK StPO].

Beck´scher Online-Kommentar VwGO, hrsg. von *Posser, Herbert / Wolff, Amadeus,* Beck´scher Online-Kommentar Verwaltungsgerichtsordnung, 49 Ed., München 2019 [zitiert: *Bearbeiter,* in: BeckOK VwGO].

Beck´scher Online-Kommentar ZPO, hrsg. von *Vorwerk, Volkert / Wolf, Christian,* Beck´scher Online-Kommentar ZPO, 32. Ed., München 2019 [zitiert: *Bearbeiter,* in: BeckOK ZPO].

Benvenisti, Eyal / Downs, George W., National Courts Review of Transnational Private Regulation, SSRN 17.01.2011, Stand: 03.09.2012, abrufbar unter <https://ssrn.com/abstract=1742452> (besucht am 08.01.2020).

Berger, Klaus Peter, Herausforderungen für die (deutsche) Schiedsgerichtsbarkeit, SchiedsVZ 2009, 289–299.

Bernasconi, Michele, CAS Jurisprudence in Football Issues (2010–2012): Transfer of Minors and Solidarity Contribution, in: Bernasconi, Michele (Hrsg.), International Sports Law and Jurisprudence of the CAS, Bern 2014, S. 265–282.

Bernasconi, Michele, CAS Jurisprudence on Football Matters: Part II, in: Bernasconi, Michele (Hrsg.), Arbitrating Disputes in a Modern Sports World, Bern 2016, S. 231–259.

Bersagel, Annie, Is There a Stare Decisis Doctrine in the Court of Arbitration for Sport? An Analysis of Published Awards for Anti-Doping Disputes in Track and Field, Pepperdine Dispute Resolution Law Journal (Pepp. Disp. Resol. L.J.) 2012, 189–213.

Bietz, Hermann, Baustreitigkeiten vor dem Schiedsgericht, Neue Zeitschrift fur Baurecht und Vergaberecht (NZBau), 177–183.

Blackaby, Nigel, Investment Arbitration and Commercial Arbitration (or the Tale of the Dolphin and the Shark), in: Mistelis, Loukas / Lew, Julian (Hrsg.), Pervasive Problems in International Arbitration, Alphen aan den Rijn 2006, S. 217–233.

Blackshaw, Ian S. / Siekmann, Robert C.R. / Soek, Janwillem (Hrsg.), The Court of Arbitration for Sport 1984–2004, The Hague 2006.

Blackshaw, Ian S., International Sports Law: An Introductory Guide, The Hague 2017.

Blandfort, Fabian, Rechtsstaatliche Bindungen der internationalen Sportschiedsgerichtsbarkeit: Das Urteil des EGMR in der Rechtssache Mutu und Pechstein v. Schweiz, SchiedsVZ 2019, 120–126.

Blanquett, Wiebke / Casser, Chiara, Amicus Curiae in Deutschland, Drittbeteiligung von Verbänden und Institutionen durch Amicus-Curiae-Stellungsnahmen in Gerichtsverfahren der unteren Instanzen, Working Paper NR. 10 2016, Humboldt Law Clinic Grund- und Menschenrechte.

Bleistein, Romana / Degenhart, Christoph, Schiedsvereinbarungen und Anti-Doping-Gesetzgebung auf dem Prüfstand, Neue Juristische Wochenschrift (NJW) 2015, 1353–1357.

von Bogdandy, Armin / Venzke, Ingo, In Whose Name? An Investigation of International Courts Public Authority and Its Democratic Justification, European Journal of International Law (EJIL) 2012, 7–41.

Böckstiegel, Karl-Heinz, Die Schiedsgerichtsbarkeit in Deutschland – Standort und Stellenwert, SchiedsVZ 2009, 3–8.

Böckstiegel, Karl-Heinz, Whence and Whither International Arbitration, in: Carlevaris, Andrea / Lévy, Laurent / Mourre, Alexis / Schwartz, Eric A. (Hrsg.), International Arbitration Under Review, Essays in Honour of John Beechey, Paris 2015, S. 91–102.

Borges, Maurício Ferrão Pereira, Verbandsgerichtsbarkeit und Schiedsgerichtsbarkeit im internationalen Berufsfußball, Frankfurt am Main u. a. 2009.

Bottini, Gabriel, Present and Future of ICSID Annulment: The Path to an Appellate Body?, ICSID Review – Foreign Investment Law Journal, October 2016, S. 712–727.

Brandner, Gert / Kläger, Roland, Ein Sieg über (oder für) das System der Sportschiedsgerichtsbarkeit?, SchiedsVZ 2015, 112–119.

Braun, Johann, Restitutionsklage wegen Verletzung der Europäischen Menschenrechtskonvention, NJW 2007, 1620–1622.

Brägger, Rafael, Die neue «Anti-Doping Division» des Court of Arbitration for Sport (CAS) und weitere Änderungen im CAS-Code 2019, CaS 2019, 11–20.

Bringer, Robert, Article 6 of the European Convention on Human Rights, in: *Briner, Robert / Fortier, Yves / Berger, Klaus Peter / Bredow, Jens* (Hrsg.), Law of International Business and Dispute Settlement in the 21st Century, Liber Amicorum Karl-Heinz Böckstiegel, Köln u. a. 2001.

Brower, Charles H., Structure, Legitimacy, and NAFTA's Investment Chapter, Vanderbild Journal of Transnational Law (Vand. J. Transnat'l. L.) 2003, 37–94.

Bruns, Alexander, in: Bruns, Alexander u. a., Die Zukunft des Zivilprozesses, Tübingen 2014, S. 53–67.

Bühler, Michael / Raeschke-Kessler, Hilmar, Kurzkommentar zu BGH, Urteil vom 14.04.1988, III ZR 12/87, Zeitschrift für Wirtschaftsrecht (EWiR) 1988, 1121–1122.

Buntenbroich, David / Kaul, Markus, Transparenz in Investitionsschiedsverfahren – Der Fall Vattenfall und die UNCITRAL-Transparenzregeln, SchiedsVZ 2014, 1–8.

Burow, Patrick, Das Lexikon der Justizirrtümer, Köln 2013.

Büstgens, Johanna, Transparenz und Öffentlichkeit gemischter Schiedsverfahren, Berlin 2017 [zitiert: *Büstgens,* Transparenz].

Buys, Cindy Galway, The Tensions between Confidentiality and Transparency in International Arbitration, American Review of International Arbitration (Am. Rev. Int'l Arb.) 2003, 121–138.

Byrnes, Jaime Dodge/Pollman, Elizabeth, Arbitration Consent and Contractual Theory: The Implications of EEOC v. Waffle House, Harvard Negotiation Law Review (Harv. Nego. L. Rev.) 2003, 289–312.

Carlevaris, Andrea / Lévy, Laurent / Mourre, Alexis / Schwartz, Eric A. (Hrsg.), International arbitration under review, essays in honour of John Beechey, ICC publication 772E, Paris 2015.

Chrobok, David, Zur Strafbarkeit nach dem Anti-Doping-Gesetz, München 2017.

Coccia, Massimo, The jurisprudence of Swiss Federal Tribunal on challenges against CAS awards, CAS Bulletin 2/2013, 2–17.

Coccia, Massimo, The Jurisprudence of the Swiss Federal Tribunal On Challenges Against CAS Awards, in: Bernasconi, Michele (Hrsg.), International Sports Law and Jurisprudence of the CAS, Bern 2014, S. 169–208.

Coester-Waltjen, Dagmar, Einige Überlegungen zu Schiedsgerichtsvereinbarungen und ihrer Wirksamkeit, in: *Boele-Woelki, Katharina / Siehr, Kurt* (Hrsg.), Liber Amicorum Kurt Siehr, Covergence and Divergence in Private International Law, Zürich u. a. 2010, S. 595–618.

Connolly, Ryan, Balancing the Justices in Anti-Doping Law: The Need to Ensure Fair Athletic Competition Through Effective Anti-Doping Programs vs. The Protection of Rights of Accused Athletes, Virginia Sports and Entertainment Law Journal (Va Sports & Ent. L. J.) 2006, 41–80.

Czernich, Dietmar / Deixler-Hübner, Astrid / Schauer, Martin (Hrsg.), Handbuch Schiedsrecht, Wien 2018 [zitiert: *Bearbeiter,* in: Czernich u. a., Handbuch Schiedsrecht].

Dalinger, Andrej, Der Vertragsbruch des Berufsfußballspielers und die Rechtsfolgen nach Art. 17 FIFA-RSTS, Baden-Baden 2017.

Dasser, Felix, International Arbitration and Setting Aside Proceedings in Switzerland – An Updated Statistical Analysis, ASA Bulletin 2010, 82–100.

Dasser, Felix / Roth, David, Challenges of Swiss Arbitral Awards – Selected Statistical Data as of 2013, ASA Bulletin 2014, 460–466.

Degenhart, Christoph, Gerichtsverfahren, in: Isensee, Josef/Kirchhof, Paul (Hrsg.), Handbuch des Staatsrechts, Band III, 2. Aufl., Heidelberg 1996, § 76, S. 879–919.

Diener, Sven, Ein «Recht auf Schweigen» auch in Verbands-Sanktions-Verfahren?, CaS 2018, 358–368.

Domke, Martin, Commercial Arbitration, Englewood Cliffs New Jersey 1965.

Donath, Philipp B., Proliferation und Legitimation der internationalen Investitionsschiedsgerichtsbarkeit, Berlin 2016.

Druml, Matija, Sportgerichtsbarkeit, Vereinsstrafe, Vereinsgerichtsbarkeit und Schiedsgerichtsbarkeit im organisierten Sport, Wien 2017.

Dudenredaktion (Hrsg.), Duden – Das Synonymwörterbuch, 4. Aufl., Mannheim u. a. 2007.

Duval, Not in my name! Claudia Pechstein and the Post-Consensual Foundations of the Court of Arbitration for Sport, MPIL Research Paper Series No. 2017–01, 1 (19 ff.).

Duve, Christian / Rösch, Karl Ömer, Ist das deutsche Kartellrecht mehr wert als alle Olympiasiege?, SchiedsVZ 2015, 69–77.

Duve, Christian, Keller, Moritz, Privatisierung der Justiz – bleibt die Rechtsfortbildung auf der Strecke? – Ein Beitrag zur Auflösung des Spannungsverhältnisses von Privatautonomie und Rechtsfortbildung in der Schiedsgerichtsbarkeit, SchiedsVZ, 2005, 169–178.

Ebke, Werner F. / Olzen, Dirk / Sandrock, Otto (Hrsg.), Festschrift für Siegfried H. Elsing zum 65. Geburtstag, Frankfurt am Main 2015.

Eichel, Florian, AGB-Inhaltskontrolle von Schiedsklauseln in Athletenvereinbarungen, Zeitschrift für Zivilprozess (ZZP) 2016, 327–346.

Eichel, Florian, Schiedsklauseln in Athletenvereinbarungen aus dem Blickwinkel des Internationalen Privat- und Zivilverfahrensrechts, Zeitschrift des Internationalen Privat- und Verfahrensrechts (IPRax) 2016, 305–310.

Eslami, Nassim, Die Nichtöffentlichkeit des Schiedsverfahrens, Tübingen 2016 [zitiert: *Eslami*, Nichtöffentlichkeit].

Europäische Kommission, Weißbuch Sport (COM(2007) 391 final) vom 11.07.2007.

European Court of Human Rights, Guide on Article 6 of the European Convention on Human Rights – Right to a fair trial (criminal limb), Stand: 31.12.2018 [zitiert: EGMR, Guide (criminal limb)].

European Court of Human Rights, Guide on Article 6 of the European Convention on Human Rights – Right to a fair trial (civil limb), Stand: 31.12.2018 [zitiert: EGMR, Guide (civil limb)].

Fach Gómez, Katia, Rethinking the Role of Amicus Curiae in International Investment Arbitration: How to Draw the Line Favorably for the Public Interest, Fordham International Law Journal (Fordham Int'l. L.J.) 2012, 510–564.

Fastrich, Lorenz, Richterliche Inhaltskontrolle im Privatrecht, München 1992.

Fechner, Frank / Arnhold, Johannes / Brodführer, Michael (Hrsg.), Sportrecht, Tübingen 2014,

Fenn, Herbert, Erfassung der Sportler durch die Disziplinargewalt der Sportverbände, SpuRt 1997, 77–82.

Ferenc, Patrik / Varmus, Michal / Vodák, Josef, Stakeholder in the various field and relations between them, Procedia Engineering 192/2017, 166–170.

Ferrari, Franco u. a. / Kieninger, Eva-Maria / Mankowski, Peter / Otte, Karsten / Saenger, Ingo / Schulze, Götz / Staudinger, Ansgar, Internationales Vertragsrecht, 3. Aufl., München 2018 [zitiert: *Bearbeiter,* in: Ferrari u. a., Internationales Vertragsrecht].

Feuerbach, Paul, Betrachtungen über die Oeffentlichkeit und Mündlichkeit der Gerechtigkeitspflege, Gießen 1821.

Fischer, Paul, Die Autonomie der Sportverbände: Mehr Rechtssicherheit durch zweckorientierte Inhaltskontrolle, SpuRt 2019, 99–107.

Fischer, Paul, Die Rolle des Ein-Platz-Prinzips in der Autonomie der Sportfachverbände, Berlin 2018.

Föhlisch, Julia, Der gemeineuropäische *ordre public,* Frankfurt am Main u. a. 1997.

Forneris, Tanya / Camiré, Martin / Trudel, Pierre, The development of life skills and values in high school sport: Is there a gap between stakeholder's expectations and perceived experiences?, International Journal of Sport and Exercise Psychology 2012, 9–23.

Fortier, L. Yves, The Occasionally Unwarranted Assumption of Confidentiality, (Arbitration International (Arb. Int'l.) 1999, 131–139.

Frank, Oschütz, Sportschiedsgerichtsbarkeit, Die Schiedsverfahren des Tribunal Arbitral du Sport vor dem Hintergrund des schweizerischen und deutschen Schiedsverfahrensrechts, Berlin 2005.

Fritzweiler, Jochen / Pfister, Bernhard / Summerer, Thomas (Hrsg.), Praxishandbuch Sportrecht, 3. Aufl., München 2014.

Gaillard, Emmanuel, Annulment of ICSID awards, Huntington, NY 2004.

Galanter, Marc, Why the „Haves" Come out Ahead: Speculations on the Limits of Legal Change, Law and Society Review 1974, 95–160.

Gaillard, Emmanuel, Thirty Years of Lex Mercatoria: Towards the Selective Application of Transnational Rules, ICSID Review: Foreign Investment Law Journal, 1995, 208–231.

Geimer, Reinhold (Hrsg.), Internationales Zivilprozessrecht, 8. Aufl., Köln 2019 [zitiert: *Bearbeiter,* in: Geimer IZPR].

Geimer, Reinhold, Anmerkung zu BGH, Beschluss vom 21.09.2005, III ZB 18/05, LKM 2006, 166229.

Geimer, Reinhold/Schütze, Rolf. A. (Hrsg.), Recht ohne Grenzen, Festschrift für Athanassios Kaissis zum 65. Geburtstag, München 2012.

Geistlinger, Michael / Hofmeister, Cornelia, International sports arbitration as entrustment of State authority to a body of an International Non-governmental Organization using the example of the Court of Arbitration for Sport, in: Roth, Marianne / Geistlinger, Michael (Hrsg.), Yearbook on International Arbitration, Vol. II, Wien/Graz 2012, S. 309–317.

Gierhake, Katrin, Zur Begründung des Öffentlichkeitsgrundsatzes im Strafverfahren, JuristenZeitung (JZ) 2013, 1030–1038.

Gies, Thomas P./Bagley, Andrew, Mandatory Arbitration of Employment Disputes: What´s New and What´s Next?, Employee Relations L. J. 2013, 22–33.

Gildeggen, Rainer, Internationale Schieds- und Schiedsverfahrensvereinbarungen in Allgemeinen Geschäftsbedingungen vor deutschen Gerichten, Frankfurt a. M. u. a. 1991.

Grabenwarter, Christoph / Pabel, Katharina, Europäische Menschenrechtskonvention, Ein Studienbuch, 6. Aufl., München 2016.

Grau, Carsten / Markwardt, Karsten, in: Grau, Carsten / Markwardt, Karsten (Hrsg.), Internationale Verträge, Berlin/Heidelberg 2011, S. 161–175.

Groeben, Hans von der / Schwarze, Jürgen / Hatje, Armin (Hrsg.), Europäisches Unionsrecht, 7. Aufl., Baden-Baden 2015 [zitiert: *Bearbeiter,* in: Europäisches Unionsrecht].

Gropp, Walter, Strafrecht Allgemeiner Teil, Heidelberg 2015.

Gumbis, Janis/Dereškevičiūtė, Miglė, Justice in arbitration – is it equal to justice exercised by courts?, in: Roth, Marianne/Geistlinger, Michael (Hrsg.), Yearbook on International Arbitration Vol. II, Wien/Graz 2012, S. 101–106.

Guradze, Heinz, Die Europäische Menschenrechtskonvention, Kommentar, Berlin u. a. 1968.

Haas, Ulrich, Zur formellen und materiellen Wirksamkeit des Schiedsvertrages, Anmerkung zu OLG Köln, Urteil vom 16.12.1992, 16 W 43/92, IPRax 1993, 382–385.

Haas, Ulrich / Prokop, Clemens, Zu den formellen Grenzen der vereinsrechtlichen Disziplinargewalt im Rahmen von Unterwerfungsvereinbarungen, SpuRt 1998, 15–18.

Haas, Ulrich / Hauptmann, Markus, Schiedsvereinbarungen in „Ungleichgewichtslagen“ – am Beispiel des Sports -, SchiedsVZ 2004, 175–187.

Haas, Ulrich, Die gerichtliche Kontrolle der schiedsgerichtlichen Entscheidungszuständigkeit, in: *Bittner, Ludwig / Klicka, Thomas / Kodek, Georg / Oberhammer, Paul* (Hrsg.), Festschrift für Walter H. Rechberger zum 60. Geburtstag, Wien u. a. 2005, S. 187–210.

Haas, Ulrich, Internationale Sportschiedsgerichtsbarkeit und EMRK, SchiedsVZ 2009, 73–84.

Haas, Ulrich, Loslösung des organisierten Sports aus der Umklammerung des nationalen Rechts, Schweizerische Juristen-Zeitung (SJZ) 2010, 585–593.

Haas, Ulrich, Schiedsgerichte in Erbsachen und das New Yorker Übereinkommen über die Anerkennung und Vollstreckung ausländischer Schiedssprüche, SchiedsVZ 2011, 289–301.

Haas, Ulrich / Martens, Dirk-Reiner, Sportrecht – Eine Einführung in die Praxis, Stuttgart u. a. 2011.

Haas, Ulrich, Vertraulichkeit im Zusammenhang mit Schiedsverfahren, in: Geimer, Reinhold / Schütze Rolf A. (Hrsg.), Recht ohne Grenzen, Festschrift für Athanassios Kaissis zum 65. Geburtstag, München 2012, S. 315–331 [zitiert: *Haas,* in: Geimer/Schütze, FS Kaissis].

Haas, Ulrich, Fußball vor dem Internationalen Sportgerichtshof CAS, in: Höfling, Wolfram / Horst, Johannes / Nolte, Martin (Hrsg.), Fußball, Motor des Sportrechts, Tübingen 2014, S. 65–97.

Habscheid, Walter J., Schiedsgerichtsbarkeit und Europäische Menschenrechtskonvention, in: Gerhardt, Walter / Henckel. Wolfram (Hrsg.), Festschrift für Wolfram Henckel zum 70. Geburtstag am 21. April 1995, S. 341–352.

Hamann, Hartmut / Lennarz, Thoma, Schiedsverfahren oder staatliche Gerichtsverfahren – Was ist besser?, Juristische Arbeitsblätter (JA) 2012, 801–808.

Hanefeld, Inka / Wittinghofer, Mathias A., Schiedsklauseln in Allgemeinen Geschäftsbedingungen, SchiedsVZ 2005, 217–229.

Van Harten, Gus / Loughlin, Martin, Investment Treaty Arbitration as a Species of Global Adminstrative Law, EJIL 2006, 121–150.

Heermann, Peter W., Verbandsautonomie versus Kartellrecht, CaS 2006, 345–364.

Heermann, Peter, Chance für Fortschritt vertan, DriZ 2016, 242–243.

Heermann, Peter, SpuRt 2015, 4–10.

Heermann, Peter, Freiwilligkeit von Schiedsvereinbarungen in der Sportgerichtsbarkeit, SchiedsVZ 2014, 66–79.

Heermann, Peter, Sportschiedsgerichtsbarkeit 2019 – Eine Standortbestimmung, NJW 2019, 1560–1565.

Heinz, Gurdadze, Die Europäische Menschenrechtskonvention, Berlin/Frankfurt 1968.

Hess, Burkhard, Private Streitbeilegung und staatliche Justiz: Auf der Suche nach der richtigen Balance, Dokuz Eylul Universitesi Hukuk Fakultesi Dergisi 2014, 171–179 [zitiert als: *Hess,* DEUHFD 2014].

Heß, Burkhard, Sportschiedsgerichte im Lichte der New Yorker Konvention, Zeitschrift für Zivilprozess International (ZZPInt) 1998, 457–475.

Hilbig, Katharina, Absoluter Verbraucherschutz bei unzulässigen AGB-Schiedsvereinbarungen, SchiedsVZ 2010, 74–81.

Hilpert, Horst, Das Fußballstrafrecht des Deutschen Fußball-Bundes (DFB), Berlin 2009.

Hilpert, Horst, Die Geschichte des Sportrechts, Stuttgart u. a. 2011.

Hilpert, Horst, Sportrecht und Sportrechtsprechung im In- und Ausland, Berlin 2007.

Hirsch, Günter, Schiedsgerichte – ein Offenbarungseid für die staatlichen Gerichte?, SchiedsVZ 2003, 49–52.

Hobeck, Paul / Stubbe, Christian, Genese einer Schiedsklausel, SchiedsVZ 2003, 15–23.

Hobér, Kaj / Foerster, Alexander, SchiedsVZ 2007, 207–212.

Hochtritt, Jan Oliver, Internationale Sportschiedssprüche vor deutschen Gerichten, Frankfurt am Main u. a. 2007.

Hoffmann, Hermann / Maurer, Andreas, Entstaatlichung der Justiz. Empirische Belege zum Bedeutungsverlust staatlicher Gerichte für internationale Wirtschaftsstreitigkeiten, Zeitschrift für Rechtssoziologie 2010, 279–302.

Hoffmann, Hermann, Schiedsgerichte als Gewinner der Globalisierung? Eine empirische Analyse zur Bedeutung staatlicher und privater Gerichtsbarkeit für den internationalen Handel, SchiedsVZ 2010, 96–101.

Höfling, Wolfram / Horst, Johannes / Nolte, Martin (Hrsg.), Olympische Spiele, Tübingen 2013 [zitiert: *Autor,* in: Höfling u. a., Olympische Spiele].

Hofmann, Karsten, Das internationale Sportschiedsgericht (CAS) in Lausanne, SpuRt 2002, 7–11.

Hofmann, Karsten, Zur Notwendigkeit eines institutionellen Sportschiedsgerichtes in Deutschland, Hamburg 2009.

Holder, Daniel, Vertraulichkeit im Schiedsverfahren nach deutschem Recht, Frankfurt a. M. 2009.

Holla, Matthias, Der Einsatz von Schiedsgerichten im organisierten Sport, Frankfurt am Main u. a. 2006.

Honsell, Heinrich / Vogt, Nedim Peter / Schnyder, Anton K. / Berti, Stephen (Hrsg.), Basler Kommentar, Internationales Privatrecht, 3. Aufl., Basel 2013 [zitiert: *Bearbeiter,* in: BSK IPRG].

Honsell, Heinrich/Vogt, Peter Nedim/Wiegand, Wolfgang (Hrsg.), Obligationenrecht I, 6. Aufl., Basel 2015 [zitiert: *Bearbeiter,* in: BSK OR I].

Hovell, Mark, CAS Jurisprudence on Football Matters: Part I, in: Bernasconi, Michele (Hrsg.), Arbitrating Disputes in a Modern Sports World, Bern 2016, S. 215–230.

Hügi, Thomas, Sportrecht, Bern 2015.

Hülskötter, Tim, Anmerkung zu EGMR, Urteil vom 04.10.2018, 40575/10 und 67474/10, SpuRt 2018, 261–263.

J von Staudingers Kommentar zum Bürgerlichen Gesetzbuch mit Einführungsgesetz und Nebengesetzen, hrsg. von *Bausback, Winfired / Hausmann, Rainer / Voltz, Markus,* Berlin [zitiert: *Bearbeiter,* in: Staudinger]; Art. 3–6 EGBGB, IPR – Allgemeiner Teil, Neubearbeitung 2013; §§ 305–310 (Recht der Allgemeinen Geschäftsbedingungen); UKlaG; Buch 2 (Recht der Schuldverhältnisse), Neubearbeitung 2013.

Jagenburg, Walter /Maier-Reimer, Georg / Verhoeven, Thomas, Festschrift für Walter Oppenhoff zum 80. Geburtstag, München 1985.

Jakob, Anne / Röbig, Britta, Wirksamkeit von Haftungsausschlussklauseln in Individuallizenzen, SpuRt 2017, 184–188.

James, Jeffrey D. / Ross, Stephen D., Comparing Sport Consumer Motivations Across Multiple Sports, Sport Marketing Quarterly (SMQ) 2004, 17–25.

Jauernig, Bürgerliches Gesetzbuch mit Rom-I-, Rom-II-VO, EuUnthVO/ HUntProt und EuErbVO, hrsg. von *Stürner, Rolf,* 17. Aufl., München 2018 [zitiert: *Bearbeiter,* in: Jauernig].

Jauernig, Othmar, JuS 1971, 329–334.

Jestaedt, Matthias, Das Geheimnis im Staat der Öffentlichkeit: Was darf der Verfassungsstaat verbergen?, Archiv des öffentlichen Rechts (AöR) 2001, 204–243.

Jung, Florian, Die Sportschiedsgerichtsbarkeit im Lichte des Art. 6 EMRK, Zeitschrift für Europarechtliche Studien (ZEuS) 2014, 173–209.

Kaczmarek, Christopher, Public Law Deserves Public Justice. Why Public Law Arbitrators Should be Required to Issue Written, Publishable Opinions, Employee Rights and Employment Policy Journal 2000, 285–340 [zitiert: *Kaczmarek,* Emp. Rts. & Emp. Pol'y].

Kane, Darren, Twenty Years On: An Evaluation of the Court of Arbitration for Sport, Melb. J. Int'l. L. 2003. 611–635.

Kahlert, Heiner, Vertraulichkeit im Schiedsverfahren, Eine Untersuchung nach deutschem Recht mit internationalen Bezügen, Tübingen 2015 [zitiert: *Kahlert,* Vertraulichkeit].

Kargl, Walter / Sinner, Stefan, Der Öffentlichkeitsgrundsatz und das öffentliche Interesse in § 153a StPO, JURA 1998, 231–236.

Kargl, Walter, Begründungsprobleme des Dopingstrafrechts, Recht-Steuern-Wirtschaft (NstZ) 2007, 489–496.

Karimullin, Rustem, Schiedsvereinbarungen nach neuem russischem internationalem Schiedsverfahrensrecht, SchiedsVZ 2017, 23–32.

Karlsruher Kommentar zur Strafprozessordnung, hrsg. von *Hannich, Rolf,* Karlsruher Kommentar zur Strafprozessordnung mit GVG, EGGVG und EMRK, 8. Aufl., München 2019 [zitiert: *Bearbeiter,* in: KK-StPO].

Karrer, Pierre A., in: Kronke, Herbert/Melis, Werner/Kuhn, Hans (Hrsg.), Handbuch Internationales Wirtschaftsrecht, 2.Aufl. 2017, Köln, Teil P, Kap. 2.

Karton, Joshua, A Conflict of Interests: Seeking a Way Forward on Publication of International Arbitral Awards, Arb. Int´l. 447–486.

Kaufmann-Kohler, Arbitral Precedent: Dream, Necessity or Excuse?, Arbitration International 2007, 357–378 [zitiert: *Kaufmann-Kohler,* Arb. Int´l. 2007].

Kissel, Otto Rudolf / Mayer, Herbert, Gerichtsverfassungsgesetz Kommentar, 9. Aufl., München 2018.

Klaus, Schlaich / Korioth, Stefan, Das Bundesverfassungsgericht, 11. Aufl., München 2018.

Kluth, David, Schiedsklauseln unterliegen der kartellrechtlichen Missbrauchskontrolle, Gesellschafts- und Wirtschaftsrecht (GWR) 2015, 83–83.

Knoepfler, François, Les droits de l´homme et l´arbitrage, Swiss Review of International & European Law (SZIER) 2007, 463–479.

Knöfel, Oliver, Anforderungen an Schiedsklauseln, SpuRt 2002, 49–53.

Kocher, Eva, Funktionen der Rechtsprechung, Konfliktlösung im deutschen und englischen Verbraucherprozessrecht, Tübingen 2007.

Kohler, Klaus, Die moderne Praxis des Schiedsgerichtswesens in der Wirtschaft, Berlin 1967.

Kommentar zum Publikationsgesetz des Bundes, Kettiger, Daniel / Sägesser, Thomas, Weblaw 2011.

König, Valériane, Präzedenzwirkung internationaler Schiedssprüche, Berlin 2013.

Konstanzer Arbeitskreis e.V., Karlsruher Erklärung zum Fair Play, SpuRt 1998, 261–264.

Kotzenberg, Jochen, Die Bindung des Sportlers an private Dopingregeln und private Schiedsgerichte, Baden-Baden 2007.

Krähe, Christian / Schmutz, Andrea, Rechtsprechung, SpuRt 2006, 113–115.

Kröll, Stefan, Schiedsrechtliche Rechtsprechung 2003, SchiedsVZ 2004, 113–123.

Kuntz, Wolfgang, Quantität gerichtlicher Entscheidungen als Qualitätskriterium juristischer Datenbanken, JurPC Web-Dok. 12/2006.

Kühne, Ulrich, Amicus Curiae, Richterliche Informationsbeschaffung durch Beteiligung Dritter, Tübingen 2015.

Lachmann, Jens-Peter, Handbuch für die Schiedsgerichtspraxis, 3. Aufl., Köln 2008.

Lambertz, Paul, Die Nominierung im Sport, Hamburg 2012.

Larenz, Karl, Über die Bindungswirkung von Präjudizien, in: Fasching, Hans Walter / Kralik, Winfried (Hrsg.), Festschrift für Hans Schima, Wien 1969, S. 247–264.

Lasthaus, Caroline, Schiedsgericht als letzte Instanz? – Konsequenzen aus dem Fall Pechstein, Bucerius Law Journal 2015, 70–75.

Leisinger, Christian M., Vertraulichkeit in internationalen Schiedsverfahren, Baden-Baden 2012.

Lenard, Michael, The Future of Sports Dispute Resolution, Pepp. Disp, Resol. L.J. 2009, 173–182.

Leuschner, Lars, AGB-Kontrolle im unternehmerischen Verkehr, JZ 2010, 875–884.

Lew, Julian D.M., in: Schultsz Jan C. / Sanders, Pieter (Hrsg.), The Art of Arbitration, Deventer u. a. 1982.

Liebscher, Christoph, Case C-168/05, *Elisa María Mostaza Claro v. Centro Móvil Milenium SL*, Common Market Law Review (CMLR) 2008, 545–557.

Lorenz, Werner, Die Rechtsnatur von Schiedsvertrag und Schiedsspruch, AcP 1958/1959, 256–30.

Löwisch, Manfred / Rieble, Volker (Hrsg.), Tarifvertragsgesetz Kommentar, 4. Aufl., München 2017.

Lungstras, Richard, Das Berufungsverfahren vor dem Court of Arbitration for Sport (CAS) im Lichte der Verfahrensgarantien gemäß Art. 6 EMRK, Köln 2019 [zitiert: *Lungstras,* Das Berufungsverfahren].

Mallmann, Roman A., Die Bedeutung der Schiedsvereinbarung im Verfahren zur Anerkennung und Vollstreckbarerklärung ausländischer Schiedssprüche, SchiedsVZ 2004, 152–159.

Mangan, Mark, The Court of Arbitration for Sport: Current Practice, Emerging Trends and Future Hurdles, Arbitration International 2009, 591–602.

Martens, Dirk-Reiner / Oschütz, Frank, Die Entscheidungen des TAS in Sydney, SpuRt 2001, 4–8.

Martens, Dirk-Reiner / Feldhoff, Julia, Der Fall Roberts – Ein Slalom zwischen Staatsgericht und Schiedsgericht, in: Vieweg, Klaus (Hrsg.), Prisma des Sportrechts Referate der sechsten und siebten interuniversitären Tagung Sportrecht, Berlin 2006, 343–371.

Martens, Dirk-Reiner, FIBA Arbitral Tribunal – Ein innovatives System zur Streitbeilegung im Sport (nur im Sport?), SchiedsVZ 2010, 317–322.

Maunz / Dürig, hrsg. von *Herzog, Roman / Herdegen, Matthias / Klein, Hans, H. / Scholz, Rupert,* Grundgesetz, München, Loseblatt, Stand 86. Ergänzungslieferung Januar 2019 [zitiert: *Bearbeiter,* in: Maunz/Dürig].

Mavromati, Despina, National Disputes before CAS, in: Bernasconi, Michele (Hrsg.), International Sports Law and Jurisprudence of the CAS, Bern 2014, S. 149–167.

Mavromati, Despina / Reeb, Matthieu, The Code of the Court of Arbitration for Sport, Commentary, Cases and Materials, Alphen aan den Rijn 2015.

Mavromati, Despina, Review of CAS-Related Jurisprudence of the Swiss Federal Tribunal, in: Bernasconi, Michele (Hrsg.), Arbitrating Disputes in a Modern Sports World, Bern 2016, S. 149–214.

Mavromati, Despina, The Rules governing the CAS Anti-Doping and Ad Hoc Divisions at the Olympic Games, SSRN Papers, Stand: 29. August 2016, abrufbar unter SSRN <https://ssrn.com/abstract=2816482>.

Maxwell, Iain, Transparency in Investment Arbitration: Are *Amici Curiae* the Solution?, ALAJ 2007, 176–186.

Mayer, Franz / Ermes, Marina, Rechtsfragen zu den EU-Freihandelsabkommen CETA und TTIP, Zeitschrift für Rechtspolitik (ZRP) 2014, 237.

McLaren, Richard H., Introducing the Court of Arbitration for Sport: The Ad Hoc Division at the Olympic Games, Marquette Sports Law Review (Marq.S.L.Rev.) 2001, 515–542.

McLaren, Richard, Marquette Sports Law Review 2010, 305–333.

Merryman, John Henry / Rogelio, Pérez Perdomo, The Civil Law Tradition, 3. Aufl., Stanford 2007.

Meyer-Ladewig, Jens / Nettesheim, Martin / von Raumer, Stefan (Hrsg.), Europäische Menschenrechtskonvention, Handkommentar, 4. Auflage, Baden-Baden 2017 [zitiert: *Bearbeiter,* in: Meyer-Ladewig u. a., HK-EMRK].

Michaelis, Oliver, Der Schiedszwang im Profisport – Unter Besprechung der aktuellen Rechtsprechung am Fall Claudia Pechstein, SchiedsVZ 2019, 331–340.

Mistelis, Loukas A., Confidentiality and Third Party Participation, Arb. Int. 2005, 211–231.

Mitten, Matthew J., Judicial Review of Olympic and International Sports Arbitration Awards: Trends and Observations, Pepp. Disp. Resol. L.J. 2009, 51–67.

Mitten, Matthew J. / Opie, Hayden, „Sports Law": Implications for the Development of International, Comparative, and National Law and Global Dispute Resolution, in: Siekmann, Robert / Soek, Janwillem (Hrsg.), Lex Sportiva: What is Sports Law?, The Hague 2012, S. 173–222.

Monheim, Sportlerrechte und Sportgerichte im Lichte des Rechtsstaatsprinzips – auf dem Weg zu einem Bundessportgericht, München 2006.

Morgenroth, Carsten, Sportrecht, Altenberge 2015.

Musielak, Hans-Joachim / Voit, Wolfgang (Hrsg.), Zivilprozessordnung mit Gerichtsverfassungsgesetz, 17. Aufl., München 2020 [zitiert: *Bearbeiter*, in: Musielak/Voit].

Müller-Chen, Markus / Widmer-Lüchinger, Corinne (Hrsg.), Zürcher Kommentar zum IPRG, Band II Art. 108a-200, Zürich u. a. 2018 [zitiert: *Bearbeiter*, in: ZK IPRG].

Müller-Eiselt, Peter Gerrit, Regelungsvorschlag zu dynamischen Verweisungen in Vereinssatzungen, SpuRt 2017, 178–183.

Müller, Christoph, La confidentialité en arbitrage commercial international: un trompe-œil?, ASA Bulletin 2005, 216–240.

Müller, Eckhart, Sanktionen in juristischer und soziologischer Sicht, JZ 1977, S. 381–386.

Münch, Joachim, Grundfragen des Zivilprozesses, in: Bruns, Alexander / Münch, Joachim / Stadler, Astrid / Stürner, Rolf (Hrsg.), Die Zukunft des Zivilprozesses, Tübingen 2014, S. 5–51.

Münchener Kommentar BGB, hrsg. von *Säcker, Franz Jürgen / Rixecker, Roland / Oetker, Hartmut / Limperg, Bettina*, Münchener Kommentar zum Bürgerlichen Gesetzbuch [zitiert: *Bearbeiter*, in: MüKo BGB]

- Band 1, 7. Aufl., München 2015
- Band 1, 8. Aufl., München 2018
- Band 2, 8. Aufl., München 2019
- Band 12, 7. Aufl., München 2018.

Münchener Kommentar ZPO, hrsg. von *Rauscher, Thomas*, Münchener Kommentar zur Zivilprozessordnung mit Gerichtsverfassungsgesetz und Nebengesetzen [zitiert: *Bearbeiter*, in: MüKo ZPO]

- Band 1, 5. Aufl., München 2016
- Band 2, 5. Aufl., München 2016
- Band 3, 5. Aufl., München 2017.

Münchener Kommentar zur StPO, hrsg. von *Knauer, Wolfgang / Kudlich, Hans / Schneider, Hartmut*, Münchener Kommentar zur Strafprozessordnung [zitiert: *Bearbeiter*, in: MüKo StPO]

- Band 1, 1. Aufl., München 2014
- Band 3/1, 1. Aufl., München 2019
- Band 3/2, 1. Aufl., München 2018.

Münchener Kommentar zum StGB, hrsg. von *von Heintschel-Heinegg, Bernd*, Münchener Kommentar zum Strafgesetzbuch Band 1, 3. Aufl. 2017 [zitiert: *Bearbeiter*, in: MüKo StGB].

Mütze, Kristin, Formelle und Materielle Rechtmäßigkeitsgrenzen der Sportschiedsgerichtsbarkeit, Hamburg 2019.

Nagel, Sven, Folgen mangelhafter Implementierung bei Dopingsanktionen, CaS 2010, 236–241.

Nater, Hans, The CAS ad hoc Division at the Olympic Games, Procedural Issues and Case Law, in: Rigozzi, Antonio / Bernasconi, Michele (Hrsg.), The proceedings before the Court of Arbitration for Sport, Bern 2007, S. 199–207.

Netzle, Stephan, Die Beschwerde gegen Schiedssprüche des CAS, SpuRt 2011, 2–7.

Netzle, Stephan, Harmonisierung als wirksames Rezept gegen Doping, SpuRt 2003, 186–189.

Netzle, Stephan, Verfahren und Entscheidungen des Court of Arbitration for Sport (CAS/TAS), insbesondere in Dopingsachen, XXXI. SKILEX 2004 Vortrag.

Niedermaier, Tilman, Schieds- und Schiedsverfahrensvereinbarungen in strukturellen Ungleichgewichtslagen. Ein deutsch-U.S.-amerikanischer Rechtsvergleich mit Schlaglichtern auf weitere Rechtsordnungen, Tübingen 2013.

Nolte, Martin / Horst, Johannes (Hrsg.), Handbuch Sportrecht, Schorndorf 2009.

Nolte, Martin, Sport und Recht, Schorndorf 2004.

Noussia, Kyriaki, Confidentiality in International Commercial Arbitration, Berlin u. a. 2010.

Nozari, Niki, Applicable Law in International Arbitration – The Experience of ICSID and Iran – United States Claims Tribunal, Berlin u. a. 2018.

Oberhammer, Paul, in: Nakamura, Hideo (Hrsg.), Festschrift für Kostas E. Beys dem Rechtsdenker in attischer Dialektik, zum 70. Geburtstag am 25. November 2003, Band 2, Athen 2003, S. 1139–1166.

Oldenstam, Robin / von Pachelbel, Johann, Confidentiality and Arbitration a few reflections and practical notes, SchiedsVZ 2006, 31–36.

Ong, Colin YC, Confidentiality of Arbitral Awards and the Advantage for Arbitral Institutions to Maintain a Repository of Awards, Asian international arbitration journal (Asian Int'l. Arb. J.) 2005, 169–180.

Oppermann, Thomas / Classen, Dieter / Nettesheim, Martin, Europarecht, Ein Studienbuch, 6. Aufl., München 2014.

Orth, Jan F., Vereins- und Verbandsstrafen am Beispiel des Fußballsports, Frankfurt am Main 2009.

Orth, Jan F., Zulässigkeit und Wirksamkeit dynamischer Verweisungen im Sportrecht, SpuRt 2010, 222–224.

Orth, Mark-E., Müssen Sportler stets vor ein Schiedsgericht?, CONTRA, DriZ 2016, 254–255.

Oschütz, Sportschiedsgerichtsbarkeit, die Schiedsverfahren des Tribunal Arbitral du Sport vor dem Hintergrund des schweizerischen und deutschen Schiedsverfahrensrechts, Berlin 2005.

Oschütz, Frank, in: Blackshaw, Ian S. / Siekmann, Robert C.R. / Soek, Janwillem (Hrsg.), The Court of Arbitration for Sport 1984-2004, The Hague 2006 [zitiert: *Bearbeiter,* in: Blackshaw u. a, The CAS].

Oschütz, Frank, Zur Überprüfung von Schiedssprüchen des TAS/CAS durch das schweizerische Bundesgericht, SpuRt 2007, 177–181.

Osmann, Gritt, Das Europäische Sportmodell, SpuRt 1999, 228–232.

Ott, Emil, Geschichte und Grundlehren des österreichischen Rechtsfürsorgeverfahrens, In den Hauptzügen mit besonderer Berücksichtigung der Justizreformgesetze, Wien 1906.

Palandt, Bürgerliches Gesetzbuch, Band 7, 79 Aufl., München 2020 [zitiert: *Bearbeiter,* in: Palandt, BGB].

Palermo, Giulio/Williams, Bryce, Match-fixing and the evolution of CAS Jurisprudence, CAS Bulletin 2018/02, 8–25.

Park, William, The 2002 Freshfields Lecture – Arbitration´s Protean Nature: The Value of Rules and the Risks of Discretion, Arb. Int´l. 2003, 279–301.

Paulsson, Jan, Arbitration of International Sports Disputes, Arb. Int.´l 1993, 359–370.

Paulsson, Jan, The idea of arbitration, Oxford 2013

Paulsson, Jan, Assessing the Usefulness and Legitimacy of CAS, SchiedsVZ 2015, 263–269.

Pereira Borges, Marício Ferrão, Verbandsgerichtsbarkeit und Schiedsgerichtsbarkeit im internationalen Berufsfußball, Frankfurt am Main 2009.

Petersen, Niels, Demokratie als teleologisches Prinzip – Zur Legitimität von Staatsgewalt im Völkerrecht, Berlin u. a. 2009.

Pfeiffer, Gerd, Richter in der heutigen Zeit, DriZ 1979, 229–233.

Pfeiffer, Thomas, Die Abwahl des deutschen AG-Rechts in Inlandsfällen bei Vereinbarung eines Schiedsverfahrens, NJW 2012, 1169–1174.

Pfeiffer, Thomas, Rechtsgeschäftliche Entscheidungsfreiheit beim Abschluss von Schiedsvereinbarungen – Bemerkungen zum Pechstein-Urteil des Landgerichts München I vom 26. Februar 2014, SchiedsVZ 2014, 161–165.

Pfister, Bernhard, Die Rechtsprechung des Tribunal Arbitral du Sport (TAS) von 1086 bis 1998 – Teil 2, SpuRt 2003, 7–11.

Pfister, Bernhard, International-privatrechtliche Probleme bei der Vermarktung von Sportlern, SpuRt 2007, 139–143.

Pielow, Tobias, Öffentliches Strafverfahren – Öffentliche Strafen, Tübingen 2018 [zitiert: Öffentliches Strafverfahren].

Pinna, Andrea, Réflexions sur l´arbitrage forcé, Gazette du Palais 2008, 1–8.

Platte, Martin / Mayer, Markus, Leitfaden zum Anti-Doping-Recht, Wien 2011.

Platz, Jonathan, Studentische Zeitschrift für Rechtswissenschaft Heidelberg Wissenschaft Online (StudZR-WissOn) 2014, 22–44.

Poudret, Jean-François / Besson, Sébastien, Comparative law of international arbitration, 2. Aufl., London 2007.

Preuß, Holger, Olympische Spiele der Neuzeit als Wirtschaftsfaktor, in: Höfling, Wolfram / Horst, Johannes / Nolte, Martin (Hrsg.), Olympische Spiele, Tübingen 2013, S. 27–56.

Prokop, Clemens / Haas, Ulrich, Zu den formellen Grenzen der vereinsrechtlichen Disziplinargewalt im Rahmen von Unterwerfungsvereinbarungen, SpuRt 1998, 15–18.

Prütting, Hanns, Vertraulichkeit in der Schiedsgerichtsbarkeit und in der Mediation, in: *Briner, Robert* (Hrsg.), Law of International Business and Dispute Settlement in the 21st Century, Liber Amicorum Karl-Heinz Böckstiegel, Köln u. a. 2001, S. 629–639 [zitiert: *Prütting,* in: Briner u. a., Liber Amicorum Böckstiegel].

Prütting, Hanns, Das Pechstein-Urteil des BGH und die Krise der Sport-Schiedsgerichtsbarkeit, SpuRt 2016, 143–152.

Prütting, Hanns / Gehrlein, Markus (Hrsg.), Zivilprozessordnung, 11. Aufl., Köln 2019 [zitiert: *Bearbeiter,* in: Prütting/Gehrlein].

Putzke, Holm / Zenthöfer, Jochen, Anspruch auf Übermittlung von Abschriften strafgerichterlicher Entscheidungen, NJW 2015, 1777–178.

Raiser, Ludwig, Das Recht der allgemeinen Geschäftsbedingungen, Hamburg 1935.

Ramirez, Maria Eugenia / Tagtachian, Daniela, The Precedential Effect of Increasing Transparency, in: Fouret, Julien / Jiménez, Dyalá (Hrsg.), ICC Dispute Resolution Bulletin 2017, Paris 2017, 41–47.

Ramelsberger, Annette / Schultz, Tanjev / Stadler, Rainer / Ramm, Wiebke, Der NSU-Prozess. Das Protokoll, 5 Bände, München 2018.

Redfern/Hunter, hrsg. von *Blackaby, Nigel / Partasides, Constantine / Redfern, Alan / Hunter, Martin,* Redfern and Hunter on International Arbitration, 6. Aufl., Oxford 2015.

Reilly, Louise, Introduction to the Court of Arbitration for Sport (CAS) & the Role of National Courts in International Sports Disputes, An Symposium, Journal of Dispute Resolution (J. Disp. Resol.) 2012, 63–81.

Reimer, Philipp, Verfahrenstheorie: ein Versuch zur Kartierung der Beschreibungsangebote für rechtliche Verfahrensordnungen, Tübingen 2015.

Reithmann, Christoph / Martiny, Dieter (Hrsg.), Internationales Vertragsrecht, 8. Aufl., Köln 2015.

Riemer, Hans Michael, Kurzkommentar zum Urteil des Bundesgerichts, CaS 2007, 113–113.

Rigozzi, Antonio, L'arbitrage international en matière de sport, Bâle 2005.

Ringquist, Fredrik, Do Procedural Human Rights Requirements Apply to Arbitration – a Study of Article 6 (1) of the European Convention on Human Rights and its Bearing upon Arbitration, Master Thesis Faculty of Law University of Lund 2005.

Risse, Jörg, Wehr euch endlich! Wider das Arbitration-Bashing, SchiedsVZ 2014, 265–274.

Roellecke, Gerd, Erster Beratungsgegenstand: Die Bindung des Richters an Gesetz und Verfassung, Vereinigung der Deutschen Staatsrechtslehrer (VVDStRL) 1976, 7–39.

Rübenstahl, Markus, Rechtshilfe in Strafsachen (Teil 1) – Der „ordre-public" als Rechtshilfehindernis im vertraglichen Rechtshilfeverkehr mit Drittstaaten, insbesondere der USA, Journal der Wirtschaftsstrafrechtlichen Vereinigung (WiJ) 2014, 53–71.

Sachs, Michael, Gleichheit im Sport, SpuRt 2019, 50–58.

Sackmann, Julia Carolin, Transparenz im völkerrechtlichen Investitionsschiedsverfahren, Baden-Baden 2012.

Saenger, Ingo (Hrsg.), Zivilprozessordnung Familienverfahren Gerichtsverfassung Europäisches Verfahrensrecht, 8. Aufl., Baden-Baden 2019 (zitiert: *Bearbeiter,* in: Saenger ZPO).

Samtleben, Jürgen, „Sandwich und Salat" – Zur Inhaltskontrolle von Schiedsklauseln in Formularverträgen, in: Kronke, Herbert / Thorn, Karsten (Hrsg.), Festschrift für Bernd von Hoffmann, Bielefeld 2011, S. 1066–1079.

Sánchez-Pedreño Kennaird, Antonio, An Appellate Procedure in Arbitration? The Present State of Play, in: Calevaris, Andrea / Lévy, Laurent / Mourre, Alexis / Schwartz, Eric A. (Hrsg.), International Arbitration Under Review, Paris 2015, S. 373–390.

Satzger, Helmut, Internationales und Europäisches Strafrecht, Baden-Baden 2005.

Savang, Judith, Geheimhaltung und rechtliches Gehör im Schiedsverfahren nach deutschem Recht, Tübingen 2010.

Schaper, Jürgen, Studien zur Theorie und Soziologie des gerichtlichen Verfahrens, Berlin 1985.

Scherrer, Urs / Brägger, Rafael, Satzungs- und Gesetzeskonformität von Vereinsstrafverfahren am Beispiel des FIFA-Ethikverfahrens. Eine Ergänzung zum Beitrag von Hans Nater in SJZ 110 (2014) 225 ff., SJZ-RSJ 2015, 469–479.

Scherrer, Urs / Muresan, Remus / Ludwig, Kai, „Pechstein" ist kein „Bosman der Sportschiedsgerichtsbarkeit", SchiedsVZ 2015, 161–165.

Scherrer, Urs / Muresan, Remus / Ludwig, Kai (Hrsg.), Sportrecht, Eine Begriffserläuterung, 3. Aufl., Zürich 2014.

Scherrer, Urs, „And the winner is...Deutschland", SpuRt 2000, 262–246.

Schilken, Eberhard, Gerichtsverfassungsrecht, 2. Aufl., Köln u.a. 1994.

Schimke, Martin / Dauernheim, Jörg (Hrsg.), Handbuch Vereins- und Verbandsrecht, 14. Aufl., Köln 2018.

Schimke, Martin / Eilers, Goetz, Vereins- und Verbandsrecht, in: Nolte, Martin / Horst, Johannes (Hrsg.), Handbuch Sportrecht, Schorndorf 2009, S. 87–119.

Schimke, Martin, in: Trunk, Alexander / Rieckhof, Susanne (Hrsg.), Schneller, höher, weiter!, S. 159–165.

Schleiter, Pieter, Globalisierung im Sport, Stuttgart u. a. 2009.

Schliesky, Utz, Souveränität und Legitimität von Herrschaftsgewalt, Tübingen 2004.

Schlosser, Peter F., Kompetenzfragen in der Sportschiedsgerichtsbarkeit, SchiedsVZ 2015, 257–263.

Schlosser, Peter, Anmerkung zu OLG München, Beschluss vom 25.04.2016, 34 Sch 12/15, Zeitschrift für das gesamte Familienrecht (FamRZ) 2016, 1313–1314.

Schlosser, Peter, Nichtanerkennung eines Schiedsspruchs mangels gültiger Schiedsvereinbarung, Anmerkung zu EuGH, Urteil vom 26.10.2006, C 168/05, IPRax 2008, 497–498.

Schlüchter, Ellen, Wert der Form im Strafprozeß, in: Wolter, Jürgen (Hrsg.), Zur Theorie und Systematik des Strafprozeßrechts, Neuwied u. a. 1995, S. 205–231.

Schmidt, Eberhard, Anmerkung zu BGH, Urteil vom 13.02.1968, 5 StR 707/67, NJW 1968, 806.

Schmitz, Amy J., Untangling the Privacy Paradox in Arbitration, U. Kansas Law Review 2006, 1211–1253.

Schultsz, Jan C. / Van den Berg, Albert Jan (Hrsg.), The Art of Arbitration, Deventer 1982.

Schulze, Reiner (Schriftleitung), Bürgerliches Gesetzbuch, Handkommentar, 10. Aufl., Baden-Baden 2019 [zitiert: *Bearbeiter,* in: Schulze BGB].

Schütze, Rolf A. / Tscherning, Dieter/Wais, Walter (Hrsg.), Handbuch des Schiedsverfahrens, 2. Aufl., Berlin u. a. 1990

Schütze, Rolf A., Die gerichtliche Überprüfung von Entscheidungen des Schiedsgerichts, SchiedsVZ 2009, 241–247.

Schwab, Karl Heinz / Walter, Gerhard, Schiedsgerichtsbarkeit, 7. Aufl., München 2005.

Schwartze, Andreas, Internationales Forum Shopping mit Blick auf das günstigste Sachrecht, in: Kronke, Herbert / Thorn, Karsten (Hrsg.), Festschrift für Bernd von Hoffmann, Bielefeld 2011, 415–423.

Segger, Sören, Der Amicus Curiae im internationalen Wirtschaftsrecht, Tübingen 2017.

Seitz, Niklas Maximilian, Disposition über die Öffentlichkeit im Zivilprozess?, Baden-Baden 2019.

Siekmann, Robert / Soek, Janwillem (Hrsg.), Lex Sportiva: What is Sports Law?, The Hague 2012.

Simotta, Daphne-Ariane, Überlegungen zur Öffentlichkeit im Zivilprozeß, in: Ballon, Oskar J. / Hagen, Johann J. (Hrsg.), Verfahrensgarantien im nationalen und internationalen Prozeßrecht, Festschrift für Franz Matscher, Wien 1993, S. 449–465.

Soek, Janwillem, Termination of International Employment Agreements and the „Just Cause“ Concept in the Case Law of the FIFA Dispute Resolution Chamber, The International Sports Law Journal (ISLJ) 2007, S. 28–45.

Solomon, Dennis, Interpretation and Application of the New York Convention in Germany, in: Bermann, George A. (Hrsg.), Recognition and Enforcement of Foreign Arbitral Awards, Cham 2017, S. 329–378.

Sonnauer, Heinz, Die Kontrolle der Schiedsgerichte durch die staatlichen Gerichte, Köln 1992.

Sotiriadou, Kalliopi, The Australian sport system and its stakeholders: Development of cooperative relationships, Stand: 01.01.2009, abrufbar unter <https://works.bepress.com/popi_sotiriadou/6/> (besucht am 08.01.2020).

Stebler, Simone, Court of Arbitration for Sport (CAS), in: Gola, Pascale / Götz-Straehelin, Claudia / Graf, Karin (Hrsg.), Institutional Arbitration, Zürich u. a. 2009, S. 253–271.

Stegner, Marianne, Costs in arbitration, in: Roth, Marianne / Geistlinger, Michael (Hrsg.), Yearbook on International Arbitration, Vol. II, 85–93.

Stein / Jonas, hrsg. von *Bork, Reinhard / Roth, Herbert,* Stein/Jonas Kommentar zur Zivilprozessordnung, Band 10 §§ 1025–1066, 23. Aufl., Tübingen 2014 [zitiert: *Bearbeiter,* in: Stein/Jonas].

Steiner, Udo, Aktuelle Entwicklungen des Verhältnisses von Sport und Recht, in: Tettinger, Peter J. / Vieweg, Klaus (Hrsg.), Gegenwartsfragen des Sportrechts Ausgewählte Schriften von Udo Steiner, Berlin 2004, 127–135.

Steiner, Udo, Die Autonomie des Sports, in: Tettinger, Peter J. / Vieweg, Klaus (Hrsg.), Gegenwartsfragen des Sportrechts. Ausgewählte Schriften von Udo Steiner, Berlin 2004, 222–254.

Steiner, Udo, Von den Grundrechten im Sport zur Staatszielbestimmung „Sportförderung", in: Tettinger, Peter J. / Vieweg, Klaus (Hrsg.), Gegenwartsfragen des Sportrechts Ausgewählte Schriften von Udo Steiner, Berlin 2004, 136–153.

Steiner, Udo, Staatsziel Sportförderung ins Grundgesetz?, SpuRt 2012, 238–239.

Steiner, Udo, Das Verhältnis von Schiedsgerichtsbarkeit und staatlicher Gerichtsbarkeit, SpuRt 2014, 2–5.

Stoffels, Markus, AGB-Recht, 3. Aufl., München 2015.

Stopper, Martin / Lentze, Gregor (Hrsg.), Handbuch Fußball-Recht, Rechte – Vermarktung – Organisation, 2. Aufl., Berlin 2018.

Stopper, Martin / Lentze, Gregor (Hrsg.), Handbuch Fußball-Recht, Rechte – Vermarktung – Organisation, 1. Aufl., Berlin 2012

Straubel, Michael, Enhancing the Performance of the Doping Court: How the Court of Arbitration for Sport Can Do Ist Job Better, Loyola University Chicago Law Journal (Loy. U. Chi. L. J.) 2005, 1203–1272.

Straubel, Michael, The International Convention Against Doping in Sport: Is It the Missing Link to USADA Being a State Actor and WADC Coverage of U.S. Pro Athletes?, Marq. Sports L. Rev. 2008, 63–89.

Ströbele, Volker Michael, Die Auswirkungen der „Besonderheiten des Sports" auf die Anwendung von Verfahrensgrundsätzen in sportgerichtlichen Verfahren am Beispiel des Fußballs, Diss. jur. Tübingen 2010.

Stumpe, Friederike, Participation of Amici Curiae in Investment Treaty Arbitration, SchiedsVZ 2008, 125–135.

Summerer, Thomas, Die Zukunft der Schiedsgerichtsbarkeit im Sport – Reformvorschläge für den CAS, SpuRt 2018, 197–200.

Tams, Christian J. / Zoellner, Carl-Sebastian, Amici Curiae im internationalen Investitionsschutzrecht, Archiv des Völkerrechts (ARV) 2007, 217–243.

TAS/CAS (Hrsg.), Bulletin TAS / CAS Bulletin 2015/1, Lausanne 2015.

TAS/CAS (Hrsg.), Bulletin TAS / CAS Bulletin 2017/1, Lausanne 2017.

TAS/CAS (Hrsg.), Bulletin TAS / CAS Bulletin 2019/2, Lausanne 2019.

Tettinger, Peter / Vieweg, Klaus (Hrsg.) Gegenwartsfragen des Sportrechts, Ausgewählte Schriften von Udo Steiner, Beiträge zum Sportrecht, Band 17, Berlin 2004.

Thomas, Heinz / Putzo, Hans (Begr.), hrsg. von *Reichold, Klaus* u. a., Zivilprozessordnung: ZPO, FamFG Verfahren in Familiensachen, EGZPO, GVG, EGGVG, EU-Zivilverfahrensrecht, Kommentar, 41. Aufl., München 2020 [zitiert: *Bearbeiter,* in: Thomas/Putzo].

Thomassen, Wilhelmina, Arbitration and the European Convention on Human Rights, General principles, CAS Bulletin 2015, 31–38.

Thorn, Karsten / Nickel, Moritz, Der Schutz der strukturell unterlegenen Partei vor Schiedsverfahren, IPRax 2018, 541–54.

Tschümperlin, Paul, Die Publikation gerichtlicher Entscheide, in: Kettiger, Daniel / Sägesser, Thomas (Hrsg.), Kommentar zum Publikationsgesetz des Bundes, Editions Weblaw, Bern 2011, S. 69–87.

Tsiotsou, Rodoula, A stakeholder approach to international and national sport sponsorship, Journal of Business & Industrial Marketing (JBIM) 2011, 557–565.

Tubis, Robert, Die Öffentlichkeit des Verfahrens nach Art. 6 I EMRK, NJW 2010, 415–417.

Tyrolt, Jochen, Sportschiedsgerichtsbarkeit und zwingendes staatliches Recht. Unter besonderer Berücksichtigung des europäischen Kartellrechts und des US-amerikanischen RICO Act, Baden-Baden 2007.

Vaitiekunas, Andrew, The Court of Arbitration for Sport: Law-Making and the Question of Independence, Bern 2014.

Vieweg, Klaus / Staschik, Paul, Lex sportiva und Fairness-Prinzip, SpuRt 2013, 227–234.

Villiger, Marco, Schiedsgerichtsbarkeit international, in: Stopper, Martin / Lentze, Gregor (Hrsg.), Handbuch Fußball-Recht, Berlin 2012, S. 965–987.

Villiger, Mark E., Binding Effect and Declaratory Nature of the Judgments of the European Court of Human Rights: An Overview, in: *Seibert-Fohr, Anja / Villiger, Mark E.* (Hrsg.), Judgments of the European Court of Human Rights – Effects and Implementation, Baden-Baden 2014, S. 33–37.

Vischer, Frank, in: Borrás, Alegría / Borrásm Rodríguez (Hrsg.), Liber amicorum Georges A. L. Droz. on the progressive unification of private international law, The Hague 1996, S. 499–519.

Vogenauer, Stefan, Richterrecht, in: *v. Basedow, Jürgen / Hopt, Klaus J. / Zimmermann, Reinhard* (Hrsg.), Handwörterbuch des Europäischen Privatrechts, 2009, abrufbar unter <https://hwb-eup2009.mpipriv.de/index.php/Richterrecht> (besucht am 08.01.2020) [zitiert: *Bearbeiter,* HWB-EuP 2009].

Wagner, Gerhard, Prozeßverträge, Tübingen 1998.

Wahrig-Burfeind, Renate / Krome, Sabine (Hrsg.), Brockhaus, WAHRIG Deutsches Wörterbuch, 9. Aufl., Gütersloh / München 2011.

Walter, Hans Peter, Rechtsmittel gegen Entscheide des TAS nach dem neuen Bundesgesetz über das Bundesgericht und dem Entwurf einer Schweizerischen Zivilprozessordnung, in: Rigozzi, Antonio / Bernasconi, Michele (Hrsg.), Bern 2007, S. 155–173.

Wassong, Stephan, Olympische Spiele in London und die Transformation des Olympismus, in: Höfling, Wolfram / Horst, Johannes / Nolte, Martin (Hrsg.), Olympische Spiele, Tübingen 2013, S. 9–26.

Watkins, Maurice, A Football Club Lawyer´s Perspective on the Management of Disciplinary Cases and Disputes at an International Level, in: Bernasconi, Michele (Hrsg.), International Sports Law and Jurisprudence of the CAS, Bern 2014, 209–230.

Webster, Thomas H. / Bühler, Michael W., Handbook of ICC Arbitration, 4. Auflage, London 2018.

Wendland, Matthias, Vertragsfreiheit und Vertragsgerechtigkeit, Tübingen 2019.

Westermann, Harm, Peter, Drittinteressen und öffentliches Wohl als Elemente der Bewertung privater Rechtsverhältnisse, AcP 2008, 141–181.

Widdascheck, Mirko, Der Justizgewährleistungsanspruch des Dopingsünders, Berlin 2018 [zitiert: *Widdascheck,* Der Justizgewährleistungsanspruch].

Wiik, Astrid, Amicus curiae before international courts and tribunals, Baden-Baden 2018 [zitiert: *Wiik,* Amicus curiae].

Wimalasena, Philip, Die Veröffentlichung von Schiedssprüchen als Beitrag zur Normbildung, Tübingen 2016.

Wittmann, Johannes, Schiedssprüche des Court of Arbitration for Sport vor schweizerischen und deutschen ordentlichen Gerichten, München 2015.

Wolf, Manfred / Lindacher, Walter / Pfeiffer, Thomas (Hrsg.), AGB-Recht Kommentar, 6. Aufl., München 2013 [zitiert: *Bearbeiter,* in: Wolf. u. a., AGB-Recht].

Wolff, Reinmar, Grundzüge des Schiedsverfahrensrechts, JuS 2008, 108–113.

Wollenschläger, Ferdinand, Die Erga-omnes-Wirkung von EuGH-Urteilen in Vorabentscheidungsverfahren und die TK-Verkehrsdatenspeicherung, NJW 2018, 2532–2536.

Yalnazov, Orlin, Precedent and Statute, Wiesbaden 2018.

Young, Michael, Confidentiality of International Arbitration Proceedings in France: Some Reflection on the 2011 Amendment to the Code of Civil Procedure, in: Carlevaris, Andrea / Lévy, Laurent / Mourre, Alexis / Schwartz, Eric A. (Hrsg.), International Arbitration Under Review, Essays in Honour of John Beechey, Paris 2015, S. 421–433.

Zimmermann, Markus, In dubio pro Schiedsgerichtsbarkeit, CaS 2014, 11–20.

Zlatanska, Elina, To Publish, or Not To Publish Arbitral Awards: That is the Question…, International Journal of Arbitration (Int'l. J. Arb.) 2015, 25–37.

Zoellner, Carl-Sebastian, Das Transparenzprinzip im internationalen Wirtschaftsrecht, Halle (Saale) 2009.

Zöller, Richard (Begr.): Zivilprozessordnung mit FamFG (§§ 1–185, 200–270) und Gerichtsverfassungsgesetz, den Einführungsgesetzen, mit Internationalem Zivilprozessrecht, EuGVVO und weiteren EU-Verordnungen, Kostenanmerkungen, 33. Aufl., Köln 2020 [zitiert: *Bearbeiter,* in: Zöller ZPO].

Zuck, Rüdiger, Die DOSB-Athletenvereinbarung Sotschi 2014 verfassungsrechtlich betrachtet, SpuRt 2014, 5–10.

Internet-Referenzen

Stand: *Sämtliche Internet-Referenzen wurden zuletzt am 06.01.2020 eingesehen.*

Baetz, Brigitte, Mediale Vorverurteilung auf dem Vormarsch, Deutschlandfunk, Stand: 29.05.2011, <https://www.deutschlandfunk.de/mediale-vorverurteilung-auf-dem-vormarsch.724.de.html?dram:article_id=100204>.

Baynes, Terry „Friends" line up for *Obamacare* Supreme Court challenge, Reuters, Stand: 18.03.2012, <https://www.reuters.com/article/us-usa-supremecourt-friends/friends-line-up-for-obamacare-supreme-court-challenge-idUSBRE82H09F20120318>.

Dalton, Neville, Lorenzo cannot intervene in Rossi appeal to CAS, REUTERS Sports News vom 03.11.2015 <https://www.reuters.com/article/us-motorcycling-rossi-appeal/lorenzo-cannot-intervene-in-rossi-appeal-to-cas-idUSKCN0SS2E820151103>.

De Marco, Compelled Consent – *Pechstein* & The Dichotomy and Future of Sports Arbitration, Blog Blackstone Chambers, Stand: 04.07.2016, abrufbar unter <https://www.blackstonechambers.com/news/analysis-compelled_consent_/>.

De Marco, Nick, The dichotomy and future of sports arbitration – Legal aid and publications of decisions, LawInSport, Stand: 20.07.2016, <https://www.lawinsport.com/topics/features/item/the-dichotomy-and-future-of-sports-arbitration-legal-aid-and-publications-of-decisions>.

Der Tagesspiegel, Sachenbacher fühlt sich ungerecht behandelt und will sich wehren, Stand: 17.07.2014, <https://www.tagesspiegel.de/sport/nach-hoher-doping-strafe-sachenbacher-fuehlt-sich-ungerecht-behandelt-und-will-sich-wehren/10213824.html>.

Duval, Antoine, Seraing vs. FIFA: Why the rumours of CAS´s death have been greatly exaggerated, Asser International Sports Law Blog, Stand: 10.09.2018, <https://www.asser.nl/SportsLaw/Blog/post/seraing-vs-fifa-why-the-rumours-of-cas-s-death-have-been-greatly-exaggerated>.

Duval, Antoine, The „Victory" of the Court of Arbitration for Sport at the European Court of Human Rights: The End of the Beginning for the CAS, Asser International Sports Law Blog, Stand: 10.10.2018, <https://www.asser.nl/SportsLaw/Blog/post/the-victory-of-the-court-of-arbitration-for-sport-at-the-european-court-of-human-rights-the-end-of-the-beginning-for-the-cas>.

Eder, Michael, Froomes Pedalieren in der Grauzone, Frankfurter Allgemeine, Stand: 4.12.2017, <http://www.faz.net/aktuell/sport/sportpolitik/doping/chris-froome-und-team-sky-asthma-und-heuschnupfen-als-gewinnbringer-15339277.html>.

Europäische Kommission, Das Europäische Sportmodell, Diskussionspapier der GD X, abrufbar unter <sportrecht.org>.

Fromm, Ingo E., Nicht viel für eine gute Verteidigung, Legal Tribune Online, Stand: 23.09.2013, <https://www.lto.de/recht/hintergruende/h/pflichtverteidiger-verguetung-nsu-zschaepe-sturm-heer-stahl/>.

Hanfeld, Michael, Und das wollen Journalisten sein?, Frankfurter Allgemeine, Stand: 01.06.2011, <https://www.faz.net/aktuell/feuilleton/medien/kachelmann-prozess-in-den-medien-und-das-wollen-journalisten-sein-1635503-p2.html>.

Hecker, Anno / Reinsch, Michael, Ein Sportministerium im Kanzleramt?, Frankfurter Allgemeine, Stand: 29.05.2013 <https://www.faz.net/aktuell/sport/sportpolitik/spitzensportfoerderung-ein-sportministerium-im-kanzleramt-12198582.html>.

Hecker, Anno, Groteskte Irrwege im Fall Luitz, Frankfurter Allgemeine, Stand: 10.01.2019, abrufbar unter <https://www.faz.net/aktuell/sport/wintersport/kommentar-stefan-luitz-wird-riesenslalom-sieg-aberkannt-15982251.html>.

Heine, Hannes / Gehrke, Kerstin, Rockerboss und Kronzeuge sehen sich heute vor Gericht, Der Tagesspiegel, Stand: 04.11.2014, <https://www.tagesspiegel.de/berlin/prozess-gegen-hells-angels-in-berlin-rockerboss-und-kronzeuge-sehen-sich-heute-vor-gericht/10927266.html>.

IISD/VCC/CIEL (Hrsg.), Submission to UNCITRAL Working Group II on International Arbitration (Stand 01.-05.10.2012) <https://www.iisd.org/pdf/2012/ciel_iisd_submission_ii_2012.pdf>.

Ingle, Sean, Court has Semenya's career in its hands – and decision could affect all of sport, The Guardian, Stand: 18.02.2019, <https://www.theguardian.com/sport/blog/2019/feb/18/caster-semenya-testosterone-levels-female-sport-court>.

Ingle, Sean, Marathon champion Jemima Sumgong has doping ban doubled to eight years, The Guardian, Stand: 25.01.2019, abrufbar unter <https://www.theguardian.com/sport/2019/jan/25/olympic-marathon-champion-jemima-sumgong-doping-ban-doubled-kenya->.

Jacobsen, Nils, Doping: Maria Sharapowa verliert Nike, Porsche und TAG Heuer als Sponsor, Absatzwirtschaft, Stand: 09.03.2016, abrufbar unter <http://www.absatzwirtschaft.de/doping-maria-scharapowa-verliert-nike-porsche-und-tag-heuer-als-sponsor-77615/>.

Janssens, Wouter, The Baskteball Arbitral Tribunal's policy on publishing written reasons – does it strike the right balance between speed & legal certainty?, LawInSport, Stand: 29.03.2019 <https://www.lawinsport.com/topics/item/the-basketball-arbitral-tribunal-s-policy-on-publishing-written-reasons-does-it-strike-the-right-balance-between-speed-legal-certainty>.

Jensen, Björn, Silke Kassner: „Zu viel Willkür im Sport-System", Hamburger Abendblatt Stand: 05.10.2018, <https://www.abendblatt.de/sport/article215488963/Silke-Kassner-Zu-viel-Willkuer-im-Sport-System.html>.

Koh, Ben / Holmes, Tracey, Are you being heard? How the Sun Yang public hearing exposes a gap in athletes'rights, LawInSport, Stand: 03.01.2020, <https://www.lawinsport.com/topics/item/are-you-being-heard-how-the-sun-yang-public-hearing-exposes-a-gap-in-athletes-rights>.

Kohler, Friedemann, Strafe wegen Doping, Die Sportgroßmacht Russland ist verletzt und uneinsichtig, Frankfurter Rundschau, Stand: 06.12.2017, <http://www.fr.de/sport/sportarten/sportpolitik/strafe-wegen-doping-die-sportgrossmacht-russland-ist-verletzt-und-uneinsichtig-a-1402540>.

Kornmeier, Claudia, CAS-Schnellgericht bei Olympischen Spielen, „Weniger Fälle aus sportlicher Sicht wünschenswert", Interview mit Corinne Schmidhauser, Legal Tribune Online, Stand: 31.01.2014 <https://www.lto.de/recht/hintergruende/h/olympia-sotschi-cas-schnellgericht-corinne-schmidhauser/>.

Kühne, Post von Freunden, Legal Tribune Online, Stand: 25.09.2018 <https://www.lto.de/recht/justiz/j/amicus-curiae-gericht-stellungnahme-dritter-einfluss-us-supreme-court/>.

Meurer, Friedbert, Medizinische Therapie oder Doping?, Deutschlandfunk, Stand: 13.12.2017, <http://www.deutschlandfunk.de/doping-im-radsport-medizinische-therapie-oder-doping.890.de.html?dram:article_id=405991>.

Moore, Jen/Perez Rocha, Manuel, Extraction Casino, Mining Companies Gambling with Latin American Lives and Sovereignty through Supranational Arbitration, abrufbar auf der Website des *Institute for Policy Studies,* Stand: April 2019, <https://ips-dc.org/report-extraction-casino/>.

Perez Rocha, Manuel / Moore, Jen, Extraction CASINO, Mining Companies Gambling with Latin American Lives and Sovereignty Through International Arbitration, Institute for Policy Studies, Report vom 19. April 2019, abrufbar unter <https://ips-dc.org/report-extraction-casino/>.

Pernt, Victoria, How Much (More) Transparency Does Commercial Arbitration Really Need?, Stand: 04.03.2017, <http://arbitrationblog.kluwerarbitration.com/2017/03/04/how-much-more-transparency-does-commercial-arbitration-really-need/>.

Pinzler, Petra / Uchatius, Wolfgang/Kohlenberg, Kerstin, Im Namen des Geldes, Zeit Online, Stand: 27.02.2014 <https://www.zeit.de/2014/10/investitionsschutz-schiedsgericht-icsid-schattenjustiz>.

Reinsch, Michael, Studie der Sporthilfe, Die Wahrheit über Athleten, Frankfurter Allgemeine, Stand: 21.02.2013, <https://www.faz.net/aktuell/sport/sportpolitik/studie-der-sporthilfe-die-wahrheit-ueber-athleten-12088268.html>.

Reinsch, Michael, Großer Unterstützerkreis für Pechstein, Frankfurter Allgemeine, Stand: 29.10.2013, <https://www.faz.net/aktuell/sport/sportpolitik/pechstein-resolution-grosser-unterstuetzerkreis-fuer-pechstein-12639824.html>.

Reinsch, Michael, Angriff auf Schiedszwang, Frankfurter Allgemeine, Stand: 23.07.2015, <http://www.faz.net/aktuell/sport/sportpolitik/120-sportler-schliessen-sich-claudia-pechsteins-kampf-an-13717458.html>.

Röslmaier, Gregor, Nach Doping-Geständnis: Sharapova verliert Sponsoren, ISPO vom 08.03.2016, abrufbar unter <https://www.ispo.com/people/id_77197342/nike-setzt-vertrag-mit-maria-sharapova-aus.html>.

RP ONLINE, Murray fordert Strafe für Doping-Sündering Scharapowa, Stand: 11.03.2016, <http://www.rp-online.de/sport/andere/maria-scharapowa-andy-murray-fordert-strafe-fuer-doping-suenderin-aid-1.5828560>.

Sethna, Rustam, A data analysis of the arbitrators, cases and sports at the Court of Arbitration for Sport, LawInSport, Stand: 04.07.2019, <https://www.lawinsport.com/topics/item/a-data-analysis-of-the-arbitrators-sports-and-cases-at-the-court-of-arbitration-for-sport>.

Sotiriadou, Kalliopi (Popi), The Australian sport system and its stakeholders: Development of cooperative relationships, Sport in Society 2009, 842–860, abrufbar unter <https://works.bepress.com/popi_sotiriadou/6/>.

Spera, Saverio, Time for Transparency at the Court of Arbitration for Sport, Asser Sports Law Blog, Stand: 31.01.2017, <http://www.asser.nl/SportsLaw/Blog/post/transparency-at-the-court-of-arbitration-for-sport-by-saverio-spera>.

Truscheit, Karin, Falsche Wahrheit, richtige Wahrheit, Frankfurter Allgemeine, Stand: 10.04.2014, <http://www.faz.net/aktuell/gesellschaft/kriminalitaet/wiederaufnahmeverfahren-im-fall-peggy-falsche-wahrheit-richtige-wahrheit-12889938-p2.html>.

Westfälische Rundschau, Stand: 09.02.2012, Jan Ullrich wegen Dopings schuldig gesprochen, <https://www.wr.de/sport/jan-ullrich-wegen-dopings-schuldig-gesprochen-id6331303.html>.

Wittinghofer, Mathias / Schenk, Sylvia, A Never Ending Story: Claudia Pechstein's Challenge to the CAS, Kluwer Arbitration Blog, Stand: 14.06.2016, <http://arbitrationblog.kluwerarbitration.com/2016/06/14/a-never-ending-story-claudia-pechsteins-challenge-to-the-cas/>.

www.ingramcontent.com/pod-product-compliance
Ingram Content Group UK Ltd.
Pitfield, Milton Keynes, MK11 3LW, UK
UKHW021926290926
8980IPUK00016B/1468

9 783631 841785